投资高手系列丛书

理财产品实战

安佳理财　编　著

清华大学出版社

北　京

内 容 简 介

本书主要为读者讲解理财产品方面的知识，包括债券理财产品、银行理财产品、保险理财产品、基金投资、股票投资、期货投资、外汇投资、黄金投资、信托投资、房地产与艺术品投资以及网络理财产品。

每种理财产品都由浅入深地进行讲解，从基础理论知识的讲解，再到投资相关技巧的讲解。通过对本书的学习，读者可以较快地了解金融市场上种类丰富的理财产品，并从中找到适合自己投资需求的理财产品。

本书适用于想要进行投资理财的入门级投资者，也适合有一定投资经验的投资者作为更换投资产品和投资品种的入门级和实战级参考书学习和使用。

图书在版编目(CIP)数据

理财产品实战/安佳理财编著. --北京：清华大学出版社，2016
(投资高手系列丛书)
ISBN 978-7-302-42040-8

Ⅰ. ①理…　Ⅱ. ①安…　Ⅲ. ①私人投资—基本知识　Ⅳ. ①F830.59

中国版本图书馆 CIP 数据核字(2015)第 263500 号

责任编辑：李玉萍
封面设计：郑国强
责任校对：张术强
责任印制：沈　露
出版发行：清华大学出版社
　　　　　网　　　址：http://www.tup.com.cn, http://www.wqbook.com
　　　　　地　　　址：北京清华大学学研大厦 A 座　　邮　　编：100084
　　　　　社 总 机：010-62770175　　　　　　　　　邮　　购：010-62786544
　　　　　投稿与读者服务：010-62776969, c-service@tup.tsinghua.edu.cn
　　　　　质量反馈：010-62772015, zhiliang@tup.tsinghua.edu.cn
印 刷 者：三河市君旺印务有限公司
装 订 者：三河市新茂装订有限公司
经　　销：全国新华书店
开　　本：170mm×240mm　　印　张：19.25　　字　数：385 千字
版　　次：2016 年 1 月第 1 版　　　　　　印　次：2016 年 1 月第 1 次印刷
定　　价：39.00 元

产品编号：065324-01

前　言

银行理财产品种类太多不知该怎么选！

股票投资太复杂不知该怎样投资！

网络理财不知该怎么选平台！

……

这些都是在理财产品投资中，很多投资者遇到的问题，市场上的理财产品种类繁多，找到适合自己的才是最重要的。

所有的投资者进行理财产品投资都是为了获利，但是投资是有风险的，不同的理财产品风险大小不同，对应的收益率也不同。

如果对市场上的理财产品没有较清晰的认识，要选择到适合自己的理财产品是很难的，没有计划盲目投资最终可能血本无归。

每个投资者的投资需求是不同的，有的想通过投资理财抵御通货膨胀；有的则想通过投资获取更好的收益。

本书讲解了市场上常见的理财产品，从简单地认识理财产品，再到了解具体的投资方式与投资技巧，包括的具体内容如下。

第一部分为本书的第 1 章，主要介绍理财对生活的影响，以及为什么要理财，旨在帮助投资者认识理财的必要性。

第二部分为本书的第 2～12 章，这部分内容是本书的主体内容，分别讲述了银行理财产品、债券理财产品、保险理财产品、基金投资、股票投资、期货投资、外汇投资、黄金投资、信托投资、房地产与艺术品投资以及网络理财产品。

为了让读者在轻松的氛围中学习，本书的每个章节中都配有大量的图示，用简洁的语言描述，让读者能够更容易理解理财产品的相关知识。

此外，实用性是本书的另一个特色，本书不仅讲述了理财产品的基础知识，并且配有操作步骤，让投资者能够很快地学会怎样投资理财产品。

并且，针对不同的理财产品还讲解了基本的投资技巧以及注意事项，让投资者在投资中避免陷入投资误区。

面对种类众多的理财产品，投资者只需在其中选择出最适合自己的产品进行投资即可，对于不适合自己的理财产品只需简单了解。

本书在编著过程中，编者广泛查询了各类国内外文献，在知识点方面做到面面俱到，在语言上做到尽量精练，相信无论是对理财产品不了解的投资者，还是对理财产品有一定了解的投资者都能从中学到知识。

本书由安佳理财编著，参与本书编写的人员有邱超群、杨群、罗浩、林菊芳、马英、邱银春、罗丹丹、刘畅、林晓军、周磊、蒋明熙、甘林圣、丁颖、蒋杰、何超、余洋等。由于时间仓促，编者水平有限，书中的疏漏和不足之处在所难免，恳请读者批评指正。

编　者

目　录

Chapter 01

人人都要学会理财

　　这几年，我们常常会听到身边的朋友在讨论，"如今的钱越来越不值钱了"类似这样的话题。实际上也确实如此，与过去相比，相等价值的商品需要更多的钱才能买得到。在这样的情况下，让手中的财富保值并尽可能地增值就显得尤为重要了。

本章要点

✧　钱越来越不值钱

✧　理财让生活变得更好

✧　用理财产品让财富保值

✧　根据收益类型分类

✧　根据币种类型分类

✧　根据投资类型分类

✧　根据风险大小分类

✧　认识自己的风险承受能力

✧　选择适合自己的理财产品

✧　了解将要投资的理财产品

✧　知晓金融机构的实力

1.1 为什么要理财

财富都是自己创造的，我们创造的财富不仅仅是为了满足生活消费，还要为未来的生活做打算。这就要求我们在满足了日常消费以后，用另外一部分财富来创造更多的价值。而最简单的让钱生钱的方法就是理财，理财对每一个人来说都是很重要的。

1.1.1 钱越来越不值钱

随着中国经济的发展，人民币也在升值。以前 1 美元可以兑换大约 8 元人民币，而如今 1 美元只能换大约 6 元人民币。虽然人民币升值了，但在国内人们却感觉钱越来越不值钱了。这个现象似乎有点说不通，接下来我们看一个例子。

【实战案例】通货膨胀导致物价上涨

李大爷在市场上买猪肉的时候，发现此时的猪肉价格是 15～20 元/斤，而他清晰地记得在 2005 年的时候，猪肉价格普遍都不会超过 15 元/斤。

从这一现象可以看出猪肉的物价指数上涨了，相同价值的猪肉，却要花比以前更多的钱才能买到，也反映出了人民币的对内贬值。我们可以使用居民消费价格指数来验证这一现象，如图 1-1 所示。

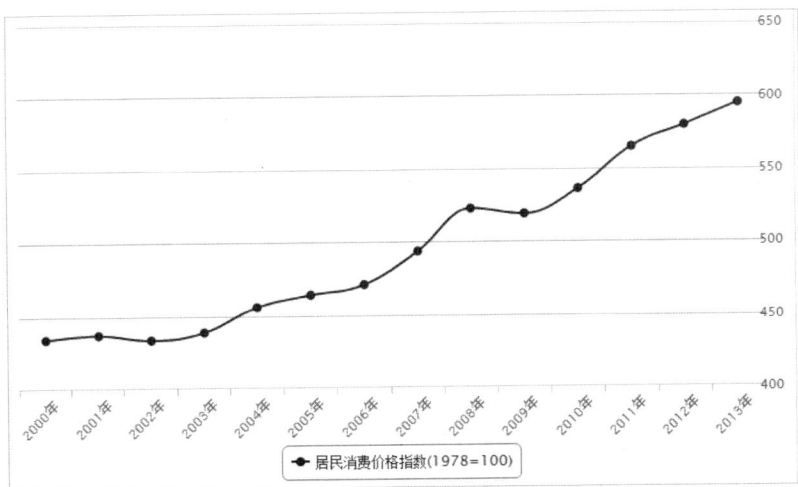

图 1-1 近 10 年的居民消费价格指数

而当李大爷在银行购买外汇的时候却发现，目前，1 美元=6.2041 元人民币，而在 2005 年的时候，1 美元=8.1917 元人民币。也就是说，如果是在国外，人民币是越来越值钱了。

通过李大爷的例子，我们可以知道货币购买力和汇率是不同的。人们常说的钱越来越不值钱了，其实是指国内物价的上涨，这是受通货膨胀的影响，通俗地来说，就是流通中的货币数量增加了，人们手中持有的货币量也相应增加，购买力下降，导致了物价的上涨。

由此我们也可以看出理财的重要性，如果在 2005 年的时候投资外汇理财产品，持有美元，那么现在进行兑换是不划算的。而对于国内居民来说，如何让手中的财富保值、增值才是最重要的。

1.1.2　理财让生活变得更好

随着物价的上涨，面对这样的现实状况，不得不让我们意识到理财的重要。理财不仅是为了让手中的财富不"缩水"，另外也是为了让生活变得更好。

如果想要生活变得更加轻松，就需要进行理财。不管是刚工作的年轻人，还是有了子女的工薪家庭，都需要学习一些理财知识，从而让自己的生活变得更好。

理财对生活的好处如图 1-2 所示。

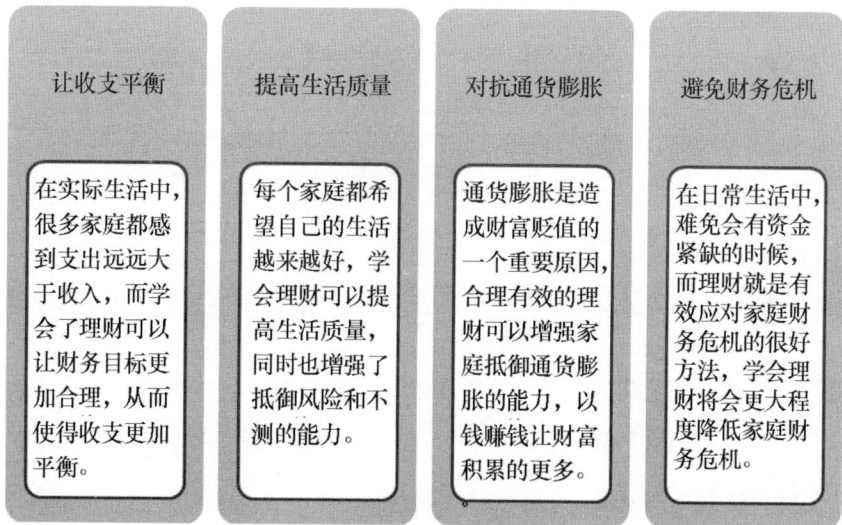

让收支平衡	提高生活质量	对抗通货膨胀	避免财务危机
在实际生活中，很多家庭都感到支出远远大于收入，而学会了理财可以让财务目标更加合理，从而使得收支更加平衡。	每个家庭都希望自己的生活越来越好，学会理财可以提高生活质量，同时也增强了抵御风险和不测的能力。	通货膨胀是造成财富贬值的一个重要原因，合理有效的理财可以增强家庭抵御通货膨胀的能力，以钱赚钱让财富积累的更多。	在日常生活中，难免会有资金紧缺的时候，而理财就是有效应对家庭财务危机的很好方法，学会理财将会更大程度降低家庭财务危机。

图 1-2　理财对生活的好处

1.1.3　用理财产品让财富保值

现金放在手中既不安全，同时随着物价的上涨也会逐渐贬值。那么想要让自己的"钱袋子"不缩水，反而实现财富的增值，这就需要借助理财产品来帮助我们实现了，我们来看一个例子。

【实战案例】王先生的理财产品投资

王先生已经工作 5 年了，由于平时开销花费并不是很多，也有了一定的积蓄。考虑到自己的储蓄就这样放在银行里不划算，为了让自己的财富得到保值，王先生进行了理财。

王先生目前月收入约 8000 元，扣取每月必要的生活开销大约 5000 元，结余约 3000元，有银行存款大约 20 万元。在了解了自己的风险承受能力以后，王先生对自己现有的资产进行了分配，如图 1-3 所示。

1	用 5 万元购买银行保本型理财产品，用于应急支出的备用金。
2	用 5 万元来购买保险理财产品，既能获得一定的保障，又能获得一定程度上的收益。
3	每月留存 2000 元进行存款储蓄，使得自己养成储蓄的好习惯。
4	由于平时网购消费比较多，王先生每月拿出了 2000 元左右用于余额宝投资，既能消费，又能带来一定收益。
5	由于最近基金收益还不错，王先生拿出了 6 万元购买了稳健型基金，同时拿出了 4 万元投资股票市场。

图 1-3　理财产品的投资组合

在 5 月份的时候，王先生经历了一次交通意外，但是因为自己买的是保险理财产品有保障意外的功能，于是，王先生不仅获取了一定的收益，还获得了一定的赔偿，因此个人经济损失不是那么大。后来股市行情比较好，王先生投资股市赚了一笔钱，虽然基金以及其他理财产品的收益不是那么可观，但是总体来说财富有了一定的增长。

从上面的例子中，我们可以看出王先生进行了不同理财产品的投资组合，想要像上述王先生那样实现财富的保值与增值，那么就要对不同的理财产品有一定的了解，才能选到适合自己的理财产品。

1.2　理财产品的分类

理财产品是不同的金融机构自行设计并发行的，在金融市场中购买不同的金融产品，金融机构都会按照合约的约定分配不同的理财产品给投资者。如今市场上可以投资的理财产品是多种多样的，根据不同的分类标准可以把理财产品进行分类。

1.2.1　根据收益类型分类

理财产品的收益类型直接关系到我们投资该理财产品能够获得多少收益，一般来说，收益稳定且比较小的，所要承担的风险也就相对较小，反之则较大，如图 1-4 所示。

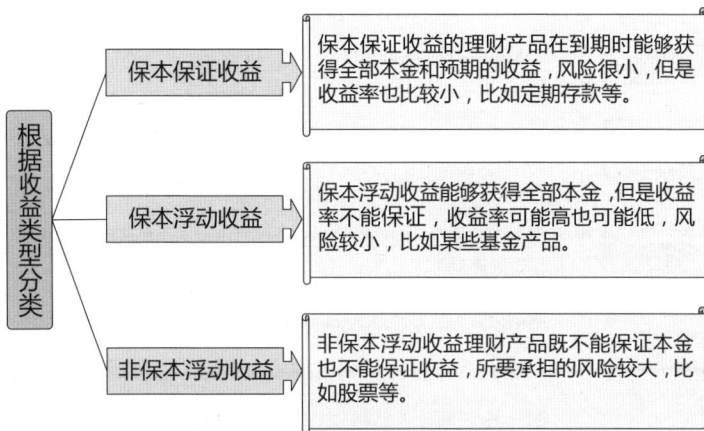

根据收益类型分类

- 保本保证收益 ▷ 保本保证收益的理财产品在到期时能够获得全部本金和预期的收益，风险很小，但是收益率也比较小，比如定期存款等。
- 保本浮动收益 ▷ 保本浮动收益能够获得全部本金，但是收益率不能保证，收益率可能高也可能低，风险较小，比如某些基金产品。
- 非保本浮动收益 ▷ 非保本浮动收益理财产品既不能保证本金也不能保证收益，所要承担的风险较大，比如股票等。

图 1-4　理财产品根据收益类型分类

1.2.2　根据币种类型分类

由于我们可以用于支付的币种不是单一的，一些理财产品也不仅仅局限于只用一种币种购买，有些可以用美元、欧元或者其他国家的币种来购买。根据购买币种的不同可以把理财产品分为如图 1-5 所示的几种类型。

根据币种类型分类

- 人民币理财产品：人民币理财产品是指只能用人民币来购买的理财产品，获取的收益时也是用人民币返还。目前，我们所投资的大部分理财产品都是人民币理财产品。
- 外币理财产品：外币理财产品是指只能用外币来购买的理财产品，在获取收益时也是用所投资的币种来返还的。目前有些银行理财产品可以用外币来投资。如兴业银行天天万利宝 H 款。
- 混合理财产品：混合理财产品是指既能用人民币投资又能用外币投资，投资的本金可以是人民币，但是返还收益时用外币返还，或者投资时本金是人民币和其他外币混合的方式。

图 1-5　理财产品根据币种的不同分类

1.2.3　根据投资类型分类

不同的理财产品都会有不同的标的物,选择投资某个理财产品也就选择了某个投资的标的物。根据投资类型的不同可以把理财产品分为如图 1-6 所示的几类。

债券型	债券型的理财产品主要包括国债、金融债、央票等。
指数型	指数型理财产品包括一些指数型基金,以及与一些指数挂钩的银行理财产品。
股票型	股票型理财产品有我们常说的股票以及市场上与股票挂钩的结构型理财产品等。
实物型	实物型理财产品是指投资的标的物是看得见的商品,比如书画投资、钱币投资等。

图 1-6　理财产品根据投资类型分类

1.2.4　根据风险大小分类

目前,市场上的证券、基金、保险类的理财产品在不断地丰富。投资这些理财产品会涉及资产增值,但是相应的也会有风险。理财产品按照风险大小可以分为如图 1-7 所示的几种。

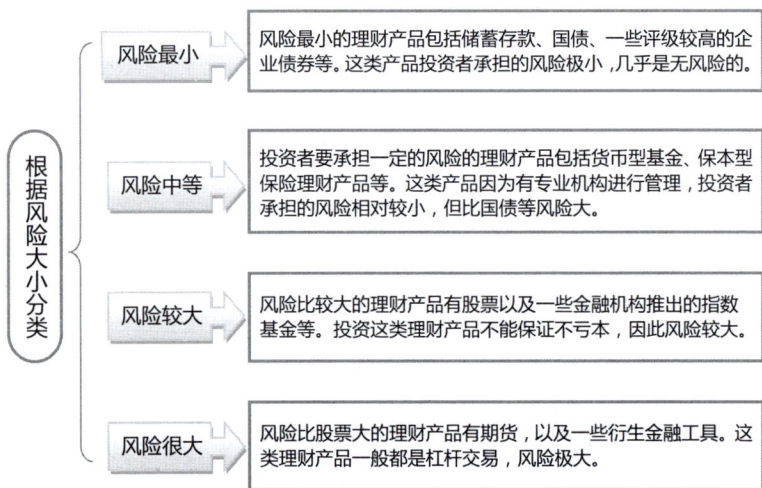

根据风险大小分类	风险最小	风险最小的理财产品包括储蓄存款、国债、一些评级较高的企业债券等。这类产品投资者承担的风险极小,几乎是无风险的。
	风险中等	投资者要承担一定的风险的理财产品包括货币型基金、保本型保险理财产品等。这类产品因为有专业机构进行管理,投资者承担的风险相对较小,但比国债等风险大。
	风险较大	风险比较大的理财产品有股票以及一些金融机构推出的指数基金等。投资这类理财产品不能保证不亏本,因此风险较大。
	风险很大	风险比股票大的理财产品有期货,以及一些衍生金融工具。这类理财产品一般都是杠杆交易,风险极大。

图 1-7　理财产品根据风险大小分类

【知识拓展】风险中等但有一定专业性，自成体系的理财产品

根据风险大小分类的理财产品有一种风险中等，但是需要投资者有一定的专业知识的理财产品。这类理财产品主要包括外汇、房地产、书画投资类。在购买这类理财产品时，投资者要对所购买的产品有一定了解以后再考虑购买，不然可能会投资失败。

1.3　购买理财产品的几大步骤

我们已经了解了理财的重要，以及理财产品的不同的分类。但在购买理财产品时还需要投资者提前做一些准备，不能盲目地投资某类理财产品。要想投资理财产品获利，不仅要对理财产品有一定的认识和了解，还要对个人的情况有一定的了解。

投资理财产品或多或少都有一定的风险，为了降低风险，也为了一旦投资失败不会对正常生活造成影响，需要我们做以下的几个步骤。

1.3.1　认识自己的风险承受能力

因为风险和收益是相对的，在购买理财产品时首先需要了解的并不是理财产品本身有多好，而是个人的风险承受能力是怎样的。一般在一些金融机构购买理财产品时，都会要求投资者做一个个人风险评估报告，其中包括资产状况、风险倾向等内容。确定了自己的风险承受能力以后，才能选到适合自己的理财产品。

除了在金融机构可以完成个人风险评估以外，也可以自行完成个人风险评估，下面我们就来看看怎样完成个人风险评估报告。

【实战案例】在网上完成个人风险评估

Step01　如在搜索引擎里搜索"工商银行个人风险评估"，在搜索的结果栏下，如图1-8所示，单击"中国工商银行个人客户风险评估表"超链接。

图1-8　"工商银行个人风险评估"搜索页面

Step02 进入填写风险评估表页面后，如图1-9所示，输入客户姓名、性别、婚姻状况并完成测试题，完成以后单击"确定"按钮。

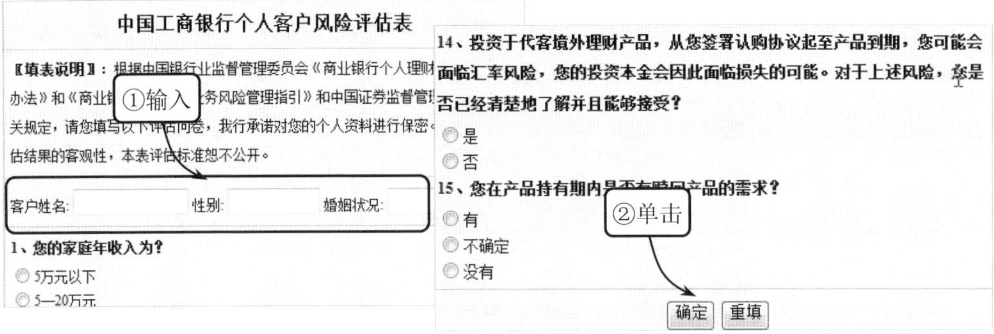

图 1-9　风险评估表页面

Step03 在单击"确定"按钮以后，系统会自动告知此次风险评估的测试结果，如图 1-10 所示。

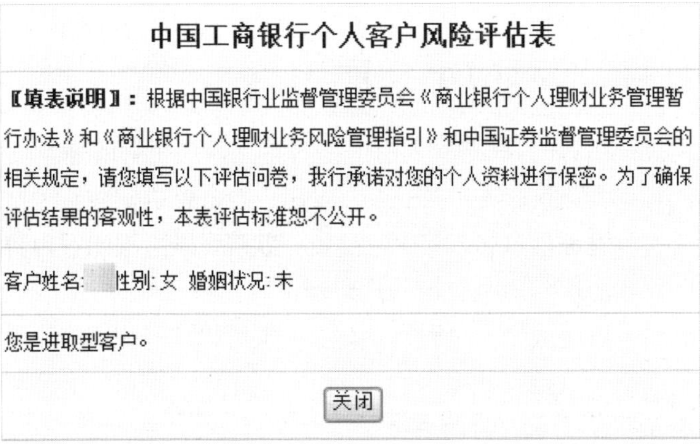

图 1-10　风险评估的测试结果

　　除了这种方法可以做风险评估测试以外，我们也可以通过登录网上银行完成个人风险评估测试，大部分银行规定第一次进行风险评级，需要通过营业网点办理，比如工商银行、招商银行等。

1.3.2　选择适合自己的理财产品

　　知道了自己的风险承受能力以后就可以选择适合自己的理财产品了，对于刚刚了解了投资的人来说可能对市场中的理财产品不是很熟悉，这时我们可以选择购买银行或者基金理财产品，因为这类理财产品会有专业的经纪人为我们服务，帮助我们挑选到适合自己的理财产品。

　　同时，我们也可以通过一些财经网站，了解目前市场上有哪些相关的理财产品，然后再选择适合自己的产品进行投资。我们以新浪财经网站为例，看看如何在网上查看市场中的理财产品。

【实战案例】在网上了解理财产品

Step01　首先进入新浪财经个人理财版官方网站(http://finance.sina.com.cn)，我们会看到首页上有种类丰富的理财产品，如图 1-11 所示。

图 1-11　新浪财经官网的理财产品

Step02　选择自己比较感兴趣的理财产品，比如单击"银行理财"选项就可以在右侧看到近期银行理财产品的一些基本情况，比如预期年化收益率情况，如图 1-12 所示。

图 1-12　银币理财页面

Step03　单击"高收益产品"超链接，在打开的页面中还可以进行不同银行理财产品的对比，以及同一银行理财产品的对比。比如，单击"工商银行"超链接，就可以看到工商银行近期的理财产品，如图 1-13 所示，可以根据自己的投资偏好进行筛选和对比。

图 1-13　工商银行页面

1.3.3　了解将要投资的理财产品

在确定了自己要购买哪种类型的理财产品后，就要对该产品进行更深一步的了解。我们可以从以下几个方面来认识将要投资的理财产品，如图 1-14 所示。

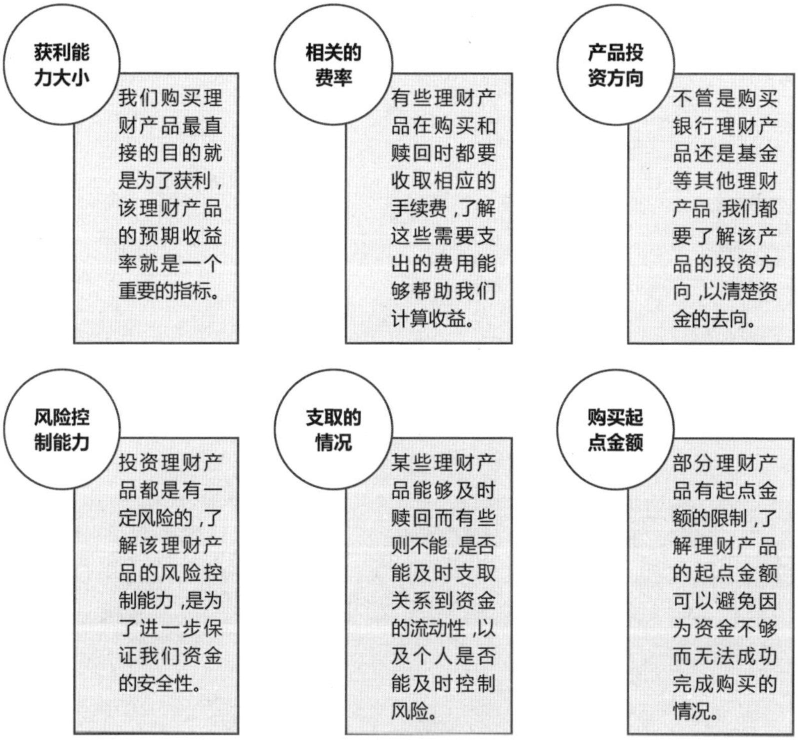

获利能力大小　我们购买理财产品最直接的目的就是为了获利，该理财产品的预期收益率就是一个重要的指标。

相关的费率　有些理财产品在购买和赎回时都要收取相应的手续费，了解这些需要支出的费用能够帮助我们计算收益。

产品投资方向　不管是购买银行理财产品还是基金等其他理财产品，我们都要了解该产品的投资方向，以清楚资金的去向。

风险控制能力　投资理财产品都是有一定风险的，了解该理财产品的风险控制能力，是为了进一步保证我们资金的安全性。

支取的情况　某些理财产品能够及时赎回而有些则不能，是否能及时支取关系到资金的流动性，以及个人是否能及时控制风险。

购买起点金额　部分理财产品有起点金额的限制，了解理财产品的起点金额可以避免因为资金不够而无法成功完成购买的情况。

图 1-14　需要了解的理财产品内容

1.3.4　知晓金融机构的实力

不同的理财产品是由不同的金融机构发行的,比如银行理财产品就是由银行发行的或者由银行联合其他金融机构发行的。金融机构的实力关系到个人投资资金的安全性,以及到期时是否能够获得收益。比如,购买企业债券、基金等。

如果是有担保性质的理财产品,也可以了解所担保的金融机构是否正规,以及该担保公司的综合实力是否足够。

特别是近几年,成立了许多新兴的投资公司,有些投资人也选择投资这些投资理财公司的理财产品,这就更需要投资者有辨别投资公司的能力。下面我们就一起来看看选择金融机构需要从哪几个方面分析,如图 1-15 所示。

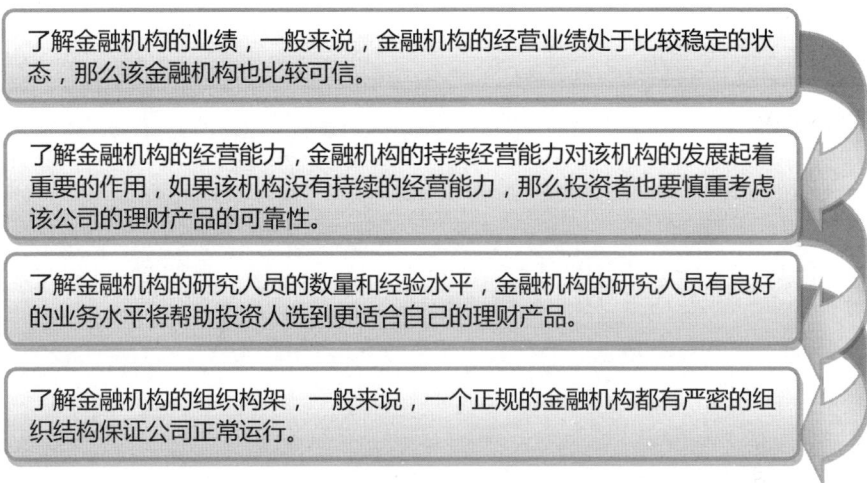

了解金融机构的业绩,一般来说,金融机构的经营业绩处于比较稳定的状态,那么该金融机构也比较可信。

了解金融机构的经营能力,金融机构的持续经营能力对该机构的发展起着重要的作用,如果该机构没有持续的经营能力,那么投资者也要慎重考虑该公司的理财产品的可靠性。

了解金融机构的研究人员的数量和经验水平,金融机构的研究人员有良好的业务水平将帮助投资人选到更适合自己的理财产品。

了解金融机构的组织构架,一般来说,一个正规的金融机构都有严密的组织结构保证公司正常运行。

图 1-15　了解金融机构实力的几个要点

在网上投资理财产品的时候,就需要了解平台的安全性和合法性了,最好尽可能地选择知名度较高的平台投资。

Chapter 02

常规的理财产品
——银行理财

前面我们对理财产品有了简单的认识，但是想要在理财产品中获利，还需要投资者具备一定的知识水平。银行作为知名度较高的金融机构，除了为客户提供存款储蓄这类理财产品外，也发行了种类繁多的理财产品。

本章要点

◇ 存款储蓄的作用
◇ 如何在网上银行完成储蓄
◇ 储蓄存款的技巧
◇ 多元化的理财产品
◇ 选择适合自己的理财产品
◇ 理财产品的购买
◇ 计算银行理财产品的收益
◇ 了解理财产品的说明书

◇ 理财产品误区
◇ 正确认识收益率
◇ 理财产品的费用收取
◇ 理财产品的提前终止
◇ 不同产品组合技巧
◇ 选择购买渠道
◇ 其他理财小窍门

2.1 存款储蓄

存款储蓄是银行最基本的业务之一，同时也是个人投资银行理财产品中最简单的一种方式。

存款储蓄的方式有很多种，比如活期存款、定期存款、整存整取、零存整取等，不同的存款方式获得的收益将会不同。

2.1.1 存款储蓄的作用

银行存款储蓄是一种风险极小，但是收益不高的理财产品，大多数人选择存款储蓄并不是因为它能够带来收益，而是为了保障资金的安全，对于个人来说，选择存款储蓄具有以下的作用，如图2-1所示。

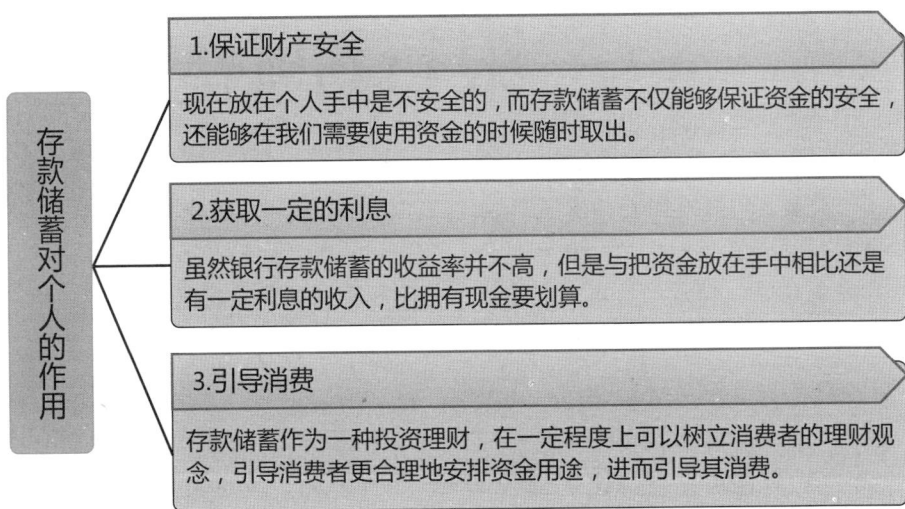

存款储蓄对个人的作用

1.保证财产安全

现在放在个人手中是不安全的，而存款储蓄不仅能够保证资金的安全，还能够在我们需要使用资金的时候随时取出。

2.获取一定的利息

虽然银行存款储蓄的收益率并不高，但是与把资金放在手中相比还是有一定利息的收入，比拥有现金要划算。

3.引导消费

存款储蓄作为一种投资理财，在一定程度上可以树立消费者的理财观念，引导消费者更合理地安排资金用途，进而引导其消费。

图 2-1　存款储蓄对个人的作用

2.1.2 如何在网上银行完成储蓄

在互联网还不是很发达的年代，人们的互联网意识并不强，人们进行银行储蓄存款都是在银行网点进行办理，而如今足不出户就可以完成存款储蓄了，只要开通网上银行，通过登录网上银行账户就可以完成存款储蓄了。

　　开通网上银行也是很简单的，可以在银行柜台办理，用户只要携带个人身份证件以及银行卡就可以开通网上银行了。然而最方便快捷的方式还是通过银行官方网站自助开通，具体的操作步骤也是很简单的，下面举例说明。

【实战案例】在银行官方网站自主开通网上银行

Step01　进入建设银行官方网站(http://www.ccb.com)，在首页单击"马上开通"按钮，如图 2-2 所示。

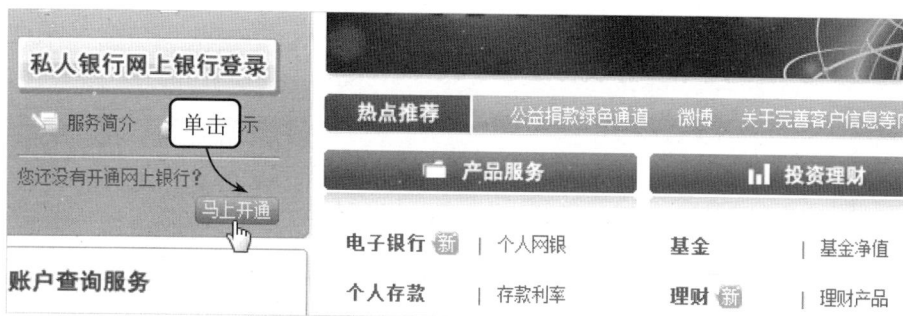

图 2-2　建设银行网上银行开通页面

Step02　在打开的页面中，单击要开通的网上银行类型，单击普通客户下的"马上开通"按钮，如图 2-3 所示。

图 2-3　普通客户网上银行开通页面

Step03　在打开的页面中，查看《中国建设银行电子银行个人客户服务协议》以及《中国建设银行电子银行风险提示》，选中同意协议复选框，单击"同意"按钮，如图 2-4 所示。

Step04　进入填写账户信息页面，输入姓名、建行账号，附加码，单击"下一步"按钮，如图 2-5 所示。

签约设置的主叫电话号码、签约设置的手机SIM卡或UIM卡等。

密码：指甲方在电子银行服务中使用的各种密码，如登录密码、交易密码、账户密码等。

交易指令：指甲方通过电子银行渠道向乙方发出的查询、转账、购买金融资产等指示。

错误：指乙方未能执行⋯⋯执行或未能正确执行甲方交易指令的情况。

单击

☑ 我已认真阅读《中国建设银行电子银行个人客户服务协议》、《中国建设银行电子银行风险提示》，并同意遵守以上协议。

同意　　不同意

图 2-4　协议复选框页面

2. 请填写账户信息

* 姓名：

①输入

▸ 系统将自动对您输入的账号进行每⋯⋯理

* 建行账号：

* 附加码：

ehf 6v　看不清，换一张（不区分大小写）

②单击　下一步　上一步

图 2-5　账户信息页面

Step05 在打开的页面中输入账户取款密码和发送到手机的短信验证码，再单击"下一步"按钮，就可完成网上银行的自主开通了，如图 2-6 所示。

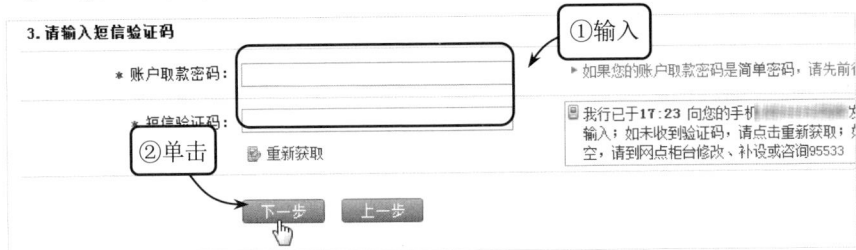

3. 请输入短信验证码

* 账户取款密码：

①输入

▸ 如果您的账户取款密码是简单密码，请先前⋯⋯

短信验证码：

② 重新获取

②单击

我已于17:23 向您的手机████████发⋯⋯
输入；如未收到验证码，请点击重新获取；⋯⋯
空，请到网点柜台修改、补设或咨询95533

下一步　上一步

图 2-6　短信验证码页面

　　完成网上银行的开通以后，就可以通过网上银行进行存款储蓄的管理了，同样以建设银行为例，看看怎样在建设银行个人网上银行上完成存款储蓄。

【实战案例】在网上银行完成存款储蓄

Step01 登录建设银行个人网上银行，在打开的页面中，单击"转账汇款"按钮，在下面的选项中单击"定活互转"下拉按钮，在下拉菜单列表中选择"定期存款存入"选项，如图 2-7 所示。

Step02 在打开的页面中，选择要存入的定期存款的类型，并单击"存入"超链接，比如选择三个月人民币整存整取，如图 2-8 所示。

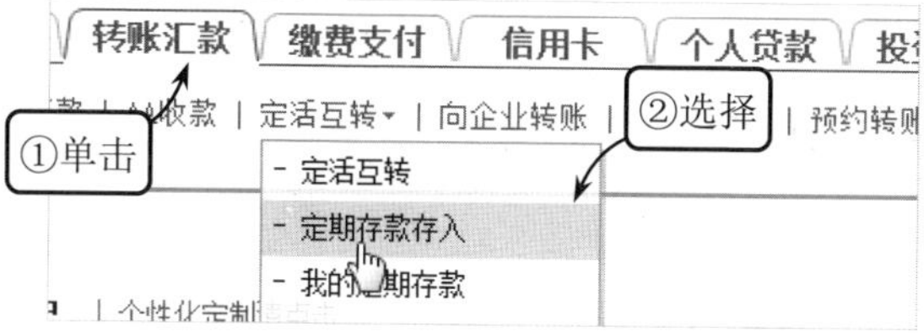

图 2-7 转账汇款页面

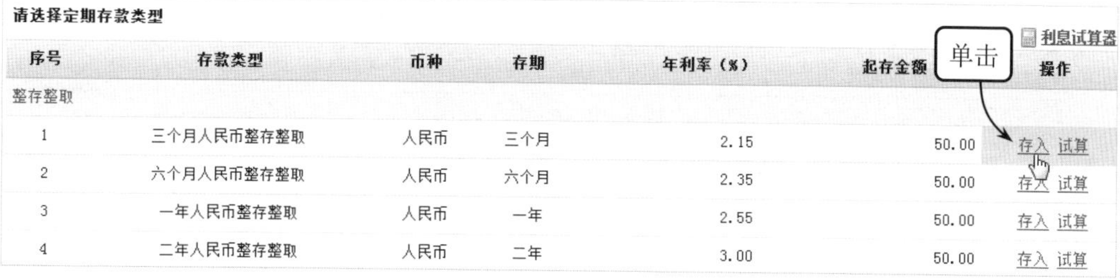
请选择定期存款类型

序号	存款类型	币种	存期	年利率（%）	起存金额	操作
整存整取						
1	三个月人民币整存整取	人民币	三个月	2.15	50.00	存入 试算
2	六个月人民币整存整取	人民币	六个月	2.35	50.00	存入 试算
3	一年人民币整存整取	人民币	一年	2.55	50.00	存入 试算
4	二年人民币整存整取	人民币	二年	3.00	50.00	存入 试算

图 2-8 定期存款类型页面

Step03 进入存入页面，在是否卡内转账选项中选中“是”单选按钮，并输入转账金额，单击“下一步”按钮，如图 2-9 所示。

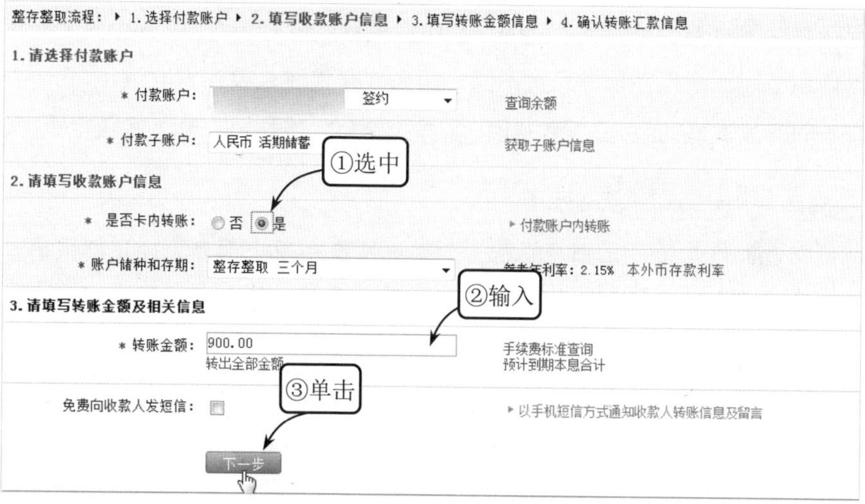

图 2-9 整存整取转账流程填写页面

Step04 在打开的页面中，确认转账汇款信息，单击“确认”按钮即可完成三个月的定期存款储蓄，如图 2-10 所示。

收款人姓名：		付款账户名称：	
收款人账号：		付款账户：	
收款账户所在分行：	四川省分行	币种：	人民币
收款账户储种：	整存整取 三个月	付款账户储种：	活期储蓄
转账本金：	900.00	大写金额：	玖佰元整
是否保存收款账户信息：	☑	手续费：	0.00

单击

确认　　取消　　上一步

图 2-10　转账汇款信息确认页面

【知识拓展】自主开通的网上银行有时不能完成存款储蓄

因为每个银行对自主开通的网上银行的功能设定不同，有些银行自动开通的网上银行只是查询版网上银行，也就是说只能进行存款查询等功能，而不能办理相关的理财类型的业务，如存入定期存款。所以在这种情况下，只有在银行柜台办理开通的网上银行才能在网上银行进行相关的理财业务办理，比如工商银行自主开通的网上银行就有查询版网上银行。

2.1.3　储蓄存款的技巧

银行存款储蓄的类型是多种多样的，其中定期存款就有 3 个月、6 个月、一年期等种类，不仅期限不同，而且存款方式也不同，比如零存整取、整存零取等。

通过不同存款类型的组合，可以让资金得到更有效的利用，尽可能获得更多的收益。

【实战案例】阶梯式存款的技巧

银行的存款利率是会不定期变动的，如果把所有存款全部存为固定期限的，一旦银行利率上调将会失去获得高利息的机会，那么可以采用阶梯式存款的方法，既能保证存款的灵活性，又能让自己在银行调整利率以后获得更高的利息收入。我们来看一个例子。

刘先生目前手中有 10 万元的活期存款，考虑暂时不会动用这笔资金，他决定把这笔资金存为定期存款，但是刘先生并没有把 10 万元存为一张存单，而是分成几张，如图 2-11 所示。

两万元一年期　两万元两年期　两万元三年期　两万元四年期　两万元五年期

图 2-11　阶梯式储蓄

当第一张两万元的一年期定期存款到期以后，刘先生再开设一个 5 年期的两万元存单，这样以此类推，刘先生手中所持有的存单全部都是 5 年期的，每个存单的到期时间不同，都相差一年。

如果银行存款利率上调刘先生也可以把最近的存单存为新的定期，这样不仅使得存单具有灵活性，也能减少银行上调存款利率的利息损失。

【知识拓展】通知存款

通知存款是一种不约定存款期限，一次性存入金额，但可以随时支取的储蓄方式。通知存款有 1 天通知和 7 天通知两种，也就是说取款之前提前 1 天或者 7 天通知银行，通知存款支持的币种也有很多，目前，人民币、美元、港元等都可以存为通知存款。

【实战案例】金字塔储蓄的技巧

生活中会遇到急需使用资金的时候，如果已经把闲置的资金存为定期，而急需使用的资金并不是全部存款，这时提前支取存入的存款将按活期利率计算利息，是很不划算的。为了避免需要使用资金时不动用所有的存款，使得其他不使用的资金也能产生利息，可以采用金字塔储蓄的方法。

近日，罗小姐急需使用一万元的资金，因为之前在存入 20 万元存款时采用的是金字塔储蓄的方法，所以有效地避免了一部分利息损失，罗小姐是这样存入自己的定期存款的，如图 2-12 所示。

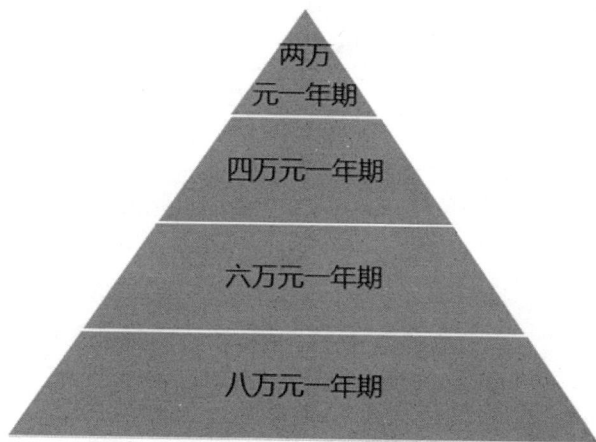

两万
元一年期

四万元一年期

六万元一年期

八万元一年期

图 2-12　金字塔储蓄

这次罗小姐只需要资金一万元，那么她只需取出自己的两万元一年期存款即可，另外的三张存单没有受到影响，这样就有效地减少了动用存款带来的损失。

金字塔储蓄法适合手中有闲置资金，但是不清楚自己一年内是否会不会使用该笔资金的用户，把存单按照不同的金额存入，这样在需要使用资金时，需要多少资金就动用多少存单。

【疑难解答】如何让存款自动到期存入？

当定期存款到期时，客户很多时候并不知道，而这时如果没有继续存为定期，那么这笔存款到期以后将会按照活期利率计算利息。但有一种方法可以帮助我们把已经到期的存单继续存为定期，那就是自动续存，如果在第一次存款时勾选了自动续存，那么银行会自动在存单到期日按照约定进行存款转存，节约了到银行办理存款的时间。

【实战案例】循环存款技巧

一般来说，上班族每月都有固定收入，生活开销也是比较固定的，有些时候难免会有需要大额开销的时候，如果每月把工资放在银行卡里而不去管理，能够带来的收益是微乎其微的。对于上班族来说，使用月月存款的方法能够使得银行卡里的资金得到更多的利息收入。

小马在一家民营企业上班，每月辛勤工作能够得到工资 4000 元左右，每月大约开销 3000 元。公司每月都会把工资转入固定的银行卡里，小马有一定的理财意识，考虑到节假日的时候开销会比较大，于是他把每月结余的 1000 元采用了循环存款的方法，如图 2-13 所示。

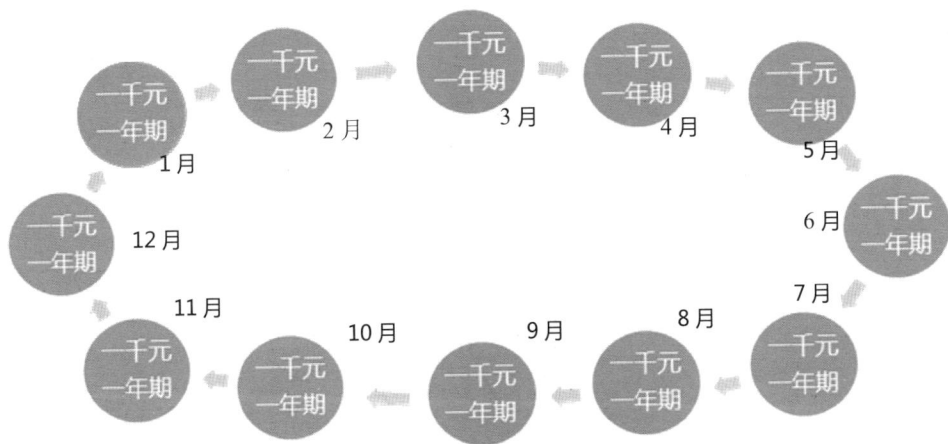

图 2-13　循环存款

通过这样的循环存款，一年后小马手中共有 12 张存单，到下一年的第一个月第一张存单到期，小马取出存款和利息再凑一个整数，继续存入一年期存款，进入下一轮的循环储蓄。

这样小马手中一直都有 12 张存单，每月都有一定利息，不仅储蓄变多了，资金使用也很灵活，一旦到了需要济急的时候，支取最近的存单即可。当然也可以把存款期限设定得更短一些，比如设置为 3 个月、6 个月，这样手中的存单也会变多。

【应用技巧】零存整取和整存零取的选择

　　银行的存款方式还有零存整取和整存零取这两种，不同的存款方式适合不同的人。总体来说，零存整取适合有固定收入的上班族，每月固定存入小额资金。而整存零取则适合有一定储蓄积累，并长时间内不会动用这笔存款的用户。

2.2　银行理财产品

　　银行理财产品是商业银行针对目标客户开发的一种投资理财的管理计划，投资银行理财产品就相当于授权银行为客户管理资金。

　　随着银行理财产品的逐渐丰富，客户也有了更多的选择。

2.2.1　多元化的理财产品

　　银行理财产品从期限长短来看有短期、中期、长期等不同期限。从投资方向来看有债券类、信托类、结构类、新股申购类、QDII 类这几种产品。从分类上来看也能看出银行理财产品的多元化特点，针对不同投资需求的客户，都可以选到适合自己的银行理财产品。

　　由于不同银行推出的理财产品的侧重点是不同的，所以银行的理财产品也就具有了不同的特点，比较银行的理财产品，可以看出银行理财产品的特点。我们以五大银行为例，如图 2-14 所示。

1. 工商银行理财产品

工商银行的理财产品主要分为 6 种，包括现金管理类、封闭类、定期外币类、定期开放类、外币类、净值类。主要产品是保本型及"工银财富""安享回报"套利类。不同的理财产品的投资限额是不同的，因此投资者在选择时要注意这点。

2. 农业银行理财产品

农业银行理财产品种类比较丰富，主要包括"本利丰"定向理财、"金钥匙·安心得利""金钥匙·如意""安心·灵动""金益农·惠农理财""境外宝""汇利丰"等。起购金额为 50 000 元，产品的预期收益率不是很高，风险等级小于或等于中高级。

图 2-14　五大银行理财产品的特点

3. 中国银行理财产品

中国银行的理财产品种类也较丰富，主要包括中银财富——创富、中银债富、中银稳富、中银集富、中银日积月累——月计划、中银平稳理财计划、中银安稳回报系列等，大部分的理财产品没有地区的限制。

4. 建设银行理财产品

建设银行理财产品分为六大类，包括建行财富、利得盈、汇得盈、QDII、乾元、网银专享，其中 QDII 属于较高风险产品，可以赎回，而代理理财产品风险也较高，但是不能赎回，其他产品属于低风险产品。起购金额不等，有几千元的，也有几十万元的，大多数产品全国发行，少数限地区发行。

5. 交通银行理财产品

交通银行的理财产品主要有活期理财和定期理财两种，收益类型主要为保本型和非保本型。起购金额为 5 万元、10 万元、50 万元不等，风险等级有保守型、稳健型、平衡型三种。

图 2-14　五大银行理财产品的特点(续)

2.2.2　选择适合自己的理财产品

对投资者来说，最重要的不是银行发行了多少理财产品，而是怎样从这些种类繁多的理财产品中选择到适合自己的理财产品。在做了个人风险测评以后，我们可以根据不同理财产品的风险等级来筛选理财产品。

银行把不同的理财产品都进行了风险评级，不同的等级对应不同的风险水平。在明确了自己能承受的风险水平后，就可以选择同一风险水平的理财产品了，具体如表 2-1 所示。

表 2-1　银行理财产品的风险评级

风险等级	风险水平	评级说明	目标客户
PR1 级	很低	产品保障本金，且预期收益受风险因素影响很小；或产品不保障本金，但本金和预期收益受风险因素影响很小，且具有较高流动性	经银行客户风险承受能力评估为保守型、稳健型、平衡型、成长型、进取型的有投资经验和无投资经验的客户

续表

风险等级	风险水平	评级说明	目标客户
PR2 级	较低	产品不保障本金，但本金和预期收益受风险因素影响较小；或承诺本金保障，但产品收益具有较大不确定性的结构性存款理财产品	经银行客户风险承受能力评估为稳健型、平衡型、成长型、进取型的有投资经验和无投资经验的客户
PR3 级	适中	产品不保障本金，风险因素可能对本金和预期收益产生一定影响	经银行客户风险承受能力评估为平衡型、成长型、进取型的有投资经验的客户
PR4 级	较高	产品不保障本金，风险因素可能对本金产生较大影响，产品结构存在一定复杂性	经银行客户风险承受能力评估为成长型、进取型的有投资经验的客户
PR5 级	高	产品不保障本金，风险因素可能对本金造成重大损失，产品结构较为复杂，可使用杠杆运作	经银行客户风险承受能力评估为进取型的有投资经验的客户

知道了理财产品的风险评级以后，就可以把同一风险水平的理财产品进行比较，然后再选出适合自己的理财产品。比如，选择建设银行低风险的理财产品，在同样的低风险产品中可以做如表 2-2 所示的比较。

表 2-2　同一风险等级理财产品的比较

产品名称	起购金额	投资期限	投资币种	预期收益率	可否赎回
"建行财富"2015 年人民币第 12 期(非保本)	50.00 万元	半年以内	人民币	4.60%	封闭
利得盈 2015 年第 25 期人民币理财(非保本)	5.00 万元	半年以内	人民币	4.55%	封闭
汇得盈非保本外币理财产品 2015 年第 15 期	1.00 万元	半年以内	澳大利亚元	2.30%	封闭
"乾元—共享型"2015 年第 97 期理财产品	5.00 万元	半年以内	人民币	5.15%	封闭

续表

产品名称	起购金额	投资期限	投资币种	预期收益率	可否赎回
"乾元—共享型"2015 年第 96 期(网银专享)理财产品	5.00 万元	半年以内	人民币	4.90%	封闭
"建行财富"人民币 2015 年第 10 期(非保本)	50.00 万元	一年以内	人民币	4.80%	封闭

通过对比不同理财产品的起购金额、预期收益率、投资期限、投资币种等情况，我们就可以根据个人情况来选择适合自己的产品。在对比时也可以加入更多的对比项，比如投资方向、产品类型等。

2.2.3 理财产品的购买

挑选好要购买的产品以后就可以购买该产品了，购买理财产品的方式主要有两种，一种是自行到银行网点购买；另一种是在网上银行购买。在银行柜台购买会有专业的理财顾问指导我们操作，我们来看看怎样通过网上银行购买理财产品。

【实战案例】在网上银行购买理财产品

Step01 在建设银行网上银行购买理财产品，登录建设银行个人网上银行，在首页单击"投资理财"选项，如图 2-15 所示。

图 2-15 "投资理财"选项卡

Step02 单击"理财产品"超链接，在弹出的下拉列表中选择"理财产品首页"选项，如图 2-16 所示。

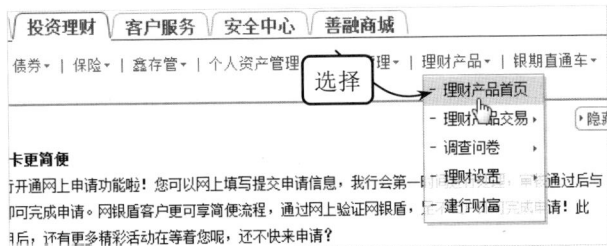

图 2-16 理财产品首页

Step03　在打开的页面中会看到目前最新的理财产品以及在售的产品，选择要购买的理财产品，单击"购买"按钮，如图 2-17 所示。

产品名称 ◇	产品类型	是否保本	币种	起点金额 ◇	期限 ◇	预期收益率% ◇	募集期	单击 度	操作
乾元-共享型 2015-93理财产品	其他类	非保本	人民币	50,000.00	45天	4.30000	20150609-2 0150614	大于1000万	购买
乾元-共享型 2015-95理财产品	其他类	非保本	人民币	50,000.00	57天	4.50000	20150611-2 0150616	大于1000万	购买
乾元-私享型2015-67理财产品	其他类	非保本	人民币	500,000.00	71天	4.70000	20150611-2 0150616	大于1000万	购买
乾元-共享型 2015-94理财产品	其他类	非保本	人民币	50,000.00	93天	4.70000	20150610-2 0150615	大于1000万	购买
乾元-共享型2015-96理财产品	其他类	非保本	人民币	50,000.00	124天	4.90000	20150611-2 0150616	大于1000万	购买

图 2-17　理财产品购买页面

Step04　在打开的页面中选择账户，单击"下一步"按钮，如图 2-18 所示。

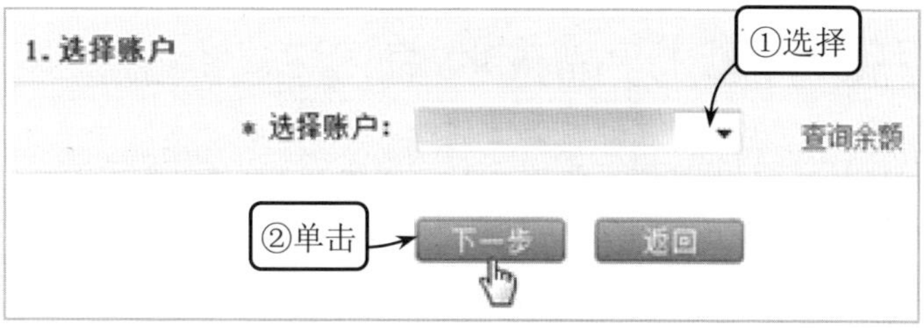

图 2-18　选择账户页面

Step05　进入理财产品协议书的阅读，在阅读完理财产品协议说明书以后，选中"我已认真阅读"复选框，并单击"下一步"按钮，如图 2-19 所示。

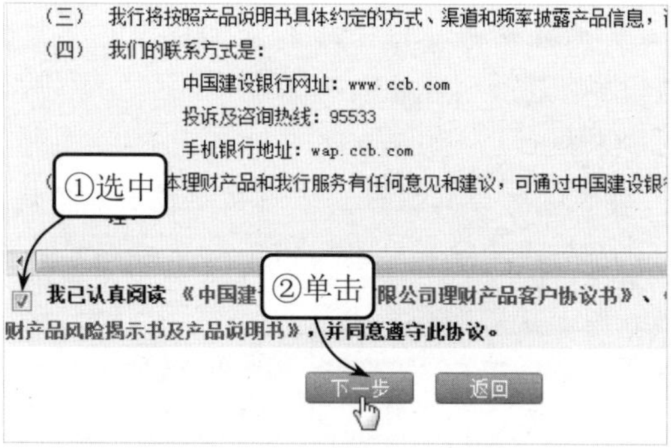

图 2-19　理财产品协议说明

Step06　在打开的页面中填写购买信息，输入购买金额、风险提示声明文字，并单击"下一步"按钮，便可完成理财产品的购买，如图 2-20 所示。

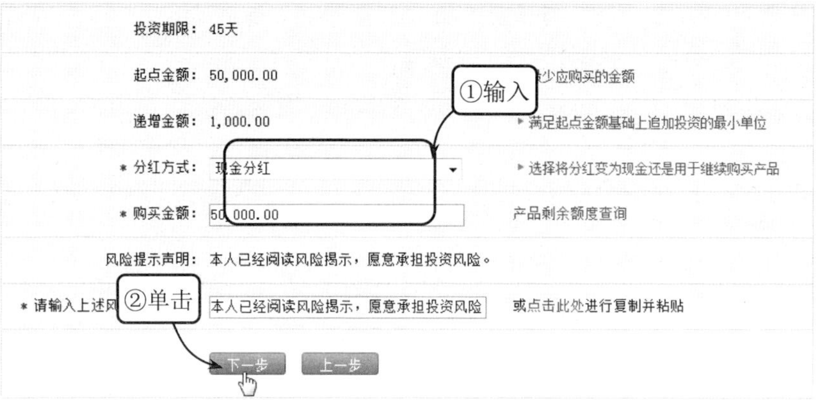

图 2-20　理财产品购买信息

由于不同银行的网上银行页面内容不同，操作时会存在相应的差别，但基本的步骤都是一致的。

2.2.4　计算银行理财产品的收益

购买了银行理财产品以后，投资者最关心的就是收益了。银行理财产品也是有一定的计算方式的，大致和存款储蓄的计算方式相同。

预期收益=投资金额×预期收益率×投资天数/365 天

需要特别注意的是，当银行理财产品到期以后并不能马上取出收益，因为银行理财产品还有一个产品结算日和清算日等日期。

【实战案例】银行理财产品收益的取出

小刘今年 3 月 15 日的时候购买了银行保本型 180 天的理财产品，算好了 180 天以后就能取出自己这次的投资收益和本金。小刘在购买了产品以后，就在自己的手机备忘录记录了要取钱的日期，以免自己忘记了。

在 9 月 12 日，小刘到银行准备取出自己的本金和收益，可是工作人员却告诉他 180 天的期限还没有到。这时小刘才知道，原来当时他购买理财产品的时候还处于产品募集期，那时不算投资时间，也不计算利息。

算准了 180 天的投资时间以后，小刘又到银行准备取出自己的资金，银行工作人员却告诉他，他的账户里没有资金。在工作人员的解释下小刘才明白，原来投资时间到了以后，还有一个产品清算期，一般在一个星期左右。产品清算以后，投资的本金和利息收入才会返还到账户。

通过小刘的故事告诉投资者，在购买银行理财产品时有几个重要的日期是需要特别留意的，如图 2-21 所示。

①产品募集期

理财产品募集期是指一种理财产品从开始销售到停止销售这一段时间的期限，银行对不同的理财产品都设定了募集期，一般为一个星期左右，有些银行规定如果理财产品提前销售完成也要等到募集期以后才会开始计息，也就是说募集期是不计利息的。

②利息计算时间

银行理财产品的利息计算时间，是指银行规定的该理财产品投资计算利息的时间，一般是从募集期以后开始计算该款理财产品的利息，开始计算利息的时间也叫作起始日。从这个日期开始理财产品才正式进入投资时间的计算。

③产品结算日

理财产品的产品结算日是指理财产品终止计算利息的日期，也被称为终止日和到期日，这个日期表示该款理财产品的投资结束，但是并不代表客户就可以取出自己的本金和利息收入。

④产品清算期

理财产品的产品结算日过了以后，理财产品会进入产品清算期，一般为一个星期左右，快的话也要一天时间，清算期就是指结算日至本息到达投资者账户之间的时间。清算期过了以后投资者才能从银行账户里取出本息。

图 2-21　银行理财产品的几个重要时间

从图 2-21 可以看出，实际上银行理财产品的实际投资时间要比该理财产品的标的投资时间长，因为要经历募集期和清算期，而这两个时期都是不计算利息收入的。

2.3　注意银行理财产品的陷阱

我们已经知道了银行理财产品有一个时间期限的陷阱，实际上为了促进理财产品的销售，银行在发行理财产品的时候会对不同的理财产品进行包装，投资者在购买银行的理财产品的时候没有足够的了解，从而陷入了一些陷阱之中。银行的理财产品也存在或多或少的缺陷，投资者在购买这类理财产品时也要擦亮自己的眼睛。

2.3.1　了解理财产品的说明书

在购买银行理财产品的时候，银行都会给我们一个产品说明书让投资者仔细阅读并签字，在网上购买时也会让投资者勾选同意该产品的协议说明书。

　　然而很多投资者在购买理财产品时并不会阅读产品说明书，其实产品说明书对投资者来说是很重要的。

　　而有些投资者为了购买理财产品，草草签字，我们来看看产品说明书都有哪些内容，图 2-22 所示的是建设银行某理财产品的产品说明书的部分内容。

图 2-22　理财产品说明书

　　从图 2-22 可以看出，一份理财说明书主要包括产品要素、投资管理、产品运作说明、理财收益与费用说明、理财产品到期本金及收益兑付、提前终止、信息披露等内容。

　　而详细的内容都使用了很多专业术语，这也是为什么很多投资者表示看不懂理财说明书的重要原因；而有些定义模糊，对有些费用的收取也容易使投资者产生误解。银行理财产品的说明书，一般有以下几点可能存在的陷阱，如图 2-23 所示。

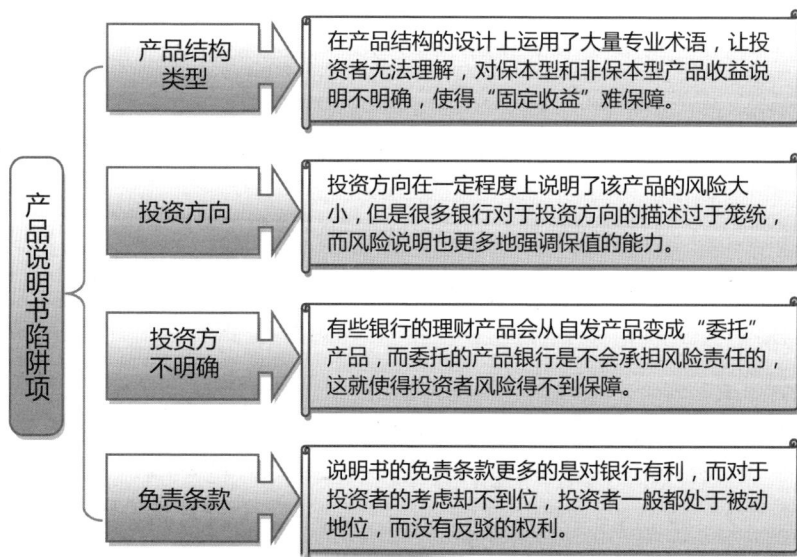

图 2-23　理财产品说明书的陷阱

2.3.2   理财产品误区

投资者之所以会误入银行理财产品的陷阱中,其中一部分的原因是由于投资者对理财产品本身产生了误区,以及对说明书、风险揭示书的不了解。投资者对理财产品产生的误区主要有以下几种。

【实战案例】把保险产品认为是理财产品

周先生在银行购买理财产品,工作人员为他推荐了5年期的一款理财产品,工作人员告知能够获得5%~6%的收益率,年底有分红。理财经理为周先生进行了简单的计算,周先生一看收益还不错,比银行存款高多了,于是拿出了10万元购买该款理财产品。

2年以后,周先生急于用钱,想到自己还有10万元的理财产品。于是他到银行准备提前赎回该理财产品。结果到了银行他才知道,如果提前赎回只能得到60%~70%的本金,而提前赎回分红的收益也没有。

周先生纳闷了,这时工作人员才告诉周先生原来他以前购买的并不是理财产品,而是一款保险产品。而银行客户经理当时并未明确告知该款理财产品并不是真正意义上的理财产品,而是一款银保产品。

【专家提醒】区分理财产品与保险产品

一般来说,理财产品和保险产品有以下区别,理财产品说明书上会写明××银行第×期人民币(外币)理财产品并有产品编号,而保险产品会写明保险公司名称、产品名称等内容。理财产品和保险产品的收益计算是不同的,理财产品提前赎回的损失没有保险产品高,保险产品如果首年就赎回现金损失将会更多。

【实战案例】认为超额收益也能得到

很多理财产品都是不能保证收益的,而有些时候投资理财产品的实际收益率会比银行给出的预期收益高,但是这种情况下投资者往往得不到超出的收益。

张小姐在购买一款理财产品时,发现说明书上有如图2-24所示的条款说明。

该理财产品收益和费用说明第3条中,有这样的条款:剩余收益率如大于客户预期年化收益率,则客户按预期年化收益率5.15%计算,中国建设银行收取超出的部分作为产品管理的费用。如剩余收益为负时,客户将面临部分本金损失,中国建设银行将不再收取其他任何费用。

也就是说,超出的收益银行将收取,投资者享受不到,而投资失败的风险将由投资者自行承担。

而很多投资者认为超出的收益也会得到,从而产生了误区,投资者在购买理财产品时要明确超额部分收益是归银行所有的。

3. 测算示例

本期产品拟投资的资产组合预期年化净收益率以每笔基础资产的预期年化净收益率为基础进行计算（但货币市场工具类资产预期年化净收益率受市场变化影响可能出现波动）。本期产品拟投资的资产组合预期年化净收益率经测算为 5.30%。若经管理，投资于基础资产的本金按时足额回收，获得收益在扣除产品托管费 0.05%/年、产品销售费 0.10%/年等相关固定费用后：

1. 剩余收益率如大于客户预期年化收益率，则客户收益按预期年化收益率 5.15% 计算，中国建设银行收取超出的部分作为产品管理的费用；

2. 剩余收益率如等于客户预期年化收益率，则客户收益按预期年化收益率 5.15% 计算，中国建设银行将不再收取其他任何费用；

3. 剩余收益率如小于客户预期年化收益率，则客户收益按剩余收益计算，中国建设银行将不再收取其他任何费用。

4. 如剩余收益为负时，客户将面临部分本金损失，中国建设银行将不再收取其他任何费用。

在投资于基础资产的本金未按时足额回收的情况下，须根据投资于基础资产的本金及收益实际回收情况在扣除相关固定费用后计算客户应得本金及收益；如发生基础资产无法回收任何本金和收益的最不利情况下，客户将损失全部本金。

图 2-24　理财产品收益说明

【专家提醒】银行的利差收益

　　　一般来说，有这样条款的理财产品多为非保本浮动收益型的理财产品。投资者在购买这类理财产品时就要格外注意，了解产品说明书中是否有这样的条款，如果有的话投资者要慎重考虑，如果对这样的条款不满意可以考虑其他理财产品。

2.3.3　正确认识收益率

投资者购买理财产品的目的都是希望理财产品能为自己带来收益，但是很多投资者并没有认识清楚理财产品的收益率，而银行打出的收益率并不是实际的收益率，由此投资者要区分三大收益率，如图 2-25 所示。

不管银行预期的收益率是多少，银行都不会保证到期后能够获得该收益率，实际收益率和银行给出的收益率都是有差距的，投资者不要把这几个概念混淆了。

【专家提醒】看清收益率

　　　投资者常常会被银行打出的高收益产品所吸引，实际上许多高收益的理财产品多数为结构性的理财产品，投资者在选择高收益理财产品时要了解清楚产品的风险类型，看清楚承诺的收益是否能实现，高收益率的产品承担的风险也相对较大，投资者应谨慎选择。

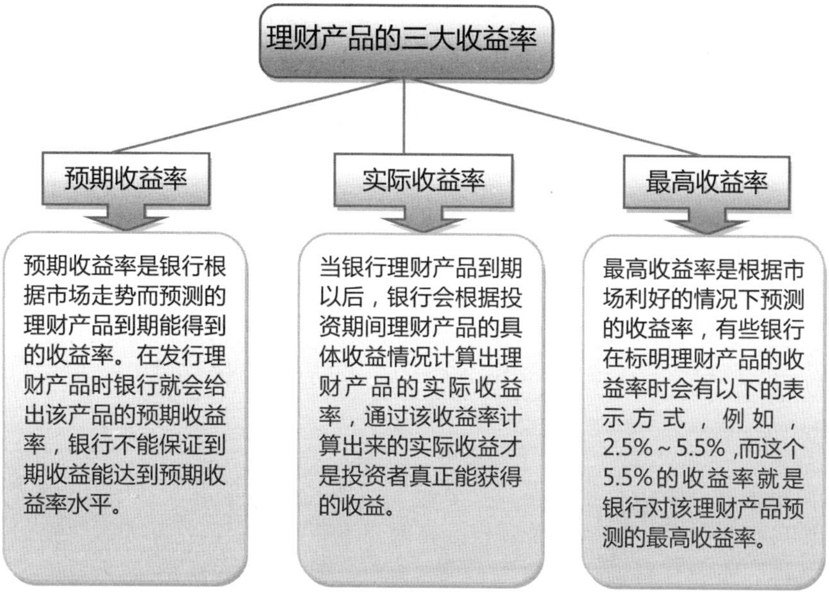

图 2-25 三大收益率

2.3.4 理财产品的费用收取

投资理财产品并不是免费的，而很多费用都是"隐藏"起来了的，投资者并不知道银行收取了费用，一般有产品托管费、销售费等，比如一款理财产品的说明书里关于费用有如图 2-26 所示的说明。

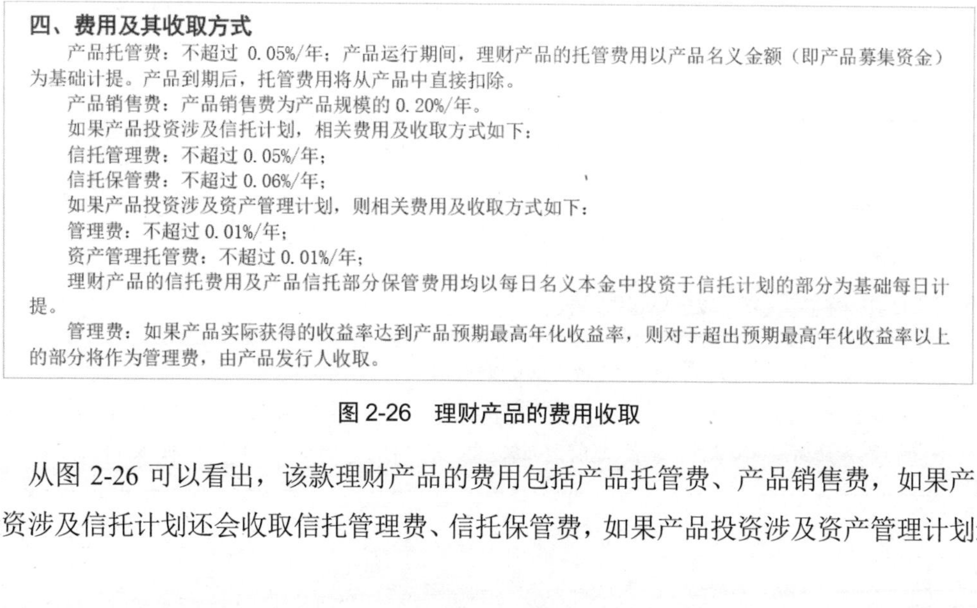

四、费用及其收取方式
  产品托管费：不超过 0.05%/年；产品运行期间，理财产品的托管费用以产品名义金额（即产品募集资金）为基础计提。产品到期后，托管费将从产品中直接扣除。
  产品销售费：产品销售费为产品规模的 0.20%/年。
  如果产品投资涉及信托计划，相关费用及收取方式如下：
  信托管理费：不超过 0.05%/年；
  信托保管费：不超过 0.06%/年；
  如果产品投资涉及资产管理计划，则相关费用及收取方式如下：
  管理费：不超过 0.01%/年；
  资产管理托管费：不超过 0.01%/年；
  理财产品的信托费用及产品信托部分保管费用均以每日名义本金中投资于信托计划的部分为基础每日计提。
  管理费：如果产品实际获得的收益率达到产品预期最高年化收益率，则对于超出预期最高年化收益率以上的部分将作为管理费，由产品发行人收取。

图 2-26 理财产品的费用收取

从图 2-26 可以看出，该款理财产品的费用包括产品托管费、产品销售费，如果产品投资涉及信托计划还会收取信托管理费、信托保管费，如果产品投资涉及资产管理计划还要收取管理费、资产管理托管费，以及实际收益率高于预期最高年化收益率以上的部分即将作为管理费。

各项费用叠加起来，投资者所要支付的也是一笔不小的费用。扣除这些费用以后，投资者获得的收益也会大大缩水。

2.3.5　理财产品的提前终止

有些时候在购买了理财产品以后，投资者会因为个人原因要提前终止该次投资，有时银行也会因为一些特殊情况提前终止，而投资者在购买时也要特别注意提前终止条款。

【实战案例】投资期限"缩水"

小罗在今年 6 月份的时候购买了一款理财产品，投资期限为 90 天。但是没过两个月小罗就接到银行电话，告知该理财产品在两天后将会终止，投资期限将缩短为 56 天，理财的本息将会在近日转到她的账户下。

过了几天小罗收到银行的划款，结果一看该产品的收益总共才几百元。小罗到银行进行理论，但是工作人员告知她银行有权提前终止，至于是什么原因造成提前终止，银行有权不告知。小罗回家以后找出了该理财产品的说明书，只见上面有如图 2-27 所示的条款。

七、提前终止

1. **在本产品投资期间，投资者无提前终止权，**如出现如下情形，中国建设银行有权但无义务提前终止本理财产品。一旦中国建设银行提前终止本理财产品，将提前两个工作日以公告形式通知投资者，并在提前终止日后三个工作日内向投资者返还理财资金及应得收益，应得收益按实际理财期限计算：

（1）如遇国家金融政策出现重大调整并影响到本理财产品的正常运作时，中国建设银行有权提前终止本理财产品。

（2）因市场发生极端重大变动或突发性事件等情形时，中国建设银行有权相应提前终止本理财产品。

图 2-27　理财产品提前终止说明

这种投资期限缩水的情况有很多，投资者在购买时也不会注意这些，理财产品期限缩水都是银行说了算。而很多时候投资者是无法提前终止的，只有极少数的理财产品投资者可以提前终止，对于提前终止也是有限制条件的。因此投资者在购买时要留意提前终止条款。

【知识拓展】提前终止的收益计算

大多数理财产品投资者不能提前终止，如果是银行提前终止，一般会按照实际的投资天数和实际的年化收益率计算利息，对于有些投资者可以提前终止的理财产品，如果投资者提前终止，很多时候是没有任何利息收入的。

2.4　银行理财产品的购买技巧

任何理财产品都不是完美无缺的，对于没有太多投资经验的投资者来说，银行理财是不错的选择，而购买银行理财产品也是有一定的技巧的，了解一些银行理财的技巧，将帮助投资者更好地通过银行理财获利。

2.4.1　不同产品组合技巧

每个银行都发行了不同种类的理财产品，通过不同的产品组合，可以使投资者在保证收益的情况下尽可能获得更多的收益。

🐂　【实战案例】理财产品的组合技巧

郑先生最近打算投资银行的理财产品，郑先生的这次投资希望尽可能地保证本金，同时也希望承受一定的风险获取更高的收益。经过了解郑先生知道了银行理财产品分为保本保证收益、保本不保证收益、非保本浮动收益这3类。

郑先生目前有 10 万元，打算选择两款理财产品进行投资，郑先生挑选出了几款不同的理财产品进行比较，如表 2-3 所示。

表 2-3　银行理财产品比较

产品名称	起购金额	投资期限	收益类型	预期收益率
"本利丰·62 天"人民币理财产品	5.00 万元	62 天	保证收益	3.80%
"本利丰·90 天"人民币理财产品	5.00 万元	90 天	保证收益	3.90%
"安心·270 天"人民币理财产品	5.00 万元	270 天	非保本浮动收益	4.90%
"安心·360 天"人民币理财产品	5.00 万元	360 天	非保本浮动收益	5.00%
"本利丰步步高"第 1 期开放式产品	5.00 万元	732 天	保本浮动收益	1.70%～4.20%
"本利丰天天利"第 2 期开放式理财产品	5.00 万元	1061 天	保本浮动收益	2.30%～2.70%

评估了个人的风险承受能力以后，郑先生购买了"本利丰·90天"人民币理财产品，这样可以让自己的收益和本金都能得到保证，同时也购买了"本利丰步步高"第1期开放式产品。郑先生作为稳健型投资者，这样的选择方式可以保证本金不受损失，同时也让自己尽可能获取更大的收益。

郑先生的这种组合方式属于长期和短期的组合方式，这样的产品组合可以兼顾不同的风险大小产品，同时投资类型也更为多元化。理财产品的组合技巧，还有如图2-28所示的几种组合。

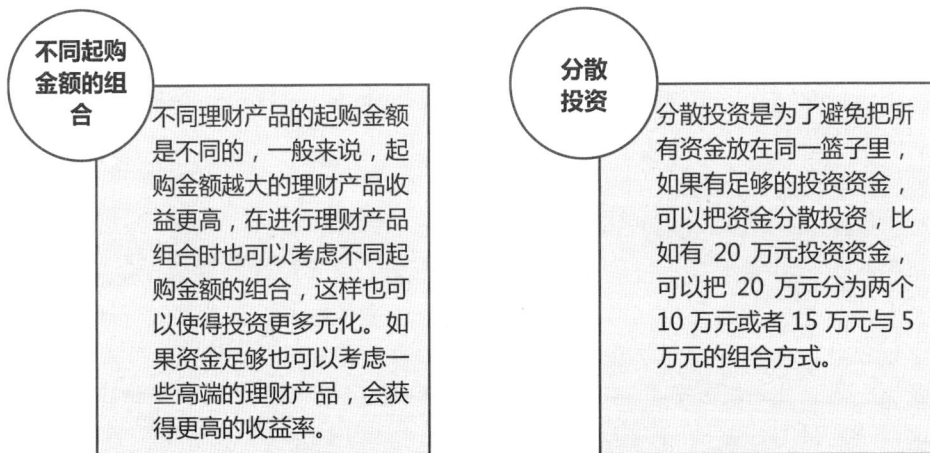

图 2-28　理财产品的投资组合技巧

2.4.2　选择购买渠道

目前，银行理财产品的购买渠道是很多的，通过银行柜台、网上银行、手机银行都可以购买到理财产品。在不同的渠道购买可以获得的收益率是不同的，通过同一银行不同渠道的收益率比较，会发现通过手机银行购买理财产品会获得更高的收益率。

【实战案例】理财产品购买渠道的选择

很多银行也推出了网上银行、手机银行专属理财产品，较柜台购买收益率相对要高些。例如，比较建设银行2015年6月同一时期在售理财产品，不同渠道购买理财产品收益率，如表2-4所示。

表2-4　建设银行不同渠道购买理财产品收益比较

产品名称	起购金额	投资期限	是否保本	投资币种	预期收益率
利得盈2015年第25期人民币非保本理财	5.00万元	半年以内	非保本	人民币	4.55%

续表

产品名称	起购金额	投资期限	是否保本	投资币种	预期收益率
"乾元添福"2015 年第 315 期(手机银行专享)理财产品	5.00 万元	半年以内	非保本	人民币	4.70%
"乾元—共享型"2015 年第 96 期(网银专享)理财产品	5.00 万元	半年以内	非保本	人民币	4.90%

从表 2-4 可以看出，不同的购买渠道在柜台购买的预期收益率要比网上银行和手机银行购买收益率更低，在选择购买渠道的时候，投资者可选择网上银行、手机银行作为购买渠道，会获得更高的收益率。

【应用技巧】购买时机的选择

> 购买理财产品对时机的选择也是很重要的，在节假日或者银行"钱荒季"购买理财产品可能会获得更多的利益。因为在节假日的时候，银行会推出节日专属的理财产品；在"钱荒季"的时候，为了吸储，银行也会提高收益率，以此来吸引客户投资。

2.4.3 其他理财小窍门

目前，市面上的理财产品可谓层出不穷，不同的理财产品收益率也是不同的，在种类繁多的理财产品中找到好的理财产品还需要投资者掌握一些小窍门。下面我们总结了一些常见的小技巧，如图 2-29 所示。

选择银行	银行不同理财产品的收益率也会不同，通常来说，小银行的收益率要比一些大型的银行收益率高。目前很多小银行发展也比较迅速，购买一些已经上市的中小银行的理财产品也是不错的选择。
看理财夜市	银行营业的时间是朝九晚五，但是对于上班族来说，上班时间没有精力和时间去购买理财产品，而很多银行也推出了理财夜市，为方便上班一族购买理财产品。银行有时会在理财夜市发布一些"秒杀"的理财产品，而这类理财产品收益相比其他理财产品要高些。
选准时间	银行发布的理财产品的时间是不确定的，但是投资者购买时间却是可以选择的。通常来说，银行在月末、季末、年末的时候发布的理财产品收益会相对高些，而投资者可以在月初购买短期或中期产品，再到月末购买长期理财产品，这短、中、长期的组合，可以有效利用资金。

图 2-29 理财小窍门

Chapter 03

稳健的理财产品——债券

债券作为稳健的理财产品具有安全性高、收益高、流动性强的特点。投资债券市场相比投资股票、期货等市场能获得更稳定的利息收入，这也是很多投资者选择债券投资的原因。

本章要点

- ◇ 债券的定义与持点
- ◇ 债券投资的风险
- ◇ 债券的分类
- ◇ 在场内购买债券
- ◇ 在场外购买债券
- ◇ 计算债券的投资成本
- ◇ 计算债券的收益
- ◇ 国债的投资品种
- ◇ 网上购买国债

- ◇ 国债投资的技巧
- ◇ 公司债券的买卖
- ◇ 计算公司债券的收益
- ◇ 特殊的公司债券——可转债
- ◇ 可转债的投资技巧
- ◇ 查询债券行情
- ◇ 选择适合自己的债券理财产品
- ◇ 债券的组合投资技巧
- ◇ 避免错误的投资心理

3.1 什么是债券

不管是稳健型还是进取型的投资者都可以购买债券，稳健型投资者可以利用债券来保值并且获取一定收益，进取型投资者可以利用债券投资来使得自己的投资更加多元化。

债券是比较简单的理财产品，但是也需要投资者对债券有足够的认识才能在债券市场占有一席之地。

3.1.1 债券的定义与特点

债券是一种有价证券，是指金融机构、政府等为筹集资金发行的承诺到期还本付息的债务凭证，债券的发行人就是债务人，债券的购买者就是债权人，这就构成了发行者和投资者之间的债权债务关系。

债券是企业获取资金的重要手段，它作为一种金融工具有着自身的特点，具体如图 3-1 所示。

安全性	流通性	收益性	偿还性
与股票、期货等理财产品相比，债券有约定的固定利率，收益比较稳定、风险较小、安全性较高。	债券一般都能在流通市场上自由买卖，投资者在急需资金的时候可以把债券卖出换取现金。	债券投资不仅可以到期获得利息收入，也可以通过债券价格的变动来买卖债券，从而赚取差额。	债券是有一定的偿还期限的，到期以后发行人必须按照约定的条件偿还给投资者本息。

图 3-1　债券的特点

3.1.2 债券投资的风险

任何投资都是有风险的，债券虽然是稳健的理财产品，但也有一定的风险因素存在。对于投资者来说，风险意味着投资可能带来一定的经济损失，了解债券投资的风险，能够帮助投资者在投资债券市场时采取一些措施来规避风险。

债券存在的风险归纳起来有以下几类，如图 3-2 所示。

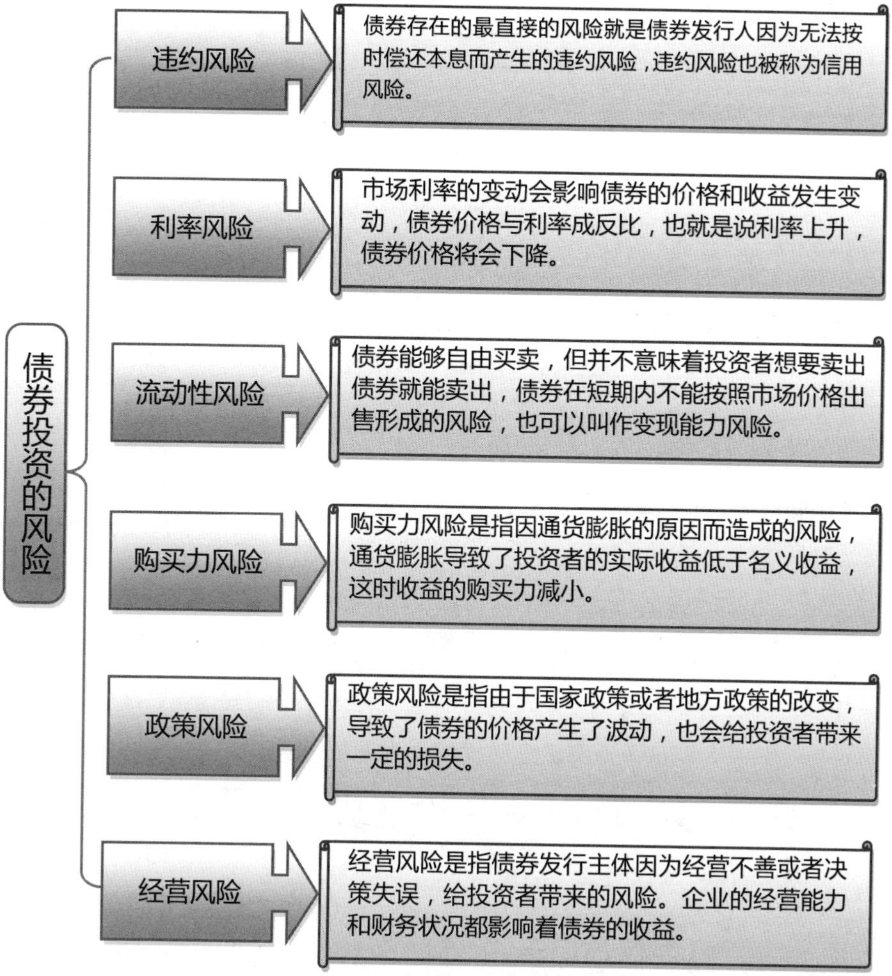

图 3-2　债券投资的风险

债券投资的风险

违约风险
债券存在的最直接的风险就是债券发行人因为无法按时偿还本息而产生的违约风险，违约风险也被称为信用风险。

利率风险
市场利率的变动会影响债券的价格和收益发生变动，债券价格与利率成反比，也就是说利率上升，债券价格将会下降。

流动性风险
债券能够自由买卖，但并不意味着投资者想要卖出债券就能卖出，债券在短期内不能按照市场价格出售形成的风险，也可以叫作变现能力风险。

购买力风险
购买力风险是指因通货膨胀的原因而造成的风险，通货膨胀导致了投资者的实际收益低于名义收益，这时收益的购买力减小。

政策风险
政策风险是指由于国家政策或者地方政策的改变，导致了债券的价格产生了波动，也会给投资者带来一定的损失。

经营风险
经营风险是指债券发行主体因为经营不善或者决策失误，给投资者带来的风险。企业的经营能力和财务状况都影响着债券的收益。

3.1.3　债券的分类

债券投资有收益同时也有风险，在债券市场上债券的分类方式有很多种，根据不同的分类标准可以把债券分为不同的种类。

常见的债券分类方式有按发行主体分类、按付息方式分类、按是否有担保分类、按债券形态分类、按是否可转换分类，我们可以简单了解几种比较重要的分类。

熟悉债券的分类品种，是投资者进行债券投资所必备的知识。投资者可以看到哪些债券产品更适合自己投资，我们来看看投资主体分类债券可以分为哪几类，具体内容如

图 3-3 所示。

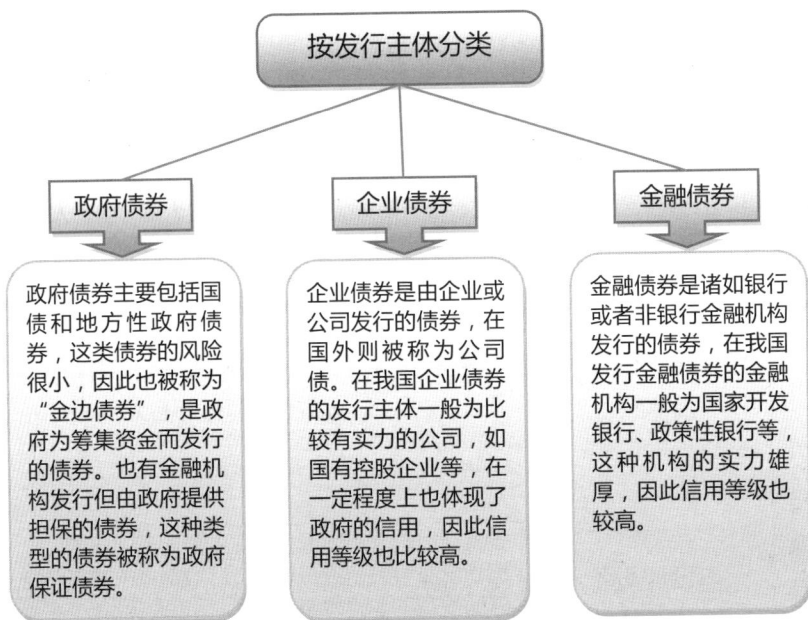

图 3-3　债券按发行主体分类

按债券的形态分类主要分为实物债券、凭证式债券、记账式债券，其中实物债券又叫作无记名债券。实物债券是指具有标准格式实物票面的债券；凭证式债券则是以收款凭证的方式发行的债券；记账式债券是指没有实物形态的债券。

在实际的债券投资中，常见的实物债券和凭证式债券如图 3-4 所示。

图 3-4　实物债券(左)和凭证式债券(右)

【知识拓展】实物债券的逐渐取消

实物债券会在票面上印制债券面额、利率、期限、发行人等，很多国家对实物债券的格式都有明确的规定，但是由于实物债券的发行成本比较高，许多国家也在逐渐取消实物债券的发行，在未来实物债券很可能不复存在。

债券按照是否可转换可分为可转换债券和不可转换债券,可转换债券是指可以按照一定的比例转换成普通股的债券;反之,就是不可转换债券。另外还有一种债券的衍生品种,主要有 4 类,如图 3-5 所示。

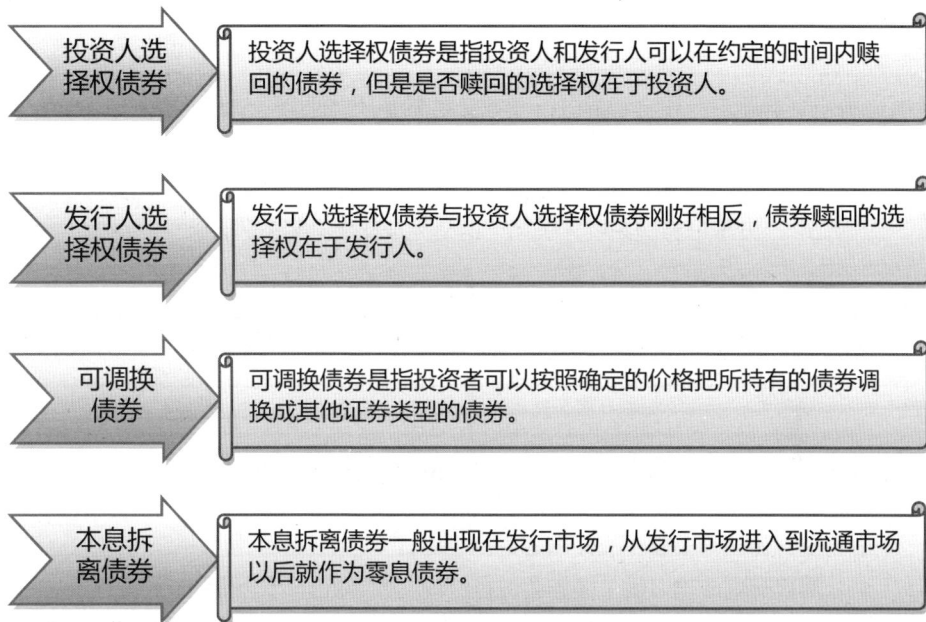

投资人选择权债券	投资人选择权债券是指投资人和发行人可以在约定的时间内赎回的债券,但是是否赎回的选择权在于投资人。
发行人选择权债券	发行人选择权债券与投资人选择权债券刚好相反,债券赎回的选择权在于发行人。
可调换债券	可调换债券是指投资者可以按照确定的价格把所持有的债券调换成其他证券类型的债券。
本息拆离债券	本息拆离债券一般出现在发行市场,从发行市场进入到流通市场以后就作为零息债券。

图 3-5　衍生债券品种

【知识拓展】债券的其他分类

> 按照债券是否上市可分为上市债券和非上市债券。债券的计息方式主要有单利计息、复利计息、累进利息。利息的支付方式也有 3 种,包括零息支付、定息支付和浮息支付。而偿还方式主要有两种,一种是到期一次性偿还,另一种是分期偿还。

3.2　债券购买的两种方式

债券的购买是有一定的购买流程的,债券主要有两大交易市场,一个是场内交易,另一个是场外交易,在不同的场所购买债券会有一定的差别。

3.2.1　在场内购买债券

在场内购买债券也就是在交易所购买债券，首先投资者要选择一家可靠的证券公司，具体流程如图 3-6 所示。

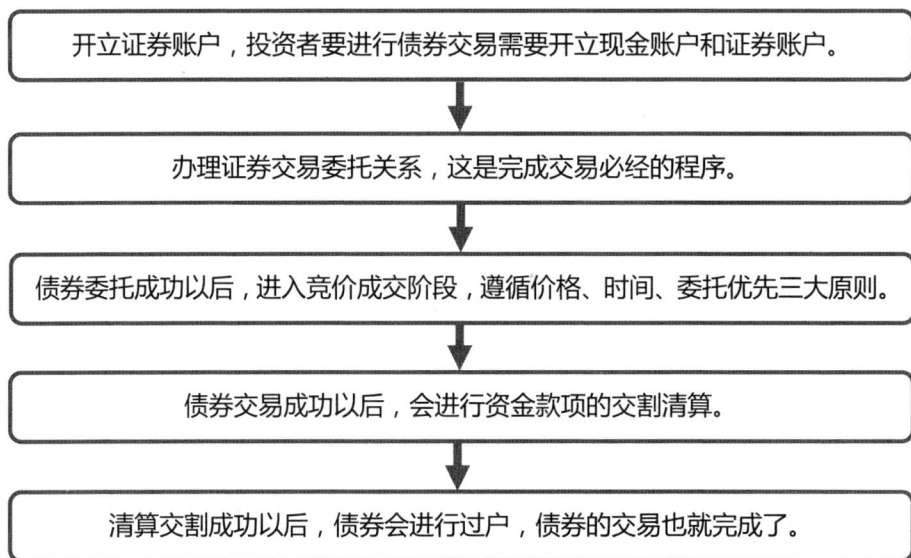

> 开立证券账户，投资者要进行债券交易需要开立现金账户和证券账户。

> 办理证券交易委托关系，这是完成交易必经的程序。

> 债券委托成功以后，进入竞价成交阶段，遵循价格、时间、委托优先三大原则。

> 债券交易成功以后，会进行资金款项的交割清算。

> 清算交割成功以后，债券会进行过户，债券的交易也就完成了。

图 3-6　债券场内交易的流程

投资者在证券公司进行开户时需要订立开户合同，之后证券公司才为其开立证券账户，开户合同应包括如图 3-7 所示的三部分内容。

① 委托人的真实姓名、身份证号码、住址、年龄、职业等。

② 证券公司与委托人之间的权利与义务关系，这是委托人应明确知晓和了解的。

③ 开户合同的有效期以及延长有效期的条件，委托人应了解清楚这些内容。

图 3-7　开户合同的内容

投资者进入证券交易所之前必须办理交易委托，委托关系的确立也需要经过一定的流程才能委托成功，如图 3-8 所示。

委托人向证券公司发出委托申请。

证券公司接到委托以后，按照委托人的委托指令填写委托单。

证券公司将委托单交由驻场人员执行委托。

图 3-8 交易委托流程

另外，债券的委托方式也有很多种，主要有当日委托和多日委托；买进委托和卖出委托；现价委托和随市委托；停止损失委托和授权委托；停止损失限价委托、立即撤销委托、撤销委托；整数委托和零数委托。

【疑难解答】为什么要开立两种账户？

要完成债券交易需要开立现金账户和证券账户，现金账户是投资者买入债券支付款项时需要使用的账户，而证券账户是交割债券时使用的账户。因为在实际交易中投资者既需要买入债券也需要卖出债券，因此投资者需要开立两种不同的账户。

3.2.2　在场外购买债券

场外购买是指在证券交易所以外的证券公司购买债券，场外购买债券分为自营买卖债券和代理买卖债券。

其中，自营买卖是指投资者作为债券买卖的乙方，证券公司作为另一方，债券的交易价格由证券公司挂牌价格决定，具体流程如图 3-9 所示。

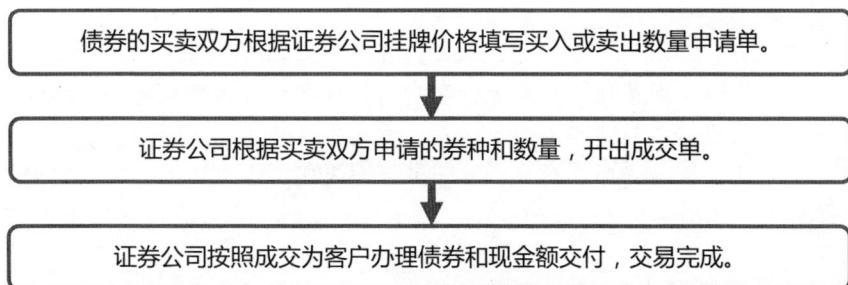

债券的买卖双方根据证券公司挂牌价格填写买入或卖出数量申请单。

证券公司根据买卖双方申请的券种和数量，开出成交单。

证券公司按照成交为客户办理债券和现金额交付，交易完成。

图 3-9 自营买卖的交易流程

> 证券公司开出的成交单上需有交易日期，成交债券名称、单价、数量、票面金额、总金额，客户的姓名、地址，证券公司名称、地址，经办人姓名、业务公章等内容，这些内容需要仔细核对，以免出现错误带来不必要的麻烦。

代理买卖债券是投资者委托证券公司为其代买债券的方式，证券公司作为买卖的媒介不会参与买卖业务，债券的交易价格由委托双方分别挂牌，达成一致后，证券公司完成代理买卖，具体流程如图 3-10 所示。

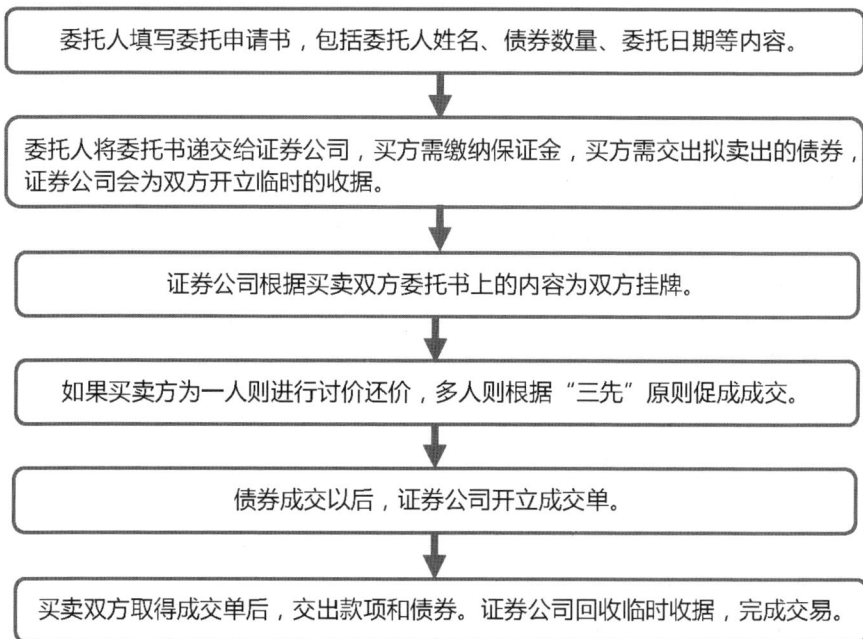

委托人填写委托申请书，包括委托人姓名、债券数量、委托日期等内容。

委托人将委托书递交给证券公司，买方需缴纳保证金，买方需交出拟卖出的债券，证券公司会为双方开立临时的收据。

证券公司根据买卖双方委托书上的内容为双方挂牌。

如果买卖方为一人则进行讨价还价，多人则根据"三先"原则促成成交。

债券成交以后，证券公司开立成交单。

买卖双方取得成交单后，交出款项和债券。证券公司回收临时收据，完成交易。

图 3-10　代理买卖债券流程

【疑难解答】什么叫"三先"原则？

> "三先"原则是指债券在竞价买卖时，证券公司根据最有利于投资委托人有利的价格进行债券买卖，简单来说，就是价格优先；相同价格时由最早提出价格的一方成交就是时间优先；自营买卖和代理买卖优先进行代理买卖就是客户委托优先。价格优先、时间优先、客户委托优先这三大原则又叫作竞价原则。

3.3 债券的成本与收益

债券投资需要投资者先付出成本以后才能获得相应的收益，债券的成本和收益是有一定计算方式的。

3.3.1 计算债券的投资成本

债券的投资成本由本金、交易费用、税收成本 3 部分构成。这 3 部分有不同的计算方式，如图 3-11 所示。

本金	债券的投资成本公式为：投资成本=购买数量×发行价格，如果中途存在转让交易，那么公式为：投资成本=购买数量×转让价格；贴息债券公式为：投资成本=票面金额×(1-年贴息率)。
	贴息债券因为在流通市场上进行了多次转让，所以需要把转让的价格也计入成本中，比如一张债券的票面金额为 200 元，年贴息率为 5%，期限为 5 年，这时购买成本=200元×(1-5%)=190 元。
交易费用	债券在一级市场发行以后就会进入二级市场流通转让，特殊的投资者在证券公司购买分销国债可以免收佣金，其他情况都要收取佣金，一般每 10 股(10 股=1 手)债券价格上升0.01 元时，佣金起价为 5 元，佣金费用最高不能超过成交金额的 2‰。
	证券公司经纪人为投资者办理一些手续时还会收取手续费、签证手续费和过户手续费等费用，债券成交后收取成交手续费为 3‰，过户的手续费为购买总金额的 2‰，因为购买地点的不同，具体的费用收取也存在一定差别。
税收成本	税收是国家收取的一笔费用，投资企业债、公司债的时候需要投资者缴纳投资收益额20%的个人收益调节税，在债券交易结束以后证券公司在清算资金账户的时候会从投资者的资金账户中扣除一部分金额作为税收费用。
	并不是所有的债券投资都会收取税收，通常来说，诸如国债、地方性政府债券、金融债券是免收税收的。

图 3-11 债券的投资成本计算

3.3.2　计算债券的收益

　　债券的收益有利息收入、买卖债券的价差收入、利息的再投资收入，具体到收益计算的时候，债券的收益水平是通过收益率来衡量的。

　　债券的收益率主要有 3 种，分别为当期收益率、到期收益率、提前赎回收益率，这三者表示的含义如图 3-12 所示。

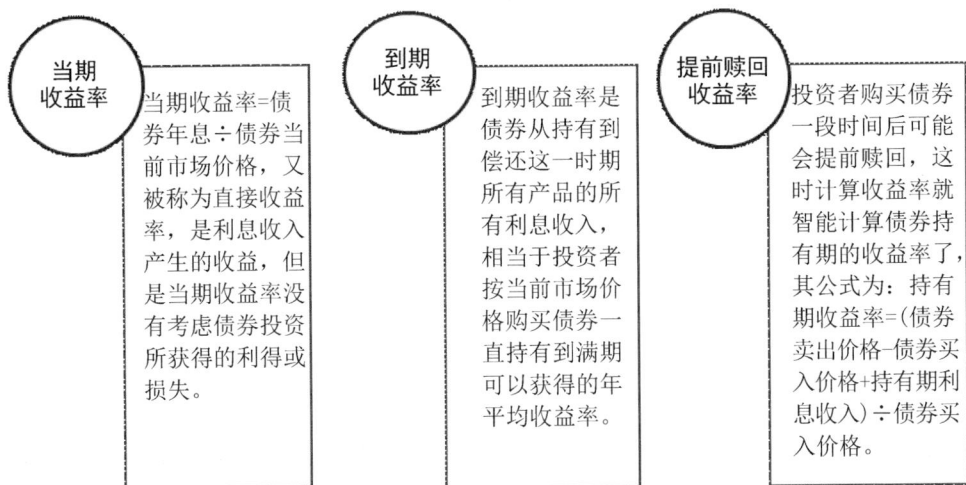

当期收益率　当期收益率=债券年息÷债券当前市场价格，又被称为直接收益率，是利息收入产生的收益，但是当期收益率没有考虑债券投资所获得的利得或损失。

到期收益率　到期收益率是债券从持有到偿还这一时期所有产品的所有利息收入，相当于投资者按当前市场价格购买债券一直持有到满期可以获得的年平均收益率。

提前赎回收益率　投资者购买债券一段时间后可能会提前赎回，这时计算收益率就智能计算债券持有期的收益率了，其公式为：持有期收益率=(债券卖出价格-债券买入价格+持有期利息收入)÷债券买入价格。

图 3-12　债券的三大收益率

3.4　国债投资

　　国债是中央政府为筹集资金而发行的一种政府债券，通俗来讲就是国家借人民的钱到期还本付息的债权债务凭证。因为它是以国家作为信用，所以也被认为是安全性最高的债券。

3.4.1　国债的投资品种

　　国债可投资的品种也是多种多样的，不同的分类方式把国债分为不同的种类，如表 3-1 所示。

　　市场上常见的国债为记账式国债、凭证式国债、无记名式国债，这三种国债的购买方式是不同的，如图 3-13 所示。

表 3-1　国债的分类方式

分类方式	品 种	分类方式	品 种
债券形态	记账式国债、凭证式国债、无记名式国债	偿还期限	短期国债、中期国债、长期国债
发行地域	国家内债、国家外债	发行性质	自由国债、强制国债
使用用途	赤字国债、建设国债、特种国债、战争国债	是否上市	上市国债、不上市国债

三种国债的购买方式

记账式国债

记账式国债可到证券公司和商业银行购买，两者区别在于银行购买不需要收取佣金费用，而在证券公司购买则需要收取0.1%~0.3% 的佣金费用。

凭证式国债

凭证式国债主要针对个人投资者发行，投资者可以到银行或者财政部门的国债服务点进行购买，由于网点遍布广泛，可以基本满足群众的需求，以百元为起点整数发售，按面值购买。

无记名式国债

无记名式国债的购买对象有个人投资者也有机构投资者，实物型的无记名式国债购买最为简单，投资者可以到各大银行和证券机构的网点进行购买，面值一般有 100 元、500元、1000 元不等。

图 3-13　三种国债的购买方式

3.4.2　网上购买国债

对大多数人来说可能都没有太多时间去银行或者证券公司购买国债。其实最简单的国债购买方式是通过网上银行购买，投资者只要开通了网上银行就能成功购买到正在发行中的国债。

【实战案例】网上银行购买国债

Step01 以建设银行为例，首先登录建设银行个人网上银行，进入建设银行个人网上银行首页后，本例中单击"投资理财"栏下的"债券"超链接，并在下拉列表中单击"债券首页"超链接，如果未开通证券交易功能需要开通证券交易功能的网银客户，系统会自动弹出开通证券交易功能链接，这时单击"请点击这里"超链接，如图 3-14 所示。

图 3-14 投资理财下拉列表

Step02 在打开的页面中阅读证券业务客户服务章程及客户须知，并选中"我已认真阅读"复选框，单击"确认"按钮，如图 3-15 所示。

图 3-15 我已阅读复选框

Step03 在打开的页面中填写客户性质、性别、固定电话、邮政编码、联系地址、手机号后四位等(*号为必填项)，并单击"下一步"按钮，如图 3-16 所示。

图 3-16 个人信息填写页面

Step04　进入新的页面以后，银行会自动向预留的个人手机号码发送短信验证码，再输入账户取款密码和短信验证码，单击"下一步"按钮，如图3-17所示。

3.获取手机短信验证码

客户姓名：		客户性质：	居民自然人
性　别：	女	证件类型：	身份证
证件号码：		联系电话：	
手机号码：		E-Mail：	
邮政编码：		联系地址：	
发送电子对账单：		证券交易账户：	

①输入

* 账户取款密码：　　［　　　　　　　］　　▸请输入您的账户取款密码。为了提高您网上交易的安全性，请勿使用简单账户密码。如果您的账户密码是简单密码，请先前往网点柜台修改

* 短信验证码：　　　［　　　　　　　］　　☑我行已向该手机　发送短信验证码，请及时输入。如未收到验证码，请点击重新获取。如手机号码不正确或为空，请到柜台办理或咨询95533

🔄 重新获取

②单击　→　下一步　上一步

图 3-17　短信验证

Step05　在打开的页面中查看签约信息，这时就完成了证券交易账户的开通，要继续完成债券的购买，单击"继续"按钮，如图3-18所示。

以下是您的签约信息

投资人姓名：		证券交易账户：	
证件类型：	身份证	件号码：	
开通日期：	20150616		

单击

打印　继续

图 3-18　签约信息

Step06　进入债券首页，会看到多种债券，也可以通过选择市场名称和债券名称进行债券的筛选，选择好要购买的债券以后单击"买"按钮，如图3-19所示。

市场名称：　***请选择***　▾　　　债券名称：　***请选择***　▾

单击

市场名称	债券名称	交易类型	客户卖出价	客户买入价	详细信息	操作
债券市场	07国债03	做市	100.2000	102.2000	详细信息	买
债券市场	07国债10	做市	103.0000	104.0000	详细信息	买
债券市场	07特别国债02	做市	106.0000	108.0000	详细信息	买
债券市场	07特别国债03	做市	103.0000	104.3000	详细信息	买

图 3-19　选择买入债券

Step07 在打开的页面中阅读银行柜台记账式债券交易业务客户须知，并选中我已认真阅读复选框，单击"同意"按钮，进入输入交易信息页面后，输入买入数量，单击"下一步"按钮，如图3-20所示。

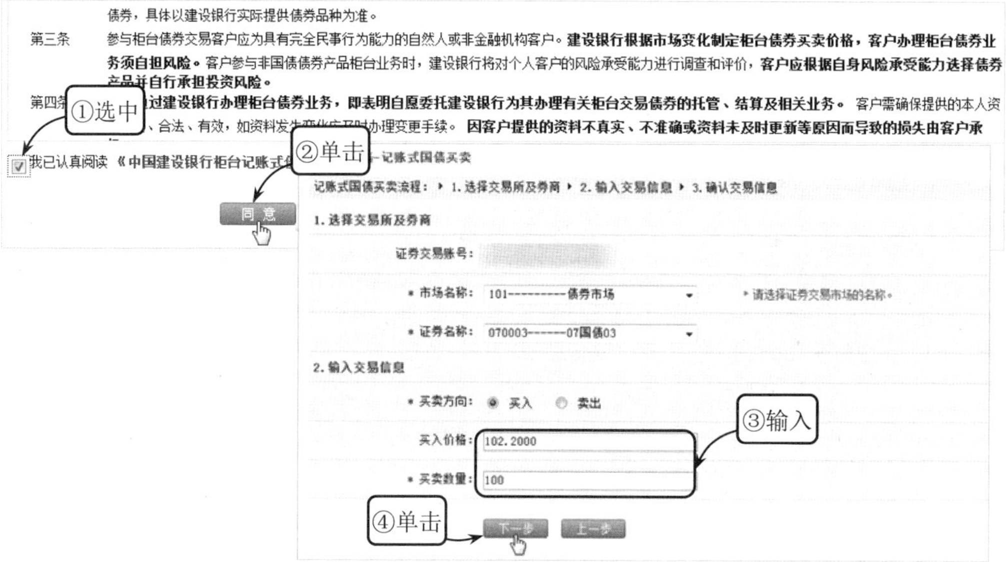

图 3-20　交易信息确认

Step08 在打开的页面中确认交易信息，单击"确认"按钮，即可完成债券的买入，如图 3-21 所示。

图 3-21　购买债券成功

【疑难解答】为什么有时网上银行购买债券不成功？

　　当投资者在网上银行购买债券的时候，银行会提示购买不成功，该时间段不能购买。这是因为债券的买卖也是有交易时间的，银行规定的时间是工作日的 10:00～15:30,也就是说只有在这个时间段通过网上银行购买债券才能成功。

3.4.3　国债投资的技巧

在了解了怎样购买国债以后，还需要知道一些国债的投资技巧，从而让投资者在国债投资中站稳脚步，总结起来有以下几点，如图 3-22 所示。

①品种选择

凭证式国债和记账式国债是有差别的，凭证式国债可以记名和挂失，但是不能流通；记账式国债可以上市流通，可以自由买，卖流通性较好。但是凭证式国债收益更稳定，记账式国债风险更大，投资者要根据自己的偏好选择。

②市场选择

通常来说，在市场利率比较低的情况下，可在这时购买国债，因为市场利率和国债利率是成反比的，市场利率低的时候，国债利率较高，这时购买能获得更多收益。

③不同人群的选择

不同的人群适合不同的国债类型，一般来说，中老年人适合购买凭证式国债，可持有较长的期限，市场敏感者适合记账式国债。个人投资者可以多选择短期国债，风险更小。

④期限选择

国债都有一定的投资期限，有低于半年、半年、一年、两年不等。不同的持有期利息收益是不同的，投资者在购买时可以考虑长、短期结合投资，这样可以分散风险。

图 3-22　国债的投资技巧

3.5　公司债券

公司债券是由公司发行的，到期约定还本付息的一种有价证券。公司债券的持有人就是公司的债权人，公司债券的风险比国债大，因为公司未来的经营状况是不确定的，但是收益率也比国债高。

3.5.1　公司债券的买卖

公司债券的买卖有两种方式，一种是直接买卖，另一种是间接买卖。直接买卖是指在一级市场也就是交易所购买，间接购买是指在银行、证券商或其他金融机构购买。如果在证券交易所购买需有证券账户。

在银行、证券商处购买需要支付一定的交易费用，在交易所完成开户以后，投资者可以下载交易软件登录个人账户进行交易。

【实战案例】在交易软件上买入公司债券

例如，登录通达性交易软件模拟账号，单击"买入股票"按钮，在弹出的页面选择市场类型，输入企业债的股票代码等，单击"确定"按钮，便可买入公司债券，比如买入"12中泰债"，如图3-23所示。

图 3-23　在交易软件上买入债券

3.5.2　计算公司债券的收益

公司债券的收益也是通过收益率来反映的，通常情况下利率越高收益也越高，我们到大公司的债券实现净价交易，这是相对于全价交易的概念，通俗来讲就是交易的价格不包括应计利息。

应计利息计算公式为：应计利息=票面利率÷365×应计利息天数(成交日不算在应计利息天数内)。由于税前与税后的利息有差别，所以计算也有一定差别。

投资者自己计算债券的收益率是很麻烦的，同时也容易出错，我们可以借助债券计算器来计算收益率。

【实战案例】通过债券计算器计算债券收益率

比如进入银率网债券计算器，可以很快计算出债券的购买收益率、出售收益率、持有时间收益率。在打开的页面中输入债券面值、买入价格、到期时间、票面年利率，单击"计算"按钮即可，如图 3-24 所示。

图 3-24　银率网债券收益计算器

3.5.3　特殊的公司债券——可转债

公司债券中有一种特殊的债券就是可转债，可转债的全称为可转换债券，它的特点是可以转换为债券发行公司的股票，通常情况下票面利率都较低。投资可转债投资者既可以选择到期获取本息，也可以选择转换为股票，这时投资者就从债权人变成了公司的股东。

并不是每个公司都可以发行可转债的，公司要发行可转债还需要满足以下条件，具体如图 3-25 所示。

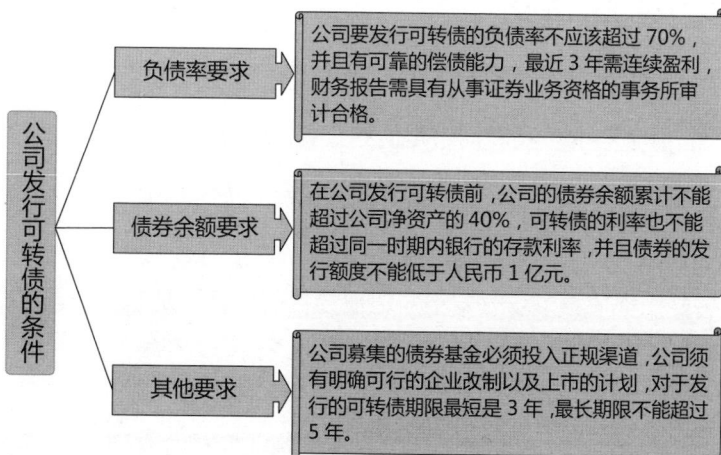

图 3-25　公司发行可转债的条件

3.5.4　可转债的投资技巧

可转债可以转换成股票，那么什么时候把持有的债券转换成股票最合适，就是投资者需要了解的。把可转债转换成股票需要投资者把握好时间，既然可转债是和股票相对应的，那我们就可以从股票的行情来判断债券是否可转，如图 3-26 所示。

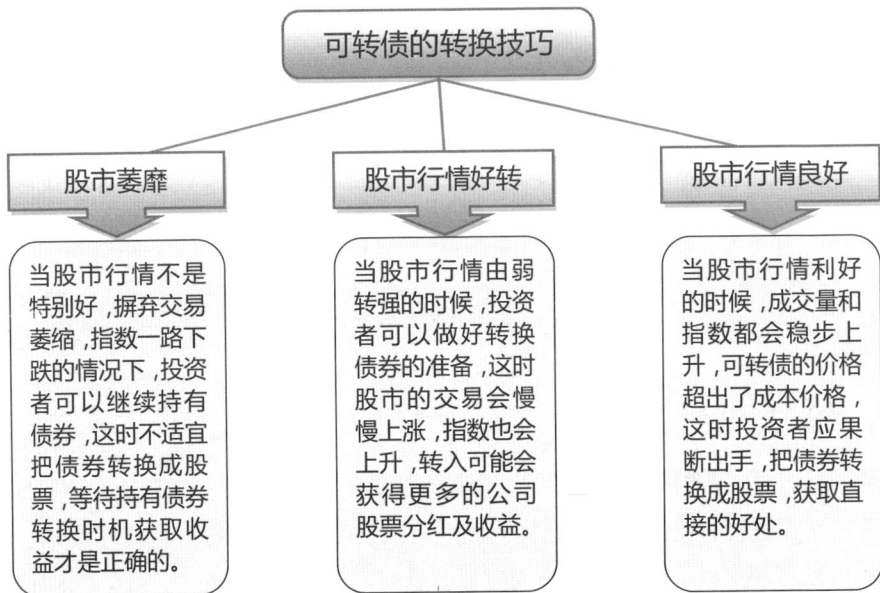

可转债的转换技巧

股市萎靡	股市行情好转	股市行情良好
当股市行情不是特别好，摒弃交易萎缩，指数一路下跌的情况下，投资者可以继续持有债券，这时不适宜把债券转换成股票，等待持有债券转换时机获取收益才是正确的。	当股市行情由弱转强的时候，投资者可以做好转换债券的准备，这时股市的交易会慢慢上涨，指数也会上升，转入可能会获得更多的公司股票分红及收益。	当股市行情利好的时候，成交量和指数都会稳步上升，可转债的价格超出了成本价格，这时投资者应果断出手，把债券转换成股票，获取直接的好处。

图 3-26　可转债的转换技巧

3.6　债券投资的技巧

在前面我们主要介绍了国债和可转债的投资技巧，债券可投资的品种还有很多，多了解债券行情，把握好债券的买卖时间，是债券获利的关键。

3.6.1　查询债券行情

当投资者想要投资债券市场时却不知道债券目前的行情是怎样的，这会让投资者选择债券时感觉无从下手，我们可以通过不同的网站查询债券行情。

【实战案例】在网站上查询债券行情信息

比如，中国债券信息网、和讯债券的官方网站上都可以查询债券相关信息，图 3-27 所示是中国债券信息网首页。

图 3-27 中国债券信息网首页

在上面我们可以很快查找到国债、地方债的发行结果以及结算行情、柜台行情等，以及其他与债券相关的重要信息。另外，在证券公司的网站也可以查询债券的相关信息，投资者也可以在证券公司的网站上进行查询。

3.6.2 选择适合自己的债券理财产品

债券作为理财产品的一种，和银行理财产品一样也是有评级的，当投资者不知道自己该选择哪种债券投资的时候，同样可以根据个人风险测试结果来选择相当评级的债券，债券的评级有 4 级，如表 3-2 所示。

表 3-2 债券的评级

等级标准	特 点
A 级	本金和收益的安全性最高，但是收益水平也较低，筹资成本较低，一般不会受经济形势的影响，对 A 级债券来说利率变化比经济状况变化更为重要
B 级	债券的本金和收益会受到经济形势的影响，投资者需要承担的风险也较大，同时收益水平也较高，筹资成本和费用也较高
C 级	这类债券带有一定的投机性，风险很高，但是收益水平也较高，对于试图从差价中获取收益的投资者可以考虑

续表

等级标准	特　点
D 级	风险极高，对个人投资者来说没有太大的投资价值，投资者一旦投资需要承担极大的风险，更适合机构投资者

3.6.3　债券的组合投资技巧

债券品种繁多，通过组合投资可以让债券投资更合理，既能分散风险又能尽可能获取更高的收益。

🐂 【实战案例】不同期限组合技巧

周先生最近打算投资债券市场，在了解了债券的一些基本知识以后，他选择了几款不同的债券进行组合投资，如图 3-28 所示。

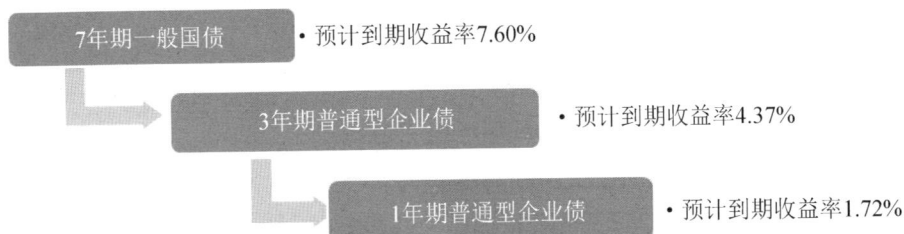

7年期一般国债	• 预计到期收益率7.60%
3年期普通型企业债	• 预计到期收益率4.37%
1年期普通型企业债	• 预计到期收益率1.72%

图 3-28　债券的期限组合

周先生的这种期限组合是长期和短期的组合，长期收益率较高，风险也较大，因为周先生购买了国债这种比较稳定的债券，而短期则选择了风险较大的企业债。这样的组合可以在承担风险的同时获得较稳定的收益。

另外，债券的种类是多种多样的，投资者可以把资金投资不同的债券种类，比如国债、企业债、金融债、可转债这样不同的组合方式。

3.6.4　避免错误的投资心理

虽然债券是比较稳定的理财产品，但是投资者也要避免错误的投资心理，切记不可盲目跟风，或听信他人的小道消息，在投资时要保持良好的投资心态，不能违背市场规律。

Chapter 04

保障风险与兼顾投资的理财产品——保险

在现实生活中，不管是在哪里都可能会遇到不同的风险，比如意外事故、疾病等。这些都是我们不可预测的，为了防范这些风险，很多人选择购买保险，而如今保险不仅具有保障的功能，还有理财的功能。

本章要点

◇ 保险的定义与种类
◇ 保险投资的优点
◇ 为你养老的保险——社保
◇ 保障健康的保险——健康保险
◇ 能够分红的保险——年金保险
◇ 保障意外的保险——意外保险
◇ 有技巧的保险——投资连结险

◇ 为财富加保险箱的保险——财产保险
◇ 通过保险代理人购买
◇ 在网上银行购买保险
◇ 怎样选择保险公司与代理人
◇ 保险与银行理财的比较
◇ 避免遇到购险陷阱
◇ 快速理赔的技巧

4.1　认识保险

保险是一种保障制度，从经济上看它是一种为分摊意外事故损失的财务安排；从法律的角度上看，它是一种合同约定；从社会角度来看，它是社会经济保障制度的重要组成部分；从风险角度来看，它是一种风险管理的工具。

4.1.1　保险的定义与种类

保险是指投保人按照合同约定，向保险人支付保险费，当被保险人遭遇合同约定的事故时，保险人将支付赔偿金给被保险人的一种保险行为。

商业保险主要有财产保险、人身保险、责任保险等，根据保障标的的不同可以把保险分为如表 4-1 所示的几类。

表 4-1　保险的分类

名　称	特　点
人身保险	人身保险是以人的身体或者生命作为保险标的，当被保险人遭受人身伤亡的情况下，保险人给付保险金，包括人寿保险等
财产保险	财产保险是以财产作为保险标的的保险，被保险人遭受财产或经济损失时保险人负赔偿的责任
分红保险	保险公司在每个会计年度结束后，将上一会计年度的可分配盈余按一定比例以分红的方式分配给客户
投资连结保险	保险公司将客户的保费扣除提供给客户的保险额度外，进行基金标的连结让客户也能投资获利
疾病保险	以人的健康为标的的保险，当被保险人遭受重大疾病时，保险人按照约定给付被保险人一定的赔偿
货物运输保险	以运输的货物为保险标的的保险，当被保险人的货物遭受损失时，保险人则负赔偿责任
火灾保险	保障一定区域范围内因火灾引起的财产损失，比如机器、建筑物等遭受火灾带来的损失
农业保险	承保各种农作物或经济作物以及各类牲畜、家禽等因自然灾害或意外事故所造成的损失

总的来说，生活中常见的标的物都可以成为保险的对象，不管是人本身还是一些实物，比如厂房、机器等，都可以对其承保。

4.1.2　保险投资的优点

我们一般不会把所有资金都投资到保险理财，但是保险作为生活中不可或缺的一部分，它是对自己和家人一种最直接的保障方式，保险理财因此也是生活中基本的、必须投资的一部分。保险理财的优点有如图 4-1 所示的几个方面。

保障家庭经济安全
保险最直接的好处就是保障家庭的经济安全，当家庭遭遇一些意外事故的时候，家庭的生活会遭遇变动，而保险能够在一定程度上为家庭经济生活提供保障。

安全性较高
保险理财相对于其他理财风险更小，国家一般都会对保险公司进行监督，对保险资金的运作进行监控，从而能够在一定程度上降低风险。

提高信用
当需要进行个人贷款的时候，保险也可以作为贷款人的一种财产证明，会体现贷款人的经济实力，从而提高个人贷款成功的几率。

保护财产和节税
购买人寿保险是可以免交所得税以及遗产税的，而其他遗产在转移了遗产继承人的时候，都需要缴纳一定的税。

创造利润
理财型的保险在具备保险功能的同时，也具有投资理财的功能，能够为投保人带来一定的收入，具有双重功效。

图 4-1　保险理财的优点

4.2　选择适合自己的保险理财产品

市面上的保险产品是多种多样的，选择一款适合自己的保险理财产品就是投资者接下来需要做的事了。

不同的保险产品都投资了不同的标的物，因此也具有了不同的特点。不同年龄阶段的投资者都可以选择到适合自己的保险产品，投资者可以拿出一部分资金作为保险理财产品的投资。

4.2.1　为你养老的保险——社保

社保又叫作社会保险，是指国家通过立法强制建立社会保险基金，对参加劳动关系的劳动者在丧失劳动能力或失业时给予必要的物质帮助的制度。社会保险的主要项目包括养老保险、医疗保险、失业保险、工伤保险、生育保险。

社会保险的征集方式有两种，一种是比例保险费制，另一种是均等保险费制，具体内容如图 4-2 所示。

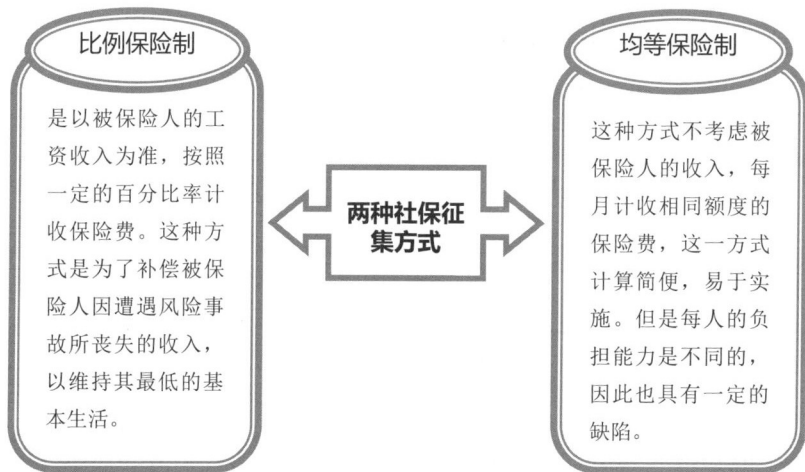

比例保险制

是以被保险人的工资收入为准，按照一定的百分比率计收保险费。这种方式是为了补偿被保险人因遭遇风险事故所丧失的收入，以维持其最低的基本生活。

两种社保征集方式

均等保险制

这种方式不考虑被保险人的收入，每月计收相同额度的保险费，这一方式计算简便，易于实施。但是每人的负担能力是不同的，因此也具有一定的缺陷。

图 4-2　保费征集的两种方式

社保之所以是一种投资理财产品，是因为它会在缴纳一定的期限后为社保缴纳人发放养老金。

社保一般是由单位购买，也可以个人购买。办理社保以后，当地的人力资源和社会保障局都会为个人发放一张社保卡。

可以进入当地的人力资源和社会保障局的官方网站查看最新的社保政策，以及登录个人账号查看自己的社保缴纳情况，图 4-3 所示为北京市人力资源和社会保障局官方网站首页。

社保是对未来的一种投资，社保规定养老缴纳的年限为 180 个月，也就是 15 年，到退休时才可以领取。医疗保险女性缴纳 25 年、男性缴纳 30 年，不同地区可能会有一些区别。

图 4-3　北京市人力资源和社会保障局官方网站首页

4.2.2　保障健康的保险——健康保险

每个人都有生病的时候，一旦个人遭遇重大疾病就需要承担医药费、住院费等众多费用，这样会给自己或家人带来经济负担。而健康保险能让个人在遭遇重大疾病以后，得到一定的赔偿，从而减少个人支付的费用。

购买健康保险是需要一定的程序的，在投保时投保人需如实告知个人情况，如果保险公司认为客户存在的风险因素过大则可能会承保不成功。

对于家庭来说，购买健康保险是非常有必要的，但是在投保时也需要注意一些事项，如图 4-4 所示。

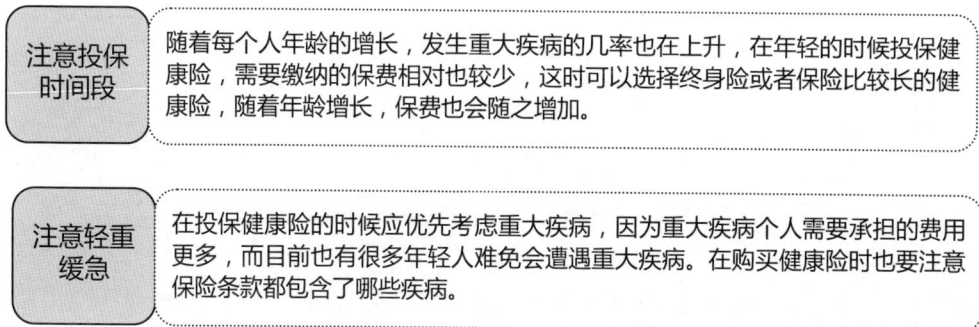

注意投保时间段	随着每个人年龄的增长，发生重大疾病的几率也在上升，在年轻的时候投保健康险，需要缴纳的保费相对也较少，这时可以选择终身险或者保险比较长的健康险，随着年龄增长，保费也会随之增加。
注意轻重缓急	在投保健康险的时候应优先考虑重大疾病，因为重大疾病个人需要承担的费用更多，而目前也有很多年轻人难免会遭遇重大疾病。在购买健康险时也要注意保险条款都包含了哪些疾病。

图 4-4　购买健康保险的注意事项

在网上购买健康保险是很方便的，我们以中国人民保险官方网站为例，看看怎样在网上购买健康保险。

【实战案例】在中国人民保险官方网站购买健康保险

Step01 进入中国人民保险官方网站(http://www.picc.com/)，如果有中国人民保险官方
网站的个人账号可以直接登录账号，如果没有则需要注册以后才能完成健康险
的购买。注册中国人民保险官方网站个人账号，单击"注册"按钮，在打开的
页面中阅读注册条款，单击"同意以上条款，并注册"按钮，如图4-5所示。

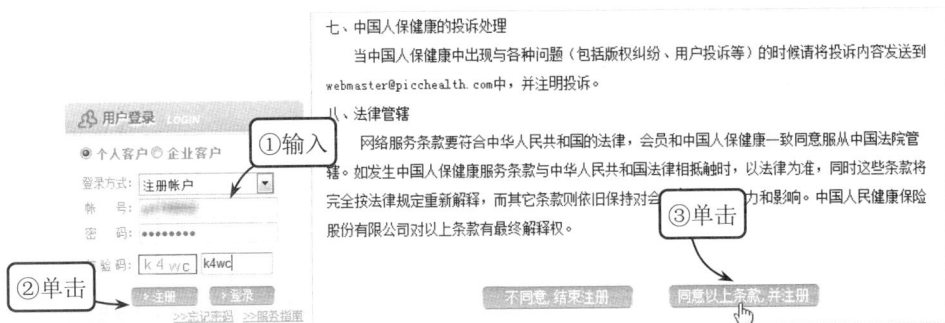

图4-5　中国人民保险官方网站个人账户注册

Step02 在打开的页面中填写个人信息，单击"下一步"按钮，如图4-6所示。

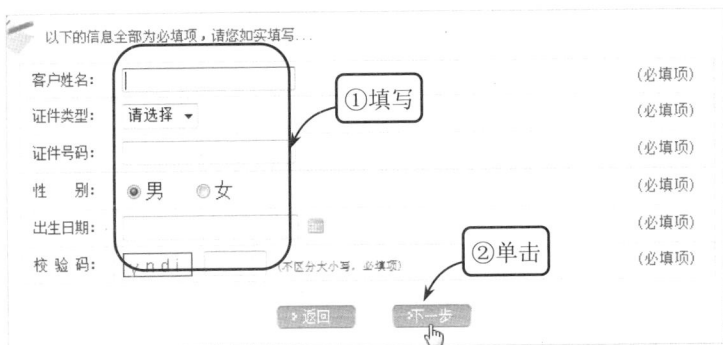

图4-6　填写个人信息

Step03 在打开的页面中填写客户姓名、证件类型、证件号码、校验码等扩展信息，单
击"下一步"按钮，如图4-7所示。

Step04 在打开的页面中核对个人信息，单击"确定"按钮，完成个人账号的注册，如
图4-8所示。

Step05 通过以上步骤就完成了个人账号的注册，这时我们就可以进行健康保险的投保
了。首先，进入中国人民保险官方网站首页，我们会在打开的页面的左边看到
不同的险种，这时需要单击"健康险"超链接。进入健康险网页后，在打开的
页面中可以随意选择自己要购买的保险，单击"了解详情"按钮，如图 4-9

所示。

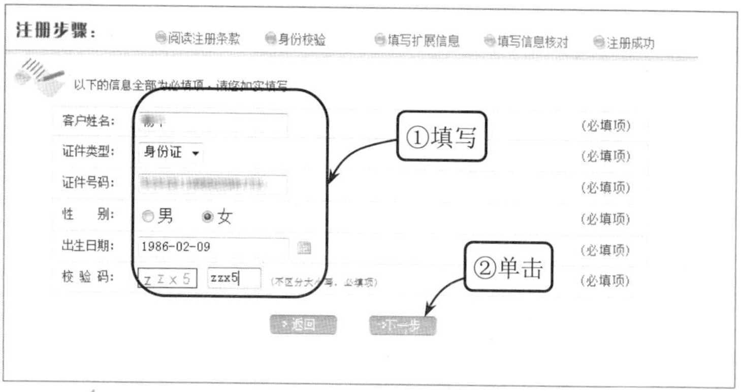

图4-7　填写扩展信息

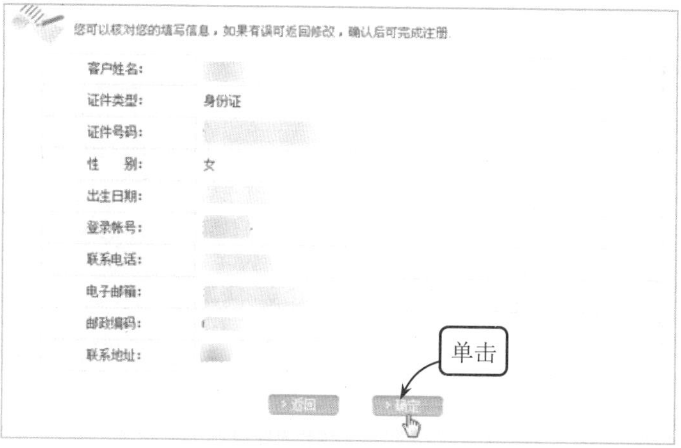

图4-8　核对个人信息

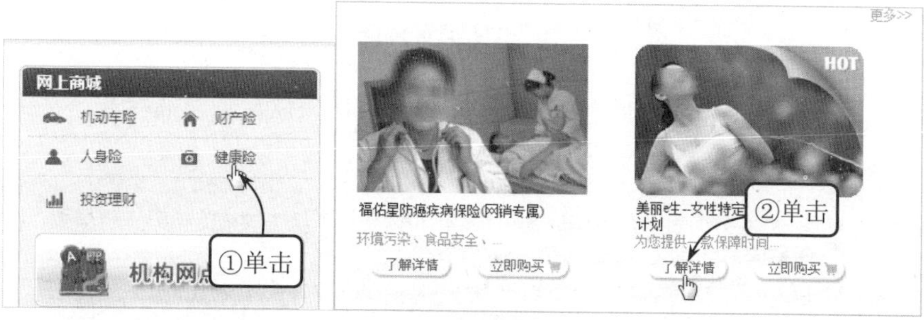

图4-9　选择健康险

Step06　在打开的页面中可以了解该保险的产品介绍、产品特色、投保须知，单击"立即购买"按钮，如图4-10所示。

图 4-10　购买保险

Step07　在打开的页面中输入投保人相关信息，缴费年期、被保人性别、基本保额、保险金额等进行投保试算，下方会自动计算出价格，单击"直接投保"按钮，如图 4-11 所示。

图 4-11　计算保费

Step08　在打开的页面中详细阅读个人客户服务协议条款，并单击"同意"按钮，如图 4-12 所示。

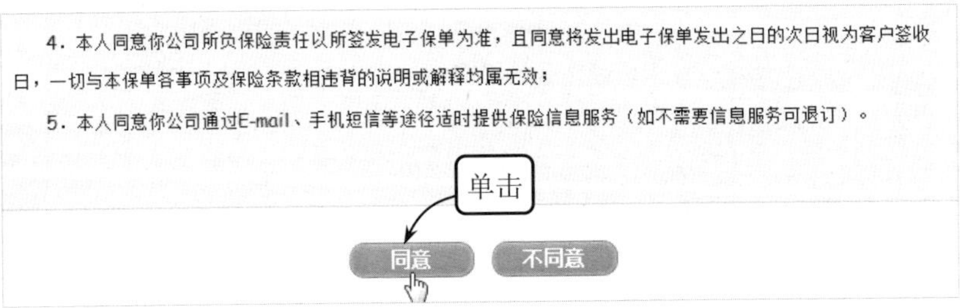

图 4-12　个人客户服务协议条款

Step09 在打开的页面中阅读各个保险事项，并根据被保险人的情况选中保险告知的各个单选按钮，单击"下一步"按钮，如图 4-13 所示。

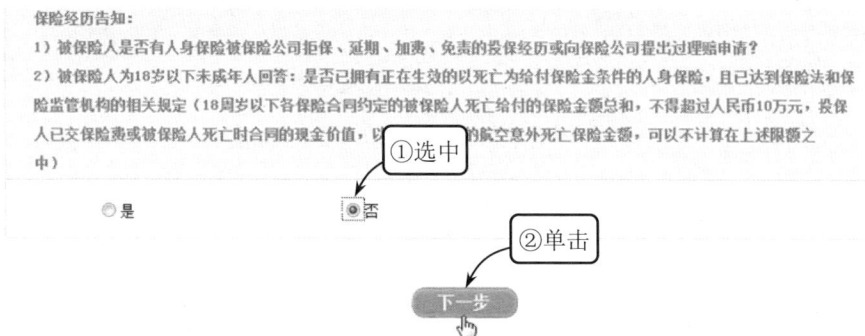

图 4-13 保险事项

Step10 在弹出的页面中输入个人账号，单击"登录"按钮，如图 4-14 所示。登录成功以后，填写投保要素，查看投保人信息，填写被保险人信息等，在最后单击"直接投保"按钮，如图 4-15 所示。

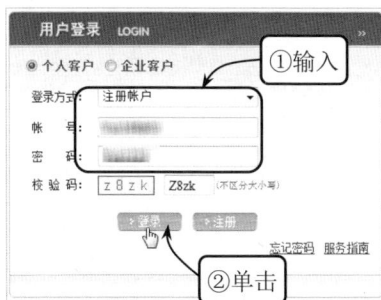

图 4-14 个人账户登录　　　　　图 4-15 填写被保险人信息

Step11 在打开的页面中确认投保的信息，并在线支付就可完成该次健康保险的投保了。

4.2.3 能够分红的保险——年金保险

年金保险是指在被保险人生存期间，保险人按照合同约定的金额、方式，在约定的期限内，有规则地、定期地向被保险人给付保险金的保险。年金保险的分红可根据所选择的保额档次获得相应的累积红利。

【实战案例】年金保险的保险利益

罗先生今年 35 岁了，购买了一款养老年金保险，保额为 5 万元，缴费期为 10 年，月缴保险费 1442 元，10 年累计缴纳 173 040 元，在罗先生保单生效日起至 80 周岁的保单周年日期间，合同有效期内可享受以下保险利益，如表 4-2 所示。

表 4-2 罗先生可享受的保险利益

保险利益名称	特 点
养老保险金	罗先生存至 61 岁的保单周开始，每年可领取 13 000 元的养老金，一直到 80 周岁保单周年日零时至，一共可领取 20 年
身故保险金	罗先生在 35 周岁至 60 周岁之间不幸身故，身故金为所交保费和现金价值两者中的较大值；在 61 周岁至 80 周岁期间不幸身故，身故金为 260 000 元减去已领取的养老保险金(不超过所交保费)
祝寿金	罗先生如果生存至 80 周岁的保单周年日时，可一次性领取 70 000 元的祝寿金
累计红利	罗先生生存至 60 周岁的保单周年日时，可根据所选择的保额档次获得相应的累积红利：低档：60 周岁可获累积红利 29 530 元，若不领取，80 周岁时可获累积红利 76 820 元；中档：60 周岁可获累积红利 114 159 元，若不领取，80 周岁时可获累积红利 294 236 元；高档：60 周岁可获累积红利 199 982 元，若不领取，80 周岁时可获累积红利 596 751 元

个人在购买年金保险的时候，也要注意一些事项，以免带来不必要的麻烦，具体内容如图 4-16 所示。

一	投保人在投保时要填写正确的联系方式，如果产生了变动也要及时告知保险公司，这样一旦有重大事项保险公司也能第一时间联系到投保人。
二	如果投保人想要查看自己的红利分红情况，可以在保险公司寄送的红利通知书上进行查询，里面的内容包括累积红利、年度红利等。
三	年金保险一般是每年后每月固定缴纳一定的金额，所以投保人要按时缴纳保费，如果忘记了，自己的保险将处于脱离服务的状态。
四	在确认签字时一定要仔细核对，以免出现被保险人、受益人或者保险金额错误等情况出现。

图 4-16 年金保险的注意事项

【知识拓展】年金保险的交费方式

年金保险的交费方式有两种，分别为趸交年金和期交年金。趸交年金是指一次交清保费的年金保险，即年金保费由投保人一次全部交清后，于约定时间开始，按期由年金受领人领取年金。期交年金是指在给付日开始之前，分期交付保险费的年金保险，即保险费由投保人采用分期交付的方式，然后于约定年金给付开始日期起由年金受领人按期领取年金。

4.2.4　保障意外的保险——意外保险

意外险是以意外伤害而致身故或残疾为给付保险金条件的人身保险，从意外险的定义上我们可以看出意外险分为两部分，一部分是意外，另一部分是伤害。意外伤害的构成包括意外和伤害两个必要条件，意外险包含了 3 层含义，如图 4-17 所示。

1 必须有客观的意外事故发生，且事故原因是意外的、偶然的、不可预见的。

2 被保险人必须是因为客观事故造成人身死亡或残废。

3 意外事故的发生以及遭受人身伤亡的结果，两者之间有着内在的、必然的联系。

图 4-17　意外险的含义

在日常生活中，意外险的购买是很常见的，比如购买汽车票时购买的保险，出行旅游时旅行社也会购买意外险，意外险有着自身的特点，如表 4-3 所示。

表 4-3　意外险的特点

特　点	内　容
保险金的给付	意外险的保险金给付分为两种情况，死亡保险金按约定保险金额给付，残废保险多按保险金额的一定百分比给付
保险费的计算	纯保险费是根据保险金额损失率计算的，在其他条件都相同时，被保险人的职业、工种、所从事活动的危险程度越高，应交的保险费就越多
保险期限	意外险的保险期限比较短，一般都不超过一年，最多三年或五年
责任准备金	年末到期责任准备金按当年保险费收入的一定百分比(如 30%、60%)计算，与财产保险相同

意外险的购买是很简单的，保费有高有低，保费高发生意外时获得的赔付也高；反之，保费低获得的赔付也低。

【实战案例】在网上购买意外险

Step01 在中国平安直通财富官方网站购买意外险，首先进入中国平安直通财富官方网站(http://e.pingan.com/)，在打开的页面中单击"意外险"超链接，在下方的菜单栏中选择要投保的险种，比如单击"E路畅行"超链接，如图 4-18 所示。

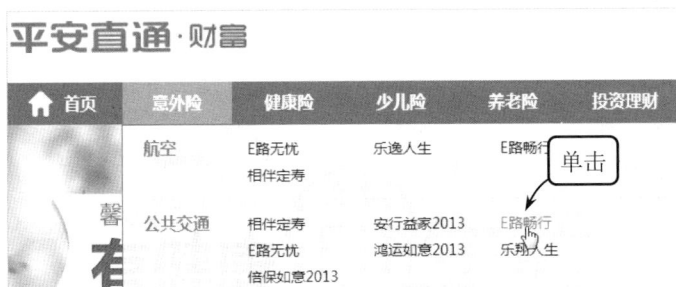

图 4-18　意外险的选择

Step02 在打开的页面中单击"计算保费"按钮，如图 4-19 所示。

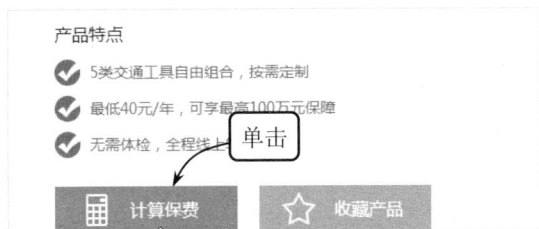

图 4-19　计算保费

Step03 在弹出的页面中选中要投保的对象，填写保额，单击"保费试算"按钮，系统会自动计算出需要缴纳的保费，单击"立即投保"按钮，如图 4-20 所示。

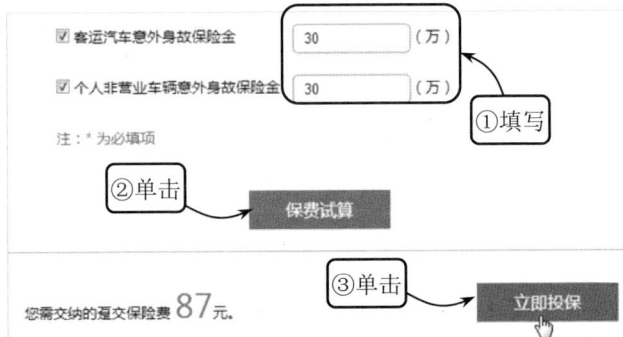

图 4-20　保费试算

Step04　在打开的页面中填写被保险人信息，填写投保人的联系方式，选择是否续保，
选择受益人，单击"立即提交投保信息"按钮，如图 4-21 所示。

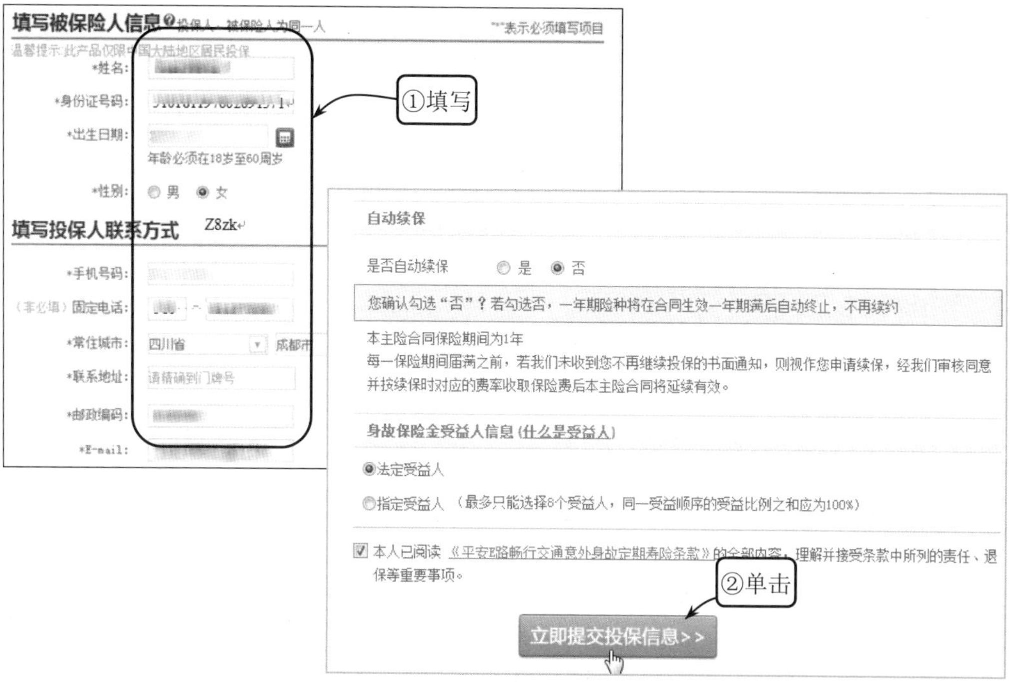

图 4-21　提交投保信息

Step05　在打开的页面中选中健康问题单选按钮，在下方选中投保人声明和授权单选按
钮，单击"继续"按钮，如图 4-22 所示。

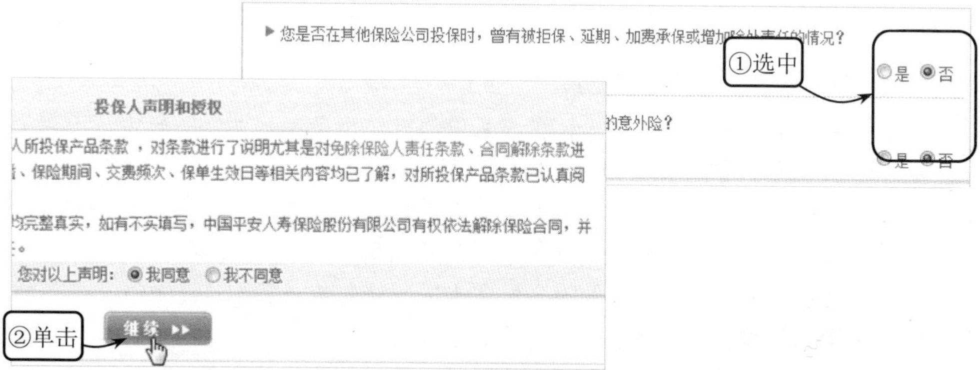

图 4-22　投保人声明和授权

Step06　在弹出的页面中阅读 E 路畅行保险条款，单击"阅读好了，提交"按钮，进入
保费确认页面，核对保单详细，填写投保人和被保险人信息，获取短信验证码
并输入，单击"确认并支付"按钮，再完成在线支付后就可以完成意外险的投

保了，如图 4-23 所示。

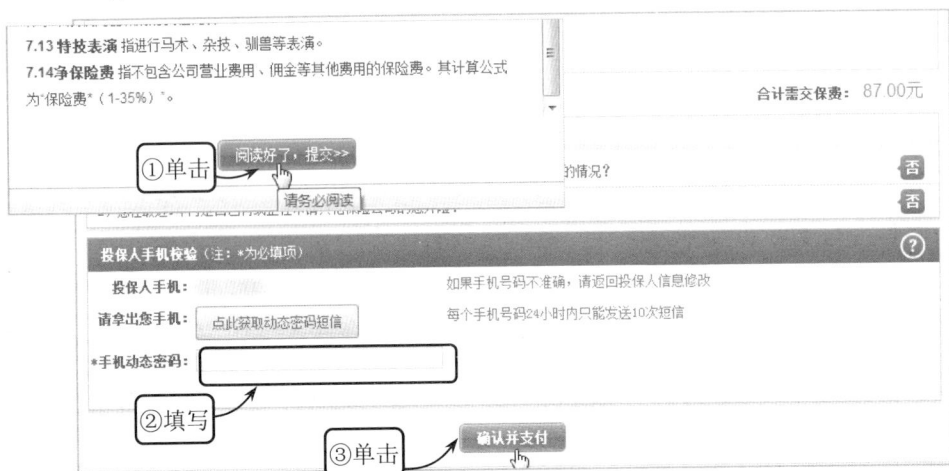

图 4-23　成功投保意外险

🐂 【知识拓展】意外卡单

> 意外险的另一种购买方式是意外卡单，这种卡单类似于银行卡，投保人可以在保险代理人以及保险公司购买意外卡单，投保人购买以后可以直接在线激活，这时卡单便生效了，通常意外卡单的保险期限为一年。

购买意外险需要注意的是，意外险并不是所有的伤害都会保障，其中还有不可保意外伤害，也就是意外险的除外责任，在签订保险合同的时候，合同上也会写明意外险的除外责任。

🐂 【实战案例】意外险的除外责任

小王日前购买了一份意外保险，在 5 月份的时候小王和好朋友一起去山上攀岩，结果在攀岩途中不幸受伤，导致了左腿骨折。

小王想到自己投保了一份意外保险，就拿着医院的证明文件到保险公司要求理赔，结果保险公司以不在保险标的内拒绝了小王的理赔请求。

小王找保险公司理论，后来保险公司拿出保险合同给小王看，原来小王进行的攀岩活动属于保险合同的责任免除。

后来小王回到了家，为了确定是否真实便拿出了自己的保险合同，果然在责任免除上有如图 4-24 所示的条款。

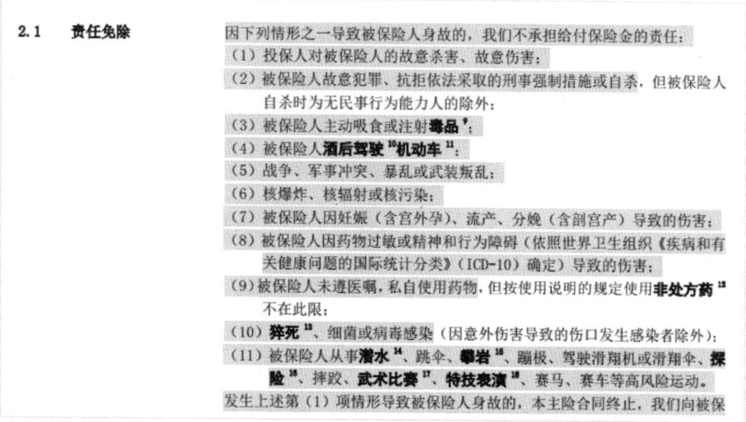

2.1 **责任免除**

因下列情形之一导致被保险人身故的，我们不承担给付保险金的责任：

（1）投保人对被保险人的故意杀害、故意伤害；

（2）被保险人故意犯罪、抗拒依法采取的刑事强制措施或自杀，但被保险人自杀时为无民事行为能力人的除外；

（3）被保险人主动吸食或注射**毒品**[9]；

（4）被保险人**酒后驾驶**[10]**机动车**[11]；

（5）战争、军事冲突、暴乱或武装叛乱；

（6）核爆炸、核辐射或核污染；

（7）被保险人因妊娠（含宫外孕）、流产、分娩（含剖宫产）导致的伤害；

（8）被保险人因药物过敏或精神和行为障碍（依照世界卫生组织《疾病和有关健康问题的国际统计分类》（ICD-10）确定）导致的伤害；

（9）被保险人未遵医嘱，私自使用药物，但按使用说明的规定使用**非处方药**[12]不在此限；

（10）**猝死**[13]、细菌或病毒感染（因意外伤害导致的伤口发生感染者除外）；

（11）被保险人从事**潜水**[14]、跳伞、**攀岩**[15]、蹦极、驾驶滑翔机或滑翔伞、**探险**[16]、摔跤、**武术比赛**[17]、**特技表演**[18]、赛马、赛车等高风险运动。

发生上述第（1）项情形导致被保险人身故的，本主险合同终止，我们向被保

图 4-24 意外险的除外责任

4.2.5 有技巧的保险——投资连结险

投资连结险简称投连保险，是保险与投资挂钩的保险，指一份保单在提供人寿保险时，在任何时刻的价值是根据其投资基金在当时的投资表现来决定的。

投资连结险适合于具有理性的投资理念、追求资产高收益，同时又具有较高风险承受能力的投保人。投资连结险的特点如表 4-4 所示。

表 4-4 投资连结险的特点

特　点	内　容
账户设置	投资连结险的账户是单独设置的，保险公司在收到保险费后，保险公司会把部分保费投入投资账户中，并转换为投资单位，保险公司再根据保单项下的投资单位数和相应投资单位价格计算账户价值
保险责任	投资连结险的保险责任和传统的保险相似，包括死亡、残疾等基本保险责任，有些产品还提供了其他保险功能，如失能保险金等
保险费	投资连结险的保费缴纳机制具有一定的灵活性
费用收取	和传统的保险相区别的是投资连结险的保费收取很透明，保险公司会列明费用收取的性质和使用方法，投保人随时都可以查询

投资连结险的账户不止一个，通常情况下有 3 个，即保证收益账户、基金账户、发展账户。不同的账户代表不同的投资类型，包括稳健型、激进型、自选型，因此投资者要学会管理自己的账户。

【实战案例】投资连结险的账户管理技巧

张先生最近购买了一份保险，经朋友推荐他知道了有投资连结险这种保险，能够获得高收益，考虑到自己也有承受风险的能力，于是在今年3月份，他购买了投资连结险。

张先生是这样选择自己的账户的，如表4-5所示。

表4-5　投资连结险的账户选择

账户名称	投资目标	投资工具
进取股票投资账户	在尽量控制风险前提下，选择市场前景比较好的企业，对其股票进行投资，实现投资账户资产的持续、稳健增值	投资于国内 A 股股票、债券及法律法规允许投资的其他金融工具
精选价值投资账户	精选证券基金，构建高低风险的组合，保持账户资产的长期稳定增值	国内开放式证券投资基金和封闭式证券投资基金
稳健债券投资账户	以安全为目的，追求较高的投资回报，并保持较好的流动性	投资于较高信用等级的固定收益类金融工具，包括上市的国债、金融债、企业债、公司债、可转债、央行票据、债券型基金

从张先生的账户选择可以看出，他进行了风险高低的组合，股票、基金账户风险相对较高，而债券风险较低，这样的组合刚好适合类似于张先生这种有一定风险承受能力的投资人，同时又能保证比较固定的收益。

【专家提醒】投资连结险的账户转换

在选择了投资连结险的账户以后，投资人也可以进行账户高低风险账户的转换，但是投资连结险账户之间的转换不是免费的，是需要缴纳一定的账户转换手续费的，不同的保险公司对于账户转换费的收取标准有一定的差别。

4.2.6　为财富加保险箱的保险——财产保险

财产保险是指投保人根据合同约定，向保险人交付保险费，保险人按保险合同的约定对所承保的财产及其有关利益因自然灾害或者因意外事故造成的损失承担赔偿责任的保险。

对个人来说，通常购买的是家庭财产保险，家庭财产保险的保险标的包括被保险人的自有财产、由被保险人代管的财产或被保险人与他人共有的财产，包括日常用品、家用电器、首饰、家具等，但是也有不予承保的家庭财产。

【实战案例】财产保险的不予理赔

罗女士家遭遇了火灾，家里的家具、电器以及其他东西都被火灾损坏了，罗女士经过估算实际损失金额为 10 万元左右，但是保险公司在进行损失估算时，认为罗女士这次火灾带来的财产损失为 7 万元。

罗女士不明白为什么会差距这么多，保险公司给出了计算标准，罗女士这时才发现类似于化妆品、粮食等损失没有计算在内。这时她才知道家庭财产有不予承保的项目，如图 4-25 所示。

1	损失以后无法确认的财产，比如货币、股票、图表、账册、资料等。
2	日用消费品，比如粮食、化妆品、食品、烟酒等。
3	法律规定不能拥有的财产，比如枪支、弹药、毒品等。
4	危险状态下的财产，从风险管理的需要出发，声明不予承保的财产。

图 4-25　不予承保的家庭财产

【知识拓展】财产保险的保险费厘定

财产保险的保险费有两部分，一部分是纯费率，另一部分是附加费率。按纯费率收取的保险费用来支付保险事件发生后形成的保险赔款，附加费率收取的保险费用来支付保险公司业务费用。

财产保险的纯费率与保险标的损失频率和损失金额有密切的关系，一般来说，损失频率和损失金额越高，纯费率就越高。

财产保险能够为家庭财产提供一定的保障，但是财产的投保并不是保险费越高就越好，选择适合自己的财产保险才是最重要的，财产保险的投保也有技巧，具体如图 4-26 所示。

选择产品：财产保险可分为三大类，保障型、储金型、投资型。保障型能够提供最基础的保障；储金型是财产保险中比较实惠的险种，在保险期满后会把保险储金退还给投保人；投资型能够获得一定的收益，因此在选择的时候投保人要经过认真考虑以后再进行投保。

选择公司：选择一家实力雄厚并正规的保险公司是很重要的，一家好的保险公司应该具备产品数量齐全、产品灵活性高、竞争力强这几个方面。因为这样的保险公司能够为投保人提供更为便利的条件。

选择服务：保险产品是一种金融服务产品，因此保险公司的服务水平也是很重要的，保险公司的服务水平高，投保人在进行理赔时也会得到更快的处理，相反则需要花费很多时间。

图 4-26　财产保险的投保技巧

【专家提醒】万能险

万能保险是风险与保障并存，介于分红险与投连险之间的一种投资型寿险。万能险与投资连结险是有区别的，万能险是储蓄类产品，而投资连结险是投资类产品，没有保本利率，万能险则有保本利率，目前一般最低是1.75%。

4.3　如何购买保险

之前我们已经了解了在中国人保和平安保险的官方网站上购买保险，在网上购买需要投保人自己挑选保险产品。

对于对保险产品不是很了解的人来说，选择适合的保险产品也不是那么容易，这时我们可以通过保险代理人购买。

4.3.1　通过保险代理人购买

在保险代理人处购买保险可以帮助投保人选择更适合自己的保险产品，因为保险代理人一般都具备较强的专业知识，对不同保险的特点、优点、功能等都有清晰的认识，如果是一个优秀的保险代理人，还可以为投保人节省一部分保费。

在保险代理人处购买保险是要经历一定的流程的，如图 4-27 所示。

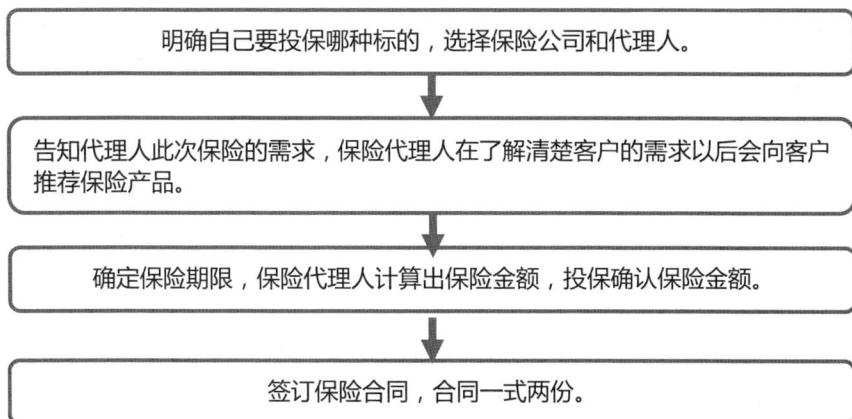

图 4-27 在保险代理人处购买保险的流程

在保险代理人处购买保险，如果对保险条款或者其他事项不清楚，都可以询问代理人，要求其进行解释。

在投保期间，有任何关于保险相关的问题也可以咨询保险代理人，在出现保险标的的事故以后，也要第一时间通知代理人办理相关手续。

4.3.2　在网上银行购买保险

在保险代理人以及保险公司的官方网站上都可以购买保险，同时在银行的网上银行也可以购买理财产品。

🐂 【实战案例】在网上银行购买理财产品

Step01 以建设银行网上银行为例，首先登录网上银行个人账号，进入个人网上银行首页后，单击"投资理财"导航按钮，在下面的列表中单击"保险"超链接，在下拉菜单中单击"保险首页"超链接，如图 4-28 所示。

图 4-28　网上银行购买保险

Step02 在打开的页面中可以看到不同的保险产品，根据个人需求选择保险产品，单击"投保"按钮，如图 4-29 所示。

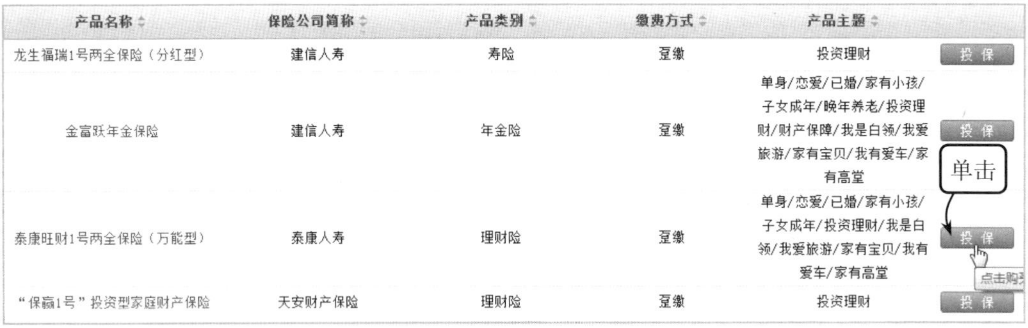

产品名称 ⇕	保险公司简称 ⇕	产品类别 ⇕	缴费方式 ⇕	产品主题 ⇕	
龙生福瑞1号两全保险（分红型）	建信人寿	寿险	趸缴	投资理财	投 保
金富跃年金保险	建信人寿	年金险	趸缴	单身/恋爱/已婚/家有小孩/子女成年/晚年养老/投资理财/财产保障/我是白领/我爱旅游/家有宝贝/我有爱车/家有高堂	投 保
泰康旺财1号两全保险（万能型）	泰康人寿	理财险	趸缴	单身/恋爱/已婚/家有小孩/子女成年/投资理财/我是白领/我爱旅游/家有宝贝/我有爱车/家有高堂	投 保
"保赢1号"投资型家庭财产保险	天安财产保险	理财险	趸缴	投资理财	投 保

图 4-29　选择保险产品

Step03　如果未进行风险评估还需要完成风险评估，在打开的页面中单击"风险评估"按钮，完成风险评估问卷，单击"提交"按钮，如图 4-30 所示。

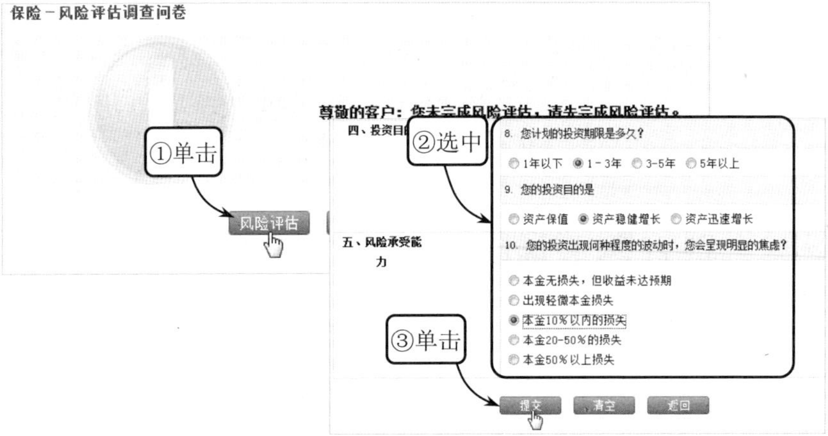

图 4-30　进行风险评估

Step04　在弹出的对话框上单击"确定"按钮，系统会自动给出此次风险评估的结果，单击"保险超市"按钮，如图 4-31 所示。

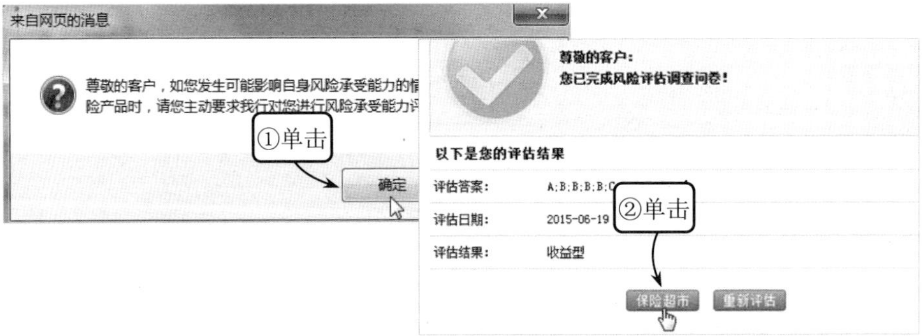

图 4-31　完成风险评估

Step05 进入保险超市后，单击之前选择的产品，这时系统会告知是否与产品的风险评估匹配，单击"继续购买"按钮，如图 4-32 所示。

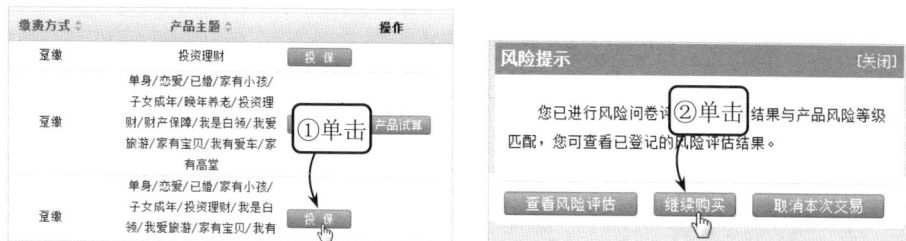

图 4-32　选择与风险评估匹配的产品

Step06 在打开的页面中阅读保险条款，选中"本人已认真阅读"复选框，单击"下一步"按钮，如图 4-33 所示。

图 4-33　保险条款

Step07 查看保单基本信息，选择保单分支机构，录入保单信息后填写投保人信息，如图 4-34 所示。选择授权账户，选中"我已认真阅读《中国建设银行账户代扣授权协议》，并同意遵守此协议"复选框，单击"下一步"按钮，如图 4-35 所示。

图 4-34　保单和投保人信息

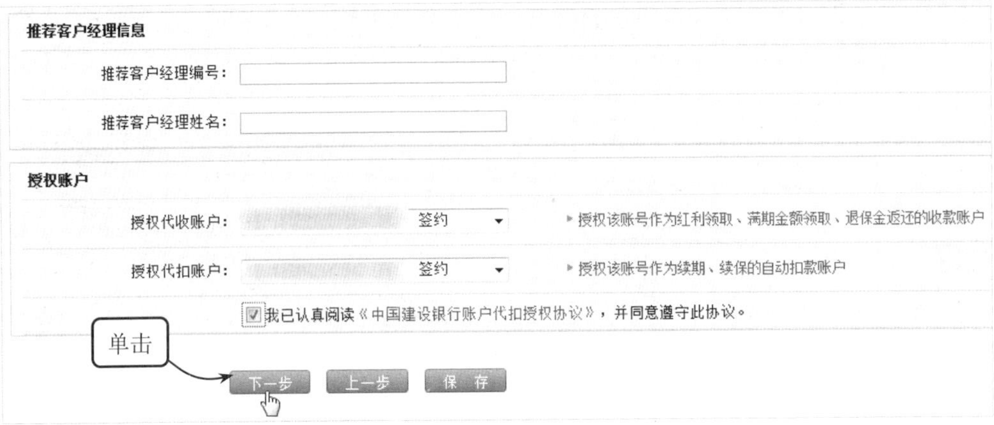
推荐客户经理信息
推荐客户经理编号：
推荐客户经理姓名：
授权账户
授权代收账户：
签约
▸授权该账号作为红利领取、满期金额领取、退保金返还的收款账户
授权代扣账户：
签约
▸授权该账号作为续期、续保的自动扣款账户
我已认真阅读《中国建设银行账户代扣授权协议》，并同意遵守此协议。
单击
下一步
上一步
保 存

图 4-35　选择授权账户

Step08　确认保单信息并完成在线支付以后，就可以完成网上银行的保险购买了。

4.4　保险投资的技巧

用保险来投资理财的家庭已经越来越多了，保险理财的观念也逐渐被越来越多的人接受，要在保险理财中获利，也需要投资者掌握一些技巧。

4.4.1　怎么选择保险公司与代理人

我们不管是在网上还是通过代理人购买保险，最终都是在保险公司购买，而保险公司的偿付能力是很重要的，也是投保人比较关注的一点，选择一家好的保险公司有如图 4-36 所示的几种重要的方法。

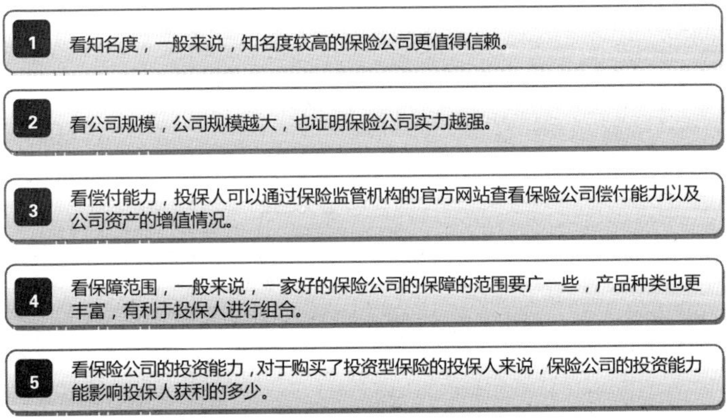
1
看知名度，一般来说，知名度较高的保险公司更值得信赖。
2
看公司规模，公司规模越大，也证明保险公司实力越强。
3
看偿付能力，投保人可以通过保险监管机构的官方网站查看保险公司偿付能力以及公司资产的增值情况。
4
看保障范围，一般来说，一家好的保险公司的保障的范围要广一些，产品种类也更丰富，有利于投保人进行组合。
5
看保险公司的投资能力，对于购买了投资型保险的投保人来说，保险公司的投资能力能影响投保人获利的多少。

图 4-36　选择保险公司的方法

保险代理人能为保险公司带来大量的保单，同时对投保人来说，一个优秀的保险代理人是极其重要的，选择一个优秀的保险代理人也是有很多技巧的，具体如图4-37所示。

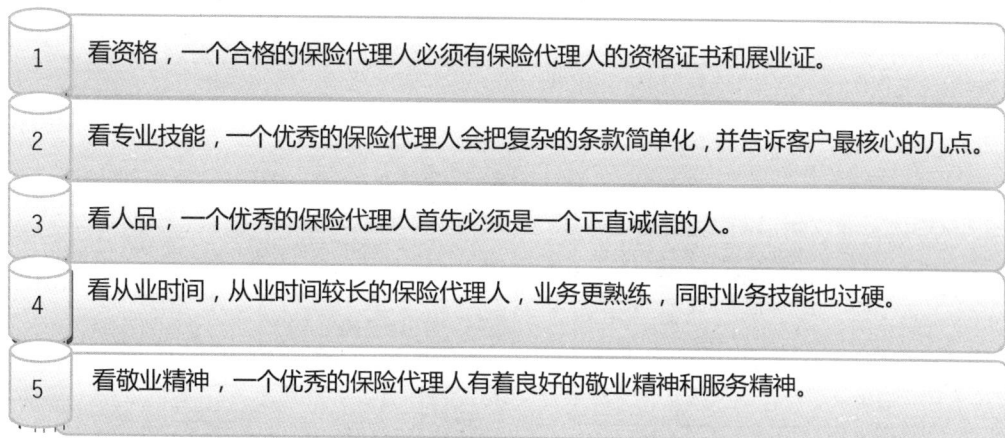

1	看资格，一个合格的保险代理人必须有保险代理人的资格证书和展业证。
2	看专业技能，一个优秀的保险代理人会把复杂的条款简单化，并告诉客户最核心的几点。
3	看人品，一个优秀的保险代理人首先必须是一个正直诚信的人。
4	看从业时间，从业时间较长的保险代理人，业务更熟练，同时业务技能也过硬。
5	看敬业精神，一个优秀的保险代理人有着良好的敬业精神和服务精神。

图 4-37　选择保险代理人的技巧

4.4.2　保险与银行理财的比较

当投资者考虑购买理财产品时，会在银行理财产品和保险中进行选择，但是并不清楚到底要选择哪种产品，而目前银行也销售一些保险产品，这让投资者更疑惑了，其实这两者是有区别的，如表4-6所示。

表 4-6　保险与银行理财产品的区别

项　　目	保　险	银行理财
投资期限	投资期限一般都比较长，几年、几十年不等	期限较短，通常不超过两年
投资收益	保险的投资收益一般有分红、保障、返还这样的字眼	银行理财产品的收益不会有分红这样的字眼
投资门槛	保险的投资金额几千元、几万元都可以	银行理财的投资金额一般是 5000 元起底
保障功能	保险有保障的功能	银行理财产品没有保障的功能
收益支取	保险能够提前赎回和支取	银行理财产品一般规定不能提前支取收益和赎回

4.4.3　避免遇到购险陷阱

在购买保险时会遇到一些投保人所不知道的陷阱，了解这些陷阱将有助于投资者避免损失，购买保险常遇到的陷阱如图 4-38 所示。

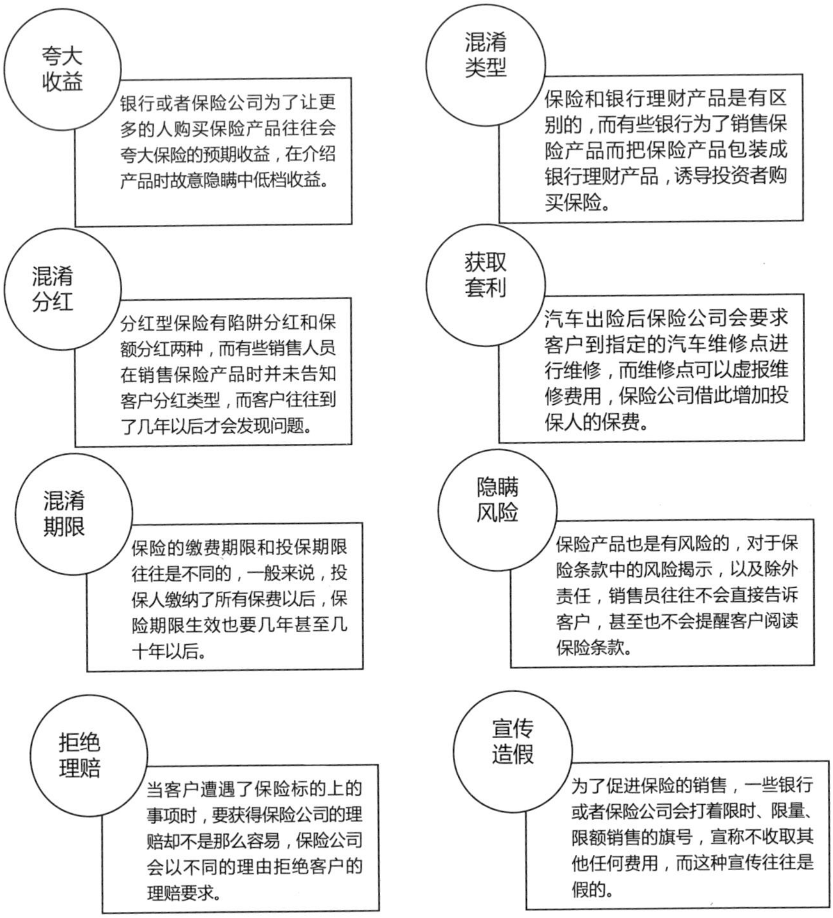

夸大收益
银行或者保险公司为了让更多的人购买保险产品往往会夸大保险的预期收益，在介绍产品时故意隐瞒中低档收益。

混淆类型
保险和银行理财产品是有区别的，而有些银行为了销售保险产品而把保险产品包装成银行理财产品，诱导投资者购买保险。

混淆分红
分红型保险有陷阱分红和保额分红两种，而有些销售人员在销售保险产品时并未告知客户分红类型，而客户往往到了几年以后才会发现问题。

获取套利
汽车出险后保险公司会要求客户到指定的汽车维修点进行维修，而维修点可以虚报维修费用，保险公司借此增加投保人的保费。

混淆期限
保险的缴费期限和投保期限往往是不同的，一般来说，投保人缴纳了所有保费以后，保险期限生效也要几年甚至几十年以后。

隐瞒风险
保险产品也是有风险的，对于保险条款中的风险揭示，以及除外责任，销售员往往不会直接告诉客户，甚至也不会提醒客户阅读保险条款。

拒绝理赔
当客户遭遇了保险标的上的事项时，要获得保险公司的理赔却不是那么容易，保险公司会以不同的理由拒绝客户的理赔要求。

宣传造假
为了促进保险的销售，一些银行或者保险公司会打着限时、限量、限额销售的旗号，宣称不收取其他任何费用，而这种宣传往往是假的。

图 4-38　购买保险的陷阱

4.4.4　快速理赔的技巧

随着人们生活水平的提高，拥有汽车的家庭也越来越多了，每一个拥有汽车的家庭都会购买车险，从而保证在遭遇交通事故时能够获得理赔。

我们就以车险为例来看看，保险公司对车险理赔审核的内容是什么，具体如图 4-39 所示。

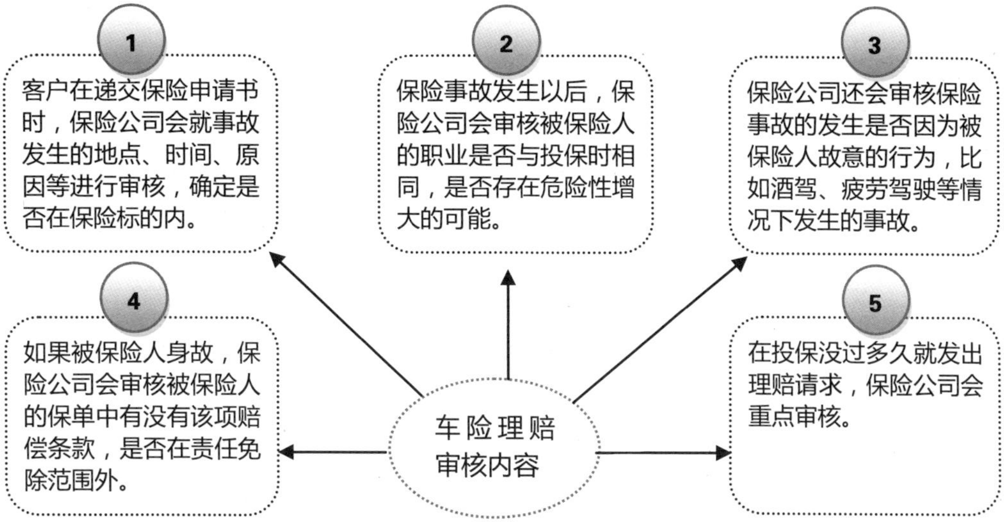

图 4-39 保险理赔的审核内容

保险责任认定以后，如果属于保险标的内，被保险人都希望能够获得快速理赔，而要获得快速理赔有时并不会那么顺利，甚至有时要花费很多时间。

这种情况的发生有时是因为被保险人申请理赔时提交的资料不完善，准备齐全的理赔资料能够让被保险人尽快获得理赔，具体需要准备的资料如图 4-40 所示。

图 4-40 办理理赔需要的资料

在领取赔款时，要携带被保险人的保单正本以及身份证件，如果是委托他人代领还需携带代领人的身份证以及《领取赔款授权书》。

Chapter 05

存理兼备的理财产品
——基金投资

近年来，基金因其较稳定的特点深受广大投资者的喜爱，而基金产品的种类也越来越丰富，基金既适合进取型的投资者，也适合稳健型的投资者，对于没有太多精力理财的人群来说，投资基金理财产品也是很不错的选择。

本章要点

◇ 什么是基金
◇ 基金的种类
◇ 用基金理财的特点
◇ 银行柜台开立基金账户
◇ 网上银行开立基金账户
◇ 基金公司开立基金账户
◇ 基金买卖的费用
◇ 基金的购买
◇ 基金的赎回

◇ 计算基金的收益
◇ 节省费用的技巧
◇ 基金产品购买的技巧
◇ 选择基金公司的技巧
◇ 选择优秀的基金经理
◇ 抓住基金投资的时机
◇ 基金的定投技巧
◇ 基金的赎回时机

5.1 初识基金

基金到底是什么，对于刚进入投资理财领域的投资者来说可能对其并不是很了解，接下来我们就一起来认识和了解基金，看看基金投资到底有哪些特点。

5.1.1 什么是基金

基金的含义有广义上和狭义上的区分，广义上是指为了某种目的而设立的具有一定数量的资金。而平常投资者所说的基金则是狭义上的基金，是指证券投资基金。

基金也有私募基金和公募基金之分，具体含义如图 5-1 所示。

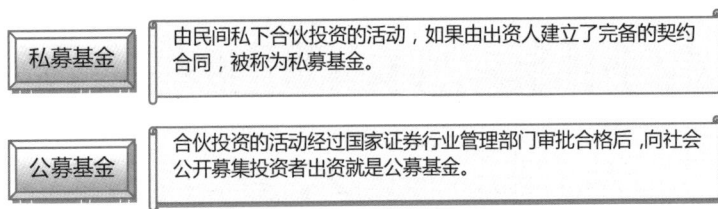

私募基金	由民间私下合伙投资的活动，如果由出资人建立了完备的契约合同，被称为私募基金。
公募基金	合伙投资的活动经过国家证券行业管理部门审批合格后，向社会公开募集投资者出资就是公募基金。

图 5-1　公募基金和私募基金的含义

基金可以投资企业、项目，也可以投资证券。投资者通过基金公司购买基金产品，基金的管理者会把这些资金集中投资在债券、股票等金融工具中，投资者再从中获取收益，同时也要承担风险。

5.1.2 基金的种类

我们日常生活中所说的基金都是证券投资基金，而证券投资基金也可以分为不同的种类，根据不同的分类标准可以把基金分为如表 5-1 所示的几类。

表 5-1　基金的种类

分类标准	种　类
是否可赎回	根据基金单位是否可赎回，分为开放式基金和封闭式基金
组织形态	根据基金组织形态的不同，可以把基金分为公司型基金和契约型基金
风险和收益	根据风险和收益的不同，可以分为成长型基金、收入型基金、平衡型基金
投资标的	根据投资标的，可以分为股票基金、货币基金、债券基金等

在开放式基金中，会涉及一个名词，叫作基金单位净值，基金单位净值是当前的基金总净资产除以基金总份额的数值。开放式基金的申购和赎回的价格都是用基金单位净值来确定的。

基金一般都是投资于不同的金融工具中，而这类金融工具的市场价格也是在不断变化的，因此只有每日对基金的资产净值进行重新计算，才能看出基金投资的价值。

【知识拓展】开放式基金和封闭式基金的区别

> 开放式基金与封闭式基金构成了基金的两种运作方式，封闭式基金有确定的存续期限，在我国规定不能少于 5 年，开放式基金可以随时赎回，而封闭式基金则不能，封闭式基金可用于长期投资，开放式基金要求基金公司保留一部分资金以备投资者赎回基金需要。

5.1.3 用基金理财的特点

基金投资其实是一种间接的投资方式，因为投资者只是提供资金，至于基金管理人将资金进行怎样的投资这是基金管理人的事。基金投资具有一定的特点，如图 5-2 所示。

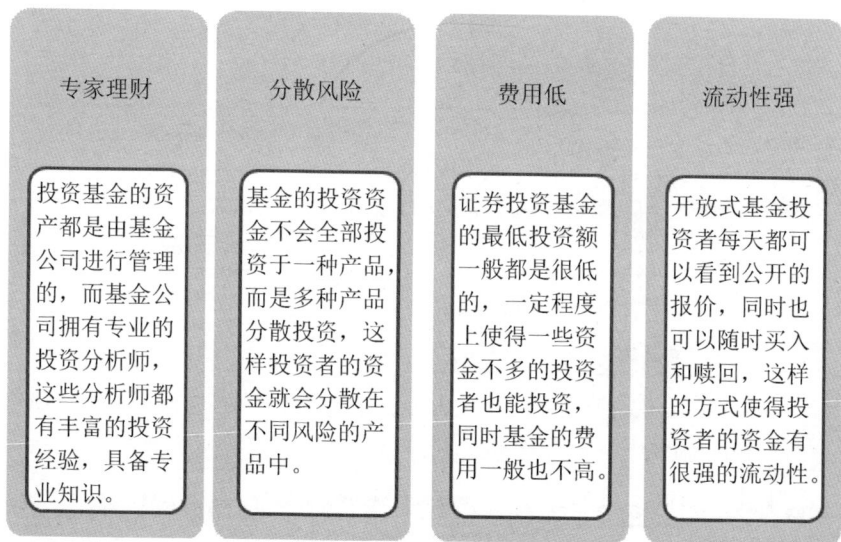

专家理财	分散风险	费用低	流动性强
投资基金的资产都是由基金公司进行管理的，而基金公司拥有专业的投资分析师，这些分析师都有丰富的投资经验，具备专业知识。	基金的投资资金不会全部投资于一种产品，而是多种产品分散投资，这样投资者的资金就会分散在不同风险的产品中。	证券投资基金的最低投资额一般都是很低的，一定程度上使得一些资金不多的投资者也能投资，同时基金的费用一般也不高。	开放式基金投资者每天都可以看到公开的报价，同时也可以随时买入和赎回，这样的方式使得投资者的资金有很强的流动性。

图 5-2 基金投资的特点

虽然基金产品的组合投资对风险有一定的抵御能力，但是并不代表基金投资就完全没有风险，各种金融工具以及证券市场的风险是不可避免的，基金投资的风险有如表 5-2 所示的几点。

表 5-2　基金投资的风险

风险类型	因　素
政策风险	政策风险包括国家的财政政策、货币政策、地方政策等，这些因素导致了基金市场的波动，从而产生了风险
利率风险	金融市场利率的变动会导致证券市场价格的变动，证券市场的波动会影响基金市场的波动
周期风险	经济运行会有一个周期性的变化，证券市场的收益也会成周期性变化，这也给基金投资带来了风险
通货膨胀	通货膨胀会带来货币贬值的风险，而基金投资的收益也会因为通货膨胀而造成收益缩水
流动性风险	基金投资中一部分会投资股票、债券等，这类产品会面临较高的流动性风险，使得基金变现成本增加

上面的这几种风险属于系统性的风险，基金投资的风险还包括非系统性风险，如表 5-3 所示。

表 5-3　基金投资的非系统性风险

风险类型	因　素
操作风险	基金管理人因为在业务操作过程中人为操作失误，或者违反操作规则会给投资基金带来风险
经营风险	当基金公司投资的上市公司经营不善时，期/股票很可能会出现下跌，而这会直接影响基金收益
未知风险	投资者在购买基金以后很可能遇到证券市场的调整阶段，而这时证券市场的走向是无法确定的
运作风险	基金管理人的专业技能、投资管理的水平、对经济形势的判断力都会影响基金投资获利的可能
信用风险	在交易过程中可能会发生违约或者投资产品的发行人违约等情况，从而导致基金资产损失

【知识拓展】基金投资的禁止行为

　　在我国禁止基金财产从事的投资行为有：承销证券，贷款，提供担保，买卖其他份额基金，从事内幕交易，操纵证券交易价格及其他不正当的证券交易活动，向其基金管理人、基金托管人出资或者买卖其基金管理人、基金托管人发行的股票或者债券等。

5.2　基金的开户

　　基金的开户方式有很多种，各大基金公司都和银行、证券公司有合作，因此基金的开户既可以在银行、证券公司办理，也可以在基金公司办理。

　　不同的基金公司都设有自己的基金账户，因此购买哪家基金公司的基金就需要向该家基金公司申请开通个人的基金账户。

5.2.1　银行柜台开立基金账户

　　在银行柜台开立基金账户后就可以购买该银行代销的基金了，在银行柜台开立基金账户需要经历如图 5-3 所示的流程。

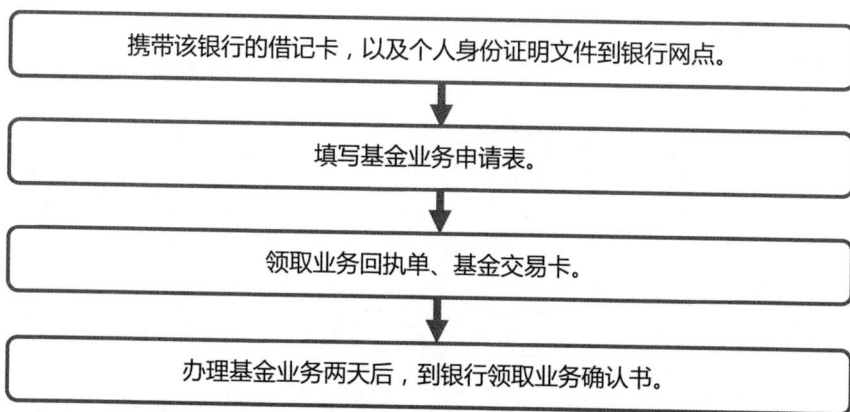

携带该银行的借记卡，以及个人身份证明文件到银行网点。

↓

填写基金业务申请表。

↓

领取业务回执单、基金交易卡。

↓

办理基金业务两天后，到银行领取业务确认书。

图 5-3　银行开立基金账户的流程

　　通过以上的步骤就可以完成基金账户的开立了，投资者就可以进行基金的购买和赎回了。对机构投资者来说，开户时需要准备更多的资料，具体需要准备哪些资料呢？详见图 5-4。

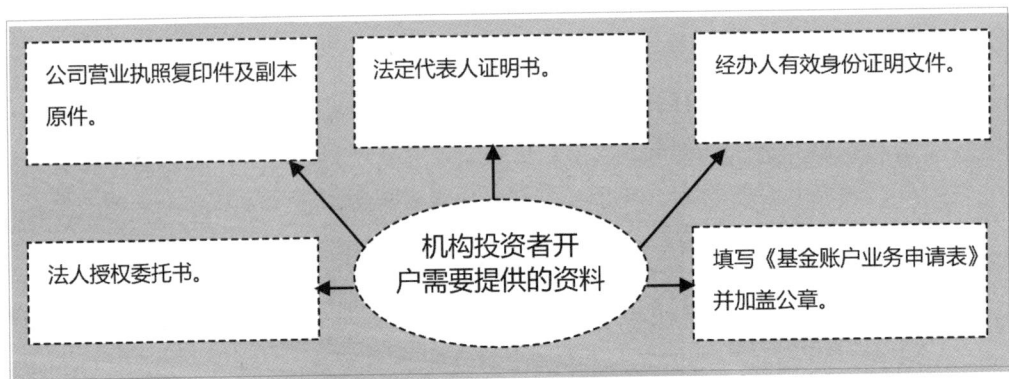

图 5-4　机构投资者开户需要提供的资料

5.2.2　网上银行开立基金账户

在银行柜台开立基金账户需要投资者有足够的时间，想要快捷开通基金交易账户，也可以通过网上银行开通。

【实战案例】通过网上银行开通基金账户

通过网上银行开户可以在购买过程中完成，也可以单独开户。我们先来看看在购买过程中的开户，以建设银行网上银行为例。

Step01 登录建设银行网上银行个人账号，在首页单击"投资理财"栏目下的"基金业务"选项，在下方的下拉菜单中单击"基金首页"超链接，如图 5-5 所示。

图 5-5　登录个人账号

Step02 在打开的页面中选择自己要购买的基金，单击"买"按钮，如图 5-6 所示。

图 5-6　选择购买的基金

Step03 在打开的页面中填写认购金额，单击"下一步"按钮，如图 5-7 所示。

图 5-7　填写认购金额

Step04　在打开的页面中确认购买的基金信息，单击"确认"按钮，如图 5-8 所示。

图 5-8　确认购买的基金信息

Step05　在打开的页面中阅读《中国建设银行开放式证券投资基金业务客户须知》，选中"本人已认真阅读、理解并同意遵守本客户须知"复选框，单击"同意该协议"按钮，如图 5-9 所示。

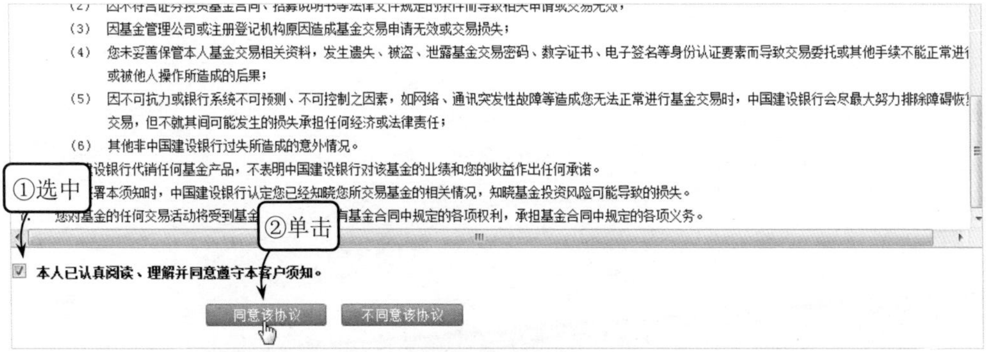

图 5-9　同意购买基金的协议

Step06 在打开的页面中单击"开户"按钮，如果有该次购买的基金机构的账户，需输入基金账号，如图 5-10 所示。

图 5-10　填写基金账户

Step07 在弹出的页面中会显示开户申请已受理，单击"返回"按钮，在打开的页面中单击"确认"按钮，便可完成该次基金的购买和开户了，如图 5-11 所示。

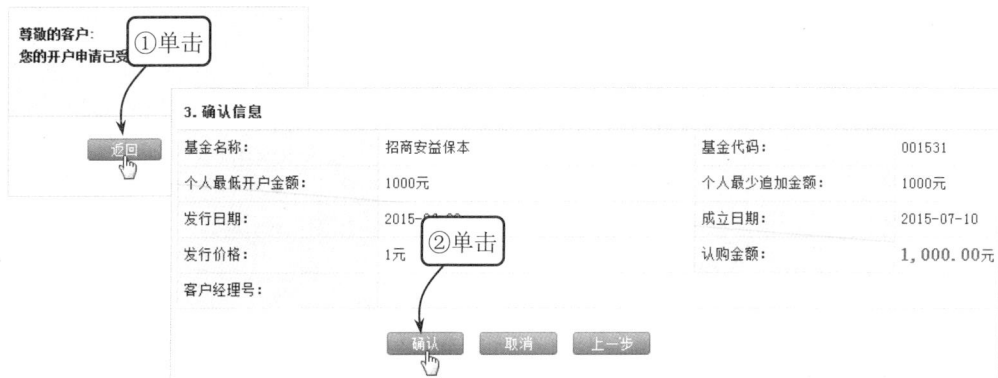

图 5-11　确认信息

基金账户也可以通过网上银行单独开通，同样以建设银行为例。

Step01 登录个人网上银行账号后，在"投资管理"的下拉菜单"投资账户管理"中单击"基金账户"选项，如图 5-12 所示。

图 5-12　选择基金账户

Step02 在打开的页面中阅读证券投资基金业务客户须知，单击"同意"按钮，进入基金账户选择页面后，选择要开户的证券市场，单击"开户"按钮即可，如图 5-13 所示。

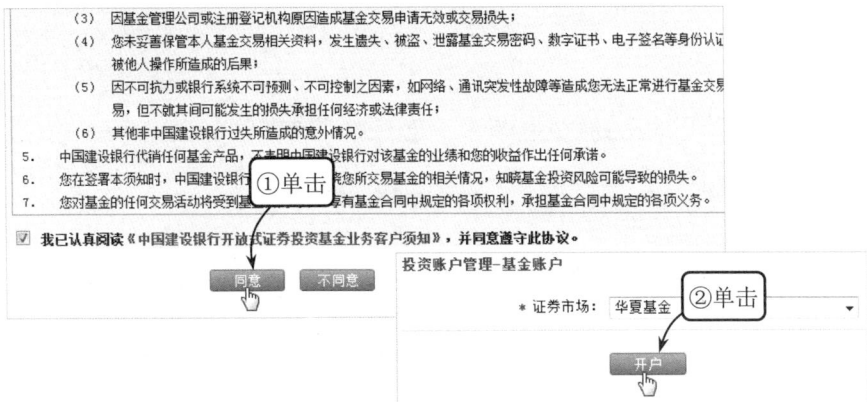

图 5-13　选择开户的证券市场

5.2.3　基金公司开立基金账户

基金都是由不同的基金公司发行的，银行只是作为代理销售的机构。基金账户的开立也可以在基金公司的官方网站进行。我们可以进入基金公司官方网站，完成基金账户的开立。

【实战案例】通过基金公司网站开户

Step01 以华夏基金为例，打开华夏基金官方网站(http://www.chinaamc.com/)首页，单击"免费开户"按钮，如图 5-14 所示。

图 5-14　华夏基金官网

Step02 在打开的页面中会看到不同的开户方式，可以根据个人情况选择银行卡开通、网银开户、第三方支付账号开户，比如选择中国建设银行选项，如图 5-15 所示。

图 5-15　选择开户方式

Step03 在打开的页面中填写真实姓名、证件号码、银行卡号码、银行预留手机号码等，获取校验码以后，输入发送到手机的验证码，单击"确认"按钮，如图 5-16 所示。进入填写信息页面后，填写证件有效期、邮政编码、固定电话、出生日期等信息，单击"提交"按钮即可完成基金的开户，如图 5-17 所示。

图 5-16　开户演示

图 5-17　信息填写页面

【知识拓展】在证券公司开立基金账户

在证券公司也可以进行基金账户的开立，相对于在基金公司和银行开立账户要复杂一些。在证券公司开立基金账户需要投资者先开立证券公司的资金账户。同时投资者需要注意的是，个人身份证号码只能开立一个基金账户。

5.3　基金的买卖

完成了基金的开户以后就可以进行基金的购买了，基金的购买可以在银行、基金公司、证券公司进行。在购买时投资者也要选择正规的购买渠道，以保证投资资金的安全。

5.3.1　基金买卖的费用

基金在买入和卖出的过程中都是要产生费用的，而这些费用直接从投资者的账户中扣除，如果投资者频繁地买入和卖出就会损失更多的费用，我们来看看基金在买卖中具体需要投资者支付哪些费用，如图 5-18 所示。

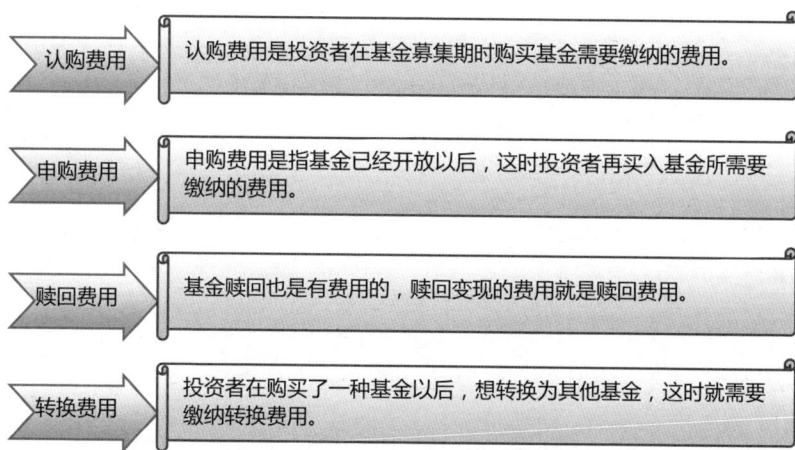

认购费用	认购费用是投资者在基金募集期时购买基金需要缴纳的费用。
申购费用	申购费用是指基金已经开放以后，这时投资者再买入基金所需要缴纳的费用。
赎回费用	基金赎回也是有费用的，赎回变现的费用就是赎回费用。
转换费用	投资者在购买了一种基金以后，想转换为其他基金，这时就需要缴纳转换费用。

图 5-18　基金买卖时需要的费用

【专家提醒】基金的其他费用

基金在买卖过程中会存在费用，在基金开户、运营过程中也是有费用的。比如基金管理费用、清算费用、托管费用、再投资费用、销售费用、所得税、交易税、印花税等费用。这些费用都是投资者在实际操作过程中需要支付的，有些费用可能隐含在其他费用中。

5.3.2　基金的购买

在讲述基金开户的时候我们已经了解了怎样在网上银行进行基金的开户和购买,也知道除了网上银行外,在基金公司、证券公司也可以进行基金的购买。

基金可以在募集期购买也可以在开放期购买,通常来说,在募集期购买基金会享受一定的手续费优惠,不同的投资者在代理网点进行基金的购买,在完成开户以后还需要提供以下资料,如图 5-19 所示。

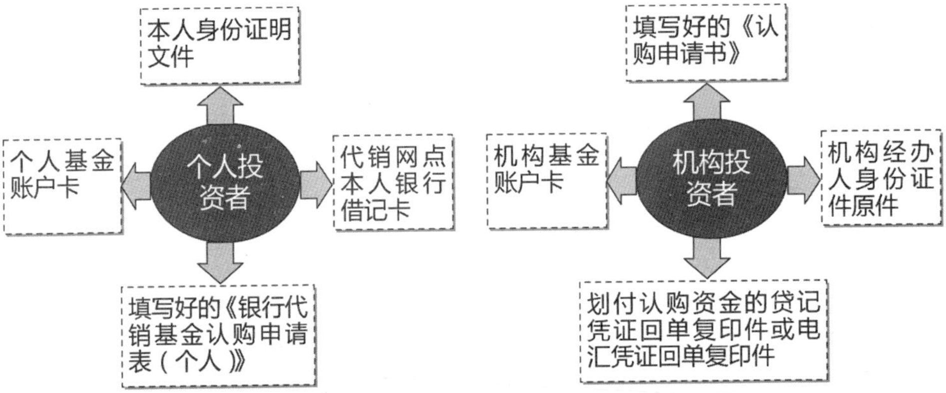

图 5-19　基金购买需要提供的资料

在提交上述资料,完成缴款以后就成功地买入基金了。完成基金购买以后投资者也可以在基金的代理网点打印基金认购确认单。

【专家提醒】封闭式基金的购买

　　封闭式基金和开放式基金是不同的,封闭式基金可以在证券交易所挂牌上市,因此封闭式基金的购买需要在证券交易软件上购买,购买的方式与在交易软件上购买债券相似。需要注意的是,开立证券交易账户后才能在交易软件上购买基金。

5.3.3　基金的赎回

基金的赎回是投资者将手中持有的基金单位按照公布的价格卖出以便收回现金的过程,也就是把自己手中的基金卖给基金公司。

基金进行赎回操作以后,投资的资金不能马上转入银行卡中,通常来说需要两个工作日的确认时间,也就是 T+2 日系统确认后才能成功赎回。基金的赎回有时并不能成功,这是因为赎回是需要一定的条件的，如图 5-20 所示。

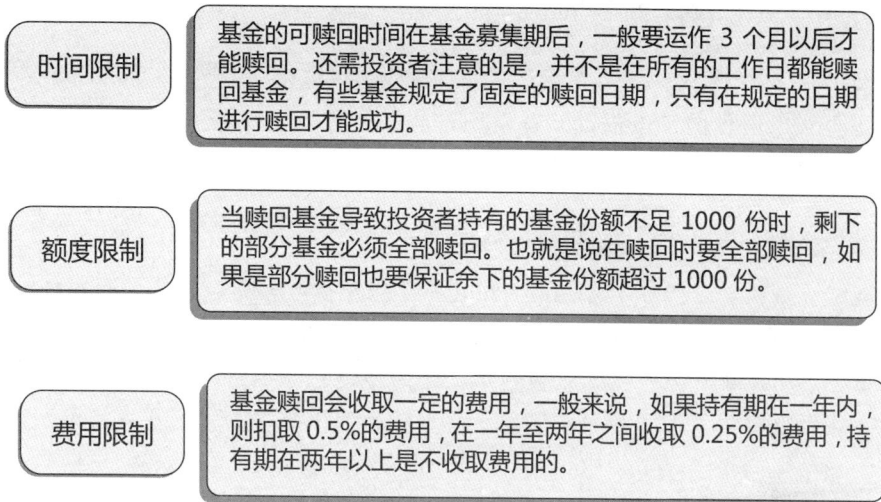

时间限制	基金的可赎回时间在基金募集期后，一般要运作 3 个月以后才能赎回。还需投资者注意的是，并不是在所有的工作日都能赎回基金，有些基金规定了固定的赎回日期，只有在规定的日期进行赎回才能成功。
额度限制	当赎回基金导致投资者持有的基金份额不足 1000 份时，剩下的部分基金必须全部赎回。也就是说在赎回时要全部赎回，如果是部分赎回也要保证余下的基金份额超过 1000 份。
费用限制	基金赎回会收取一定的费用，一般来说，如果持有期在一年内，则扣取 0.5% 的费用，在一年至两年之间收取 0.25% 的费用，持有期在两年以上是不收取费用的。

图 5-20　基金赎回需满足的条件

基金的赎回和购买一样需要投资者提供一定的资料，经历一定的流程才能办理成功，如图 5-21 所示。

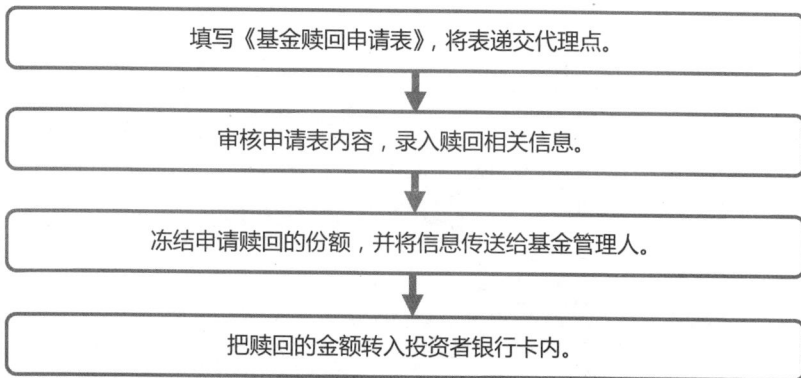

填写《基金赎回申请表》，将表递交代理点。

↓

审核申请表内容，录入赎回相关信息。

↓

冻结申请赎回的份额，并将信息传送给基金管理人。

↓

把赎回的金额转入投资者银行卡内。

图 5-21　基金的赎回流程

🐂【知识拓展】基金的巨额处理

当基金出现巨额赎回时，基金管理人会对基金进行全额赎回或者部分顺延赎回的处理。当基金管理人认为有能力支付投资者的全部赎回申请时，按正常赎回程序执行群补赎回。如果基金管理人认为赎回会对基金净值产生较大的波动，在当日接受赎回比例不低于上一日基金总份额 10% 的前提下，对其余赎回申请延期予以办理。

5.3.4 计算基金的收益

无论什么投资，对于投资者来说，最关心的还是投资获取的收益，如果要计算净收益就需要减去费用。我们可以借助基金费用和收益计算器，来帮助我们计算基金的最终收益。

【实战案例】用基金收益计算器计算收益

王先生之前购买了华夏沪深 300ETF 基金，近日该支基金收益不是特别理想，于是王先生想赎回该基金。

王先生想先了解一下基金的收益情况，于是他进行了如下的操作。

Step01 在百度搜索引擎里搜索"基金计算器"，在下方单击"好买基金网"超链接，如图 5-22 所示。

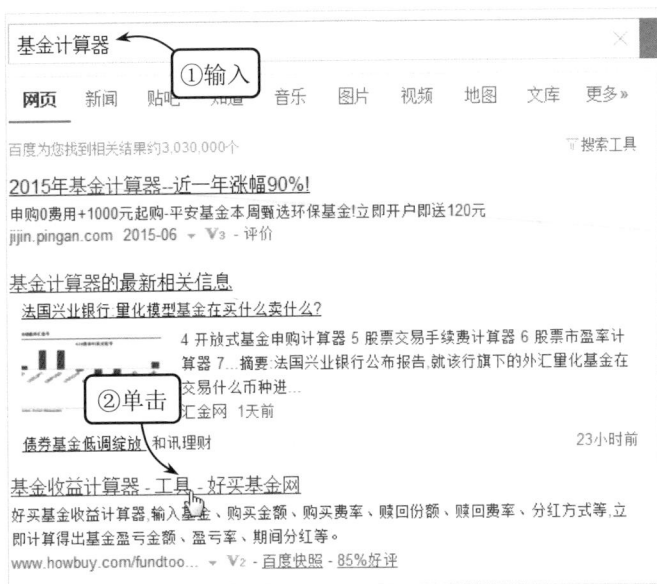

图 5-22 搜索基金计算器

Step02 在进入基金计算器以后，王先生在赎回计算器里输入了赎回份额、赎回净值等，计算了赎回手续费和实际所得金额，如图 5-23 所示。

Step03 从图 5-23 可以看出，王先生此次赎回 2000 份基金，需要支付赎回手续费 6.92元，实际所得金额为 2759.09 元。接下来王先生通过收益计算器计算了该支基金的收益，如图 5-24 所示。

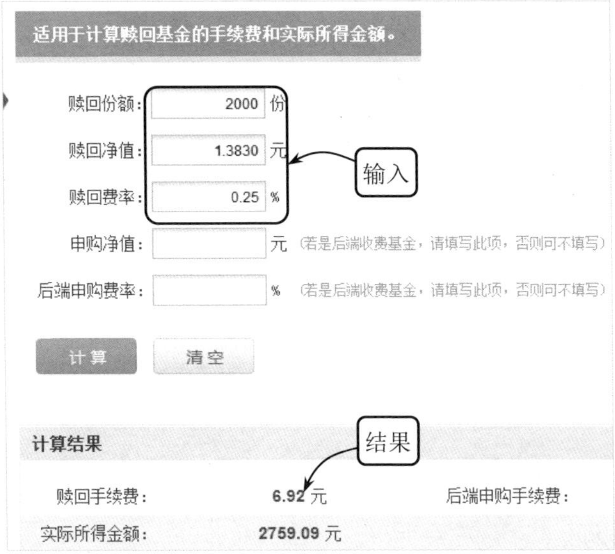

图 5-23 计算赎回手续费和实际所得金额

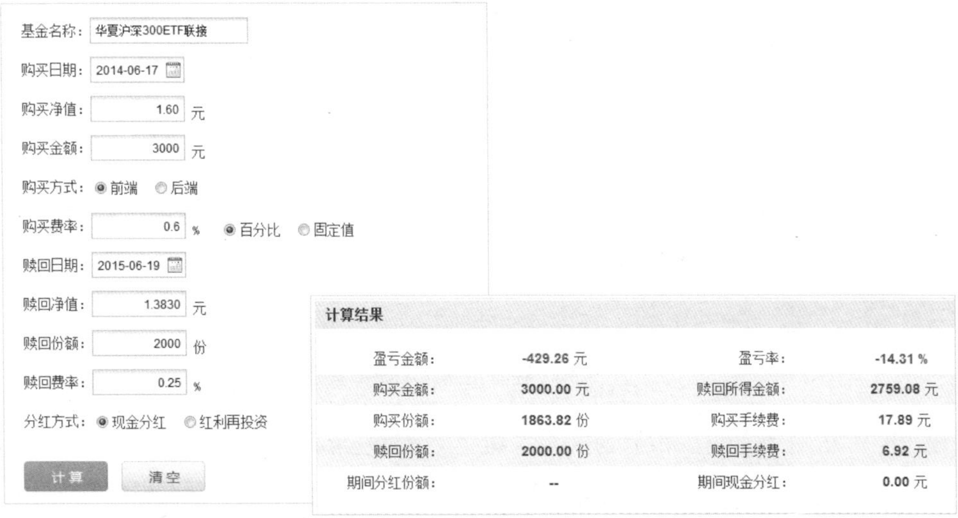

图 5-24 计算结果

通过上面的计算,王先生知道了此次赎回能够取得多少现金,也知道了自己该次投资是否获利,从上图可以看出王先生此次投资并未获利,但是也并未损失太多资金。很多基金网站上都有基金收益计算器,投资者可以在不同的基金网站上进行收益的计算。

另外也可以通过基金计算器计算基金认/申购基金的手续费和成交份额,以及基金定投回报率、每期份额等。

5.4 基金投资技巧

基金的购买和赎回都是需要一定的费用的，基金实际的收益是扣除费用以后的收益，掌握一些基金投资的技巧，既可以帮助投资者节约一部分费用，又可以增加投资获利的可能性。

5.4.1 节省费用的技巧

基金的买卖需要投资者支付一定的费用，但并不是每次购买基金都要缴纳费用，有些时候基金公司会推出一些优惠活动，从而减少了投资者要支付的费用。

【实战案例】网上购买省费用

老李最近了解了基金投资的一些基本常识，在知道了基金投资的好处以后他决定拿出一部分资金来购买基金。在老李了解基金产品的过程中，发现网上购买比在银行柜台购买手续费要便宜些。

一般来说，基金的申购费率都在 1.2%～1.5%，在网上查询基金时，老李有了如图 5-25 所示的发现。

对比	基金名称 代码	基金类型	净值|日增长率	近1周	近1月	近3月	近6月	今年来	近1年	近2年	近3年	手续费	购买起点	操作
□	新华鑫益灵活配置混合 000584	混合型	2.3200（-5.69%）日期：06-19	-11.11%	17.47%	73.01%	131.31%	138.44%	131.54%	---	---	0.00%	100元	购买
□	富安达优势成长 710001	股票型	3.0003（-5.59%）日期：06-19	-15.93%	1.39%	71.38%	121.98%	144.52%	182.38%	189.66%	216.96%	0.60% ~~1.50%~~	1000元	购买
□	嘉实领先成长 070022	股票型	3.1430（-4.18%）日期：06-19	-14.34%	2.24%	69.53%	108.84%	106.23%	181.13%	194.29%	220.71%	0.60% ~~1.50%~~	5000元	购买

图 5-25 在基金网站上查询基金

从图 5-25 可以看出，不同的基金在购买手续费上都有不同程度的优惠。

除了一些基金公司的官方网站对网购基金有优惠外，由于银行间竞争的激烈，银行针对网上银行客户也会不定期推出基金的促销优惠，选择在这个时期购买会节省很多费用。

【知识拓展】基金的前端与后端收费

基金的前端收费是指基金的申购费在购买时就支付，而后端支付是指基金的申购费在赎回时再支付。基金采取后端收费的方式是为了让投资者能够更长时间地持有基金，后端收费所支付的费用是根据持有时间来确定的，持有时间越长所收取的费用也就越少。

5.4.2 基金产品购买的技巧

基金产品的种类是丰富多样的, 投资者在选择时就要选对基金品种。接下来我们看看怎样选择基金产品。

【实战案例】选择货币型基金的技巧

货币型基金是投资于货币市场的基金产品, 这类基金的投资风险较小, 一般都能保证本金的安全, 投资成本也低, 虽然货币型基金风险较小, 但是也需要投资者掌握一些技巧。

老刘最近准备购买货币型基金, 在了解了一些货币型基金相关产品以后, 他选择了一款货币型基金。当他准备购买该货币型基金时, 发现这天是星期五, 于是他没有购买, 而是等到了下周一才购买。

由于最近股票市场行情不是太好, 他之前购买的指数型基金也一直处于下跌趋势中, 于是他把自己的指数型基金进行了转换, 购买了货币型基金。老刘之所以购买货币型基金是因为他掌握了一些货币型基金购买的技巧, 如图 5-26 所示。

1. 算好买卖时间

货币型基金的收益是在交易确认日以后才开始计算的, 如果投资者在 T 日购买, 则需要在 T+1 日后才计算收益。如果投资者选择在周五购买基金, 就要等到下周一才计算收益, 而不会享受周末两天收益, 一定程度上损失了收益。

2. 看基金万份收益

货币型基金都会显示万份收益以及近 7 日的年化收益的情况, 而周末以及节假日的收益是合并为一天的, 作为投资者不能仅仅看这两个数据, 而应看真实的收益, 把周末万份收益除以 2, 再乘以 365, 就是该货币基金最具有真实性的收益率。

3. 学会基金转换

货币型基金的风险很小, 在股票以及其他指数型基金收益不是很好的情况下, 可以把其他市场上的投资基金放入货币型基金中, 从而降低投资风险, 又能获取一定的收益；在其他投资产品收益良好的情况下, 再转换到其他产品中, 可以获得更多收益, 并节省申购费用。

图 5-26 货币基金投资的技巧

【实战案例】保本型基金的投资技巧

保本型基金适合稳健型的投资者, 既能保证本金不受损失又能获取一定的收益。于是周先生投资了保本型基金。

可是买了该基金产品没多久周先生急需用一笔钱, 就赎回了自己的基金, 结果周先生却发现自己投资的基金竟然亏了。

周先生投资保本型基金亏钱的原因是，他没有对保本型基金有足够的认识，投资保本型基金要注意如图 5-27 所示的几点。

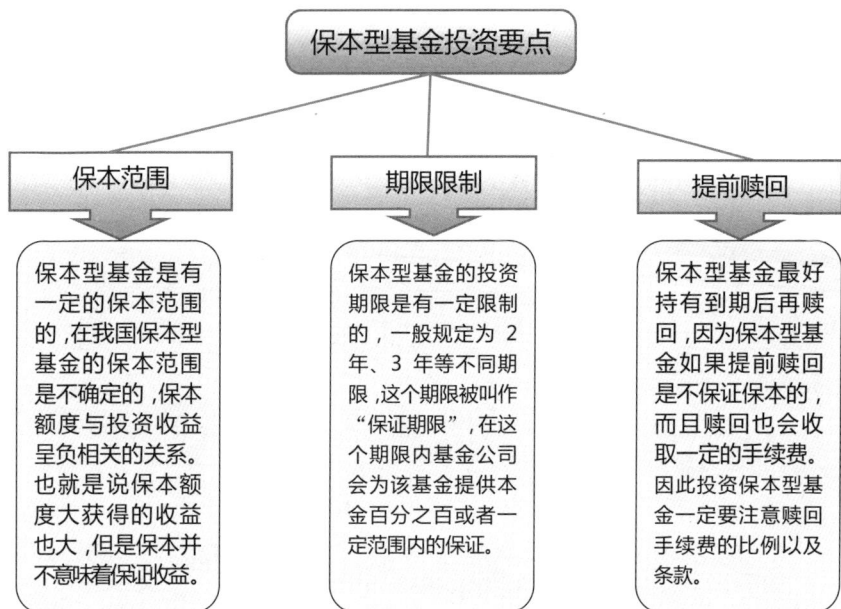

保本型基金投资要点

保本范围	期限限制	提前赎回
保本型基金是有一定的保本范围的，在我国保本型基金的保本范围是不确定的，保本额度与投资收益呈负相关的关系。也就是说保本额度大获得的收益也大，但是保本并不意味着保证收益。	保本型基金的投资期限是有一定限制的，一般规定为 2 年、3 年等不同期限，这个期限被叫作"保证期限"，在这个期限内基金公司会为该基金提供本金百分之百或者一定范围内的保证。	保本型基金最好持有到期后再赎回，因为保本型基金如果提前赎回是不保证保本的，而且赎回也会收取一定的手续费。因此投资保本型基金一定要注意赎回手续费的比例以及条款。

图 5-27　保本型基金的投资要点

上述的周先生在保本型基金还未到期就提前赎回了，本金不一定会得到保障，并且还被收取了手续费，因此导致了此次投资亏本。

保本型基金的投资更适合风险承受能力不大，但是想获取一定收益，并且在一段时间内不会动用投资资金的投资者投资。

【应用技巧】指数型基金投资的技巧

指数型基金是跟踪某个指数的基金产品，购买指数型基金要了解该基金跟踪的是哪些指数，这可以帮助投资者判断该基金的风险大小，除此之外还要了解投资的比例，以及投资时间。如果股票市场处于大幅度下跌的状态，那么这时购买指数型基金明显是不明智的。

5.4.3　选择基金公司的技巧

投资基金时选择基金公司是很重要的，在选择基金产品时可以优先选择基金公司，再通过该基金公司选择基金产品，选择基金公司有如图 5-28 所示的技巧。

1.看基金公司的业绩

基金公司的业绩是投资者选择基金公司要了解的一个重要方面，基金公司的业绩表现良好，也能表现出该公司有专业的判断能力，并增加投资者获利的可能。

选择基金公司的技巧

2.看组织结构

组织结构是否合理对基金公司有重要作用，从资产管理的角度出发，任何环节出现问题都会带来资金的风险，而部门分工明确、运营顺畅会减少个人失误带来的风险。

3.看经营能力和团队力量

基金公司的持续经营能力，是该基金是否具有投资价值的重要依据，而基金公司的团队力量，也影响着投资者投资该公司的基金产品的获利，这两个要素都是投资者要关注的。

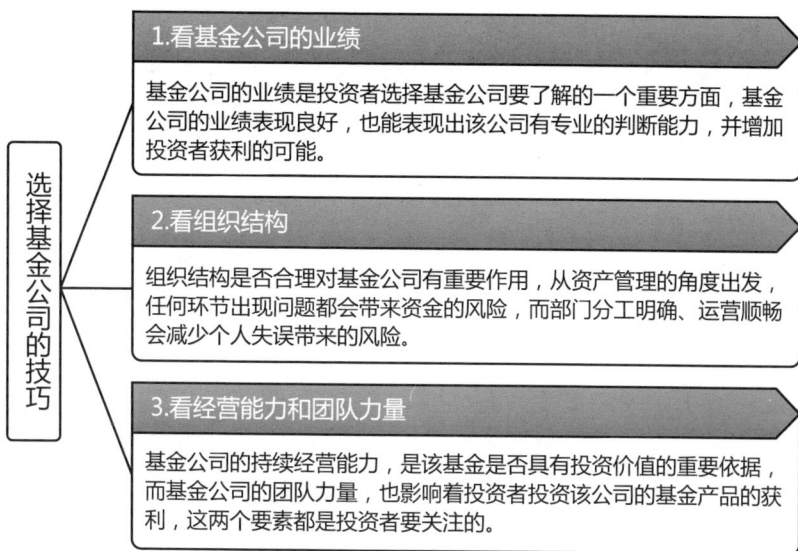

图 5-28　选择基金公司的技巧

5.4.4　选择优秀的基金经理

基金经理是投资者投资该基金的实际操作者，投资者投资资金本质上就是让基金经理来进行管理，而基金只是为筹集资金的一种方式而已，因此，基金经理对投资者来说是非常重要的。

【实战案例】在网上了解基金经理

Step01　以天天基金网为例，进入天天基金网官方网站(http://fund.eastmoney.com/)，在打开的页面中单击"基金经理大全"超链接，如图 5-29 所示。

图 5-29　天天基金官网

Step02　在打开的页面中就可以看到基金经理的所属公司、现任基金、累计从业时间等。单击基金经理的姓名就可以查看基金经理更详细的介绍，比如管理过的基金、现任基金业绩与排名详情等，如图 5-30 所示。

序号	姓名	所属公司	现任基金	累计从业时间	现任基金最佳业绩（全部）
1	艾小军	国泰基金	国泰沪深300 | 国泰上证180金 | 国泰深证TMT5 | 国泰深证TMT5 | 国泰上证180金 | 国泰黄金ETF	1年又161天	国泰上证180金 101.94%
2	蒲富耀	银华基金	银华中国梦30股	55天	银华中国梦30股 11.6%
3	白海峰	国泰基金	国泰纳斯达克10 | 国泰商品	158天	国泰纳斯达克10 10.02%
4	白洁	中银基金	中银理财21天债 | 中银理财21天债 | 中银中高等级债券 | 中银安心回报 | 中银货币A | 中银货币B | 中银产业债定期开 | 中银理财60天债 | 中银理财60天债 | 中银理财7天债券 | 中银理财7天债券 | 中银理财30天债 | 中银理财30天债	4年又99天	中银货币A 18.95%
5	白金	广发基金	广发聚丰	168天	广发聚丰 85.29%
6	毕天宇	富国基金	富国高端制造行业 | 富国通胀通缩 | 富国天瑞创新主题	9年又211天	富国天博创新主题 130.28%
7	鲍无可	景顺长城基金	景顺长城公司治理 | 景顺长城能源基建	361天	景顺长城能源基建 126.33%
8	袁兴振	新华基金	新华壹诺宝货币 | 新华锦丰富金30股 | 新华万银鹏腾灵活 | 新华钻石品质企业 | 新华中小市值优选 | 新华鑫安保本一号	2年又184天	新华中小市值优选 157.76%
9	蔡楠	长盛基金	长盛同鑫二号保本	6年又183天	长盛同鑫二号保本 26.4%
10	蔡宾	博时基金	博时产业新动力灵 | 博时主题行业	179天	博时产业新动力灵 58.1%

图 5-30　基金经理查询

【应用技巧】基金经理变动的处理方法

有些时候投资某支基金难免会遇到基金经理变动的情况，但并不是每种基金的基金经理变动都需要赎回基金，还要根据具体情况来看。如果投资的是指数型基金，可以观望一段时间再赎回。如果基金是由很多人共同管理，也可以不考虑赎回。如果投资者发现基金经理的变动对该基金影响很大，这时就可以考虑赎回了。

选择优秀的基金经理，我们需要从以下几个方面重点考虑，如图 5-31 所示。

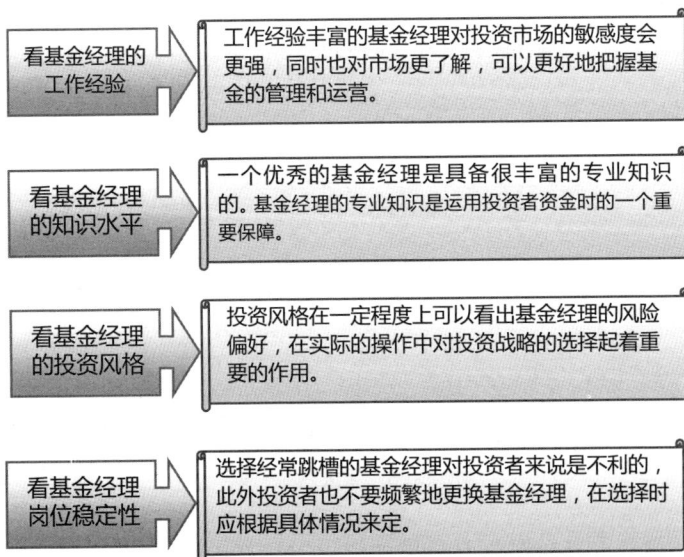

看基金经理的工作经验　→　工作经验丰富的基金经理对投资市场的敏感度会更强，同时也对市场更了解，可以更好地把握基金的管理和运营。

看基金经理的知识水平　→　一个优秀的基金经理是具备很丰富的专业知识的。基金经理的专业知识是运用投资者资金时的一个重要保障。

看基金经理的投资风格　→　投资风格在一定程度上可以看出基金经理的风险偏好，在实际的操作中对投资战略的选择起着重要的作用。

看基金经理岗位稳定性　→　选择经常跳槽的基金经理对投资者来说是不利的，此外投资者也不要频繁地更换基金经理，在选择时应根据具体情况来定。

图 5-31　选择基金经理的技巧

5.4.5 抓住基金投资的时机

基金从购买申请的发出到计算收益是需要时间的,从赎回申请的发出到资金的到账也是需要时间的,因此在日常生活中应时常关注基金的行情,抓住基金投资的时间,我们可以在基金公司的官方网站查看基金行情。

【实战案例】在网上查看基金行情

Step01 比如在天天基金网查看基金行情。进入天天基金网首页后,在行情中心单击"基金"选项,也可以在下方输入基金代码,查询所要了解的某只基金的情况,如图 5-32 所示。

图 5-32　查询基金情况

Step02 在打开的页面中用户可以看到很多基金的行情,比如沪市基金指数、深市基金指数以及不同基金的涨幅情况等,在左边的行情中心也可以选择不同基金的行情,单击自己要查看的行情,就可以进行该基金行情的详细了解了,如图 5-33 所示。

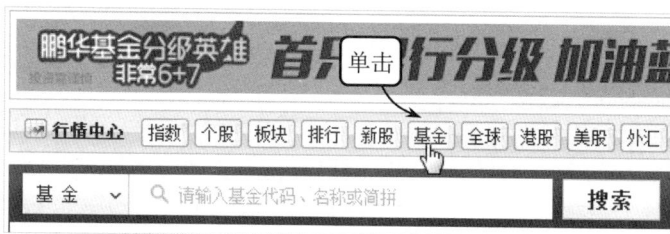

图 5-33　查看基金的行情

了解了基金的行情以后,投资者可以选择关注某几只基金一两个月内的收益情况,再进行选择,选择基金的投资时机有以下几点小技巧,如图 5-34 所示。

1	在免申购费或者有申购费优惠的时候购买可以减少投资成本。
2	在股市行情比较好的时期可以买入指数型基金。
3	在节假日的时候，可以把资金用作短期货币型基金的投资。
4	在基金的募集期比较火爆的基金产品并不一定总能带来好的收益。
5	当基金公司推出了某些优惠活动时可以买入，这时的基金业绩会较好。

图 5-34　基金投资时机的技巧

5.4.6　基金的定投技巧

基金可以一次性投资，也可以做定期定额投资，基金的定期定额投资就是基金的定投。这种投资方式与银行的零存整取相似，基金的定投更适合没有时间理财的上班族，也适合想要分散投资的投资者。

基金定投有自身的优点，但也不能盲目投资，基金定投仍然需要投资者掌握一定的投资技巧，如图 5-35 所示。

1	基金定投是一种长期投资，因此投资者要预估自己未来的投资能力。
2	在基金定投之前就根据个人的情况设定好一定的定期期限，比如一年、两年。
3	基金定投的数量不宜太多，一般在 1~3 只比较适合。
4	在行市不是特别好的情况下可以多买入基金，不要在弱市中停止定投。
5	如果基金经理更换了，这时可以考虑更换该基金产品。
6	投资者在购买定投基金时可选择后端收费，会更有利。

图 5-35　基金定投的技巧

【应用技巧】基金定投与一次性投资的选择

一次性投资是在市场行情良好的情况下投入，这时可以充分享受行情上涨情况下带来的收益。基金定投是一个长期积累的过程，并不会马上就获得大幅度的收益。如果市场行情不明朗的情况下可以选择基金定投，这时投资者承受的风险较小，当行情处于下跌状态下所带来的损失也相对较小。

5.4.7　基金的赎回时机

基金投资的收益是不确定的，虽说基金是长期投资的产品，但是如果有了恰当的赎回时机，投资者也应该赎回基金，投资者在把握赎回时机时可以通过以下几点来判断，如图 5-36 所示。

业绩不佳

当投资的基金在一段比较长的时间段内表现都不是很好的情况下，这时投资者可以赎回基金，转而投资其他收益表现较好的基金。

基金机构出现问题

当基金公司出现较大情况的变动，或者基金公司管理层出现较大变动，以及基金经理离职等情况，可以赎回基金。

达到自己投资止损点

如果投资者设定了投资止损点，当基金投资的损失达到该承受的底线时，投资者应及时赎回基金，而不应该继续持有，但如果判断行情会变化也可以继续持有。

改变投资目标

如果投资目标改变了，比如由风险进取型转变为稳健型，这时投资者所持有的基金的风险类型也应改变。

避免节假日赎回

基金赎回是按工作日来计算的，因此在国家法定节假日的时候最好不要赎回基金，因为这样需要等待更长的时间，浪费了时间成本。

利用系统操作

有些基金公司和银行开通了预约赎回基金的业务，投资者可以在银行的网上银行或者基金公司的官方网站上进行操作，这样也可以节省赎回时间。

图 5-36　基金赎回的时机

【专家提醒】再次申购费用的考虑

　　基金赎回是要支付手续费的，费用收取的多少根据持有时间长短的不同而不同，如果再次申购需要支付比第一次申购更多的手续费，一般为0.8%～1.5%不等，因此投资者也要考虑这笔费用。

Chapter 06

风险与收益并存的
理财产品——股票

在日常闲聊时常常会听到人们在谈论今天股票涨了或者跌了，随着投资理财观念日渐深入人心，近年我国股市一直处于比较看好的趋势中，许多人也纷纷开始炒股。股票具有高风险、高收益的特点，因此投资者在进入股市前就要对股票有比较清楚的了解。

本章要点

◇ 什么是股票
◇ 股票的常用术语
◇ 股票交易的场所
◇ 开立股票投资账户
◇ 股票买卖的基本流程
◇ 网上交易的特点
◇ 在炒股软件上买卖股票

◇ 在炒股软件上查看股票涨跌
◇ 在网上查看股票行情
◇ 了解常见的K线图
◇ K线组合形态的买入技巧
◇ 股票的基本面分析
◇ 不同股市状况的选股技巧
◇ 卖出股票的技巧

6.1 走进股票市场

走进股票市场我们会发现股票并没有想象中的那么神秘,在股票市场既有通过股票亏得倾家荡产的,也有通过股票赚取了不少钱的投资者。在进入股市前,投资者就要对股票有理性的认识,不可盲目投资,从而使自己陷入其中无法自拔。

6.1.1 什么是股票

从经济术语方面来说,股票是股份公司发行的所有权凭证,是股份公司为筹集资金而发行给股东作为持股凭证并借以取得股息和红利的有价证券。

股票的分类方式是多种多样的,按上市区域的不同可以分为以下几类,如表6-1所示。

表6-1 股票按上市区域分类

名　　称	含　　义
A股	A股又被称为人民币普通股,是由中国境内的公司发行的,供境内组织、个人等以人民币认购和交易的普通股股票,目前,港澳台居民也可以开立A股账户
B股	B股被称为人民币特种股票,是以人民币标明面值,以外币认购和交易,在我国境内上市的外资股
H股	H股被称为国企股,指注册地在内地、上市地在香港的外资股

根据股东权利的不同可以分为普通股和优先股,如表6-2所示。

表6-2 股票按股东权利分类

名　　称	含　　义
普通股	普通股在公司的经营管理、盈利以及财产分配上享有普通权利,代表在满足所有债权偿付要求及优先股东的收益权与求偿权要求以后,再对企业盈利和剩余财产进行分配索取
优先股	优先股是相对于普通股而言的,主要指在利润分红及剩余财产分配的权利方面,它优先于普通股

【知识拓展】普通股的特点

　　普通股是目前最常见的一种股票，在我国 A 股和 B 股市场上市的股票都是普通股。普通股的股东按照所持有的股份比例享有公司决策的参与权、利润分配权、优先认股权、剩余资产分配权，普通股票所要承受的风险是最大的。

6.1.2　股票的常用术语

　　股票有许多专业术语，这也是很多投资者在初入股市时表示看不懂一些股票分析的原因，进入股票市场首先要了解的就是股票的专业术语。

　　作为股票入门的基础知识，对新投资者来说，了解股票的术语能够帮助我们更快地进入股票市场。股票基本的专业术语如表 6-3 所示。

表 6-3　股票基本的专业术语

名　称	含　义
利多	利多又被称为利好，指消息有利于提升股价，利好消息的来源，大部分是来自公司内部，比如营业收入增长、签订了某些大的订单等
利空	利空对空头有利，指促使股价下跌的消息，比如利率上升、公司经营业绩不佳、市场经济不景气等
空头	空头是指当前股价相对较高，但是投资者对股市前景不看好，预计股价会下跌，于是在相对高价时卖出股票，待股票下降到某一价位时再买入，以获取差价收益
多头	多头是指投资者对股市看好，预计股价将会上涨，于是在低价时买进股票，待股票上涨至某一价位时再卖出，以获取差价收益
牛市	牛市又被称为卖空市场，指股价处于上涨的趋势中，市场的需求大于供给
熊市	熊市又被称为空头市场，指股价处于下降的趋势中，市场的需求小于供给
散户	散户是指一些零星的小额投资者
庄家	庄家是指对证券市场行情有一定影响的大户投资者
大户	大户是指手中有大量股票，可以做大额交易的投资者
主力	主力是指对大多数股票甚至大盘有影响的投资者

名　称	含　义
绩优股	绩优股是指业绩良好的公司的股票
成长股	销售额和利润都在稳步增长的公司的股票
热门股	流通性强、成交量大、交易周转率高的股票
开盘	开盘是指股票开始交易
停牌	股票出现连续上涨或下跌，证券交易所暂停其交易
涨停	当股票价格上涨到10%就不会再上涨了
跌停	当股票价格下跌到10%就不会再下跌了
开盘价	开盘价又被称为开市价，是指股票在交易日开市以后第一笔成交的价格
收盘价	股票在交易日最后一笔交易前一分钟所有交易的成交量加权平均价(包含最后一笔交易)，如果无成交，前一日的收盘价为当日收盘价
最高价	股票在一个交易日中，交易过程中产生的最高价格
最低价	股票在一个交易日中，交易过程中产生的最低价格
盘整	股价变动幅度较小且稳定，最高价和最低价之间的差额不超过2%
套牢	投资者预期股价会上涨，但是买入后股价却下跌
仓位	投资者投入的资金与总投入资金的比例
持仓	对持有的股票不进行买卖，等待新的买卖时机
建仓	投资者买入股票
补仓	买入股票，以增加自己的股票所占比例，降低平均成本
满仓	将所有的投资资金都投入股票
成交量	一个时间单位内股票交易的成交数量
换手率	换手率又被称为周转率，是指在一定时间内股票买卖的频率
外盘	股票的买入者以卖出者的卖出价而买入成交，成交价为申卖价
内盘	股票在买入价成交，成交价为申买价，说明抛盘比较踊跃

续表

名　称	含　义
委比	在股票某一交易时间段买卖盘相对的指标
跳水	股市大盘或某只股票大幅度下跌
突破	股价经过一段时间的盘档以后，产生的一种价格波动，一般指股价向上突破阻力位
回档	股价上升过程中，因上涨过速而暂时回跌的现象
盘档	投资者不积极买卖，大多数都采取观望的态度，使得股票价格波动小
出货	在股票价格比较高的时候，不动声色地卖出股票
吸货	吸货是指庄家在股票价格较低、波动较小的时候不动声色地买入股票
洗盘	庄家清理多余筹码，抬高持仓成本

股票的专业术语还有很多，上面只是一些最基本的术语，在具体运用到其他术语的时候，再进行讲解。

6.2　股票的交易

股票的交易就是对股票的买卖，股票的交易都是在固定的场所进行的，这种股票公开转让的场所被称为证券交易所，目前，我国有两大交易所。

6.2.1　股票交易的场所

我国大陆有两大交易所，即上海证券交易所和深证圳券交易所。股份公司在上市以后，就可以在股票市场进行股票的上市交易。

股票市场分为一级市场和二级市场，一级市场是指股票发行的市场，二级市场是指股票交易的市场。证券交易所是有一定的营业时间的，相应的股票的交易也是有一定的时间限制的，如图 6-1 所示。

图 6-1　股票的交易时间

【知识拓展】集合竞价的特点和原则

在集合竞价的时间段输入计算机主机的所有价格都是平等的，不会按照价格优先、时间优先的原则进行交易，而是按照量大从优的原则，也就是说按最大的成交量来确定价格，散户要在这个时间段中进行交易一般只能碰碰运气。如果集合竞价失败了，则在上午9:30进入连续竞价。

6.2.2　开立股票投资账户

要进行股票的交易，还需要投资者开立股票投资账户，股票投资账户的开立需要客户在证券公司进行开户。目前，证券公司也是很多的，投资者在选择证券公司时可以通过以下几个方面来参考选择，如图6-2所示。

1	选择知名度较高、客户的信誉度较好的证券公司开户，这样的公司更值得投资者信赖。
2	在选择证券公司时，也要考虑公司的客户服务水平，以及对市场的研究报告比较准确的公司。
3	选择手续费相对较低的证券公司，在证券公司开户是要收取佣金的，这个费用是证券公司自行规定的，因此可以选择佣金更低的公司开户。
4	在证券公司完成开户以后，有时投资者也会遇到各种各样的问题，可以尽量选择离工作地，或住所更近的证券公司开户，方便办理业务。

图6-2　选择证券公司的技巧

目前，国内的证券公司也有很多，投资者在选择时，可以挑选几家公司进行上面几项的对比以后再选择。进行股票投资账户的开立可以在证券公司的营业点进行开户，也可以进行预约开户以及网上自助开户，我们主要看看怎样在网上自助开立股票投资账户。

【实战案例】在网上开立股票账户

Step01 首先要选择一家证券公司，再进入证券公司的官方网站，比如进入广发证券官方网站(https://store.gf.com.cn/)，在广发证券官方网站首页单击"电脑开户/转户"超链接，如图6-3所示。

Step02 在打开的页面中输入手机号码，在获取手机验证码时，系统会自动提示安装安全控件，如果电脑没有安装证书控件还需要在弹出的页面中单击"确定"按钮，再单击"运行"按钮，如图6-4所示。

图 6-3　广发证券官网开户

图 6-4　安装安全控件

Step03 等待运行完毕以后，在打开的页面中单击"下一步"按钮，阅读许可证协议后，单击"我接受"按钮，完成安装导向后，单击"完成"按钮，便可完成安全控件的安装了，如图 6-5 所示。

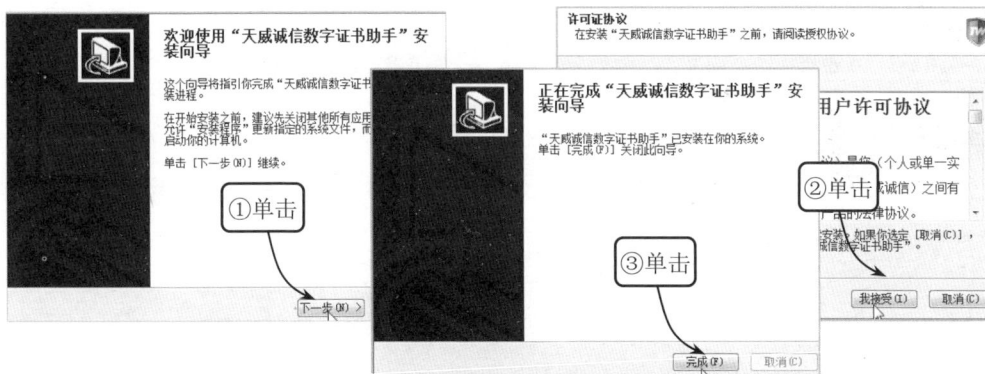

图 6-5　完成安全控件安装

Step04 返回已经打开的页面中，填写手机号码、试算答案，单击"获取验证码"按钮，并输入手机验证码，单击"立即开户"按钮，如图 6-6 所示。

图 6-6　填写开户信息

Step05　在打开的页面中单击"选择营业部"超链接，如图 6-7 所示，在弹出的页面中
　　　　选择营业部，单击"确定"按钮，如图 6-8 所示。

图 6-7　单击选择营业部　　　　　　　　　　图 6-8　选择营业部

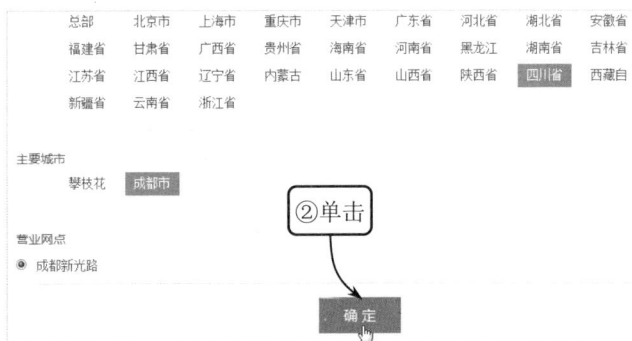

Step06　在返回的页面中上传照片，选中"我已知晓并同意签署《个人数字证书申请责
　　　　任书》"复选框，单击"下一步 资料填写"按钮，如图 6-9 所示。

图 6-9　上传照片

Step07　在打开的页面中选择职业、学历，并填写电子邮箱，单击"下一步 视频认证"

按钮，如图 6-10 所示，在弹出的页面中进行客户信息的确认，单击"确认信息无误"按钮，如图 6-11 所示。

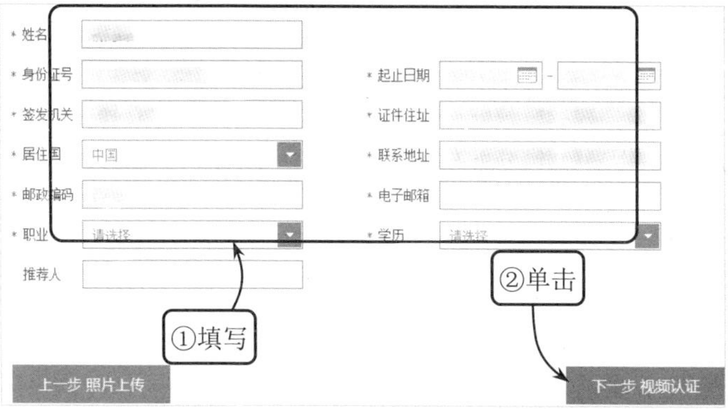

图 6-10 填写个人信息

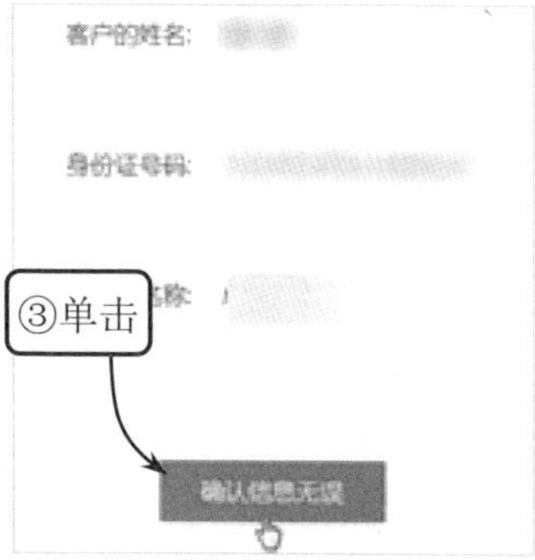

图 6-11 确认信息

完成以上几步以后，会进行视频认证以及证书的安装，再按照操作步骤设置账户、交易密码、选择存管银行、完成风险测评，证券公司会根据所提交的资料进行审核，审核成功后即可完成开户。

在网上开户时资料要准备齐全，同时还要注意在填写银行卡的时候，有些证券公司并不是全部银行都支持，在开户前就要了解清楚该证券公司支持哪几家银行，比如广发证券支持的银行，如图 6-12 所示。

图 6-12 广发证券开户支持的银行

【知识拓展】网上开户前的准备

网上开户要提前准备好身份证正面和反面的电子文件，以及个人正面头像，同时还要确保电脑摄像头以及麦克风是能够正常使用的，以及证券公司所支持的银行的银行卡。要确保所准备的资料是真实有效的，不然开户将失败。

我们已经知道证券交易所有两个，在开户时选择不同的交易所收取的费用也是不同的，并且 A 股和 B 股的收费也是不一样的。我们来看看两大证券交易所的收费标准是怎样的，如表 6-4 所示。

表 6-4　开立股票账户的收费标准

类　别	上海证券交易所	深证证券交易所
A 股	个人账户 40 元/户，机构账户 400 元/户	个人账户 19 美元/户，机构账户 85 美元/户
B 股	个人账户 50 元/户，机构账户 500 元/户	个人账户 120 港币/户，机构账户 580 港币/户

6.2.3　股票买卖的基本流程

投资者是不能个人进行股票的买卖的，个人要进行股票的买卖需要在证券公司办理委托，另外该次委托只在下达委托指令的当天有效。具体的买卖流程如图 6-13 所示。

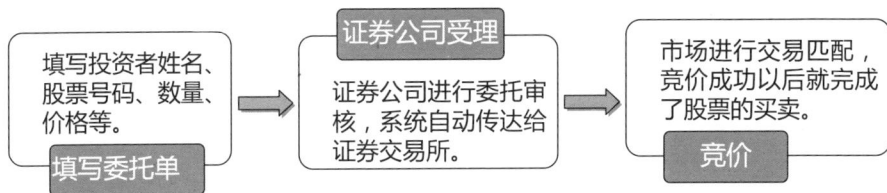

图 6-13　股票的买卖流程

【专家提醒】股票买卖的注意事项

在进行股票的委托买卖时，投资者要注意需要买卖的股票代码一定要正确，一旦出错就很可能买到其他自己并不需要购买的股票。另外还需注意的是，买入的股票必须以手为单位，也就是说必须是 100 的整数倍，而卖出股票数量可以不是 100 的整数倍。

6.2.4　网上交易的特点

现在进行股票的买卖基本上都是在网上进行了，投资者直接把买卖单发送到证券交易所的委托服务器上，系统进行自动匹配，匹配成功以后就可以完成股票的交易了。

网上炒股不需要进入证券交易所就能实时地查看股票的行情，网上炒股具有如图 6-14 所示的优点。

| 信息获取快 | 互联网传播的速度是非常快的，而股市信息是随时都在变化的，网上炒股能够帮助投资者及时了解股票行情。这些信息对于投资者来说是非常重要的决策指标。 |

| 交易速度快 | 在网上进行交易可以实现实时交易，只要投资者能够掌握好买卖时机，都能实现快速交易，不会因为交易时间的延误而导致交易不能及时完成。 |

| 信息全面易查 | 要想在股市中获利，还需要投资者掌握一些技术面分析的方法，而网络信息更新及时，并且信息齐全，能够让投资者很方便地查找到自己所需要了解的信息。 |

| 交易安全 | 在网上进行股票的买卖，投资者可能会担心交易的安全性，但是现在很多网上交易系统都设置了防火墙，采用专业产品，运用了各种安全技术，只要投资者电脑不存在安全问题，一般不会出现安全问题。 |

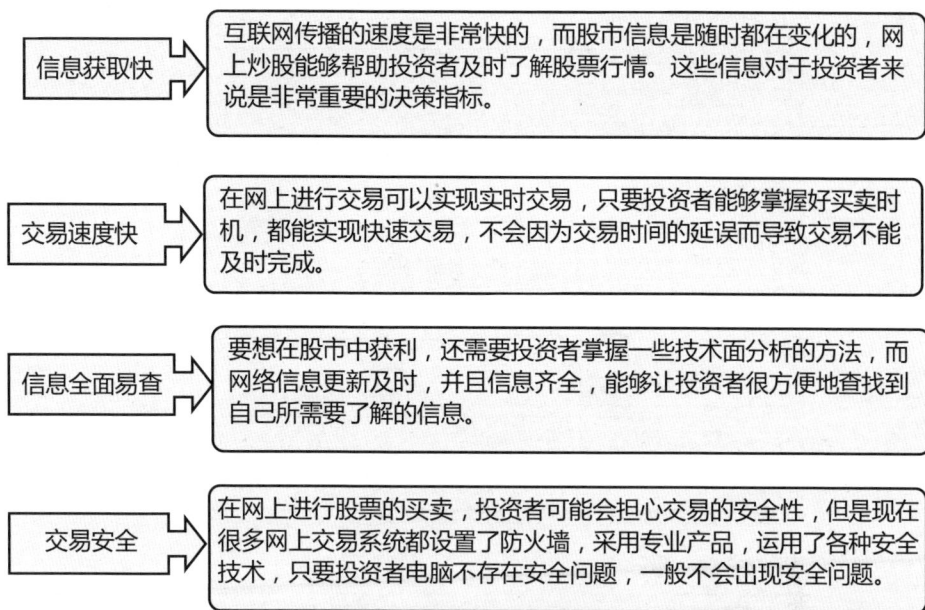

图 6-14　网上交易的优点

当然网上炒股也有两面性，在有优点的同时也存在一些不能忽视的缺点，如图 6-15 所示。

| 资金划转不便 | 在进行网上交易时如果是不同城市的交易，这就需要银行证券公司之间有完善、高效的资金划转系统，不然很可能到账不及时。 |

| 委托失败 | 网上交易有时因为系统原因或者投资者电脑与交易软件不能完成匹配，这就有可能导致委托失败。 |

| 数据传输失败 | 互联网有时会因为投资者网速或者其他原因导致数据传输失败，这样就容易出现信息错误、交易中断等情况。 |

| 开户不便 | 网上交易方便，但也有一些要求条件，对于一些电脑操作不是特别熟练的投资者来说存在不便。 |

图 6-15　网上交易的缺点

我们知道了网上炒股的优点和缺点以后，为了保证股票的买卖能够及时准确地完成，这就要求投资者在实际的交易操作中要注意如图 6-16 所示的事项。

①操作时注意核对

在网上交易时，股票的代码都是由几位数字组成的，因此投资者在发出买卖指令的时候，要仔细地核对交易信息，如价格、数量、股票代码等重要的信息。

②及时查看

指令发送完成以后，投资者也不能掉以轻心，而应该及时查询买卖指令，以避免因为网络等原因造成的指令发送失败。

③开通其他委托方式

投资者除了可以在网上进行实时交易以外，也可以开通电话委托。如果遇到网络故障时还可以通过电话委托的方式完成交易。

④保障电脑安全

网上交易时要先确保自己的电脑没有受到黑客或者病毒的攻击，电脑最好安装杀毒软件，并定期进行清理。

图 6-16　网上交易的注意事项

6.2.5　在炒股软件上买卖股票

投资者一般都是在炒股软件上进行股票的买卖的。目前，炒股软件也有很多，比如通达信、同花顺、大智慧等，在这些软件上投资者可以看到行情信息、咨询信息等。在选择交易软件的时候，投资者同样要注意最好选择沪深交易所数据授权的公司，这样才能有效保证数据的真实性。

要在炒股软件上进行操作，首先就需要下载并安装软件，并学会使用软件，我们以同花顺软件为例，来看看该软件是怎样安装和使用的。

【实战案例】炒股软件的安装和使用

Step01 在百度搜索引擎里搜索"同花顺"，在搜索结果下方单击"立即下载"按钮，如图 6-17 所示。在弹出的页面中，单击"直接打开"按钮，就可以完成软件的安装了，如图 6-18 所示。

Step02 完成软件的安装以后，可以选择注册账号登录，比如输入账号和密码登录，也可以选择"游客登录"方式，如图 6-19 所示。

图 6-17　下载同花顺软件

图 6-18　打开同花顺软件

图 6-19　选择登录方式

在进入软件以后，我们会看到很多信息，首先出来的是上证指数，在界面最上方的工具栏，通过工具栏可以进行各种操作，比如查看沪深指数、当日股票的涨幅排名、个股的涨跌情况等，在下方就可以实时看到沪指、深指、创业板的指数情况，以及涨跌情况。

在左边自由选择查看 K 线图、大盘咨询、综合排名等，在界面的右边可以看到委比、开盘价等其他股票行情，如图 6-20 所示。

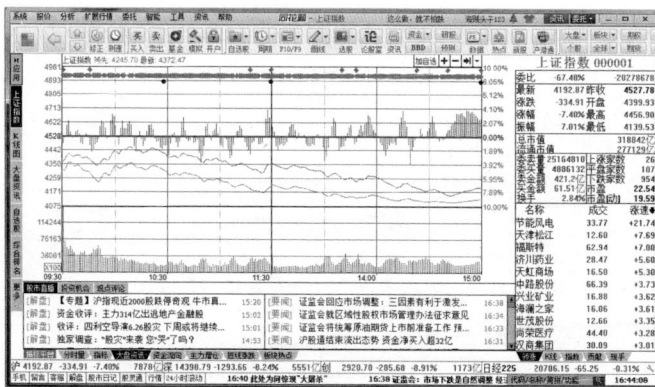

图 6-20　查看股票行情

【实战案例】在软件上买卖股票

Step01 在软件上买卖股票是非常简单的，在行情首页单击"买"按钮，卖出股票就单击"卖"按钮，如图 6-21 所示，进入委托管理页面后选择已经开户的证券商，单击其名称后再单击"添加券商"按钮，如图 6-22 所示。

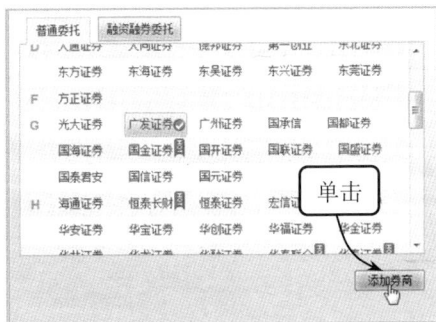

图 6-21　选择买卖股票

图 6-22　添加券商

Step02 添加券商完成以后，单击"打开委托"按钮，如图 6-23 所示。进入用户登录界面后，选择委托站点、账号类型，填写账号、交易密码、验证码，单击"确定"按钮，完成个人账号的登录，如图 6-24 所示。

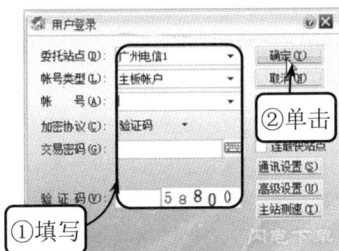

图 6-23　委托管理页面

图 6-24　个人账号的登录信息

Step03 登录个人账号后，在打开的页面中输入证券代码、证券名称、买入价格、买入数量，单击"买入"按钮，就可以完成股票的买入了，如图 6-25 所示。

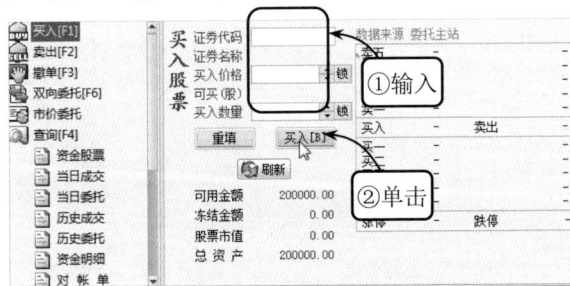

图 6-25　股票的买入信息

Step04 如果要卖出股票，只需单击"卖出"超链接，在打开的页面中输入卖出股票的
证券代码、卖出价格、卖出数量等，单击"卖出"按钮即可，如图 6-26 所示。

图 6-26　股票的卖出信息

6.3　查看股票行情

股市每日的行情信息是非常多的，作为初入股市的股民，了解一些股市的有用信息是
非常有必要的，投资者既可以通过炒股软件来看股市行情，也可以在一些财经网站上查看
股市行情。

6.3.1　在炒股软件上查看股票涨跌

在炒股软件上不仅可以买卖股票，还可以查看股票的行情，股票行情是投资者选股的
重要参考。

【实战案例】在同花顺上查看股票涨跌

Step01 打开同花顺软件后，登录个人账号，在首页单击"报价"菜单项，在下拉菜单
中选择"沪深股票"选项，可以选择查看沪深 A 股、沪深 B 股、中小板、创
业板等股票目前的基本情况，比如选择"沪深 A 股"选项，如图 6-27 所示。

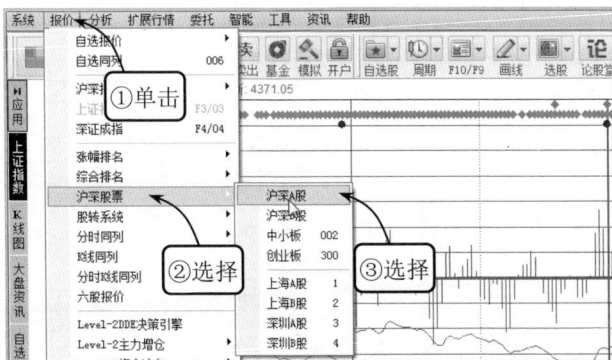

图 6-27　查看沪深 A 股

Step02 在打开的页面中就可以看到目前沪深 A 股个股股票目前的基本情况，包括涨幅、现价、量比、所属行业等，如图 6-28 所示。

图 6-28　沪深 A 股的基本情况

Step03 其中股票的涨跌为绿色的表示跌，红色的表示涨，"—"表示停牌。另外，下跌的股票的涨跌栏前面有一个减号，上涨的前面有一个加号。选择"涨幅%"列，可以查看股票由涨到跌，或者由跌到涨的排名情况，如图 6-29 所示。

图 6-29　股票的涨(左)跌(右)排名情况

Step04 用同样的方法，选择"现价""涨跌"等列可以查看相应栏目的排名情况。双击要查看的股票，还可以查看股票的分时图、K 线图、个股资料等，比如双击"民生银行"选项，首先看到的是目前股票的分时图，单击左侧的功能竖栏中的"K 线图"选项卡，可以查看股票的 K 线图，如图 6-30 所示。

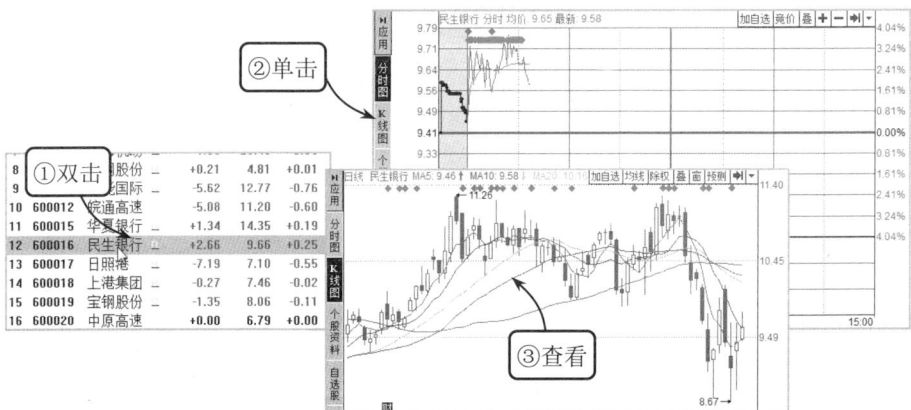

图 6-30　民生银行的分时图和 K 线图

在同花顺软件上还可以查看目前新股发行与申购的详情。新股是指刚发行上市正常运作的股票，新股是股票的热点，投资者也可以适当关注一些新股。

【实战案例】在炒股软件上查看新股详情

进入同花顺软件后，单击工具栏中的"IPO新股"按钮，便可查看目前已上市的新股与待上市的新股，如图6-31所示。

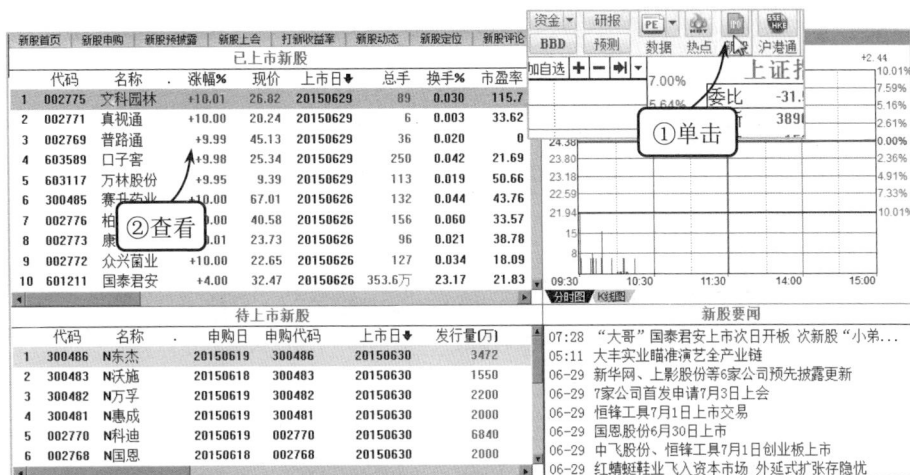

图6-31　查看新股详情

【实战案例】在炒股软件上查看财经资讯

要了解目前的一些财经资讯情况，可以单击工具栏中的"资讯"按钮，即可查看财经头条，如图6-32所示，在打开的页面中还可以查看其他资讯，如公司新闻、自选股资讯、全球市场等，如图6-33所示。

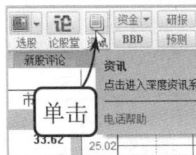

图6-32　单击"资讯"按钮

图6-33　查看财经资讯

6.3.2 在网上查看股票行情

查看股票行情的方式是多种多样的,上面我们已经介绍了怎样在炒股软件上查看一些基本的股票行情,接下来我们来看看在一些财经软件上查看股票行情。

🐂 **【实战案例】在东方财富网查看财经资讯**

Step01 在百度搜索引擎栏中输入东方财富网,在下面的结果栏中单击"东方财富网"超链接,如图 6-34 所示。

图 6-34 搜索东方财富网

Step02 在打开的页面中可以看到股票、个股、新股等多种选项,投资者可以查看自己需要了解的选项,比如单击"股票"超链接,如图 6-35 所示。

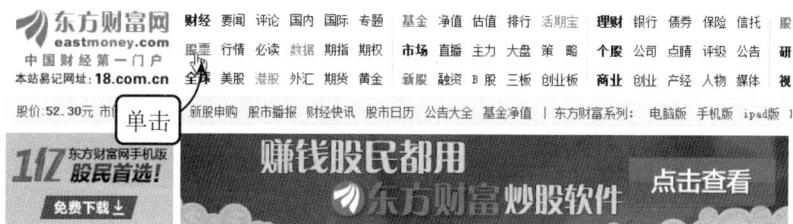

图 6-35 东方财富网首页

Step03 在打开的页面中就可以看到股票的各种行情,比如行情中心、股票导读、股市聚焦等,如图 6-36 所示。

在财经网站上我们可以查看许多财经信息,同时也可以通过其他网站,比如和讯网、财经网、中国经济信息网等网站上了解其他经济信息,如图 6-37 所示的是中国经济信息网首页。

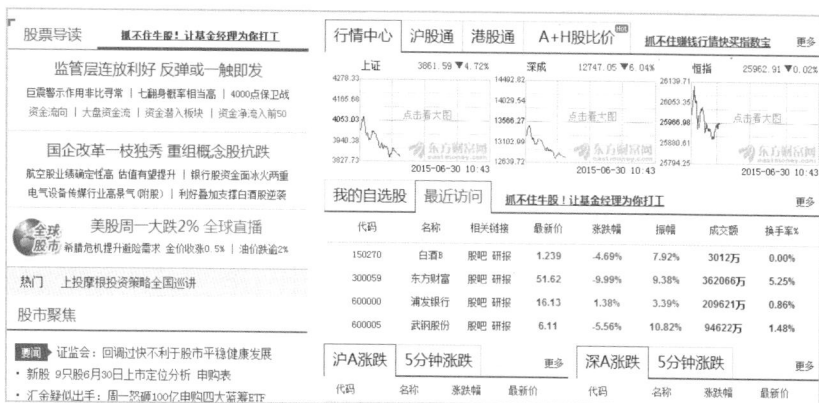

图 6-36　查看股票的行情

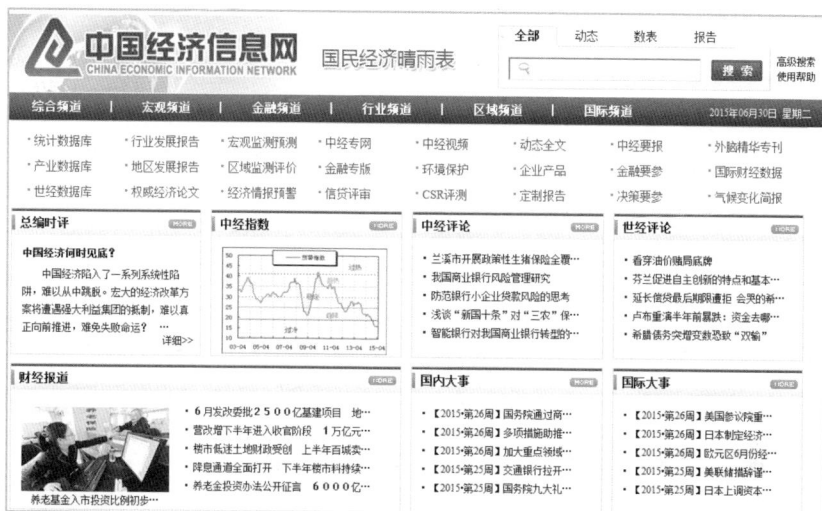

图 6-37　中国经济信息网首页

6.4　股票投资的技巧

投资者要在股市中占有一席之地,除了要了解股票最基本的知识外,还需要掌握一定的投资技巧,如果在没有掌握一定技巧的前提下,就盲目投入股市之中,很容易陷入股票投资的误区,导致投资失败。

6.4.1　了解常见的 K 线图

K 线图又称为日本线、阴阳线等,因其标画方式有独到之处,所以被引用在股票市场价格走势中。通过 K 线可以了解股票每个交易日的变动状态,不同 K 线的组合表达了不同的含义。

我们分析和了解 K 线图最基本的原因是，K 线图可以帮助投资者寻找买卖点。常见的 K 线图如图 6-38 所示。

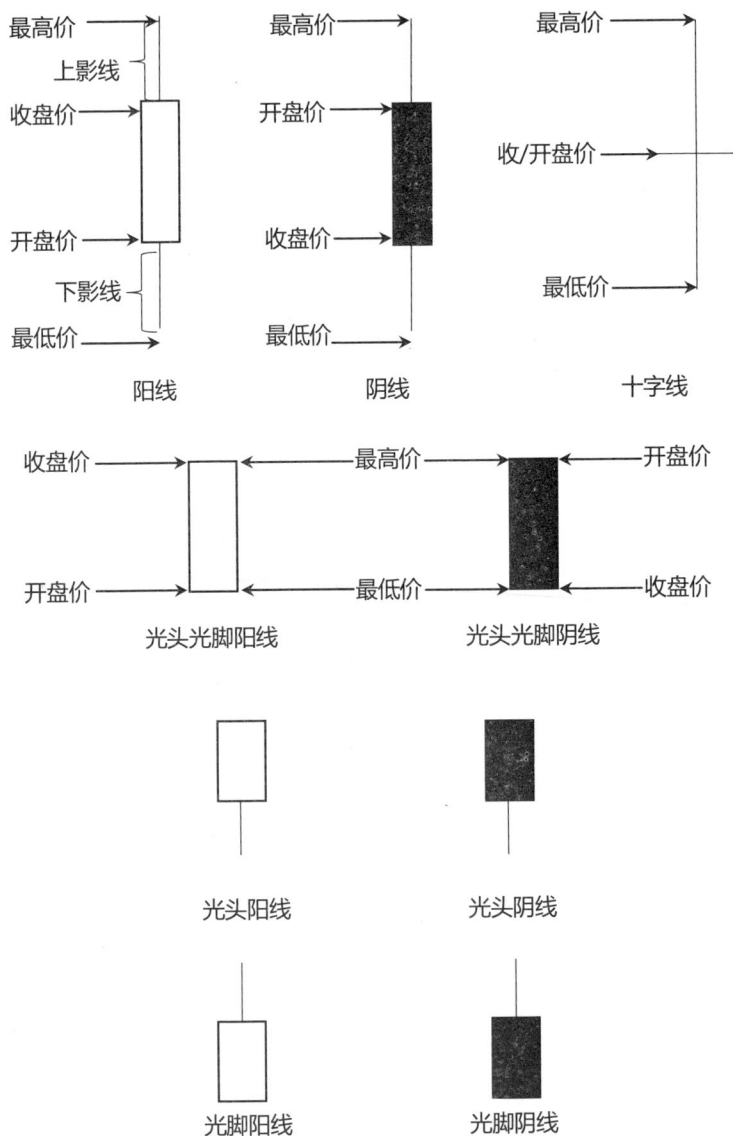

图 6-38　常见的 K 线图

以上是几种常见的 K 线图，通过实体的颜色可以辨别股票的涨跌情况，其中实体颜色为白色(红色)表示股票上涨，实体颜色为黑色(绿色)表示股票下跌，不同的 K 线图也表示不同的含义，如图 6-39 所示。

阳线

- 阳线多存在于多空双方激战时，最后多方战胜空方，实体的大小表示股票在一天内上涨趋势的大小，比如实体较大的大阳线如果在股票大涨后再出现，很可能改股未来有下跌的可能；反之在大跌以后再出现，未来很可能会反弹。另外也要考虑影线的长短，上影线越长表示空头压力越大，反之如果下影线越长表示多头抵抗力越大。

阴线

- 阴线实体较长被称为大阴线，和大阳线相反，如果在股票大涨以后再出现大阴线，那么后市很可能会下跌，大阴线的上影线越长表示空头的压力越大，反之下影线越长则表示多头抵抗力越大。

十字线

- 十字线表示的是多空双方的势均力敌，如果十字线的上下影线长度相等则表示多空双方保持平衡，而上影线长于下影戏则表示卖方压力较大。当开盘价在前一交易日K线实体中线的位置以上，那么表现为红色，反之为绿色，如果在前一交易日的开盘价以上也为红色。

光头光脚阳线

- 光头光脚阳线表示极端的涨势，根据实体长短的不同表示的气势也不同。光头光脚阳线表示多空双方没有进行激战，在一个交易日内多方已经控制了盘面，上涨的动力充足。

光头光脚阴线

- 光头光脚阴线与光头光脚阳线相反，这种阴线被看作是极度脆弱的阴线，一般来看，光头脚阴线常常成为牛市继续或者熊市继续的一部分，也较长出现在突发利空的情形下。

光头阳线

- 光头阳线表示在多空的交战中，先跌后涨，多方占据优势。影线的长短与实体部分的长短不同，表示的买卖双方的力量则不同。如果实体比影线长则表示买方的实力很强，反之则较弱。

光头阴线

- 光头阴线同样表示多空交战，但是空方占据优势，在下跌了以后得到支撑，后市有可能会出现反转。同样比较影线和实体的长短，如果实体比影线长则表示空方较强，反之则较弱。

光脚阳线

- 光脚阳线表示在多空双方的交战中，多头更占据优势，但是在上涨的途中受到了打压，后市可能会下跌。影线的长短表示压力的大小，影戏较长则表示上涨的压力较大。

光脚阴线

- 光脚阴线表示在多空双方的交战中，空方更为强势，未来可能会出现下跌，影线越长表示上档空头压力越大，反之越小。

图 6-39　不同 K 线表示的含义

从上面 K 线所表达的不同含义来看，我偿可以总结出 4 个 K 线分析要点，以帮助投资者加深对 K 线图所表达含义的理解，如图 6-40 所示。

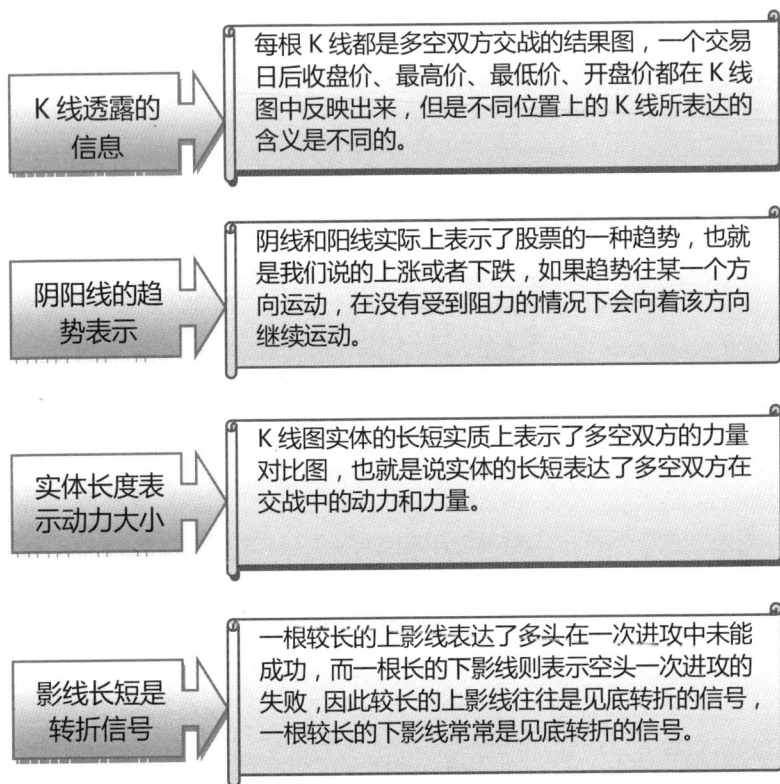

K 线透露的信息	每根 K 线都是多空双方交战的结果图，一个交易日后收盘价、最高价、最低价、开盘价都在 K 线图中反映出来，但是不同位置上的 K 线所表达的含义是不同的。
阴阳线的趋势表示	阴线和阳线实际上表示了股票的一种趋势，也就是我们说的上涨或者下跌，如果趋势往某一个方向运动，在没有受到阻力的情况下会向着该方向继续运动。
实体长度表示动力大小	K 线图实体的长短实质上表示了多空双方的力量对比图，也就是说实体的长短表达了多空双方在交战中的动力和力量。
影线长短是转折信号	一根较长的上影线表达了多头在一次进攻中未能成功，而一根长的下影线则表示空头一次进攻的失败，因此较长的上影线往往是见底转折的信号，一根较长的下影线常常是见底转折的信号。

图 6-40 K 线分析的要点

6.4.2 K 线组合形态的买入技巧

在实际的选股中，单根 K 线能够帮助投资者做出一些最基本的判断，但是要想在实际的选股过程中更加准确地把握买点，还得看 K 线的不同组合形态，下面我们就来看看常见的 K 线组合形态。

1. 上涨两颗星

上涨两颗星是由三根 K 线组成的，第一根 K 线为一根实体较长的阳线，后面两根是并排的实体较小的 K 线，在第一根阳线的上方，可以是阴线也可以是阳线或者是十字线，如图 6-41 所示。

图 6-41　上涨两颗星 K 线组合形态

上涨两颗星是一种攻击的形态，预示着股价在短期内会出现上涨，也就是说上涨两颗星实际上是上涨的信号，投资者如果发现了上涨两颗星的形态应该积极买入。

【实战案例】北新建材(000786)——上涨两颗星

图 6-42 所示的是北新建材在 2014 年 12 月至 2015 年 4 月的 K 线图。

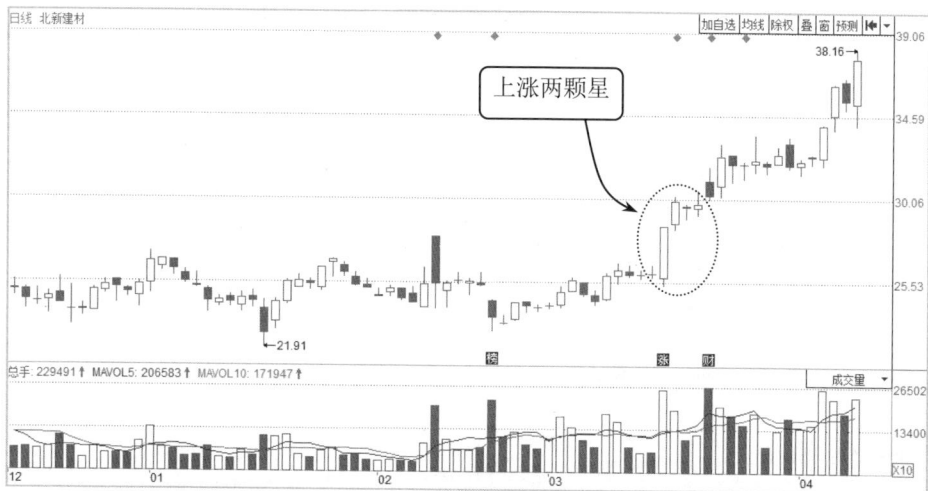

图 6-42　北新建材 K 线图

从图 6-42 我们可以看出，北新建材的 K 线图中出现了上涨两颗星，第一根为大阳线，紧接着是一根中阳线和一根小阴线，而从后市的表现来看，股价也出现了上涨。上涨两颗星的使用方法是很简单的，投资者一旦发现了上涨两颗星，可以在股价突破两颗星的高点后积极买入。

2. 曙光初现

在实际操作中还有一种叫作曙光初现的 K 线组合，它是由两根 K 线组合而成的，其中第一根 K 线为阴线，第二根 K 线为阳线。阳线的开盘价低于阴线的开盘价，阳线的收盘价高于阴线收盘价的一半，如图 6-43 所示。

图 6-43　曙光初现 K 线组合形态

曙光初现通常出现在连续下跌的行情末期，表明多方开始反击，是股价即将上涨的信号，其中第二根阳线的实体越长表示力度越大。

🐂 【实战案例】高鸿股份(000851)——曙光初现

图 6-44 所示的是高鸿股份 2015 年 2 月至 6 月的 K 线图。

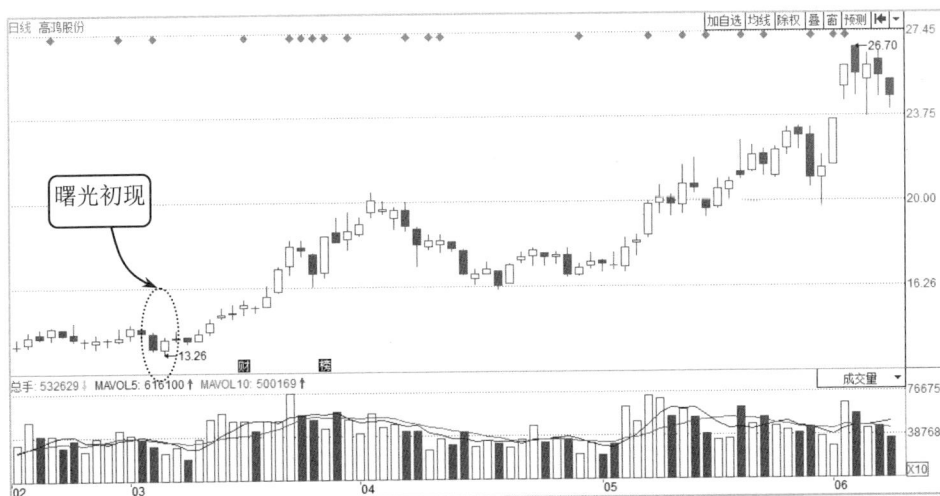

图 6-44　高鸿股份 2015 年 2 月至 6 月的 K 线图

从图 6-44 我们可以看出，高鸿股份在 3 月出现了曙光初现的 K 线组合，第一根为阴线，第二根为阳线，且阳线的收盘价高于阴线收盘价的一半，这是典型的曙光初现 K 线组合。如果投资者在这时买入，后期收益将颇多。

3. 其他 K 线组合形态

K 线的组合形态是多种多样的，常见的 K 线组合还有很多种，下面我们来看看其他可以用来判断买入股票的 K 线组合形态，如表 6-5 所示。

表6-5 可买入股票的K线组合

名 称	含 义	组合形态
希望之星	希望之星是由3根K线组合而成的,第一根K线为阴线,第二根K线为小阳线或者小阴线,第三根K线为阳线,并且第三根阳线的实体要深入到第一根阴线的实体中,在下跌过程中,希望之星是后市看涨的信号	
锤头线	锤头线是由实体很短、下影线很长的K线组合而成,实体可以是阴线也可以是阳线,一般出现在下跌过程中,是见底的信号,后市看涨	
倒锤头线	倒锤头线与锤头线相反,倒锤头线是由实体很短的K线与带长上影线的K线组合而成,实体可以是阴线也可以是阳线,在下跌过程中出现倒锤头线,是见底的信号,后市看涨	
早晨十字星	早晨之星是由3根K线组合而成的,第一根K线为阴线,第二根K线为十字线,第三根K线是阳线,第三根阳线实体深入第一根阴线实体中,早晨十字星与希望之星相似,只是早晨十字星的第二根K线是十字线,出现在下跌过程中,是后市看涨的信号	
好友反攻	好友反攻是由两根K线组合而成的,第一根为大阴线,第二根为大阳线或者中阳线,并且两日的收盘价相近,好友反攻是常见的见底信号,后市看涨,但是与曙光初现相比,好友反攻的转势信号没有曙光初现那么强	
旭日东升	旭日东升是由两根K线组合而成的,第一根K线为大阴线或者中阴线,第二根为大阳线或者中阳线,并且第二根阳线的收盘价要高于第一根阴线的开盘价	

6.4.3　股票的基本面分析

影响股票价格变动的因素有很多，最直接的一个变动原因就是供求关系的变化。而影响供求关系变动的因素主要有三个：宏观经济因素、公司因素、政治因素。从宏观经济因素来看，主要有以下几个原因造成了股价的变动，如图6-45所示。

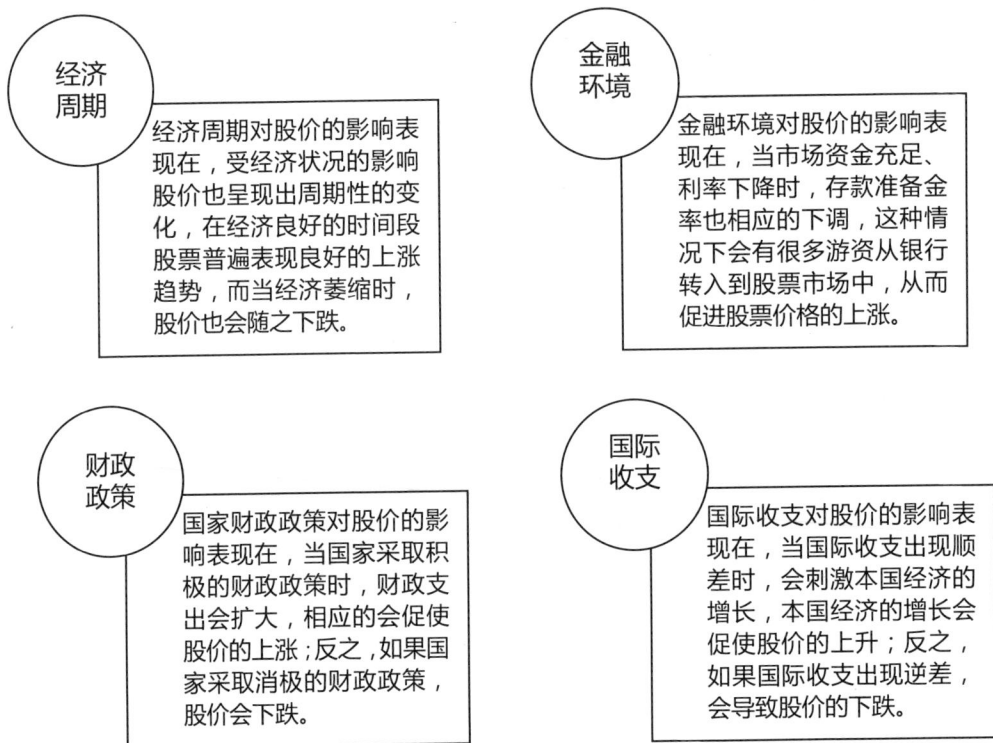

经济周期　经济周期对股价的影响表现在，受经济状况的影响股价也呈现出周期性的变化，在经济良好的时间段股票普遍表现良好的上涨趋势，而当经济萎缩时，股价也会随之下跌。

金融环境　金融环境对股价的影响表现在，当市场资金充足、利率下降时，存款准备金率也相应的下调，这种情况下会有很多游资从银行转入到股票市场中，从而促进股票价格的上涨。

财政政策　国家财政政策对股价的影响表现在，当国家采取积极的财政政策时，财政支出会扩大，相应的会促使股价的上涨；反之，如果国家采取消极的财政政策，股价会下跌。

国际收支　国际收支对股价的影响表现在，当国际收支出现顺差时，会刺激本国经济的增长，本国经济的增长会促使股价的上升；反之，如果国际收支出现逆差，会导致股价的下跌。

图 6-45　宏观经济对股价的影响

投资者购买某公司的股票，也就是对某公司进行了投资，公司股票的涨跌直接影响了投资者的收益，公司自身的某些因素会影响股票的涨跌，如图6-46所示。

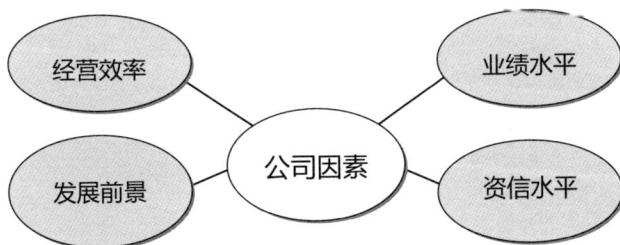

图 6-46　影响股价变动的公司因素

知道了对股价能够产生影响的公司因素以后，我们就需要了解公司的经营状况与业绩水平了，我们可以通过炒股软件来看公司的基本经营状况。

【实战案例】在炒股软件上查看公司经营状况

我们以同花顺软件为例，首先登录同花顺软件，进入个股股票行情中心，或者直接在键盘上输入股票代码。在界面左侧单击"个股资料"选项卡，便可查看公司概要。比如查看上港集团的公司概要，如图 6-47 所示。

公司概要				
主营业务：集装箱装卸业务、散杂货装卸业务、港口服务业务和港口物流业务。			所属行业：港口航运	
涉及概念：体育产业，沪港通概念，黄金水道，上海国资改革，融资融券，上海自贸区概念股，转融券标的 详情>>				
市盈率(动态)：27.80	每股收益：0.06元（增发后）＋	净资产收益率：2.72% ＋	分类：大盘股	
市盈率(静态)：24.73	营业收入：74.24亿元 同比增长8.86% ＋	每股净资产：2.43元（增发后）＋	总股本：231.74亿股	
市净率：2.97	净利润：15.04亿元 同比增长4.58% ＋	每股现金流：0.09元（增发后）＋	流通A股：227.55亿股	
最新解禁：2018-06-04	解禁股份类型：定向增发机构配售股份	解禁数量：41849.50万股	占总股本比例：1.81%	

图 6-47　上港集团公司概要

从图 6-47 我们可以看到，公司的市盈率、净资产收益率等其他数据，通过营业收入、净利润指标的增长率，就可以看出公司的经营状况是怎样的，如果显示的增长率为负，那么表明公司营业状况不佳。

除了能查看公司概要以外，还可以查看到公司的经营分析，图 6-48 所示的是上港集团的经营分析详情。

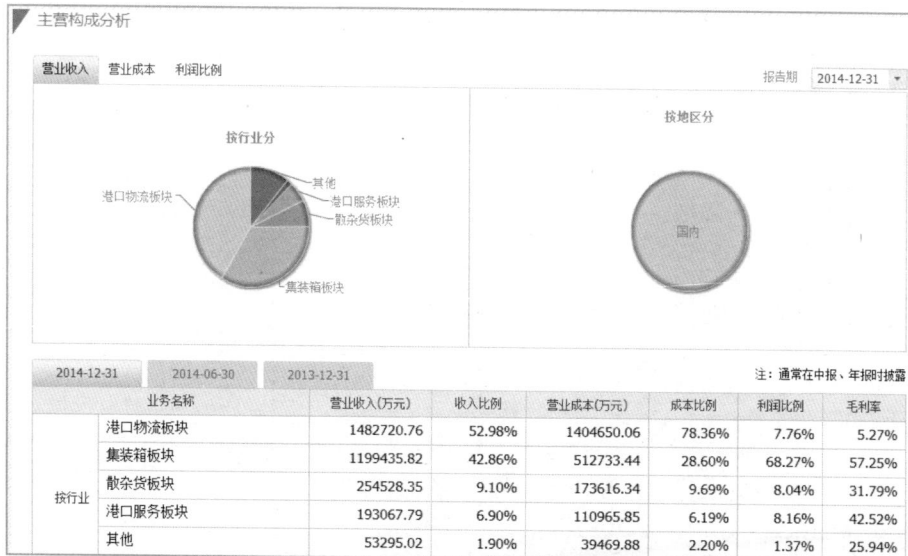

业务名称		营业收入(万元)	收入比例	营业成本(万元)	成本比例	利润比例	毛利率
按行业	港口物流板块	1482720.76	52.98%	1404650.06	78.36%	7.76%	5.27%
	集装箱板块	1199435.82	42.86%	512733.44	28.60%	68.27%	57.25%
	散杂货板块	254528.35	9.10%	173616.34	9.69%	8.04%	31.79%
	港口服务板块	193067.79	6.90%	110965.85	6.19%	8.16%	42.52%
	其他	53295.02	1.90%	39469.88	2.20%	1.37%	25.94%

图 6-48　上港集团主营构成分析

公司的财务状况是分析公司的业绩水平与经营效率的一个重要指标,在同花顺软件上仍然可以查看公司的财务指标。上港集团财务指标如图 6-49 所示。

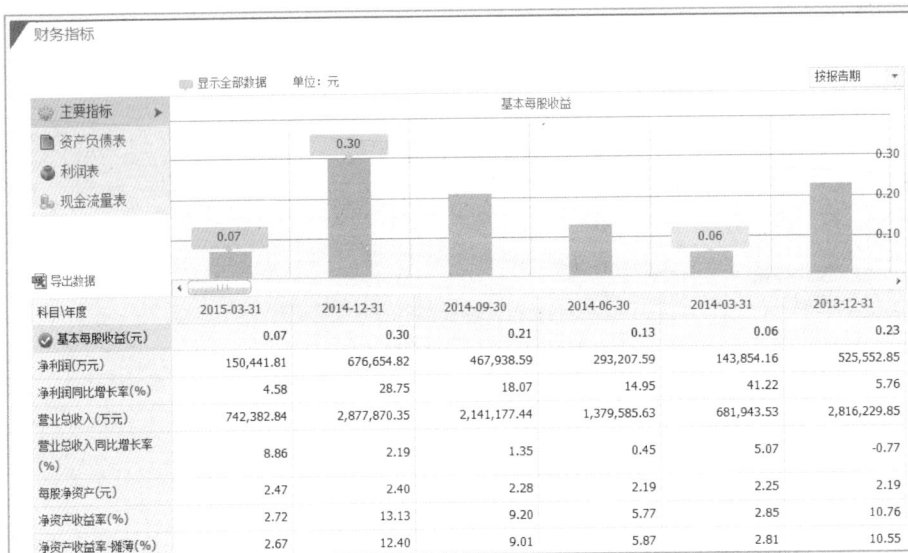

科目\年度	2015-03-31	2014-12-31	2014-09-30	2014-06-30	2014-03-31	2013-12-31
基本每股收益(元)	0.07	0.30	0.21	0.13	0.06	0.23
净利润(万元)	150,441.81	676,654.82	467,938.59	293,207.59	143,854.16	525,552.85
净利润同比增长率(%)	4.58	28.75	18.07	14.95	41.22	5.76
营业总收入(万元)	742,382.84	2,877,870.35	2,141,177.44	1,379,585.63	681,943.53	2,816,229.85
营业总收入同比增长率(%)	8.86	2.19	1.35	0.45	5.07	-0.77
每股净资产(元)	2.47	2.40	2.28	2.19	2.25	2.19
净资产收益率(%)	2.72	13.13	9.20	5.77	2.85	10.76
净资产收益率-摊薄(%)	2.67	12.40	9.01	5.87	2.81	10.55

图 6-49 上港集团财务指标

政治因素的变动常常会影响股价的变动,国家的一些政策以及政治形势等都会对股价产生影响,主要有如图 6-50 所示的几点。

经济政策	战争影响	政治事件	国际形势
从国家经济政策对股价的影响来看,一般来说,国家重点对某个行业或者产业进行扶持,相应的该行业和产业的股价也会上涨。	战争对股价的影响要相对来看,一般的战争会导致股价的下跌,但是战争会使得军工品的使用加剧,反而会导致与军需品有关的企业股价上涨。	国内重大政治事件对股价也会产生影响,当国内出现了巨大的政治风波时,会对投资者的心理产生影响,这样间接地使得股价发生变动。	国际形势的好坏也会影响股价,因为当国家与某国关系改善时,投资者也会比较看好跨国公司的股票。

图 6-50 政治因素对股价的影响

从宏观经济因素、公司自身因素、政治因素对股价的影响来看，时常关注新闻动态是很有必要的，因为这些信息往往会第一时间通过网络进行传播，当发现利好消息时投资者就可以提前做好准备。

6.4.4 不同股市状况的选股技巧

有些投资者在投资股票时会陷入误区，认为牛市可以随便选股，而熊市不能选股，其实这样的观念是错误的，牛市不能随意选股，熊市也有可能获利。

在牛市中，大部分股票都处于上涨的趋势中；而在熊市中，大部分股票则处于下跌的趋势中。在牛市中选股时，投资者可以重点关注股票的以下几个方面，如图 6-51 所示。

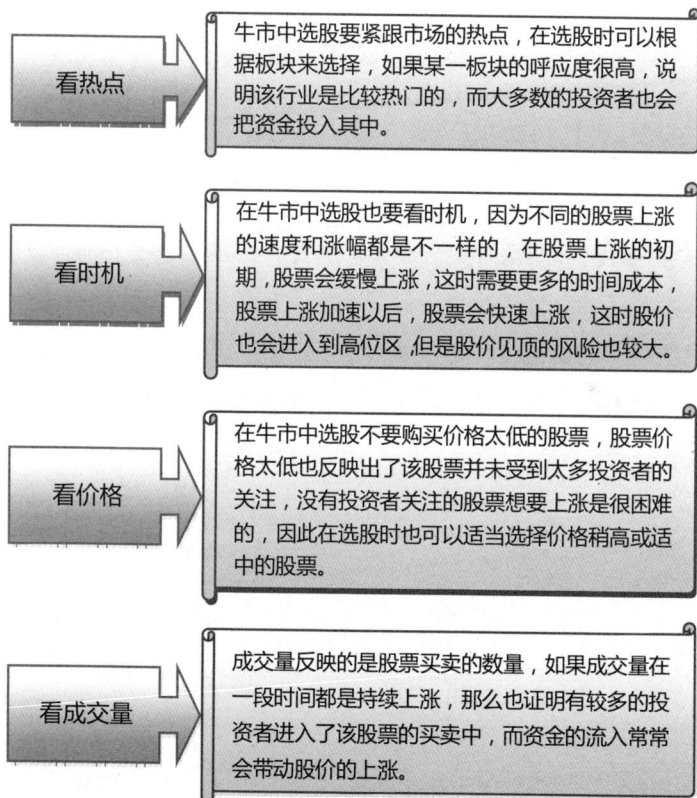

看热点	牛市中选股要紧跟市场的热点，在选股时可以根据板块来选择，如果某一板块的呼应度很高，说明该行业是比较热门的，而大多数的投资者也会把资金投入其中。
看时机	在牛市中选股也要看时机，因为不同的股票上涨的速度和涨幅都是不一样的，在股票上涨的初期，股票会缓慢上涨，这时需要更多的时间成本，股票上涨加速以后，股票会快速上涨，这时股价也会进入到高位区，但是股价见顶的风险也较大。
看价格	在牛市中选股不要购买价格太低的股票，股票价格太低也反映出了该股票并未受到太多投资者的关注，没有投资者关注的股票想要上涨是很困难的，因此在选股时也可以适当选择价格稍高或适中的股票。
看成交量	成交量反映的是股票买卖的数量，如果成交量在一段时间都是持续上涨，那么也证明有较多的投资者进入了该股票的买卖中，而资金的流入常常会带动股价的上涨。

图 6-51 牛市选股的技巧

在熊市中一般可操作的股票很少，因此在熊市中选股，投资者就需更为谨慎了，对自己来说不熟悉的股票一定不要选，这样很可能会出现亏损。在熊市中选股要看如图 6-52 所示的几点。

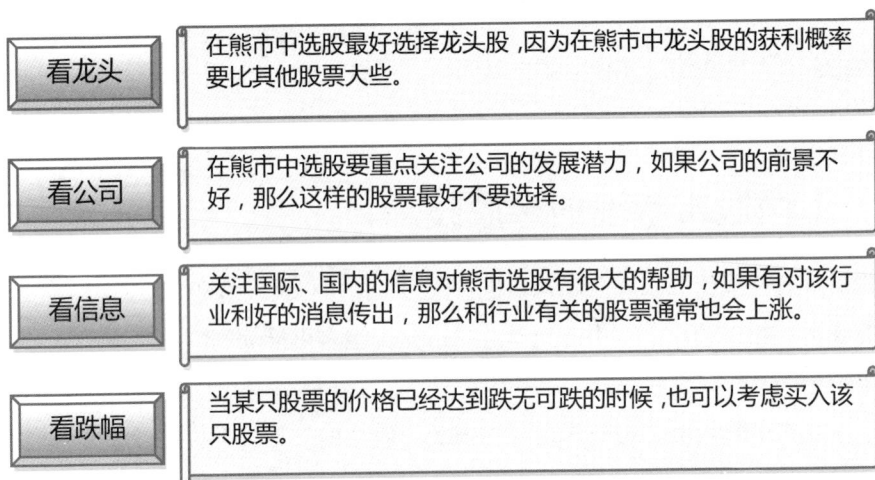

看龙头	在熊市中选股最好选择龙头股,因为在熊市中龙头股的获利概率要比其他股票大些。
看公司	在熊市中选股要重点关注公司的发展潜力,如果公司的前景不好,那么这样的股票最好不要选择。
看信息	关注国际、国内的信息对熊市选股有很大的帮助,如果有对该行业利好的消息传出,那么和行业有关的股票通常也会上涨。
看跌幅	当某只股票的价格已经达到跌无可跌的时候,也可以考虑买入该只股票。

图 6-52　熊市选股的技巧

6.4.5　卖出股票的技巧

股票有买当然也有卖,不管是已经在股市中获取了不少收益的投资者还是被股市套牢的投资者,在适当的时机都要及时卖出股票。因为股市是瞬息万变的,有涨也有跌,在股市即将由涨势转为跌势的时候,投资者就要及时卖出股票。

那么怎样把握股票的卖出时机对投资者来说就尤为重要了,那么什么时候才是最好的卖出时机呢? 我们来看一看美的集团(000333)在 2014 年 11 月至 2015 年 7 月的 K 线图,如图 6-53 所示。

图 6-53　美的集团 2014 年 11 月至 2015 年 7 月的 K 线图

理性的投资者都知道，卖出股票最好的时机就是股价见顶即将反转的时候，在图 6-53 中，卖出股票最好的时机便是股价在 41.49 元附近时。

前面我们已经了解了通过 K 线组合判断股票的买入时机，其实通过 K 线组合同样可以帮助投资者判断股票的卖出时机，接下来我们就来看看常见的 K 线组合的卖出信号的形态。

1. 黄昏之星

黄昏之星，顾名思义表示即将进入黑夜，是股价见顶的信号，它的 K 线组合是由 3 根 K 线组合而成，第一根 K 线为阳线，第二根 K 线为小阳线或者小阴线，第三根 K 线为阴线，其中第二根 K 线要高于第一根 K 线和第三根 K 线，如图 6-54 所示。

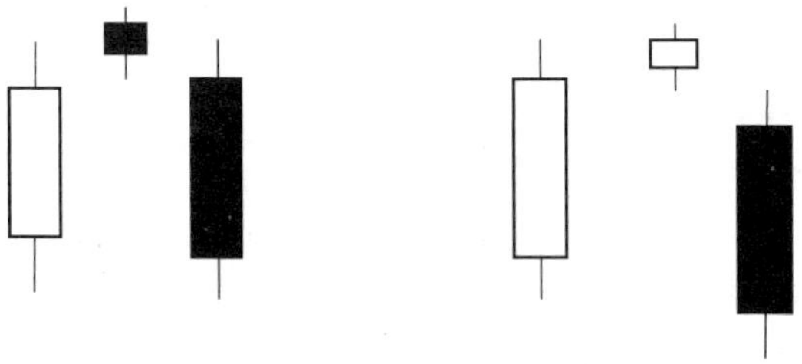

图 6-54　黄昏之星 K 线组合形态

2. 三只乌鸦

三只乌鸦的 K 线组合是由 3 根阴线组成，3 根 K 线的位置逐渐降低，通常出现在股票上涨的末期或者下跌的初期。所以投资者在判断三只乌鸦的下跌信号时，要留意是否发生在下跌行情的初期，否则用这种 K 线组合来判断是不成立的，如图 6-55 所示。

图 6-55　三只乌鸦 K 线组合形态

3. 乌云线

乌云线常常被称为乌云盖顶，它是由 2 根 K 线组合而成的，第一根 K 线为大阳线，第二根 K 线为大阴线，其中阴线的开盘价高于阳线的收盘价，阴线实体深入阳线实体中。乌云线一般出现在上升趋势中，是股价即将转势的信号，如图 6-56 所示。

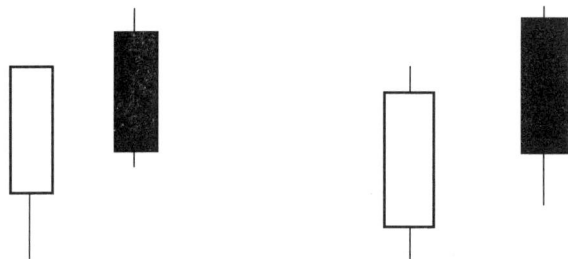

图 6-56　乌云线 K 线组合形态

4. 树上二鸦

树上二鸦又称为双飞乌鸦，乌鸦出现一般表示不好的征兆，在股市中也不例外。在股市中树上二鸦是由 3 根 K 线组合而成，其中第一根 K 线可以是阳线也可以是阴线，第二根是小阴线，第三根是大阴线，并且第二根阴线实体高于第一根 K 线实体，之所以被称为树上二鸦，是因为在第一根 K 线后连续出现了两条阴线，如图 6-57 所示。

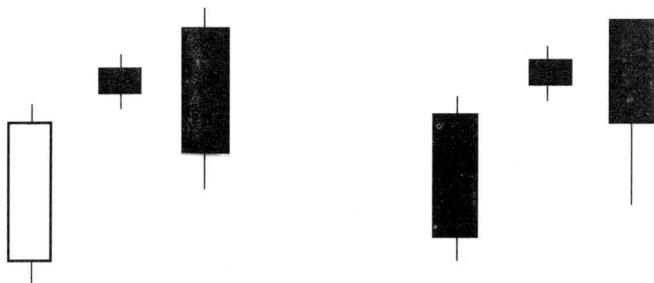

图 6-57　树上二鸦 K 线组合形态

Chapter 07

着眼"未来"的理财产品
——期货

期货并不是一手交钱一手交货的理财产品，而是在未来约定的日期再进行交割的产品。期货也是理财产品中比较高级的一种，它最早萌发于欧洲，随着时间的推移才慢慢进入我国。

本章要点

◇ 什么是期货 　　　　　　　　◇ 期货的买卖

◇ 了解期货的术语 　　　　　　◇ 认识期货合约

◇ 期货的种类 　　　　　　　　◇ 选择好的期货合约

◇ 了解期货交易制度 　　　　　◇ 期货的基本面分析

◇ 了解期货的投资特点与风险 　◇ 抓住期货的投资时机

◇ 在网上查询期货详情 　　　　◇ 学会规避期货风险

◇ 期货的开户

7.1 走进期货市场

期货与现货的不同之处在于，现货是实实在在可以交易的商品，而期货的买卖对象是期货合约。从交易方式上看，现货是一手交钱一手交货，或者提前交钱再拿货；而期货交易不会取得实际的商品。

期货交易也有着固定的场所，这个场所被称为期货交易所。期货交易所是期货市场的核心，期货可以交易的品种有很多，因此，不同的期货交易所进行不同的期货合约的交易。

7.1.1 什么是期货

期货是以某大宗产品如大豆、石油等或者金融资产，如股票、债券等为标的的标准化交易合约。期货的交易时间可以是一个星期，也可以是一个月、两个月等。

这些合约在期货交易所进行交易，世界上的期货交易所有很多，而我国主要有 4 大期货交易所，如图 7-1 所示。

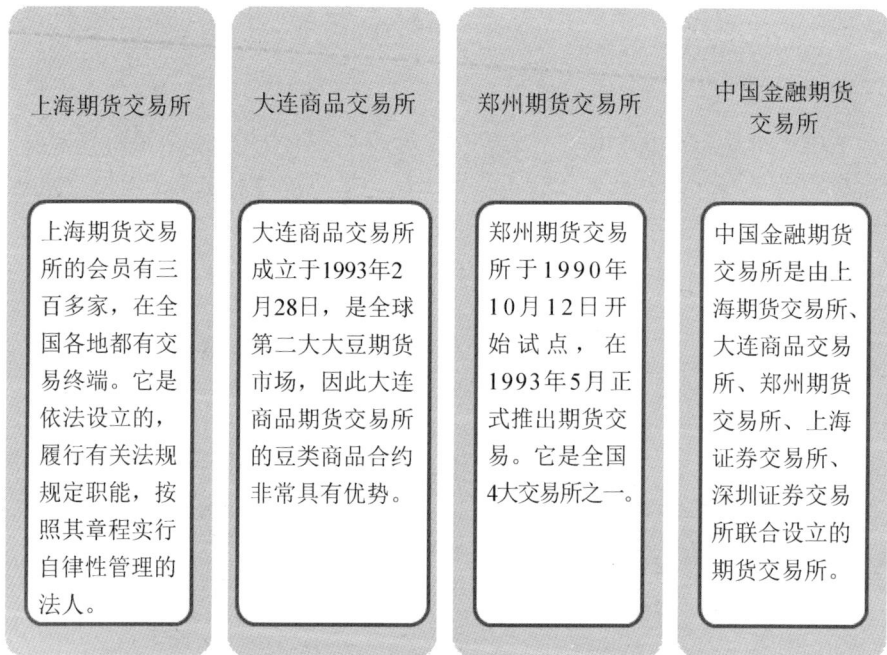

上海期货交易所	大连商品交易所	郑州期货交易所	中国金融期货交易所
上海期货交易所的会员有三百多家，在全国各地都有交易终端。它是依法设立的，履行有关法规规定职能，按照其章程实行自律性管理的法人。	大连商品交易所成立于1993年2月28日，是全球第二大大豆期货市场，因此大连商品期货交易所的豆类商品合约非常具有优势。	郑州期货交易所于1990年10月12日开始试点，在1993年5月正式推出期货交易。它是全国4大交易所之一。	中国金融期货交易所是由上海期货交易所、大连商品交易所、郑州期货交易所、上海证券交易所、深圳证券交易所联合设立的期货交易所。

图 7-1 我国 4 大期货交易所

期货交易所和证券交易所交易的时间是不同的，不同的期货交易所也有不同的交易时间，具体内容如图 7-2 所示。

上海期货交易所	上海期货交易所的交易时间为上午 9:00～10:15，10:30～11:30；下午 13:30～15:00；晚上 21:00～02:30。
大连商品交易所	大连商品交易所的交易时间为上午 9:00～11:30；下午 13:00～15:15。
郑州期货交易所	郑州期货交易所的交易时间为上午 9:00～11:30；下午 13:30～15:00。
中国金融期货交易所	中国金融期货交易所的交易时间为上午 9:15～11:30；下午 13:00～15:15。

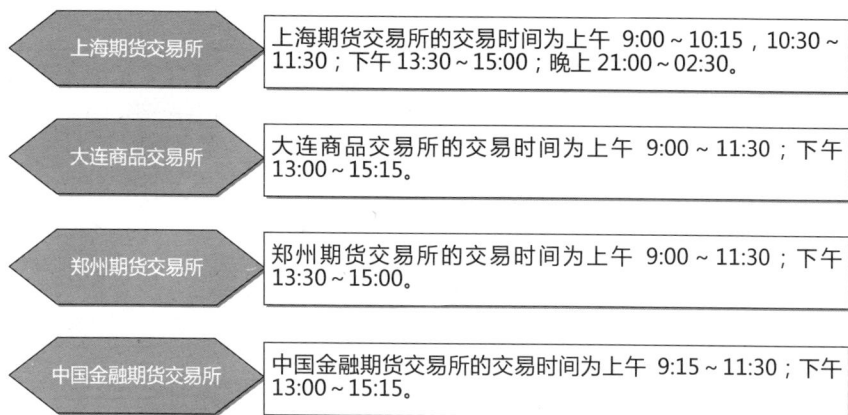

图 7-2　4 大期货交易所的交易时间

7.1.2　了解期货的术语

期货交易因其是杠杆交易，所以有着比股票交易更大的风险，因此在进入期货交易市场时，也有必要了解一些期货术语。了解了期货投资的专业术语后，才能在以后的期货投资中占有一席之地。常见的期货交易术语如表 7-1 所示。

表 7-1　期货交易常见术语

名　称	含　义
期货合约	期货合约是期货交易所统一制定的，规定在某一时间、地点交割商品的标准化合约
保证金	期货交易都要缴纳一定的保证金，用于保证到期时能够按时结算
期货经纪商	期货经纪商是依法设立的代理客户进行期货交易，并从中收取一定的手续费的中介组织
商品期货	标的物为实物商品的期货合约
金融期货	标的物为某种金融工具的期货合约
货币期货	货币期货又称为外汇期货，在最终交易日按照当时的汇率将一种货币兑换成另外一种货币的期货合约
委托单	在期货交易时由出市代表输入在计算机终端的商品买卖订单
撮合成交	在期货交易时由计算机对交易双方的交易进行自动匹配
开仓量	开仓量是指新进场进行成交的量，包括买单和卖单
持仓量	持仓量是指买入或卖出以后还未对冲及进行实物交割的某种期货合约的数量

名　称	含　义
成交量	成交量是指某一期货合约在一个交易日内所有成交的数量
交易量	期货在一个交易日买入和卖出的期货合约的数量
总持仓量	总持仓量是指在期货市场上进行交易的所有投资者总的未平仓合约的数量
结算价格	某一期货合约在一个交易日的成交价格
贴水	当某月价格低于另一月份价格时，较低月份的价格相对于较高月份的价格就是贴水
价差	价差是指有关联的两个市场之间价格的差异，或者是两种商品之间的价格的差异
最后交易日	最后交易日是期货合约停止买卖的最后截止日期，如果在最后交易日还未平仓合约，就需要进行实物交割
涨停板	在一个交易日内交易的价格不得高于规定的涨停幅度，超出该涨幅的报价视为无效，不能成交
跌停板	在一个交易日内交易的价格不得低于规定的跌停幅度，低于该跌幅的报价不能成交
爆仓	爆仓是指投资者的亏损大于所缴纳的保证金，这意味着投资者的账户权益为负值
套期保值交易	在期货交易市场上买入或者卖出与现货交易相反方向、数量相等的同一商品的期货合约，套期保值交易的目的是为了防范风险，无论现货市场价格怎样波动，都能在一个市场上获得一定的盈利
多头	也就是看涨者，相信期货价格会上涨从而买入期货合约
空头	看跌者，相信期货价格会下降而卖出期货合约
头寸	头寸是指投资者拥有或者借用的资金数量，买入方处于看涨的部位，卖出方处于看跌的部位
投机交易	在期货市场上以获取差价收益为目的的交易行为，投机者根据自己不同的判断做出买进或卖出的决定
利多消息	导致市场行情上升的新闻或者信息
利空消息	导致市场行情下跌的新闻或者信息
牛市	期货市场的价格处于上涨期间的市场

续表

名　　称	含　　义
熊市	期货市场的价格处于下跌期间的市场
交割	期货合约到期后,根据双方约定的条件进行商品的转移和资金的转移
交割日	必须进行商品交割的日期,芝加哥交易所规定交割日为交割过程中的第三天,合约双方需将交割通知书,以及保付支票送抵合约卖方的公司办公室
近期交割月份	离交割期最近的期货合约的月份,也被称为近期月份
远期交割月份	离交割期较远的期货合约的月份,也被称为远期月份
对敲	对敲又被称为相对委托或者合谋,指期货交易市场中的会员或者客户,伪造市场假象,意图影响期货市场行情
开盘价	在一个交易日内第一笔交易的成交价
收盘价	在一个交易日内最后一笔交易的成交价
升水	对高于期货合约交割标准的商品所支付的额外费用,当某月的价格高于另一月份价格时,较高月份的价格相对于较低月份的价格就是升水
逼仓	期货交易所的会员或者客户利用自身的资金优势,通过控制期货交易头寸或垄断可供交割的现货商品,故意抬高或压低期货市场价格,超量持仓、交割,迫使对方违约或以不利的价格平仓,以牟取暴利的行为
空逼多	期货交易所的会员或者客户利用自身的资金优势,在期货市场上大量卖出某种期货合约,使其拥有的空头持仓量大大超过多方能够承接实物的能力,从而使期货市场的价格急剧下跌,迫使投机多头以低价位卖出持有的合约认赔出局,或出于资金实力接货而受到违约罚款,从而牟取暴利
多逼空	当市场操纵者预期可供交割的现货商品不足时,即凭借资金优势在期货市场建立足够的多头持仓以拉高期货价格,同时大量收购和囤积可用于交割的实物,于是现货市场的价格同时升高。迫使空头会员或者客户要么以高价买回期货合约认赔平仓出局;要么以高价买入现货进行实物交割,甚至因无法交出实物而受到违约罚款,这样多头持有者即可从中牟取暴利

7.1.3　期货的种类

　　期货的种类多种多样,但是从广义上来说,期货的分类是很简单的,主要分为商品期货和金融期货,两种期货细分下来又可以分为不同的种类,如图7-3所示。

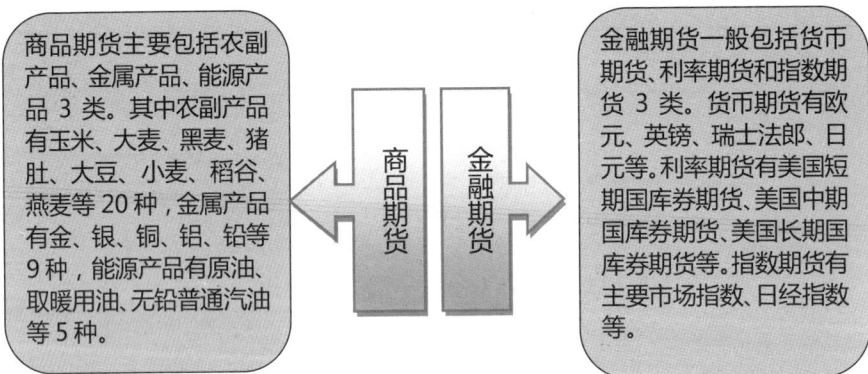

商品期货主要包括农副产品、金属产品、能源产品 3 类。其中农副产品有玉米、大麦、黑麦、猪肚、大豆、小麦、稻谷、燕麦等 20 种，金属产品有金、银、铜、铝、铅等 9 种，能源产品有原油、取暖用油、无铅普通汽油等 5 种。

金融期货一般包括货币期货、利率期货和指数期货 3 类。货币期货有欧元、英镑、瑞士法郎、日元等。利率期货有美国短期国库券期货、美国中期国库券期货、美国长期国库券期货等。指数期货有主要市场指数、日经指数等。

图 7-3 期货的两大类

不同的期货交易所的交易品种是不同的，我国的四大期货交易所先后推出了各种期货交易品种。目前，期货市场可交易品种已经越来越丰富了。四大期货交易所的期货交易品种如图 7-4 所示。

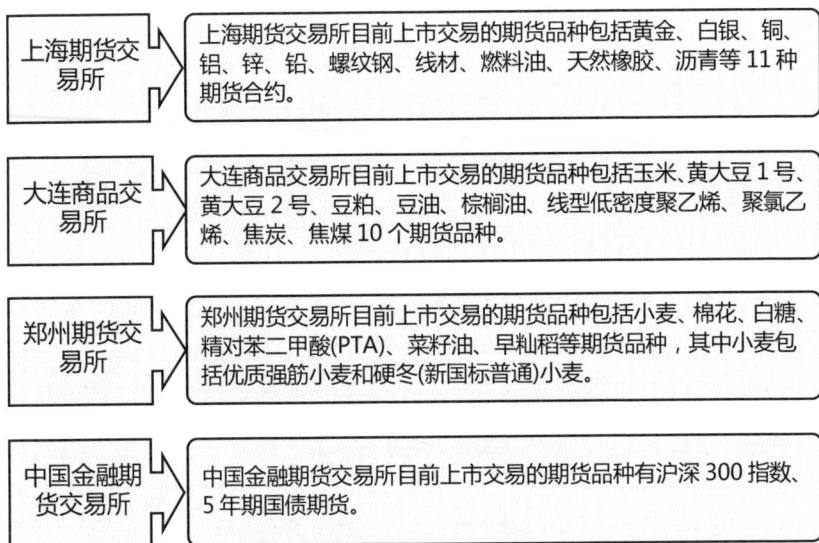

上海期货交易所 → 上海期货交易所目前上市交易的期货品种包括黄金、白银、铜、铝、锌、铅、螺纹钢、线材、燃料油、天然橡胶、沥青等 11 种期货合约。

大连商品交易所 → 大连商品交易所目前上市交易的期货品种包括玉米、黄大豆 1 号、黄大豆 2 号、豆粕、豆油、棕榈油、线型低密度聚乙烯、聚氯乙烯、焦炭、焦煤 10 个期货品种。

郑州期货交易所 → 郑州期货交易所目前上市交易的期货品种包括小麦、棉花、白糖、精对苯二甲酸(PTA)、菜籽油、早籼稻等期货品种，其中小麦包括优质强筋小麦和硬冬(新国标普通)小麦。

中国金融期货交易所 → 中国金融期货交易所目前上市交易的期货品种有沪深 300 指数、5 年期国债期货。

图 7-4 四大期货交易所的交易品种

7.2 期货交易前的准备

期货交易是有一定的制度的，在进行期货交易前就要了解期货的交易制度，以及期货交易中可能会遇到的风险。因为期货并不是适合每个投资者的，了解这些的目的就是让投资者明白自己是否适合投资期货市场中。

7.2.1 了解期货交易制度

每个市场都有各自的游戏规则，期货市场也不例外，它有着严格的交易制度，因为交易制度的存在才使得期货市场能够持续稳定的发展下去，具体内容如图 7-5 所示。

保证金制度

期货交易需要投资者在进行买卖合约的时候按照一定的比例缴纳一定的保证金，通常来说，保证金的比例为 5%~10%。实行保证金制度的目的是为了维护期货市场正常运转，通过提供财务担保来弥补因不可预见风险带来的亏损。

当日无负债结算制度

期货交易的一个交易日结束以后，期货交易所会根据当天的结算价结算所有合约的盈亏、手续费以及其他费用，对应收、应付的款项进行划转，增加或减少会员的结算准备金。

交割制度

期货合约到期以后，按照期货交易所的规定，交易的双方进行标的物所有权的转移，一般来说，商品期货以实物交割为主，而金融期货则以现金交割为主。

限仓制度

期货交易所对会员以及客户的某一合约的投机头寸的数量进行限制，实行限仓制度的目的在于防范操纵市场价格的行为以及风险过于集中于某一投资者。

强行平仓制度

当会员或者客户违规时，期货交易所对该会员或者客户的有关持仓进行平仓。实行该制度的目的也在于控制风险。

大户报告制度

实行大户报告制度的目的是为了防范大户操纵市场价格，它是一种风险防范的手段。对持仓数量较大的会员或者客户，期货交易所会进行重点监控。

信息披露制度

这一制度主要针对期货交易所，指期货交易所要按照规定对期货交易行情、各种期货交易数据统计资料等进行披露。

图 7-5 期货的交易制度

7.2.2　了解期货的投资特点与风险

期货交易是从契约交易发展而来的，它有着自身的特点，那么我们就一起来看看期货与其他理财产品的不同之处，如图 7-6 所示。

杠杆交易
- 期货交易与其他交易方式不同的一点在于期货实行的是保证金杠杆交易，是指投资者需要缴纳一定的保证金就可以完成数倍乃至数十倍的合约交易，这也是期货吸引广大投资者投资的一个原因。这种交易方式使得期货更具投资价值，但是同时也给投资者带来了更大的风险。

T+0交易
- 股票实行的是T+1的制度，而期货实行的是T+0的制度，T+0意味着期货交易可以在一天内进行多次开仓、平仓，也就是说投资者可以随时进行买入和卖出操作，当天既可以买入也可以卖出。

双向交易
- 双向交易是与单项交易相对的，投资者既可以买入期货合约为期货交易的开端，也可以卖出期货合约作为交易的开端，投资者可以卖空也可以买空，也就是说涨跌都可以赚钱。 在期货价格上涨时，可以低买高卖来获利；价格下降时，可以通过卖高低买来获利。

交易集中化
- 交易集中化是指期货交易只能是会员才能进行交易，投资者要参与期货的交易只能委托期货经纪中心进行交易，这使得期货交易在交易所集中进行。

合约标准化
- 期货的合约都是期货交易所事先规定好了的，投资者在进行交易时不需要对合约的条款进行协商，这样就减少了交易时间和交易纠纷。

零和市场
- 零和市场是指市场的总量不发生变化，变化的只是投资者的持有比例，这就使得投资者获得的利润，其实是来自于另外的投资者。

手续费低
- 期货交易的手续费较低，一般为成交金额的1%～2%，与其他投资产品相比，手续费相对较低，除此之外，期货交易不收取印花税。

商品特殊化
- 期货可交易的品种具有特殊性，一些适合现货交易的品种有时并不适合期货交易。

图 7-6　期货投资的特点

从上面期货的特点我们已经知道了期货是一个零和市场，同时实行的是杠杆交易，这些特点使得期货的风险比其他投资产品的风险更大。当然风险越大与之对应的收益也越大，期货的风险主要有如图 7-7 所示的几个方面。

委托风险

期货交易需要投资者委托给期货经纪公司才能完成交易，在委托过程中就可能产生风险，因此投资者在选择经纪公司时也要考察公司的合法性和规模。

市场风险

商品的价格是随时在发生变化的，一旦价格出现较大的变动，期货合约的价格也会随之发生变化，如果投资失败就会面临较大的损失。

流动性风险

由于市场的流动性较差给期货带来了一定的风险，这种风险表现在投资者在建仓时不能按照预期的构想进行操作，平仓时也不能及时用对冲的方式平仓。

杠杆风险

投资者在投资的过程中为了寻求高收益，而没有估计自身的承受能力，过分追求高杠杆，使得自身所承受的风险也会加大。

强制平仓风险

在期货交易中，如果投资者不能在保证金不足时及时补充，就会面临期货交易所进行强制平仓的风险。

政策风险

政策风险主要是因为国家经济政策的变动带来的风险，如果国家出台的政策对某一商品产生影响，就会间接地影响该商品的期货价格。

图 7-7　期货投资的风险

7.2.3　在网上查询期货详情

对期货的基本知识有了较清晰的认识以后，投资者还需要对期货行情有一定的了解，才能进入期货市场。

【实战案例】在和讯网官方网站查看期货详情

Step01　进入和讯网官方网站(http://www.hexun.com/)，在首页单击"期货"超链接，如图 7-8 所示。

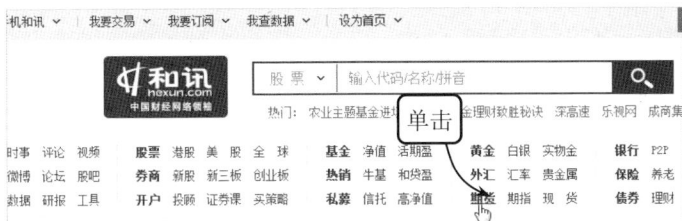

图 7-8　和讯网首页

Step02　在打开的页面中单击"期货行情"超链接，进入期货行情中心后就可以看到不同品种期货相关的期货数据，比如涨跌、买价、最低价、最高价等，单击不同品种名称的超链接，还可以看到对应品种的周线图、日线图等。比如单击"锰硅 1509"超链接，如图 7-9 所示。

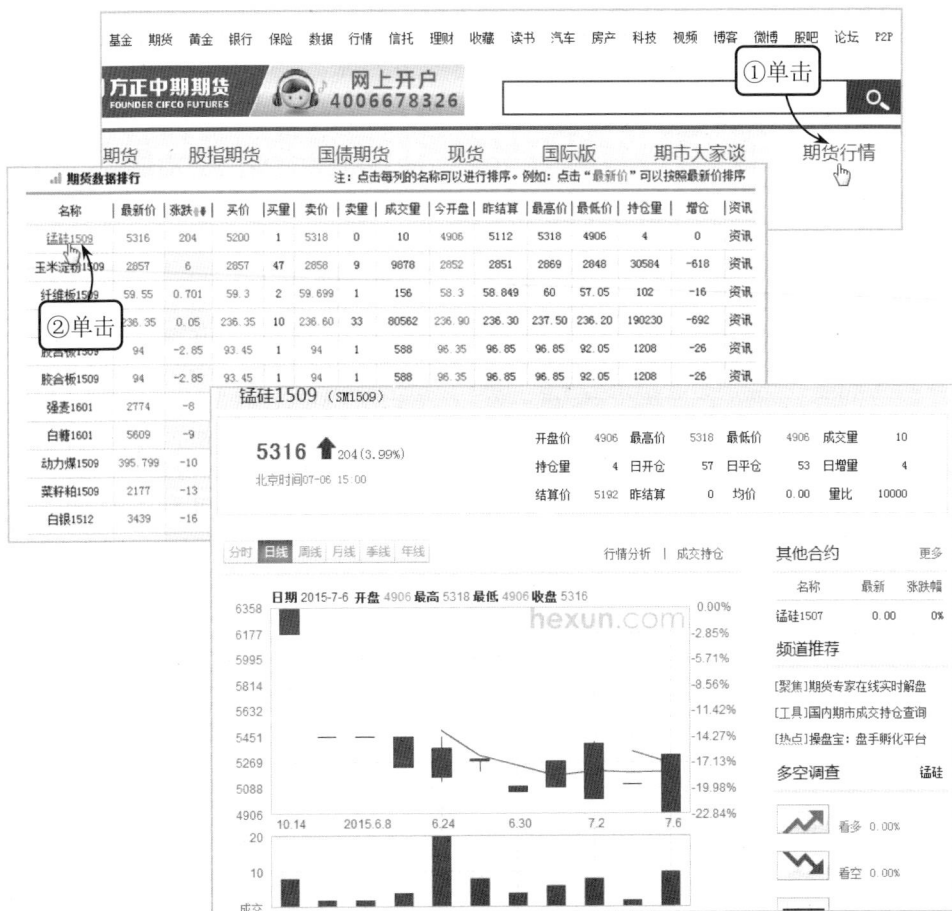

图 7-9　锰硅 1509 详情

除了在财经网站上可以了解期货的行情以外,通过一些股票的交易软件也可以看到期货行情。

【实战案例】在同花顺软件上查看期货详情

Step01 以同花顺软件为例,首先登录同花顺软件,进入同花顺软件主界面后,单击"扩展行情"菜单项,在下拉列表中选择"期货"选项,这时会出现不同的期货交易所,根据需要选择不同的期货交易所,比如选择"上期所"选项,如图7-10所示。

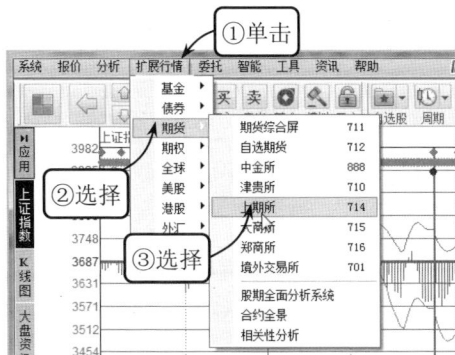

图 7-10 选择期货交易所

Step02 在打开的页面中就可以看到目前上海期货交易所期货交易品种的代码、买价、卖价、涨跌等数据,双击交易品种,还可以看到该品种的分时图等,比如双击"沪银1507"选项,如图7-11所示。

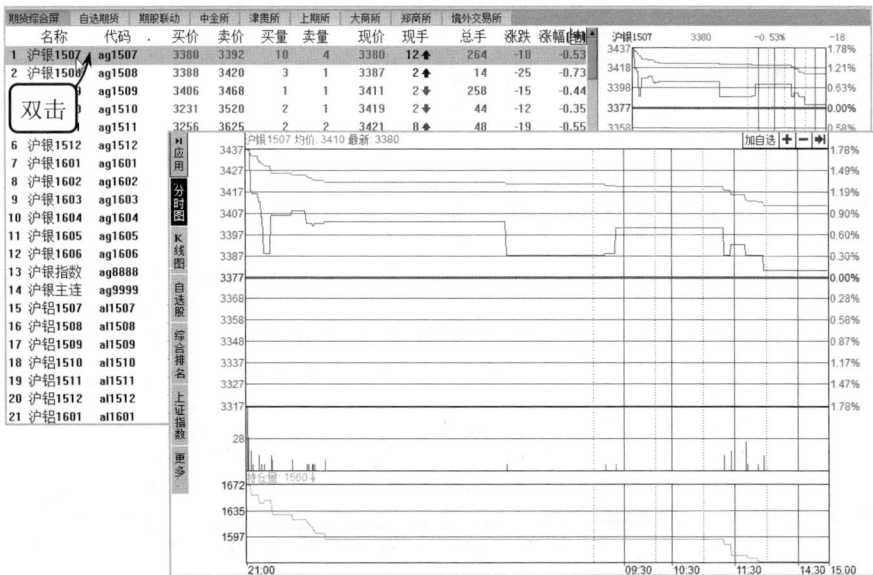

图 7-11 冲银 1507 分时图

期货交易都是委托期货经纪公司进行交易的,因此每个期货经纪公司也有自己的期货交易软件,也可以通过下载期货交易软件后,在期货交易软件上进行期货行情的查看。期货交易软件可以在经纪公司的官方网站上进行下载,也可以在一些财经网站上进行下载。

【实战案例】期货交易软件的下载

Step01 我们以赢顺期货交易软件为例,首先需要进入文华财经官方网站(http://www.wenhua.com.cn/),在首页选择适合自己的版本进行下载,比如单击"赢顺云行情交易软件(wh6)"超链接,如图 7-12 所示。

图 7-12 选择下载的软件

Step02 在打开的页面中单击"现在下载"按钮,如图 7-13 所示。进入新的页面后,单击"电信下载"按钮,如图 7-14 所示。

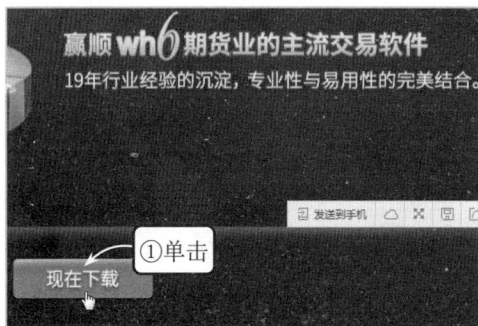

图 7-13 下载软件

图 7-14 电信下载

Step03 在弹出的页面中单击"直接打开"按钮,如图 7-15 所示。

Step04 在弹出的页面中单击"运行"按钮,如图 7-16 所示,进入确定安装页面后,单击"开始安装"按钮,如图 7-17 所示。

Step05 在弹出的页面中单击"下一步"按钮,如图 7-18 所示,然后等待文件解压,如图 7-19 所示。

Step06 文件解压完成以后,在弹出的页面中单击"完成"按钮,即可完成软件的安装,如图 7-20 所示。

图 7-15　新建下载任务

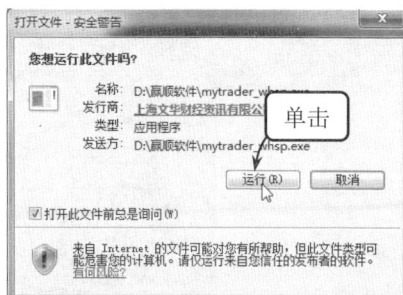

图 7-16　运行软件

图 7-17　安装软件

图 7-18　选择软件类型

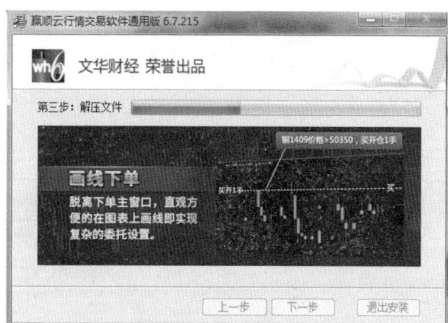

图 7-19　等待解压

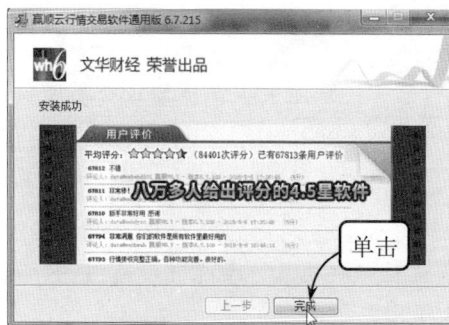

图 7-20　安装成功

安装完成赢顺期货交易软件后，我们就可以在软件上查看期货行情，还可以在软件上进行看盘、交易、分析等。接下来我们就一起来看看怎样在赢顺期货交易软件上查看期货的行情。

【实战案例】在赢顺期货交易软件上查看期货行情

Step01 首先，进入赢顺期货软件。第一次安装以后还需要阅读免责声明，在弹出的页面中选中"我已知晓"复选框，并单击"确定"按钮。在任意位置单击，进入最后一个页面后单击"进入软件"按钮，如图 7-21 所示。

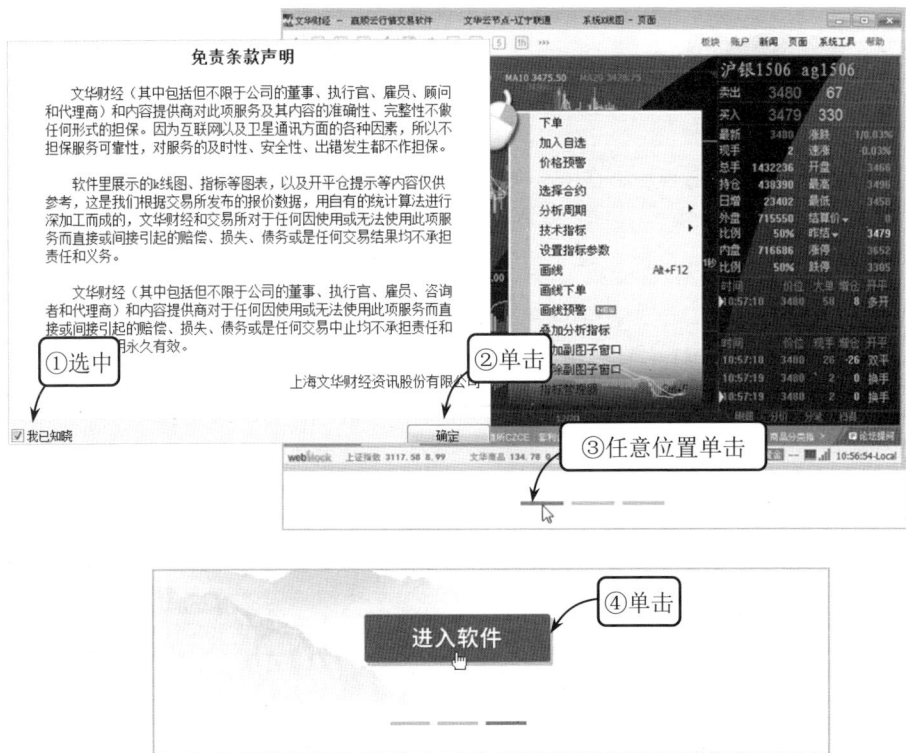

图 7-21　进入软件

Step02 进入赢顺软件首页后，在页面下方选择期货交易所，比如选择"上期所 SHFE"选项，图 7-22 所示。

Step03 在打开的页面中，我们可以看到目前上期所的期货品种的产品列表，双击要查看的期货产品，即可查看该期货的分时图，比如双击"沪铜 1511"。进入沪铜 1511 分时图页面后，在页面左侧单击"K 线图"还可以查看沪铜 1511 的 K 线图，如图 7-23 所示。

IF下季	3972.8	2	3973.6	3973.4	1	1	18317	-14.4	-0.36%	29740	1250	4050.0	4050.0
IF隔季	3995.0	1	3992.4	3998.0	7	3	1662	-18.0	-0.45%	5650	12	4056.0	4057.0
IF1507	3975.0	37	3975.0	3975.4	9	10	324559	-18.2	-0.46%	132796	9144	4021.8	4024.4
IF1508	3962.4	1	3961.0	3965.6	1	2	4319	-18.0	-0.45%	5088	653	4020.2	4020.2
IF1509	3973.6	1	3973.6	3975.4	1	1	18517	-13.6	-0.34%	29741	1236	4050.0	4050.0
IF1510	----		----	----			0	0.0	0.00%	----		----	----
IF1511	----		----	----			0	0.0	0.00%	----		----	----
IF1512	3995.0	1	3992.6	3999.4	7	1	1662	-18.0	-0.45%	5650	12	4056.0	4057.0
IF1601	----		----	----			0	0.0	0.00%	----		----	----
IF1602	----		----	----			0	0.0	0.00%	----		----	----

图 7-22　选择期货交易所

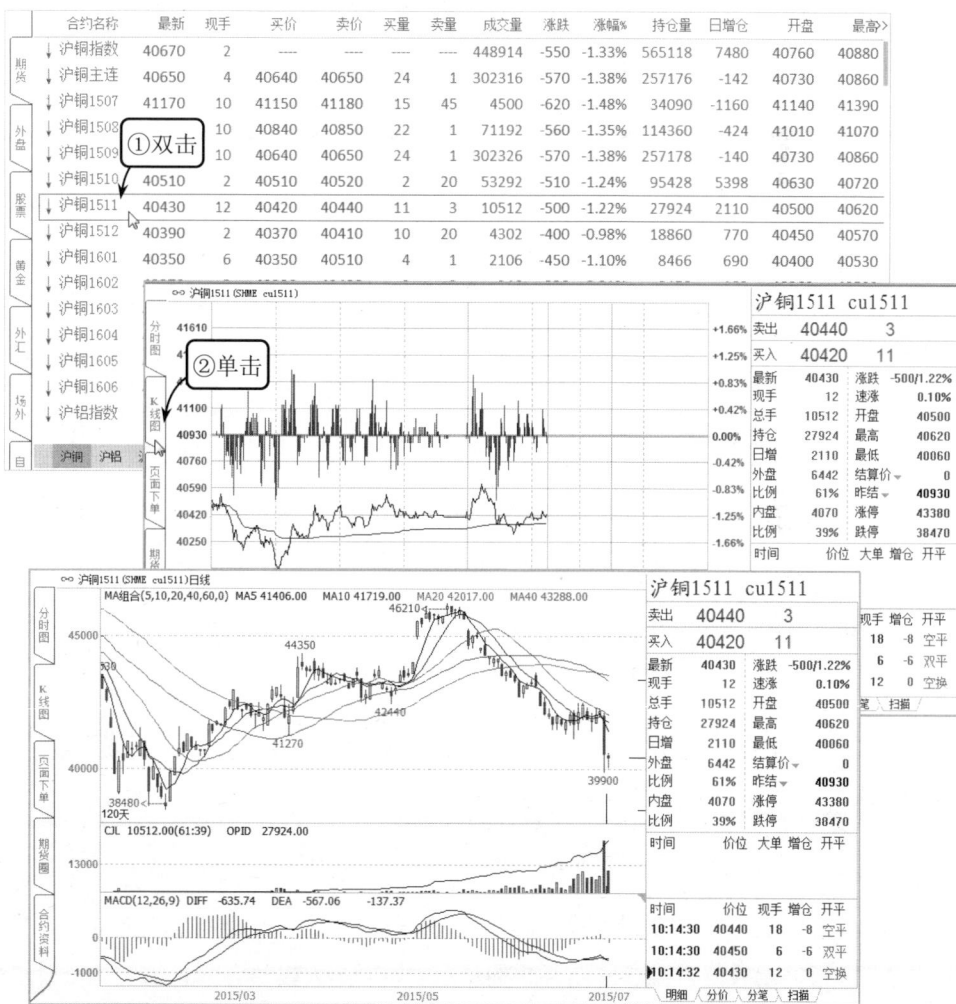

图 7-23　沪铜 1511 的 K 线图

7.3 期货的交易

期货在交易前需要投资者在期货经纪公司进行开户以后才能进行期货的交易,开立期货账户和开立股票、基金开户一样,需要经过一定的流程才能完成期货的开户。

7.3.1 期货的开户

目前,随着期货市场的发展,期货经纪公司也越来越多。作为期货交易的纽带,期货经纪公司扮演着非常重要的角色,那么在开户时我们就要选择一家优质的期货经纪公司,在选择时投资者可以参考如图7-24所示的几点。

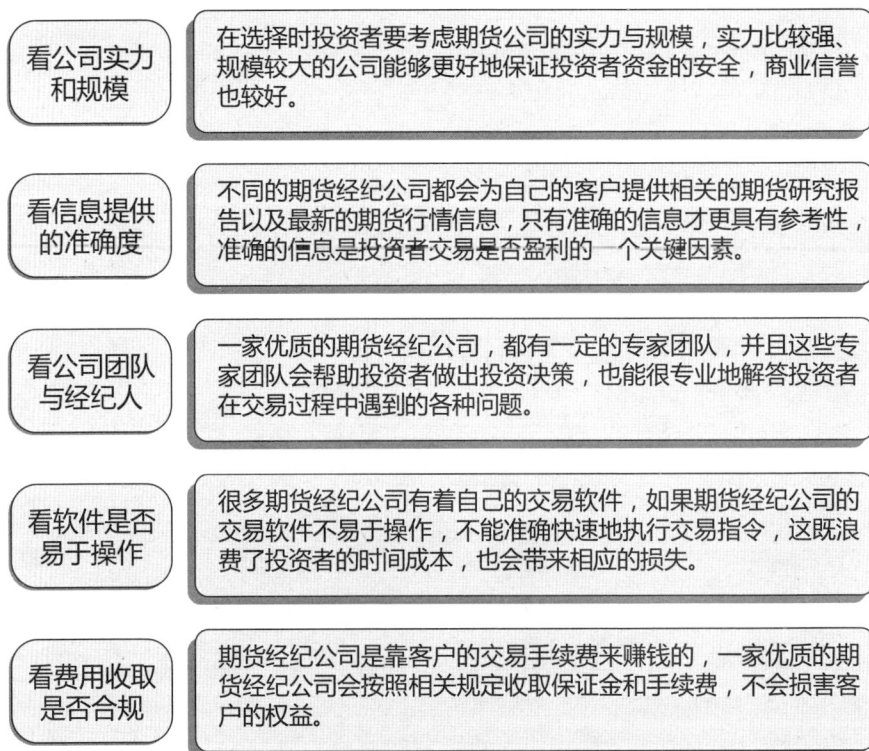

看公司实力和规模	在选择时投资者要考虑期货公司的实力与规模,实力比较强、规模较大的公司能够更好地保证投资者资金的安全,商业信誉也较好。
看信息提供的准确度	不同的期货经纪公司都会为自己的客户提供相关的期货研究报告以及最新的期货行情信息,只有准确的信息才具有参考性,准确的信息是投资者交易是否盈利的一个关键因素。
看公司团队与经纪人	一家优质的期货经纪公司,都有一定的专家团队,并且这些专家团队会帮助投资者做出投资决策,也能很专业地解答投资者在交易过程中遇到的各种问题。
看软件是否易于操作	很多期货经纪公司有着自己的交易软件,如果期货经纪公司的交易软件不易于操作,不能准确快速地执行交易指令,这既浪费了投资者的时间成本,也会带来相应的损失。
看费用收取是否合规	期货经纪公司是靠客户的交易手续费来赚钱的,一家优质的期货经纪公司会按照相关规定收取保证金和手续费,不会损害客户的权益。

图7-24 选择期货经纪公司的技巧

选择了一家优质的期货经纪公司以后,我们就可以进行期货账户的开立了,进行期货开户之前,还需要投资者准备齐全开户的资料。如果个人投资者开户需要的资料较少,如果开户主体是法人,那么需要的资料相对较多,如图7-25所示。

个人投资者

个人身份证、银行卡、个人数码大头照，如果是外地客户还需提供本人的数码大头照片、身份证扫描件、银行卡或者存折的复印件，均采用电子版。

法人投资者

公司营业执照正本复印件以及副本原件以及复印件、组织机构代码证原件以及复印件、公司法定代表人身份证件原件或加盖公司公章、法定代表人名章的《法人授权委托书》及开户代理人的身份证件原件、银行开户许可证，公司授权的指令下单人、资金调拨人、结算单确认人的身份证件原件。

图 7-25　期货开户需提供的资料

开户所需的资料准备齐全以后，投资者就可以到期货经纪公司进行期货账户的开立了，开立期货账户的流程如图 7-26 所示。

携带开户所需的资料到期货经纪公司，并提供给期货经纪公司。

⬇

阅读期货风险揭示说明书以及经纪合同，并确认签字。

⬇

携带与期货经纪公司签订的银期协议到银行办理银期转账。

⬇

完成银期转账后进行账户的入金操作。

⬇

期货经纪公司为客户申请交易编码，完成开户并可以进行交易。

图 7-26　期货开户的流程

7.3.2　期货的买卖

期货交易需要投资者、经纪公司、期货交易所、结算公司互相配合才能完成。投资者在经纪公司完成开户以后，就可以进行期货的交易了，完成期货的交易需要经过以下流程，如图 7-27 所示。

1	向开立的期货账户中转入保证金，这笔资金将作为交易资金使用，由期货经纪公司进行托管。
2	选择期货交易品种与交易时间，准备进行期货交易。
3	下达交易指令，内容包括交易品种、数量、价格、数量、月份、客户编码、账户、期货交易所名称等。
4	期货交易所进行撮合成交。
5	期货经纪公司通知客户确认交易数量以及交易价格。
6	一个交易日后期货经纪公司进行款项的划拨。

图 7-27　期货交易的流程

7.4　期货投资技巧

前面我们已经知道了期货交易有着很大的风险，掌握一些期货基本的投资技巧是很重要的。在期货交易中如果缺乏技术和经验，盲目地进行操作是不可行的。

7.4.1　认识期货合约

期货实际上是一份标准化的合约，在期货合约上载明了很多信息，包括交易品种、交易数量和单位、最小变动价位、每日价格最大波动限制、合约交割月份、交易时间、最后交易日、交割日期、交割品级、交割地点、最低交易保证金、交易手续费、交割方式、交易代码、上市交易所等内容。

如果投资者对期货合约的具体内容不是很了解，可以通过期货交易所的官方网站进行期货合约的查看和下载。

【实战案例】在期货交易所查看期货合约

Step01 以上海期货交易所为例，首先我们需要进入上海期货交易所的官方网站（http://www.shfe.com.cn/），在首页单击"上市品种"超链接，在弹出的下拉菜单中选择期货品种，比如选择"铜"选项，如图 7-28 所示。

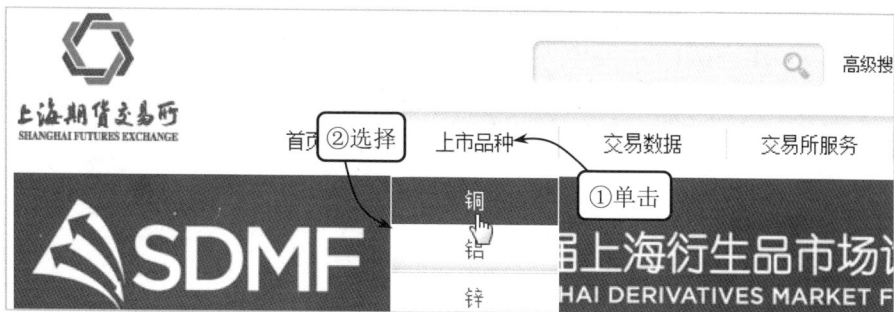

图 7-28 选择期货品种

Step02 在打开的页面中单击"合约文本"按钮，即可查看该品种的期货合约，如图 7-29 所示。

图 7-29 铜的期货合约

除了标准化的合约，期货合约的副本以及包装标准、升水和贴水标准也是投资者需要了解的。

7.4.2 选择好的期货合约

期货可投资的品种是多种多样的，对投资者来说选择期货的品种就是选择一份期货合约，在进行期货合约的选择时，投资者可以根据以下几个方面来选择，具体如图 7-30 所示。

①选择自己了解的品种

在进行期货品种的选择时，投资者可以优先选择自己更为了解的品种。选择这种产品投资者对于价格的判断会更为准确，也能更敏锐地察觉到价格波动带来的影响，及时做出买卖操作。

②根据风险承受能力选择

不同的投资者的风险承受能力是不同的，不同的期货投资品种的风险也是不同的，在选择交易杠杆的时候，投资者可以根据自身的风险承受能力来选择杠杆的大小。

③根据流动性与成交量选择

选择成交量更大的品种可以让投资者的买卖操作更容易，也能及时控制风险。另外，如果该期货品种的流动性较差，表明该期货合约活跃度也较差。

④根据波动大小选择

投资的目的是为了获取收益，如果该期货合约的波动大小，那么投资者获得利润的机会也会较小。对于期货投机者来说，如果期货价格没有波动，也会也会带来一定的损失。

图 7-30　选择好的期货合约的技巧

了解了选择期货合约的技巧以后，就可以选择适合自己的期货合约了，要根据成交量的大小来选择期货合约。

如果投资者对目前期货品种的成交量不是很了解，那么可以通过期货交易软件来查看成交量。

【实战案例】在赢顺期货交易软件上查看期货品种成交量

进入赢顺期货交易软件后，单击"上期所 SHFE"菜单，在打开的页面中单击"成交量"选项，就可以查看上海期货交易所期货合约成交量的排名情况，如图 7-31 所示。

合约名称	最新	现手	买价	卖价	买量	卖量	成交量	涨跌	涨幅%	持仓量
↓ 沪铜指数	39820	10	----	----	----	----	810306	-1400	-3.40%	590870
↓ 沪铜主连	39780	10	39780	39790	14		564	-1440	-3.49%	271380
↓ 沪铜1507	40480	20	40400	40480	105		80	-1310	-3.13%	31180
↓ 沪铜1508	40030	2	40030	40050	2	30	131316	-1380	-3.33%	115236
↓ 沪铜1509	39780	10	39780	39790	14	5	518564	-1440	-3.49%	271380
↓ 沪铜1510	39660	2	39630	39660	5	15	106888	-1360	-3.32%	103348
↓ 沪铜1511	39560	4	39500	39600	3	5	21924	-1370	-3.35%	30744
↓ 沪铜1512	39550	2	39530	39560	6	1	11040	-1240	-3.04%	20756
↓ 沪铜1601										

	合约名称	最新	现手	买价	卖价	买量	卖量	成交量↓	涨跌	涨幅%	持仓量	日增仓	开盘	最高
1	螺纹指数	1972	20	----	----	----	----	9750508	-124	-5.92%	3519026	-26万	2033	2042
2	螺纹主连	1957	228	1957	1958	122	142	7005452	-108	-5.23%	2189122	-28万	2003	2028
3	螺纹1510	1957	228	1957	1958	122	142	7005452	-108	-5.23%	2189122	-28万	2003	2028
4	螺纹1601	1995	36	1994	1995	23	81	2666974	-159	-7.38%	1228226	26326	2080	2093
5	沪铜指数	39820	10	----	----	----	----	810306	-1400	-3.40%	590870	33232	40760	40880
6	沪银指数	3439	12	----	----	----	----	759186	-9	-0.26%	599252	-18474	3439	3478
7	沪银主连	3439	12	3438	3439	40	59	756348	-9	-0.26%	589178	-18476	3439	3482
8	沪银1512	3439	12	3438	3439	40	59	756348	-9	-0.26%	589178	-18476	3439	3482
9	沪镍指数	84320	2	----	----			592094	-3090	-3.54%	238580	1030	85770	87400
10	沪镍主连	84220	8	84050	84220	62	71	563222	-3170	-3.63%	194898	1290	85750	87360
11	沪镍1509	84220	8	84050	84220	62	71	563222	-3170	-3.63%	194898	1290	85750	87360
12	沪铜1509	39780	10	39780	39790	14	5	518564	-1440	-3.49%	271380	14062	40730	40860
13	沪铜主连	39780	10	39780	39790	14	5	518564	-1440	-3.49%	271380	14062	40730	40860
14	橡胶主连	12515	8	12515	12520	3	99	362292	-430	-3.32%	137096	-3456	12650	12890

图 7-31　查看期货合约的成交量排名情况

在赢顺交易软件上同样可以查看期货合约的涨幅波动大小，进入期货交易所的主页面后，选择"涨幅%"选项，即可查看该期货交易所期货合约的涨幅排名情况。

图 7-32 所示的是上海期货交易所期货合约的涨幅排名情况。

合约名称	最新	现手	买价	卖价	买量	卖量	成交量	涨跌	涨幅%↓	持仓量	日增仓	开盘	最高
1 沪金1507	235.00	6	230.00	240.00	3	3	12	3.25	1.40%	24	-6	232.50	235.00
2 沪锌1604	15425	2	14820	----		1	10	130	0.85%	56	8	15600	15600
3 沪金1604	238.90	2	225.45	----		1	4	1.60	0.67%	26	2	238.40	238.90
4 沪铅1601	12700	2	12420	12695	1	1	4	75	0.59%	130	0	12435	12700
5 沪锌1603	15295	2	15150	----		1	18	50	0.33%	120	-10	15340	15480
6 沪铅1603	12740	----	----	----		1	6	40	0.31%	206	6	12740	12740
7 沪锌1602	15300	2	15170	----		1	80	40	0.26%	892	-8	15230	15450
8 沪铅1604	12710	10	----	12750	----	2	36	30	0.24%	130	4	12765	12765
9 沪金1606	240.40	2	240.15	242.00	1	2	122	0.45	0.19%	518	34	239.30	241.05
10 沪铝1605	12790	2	----	13000	----	27	4	20	0.16%	280	-2	12735	12790
11 沪金1602	237.85	2	----	242.50		1	36	0.35	0.15%	68	-6	236.80	238.25
12 沪金指数	236.90	2	----	----	----	----	90006	0.25	0.11%	188572	-2760	236.20	238.10
13 沪金主连	236.90	2	236.85	236.90	26	10	89786	0.25	0.11%	187446	-2784	236.20	238.15
14 沪金1512	236.90	2	236.85	236.90	26	10	89786	0.25	0.11%	187446	-2784	236.20	238.15
15 沪锌1601	15255	2	----	15335	----	1	268	10	0.07%	906	-82	15235	15470

图 7-32　上海期货交易所期货合约涨幅排名情况

7.4.3　期货的基本面分析

商品的供求关系会影响商品的价格,在期货市场中期货价格的变动不仅有供求关系方面的原因,还受国家政策、国内外局势,以及投资者心理等各方面的影响。

期货的基本面分析也是从以上几个影响因素来分析的,主要包括如图 7-33 所示的几个方面。

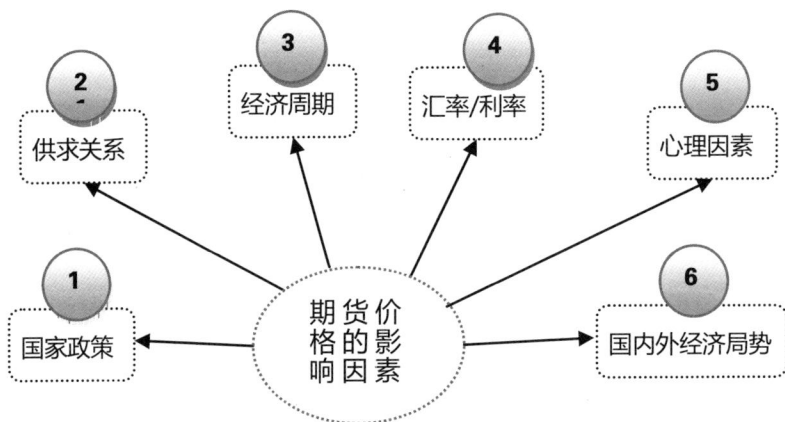

图 7-33　期货价格的影响因素

了解了影响期货价格的因素以后,我们就需要知道这些因素是怎样影响期货价格的,在以后的期货基本面分析中才能做出正确的判断。供求关系对期货价格的影响主要表现在供给和需求这两个方面。

其中供给的影响因素包括期初存量、本期产量、本期进口量，需求的影响因素包括国内消费量、国际需求量、出口量、期末结存量，以上因素对期货的影响如图 7-34 所示。

期初存量

期初存量对期货价格的影响表现在当商品的供给出现严重短缺的时候，政府可以通过释放期初存量来达到供需的平衡，使得物价不过分上涨。

本期产量

本期产量对期货价格的影响表现在当本期产量过多时会使商品的价格降低，这就间接地影响了期货的价格。分析这一影响因素是要具体产品具体分析，因为不同的产品产量都是不同的，比如大豆产量和玉米产量在不同时期是不同的。

本期进口量

进口国外的商品是对国内需求的一种补充，本期进口量过多或者过少，都会影响国内市场上的供求状况，从而对期货价格产品影响。

国内消费量

影响国内消费量变化的因素与消费者购买力、生活水平有关。当某种商品需求量上升时，该商品的价格也会上涨，消费量的变化对期货的影响大于商品本身。

国际需求量

不同的国家对国际商品的需求是不同的，我们以大豆为例，当我国或者东南亚国家对国际大豆的需求量增加时，会影响国际市场上的大豆价格，而这种情况下也会影响大豆期货价格的上涨。

出口量

出口量是本国出口国外商品的数量，如果出口国外商品的数量增加了，相应的国内的供给量就会变少。而当国际市场对商品的需求变少或者增加时，国内市场的供给也会发生变化，这就会对期货的价格产生影响。

期末结存量

期末结存量受市场需求的影响，当供给一定的时候，市场需求量大，期末的结存量就会少；当市场需求量小的时候，期末结存量就会较多。在我国，由于农户数量较小，期末结存量对期货价格影响较小，但对美国等国家来说，这一因素对期货的影响较大。

图 7-34　供求关系对期货价格的影响

其他因素对期货价格的影响主要有如图 7-35 所示的几个方面。

利率	利率上升会影响商品价格的上升,而利率下降时也会影响商品价格的下降,这就促使了期货价格的上涨或下降。
汇率	当人民币兑美元的汇率上升时,人民币会升值,国内价格相对于国际价格会出现下降,对后期期货价格走势会产生影响。
国家政策	国家政策包括经济政策、财政政策等。这些政策的出台会对期货价格产生影响,如果政策是有利的期货价格会上升,反之下降。
经济局势	国内外经济局势出现动荡,会使得国际关系格局紧张,或者国内环境不稳定,也会影响期货价格。
经济周期	经济周期会影响商品的价格,比如大豆价格会随着经济周期的影响出现上涨或下跌,同一时期的期货,大豆价格也会随之变化。
心理因素	当市场中的投资者对某一期货品种普遍看好时,会使得该品种的期货价格上涨。

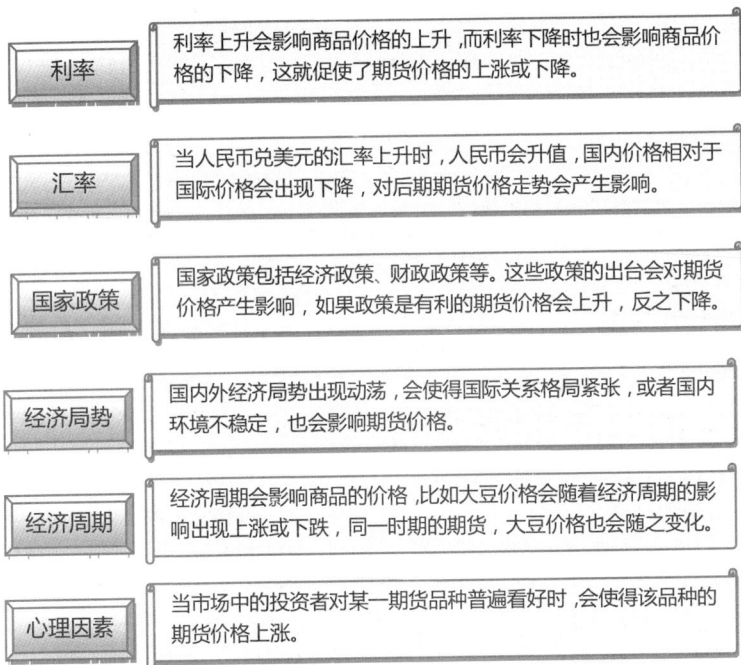

图 7-35 其他因素对期货价格的影响

7.4.4 抓住期货的投资时机

在期货投资中,把握期货的时机是很重要的。如果选择了一个好的期货合约,而没有把握好建仓、平仓的时机,也会失去盈利的机会。期货建仓的技巧如图 7-36 所示。

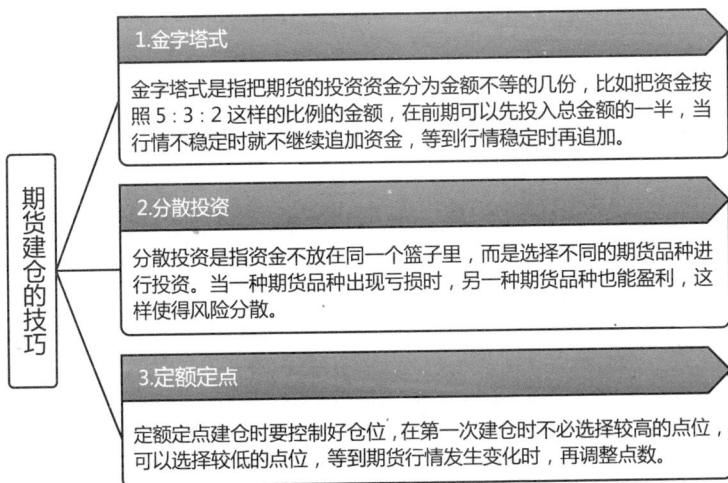

期货建仓的技巧	1.金字塔式	金字塔式是指把期货的投资资金分为金额不等的几份,比如把资金按照 5:3:2 这样的比例的金额,在前期可以先投入总金额的一半,当行情不稳定时就不继续追加资金,等到行情稳定时再追加。
	2.分散投资	分散投资是指资金不放在同一个篮子里,而是选择不同的期货品种进行投资。当一种期货品种出现亏损时,另一种期货品种也能盈利,这样使得风险分散。
	3.定额定点	定额定点建仓时要控制好仓位,在第一次建仓时不必选择较高的点位,可以选择较低的点位,等到期货行情发生变化时,再调整点数。

图 7-36 期货建仓的技巧

期货在建仓以后也要在适当的时候进行平仓,在适当的时候进行平仓也是投资获利的关键,平仓也是有一定技巧的,如图 7-37 所示。

1. 设置止损点

当期货价格的亏损超过个人的承受能力时,要及时的平仓,不要想着后市总有翻盘的机会,而继续等待。一旦后市没有出现反转,那么投资者也会因为没有及时平仓而造成更多的损失。

2. 价位平仓

价位平仓是指当期货价格上涨到某一价位、突然压出大笔卖单时就及时平仓。开仓后某一期货的价格没有出现上涨和下跌也要及时进行平仓操作。或者在买入某一期货后发现买单远远小于卖单也要及时平仓。

3. 看准平仓时机

平仓时机的选择要根据市场的波动来看,对于不同的投资者对平仓时机的选择也是不同的,当投资者在投资前就已经设置好了自己的平仓原则,就要遵循这一原则,或者利用某一技术指标判断平仓时机时也要相信该指标。

图 7-37 期货平仓的技巧

【应用技巧】期货成本平均的建仓方法

成本平均的建仓方法需要根据市场行情来进行调整,比如投资者固定在每月的 10 日对某一期货进行投资,每月的投资金额根据目前的期货行情来确定。这种方法可以更加灵活地进行资金投入,也减少了投资带来的风险。

7.4.5 学会规避期货风险

期货的风险可大可小,在交易的过程中只要投资者遵循交易制度,学会一些风险规避的方法是可以减少期货投资的风险的。而有些投资者在进入期货市场后并没有遵循市场的整套交易规则,反而被迫出局。

在期货投资的操作中,投资者往往会犯一些错误,而这些错误的行为也加大了期货投资的风险。接下来我们就一起来看看在期货的投资中,投资者常犯的错误是哪些,如图 7-38 所示。

①未制订期货投资计划

在进行期货投资之前没有制订投资计划，导致在购买了期货合约后不知道何时应该卖出，也不清楚在何时应该止损，同时也不了解在盈利多少时应该退出，以至于在交易操作时跟着感觉走，使得投资失败。

②分析不全面

在进行期货基本面分析或者技术分析时不够全面，比如进行基本面分析时，没有从长期趋势出发，而只局限于对短期的观察。对市场中关键性的影响因素不了解，导致分析无效。

③急于求成

在期货投资中缺乏耐心，不愿意长期观察市场行情，没有学习相关期货知识就进入期货市场，导致投资失败。进行期货投资获利不是一件容易的事，在期货市场获利的投资者往往都经历了长时间的实战操作。

④逆势操作

个人是无法操控市场的，在期货投资中某些企图逆势操作对抗市场的投资者，结果往往得不偿失。投资者在交易时要跟着市场趋势走，同时也要遵循市场交易制度，这样才能在期货市场中获得成功。

图 7-38　投资者在期货投资中常犯的错误

【知识拓展】期货投资计划书应该包括的内容

在进行期货投资前，投资者都要制订一份适合自己的期货投资计划书，一份完整的期货投资计划书应该包括投资品种、投资方向、投资期限、入市价、预期回报点、止损点、止盈点、开仓数量等内容。此外，投资者也可以根据个人的风险承受能力制定自己的投资目标。

在具体的期货投资中，投资者要尽量避免犯上述的错误。同时也可以学习一些规避期货风险的方法，帮助我们在实际操作中尽量减少风险，从而使获利的机会增加。

规避期货的风险可以从投资心理、交易技巧等方面出发。了解了规避风险的方法以后，还需要投资者在实际操作中把这些方法落到实处。

在期货投资中规避风险的方法如图 7-39 所示。

1. 正确认识期货市场

期货市场是投资者进行投资的一种渠道，市场本身是在不停的变化的，不能因为一时盈利或者亏损就骄傲自满或者灰心丧气。要树立正确的投资心理，无论盈亏都要总结经验，为以后的投资打下更坚实的基础。

2. 学习正确的交易技巧

交易技巧是成功投资的一个重要方面，很多资深的期货交易员都对各种分析方法有比较深入的认识，并且能够运用在实际的操盘过程中。学习一些技术分析的方法也是很有必要的。

图 7-39　规避期货风险的方法

Chapter 08

投资货币的理财产品
——外汇

截至 2015 年，我国的外汇储备排名已经位居世界第一，人民币的国际化也在逐渐起步。不少投资者也把投资目标转向了全球市场，外汇市场 24 小时的运作模式，其走势就如地球的昼夜变换。

本章要点

✧ 什么是外汇
✧ 外汇的交易时间
✧ 外汇的标价方式
✧ 了解外汇的术语
✧ 了解外汇行情
✧ 外汇的交易方式
✧ 开立外汇投资账户
✧ 选择外汇买卖的币种

✧ 外汇的交易
✧ 外汇兑换计算
✧ 选择外汇交易平台
✧ 外汇的基本面分析
✧ 抓住外汇的盈利时机
✧ 规避外汇风险
✧ 调整投资心态

8.1 简单了解外汇

外汇交易是以一种货币兑换另一种货币，通过外汇投资获利就是赚取货币的对差价。炒外汇的目的是为了获利，但是通过外汇投资达到收益目标的投资者并不是那么多。怎样才能让外汇投资更容易获利呢？这就需要投资者对外汇有足够清晰的认识。

8.1.1 什么是外汇

外汇包括除人民币外的货币、外币有价证券、外币存款、外币支付凭证等。它的定义有广义和狭义之分，如图 8-1 所示。

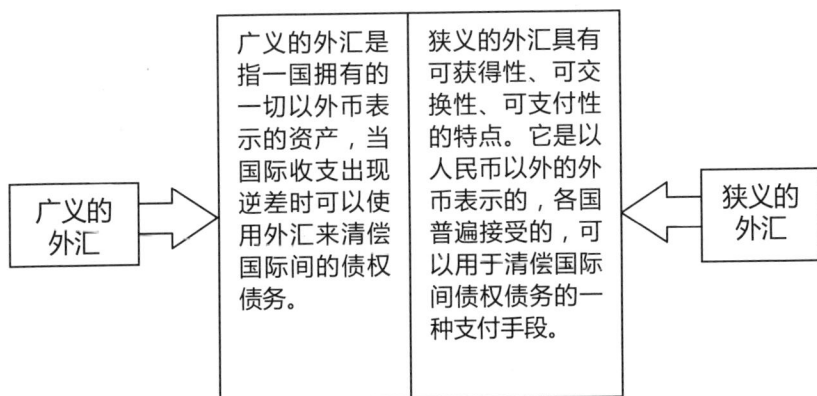

图 8-1 外汇的定义

外汇的产生是因为国际间的贸易、经济的往来，两国之间会产生货币收支关系。因为不同的国家使用的货币是不同的，比如我国使用的是人民币、美国使用的是美元，要在国外进行支付就需要把本国的货币兑换成外币，这使得外汇具有如图 8-2 所示的几点作用。

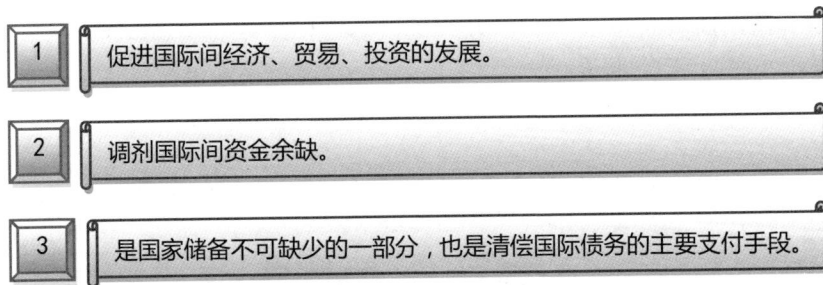

1　促进国际间经济、贸易、投资的发展。

2　调剂国际间资金余缺。

3　是国家储备不可缺少的一部分，也是清偿国际债务的主要支付手段。

图 8-2 外汇的作用

不同的理财产品都有自身的优势，外汇也不例外。从外汇交易的区域、时间、方式等方面来看，外汇具有如图8-3所示的优势。

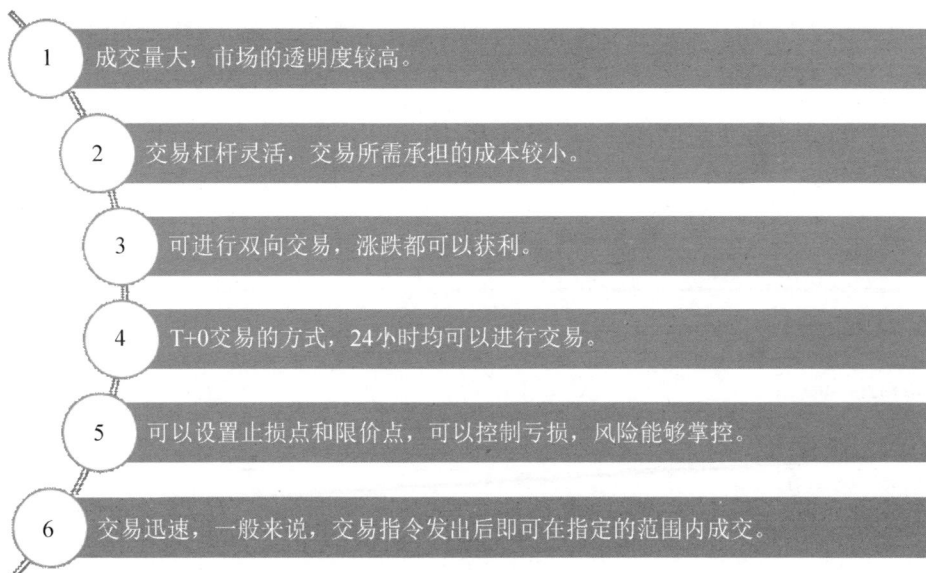

1　成交量大，市场的透明度较高。

2　交易杠杆灵活，交易所需承担的成本较小。

3　可进行双向交易，涨跌都可以获利。

4　T+0交易的方式，24小时均可以进行交易。

5　可以设置止损点和限价点，可以控制亏损，风险能够掌控。

6　交易迅速，一般来说，交易指令发出后即可在指定的范围内成交。

图 8-3　外汇交易的优势

世界上的货币种类是多种多样的，而这些不同的币种就构成了外汇货币。在外汇市场中，主要的交易货币是以自由兑换货币为基础的，这就使得有些国家的货币不能成为外汇货币，外汇市场主要的交易货币有如图8-4所示的几种。

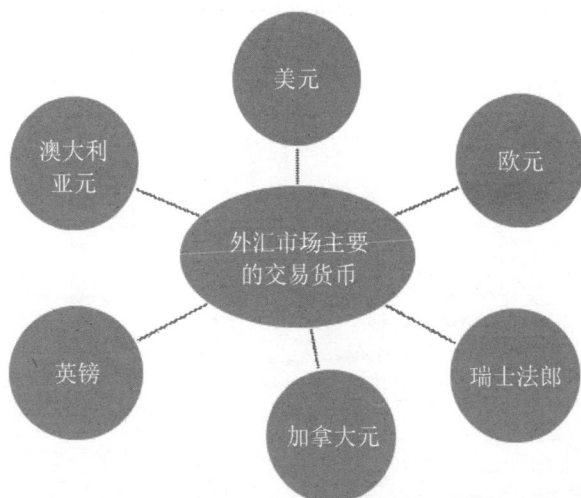

美元

欧元

澳大利亚元

外汇市场主要的交易货币

瑞士法郎

英镑

加拿大元

图 8-4　外汇市场主要的交易货币

8.1.2　外汇的交易时间

我们说外汇是 24 小时均可以进行交易的，这是从所有的交易市场上来看的，如果从单个的外汇市场上来看，不同的交易市场有着各自的交易时间。因为不同的市场交易时间不同才构成了整个外汇市场的 24 小时交易，国际主要外汇市场开盘收盘时间如表 8-1 所示。

表 8-1　国际主要外汇市场的交易时间

外汇市场	开盘收盘时间
美国纽约外汇市场	北京时间 21:00～(次日)04:00
英国伦敦外汇市场	北京时间 15:30～(次日)00:30
日本东京外汇市场	北京时间 08:00～14:30
德国法兰克福外汇市场	北京时间 15:30～(次日)00:30
新西兰惠灵顿外汇市场	北京时间 04:00～12:00
新加坡外汇市场	北京时间 09:00～16:00
澳大利亚外汇市场	北京时间 6:00～14:00
香港外汇市场	北京时间 10:00～17:00

【知识拓展】外汇市场的主要参与者

　　外汇市场的参与者也就是外汇市场的主体，外汇市场要正常的运作离不开外汇主体的配合，外汇市场的主体主要包括中央银行、外汇银行、外汇经纪商、投资者，这几个主体的配合构成了外汇市场的全部交易。

8.1.3　外汇的标价方式

外汇是以汇率来标价的，汇率又被称为汇价。有了汇率才使得不同国家的货币能够互相进行兑换。汇率的标价方式有两种，一种是直接标价法，另一种是间接标价法。

在我国一般采用的是直接标价法，在国际市场上，日元、瑞士法郎、加元采用的是直接标价法，而欧元、英镑、澳元采用的是间接标价法。

直接标价法是以一定单位的外国货币为标准来计算应付多少单位的本国货币。间接标价法是以一定单位的本国货币为基础，来计算应付多少单位的外国货币。比如日元115.02，即表示1美元可兑换115.02日元；英镑0.658，即表示1英镑可兑换0.658美元。

8.1.4　了解外汇的术语

在炒外汇的时候，是否对外汇术语有较清晰的认识也是获得外汇成功的重要一步，对于初入外汇市场的投资者来说，这是必须要了解的外汇入门知识。如果对外汇的专业术语不了解，在进入外汇市场后，也是很难看懂一些外汇行情分析的。

下面我们就一起来看看常见的外汇术语有哪些，如表8-2所示。

表8-2　外汇专业术语

术　语	含　义
外汇保证金	外汇保证金是指投资者在进行外汇交易时，签订委托买卖合同时缴纳的一定比例的交易保证金
交易成本	交易成本是指在外汇交易时，投资者在买卖过程中所支付的成本
实际汇率	实际汇率是指在名义汇率的基础上剔除了通货膨胀因素以后的汇率
远期汇率	远期汇率也称为期汇汇率，指交易双方约定在未来某一时间进行外汇交割时所使用的汇率
利息率平价	利息率平价也叫作利率平价，指所有可自由兑换货币的预期回报率相等时外汇市场所达到的均衡条件
利率掉期	双方签订一份协议，约定在未来交换本息，一方以固定利率作为利息，另一方以浮动利率作为利息
浮动利率	借款双方约定，在一定的时间根据某市场利率进行调整，调整期一般为半年
固定利率	借款双方约定，按照一定的利率为标准在借款期不调整利率
基准利率	一国的中央银行规定的借贷利率
交叉汇率	两种非美元货币进行兑换时，对美元的汇率进行套算以后计算出来的汇率
套汇	在一个外汇市场上买入一种货币，在另外一个外汇市场上卖出一种货币，赚取买卖的差价

续表

术　语	含　义
可兑换货币	在国际市场上可以自由兑换其他国家货币的一国货币，比如美元
基点	基点是指汇率最小的变动单位
点差	买卖价格之间的差值
货币升值	一国的货币价值相对于另一国的货币价值上升
货币贬值	一国的货币价值相对于另一国的货币价值下降
佣金	在外汇交易时，投资者支付给经纪人的手续费
赤字	一国的财政支出大于财政收入
本位币	两国之间，一种货币兑换另一种货币的报价
贸易差额	一国出口与进口之间的差额
牛市	外汇市场长期处于上涨的行情中
熊市	与牛市相对，外汇市场长期处于下跌行情中
清算	对外汇的交易进行结算
买入价	外汇交易中买入某一种货币的价格
卖出价	外汇交易中卖出某一种货币的价格
揸	揸是指买入
沽	沽是指卖出
区间	货币在一段时间上下波动的幅度
交割	交易双方进行所有权交换的一种行为
交易日	可以进行外汇交易的时间
交易额	投资者进行外汇交易的数量和金额
空头	预期未来外汇的价格将会下降，于是按照当前市场的价格卖出一定的货币
空头头寸	投资者卖出空头所产生的头寸

续表

术　语	含　义
多头	预期未来外汇的价格会上升，于是按照当前的市场价格买入一定的货币
底部	下档的支撑位
支撑位	某一外汇的价格在一定的位置得到支撑
区间震荡	货币的价格在一定的区间内上下波动
单边市	单边市是指某一行情在一定的时间段内处于单一的上升或下降的状态中，一般是 10～15 天
双向报价	双向报价是指交易所同时提供某一货币的卖出价和买入价
平仓	平仓是指卖出或者买入相同数量的货币，用来平衡前段时间卖出或者买入的货币的数量
止损	当投资外汇到达一定的亏损时，投资者进行平仓操作减少损失
交易清淡	在一个交易时间段交易量很小，波动幅度不大
交易活跃	在一个交易时间段交易量较大，波动幅度也较大
最好价位交易	以最低的价格买入某一货币或者以最高的价格卖出某一货币
追加保证金	当投资者的保证金不足时，追加投资者的保证金，一般是由经纪人或者交易员进行操作
短期	短期是指一周之内的时间
中期	中期是指一周到一个月之内的时间
长期	长期是指一个月至半年以上的时间
持有	在外汇市场上是指持有某一货币
牛皮市	行情波动的幅度不大，比较窄
盘整	某一货币的价格上涨或下降以后，在某一价位进行整理
汇市分析师	在外汇市场中对投资者的买卖交易提供建议的金融技术分析人员
合约	交易一手外汇的最小单位

术　语	含　义
日间交易	外汇的一种交易方式，在一个交易日内结清头寸
对冲	进行两笔相反方向的投资操作
破位	某一货币价格突破阻力位或者支撑位
获利了结	获利以后进行平仓操作

8.1.5　了解外汇行情

外汇的行情是在不停波动的，当投资者要进行外汇交易时就需要了解最新的外汇行情。最直接的方式就是查看外汇牌价，查询外汇牌价的方式有很多种。用户可以在银行的官方网站上查看，也可以在一些大型的外汇网站上查看，同时还可以在交易软件上查看，接下来我们就具体来看看怎样查看外汇牌价。

【实战案例】在银行官方网站上查看外汇牌价

以中国银行为例，首先进入中国银行官方网站(http://www.boc.cn/)，在打开的页面中单击"中国银行外汇牌价"超链接，即可查看到目前最新的外汇牌价，如图 8-5 所示。

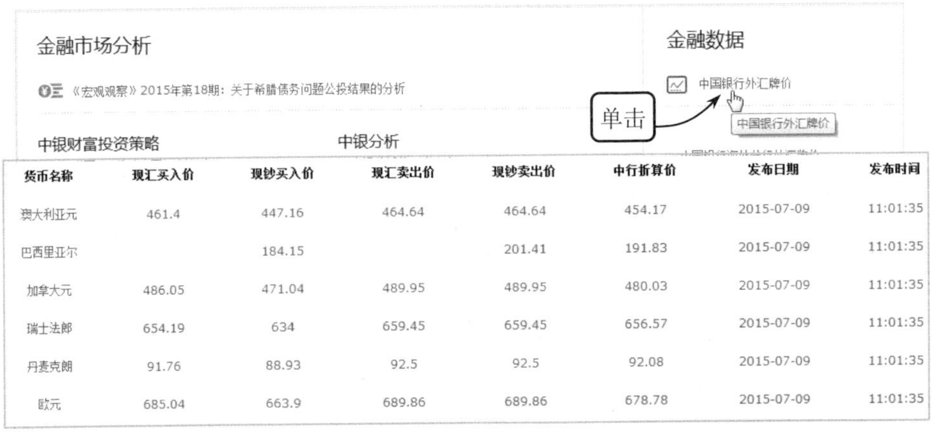

图 8-5　中国银行外汇牌价表

通过一些大型的外汇网站查询外汇牌价也是很方便的，比如嘉盛外汇网、中金外汇网、环球外汇网、和讯网等。

【实战案例】在和讯网上查看外汇牌价

以和讯网为例，首先进入和讯网官方网站(http://www.hexun.com/)，在打开的页面中单击“外汇”超链接，在新打开的页面中单击“行情中心”超链接，可查看最新的外汇数据排行，如图 8-6 所示。

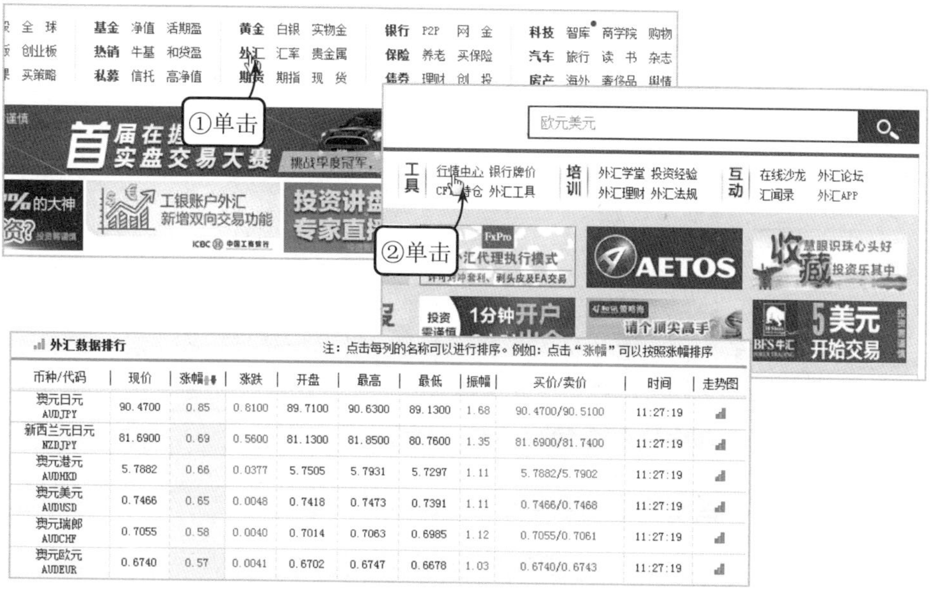

币种/代码	现价	涨幅	涨跌	开盘	最高	最低	振幅	买价/卖价	时间	走势图
澳元日元 AUDJPY	90.4700	0.85	0.8100	89.7100	90.6300	89.1300	1.68	90.4700/90.5100	11:27:19	
新西兰元日元 NZDJPY	81.6900	0.69	0.5600	81.1300	81.8500	80.7600	1.35	81.6900/81.7400	11:27:19	
澳元港元 AUDHKD	5.7882	0.66	0.0377	5.7505	5.7931	5.7297	1.11	5.7882/5.7902	11:27:19	
澳元美元 AUDUSD	0.7466	0.65	0.0048	0.7418	0.7473	0.7391	1.11	0.7466/0.7468	11:27:19	
澳元瑞郎 AUDCHF	0.7055	0.58	0.0040	0.7014	0.7063	0.6985	1.12	0.7055/0.7061	11:27:19	
澳元欧元 AUDEUR	0.6740	0.57	0.0041	0.6702	0.6747	0.6678	1.03	0.6740/0.6743	11:27:19	

图 8-6 外汇数据排行

要查看不同银行的外汇牌价，单击页面左侧的“外汇牌价”超链接，在弹出的下拉菜单中选择银行，比如选择“中国银行”选项，如图 8-7 所示。

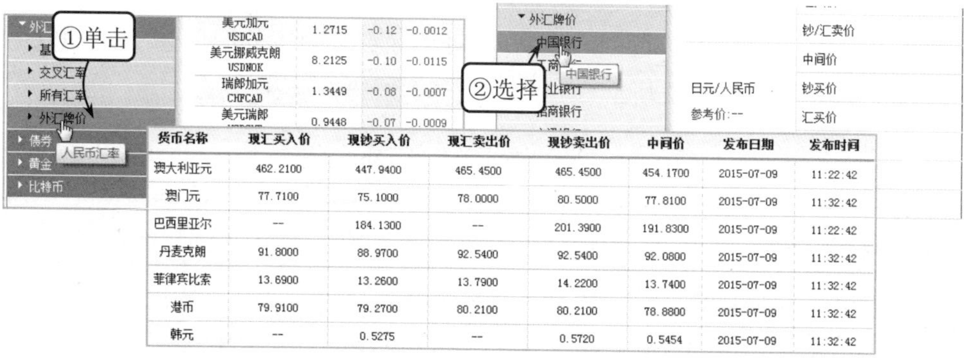

货币名称	现汇买入价	现钞买入价	现汇卖出价	现钞卖出价	中间价	发布日期	发布时间
澳大利亚元	462.2100	447.9400	465.4500	465.4500	454.1700	2015-07-09	11:22:42
澳门元	77.7100	75.1000	78.0000	80.5000	77.8100	2015-07-09	11:32:42
巴西里亚尔	--	184.1300	--	201.3900	191.8300	2015-07-09	11:22:42
丹麦克朗	91.8000	88.9700	92.5400	92.5400	92.0800	2015-07-09	11:32:42
菲律宾比索	13.6900	13.2600	13.7900	14.2200	13.7400	2015-07-09	11:32:42
港币	79.9100	79.2700	80.2100	80.2100	78.8800	2015-07-09	11:32:42
韩元	--	0.5275	--	0.5720	0.5454	2015-07-09	11:32:42

图 8-7 查询银行外汇牌价

查看了外汇牌价以后，还要学会看懂外汇牌价。外汇牌价是各银行根据中国人民银行市场的中间价以及国际外汇市场行情制定的各种外币与人民币之间的买卖价格，外汇牌价处于随时变动的状态中。

【实战案例】看懂外汇牌价

外汇牌价上有现汇买入价、现钞买入价、现汇卖出价、现钞卖出价、中间折算价五个价位，图 8-8 所示的是中国银行的外汇牌价，我们来看看这些数据都表达怎样的含义。

货币名称	现汇买入价	现钞买入价	现汇卖出价	现钞卖出价	中行折算价	发布日期	发布时间
澳大利亚元	461.65	447.4	464.89	464.89	454.17	2015-07-09	11:50:47
巴西里亚尔		184.15		201.41	191.83	2015-07-09	11:50:47
加拿大元	486.03	471.02	489.93	489.93	480.03	2015-07-09	11:50:47
瑞士法郎	654.12	633.93	659.38	659.38	656.57	2015-07-09	11:50:47

图 8-8　中国银行外汇牌价

外汇牌价上标明的买入价和卖出价是相对于银行来说的，以澳大利亚元为例，相当于银行买入澳大利亚元的现汇价是 461.65 元，现钞价是 447.4 元。

现汇是指由国外汇入或从国外携入的外币票据，通过转账的形式，汇入到个人在银行的账户中。现钞是指具体的、实在的外国纸币、硬币。比如投资者要买入 100 澳大利亚元，如果是现汇买入就需要支付 461.65 元。

8.2　外汇的交易

股票、期货等理财产品在进行交易时是有固定的交易场所的，而外汇没有固定的交易场所。外汇是一个全球的市场，全球进行外汇交易的人数也在逐渐增多。

8.2.1　外汇的交易方式

外汇的交易方式是多种多样的，主要有即期外汇交易、远期外汇交易、外汇期货交易、外汇期权交易 4 种，如表 8-3 所示。

表 8-3　外汇的交易方式

交易方式	含　义
即期外汇交易	即期外汇交易又叫作现期交易，指外汇买卖成交以后，交易双方在当天或者两个交易日内办理交割手续的一种交易行为
远期外汇交易	外汇买卖成功后，根据约定在未来的某个日期进行外汇交易的行为
外汇期货交易	外汇买卖双方在未来买入或卖出某一特定货币的交易行为
外汇期权交易	外汇期权交易是指外汇期权的持有者拥有合约的权利，有权决定是否执行交割

8.2.2 开立外汇投资账户

在进行外汇交易前首先需要开立外汇投资账户，没有外汇投资账户是无法进行外汇交易的。我们可以通过外汇经纪商的官方网站进行外汇账户的开立。

【实战案例】通过外汇经纪商的官方网站开立投资账户

Step01 我们以嘉盛外汇平台为例，首先进入嘉盛官方网站(http://www.forex.com/)，在首页单击"开立真实账户"按钮，在打开的页面中单击"点击开户：Meta Trader 4平台"按钮，如图8-9所示。

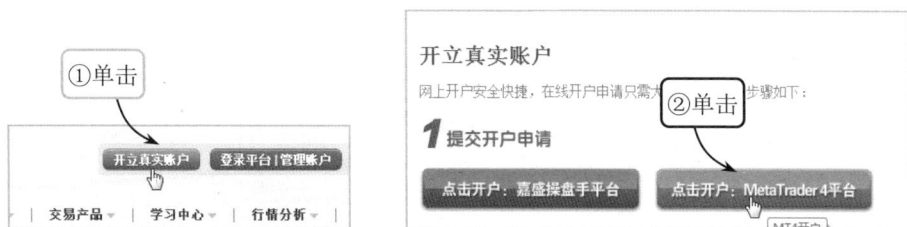

图8-9 开立真实账户

Step02 在打开的页面中填写资料，包括姓名、手机号码、电子邮件地址等，单击"保存并继续"按钮，如图8-10所示。

图8-10 填写基本信息

Step03 在打开的页面中填写居住地址信息、身份信息、身份证明文件，包括街道及门牌号码、出生日期、居民身份证号码等，单击"保存并继续"按钮，如图8-11所示。

图 8-11　填写居住地址、身份信息和身份证明文件

Step04 在打开的页面中选择就业状况以及交易知识和经验各选项，单击"保存并继续"
按钮后上传身份证件正反两面的照片，即可完成开户，如图 8-12 所示。

图 8-12　填写就业状况以及交易知识和经验

　　在外汇经纪公司开立的账户是进行外汇虚盘交易，也就是外汇保证金交易，如果要进行外汇实盘交易需要在银行开立外汇账户。在银行开立外汇投资账户是很简单的，只要携带个人有效身份证件和银行卡到银行申请开通外汇交易买卖功能即可。

【知识拓展】外汇实盘交易和外汇虚盘交易的区别

外汇实盘交易是在商业银行进行的交易，指客户通过商业银行，将自己持有的某种可自由兑换的外汇(或外币)兑换成另外一种可自由兑换的外汇(或外币)的交易。外汇虚盘交易是指投资者在金融公司签订委托买卖合同，缴纳一定保证金的交易。

8.2.3 选择外汇买卖的币种

目前许多投资者纷纷加入了外汇的虚盘交易中，这种方式可以以小博大，将投资的标的放大，获取更高的收益。

在交易前投资者就要先确定交易的品种，目前外汇的交易币种可以分为直接盘和交叉盘，这两者的区别如图 8-13 所示。

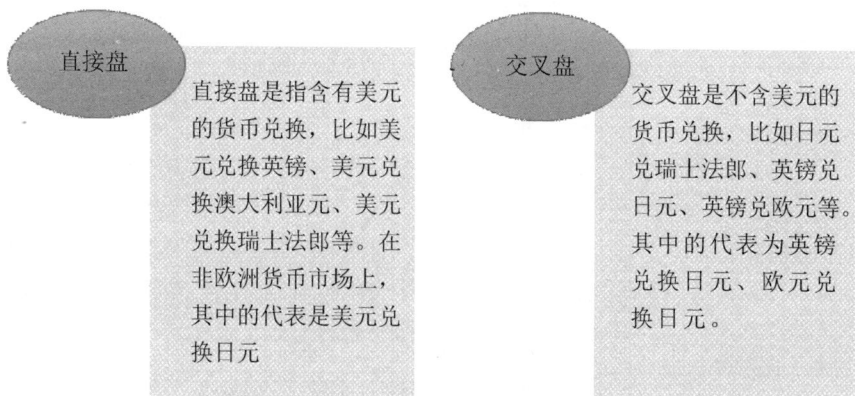

直接盘

直接盘是指含有美元的货币兑换，比如美元兑换英镑、美元兑换澳大利亚元、美元兑换瑞士法郎等。在非欧洲货币市场上，其中的代表是美元兑换日元

交叉盘

交叉盘是不含美元的货币兑换，比如日元兑瑞士法郎、英镑兑日元、英镑兑欧元等。其中的代表为英镑兑换日元、欧元兑换日元。

图 8-13 外汇的交易币种

对于初入外汇市场的投资者来说，最好选择直接盘。因为交叉盘的操作难度比直接盘的难度大，刚进入外汇市场的投资者投资经验不足，对外汇行情的分析不够熟练，贸然投资交叉盘是不明智的。

交叉盘的波动幅度比直接盘的波动幅度大，也就是说一旦出现亏损，损失会比直接盘大。交叉盘受其他风险因素的影响较大，如果投资者没有敏锐的市场嗅觉，可能不会发现潜在的风险。

直接盘中的非欧洲货币市场中的代表是美元兑日元，操作起来更为容易，主要是因为与日元相关的信息获取较容易。

8.2.4　外汇的交易

我们已经知道了外汇的交易方式有外汇实盘交易和外汇虚盘交易,如果是外汇实盘交易可以通过银行柜台、网上银行、手机银行等多种方式进行购买,如果是外汇虚盘交易可以通过外汇交易软件进行购买。

进行外汇虚盘交易可以下载经纪公司提供的交易软件,直接在软件上进行交易。在银行进行外汇买卖的方式比较多,具体的交易方法如图 8-14 所示。

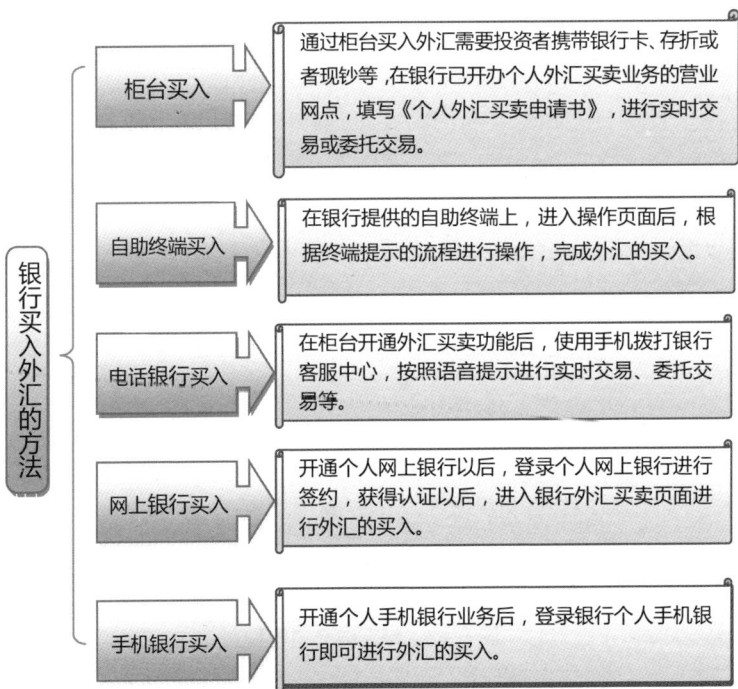

银行买入外汇的方法

柜台买入 → 通过柜台买入外汇需要投资者携带银行卡、存折或者现钞等,在银行已开办个人外汇买卖业务的营业网点,填写《个人外汇买卖申请书》,进行实时交易或委托交易。

自助终端买入 → 在银行提供的自助终端上,进入操作页面后,根据终端提示的流程进行操作,完成外汇的买入。

电话银行买入 → 在柜台开通外汇买卖功能后,使用手机拨打银行客服中心,按照语音提示进行实时交易、委托交易等。

网上银行买入 → 开通个人网上银行以后,登录个人网上银行进行签约,获得认证以后,进入银行外汇买卖页面进行外汇的买入。

手机银行买入 → 开通个人手机银行业务后,登录银行个人手机银行即可进行外汇的买入。

图 8-14　银行买入外汇的方法

随着互联网的发展,使用传统的电话银行买入外汇、柜台买入外汇的人已经逐渐减少,而网上银行功能日益强大。越来越多的人选择通过网上银行买入外汇,因为这种方式是很方便快捷的,投资者可以很快下达交易指令。

【实战案例】通过网上银行买入外汇

Step01　以建设银行为例,登录建设银行个人网上银行,在首页单击"投资理财"导航,在打开的页面中单击"外汇买卖"超链接,并在弹出的下拉菜单中选择"外汇首页"选项,如图 8-15 所示。

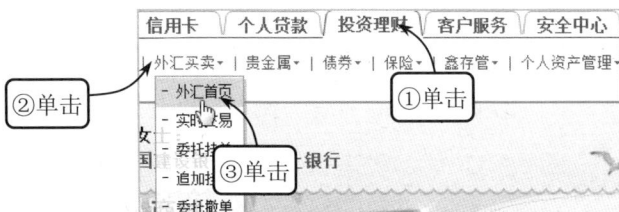

图 8-15　建设银行个人网上银行首页

Step02　在打开的页面中可以看到不同品种的外汇，选择自己要购买的外汇品种，单击"买"按钮，如图 8-16 所示。

货币	当前买价	中间价	当前卖价	历史汇率	操作
澳大利亚元／美元	0.7436	0.7441	0.7445	查看	买 卖 挂
英镑／美元	1.5383	1.5387	1.5392	查看	买 卖 挂
美元／加拿大元	1.2716	1.2721	1.2725	查看	买 卖 挂
美元／港币	7.7521	7.7524	7.7526	查看	买 卖 挂
美元／日元	121.37	121.41	121.46	查看	买 卖 挂

图 8-16　选择购买的外汇品种

Step03　在打开的页面中选中账户性质，输入买入金额，单击"下一步"按钮，如图 8-17 所示。

图 8-17　填写买入信息

Step04　最后确认信息以后就可以完成此次外汇的买入了，外汇的卖出和买入方式相似，只需要进行相反的操作即可。

8.2.5　外汇兑换计算

由于外汇的汇率不是固定不变的，因此在进行货币兑换或者买卖的时候就需要用最新的汇率来计算兑换的货币金额。

如果自己计算可能会出现一些错误，这时就可以借用外汇计算器来计算。我们可以通过财经网站的外汇计算器计算，也可以进入银行官方网站进行计算。

【实战案例】通过银率网计算外汇兑换金额

Step01 进入银率网官方网站，在首页单击"智慧理财"导航按钮，在弹出的下拉菜单中单击"外汇"超链接，如图 8-18 所示。

图 8-18 银率网外汇首页

Step02 由于不同的银行的兑换标准是不同的，所以要根据不同的银行的外汇牌价进行计算。在打开的页面中单击"查询"按钮，在右边的银行人民币兑外币计算器里选择银行、持有货币、兑换币种，输入持有数量，单击"计算"按钮，便可得出此次的计算结果，如图 8-19 所示。

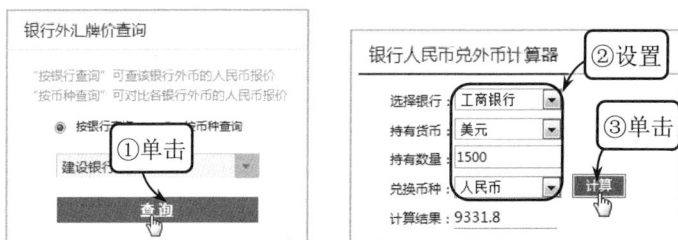

图 8-19 银行外汇计算

通过银行的官方网站也可以计算出外汇的兑换金额，我们以工商银行为例看看具体是怎样操作的。

【实战案例】通过银行官方网站计算外汇兑换金额

Step01 进入中国工商银行官方网站，在首页单击"外汇"超链接，在打开的页面中单击"外币兑换计算器"超链接，如图 8-20 所示。

图 8-20 中国工商银行官网首页

Step02 在打开的页面中选中"钞汇标志选择"单选按钮，选择原币种、兑换币种、原币种金额，单击"计算"按钮，便可计算兑换金额，如图 8-21 所示。

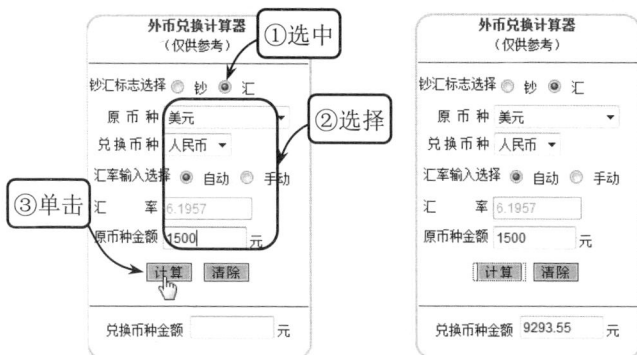

图 8-21 计算结果

用这种方式计算兑换币种金额，是按照银行自己的外汇牌价来计算的，如果要计算其他银行兑换币种的金额也可以进入其他银行的官方网站进行计算，或者通过手动输入汇率的方式计算。

在工商银行官方网站还可以利用外汇买卖计算器，计算外汇的买卖价格。

【实战案例】通过银行官方网站计算外汇的买卖价格

Step01 在工商银行官方网站首页单击"外汇"超链接后，在外汇工具选项下单击"外汇买卖计算器"超链接，如图 8-22 所示。

图 8-22 外汇工具

Step02 在打开的页面中选中"钞汇标志选择"选项，选择卖出币种、买入币种、操作选择、金额、汇率，单击"计算"按钮即可，如图 8-23 所示。

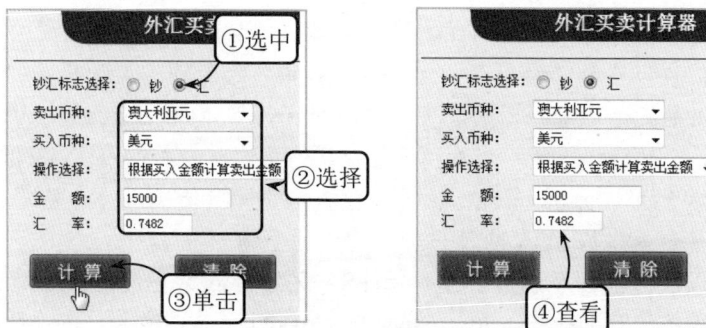

图 8-23 计算结果

8.3　外汇投资技巧

外汇的购买可以是双向操作，在操作的时候对投资者的操盘要求相对要高些，因此掌握一些外汇投资的技巧是很有必要的。在外汇投资中，投资者要控制好自己的资金分配，同时也要有良好的心态。

8.3.1　选择外汇交易平台

如果要进行保证金交易需要在外汇经纪商处注册外汇交易账户，选择平台对投资者来说就格外重要了。对于刚进入外汇市场的投资者来说，由于对各大外汇平台了解较少，在选择时会遇到很多的问题。在选择外汇平台时投资者要注意如图 8-24 所示的几点。

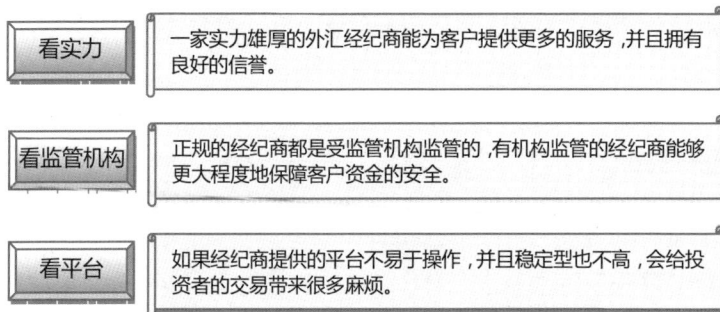

看实力	一家实力雄厚的外汇经纪商能为客户提供更多的服务，并且拥有良好的信誉。
看监管机构	正规的经纪商都是受监管机构监管的，有机构监管的经纪商能够更大程度地保障客户资金的安全。
看平台	如果经纪商提供的平台不易于操作，并且稳定型也不高，会给投资者的交易带来很多麻烦。

图 8-24　选择外汇交易平台的注意事项

要了解一家外汇经纪商是否符合上述的几点要求，我们可以在网上进行查询。接下来我们就来看看怎样在网上查询外汇经纪商的资质、实力、监管机构等。

【实战案例】在网上查询经纪商的监管机构

外汇经纪商的监管机构会审核经纪商的财务状况，制定相关的保护交易者利益的规则，并且会对在外汇交易中产生的纠纷进行处理，所以查询外汇经纪商的监管机构是非常重要的。我们可以在外汇经纪商的官方网站查询该经纪商的监管机构。

比如，进入福汇外汇经纪商的官方网站(http://www.fxcm-chinese.com/)，在首页的最下面单击"监管"超链接，便可查看到该经纪商的法律监督具体内容，如图 8-25 所示。

从图 8-25 我们可以看出，该经纪商的监管机构是受英国金融行为监管局(FCA)监管，我们可以进入平台提供的 FCA 网址进行进一步的查询。

我们也可以通过英国金融服务管理局(FSA)的官方网站查询该信息是否真实，首先进入英国金融服务管理局(FSA)(http://www.fsa.gov.uk/)的官方网站，在首页选择 The FSA Register 选项，如图 8-26 所示。

图 8-25 查看监管机构

图 8-26 进入 FSA 官方网站

在打开的页面的左侧单击 Searching the FSA Register 超链接，在打开的页面中单击 search the Register now 链接，如图 8-27 所示。

图 8-27 准备查询

在打开的页面中输入注册编号，单击 Submit 按钮，在新打开的页面中单击 Basic details 超链接，即可查询到该经纪商是否受该机构监管，如图 8-28 所示。

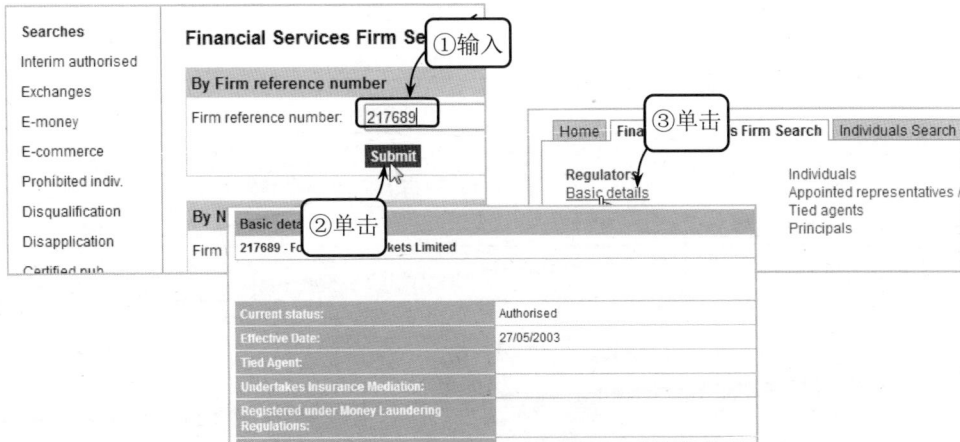

图 8-28 查询经纪商是否受正规机构监管

从查询结果上我们可以看到，Notices: Able to hold and control client money 这样的信息，这表示该平台是正规的。一般在外汇经纪商的官方网站上我们都可以看到该外汇公司的注册编号，通过注册编号就可以查询。比如福汇的注册编号就显示在官方网站首页的最下面。

除了查询监管机构以外，我们还可以在该平台的官方网站查询其他内容，客户资金的安全性、优势，以及一些外汇基本知识、操作守则等。同时也可以在网站上下载 MT4 交易软件，正规的外汇经纪商都有属于自己的交易软件。

8.3.2　外汇的基本面分析

影响外汇行情变动的因素主要有国际收支状况、国家干预、投资者的心理预期、利率、通货膨胀等。接下来我们就具体来看看这些因素是怎样影响外汇行情的，如图 8-29 所示。

1. 国际收支状况

- 国际收支状况对外汇的影响表现在国际收支的变动会对一国的汇率产生影响，当收入大于支出时，本国的货币需求会增加，从而影响汇率的变动。这个影响是双方的，汇率的变动也会对国际收支产生影响。

2. 国家干预

- 国家干预是指外汇管理为了使汇率维持在政府预取的水平上，对外汇市场进行直接干预的行为。外汇管制对外汇市场的供求有直接的影响，对短期影响较小，对长期趋势影响较大。

3. 投资者的心理预期

- 投资者的心理预期对外汇行情的影响表现在，当投资者对外汇市场普遍不看好的情况下，会使得汇率下跌。导致投资者心理预期发生变化的原因是多种多样的，这种心理预期的变动会使得资金流向发生变动。

4. 利率

- 导致利率变动的原因可能与国家政策有关，如果国家目前下调了利率会使得人们的贷款成本减少，这会促进出口，同时也会使得人们的银行储蓄减少，从而投资外汇市场，这都会促进汇率的上升。

5. 通货膨胀

- 通货膨胀对外汇的影响表现在，如果一国货币发行过多，供大于求时就会造成通货膨胀，会使得本国的货币贬值，本国货币的对内贬值间接的使得本国货币相对外国货币也贬值，这就影响了汇率的变动。

图 8-29　外汇行情的变动因素

8.3.3 抓住外汇的盈利时机

在外汇的投资中抓住外汇的盈利时机是很重要的，外汇的行情有着自身的特点，在不同的时间段中面临的风险是不同的。掌握了这些技巧将帮助投资者在具体的交易中更容易获得盈利，如图 8-30 所示。

盘整行情被突破

当外汇的价格在一个区间长期处于盘整位置，一旦在下一个行情突破了该区间的阻力位时，行情发生较大波动的可能性会较大。如果投资者能够抓住这次突破，跟随市场发展的趋势，将会取得不错的收益。

趋势较强的交易日

当某一外汇的趋势在一个交易日出现往一个方向运动，比如往上涨的方向运动。这表明有单方力量在控制该外汇，投资者可以选择在这时进行跟进，因为这种情况下的趋势往往会延续到下一个交易日。

未突破阻力位

当某一外汇的价格没有突破阻力位时，也是投资者可以操作的时机。因为这时外汇的价格会回到之前的位置，投资者只要做出操作也能获利。

选择时间点

不同的外汇市场的交易时间是不一样的，当北京时间 15：30~0：30 时是伦敦外汇交易所的开盘交易，投资者在这个时间段的机会比较多。当北京时间 8:00~16:00 时是东京外汇市场的交易时间，它会受到伦敦以及纽约市场行情的影响。北京时间的 21：30~24：00 是外汇交易的黄金时间，这时外汇波动较频繁，获利的机会也较多。

图 8-30 外汇的盈利时机

8.3.4 规避外汇风险

投资外汇是有风险的，外汇风险包括交易风险、折算风险。当一国货币的汇率发生变动时就会带来汇率风险，投资者在交易时会面临交易风险，在折算时会产生折算风险。那么投资者应该怎样有效地避免这些风险呢？如图 8-31 所示。

①把握操作策略

在外汇的操作中，策略是很关键的。在进行操作时要对目前的外汇行情有一定的了解，在根据目前的行情制定自己的投资策略。比如判断目前行情走势若较复杂，投资者不必投入太多资金，等到行情稳定时再投入更多资金。

②控制资金量

投入资金前，投资者要事先规划好自己的开仓比例，并且提前设置好止损点和止盈点，加仓的资金也可以事先计划好，这对后期的投资操作将会有很大的帮助。

③正确认识风险承受能力

每个人的风险承受能力都是不同的，在进行外汇投资时最好进行个人风险评估，根据个人风险的承受能力来确定自己的投资金额，这样即使在亏损时也能保证自己可以承受。

④分散风险

不要把多有资金都投入在一种外汇品种中，投资者可以选择几种自己比较熟悉的外汇品种进行长期的跟进，这样可以把资金和产品分散，从而达到分散风险的作用。

图 8-31　外汇的风险规避

8.3.5　调整投资心态

外汇投资可能获得较大的收益,但是投资者在投资过程中仍然不能抱着一夜暴富的心态进入外汇市场；在亏损的情况下也不能心浮气躁放任不管，这样只会让自己损失更多，投资者切记不能有这些心态。

沉着冷静地进行外汇交易是至关重要的,心态是否良好也会影响投资者对外汇行情的判断，投资者要注意不要有如图 8-32 所示的错误心态。

投资者不可有的错误心态

跟风操作　　盲目跟风没有自己判断，跟随他人的操作方式进行操作，这种做法是不正确的。每个人的投资风格与投入资金是不同的，他人的操作方式有时并不适合自己。

赌博心理　　希望一夜暴富，把所有的资金都投入外汇市场中，却不知道这样往往会满盘皆输，投资不是赌博，不能靠运气，严谨操作才是正确选择。

一意孤行　　不跟随市场的趋势、跟着自己的感觉走、交易时心浮气躁，这是外汇投资的大忌。外汇投资是一个长期的过程，需要投资者一点点的积累经验，要沉住气才能抓住获利时机。

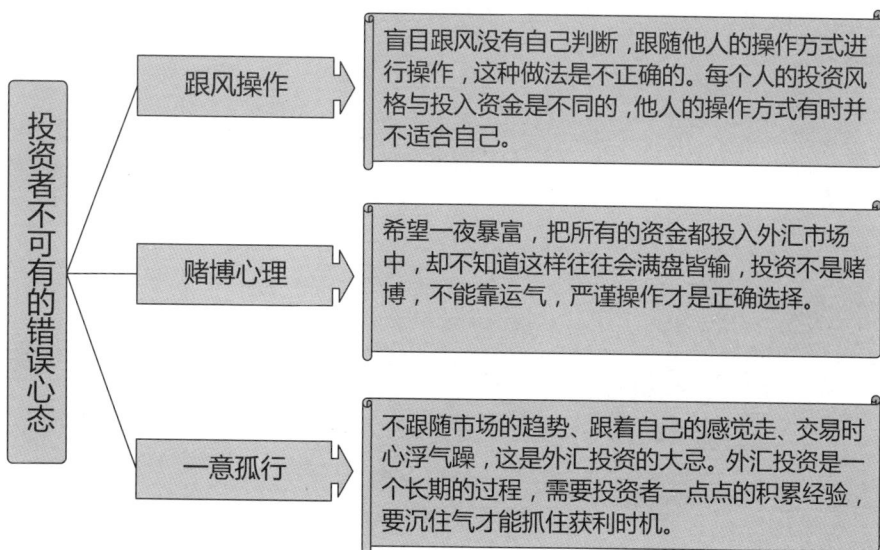

图 8-32　投资者不可有的错误心态

Chapter 09

为投资 "镀金" 的理财产品
——黄金投资

　　黄金相信大家都不会陌生,从发现黄金以后,到成为交换商品的等价物,再到如今被纸币代替成为一种投资的工具,黄金经历了漫长的发展时期。目前,黄金投资的方式已经越来越多样化。

本章要点

　◇　实物黄金投资
　◇　纸黄金投资
　◇　黄金T+D投资
　◇　现货黄金投资
　◇　其他黄金投资品种
　◇　怎样进行实物黄金投资
　◇　怎样进行纸黄金投资

　◇　怎样进行黄金T+D投资
　◇　怎样进行现货黄金投资
　◇　实物黄金的保管方法
　◇　避免纪念币投资的误区
　◇　纸黄金的投资技巧
　◇　黄金定投的技巧

9.1 几种黄金投资种类

在生活中我们比较常见的黄金是黄金饰品，还有一些人们用来作为收藏品的黄金，比如金币、金条等。另外黄金期货、现货黄金、账户黄金等是黄金投资市场上这几年比较热门的投资方式。

9.1.1 实物黄金投资

黄金作为国际的硬通货，其具有其他商品所没有的投资价值。实物黄金投资也是目前黄金市场上投资者选择比较多的投资方式之一，实物黄金的品种有如图 9-1 所示的几种。

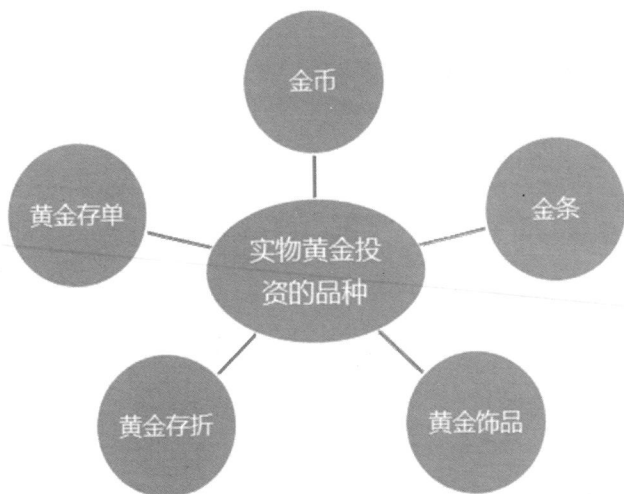

图 9-1 实物黄金投资的品种

其中，金币又分为纪念性金币和流通性金币。在黄金市场上交易最多的金币是奥地利的克罗纳金币、美国的鹰洋金币、加拿大的枫叶金币、英国皇家金币。另外，我国发行的熊猫金币在黄金市场上也受到了广大投资者和收藏者的一致好评。金币的重量是用盎司来计量的。

金条分为投资型金条和收藏型金条，比较常见的实物金条包括超越版金条、好运金条、瑞士金条等。

黄金饰品是指由黄金制作而成的饰品，比如市场上常见的黄金项链、黄金戒指、黄金耳环等。黄金饰品的含金量可分为纯金和 K 金，纯金的含量在 99%以上，K 金则在制作时加入了其他金属。

　　黄金存单及黄金存折和其他几种实物黄金有一定的区别,它们的表现形式分别为存单和存折,两者所表示的含义如图9-2所示。

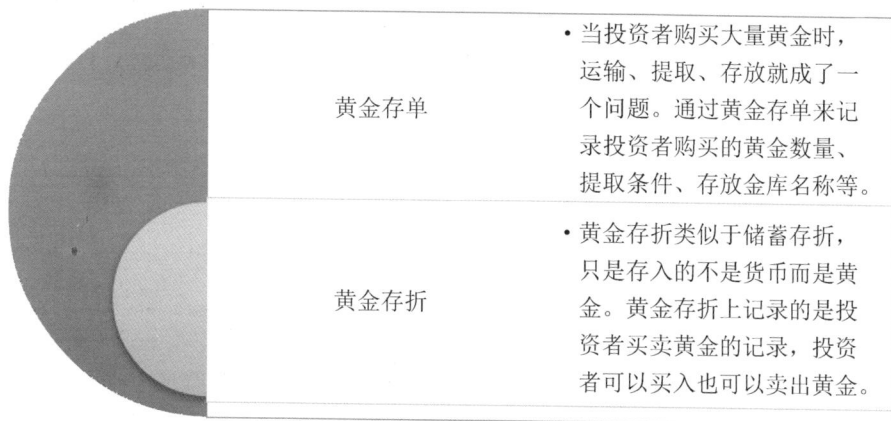

黄金存单	• 当投资者购买大量黄金时,运输、提取、存放就成了一个问题。通过黄金存单来记录投资者购买的黄金数量、提取条件、存放金库名称等。
黄金存折	• 黄金存折类似于储蓄存折,只是存入的不是货币而是黄金。黄金存折上记录的是投资者买卖黄金的记录,投资者可以买入也可以卖出黄金。

图9-2　黄金存单和黄金存折的含义

　　在实物黄金投资品种中,对于普通投资者来说,最具有投资价值的就是投资型金条。投资型金条和收藏型金条是有区别的,在投资者对两者不了解的情况下很容易产生混淆,投资型金条主要有两个特征,如图9-3所示。

1 金条的价格与黄金市场的价格接近,但由于加工费、成色方面有差异,价格也不会完全一致。

2 投资型金条的流通性比纪念型金条高,投资者买入以后也比较方便卖出。它的交易方式一般是黄金做市商提出买入价和卖出价,投资者再根据价格购买。

图9-3　投资型金条的特征

　　投资型金条有自身的优势,但并不是所有的投资者都适合购买投资型金条。对于喜欢收藏的投资者来说,选择收藏型金条反而更好。

【疑难解答】黄金饰品可以投资吗?

　　不少投资者对黄金饰品投资都容易产生误区,一部分投资者认为黄金饰品可以投资,另一部分投资者认为黄金饰品不可以投资。其实这两种想法都具有片面性,黄金饰品可以投资,但不是一个好的投资品种。黄金饰品在不同的人眼中的价值是不同的,对于注重美学价值的投资者来说,黄金饰品就是一个不错的投资品。

9.1.2 纸黄金投资

纸黄金又叫作账户黄金，是个人凭证式黄金。它是一种虚拟黄金，投资者不会进行提取和交割，而是按照银行的报价在账户上进行买卖。目前开通了纸黄金业务的银行有中国银行、建设银行、工商银行。

不同的银行提供的纸黄金业务是不同的，对纸黄金的交易方式、交易渠道等，银行有各自的规定，如表9-1所示。

表9-1　银行间纸黄金业务特点比较

银　行	交易渠道	交易方式	业务品种	交易时间
工商银行	网点柜面、网上银行、手机银行、电话银行	即时交易和委托交易	人民币账户和美元账户	周一 7:00～周六 4:00
建设银行	网上银行、电话银行、手机银行	即时交易和委托交易	人民币账户	周一 7:00～周六 4:00
中国银行	网点柜面、网上银行、手机银行、电话银行	即时交易和委托交易	人民币账户和美元账户	周一 9:00～周六 3:00

【知识拓展】纸黄金委托交易的 3 种方式

工商银行的纸黄金的委托交易方式有 3 种，分别为获利委托、止损委托和双向委托。获利委托是指投资者挂出一个高出实时牌价的价格；止损委托是指投资者挂出一个低于实时牌价的价格；双向委托是指投资者同时挂出两个相反操作的价格。当银行的纸黄金价格与投资者挂出的价格相符时，系统会自动完成挂单成交。

9.1.3　黄金 T+D 投资

黄金 T+D 是由上海黄金交易所统一制定的，规定在未来某一特定的时间和地点交割一定数量标的物的标准化合约。它的交易方式实行的是保证金制度，投资者可以选择在当日交割，也可以选择延期交割。

黄金 T+D 交易所收取的手续费高于期货交易的手续费，包括交易手续费、延期费、超期费。

交易手续费是在交易时被收取的费用，而延期费和超期费则是根据客户的选择来收取的。

如果客户选择延期交割就需要支付延期费,如果客户超过期限没有完成交割则会被收取超期费。

> **【知识拓展】超期费和延期费的计算公式**
>
> 黄金 T+D 的超期费和延期费是有一定的计算公式的,超期费的计算公式为:超期费=超期持仓量×当日结算价×超期费率。延期费的计算公式为:延期费=持仓量×当日结算价×延期费率。其中,延期费还被称为递延费。

目前,很多银行都开通了黄金 T+D 的业务。但是不同的银行对于交易手续费、保证金的收取也不一样,不同银行手续费对比如表 9-2 所示。

表 9-2　银行黄金 T+D 手续费对比

银　行	手续费	保证金	银　行	手续费	保证金
工商银行	1.9‰	15%	交通银行	1.7‰	20%
招商银行	1.9‰	15%	浦发银行	1.4‰	15%
中信银行	1.4‰	15%	兴业银行	1.7‰	15%
民生银行	1.4‰	10.5%	光大银行	1.4‰～1.9‰	15%

黄金 T+D 投资有固定的交易时间,为每周一至周五(国家法定节假日除外)的夜晚 20:00～次日凌晨 2:30,上午 09:00～11:30,下午 13:30～15:30。

进行黄金 T+D 交易后会涉及合约的交割,购买不同的合约交割的时间是不同的,在合约上会写明交割时间。一份完整的合约应该包括的内容有合约名称、交易单位、交易时间、交割日期、交割地点、最低保证金等内容。

9.1.4　现货黄金投资

现货黄金又称为伦敦金,是一种国际性的投资产品。投资者以杠杆比例的形式向做市商进行网上买卖交易。现货黄金每天的交易量都很大,它的价格变动完全是根据市场的走势的变动而定。现货黄金可以双向交易,也就是说可以买涨也可以买跌,并且 24 小时都可以交易。由于是国际性产品,它的报价方式是以国际计价单位美元/盎司为单位,同时以美元形式结算。现货黄金的主要交易市场有 4 个,如图 9-4 所示。

香港	纽约	苏黎世	伦敦
香港黄金市场已经有70多年的历史，是由香港金银贸易市场、香港伦敦金市场、香港黄金期货市场组成。	纽约黄金市场成立于1975年，它的交易主要是黄金期货。它成立不久就成为世界黄金市场重要的组成部分。	苏黎世黄金市场为黄金交易提供了一个自由和保密的交易市场。每日的交易由瑞士3大银行进行清算。	论断黄金市场的历史最为悠久，也是世界上最大的黄金交易市场，该市场的黄金价格会影响香港和纽约的交易。

图 9-4　4 大黄金交易市场

9.1.5　其他黄金投资品种

除了上面我们已经了解的黄金投资品种以外，黄金投资还有黄金 ETF、黄金期货、黄金期权、黄金股票、黄金基金等。那么这几种投资品种各表示什么含义呢？如表 9-3 所示。

表 9-3　几种黄金投资品种的含义

品　种	含　义
黄金 ETF	黄金 ETF 是指一种以黄金为基础资产，追踪现货黄金价格波动的金融衍生产品。在我国投资黄金 ETF 的投资者比较少，而在国外投资该品种的投资者比较多
黄金期货	以黄金为标的物，在未来黄金市场某一时间的黄金价格作为交割的价格的期货合约
黄金期权	以黄金为标的物，买卖双方在未来约定的某一价位具有购买一定数量标的的权利
黄金股票	股票市场中的一个板块，是黄金投资的延伸产品，是由黄金公司向社会公开发行的上市或不上市的股票
黄金基金	黄金基金又称为黄金共同基金，投资者出资认购以后，由基金公司进行具体投资操作，是专门以黄金或黄金类衍生交易品种作为投资标的的一种共同基金

9.2 几种白银投资的种类

白银投资和黄金投资都属于贵金属投资，它们两者有相似的地方也有不同的地方，从投资的种类上黄金和白银的分类大致相同，可以分为如图 9-5 所示的几类。

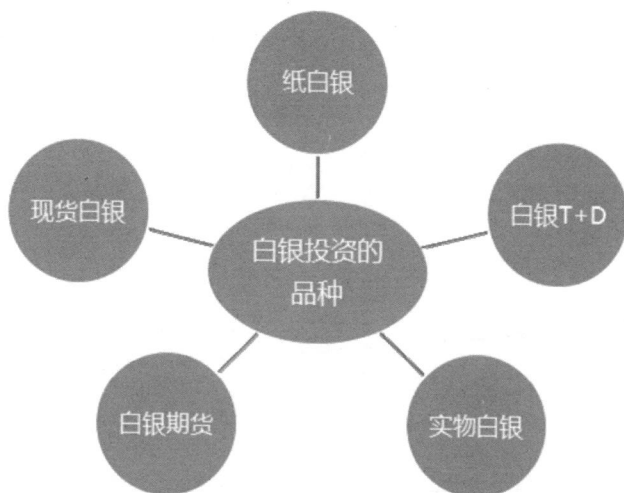

图 9-5 白银投资的品种

虽然黄金和白银都属于贵金属投资，并且两者的品种分类也类似，但是在投资的过程中还是有区别的。而市场上的投资者更倾向于投资黄金,对于白银投资关注的人相对较少，通过两者之间的比较可以看出黄金和白银投资的区别，如图 9-6 所示。

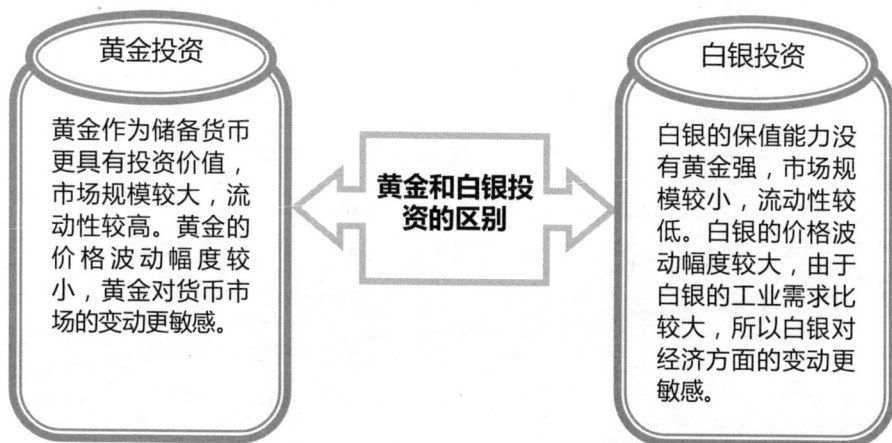

黄金投资

黄金作为储备货币更具有投资价值，市场规模较大，流动性较高。黄金的价格波动幅度较小，黄金对货币市场的变动更敏感。

黄金和白银投资的区别

白银投资

白银的保值能力没有黄金强，市场规模较小，流动性较低。白银的价格波动幅度较大，由于白银的工业需求比较大，所以白银对经济方面的变动更敏感。

图 9-6 黄金和白银投资的区别

9.3 如何进行黄金投资

了解了不同的黄金投资品种后，投资者就可以选择适合的投资品种进行投资了。不同的黄金品种投资的方式是不一样的，因此在进行黄金投资时也要根据不同的投资品种来确定投资方式。

9.3.1 怎样进行实物黄金投资

我们已经知道实物黄金投资的品种是多种多样的，而大多数投资者比较容易涉及的是金币、金条、黄金饰品，接下来我们就来看看这3种投资品种应该怎样投资。

1. 金币投资

金币有流通型金币和收藏型金币，在我国发行的具有投资价值的金币是熊猫金币，它是中国人民银行于1992年开始发行的一款系列金币。具有收藏价值的金币一般是以某一题材为主，比如奥运、生肖、建国大庆等。

我国发行的熊猫金币有5种规格，分别为1/20盎司、1/10盎司、1/4盎司、1/2盎司、1盎司，对应的面值为20元、50元、100元、200元、500元。投资我国的熊猫金币具有如图9-7所示的优势。

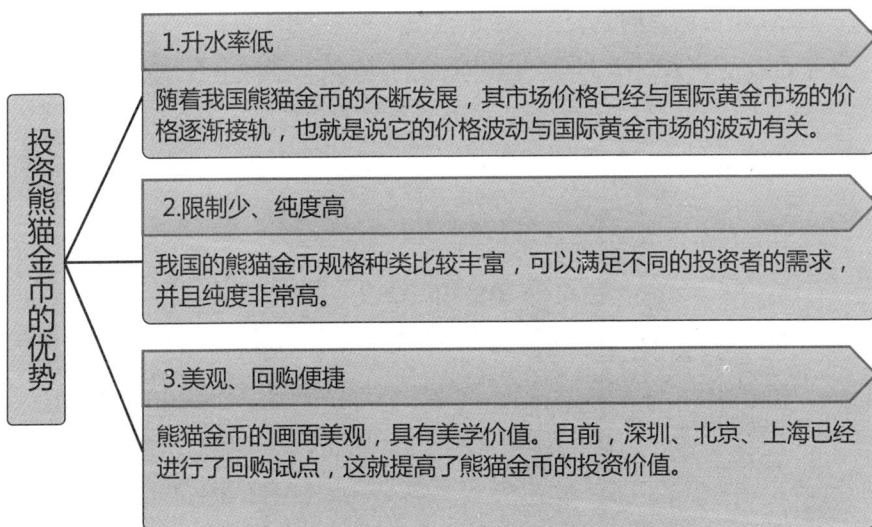

投资熊猫金币的优势

1.升水率低

随着我国熊猫金币的不断发展，其市场价格已经与国际黄金市场的价格逐渐接轨，也就是说它的价格波动与国际黄金市场的波动有关。

2.限制少、纯度高

我国的熊猫金币规格种类比较丰富，可以满足不同的投资者的需求，并且纯度非常高。

3.美观、回购便捷

熊猫金币的画面美观，具有美学价值。目前，深圳、北京、上海已经进行了回购试点，这就提高了熊猫金币的投资价值。

图9-7 投资熊猫金币的优势

在不同的时期我国会发行不同的收藏型金币，一般是限量发行，因此具有纪念价值和投资价值。我国发行的纪念型金币比较多，有中国版图纪念金币、西藏自治区成立50周年纪念金币、2015中国乙未(羊)年纪念金币等。

投资者要购买金币进行投资，有6种渠道可以选择，如图9-8所示。

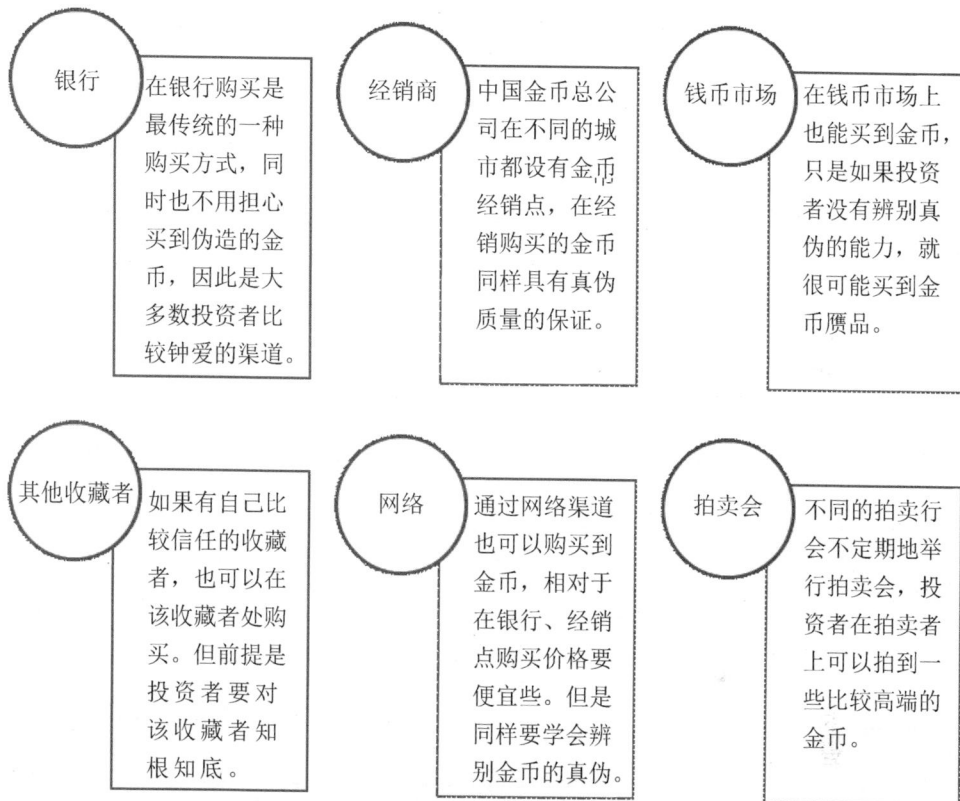

银行	在银行购买是最传统的一种购买方式，同时也不用担心买到伪造的金币，因此是大多数投资者比较钟爱的渠道。
经销商	中国金币总公司在不同的城市都设有金币经销点，在经销购买的金币同样具有真伪质量的保证。
钱币市场	在钱币市场上也能买到金币，只是如果投资者没有辨别真伪的能力，就很可能买到金币赝品。
其他收藏者	如果有自己比较信任的收藏者，也可以在该收藏者处购买。但前提是投资者要对该收藏者知根知底。
网络	通过网络渠道也可以购买到金币，相对于在银行、经销点购买价格要便宜些。但是同样要学会辨别金币的真伪。
拍卖会	不同的拍卖行会不定期地举行拍卖会，投资者在拍卖者上可以拍到一些比较高端的金币。

图9-8　购买金币的6种渠道

我们经常在媒体上看到关于投资者购买到赝品的报道，这使得很多投资者对金币投资望而却步，害怕自己也买到赝品。投资者的这种担心是很有必要的，市场上确实存在很多伪造的金币。而投资者一旦上当受骗就会造成经济损失，同时也意味着投资者此次投资的失败。

在上面的6种投资方式中，投资者如果在银行和经销点购买金币，可以不用担心买到赝品或者伪品，因为银行和经销点都是正规的金币销售机构。

而如果是在网络、钱币市场、其他收藏者处进行购买就有可能买到赝品，为了避免买到赝品造成损失，投资者就要学会辨别真伪。下面我们就一起来看看如何避免购买到假的金币，如图9-9所示。

1. 购买前提前查看

- 投资者在决定购买某成套的金币时就要提前查看该金币是否是已经发行的金币。如果该金币没有相关公告表示已经发行，那么必定是假币；如果有相关公告表明该金币已经发行了。投资者要仔细地对比图案，如果图案和公告的不同，那么也一定有假币。

2. 多了解

- 投资者之所以买到假币有一部分原因是自身对金币缺乏了解。平时可以多看真币，培养鉴别的感觉，慢慢积累鉴别真伪的能力。在鉴别的时候多看金币的细节之处，长此以往，投资者凭第一感觉就能辨别假币。如果再仔细观察图案、设计等就会发现不同之处。

3. 不能贪图便宜

- 有些投资者在购买金币时贪图便宜，这样很容易买到假币。而许多不发分子也正是利用了投资者想要以低价购买金币的心理，使得投资者上当受骗。因此投资者最好在正规的渠道购买，特别是没有辨别真伪能力的投资者，宁可贵点也不买所谓的"便宜货"。

4. 网购要小心

- 在网上购买金币的投资者也是很多的，在网上购买要注意看网店的资质、评论。尽量选择知名度更高的网店购买，这样会更有保障。在网上购买金币因为无法看到实物，所以一定要更加小心。

5. 多请教

- 关于金币不懂的问题，投资者可以向其他资深的投资者进行请教。遇到自己无法辨别真伪的金币，也可以让其他投资者帮忙鉴别。多请教也可以让自己更多的积累金币相关的知识，提高自己的认知能力和鉴别能力。

图 9-9　如何避免买到假币

2. 金条投资

金条投资对于稳健型的长期投资者来说是一个不错的投资品种，既有保值的功能又具有抗通货膨胀的能力，同时不需要花太多的精力去紧盯价格走向，因此受到了很多投资者的追捧。

投资者购买金条的渠道也是很多的，主要有如图 9-10 所示的几种。

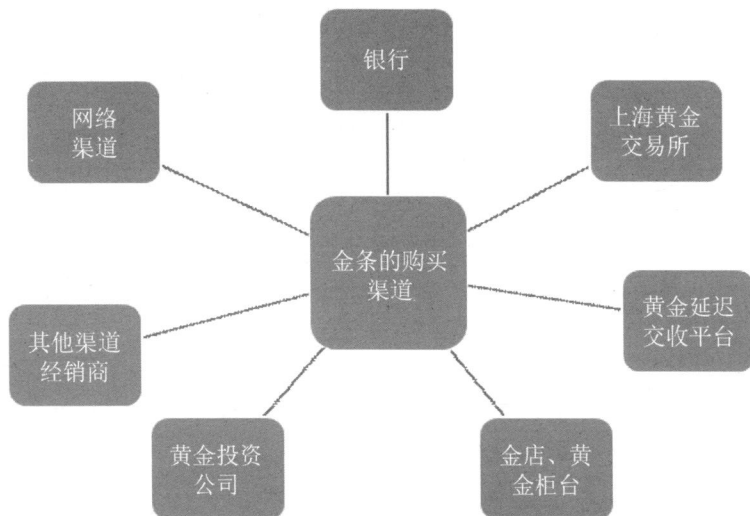

图 9-10　金条的购买渠道

　　购买金条最可靠的渠道是在银行和上海黄金交易所购买，金店、网上购买也是一个不错的购买渠道，但一定要选择知名、有资质的店铺。一般来说在金店购买比直接在金交所购买的价格高。这是因为金店会加上店铺的营业成本、金条运输成本等，并且金店为了盈利也会把价格调高。如果在银行购买金条，投资者首先需要办理黄金账户卡，不同的银行对办理黄金账户卡所收取的费用不同。

　　不同的银行也会发行不同规格的金条，比如工商银行发行的如意金•金条，就有 20g、50g、100g、200g、500g、1000g 等规格。

　　银行购买金条需要经过一定的流程，如图 9-11 所示。

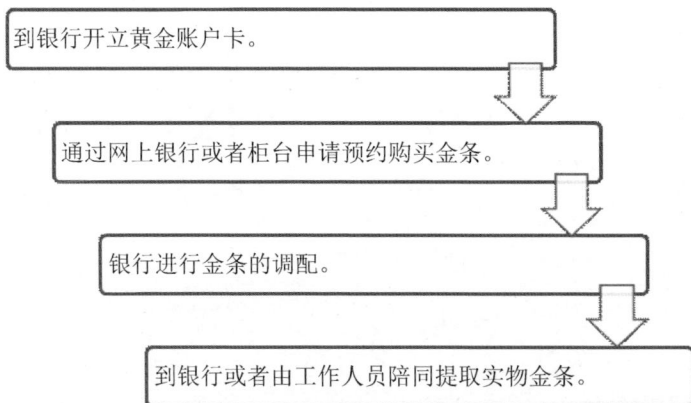

图 9-11　银行购买金条的流程

【知识拓展】银行购买金条的时间限制

> 在银行购买金条是有时间限制的，并不是所有时间段都可以购买。银行规定个人实物黄金交易时间分为三段：周一至周五的上午 10:00~11:30；下午 13:30~15:30；夜间 21:00~02:30，另外周五晚上不能购买。

在购买金条时投资者要注意，在银行购买金条都需要预约，不同的银行规定的预约时间是不同的。比如工商银行需要提前 10 个工作日申请，华夏银行需要提前 3 个工作日申请。

目前，通过其他网络渠道也能购买到金条。只不过在选择平台的时候要选择正规的平台，我们以淘宝网为例看看怎样购买金条。

【实战案例】通过网络渠道购买金条

Step01 首先，进入淘宝网官方网站(http://www.taobao.com/)，在首页的搜索框中输入"投资金条"，单击"搜索"按钮，如图 9-12 所示。

图 9-12　在淘宝网搜索投资金条

Step02 在打开的页面中可以看到不同店铺正在出售的金条产品。选择要购买的金条产品，比如单击浦发银行旗舰店出售的金条的超链接，如图 9-13 所示。

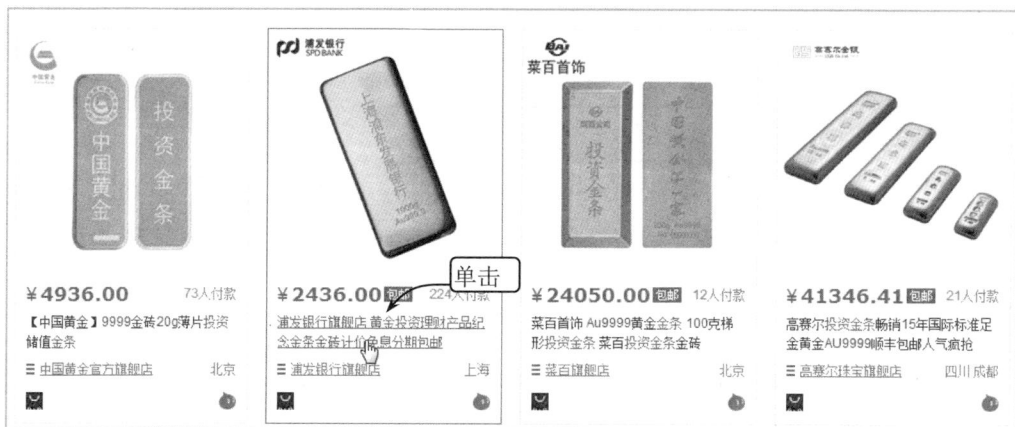

图 9-13　不同店铺出售的金条产品

Step03 在网上购买金条，有些信息是必须要阅读的。在打开的页面中查看该金条的商

品详情，从商品详情里可以看到该金条的货号、重量、用途等。如果要查看购买了该金条的投资者对该金条的评价，可以单击"累计评价"选项进行查看，如图9-14所示。

图9-14 查看累计评价

Step04 对金条有初步的了解以后，就可以进行购买了。在"重量"选项栏中，单击要购买的金条的重量。比如单击"100g"按钮，并输入购买数量，单击"立刻购买"按钮，如图9-15所示。

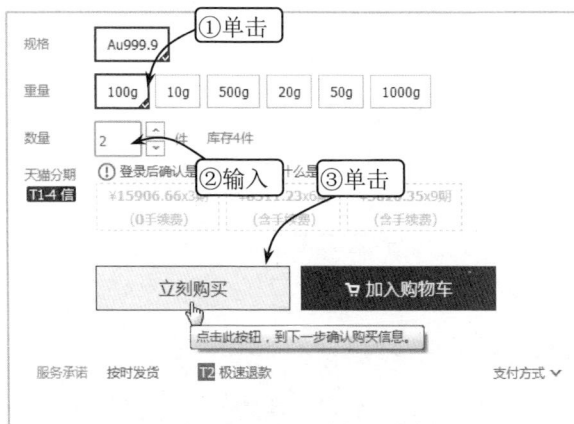

图9-15 选择购买信息

Step05 在弹出的页面中输入个人淘宝账号密码，单击"确认"按钮，以登录个人淘宝账号。登录个人淘宝账号以后，在打开的页面中选择收货地址，如图9-16所示。

Step06 确认订单信息后，单击"提交订单"按钮，在打开的页面中选择要付款的银行单选按钮，单击"下一步"按钮，如图9-17所示。

图 9-16　选择收货地址

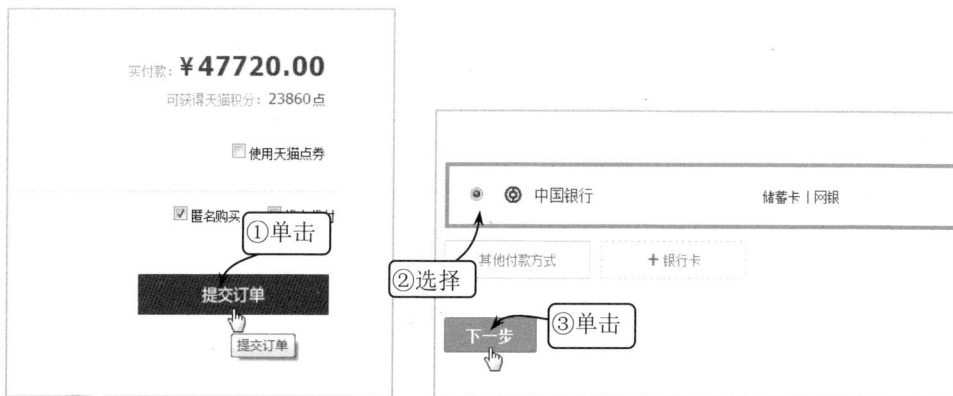

图 9-17　选择付款银行

Step07　在打开的页面中输入支付宝支付密码，单击"确认付款"按钮，完成支付后就可成功购买到金条，如图 9-18 所示。

图 9-18　确认付款

除了在淘宝网上可以购买金条外，在京东商城、当当网以及一些金店的官方网站等其他平台上同样可以购买金条，投资者可以根据个人的习惯选择平台。

3)　黄金饰品投资

黄金饰品一般都是在金店购买，市场上的金店也是很多的。黄金饰品也存在真假，在购买黄金饰品时也要注意一些重要的事项，同时掌握一些鉴定真伪的方法，具体如图9-19所示。

图 9-19　鉴定黄金饰品真伪的方法

9.3.2　怎样进行纸黄金投资

纸黄金是银行提供的贵金属投资业务，纸黄金的购买方式是多种多样的。在购买之前需要开通个人贵金属账户。个人贵金属账户的开户方式有两种，一种是柜面开通，另一种是通过电子银行开通。

在柜面开通需要投资者携带个人身份有效证件以及银行卡到银行网点，填写个人账户贵金属开销户申请书，签字确认后即可办理开通。通过电子银行开通可通过银行提供的网上银行或手机银行等方式自助办理。

不同的银行提供了不同的纸黄金购买方式，我们以工商银行为例看看具体的操作流程是怎样的。如果通过工商银行的电话银行进行交易，具体的操作步骤如图9-20所示。

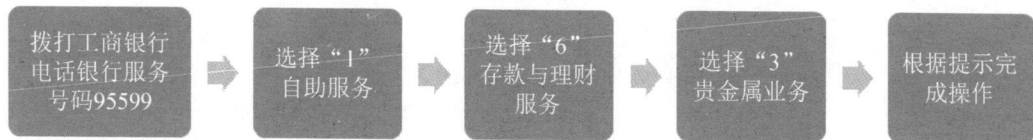

图 9-20　通过工商银行电话银行进行交易

如果要通过工商银行的手机银行进行交易，则需要开通工商银行手机银行业务，并在手机上下载安装工商银行的手机银行，安装完成后进行如图9-21所示的操作。

如果是通过工商银行网上银行进行交易，需要投资者的银行卡开通了网上银行。登录个人网上银行后，进行如图9-22所示的操作。

图 9-21　通过工商银行手机银行进行交易

图 9-22　通过工商银行网上银行进行交易

通过以上几种方式进行纸黄金的交易都需要投资者开通银行的账户贵金属账户，我们已经知道了在工商银行进行账户贵金属的开户有两种方式。

如果投资者有足够的时间，可以选择在银行网点进行开户，如果投资者没有足够的时间并且银行卡开通了网上银行功能，就可以在网上银行进行开户了。接下来我们就来看看怎样通过工商银行的网上银行完成账户贵金属账户的开户。

【实战案例】通过网上银行进行纸黄金账户的开户

Step01 进入工商银行官方网站(http://www.icbc.com.cn/)，登录个人网上银行标准版，在首页单击"网上贵金属"超链接，在打开的页面右侧单击"这里"超链接，如图 9-23 所示。

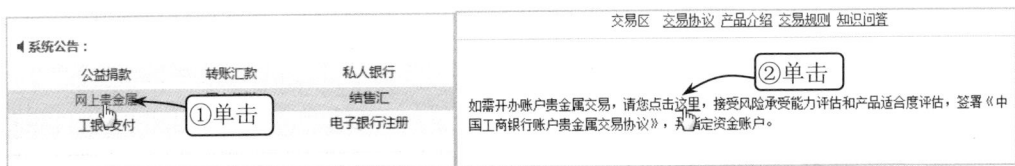

图 9-23　个人网上银行首页

Step02 在打开的页面中，投资者需完成风险承受能力的测试，根据自身情况选中不同的单选按钮，完成所有选项后，单击"提交"按钮，如图 9-24 所示。

Step03 在打开的页面中继续完成其他问题。根据自身情况选中单选按钮，单击"提交"按钮，如图 9-25 所示。

Step04 在打开的页面中阅读中国工商银行账户贵金属交易协议、中国工商银行账户贵金属产品介绍、中国工商银行账户贵金属交易规则，如图 9-26 所示。

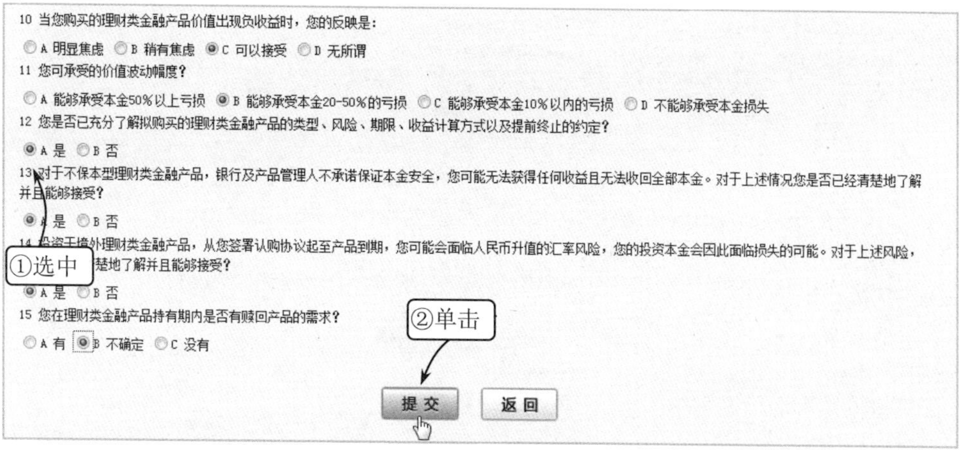

图 9-24　风险承受能力测试

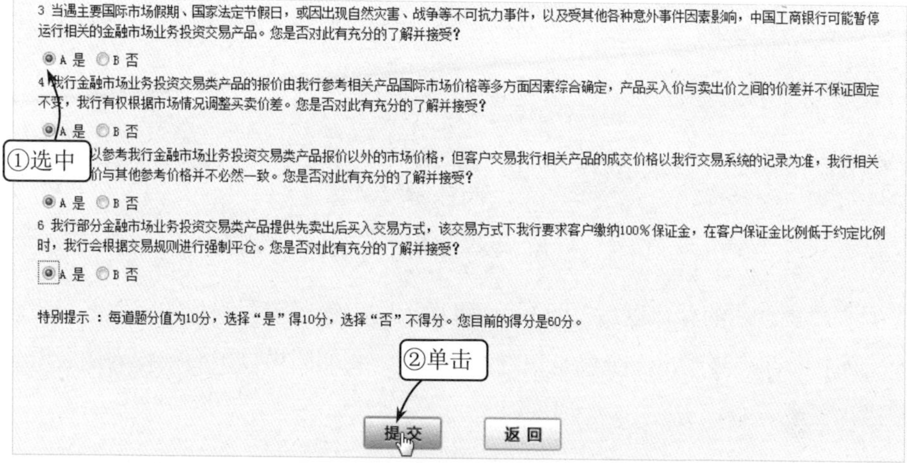

图 9-25　提交问题

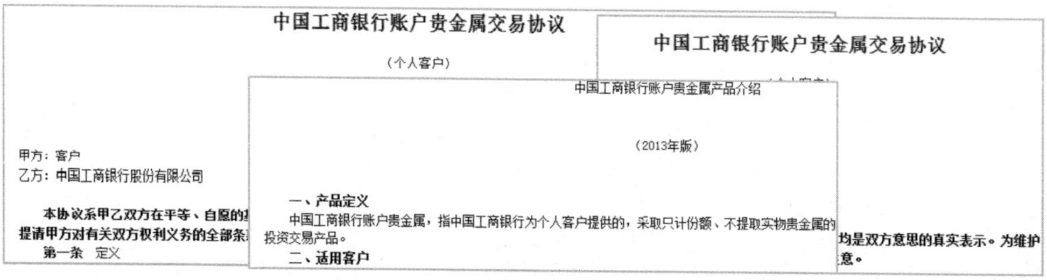

图 9-26　阅读协议

Step05　阅读完成后，选中"本人已充分了解账户贵金属产品的特点及相关风险，认真阅读并承诺遵守"复选框，在下方单击"已阅读并接受"按钮，如图 9-27所示。

图 9-27　接受协议

Step06　在打开的页面中单击"确认"按钮，即可完成账户贵金属交易的开户，如图 9-28 所示。

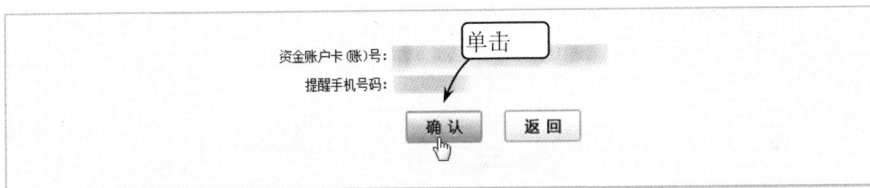

图 9-28　确认开户

　　完成账户贵金属的开户以后，用户就可以通过网上银行购买银行的相关账户贵金属产品。通过网上银行购买账户贵金属是很方便快捷的，我们同样以工商银行为例看看怎样在网上银行购买纸黄金。

🐂 【实战案例】通过网上银行购买纸黄金

Step01　登录工商银行个人网上银行标准版，在首页单击"网上贵金属"超链接，如图 9-29 所示。

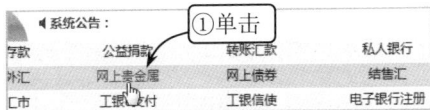

图 9-29　个人网上银行首页

Step02　在打开的页面中选择先买入后卖出或者先卖出后买入，并单击其超链接，比如单击"先买入后卖出"超链接，在页面右侧选中"实时"单选按钮，选择交易品种，输入交易数量，单击"提交"按钮，如图 9-30 所示。

Step03　在打开的页面中单击"确认"按钮，即可完成交易，如图 9-31 所示。

Step04　如果投资者没有太多的精力进行实时交易，那么可以选择进行挂单交易，当挂单的价格可以成交时，系统会自动进行成交。进行挂单交易需在进入交易页面后，选中"挂单"单选按钮，选择挂单方式并选中其单选按钮，比如选中"获利挂单"选项，选择交易品种，输入获利挂单价格和交易数量，选择挂单有效期。如要追加挂单，则输入追加获利挂单价格、止损挂单价格，单击"提交"按钮即可，如图9-32所示。

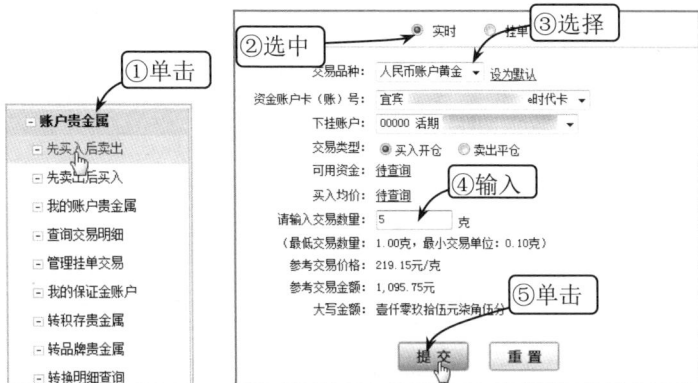

图 9-30　提交买入信息

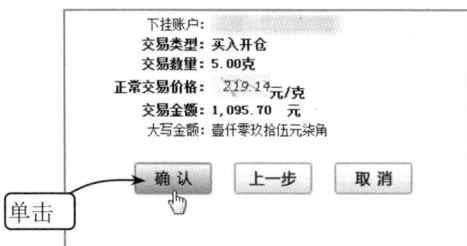

图 9-31　确认信息

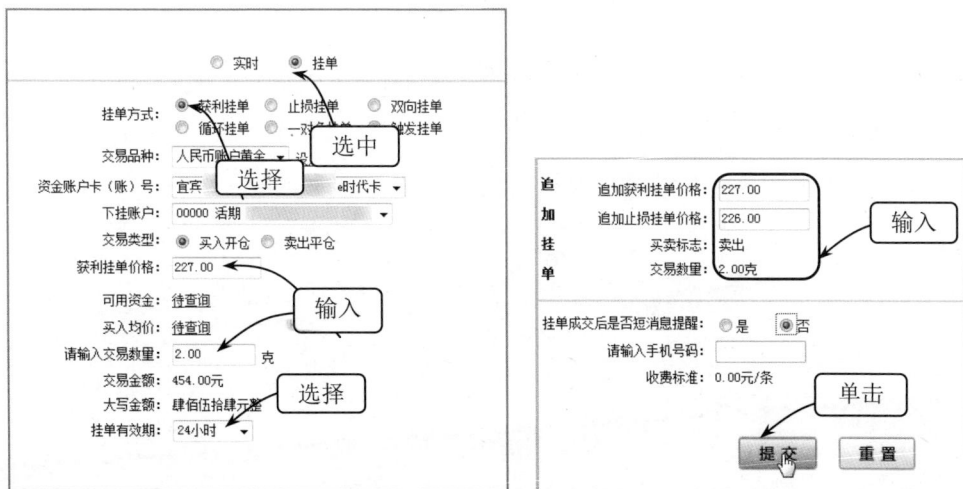

图 9-32　挂单交易详情

在进行账户贵金属实时交易时要注意，交易时间只有 10 秒，如果 10 秒内没有完成交易，则需要重新提交。

【知识拓展】账户贵金属挂单交易的时间期限

> 账户贵金属进行挂单交易有有效期的限制，投资者可以选择的有效期为 24 小时、48 小时、72 小时、96 小时、120 小时、当天有效、30 天。

如果投资者每月都有投资计划，可以进行账户贵金属定投。这种投资方式适合有长期投资计划，而没有太多精力管理自己的投资资金的投资者。通过个人网上银行可以快速完成账户贵金属的定投。

我们以工商银行网上银行为例，看看怎样完成账户贵金属的定投。

【实战案例】通过网上银行进行账户贵金属定投

Step01 登录工商银行个人网上银行标准版，进入网上贵金属页面，在左侧选择"账户贵金属定投"选项，在弹出的页面中单击"设置账户贵金属定投"超链接，如图 9-33 所示。

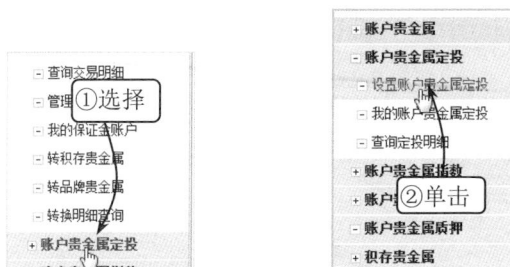

图 9-33　网上贵金属页面

Step02 在打开的页面中选择定投品种，输入每期计划定投数量，选中"月"定投周期按钮，选择每期定投日、定投期限，单击"提交"按钮即可，如图 9-34 所示。

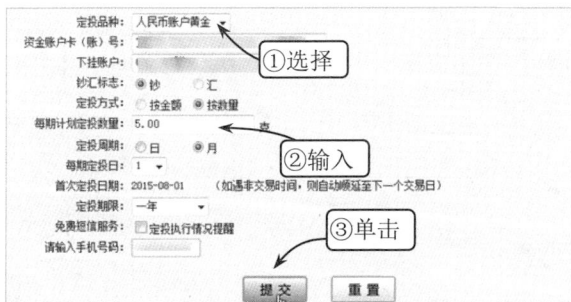

图 9-34　提交定投信息

9.3.3　怎样进行黄金 T+D 投资

　　进行黄金 T+D 投资之前，需要开立投资账户。开立黄金 T+D 账户有两种渠道，一种是通过商业银行，另一种是通过其他代理机构。投资者可以在商业银行柜台办理，也可以通过网上银行办理。

　　如果投资者的银行卡开通了网上银行，那么在网上银行完成开户是最快捷的。因为不同银行的网上银行操作页面不同，我们以工商银行网上银行为例，如图 9-35 所示。

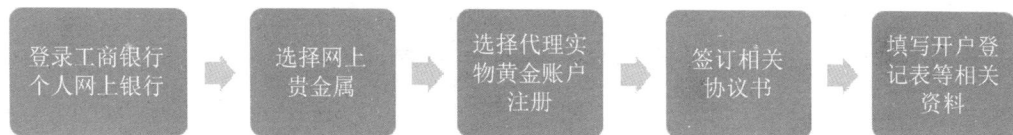

图 9-35　工商银行开立黄金 T+D 投资账户

　　银行把黄金 T+D 称为代理实物贵金属递延，这是因为银行实际上也是代理的金交所的业务。在银行开户成功以后并不能马上进行交易，还需要在 2 个工作日以后，再次登录个人网上银行，签订递延协议并完成个人风险测评以后才能进行交易。

　　通过其他代理机构进行开户时要注意选择正规的机构，我们以中国黄金投资网为例，看看怎样完成开户。

【实战案例】在中国黄金投资网上开户

Step01　登录中国黄金投资网官方网站(http://www.cngold.org/)，在首页单击"实盘开户"超链接，如图 9-36 所示。

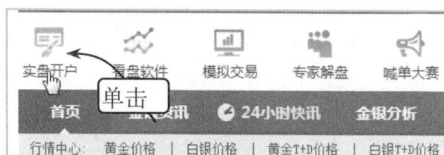

图 9-36　中国黄金投资网首页

Step02　在打开的页面中填写姓名、手机号码、QQ 号码、邮箱，选中"T+D"单选按钮，单击"免费获取校验码"按钮，并输入发送到手机上的校验码，单击"免费申请"按钮，如图 9-37 所示。

　　填写个人信息后，会有相关工作人员联系你，帮助完成后续的开户程序。开户成功以后就可以进行黄金 T+D 的买卖。在进行黄金 T+D 交易时要注意，上海黄金交易所对黄金 T+D 的交易制度有明确的规定，如表 9-4 所示。

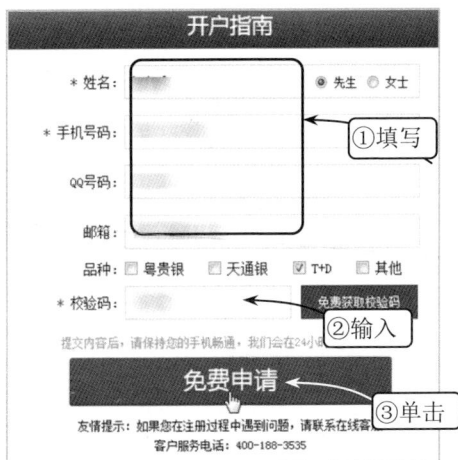

图 9-37　开户指南

表 9-4　黄金 T+D 交易制度

交易制度	含　义
报价单位	合约的交易报价单位为人民币元/克，最小变动价格为 0.01 元人民币，最小交易单位为 1 手，每手代表的实物标准重量为 1 千克，最小实物交收量为 1 手
收盘价的确定	为合约收盘前最后五笔成交的加权平均价
申报制度	采用实物交收申报制度(简称交收申报)，在每日的交收申报时段，多头持仓可进行收货申报、空头持仓可进行交货申报。交收申报成功，在当日清算时完成资金和实物的过户
延期费的支付方向	延期费的支付方向根据交收申报数量对比确定。当交货申报量小于收货申报量时，空头持仓向多头持仓支付延期费；当交货申报量大于收货申报量时，多头持仓向空头持仓支付延期费；当交货申报量等于收货申报量时，不发生延期费支付
开盘价的确定	开盘价为合约开盘集合竞价产生的成交价格，开盘集合竞价未产生成交价格的，以集合竞价后的第一笔成交价作为开盘价
结算价的确定	当日无成交价格的，以上一交易日的结算价作为当日结算价。结算价是进行当日持仓盈亏结算和制定下一交易日涨跌停板的基准价
集合竞价制度	开盘集合竞价在每个交易日开市前 10 分钟内进行，其中前 9 分钟为买卖指令申报时间，后 1 分钟为集合竞价撮合时间

交易制度	含　义
最低成交量原则	集合竞价采用最大成交量原则。高于集合竞价产生价格的买入申报全部成交；低于集合竞价产生价格的卖出申报全部成交；等于集合竞价产生价格的买入或卖出申报，根据买入申报量和卖出申报量的多少，按少的一方申报量成交
报价的有效期	投资者的报价在一个交易日内一直有效，直到该报价全部成交或被撤销。报价未全部成交前，可以下达撤单指令撤销报价

9.3.4　怎样进行现货黄金投资

目前，我国规定现货黄金的投资者需是 18～60 岁的中国公民，并且须有 2 年以上相关的投资经验，也就是说初入黄金市场的投资者是不能进行现货黄金的投资的。这也是为了保证投资者的利益，因为现货黄金的投资风险很大，普通的投资者没有一定的经验，投资失败的可能性很大，并且有可能无法承受损失。

投资现货黄金仍然需要开立投资账户，市场上有很多做现货的投资机构，投资者可以在其官方网站上进行开户。开户前投资者需要准备好个人身份证件的扫描件，以及个人影像扫描件。不同机构的平台开户的流程有一定的差别，但是一般都要经历，如图 9-38 所示的程序。

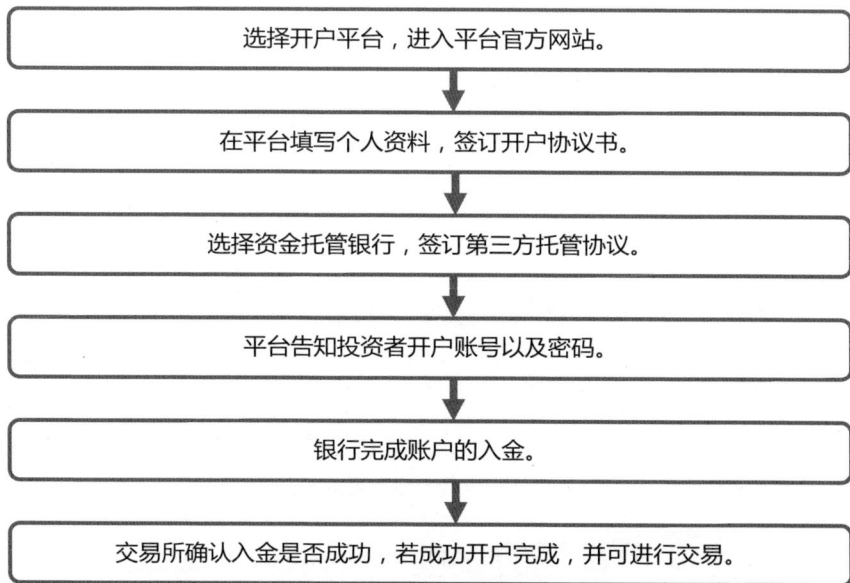

选择开户平台，进入平台官方网站。

在平台填写个人资料，签订开户协议书。

选择资金托管银行，签订第三方托管协议。

平台告知投资者开户账号以及密码。

银行完成账户的入金。

交易所确认入金是否成功，若成功开户完成，并可进行交易。

图 9-38　开立现货黄金投资账户的流程

开户完成后，投资者可以下载平台的交易软件进行现货黄金的交易。市场上的现货机构是良莠不齐的，因此投资者一定要在正规的平台进行开户。要注意了解该平台是否是正规的代理商、是否有监管机构对其进行监管等。

【知识拓展】现货黄金交易的报价

现货黄金是全球市场的交易，因此它的交易报价不是以人民币进行报价，而是以美元进行报价。投资者在进行现货黄金交易时需要将人民币转换为美元后才能进行交易。

9.4 黄金投资的技巧

黄金投资的品种是多种多样的，因此不同的投资者要根据自身的情况选择适合自己的投资品种。不管是金币投资、金条投资还是纸黄金投资都需要投资者在投资的过程中掌握一定的技巧。投资经验都是一点点积累起来的，对于初入黄金市场的投资者来说，可以学习其他投资者的经验，从而帮助自己在投资中获利。

9.4.1 实物黄金的保管方法

实物黄金适合稳健型的长期投资者，因其是实物，所以保管就成了一个比较重要的问题。实物黄金的保管方式有两种，一种是委托银行进行保管，另一种是自行保管。委托银行保管需要缴纳一定的费用。自行保管就需要注意如图9-39所示的事项。

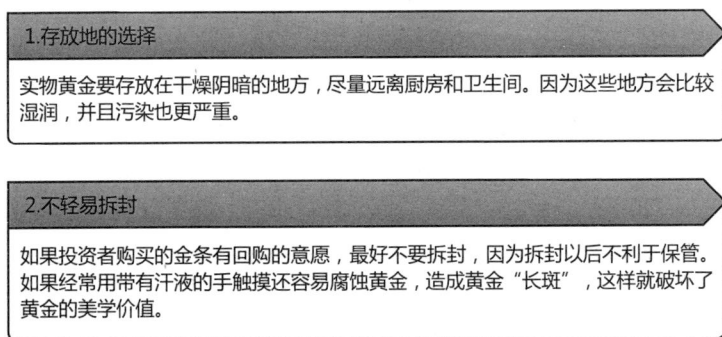

1.存放地的选择

实物黄金要存放在干燥阴暗的地方，尽量远离厨房和卫生间。因为这些地方会比较湿润，并且污染也更严重。

2.不轻易拆封

如果投资者购买的金条有回购的意愿，最好不要拆封，因为拆封以后不利于保管。如果经常用带有汗液的手触摸还容易腐蚀黄金，造成黄金"长斑"，这样就破坏了黄金的美学价值。

图9-39 保管实物黄金的方法

9.4.2 避免纪念币投资的误区

有收藏爱好的投资者，常常会选择纪念币进行投资。纪念币反映了一定时期我国文化、经济等方面的动态。不同的投资者对纪念币的理解不同，因此有些投资者在投资过程中容易陷入一些误区，如图 9-40 所示。

买发行量多的纪念币	物以稀为贵，纪念币发行的多少在一定程度上会影响纪念币的价值。从市场整体的价格来看，某一题材的纪念币越少价格越高，反之越低。
买没有特色的纪念币	纪念币的发行与某一题材有关，如果该纪念币的题材本身不具备特色，那么该纪念币也不会有太少人关注，因此价格也不会太高。
买品相不佳的纪念币	不同品相的纪念币价格是不同的，品相不佳的纪念币价格不会太高，其升值空间也不会太大。对于有投资需求的人来说，这样的纪念币的投资价值也不高。

图 9-40 纪念币的投资误区

9.4.3 纸黄金的投资技巧

纸黄金的价格是随时在变动的，投资者要想在进行纸黄金的投资中获利，就要学会分析纸黄金的价格走势图。查看纸黄金的价格走势的方法有很多种，可以登录银行官方网站进行查看，也可以在其他财经网站上查看。

【实战案例】在银行官方网站查看纸黄金行情

Step01 以工商银行为例，进入工商银行官方网站(http://www.icbc.com.cn/icbc/)，在首页"个人业务"选项中单击"贵金属"超链接，如图 9-41 所示。

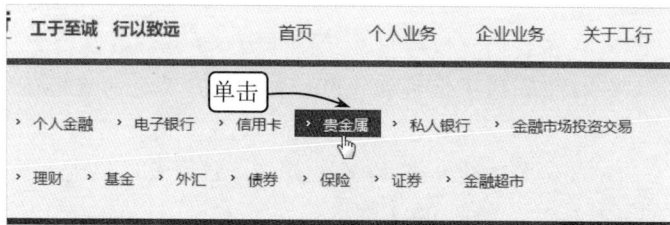

图 9-41 工商银行官网首页

Step02 在打开的页面中单击"贵金属行情"超链接，进入行情报价页面后，用户可以查看到不同的贵金属品种的涨跌方向、银行买入价、银行卖出价等，单击走势图超链接还可以查看相应的品种的走势情况，比如单击人民币账户黄金的"走势图"超链接，如图 9-42 所示。

图 9-42　查看黄金走势情况

Step03 在打开的页面中用户可以看到目前人民币账户黄金的分时图，如果要查看日
K、周K、月K等，单击其按钮即可，比如单击"日K"按钮，如图 9-43 所示。

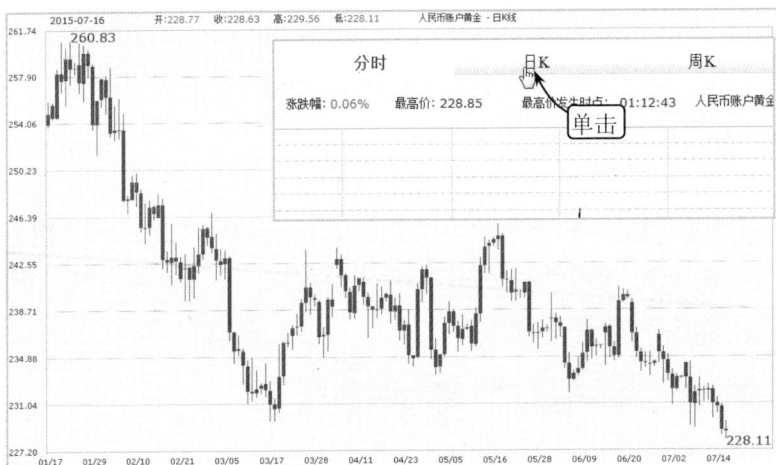

图 9-43　日K线图

从图 9-43 的日K线图我们可以看出，2015 年 1～7 月，最高价为 260.83 元，最低
价为 228.11 元，从整体的K线图上可以看出人民币账户黄金的价格在这 6 个月时间段
中一直处于下跌状态中。如果投资者在 1 月以 260 元左右的价格买入，持有到 7 月左右
将造成 12.3%左右的亏损。而从图 9-43 的K线图中，我们可以看到人民币黄金价格在 1
月份有一个明显的下跌信号，如图 9-44 所示。

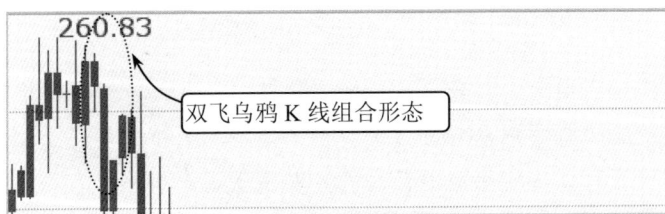

图 9-44　人民币黄金K线图

从图 9-44 我们可以看出双飞乌鸦 K 线组合形态，第一根阴线呈现出向上跳的形式，但仍以阴线报收，第二根阴线也是跳空高开，并且实体较长。纸黄金的 K 线组合没有股票的 K 线组合形态那么复杂，在分析时也会较为简单，因此掌握一些常见的 K 线组合形态是很有必要的。

9.4.4 黄金定投的技巧

黄金定投是每月以固定的资金进行黄金投入，在网上银行进行黄金定投有两种方式，一种是按金额定投，另一种是按数量定投。投资者进行黄金定投需要掌握，如图 9-45 所示的技巧。

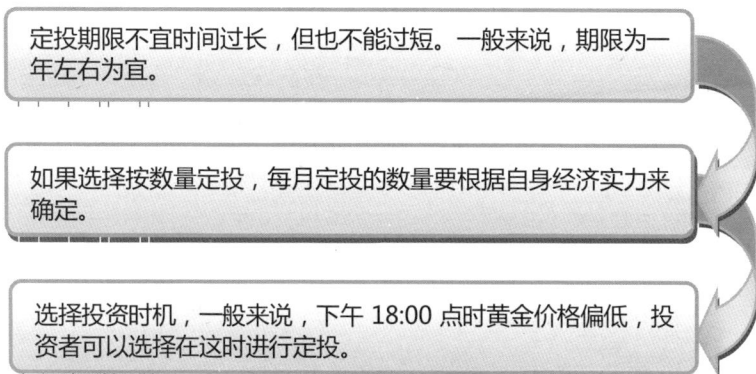

定投期限不宜时间过长，但也不能过短。一般来说，期限为一年左右为宜。

如果选择按数量定投，每月定投的数量要根据自身经济实力来确定。

选择投资时机，一般来说，下午 18:00 点时黄金价格偏低，投资者可以选择在这时进行定投。

图 9-45　黄金定投的技巧

Chapter 10

值得托付的理财产品
——信托

　　信托是一种信用委托的方式，它也是一种理财的方式。目前，我国的信托规模已达到 12.48 万亿元。信托的出现拓宽了投资者的投资渠道，同时也促进了金融体系的发展和完善。

本章要点

◇　信托的含义及术语　　　　　◇　信托的转让和受让

◇　信托的分类　　　　　　　　◇　如何选择信托产品

◇　哪些人适合投资信托　　　　◇　防范信托投资风险

◇　信托的投资品种　　　　　　◇　认真对待信托合同

◇　信托的购买流程

10.1　走进信托市场

现代信托的形成，使得信托成为一种商业行为。由于市场上对信托的需求，逐渐形成了信托市场。信托市场与资本市场、货币市场、保险市场一起构成了现代金融市场。

10.1.1　信托的含义及术语

信托是指委托人基于对受托人的信任，将其财产权委托给受托人，由受托人按委托人的意愿，以自己的名义为受益人的利益或为特定目的，进行管理或者处分的行为。信托的主体是由 3 方构成的，包括委托人、受托人、受益人，这三者扮演着不同的角色，如图 10-1 所示。

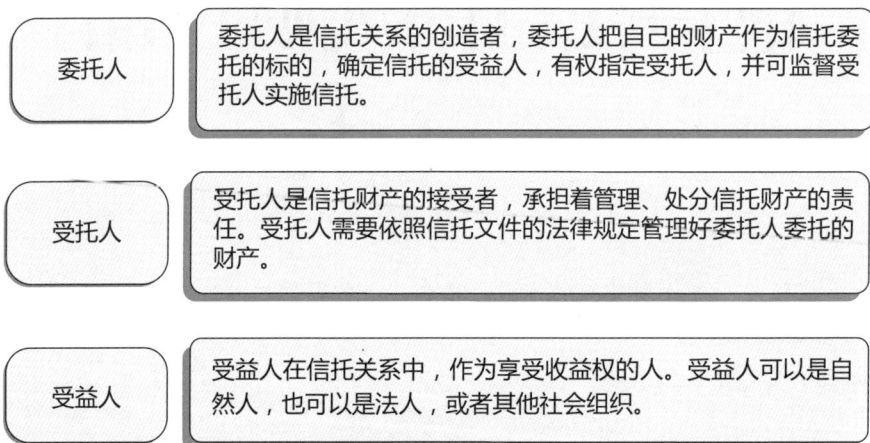

委托人	委托人是信托关系的创造者，委托人把自己的财产作为信托委托的标的，确定信托的受益人，有权指定受托人，并可监督受托人实施信托。
受托人	受托人是信托财产的接受者，承担着管理、处分信托财产的责任。受托人需要依照信托文件的法律规定管理好委托人委托的财产。
受益人	受益人在信托关系中，作为享受收益权的人。受益人可以是自然人，也可以是法人，或者其他社会组织。

图 10-1　信托的主体

设立信托有 3 种方式：一是采取书面形式；二是采取口头形式；三是采取声明形式。在我国信托以书面的形式确立，在确立信托关系时，委托人提供的信托财产需满足合法性、确立性、积极性、流动性 4 个条件。

合法性是指信托财产必须是委托人合法持有的财产，比如盗取的财产不能作为信托财产。

确立性是指信托财产必须是现实存在的，并且可以确立的财产，比如委托确定在未来能够取得某笔财产，这种预期未来可取得的财产是不能作为信托财产的，当委托人真正取得该笔财产时，该笔财产才可以作为信托财产。

积极性是指信托财产必须是积极财产，如果委托人因设立信托而导致负债，这种委托无效。

　　流动性是指信托财产应该是可以转让和流动的财产。

　　在信托投资中，有些常见的信托术语如表 10-1 所示。

表 10-1　常见信托术语

名　称	含　义
信托行为	委托人和受托人双方签订合同或协议行为，另外委托人立下的遗嘱同样属于信托行为
信托财产	委托人在设立信托时提供的财产
收益权证书	证明受益权存在的证明文件
信托报酬	受托人为委托人办理信托时取得的报酬
信托责任	受托人为委托人管理财产的责任
信托目的	委托人设立信托所要达到的目的

　　对于信托行为，我国法律有明确规定，即禁止违法信托、欺诈信托、诉讼信托。违法信托是指违反了相关法律法规的信托行为。欺诈信托是指委托人以欺诈债权人为目的而设立的信托。诉讼信托是指委托人以诉讼或者讨债为目的设立的信托。信托作为一种投资理财的方式有着自身的优势，如图 10-2 所示。

1　信托具有法律上的独立性，已经设立信托关系的财产应与委托人的其他财产分开，信托财产不能归入委托人的固有财产中。

2　信托财产的所有权、管理权、受益权相分离。信托财产是由受托人进行管理，收益人可以为委托人本人也可以是其他人。

3　信托的投资领域是很广泛的，包括基础设施、房地产、工商企业等，还可以投资于债券市场、货币市场等。

4　信托财产具有多元化的特征，委托人对信托财产进行管理时，信托财产的形态可能会发生变化，由一种形态变化为另一种形态。

图 10-2　信托投资的优势

10.1.2　信托的分类

　　信托的分类是多种多样的，按照不同的分类标准可以把信托分为不同的种类。可以按照信托目的、委托人、受益人、信托设立方式、信托行为确立方式、受托人等进行分类，如表 10-2 所示。

表 10-2　信托的分类

分类标准	种　类	含　义
按信托目的的不同分类	担保信托	担保信托是指为保障信托财产的安全，保护受托人的合法权益为目的而设立的信托
	管理信托	管理信托是指以保证信托财产的完整性，保护信托财产的现状为目的而设立的信托
	处理信托	处理信托是指改变信托财产的性质、原状以实现财产增值为目的而设立的信托
	管理和处理信托	管理和处理信托是指受托人先管理信托财产，最后再处理信托财产
根据委托人的不同分类	个人信托	个人信托是指以个人名义设立的信托，由于个人有着生命期限的限制，因此个人信托又可分为个人生前信托和个人身后信托。生前信托在委托人生前就可生效并可延续到生后，身后信托在委托人去世后才生效
	法人信托	法人信托是指以企业、社会团体名义设立的信托。法人信托的设立大多与企业或社会团体的经营活动有关
	个人与法人通用的信托	个人与法人通用的信托适用于个人和法人，比如不动产信托、公益信托等
按受益人的不同分类	自益信托	自益信托的受益人是委托人自己，设立信托的目的主要是为了自己的利益
	他益信托	他益信托的受益人是委托人指定的第三人，委托人自己不能享受信托带来的利益，而是由第三人享受，比如身后信托
	私益信托	私益信托的受益人是委托人特定的，比如公司为在职员工设立的信托，这种信托表现为委托人与受益人之间有某种经济利害关系
	公益信托	公益信托又称为慈善信托，受益人不确定，设立信托的目的是为了促进社会公益事业的发展、社会的和谐进步等

续表

分类标准	种 类	含 义
按信托设立方式的不同分类	合同信托	委托人以书面合同的形式设立的信托，在我国多以这种方式设立
	遗嘱信托	委托人以遗嘱的方式设立的信托，当委托人去世后该遗嘱即发生法律效力，委托人未去世前可以更改遗嘱内容或撤销遗嘱
	宣言信托	委托人发出确立信托关系的声明，受托人就是委托人自己，这种方式的信托财产不会发生转移
根据信托行为确立方式的不同分类	任意信托	任意信托是指委托人、受托人、受益人之间信托关系的确立是双方自愿形成的
	非任意信托	由司法机关确立委托人、受托人、受益人三者之间的信托关系，比如家中老人去世后，通过法庭判决确立遗产的归属权
按受托人的不同分类	民事信托	不以营利为目的而开展的信托业务，受托人承办信托业务一般是为了个人友谊、情义等
	营业信托	以营利为目的而开展的信托业务，比如信托公司、信托机构从事的信托业务

10.1.3　哪些人适合投资信托

并不是所有的个人和家庭都适合投资信托，虽然信托资金与委托人的其他财产是区分开的，并且管理权、所有权、收益权是相分离的，其资金本身是较安全的。但是信托作为一种理财方式同样存在风险，在信托投资结束后本金不一定能够如期归还。

由于信托投资的项目不同风险也不同，比如投资房地产，就可能有房产贬值的风险。虽然信托公司对投资项目会进行风险分析并进行风险的防范，但并不是所有的信托公司都有完善的风险分析和防范机制。

投资信托的风险相比股票、期货、黄金等要低很多，与国债、定期存款等相当。虽说风险很小，但是并不意味着信托适用于所有人，这是因为投资信托产品有一定的限制，如图 10-3 所示。

1	投资信托的个人或者家庭要求总资产在其认购时超过 100 万元人民币。
2	个人或家庭必须提供有效的资产证明文件。
3	个人投资者的个人收入在最近三年内收入超过 20 万元人民币。
4	家庭投资要求夫妻双方最近三年内每年收入超过 30 万元人民币。
5	已经加入信托的投资者中，单笔认购资金不满 300 万元的个人投资者不超过 50 人。

图 10-3　投资信托的要求

从投资信托的条件可以看出，信托并不适合小额投资者。如果投资者的资产不能达到上述的要求是不能投资信托产品的。如果投资者的资产要求能够达到投资要求也并不一定适合投资信托。

信托介于银行存款与股票之间，它适合如图 10-4 所示的投资者投资。

1	风险厌恶者，不愿意承担股票、基金等其他理财产品带来的风险。
2	目前的投资资金主要用于投资国债、银行存款等低风险理财产品。
3	认为银行存款收益太低，想获取更多收益。
4	资金实力雄厚，有至少一年以上的长期投资需求。
5	知晓信托投资风险，并能够接受该风险。

图 10-4　适合投资信托的投资者

10.1.4　信托的投资品种

投资者进行信托投资就是投资某种信托产品，信托产品都具有低风险、收入稳定的特点。不同的信托公司会不定期推出不同的信托产品，具体可投资的产品有如图 10-5 所示的几类。

贷款类

贷款类的信托产品是最多的，信托公司通过吸收资金，再把资金发放给贷款人，以此赚取利息收入。贷款类信托产品的收益是比较稳定的，风险也较小。

权益类

通过投资公司的股权获得收益，这种投资方式实现了公司无形资产的变现，能够进行不同资产的置换。

融资租赁类

通过投资融资租赁业务获得收益，定期收取租金，这类产品的收益也比较稳定。

不动产类

信托资金用于房地产、建筑类投资，在我国多投资于房地产，这类产品的风险较高。

图 10-5 信托的投资品种

【知识拓展】银行信托理财产品

银行信托理财产品已经成了很多投资者的选择，它是由银行募集资金，再把募集到的资金委托给信托公司。这是银行与信托公司之间进行的合作，因此银行发行的信托产品也叫作银信产品，银行发行的信托产品种类也很丰富。

10.2 信托的买卖

了解了信托的产品以后，投资者可以选择适合自己的信托投资产品进行投资。信托的投入资金相比其他理财产品要多很多，因此挑选到适合自己的信托产品就显得更为重要了。

10.2.1 信托的购买流程

我们前面已经了解了信托投资的条件，以及哪些人适合投资信托。信托的购买途径是很多的，可以在银行、信托公司以及其他分销公司处购买。信托从选择到购买成功需要经历一定的流程，如图 10-6 所示。

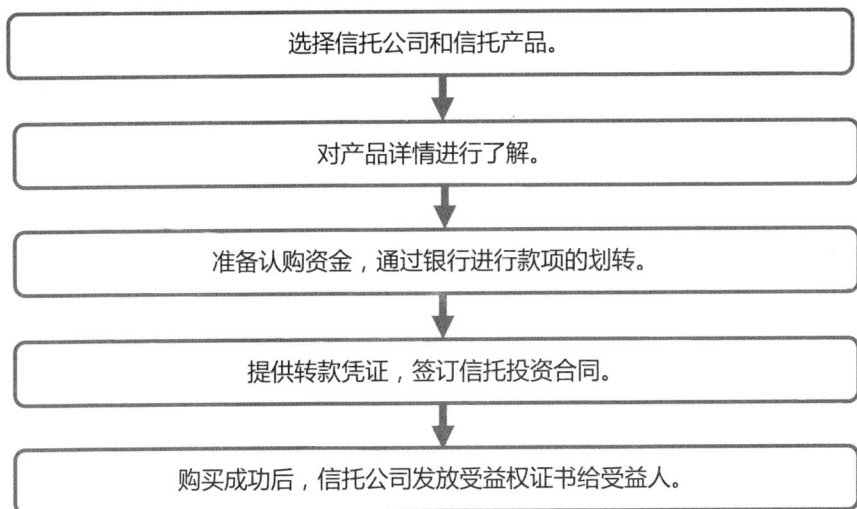

图 10-6　信托的购买流程

　　信托产品可以在信托公司的营业点进行购买，也可以在信托公司的官方网站上预约购买。信托可投资的产品是多种多样的，我们可以在信托公司的官方网站查看该公司正在发行的信托产品，也可以在综合类的信托网站上查询。接下来就来看看怎样在网上查看信托产品。

【实战案例】在信托公司官方网站上查看信托产品

Step01　以华宝信托为例，首先进入华宝信托官方网站(http://www.huabaotrust.com/)，在首页"信托商城"选项下单击"热门产品"超链接，在打开的页面中可以看到近期开放产品，要查看该信托产品的详情，单击"详情"超链接，如图 10-7 所示。

图 10-7　查看信托产品详情

Step02 在打开的页面中便可查看到该信托的基本详情，包括信托类型、信托期限、产品风险等级、预期收益率等，如图 10-8 所示。

产品名称	华宝宝辅稳健回报
信托类型	伞形资金信托类
信托受托人	华宝信托有限责任公司
信托期限	6个月或12个月
推介期	至受托人宣布推介期结束结束之日止
产品风险等级	较低风险
预期收益率	6.2~7%
认购条件	认购起点金额为100万元人民币（需满足合格投资人要求），并可按10万元倍数递增
资金用途	该产品通过TOT模式主要投资于具有优先收益特征的证券类信托产品
信息披露	.
风险提示	.
其他说明	受托人可根据项目的实际进展情况对推介期和发行期进行调整；产品详情请洽您的专属客户经理，或致电客服

图 10-8　信托详情

在信托公司的官方网站上只能查看到该信托公司发行的产品，如果要对比不同公司的信托产品，可以在综合类的信托网站上查看，并且可以进行预约。

【实战案例】在中国信托网上进行信托产品的查询和预约

Step01 进入中国信托网(http://www.zhongguoxintuo.com/)，在首页单击"信托产品列表"超链接，如图 10-9 所示。

图 10-9　中国信托网首页

Step02 在打开的页面中可以根据自身的情况进行信托公司、信托分类、投资方向、期限、预期年化收益率的筛选，也可以直接单击信托产品名称超链接，查看该产品详情，比如单击"中原信托-博盈股权收益权投资"超链接，如图 10-10 所示。

Step03 在打开的页面中即可查看"中原信托-博盈股权收益权投资"产品的详情，如果要在线预约则单击下方的"在线预约该款产品"超链接，如图 10-11 所示。

Step04 在打开的页面中填写个人信息，单击"提交信息"按钮即可，如图 10-12 所示。

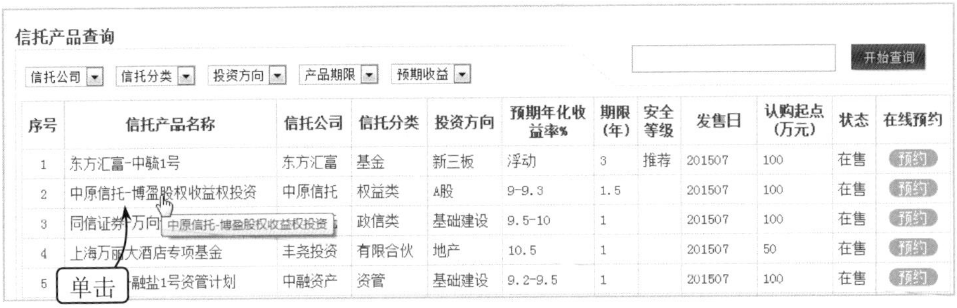

序号	信托产品名称	信托公司	信托分类	投资方向	预期年化收益率%	期限(年)	安全等级	发售日	认购起点(万元)	状态	在线预约
1	东方汇富-中骎1号	东方汇富	基金	新三板	浮动	3	推荐	201507	100	在售	预约
2	中原信托-博盈股权收益权投资	中原信托	权益类	A股	9-9.3	1.5		201507	100	在售	预约
3	同信证券万向 中原信托-博盈股权收益权投资		政信类	基础建设	9.5-10	1		201507	100	在售	预约
4	上海万丽大酒店专项基金	丰尧投资	有限合伙	地产	10.5	1		201507	50	在售	预约
5	融盐1号资管计划	中融资产	资管	基础建设	9.2-9.5	1		201507	100	在售	预约

图 10-10　查看产品详情

信托产品名称	中原信托-博盈股权收益权投资		
信托公司	中原信托	发行地	全国
咨询电话	400-885-2788	安全等级	
投资方向	A股	预期收益(%)	9-9.3
产品期限(年)	1.5	预计发行规模(万)	5,600
发售日期	201507	起始资金(万)	100
信托分类	权益类	认购资金递增说明	10万
收益说明	产品规模：5600万　期限：1.5年期，到期日2016.12.21　相关信息　定收益信托、公募基金、阳光私募等研究和配置服务，帮助投资者实现财富的长期稳健增值。　与本文编辑联系信箱：zhongguoxintuowan@126.com		

图 10-11　预约产品

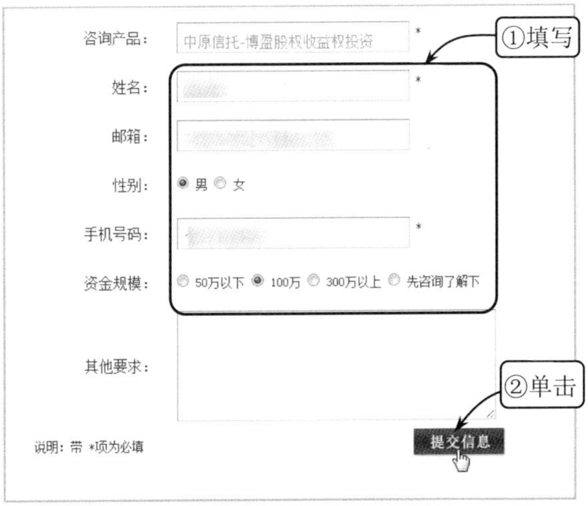

图 10-12　提交个人信息

【实战案例】在百度财富查看信托产品

Step01　除了可以在信托网官方网站上查看信托产品外，也可以在百度财富官方网站上
　　　　进行查询。首先进入百度财富官方网站(http://caifu.baidu.com/)，在首页单击"信
　　　　托"超链接。选中不同条件前的复选框，可以进行信托产品的筛选。要查看该
　　　　信托产品详情则单击"详情"按钮，如图10-13所示。

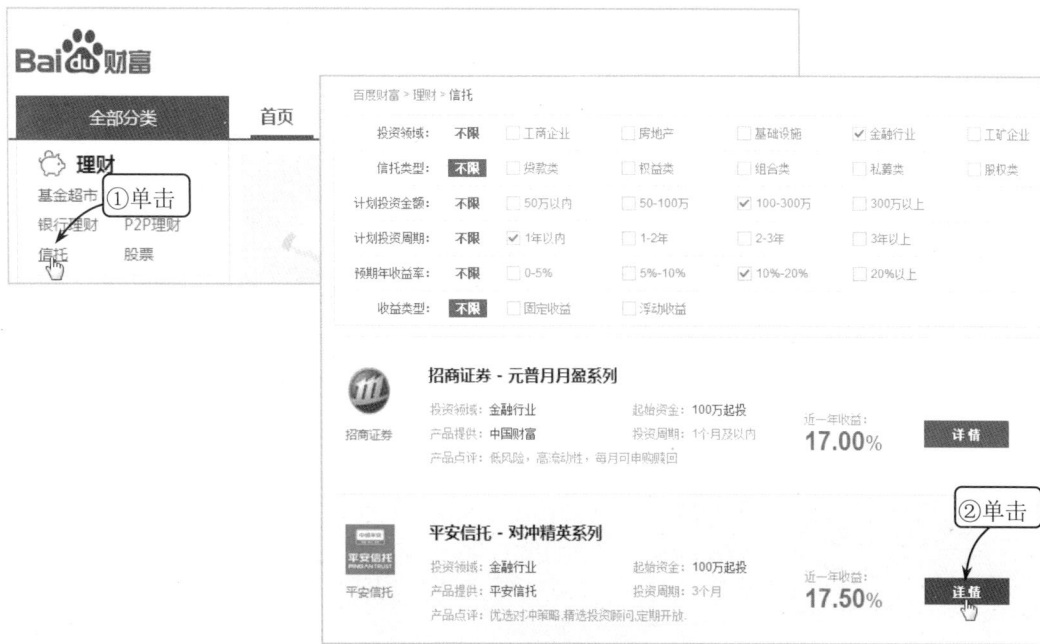

图 10-13　百度财富官方网站首页

Step02　在打开的页面中输入姓名、手机号码，单击"立即预约"按钮，即可进行产品
　　　　的预约，如图10-14所示。

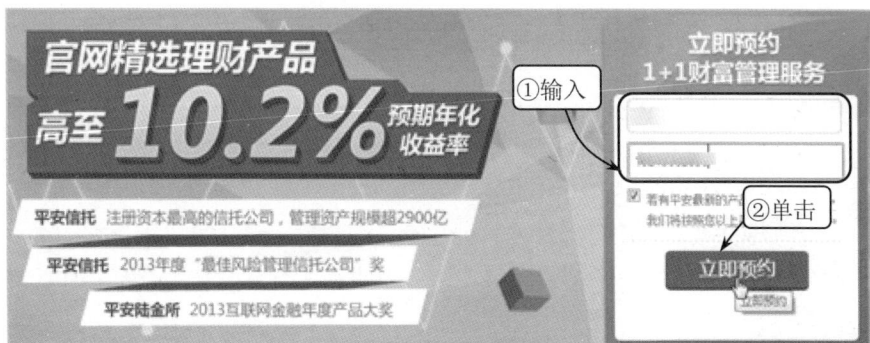

图 10-14　预约产品

填写完成个人预约信息以后，会有专业的理财顾问联系并帮助指导完成信托的投资。

投资者进行款项的划转以后要签订信托合同,合同的签订可以是投资者亲自到信托公司的营业点办理,也可以由信托公司的工作人员上门办理,或者由信托公司邮寄合同,投资者签署完成后再邮寄到信托公司营业点。

【知识拓展】签订信托合同需要准备的资料

在签订信托合同时,投资者需要提供个人身份证明文件原件及复印件、银行卡或存折原件及复印件、汇款或缴款的凭证。其中,个人身份证明文件的复印件需复印正反两面。

10.2.2 信托的转让和受让

当投资者购买了信托产品后,在信托产品还没有到期时就急需使用资金,这时应该怎么办呢?因为信托产品不能提前赎回,所以想要通过赎回的方式取得资金是不行的,但是信托可以转让。

信托的转让实际上是转让受益权,信托转让并不是免费的,而是需要转让人支付一定的费用,如图10-15所示。

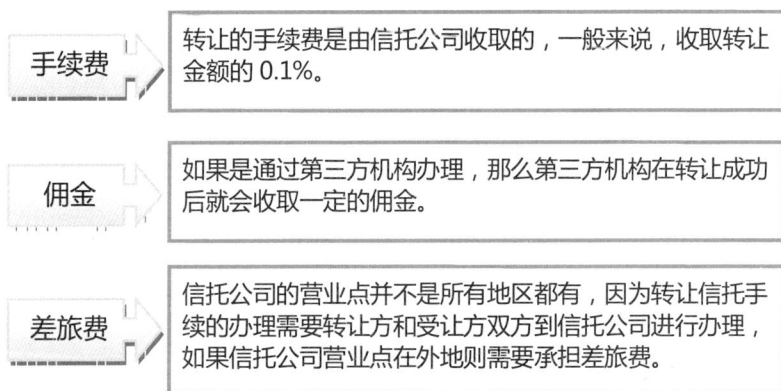

手续费	转让的手续费是由信托公司收取的,一般来说,收取转让金额的0.1%。
佣金	如果是通过第三方机构办理,那么第三方机构在转让成功后就会收取一定的佣金。
差旅费	信托公司的营业点并不是所有地区都有,因为转让信托手续的办理需要转让方和受让方双方到信托公司进行办理,如果信托公司营业点在外地则需要承担差旅费。

图 10-15 信托转让的费用

信托既可以转让也可以受让,投资者可以购买信托公司正在发行的信托产品,也可以购买其他投资者已经转让的信托产品。目前,第三方的信托转让平台是很多的,投资者要进行信托的受让和转让都可以在该平台上完成。以上海信托登记中心为例,看看怎样完成信托的转让和受让。

【实战案例】在上海信托登记中心进行信托受让

Step01 进入上海信托登记中心官方网站(http://www.strc.org.cn/),如果是第一次进行信

托的受让和转让，需要注册平台账号。在首页单击"注册"超链接，在打开的
页面中输入用户名、密码、手机号码等，单击"立即注册"按钮，如图 10-16
所示。

图 10-16　注册信托平台账号

Step02　在弹出的页面中单击"确定"按钮，在新打开的页面中输入用户名、密码、验
证码，单击"登录"按钮，再单击"返回首页"超链接，如图 10-17 所示。

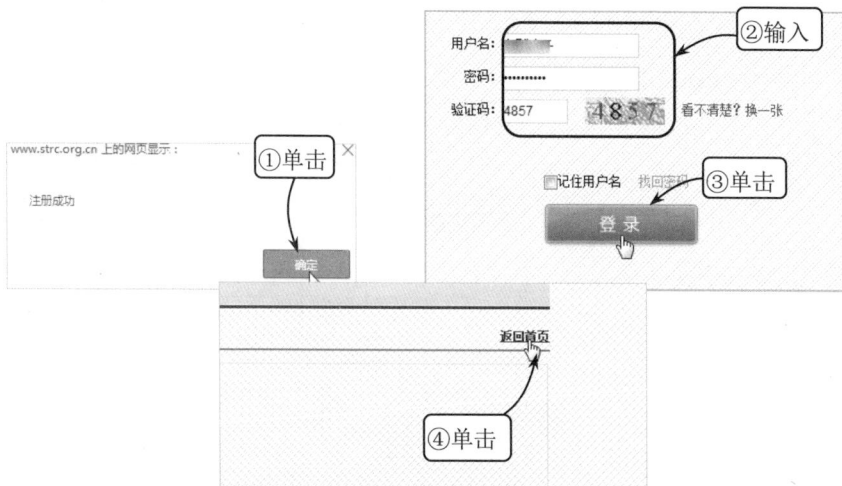

图 10-17　登录信托平台

Step03　在打开的页面中的"产品中心"下拉菜单下单击"产品转让"超链接。进入产
品中心首页后可以进行产品的筛选，也可以直接选择要受让的产品，比如单击
"我要受让"按钮，如图 10-18 所示。

图 10-18　选择受让的产品

Step04 在打开的页面中阅读受让信息，阅读完成后单击"我要购买"按钮。在新打开的页面中选择委托人类型，输入委托人名称、身份证号码等信息，单击"确认信息"按钮，如图 10-19 所示。

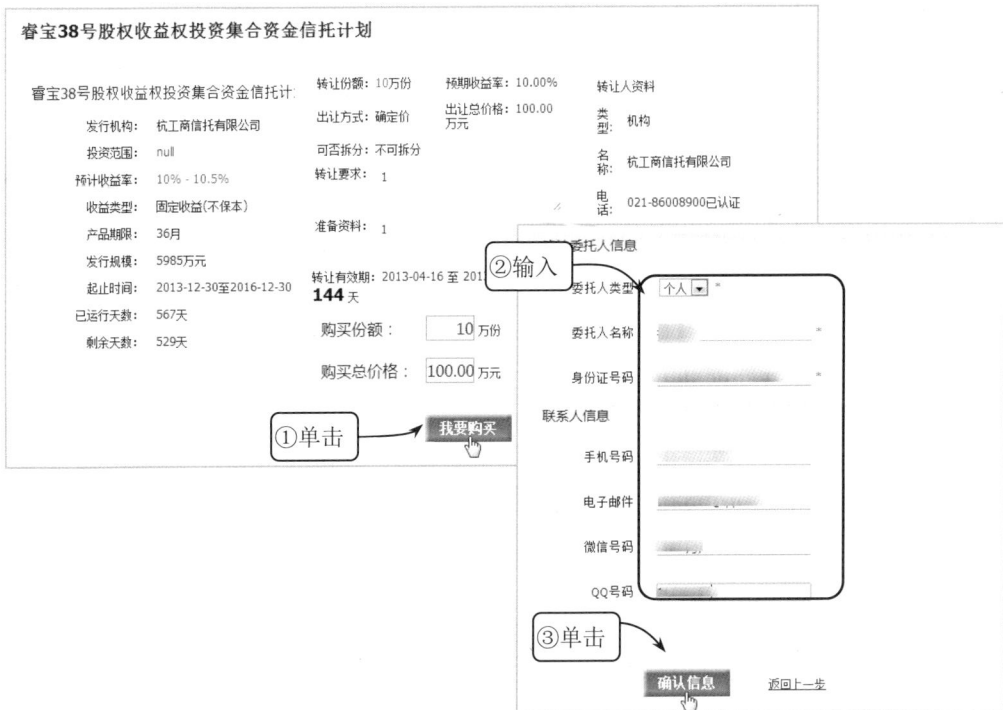

图 10-19　填写委托人信息

　　受让信息提交成功以后，机构会进行审核，通过以后再办理受让手续，转让方和受让方签订合同以后才算完成受益权的转让。如果投资者要进行信托的转让也可以在该平台上进行。

【实战案例】在上海信托登记中心进行信托转让

Step01　进入上海信托登记中心，单击"会员中心"超链接，在打开的页面中单击"我的转让"超链接，如图 10-20 所示。

图 10-20　寻找转让超链接

Step02　在弹出的下拉菜单中单击"待转让受益权"超链接，单击"新增"按钮，如图 10-21 所示。

图 10-21　新增转让信息

Step03　在打开的页面中填写转让信息，单击"确认信息"按钮，如图 10-22 所示。

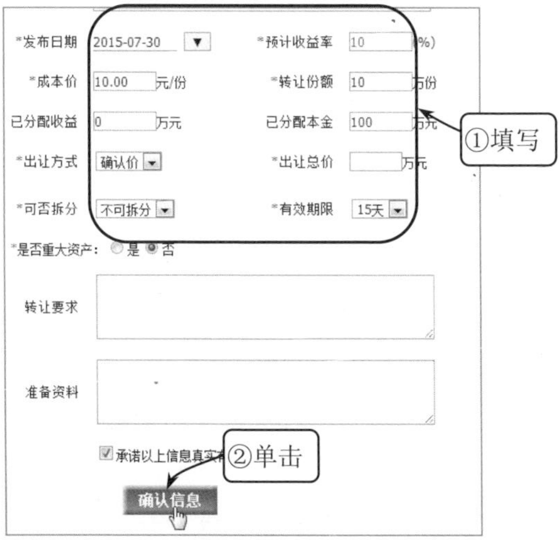

图 10-22　填写转让信息

Step04　在打开的页面中填写个人信息，单击"确认信息"按钮，如图 10-23 所示。

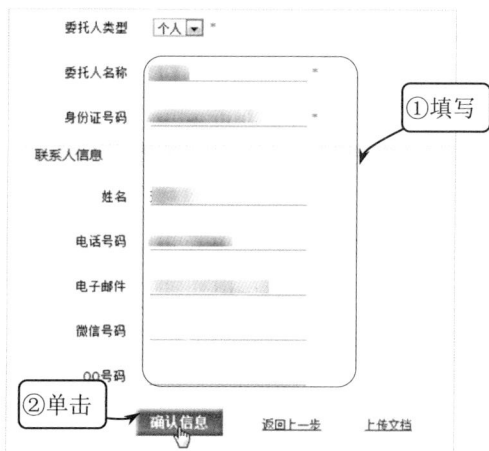

图 10-23　填写个人信息

　　系统接收转让申请以后会进行审核，审核成功后就可以在平台上发布信托转让信息。当有其他投资者愿意购买该信托时，双方便可协商完成转让合同的签订。可以在第三方平台上进行信托的转让，也可以选择在信托公司登记转让信息，一旦有符合条件的受托方同意受托以后，就可以办理相关的手续。

10.3　信托投资的技巧

　　信托产品的预期收益率一般比其他固定收益的理财产品的收益率高，但是这并不意味着投资信托不用掌握投资技巧。

10.3.1　如何选择信托产品

　　从信托投资的流程可以看出，投资者的资金是先交给信托公司，再由信托公司选择项目进行投资，因此在选择信托产品时，除了看产品本身外，还要考察信托公司自身的实力。要选择资信良好、资金实力强劲的信托公司。确定了信托公司以后，这就涉及了具体产品的选择。在选择信托产品时投资者要注意了解如图 10-24 所示的几部分事项。

1 了解投资资金的用途，避免投资风险较大或者风险不确定的行业。

2 了解融资方的还款能力。

3 了解投资项目的风险控制。

图 10-24　选择信托产品的注意事项

　　上面这些信息我们可以从信托产品的介绍里进行了解，我们以"鼎裕 3 号集合资金信托计划"和"银象 280 号大方县投资项目"两种信托产品来对比分析。

🐂 【实战案例】信托产品对比分析

　　"鼎裕 3 号集合资金信托计划"与"银象 280 号大方县投资项目"信托产品的概述，如图 10-25 所示。

产品名称	**鼎裕3号集合资金信托计划**		
受托人	其他信托	预期年化收益率	9.2%-10.5%
产品类型	集合信托	投资门槛	100万元
产品状态	在售	是否结构化	否
预计发行规模(万)	--	实际发行规模(万)	20000万元
资金投向	基础设施	产品期限(月)	
投资方式	权益投资信托	付息方式	半年付息
收益类型	固定类	投资币种	人民币元
推介起始日	2015-07-20	推介截止日	--

产品名称	**银象280号大方县投资项目**		
受托人	中江国际信托股份有限公司	预期年化收益率	10%-11%
产品类型	集合信托	投资门槛	100万元
产品状态	在售	是否结构化	否
预计发行规模(万)	--	实际发行规模(万)	20000万元
资金投向	基础设施	产品期限(月)	
投资方式	权益投资信托	付息方式	半年付息
收益类型	固定类	投资币种	人民币元
推介起始日	2015-07-07	推介截止日	--

图 10-25　两种信托产品比较

　　从图 10-25 可以看出，"鼎裕 3 号集合资金信托计划"的预期收益率为 9.2%～10.5%，"银象 280 号大方县投资项目"的逾期收益率为 10%～11%。两种产品的投资方式都是权益投资信托，资金投向都是基础设施，投资期限为 2 年。

　　对比两者的还款来源，如图 10-26 所示。

还款来源
(1)滕州棚改建设预计回款收入。
(2)融资方：新兴置业2014年末总资产为31.25亿元，2014年营业收入4.91亿元。
(3)担保方：滕州城建和滕建投资2014年底营业收入20.74亿元

还款来源
大方县建设投资有限公司的全部经营性收入。

图 10-26　鼎裕 3 号(左)和银象 280 号(右)还款来源

　　从图 10-26 可以看出，"鼎裕 3 号集合资金信托计划"还款来源更广泛，有滕州棚改建设预计回款收入以及担保方、融资方的营业收入，而"银象 280 号大方县投资项目"的还款来源只有大方县建设投资有限公司的全部经营性收入。两者对比可以看出前者的还款能力要高于后者。

比较两者的风险控制措施，如图 10-27 所示。

风控措施
(1)土地抵押：新兴置业提供大同天下项目抵押，本金抵押率不超过50%。
(2)滕州市城市建设综合开发公司提供连带责任保证担保。
(3)山东滕建投资集团有限公司提供连带责任保证担保。

风控措施
(1)国有土地抵押：毕节市建投提供7宗国有土地使用权抵押给中江国际，土地估价报告评估总价值为40770万元，抵押率低于50%；
(2)应收账款质押：2.54亿应收账款质押，确定偿付时间；
(3)信息披露透明：每季度在公司网站发布本项目管运行情况报告，保证投资者及时了解金使用、管理全过程；

图 10-27　鼎裕 3 号(上)和银象 280 号(下)风控措施

从图 10-27 可以看出，"鼎裕 3 号"的风险控制措施有滕州市城市建设综合开发公司和山东滕建投资集团有限公司提供连带责任担保，"银象 280 号"的风险控制措施主要来源于大方县建设投资有限公司自身的风险控制。两者比较，前者的风险控制措施更完善。

通过还款能力、风险控制的比较可以看出，虽然"银象 280 号"信托产品的逾期收益率更高，但是投资者也要承担更大的风险，一旦大方县建设投资有限公司经营不善，投资者的收益也很难保证。而"鼎裕 3 号"信托产品的预期收益率较低，但是风险更小。

在选择时投资者要明白自己的风险偏好，如果是风险偏好者可以选择"银象 280 号"信托产品，如果是风险厌恶者可以选择"鼎裕 3 号"信托产品。

【知识拓展】选择工商企业类信托产品的方法

选择工商企业类的信托产品应该主要关注 3 个方面，一是看融资企业的财务能力，比如固定资产的占比、资产负债率等。二是看企业的风险控制，比如抵押物的变现能力、是否有担保公司进行担保等。三是看企业自身的营业能力，比如是否处于盈利状态下。

10.3.2　防范信托投资风险

随着我国信托业的发展，信托业抵御风险的能力也在逐渐增强。信托公司自身的风险控制能力也在增强，但是风险仍然存在。防范信托投资的风险，投资者可以做如图 10-28

所示的几点。

了解信托公司	了解一家信托公司可以主要了解公司的注册资本、管理团队、盈利能力、信誉度、历史业绩等方面。
了解融资方、担保方	了解信托融资方和担保方的还款能力，一般来说，上市公司、国有企业偿还债务的能力比普通有限责任公司强。
了解信息披露	如果信托产品出现重大变动，或者融资方出现问题时，一般来说，信托公司都会进行信息披露，投资者关注信托公司的信息披露，从而及时了解自己投资产品的状况。
了解产品风险测评	从信托产品的风险测评报告可以看出信托产品的风险程度，投资者以此作为投资的参考并根据自身的风险偏好选择。

图 10-28　防范信托投资风险的方法

在具体的投资过程中，投资者可以对上面的方法进行详细的了解。一家正规的信托公司，首先必须具备金融许可证，金融许可证是银监会依法颁发的特许金融机构经营金融业务的法律文件。查看信托公司是否具备金融许可证可以在银监会官方网站上进行查询。

【实战案例】查看信托公司的金融许可证

Step01　首先进入银监会官方网站(http://www.cbrc.gov.cn/)，在首页"在线办事"下拉菜单中单击"金融许可证查询"超链接。在打开的页面中输入机构名称，比如输入"平安信托有限责任公司"，单击"查询"按钮，如图 10-29 所示。

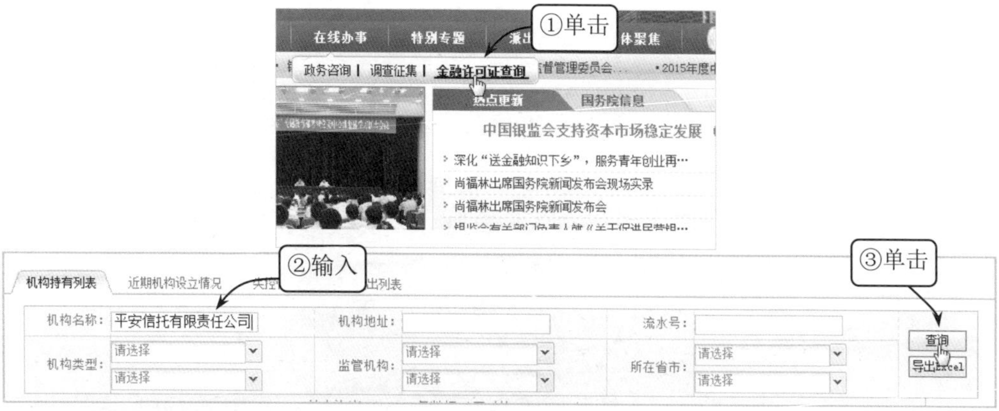

图 10-29　金融许可证查询

Step02 在打开的页面中单击机构名称下的"平安信托有限责任公司"超链接，即可查询到详情，如图 10-30 所示。

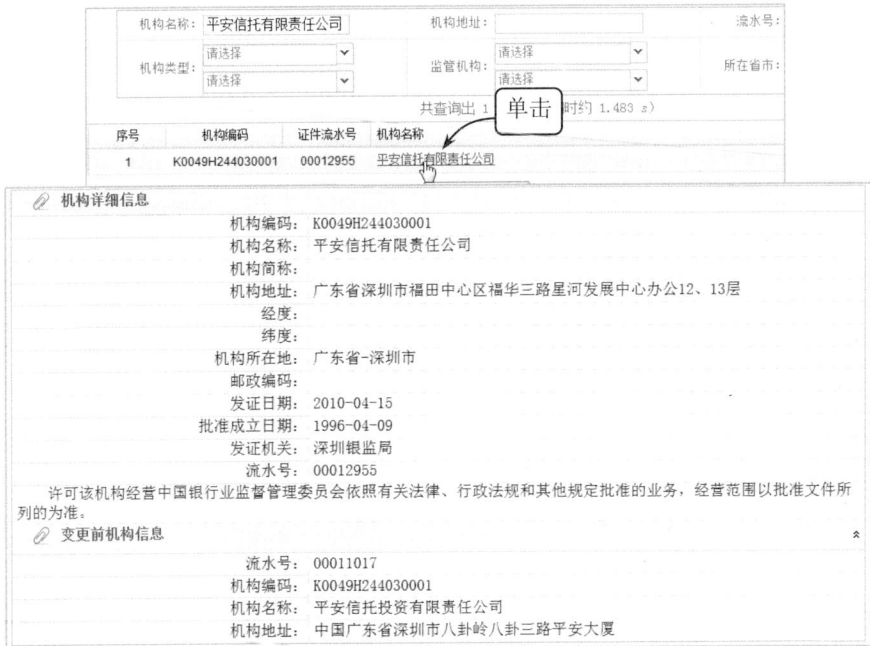

图 10-30　查询机构详情

如果没有查询到信托公司的金融许可证，那么证明该信托公司是不合法的，投资者也不要选择投资该信托公司的产品。要查询公司注册资本、管理团队、信息披露等信息，可以在信托公司的官方网站上进行查询。查询信托产品的风险测评，可以在信托易官方网站上查询。

【实战案例】查看信托产品的风险评级

Step01 进入信托易官方网站(http://www.xintuoyi.com/)，在首页单击"提交测评产品"按钮，如图 10-31 所示。

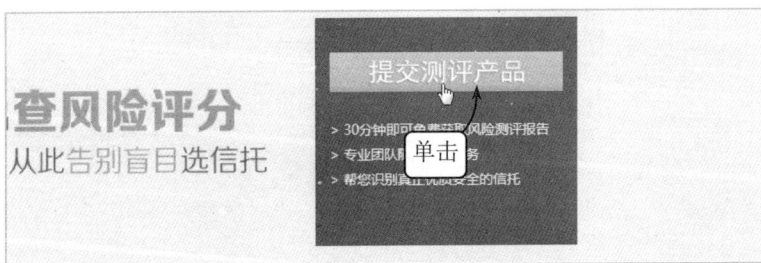

图 10-31　提交测评产品

Step02 在打开的页面中单击"开始测评"按钮，再按照步骤分别输入信托产品的各项
问题的相关信息，单击"下一题"按钮。完成所有问题以后单击"查看结果"
按钮，如图 10-32 所示。

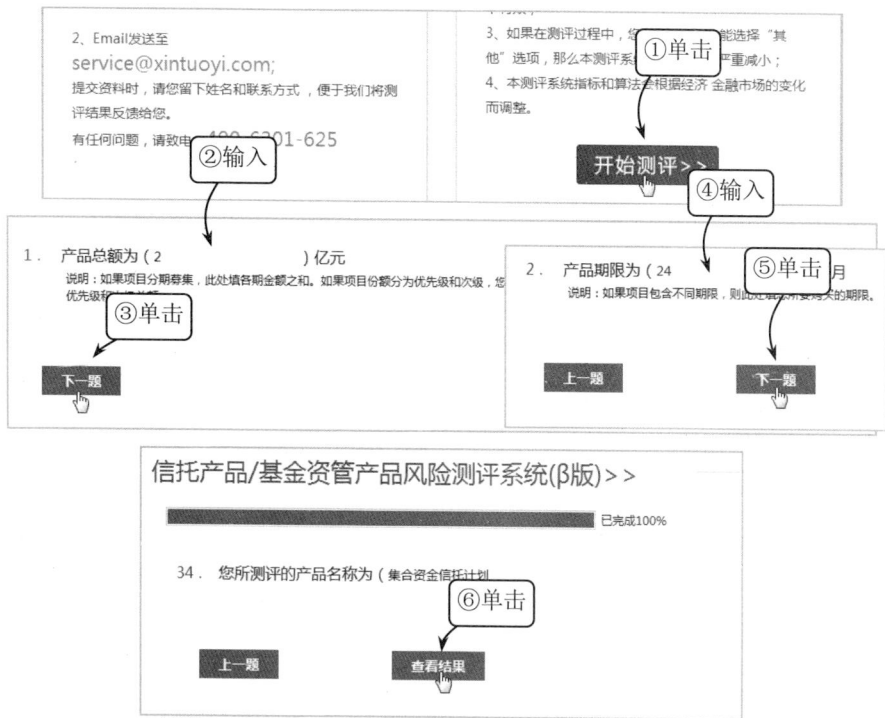

图 10-32　查看结果

Step03 在打开的页面中即可查看到该产品的风险评级详细内容，如图 10-33 所示。

图 10-33　风险评估详情

投资者可以借鉴投资该产品测评的结果，但是不能作为唯一的依据。在投资中还要考察融资方和担保方自身的实力，综合起来进行比较才更具有参考价值。

10.3.3　认真对待信托合同

一份信托合同通常包括的内容有信托术语解释、委托人、受托人、受益人名字以及住所、信托的投资期限、信托的风险揭示、信托产品收益计算方式、受益权转让的条件以及相关限制等。其中，投资者需要注意如图 10-34 所示的内容。

1. 投资期限

信托产品在投资期间是不能提前赎回的，但是不同的信托产品合同的内容会有相应的差别，比如某些信托合同上会写明，如遇特殊情况投资期限可以延迟或者提前结束投资等，如果有类似的条款投资者要特别注意。

2. 付息方式

不同的信托产品付息的方式是不同的，有的可能是半年付息，有的可能是一年付息，也有可能投资期满后再付息。如果是比较在意付息方式的投资者就要注意该条款。另外还需注意的是，信托合同的收益都是预期收益率，而不是实际收益率。

3. 风险揭示

在信托合同上会写明信托产品的风险揭示和防范措施，了解信托产品的风险因素、信托资金的用途能够初步判断信托投资的风险大小。对于一些费用的收取投资者也要留意，了解是否有自己所不清楚的收费项目。

图 10-34　信托合同的注意事项

Chapter 11

实物的理财产品——房地产与艺术品投资

　　随着房价的上涨，房地产投资也火爆起来。人们购买房产不仅仅是为了满足家庭生活的需要，另外也是为了投资。对于有收藏爱好的投资者来说，他们更愿意投资艺术品，以满足投资和收藏双重需求。

本章要点

◇　房地产投资的特征

◇　房地产投资的类型

◇　房地产投资前的准备

◇　怎样进行房地产投资

◇　房地产投资的税费

◇　买房税费的计算

◇　什么是艺术品投资

◇　市场上常见的可投资艺术品

◇　正确进行估价的方法

◇　艺术品投资的心态

◇　书画投资的四忌三策

◇　假邮票的种类和辨别方法

◇　钱币投资的技巧

11.1　房地产投资

房地产投资是指投资者将投资资金用于购买房产,以期在未来获得收益的一种投资方式。近十几年来,房价一直在持续上涨,也使得很多投资者看到了房地产投资的收益。投资房地产并不是一件简单的事,因为投资房地产往往需要投资者有足够多的投资资金。

11.1.1　房地产投资的特征

大多数投资者投资房地产对房地产投资的特征却不清楚,房地产投资与其他投资相比具有以下特征,如图 11-1 所示。

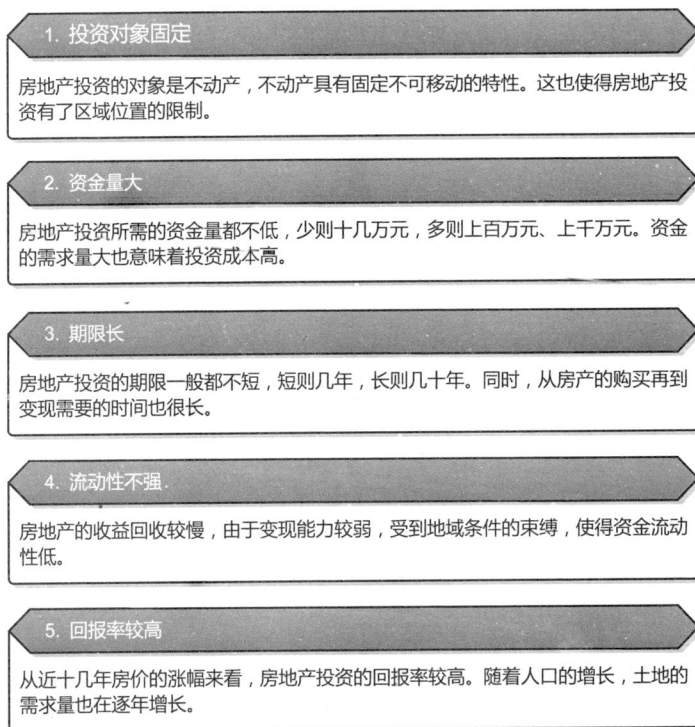

1. 投资对象固定

房地产投资的对象是不动产,不动产具有固定不可移动的特性。这也使得房地产投资有了区域位置的限制。

2. 资金量大

房地产投资所需的资金量都不低,少则十几万元,多则上百万元、上千万元。资金的需求量大也意味着投资成本高。

3. 期限长

房地产投资的期限一般都不短,短则几年,长则几十年。同时,从房产的购买再到变现需要的时间也很长。

4. 流动性不强

房地产的收益回收较慢,由于变现能力较弱,受到地域条件的束缚,使得资金流动性低。

5. 回报率较高

从近十几年房价的涨幅来看,房地产投资的回报率较高。随着人口的增长,土地的需求量也在逐年增长。

图 11-1　房地产投资的特征

11.1.2　房地产投资的类型

房地产投资的类型是多种多样的,主要分为土地和房屋两大类。目前比较主流的房地产投资类型有如图 11-2 所示的几类。

图 11-2 房地产投资的类型

其中，住房投资又分为普通家庭住宅投资、别墅住宅投资和公寓式住宅投资。公寓式住宅的户型一般较小，一层由许多单个套房组成。

11.1.3 房地产投资前的准备

房地产投资具有期限长、资金量需求大等特点。它是一个复杂的过程，投资方式也具有多样化。面对房地产市场一片火热的情况下，投资者在投资前要做好以下准备，如图 11-3 所示。

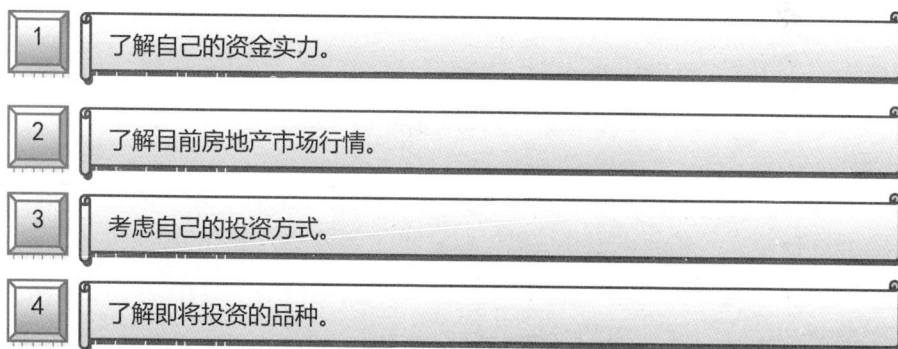

1	了解自己的资金实力。
2	了解目前房地产市场行情。
3	考虑自己的投资方式。
4	了解即将投资的品种。

图 11-3 房地产投资前的准备

不同的投资品种的售价是不相同的，因此在投资前就需了解自己的资金实力，以此来选择投资品种，了解市场行情是为了更好地选择投资的时机。选择了要投资的品种后还需对该品种进行具体的考察，最终选择更具有投资价值的楼盘。

11.1.4　怎样进行房地产投资

个人房地产投资的方式主要有房地产购买、房地产租赁、房地产信托和房地产置换4种方式。

如果投资者选择房地产购买、房地产租赁或者房地产置换这3种方式中的一种，就需要对目前楼盘的价格有一定的了解，要了解一个地区楼盘的价格情况，可以在一些网站上进行查看。

【实战案例】在网上查看地区楼盘价格

Step01　以安居客为例，打开安居客官方网站(http://www.anjuke.com/)，在首页单击要查看的地区的超链接，比如单击"北京"超链接。在打开的页面中可以进行价格的筛选，比如单击"1.5～2万"超链接，如图11-4所示。

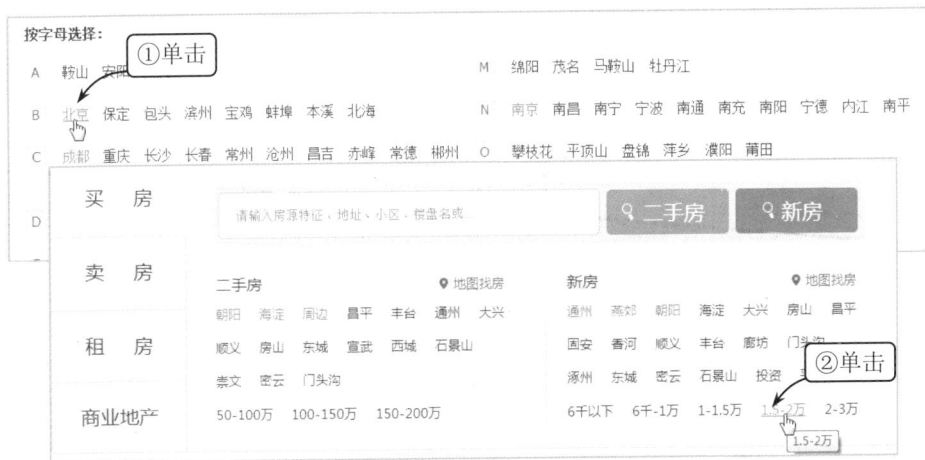

图 11-4　选择查看的地区和价格

Step02　在打开的页面中便可查看价格区间在1.5～2万元的楼盘，同时也可以进行更精确的筛选，比如单击"二室"超链接，如图11-5所示。

图 11-5　查看户型

Step03　在打开的页面中便可查看到价格区间在1.5～2万元，户型为二室的楼盘。单击楼盘名称可以查看该楼盘更详细的信息，比如单击"华润悦景湾"超链接，如图 11-6 所示。

图 11-6　华润悦景湾详情

　　在安居客网站还可以查看二手房、写字楼等不同房地产类型的楼盘价格。通过其他类似的网站也可以查询到相关信息，比如搜房网、赶集网等。对在售的楼盘有一定的了解以后，如果有中意的楼盘还要到售楼中心进行了解。确定买房目标后，完成房屋的买卖还需要办理一定的手续，具体的购房流程如图 11-7 所示。

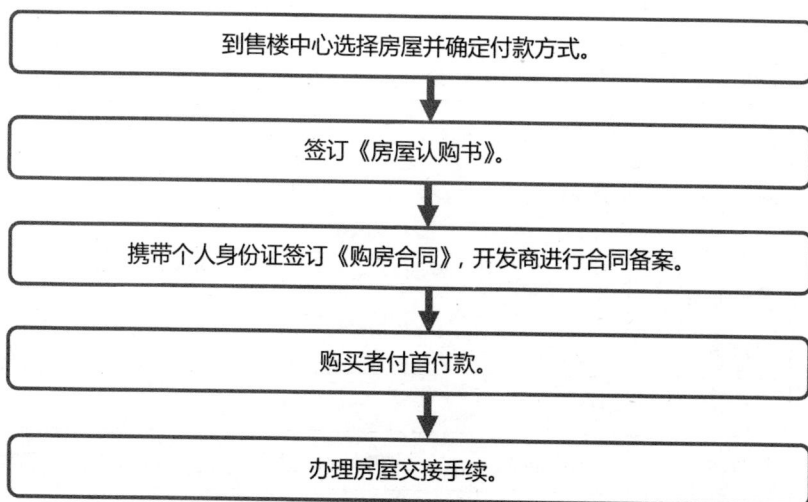

图 11-7　房屋的购买流程

11.1.5 房地产投资的税费

大多数人都知道房地产交易要缴纳一定的税费,但是具体到要缴纳哪些税就不是很清楚了。一手房和二手房缴纳的税也是有一定区别的,具体内容如表 11-1 所示。

表 11-1 房屋买卖税费

	税　种	说　明
一手房	房产税	房产税的征税对象是房屋,房产税的计算方式有两种,一种是以房产原值为计税依据,计算公式为:应纳税额=房产原值×(1-10%或30%)×税率(1.2%);另一种是以租金收入为计税依据,计算公式为:应纳税额=房产租金收入×税率(12%)
	营业税	营业税是由房产卖方给付的,买方不用给付
	契税	契税是按比例来征税的,一般为3%~5%。不同的地区有一定的区别
	房屋维修基金	房屋维修基金收取的费用一般为总房价的2%~3%,大多数地区为2%
	规费	规费主要包括交易服务费、房产证工本费等
	印花税	按总房价的0.05%缴纳,如果是住房一般不缴纳
二手房买房人	契税	为房屋总价的1.5%,如果房屋面积在144平方米以上,需要缴纳总价的3%;如果在90平方米以下,并且是首套房,可缴纳1%
	印花税	二手房的印花税与一手房一样,都是总房价的0.05%
	测绘费	测绘费的收费标准,不同的地区规定不同
	交易费	交易费的收费标准为3元/平方米
	权属登记费及取证费	不同的地区有一定的差别,通常来说在200元以内
二手房卖房人	印花税	为总房价的0.05%
	交易费	为3元/平方米
	营业税	为总房价的5.5%,如果房产证已经持有5年的普通住房不需要缴纳
	个人所得税	房产交易盈利部分的20%或者房款的1%,如果房产证持有5年且是唯一住房的可以不缴纳

【知识拓展】房产税的征税对象

> 房产税的征收对象是指能够为人们提供学习、工作、娱乐的场所。比如建筑围墙、烟囱、游泳池等不属于征收的对象。征收的范围为城市、县城、工矿区，具体的征税标准由当地的人民政府确定。

11.1.6　买房税费的计算

从表 11-1 可以看出，买房需要缴纳的税费是很多的，投资者在买房前要计算自己所缴纳的税费可以通过税费计算器计算。我们以搜房网的税费计算器为例，看看怎样计算新房和二手房的税费。

【实战案例】通过税费计算器计算买房税费

Step01　首先进入搜房网官方网站(http://cd.fang.com/)，在首页"金融贷款"下拉菜单中单击"贷款计算器"超链接。在打开的页面中单击"税费计算器"按钮，如图 11-8 所示。

图 11-8　查找税费计算器

Step02　在打开的页面中输入房屋面积、房屋单价，选择计征方式、房产性质等，单击"开始计算"按钮，在右侧即可查看计算结果，如图 11-9 所示。

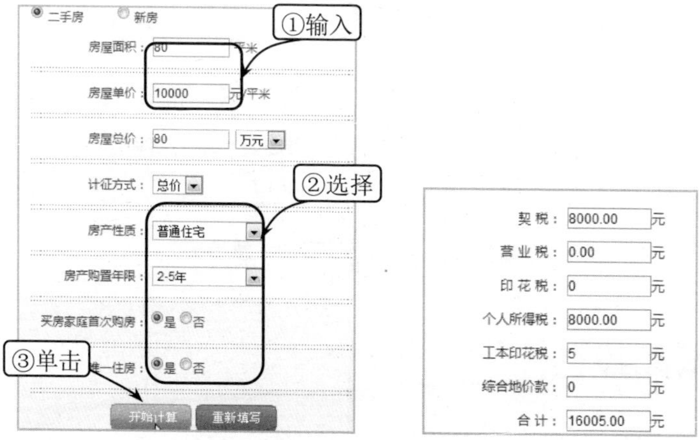

图 11-9　查看计算结果

计算新房所需的税费，则选中新房单选按钮，输入房屋面积、房屋单价，单击"开始计算"按钮，在右侧即可查看新房的税费计算结果。

11.2 房地产投资的注意事项

在街头巷尾随处可见人们对房地产的谈论，国家也不时推出新的政策影响着房地产的价格走势。人们投资房地产也不仅仅只关注国内市场，很多投资者也开始关注海外的房地产市场。不管是投资国内的房产还是海外的房产，在投资时都要注意以下事项，如图 11-10 所示。

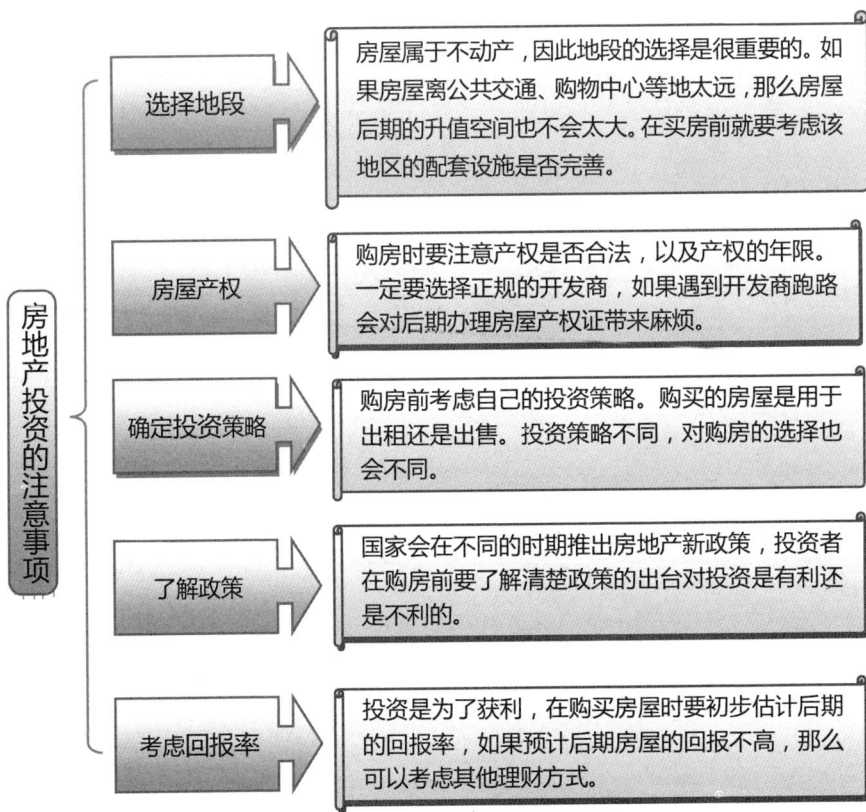

图 11-10 房地产投资的注意事项

11.3 艺术品投资

艺术品投资比较小众化，它的投资群体不像股票、基金等那么多。随着艺术品投资市场的发展，将来将会有更多的人加入到艺术品投资中。

11.3.1　什么是艺术品投资

艺术品是指一种造型艺术的作品，它的种类很多。比如书法、国画、瓷器、乐器等都属于艺术品。不同的人对艺术品的理解是不同的，这也是艺术品投资仅限于小部分人的原因。

艺术品投资通俗地说就是对书法、国画、瓷器等的投资。投资者购买艺术品一部分是为了欣赏，另一部分是为了投资，它具有如图 11-11 所示的特点。

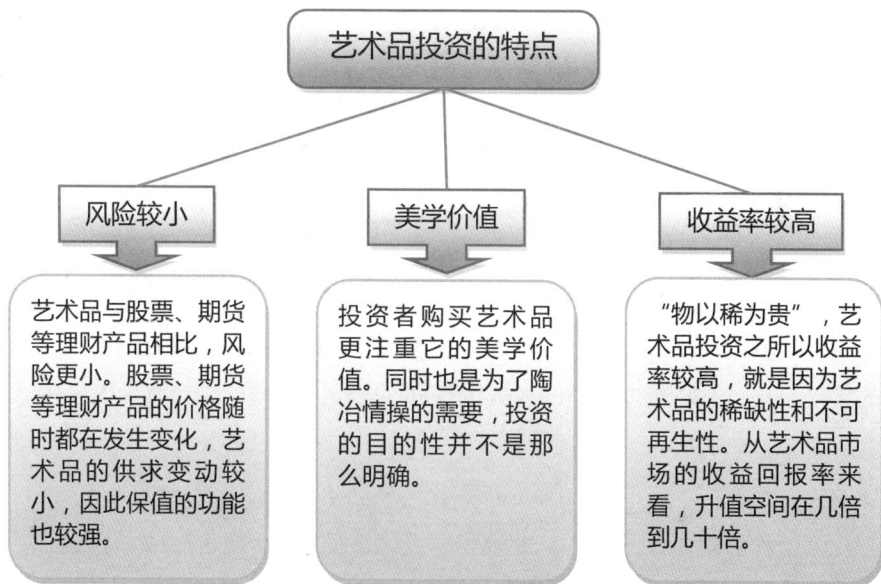

图 11-11　艺术品投资的特点

11.3.2　市场上常见的可投资艺术品

艺术品投资的种类很多，在艺术品市场上常见的投资品种有书画投资、邮票投资、古董和钱币投资，以及其他可投资的艺术品。

1. 书画投资

书画投资是指对书画作品的投资，书画投资可以投资古代作品也可以投资现代作品。中国古代的书画作品是指清代以前的书画，近现代的书画作品是指辛亥革命以后出现的书画。

古代书画作品和近现代书画作品都有投资价值，古代书画作品有历史价值，现代书画作品具有当代独特的艺术表现形式。

虽然不同的人对书画的价格估价不同，但是从市场上大多数人认可的标准来看，它的价格高低主要受如图 11-12 所示的几个因素影响。

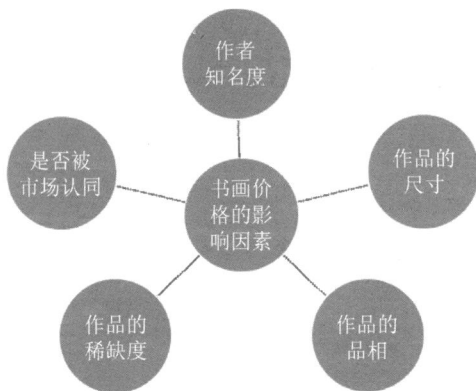

图 11-12　书画价格的影响因素

2. 邮票投资

邮票收藏投资的门槛较低，它的投资价值表现在，邮票是大多数人熟悉的。在电话没有普及的年代，人们都是通过写信的方式进行联系。不同时期的邮票都有其特点，由于数量有限就具有了价值。

邮票的正面都有图画，不同的图画表示不同的含义，这就展现了邮票的艺术性，因此邮票具有收藏的价值也不足为奇了。邮票价格受多方面因素的影响，如图 11-13 所示。

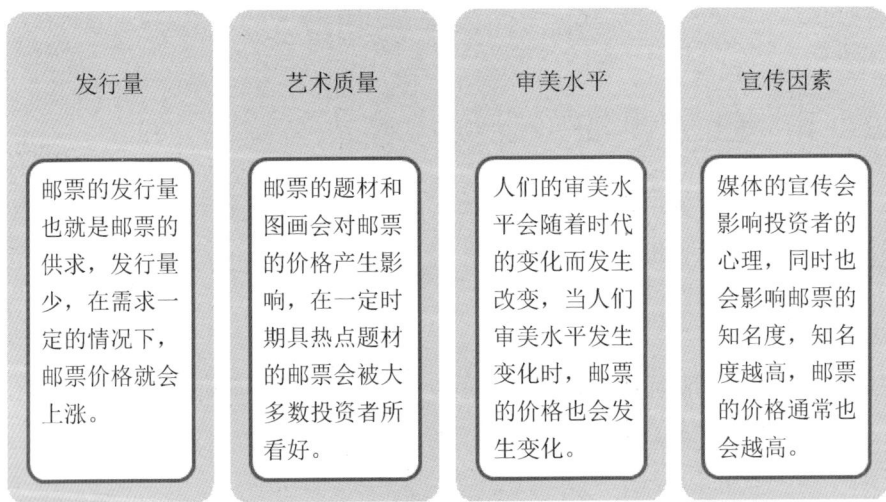

发行量	艺术质量	审美水平	宣传因素
邮票的发行量也就是邮票的供求，发行量少，在需求一定的情况下，邮票价格就会上涨。	邮票的题材和图画会对邮票的价格产生影响，在一定时期具热点题材的邮票会被大多数投资者所看好。	人们的审美水平会随着时代的变化而发生改变，当人们审美水平发生变化时，邮票的价格也会发生变化。	媒体的宣传会影响投资者的心理，同时也会影响邮票的知名度，知名度越高，邮票的价格通常也会越高。

图 11-13　邮票价格的影响因素

3. 古董和钱币投资

古董又称为古玩，是古代的器物。古董种类繁多，陶瓷、玉器、铜器等都属于古董。古董要与文物区分开来，它们有相似之处，但是也有差别。两者之间的区别表现在以下几个方面，如图 11-14 所示。

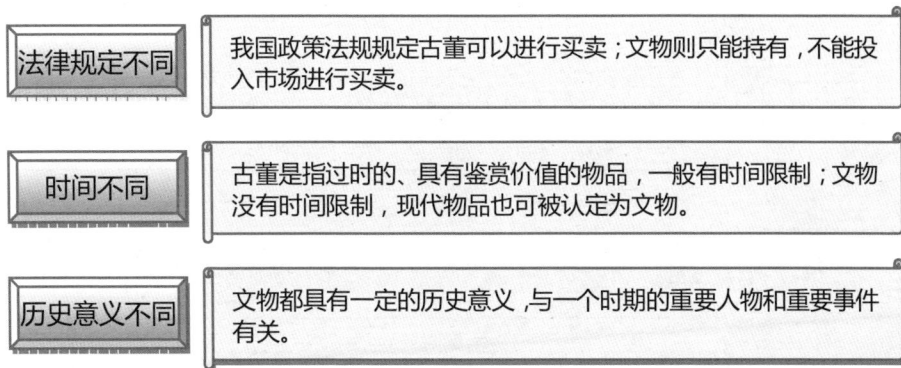

法律规定不同	我国政策法规规定古董可以进行买卖；文物则只能持有，不能投入市场进行买卖。
时间不同	古董是指过时的、具有鉴赏价值的物品，一般有时间限制；文物没有时间限制，现代物品也可被认定为文物。
历史意义不同	文物都具有一定的历史意义，与一个时期的重要人物和重要事件有关。

图 11-14　古董与文物的区别

从古董与文物的区别我们就可以看出，进行投资的只能是古董，而文物不能通过买卖的方式进行投资。

钱币本是流通中的货币，随着时间的发展，一些流通中的货币渐渐退出流通市场，由于拥有历史和文化价值，于是这类钱币就具有了投资价值。目前，钱币收藏也已经成了比较火爆的投资方式。

钱币从古代发展到近现代，经历了由古代的贝币、圆形方孔钱发展为硬币、纸币的过程。钱币和其他收藏品一样有优劣之分，不同地区不同时期的钱币所表现的价值不同。

4. 其他可投资的艺术品

除了上面所了解的可投资艺术品以外，市场上常见的可投资的艺术品还有家具、珠宝等。市场上被大多数人青睐的家具投资品是红木家具，红木家具的材料昂贵，原料有酸枝木、乌木、花梨木、鸡翅木、紫檀木等。随着红木原料价格的上涨，红木家具的价格也在上涨。

珠宝投资可以说是一种时尚的投资方式，随着珠宝市场的发展，珠宝投资也受到了很多投资者的关注。珠宝的界定有广义和狭义之分，狭义的珠宝是指玉石，广义的珠宝包括金银、矿物材料制成的首饰。

11.4　怎样进行艺术品投资

我们已经了解了市场上常见的可投资艺术品,然而要进入艺术品市场并不是一件容易的事。做一名合格的艺术品投资者,在进入艺术品投资市场前需具备一定的专业知识,至少需要对以下几个方面有一定的了解,如图 11-15 所示。

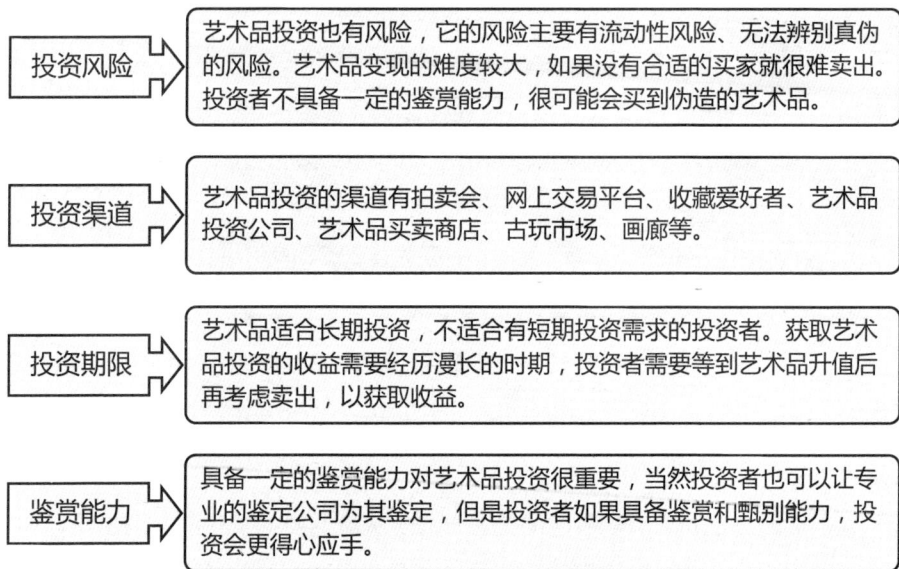

投资风险 → 艺术品投资也有风险,它的风险主要有流动性风险、无法辨别真伪的风险。艺术品变现的难度较大,如果没有合适的买家就很难卖出。投资者不具备一定的鉴赏能力,很可能会买到伪造的艺术品。

投资渠道 → 艺术品投资的渠道有拍卖会、网上交易平台、收藏爱好者、艺术品投资公司、艺术品买卖商店、古玩市场、画廊等。

投资期限 → 艺术品适合长期投资,不适合有短期投资需求的投资者。获取艺术品投资的收益需要经历漫长的时期,投资者需要等到艺术品升值后再考虑卖出,以获取收益。

鉴赏能力 → 具备一定的鉴赏能力对艺术品投资很重要,当然投资者也可以让专业的鉴定公司为其鉴定,但是投资者如果具备鉴赏和甄别能力,投资会更得心应手。

图 11-15　进入艺术品投资市场前的准备工作

了解艺术品相关的行情可以在大型的艺术品网站上查看,比如中国艺术品网、中国收藏网、雅昌艺术网、盛世收藏网等。我们以收藏天下网为例,看看怎样在网上购买艺术品。

【实战案例】在网上购买艺术品

Step01　进入收藏天下网官方网站(http://www.96567.com/),在首页单击要购买的艺术品超链接,比如单击"书法"超链接,如图 11-16 所示。

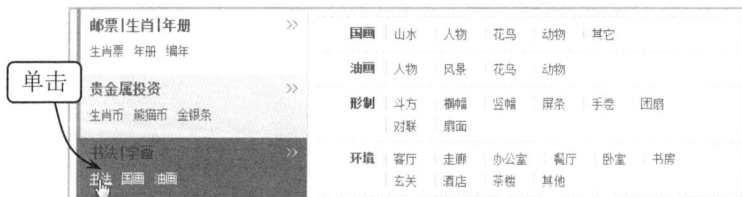

图 11-16　选择购买的艺术品

Step02　在打开的页面中单击书法作品超链接,比如单击"《梅兰竹菊》书画双绝"超

链接。在新打开的页面中单击"立即购买"按钮，如图 11-17 所示。

图 11-17 选择书法作品

Step03 在打开的页面中单击"去结算"按钮，进入新的页面后单击"免费注册"按钮 (没有平台账号需注册)，如图 11-18 所示。

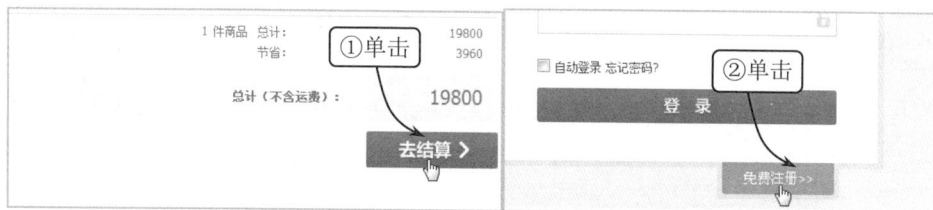

图 11-18 注册平台账号

Step04 在打开的页面中输入账户名、密码等，单击"立即注册"按钮，如图 11-19 所示。

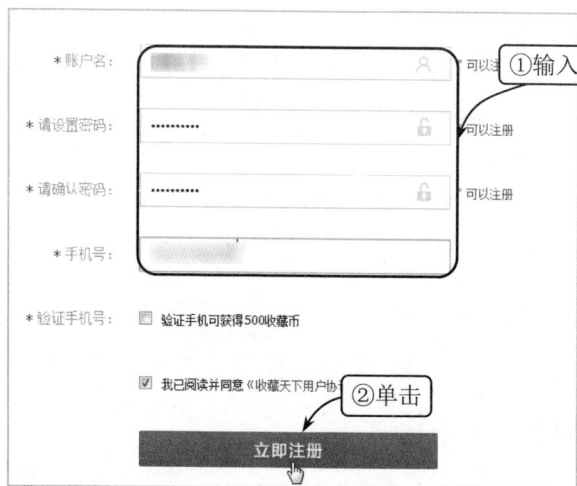

图 11-19 填写注册信息

Step05 在打开的页面中的"购物车"下拉菜单中，单击"去购物车结算"按钮。在新打开的页面中单击"去结算"按钮，如图 11-20 所示。

图 11-20 购物车结算

最后在打开的页面中填写收货信息，完成在线支付即可完成购买。

艺术品的购买是很简单的，有些艺术品在购买时商家还会赠送相关证书，比如珠宝。那么要怎样辨别证书的真伪呢？每一个证书都有其特定的编号，我们可以在网上对证书进行查询。

【实战案例】在网上查询证书

Step01 以 360 珠宝卫士为例，进入 360 珠宝卫士官方网站(http://www.360gem.com/)，在首页输入鉴定机构名称、证书编号、校验码，单击"查询"按钮，如图 11-21 所示。

图 11-21 360 珠宝卫士官网首页

Step02 在打开的页面中便可查看到结果，如图 11-22 所示。

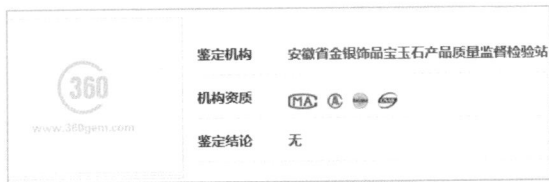

图 11-22 查询结果

11.5 艺术品投资的技巧

　　艺术品投资不能保证稳赚不赔，投资门槛也较高，因此要求投资者在投资过程中更为谨慎，不同的艺术品投资有不同的策略。

11.5.1　正确进行估价的方法

　　艺术品投资与其他投资不同的一点在于价格难以估计，不管是买还是卖都成了投资者比较头疼的一件事。市场中常见的价格有 3 种，分别为拍卖行拍出的价格、画廊待售的价格、艺术家自己定的价格。

　　拍卖行拍出的价格不能完全相信，因为有些拍卖行会联合卖家作假，这样的价格会误导投资者。画廊待售的价格和艺术家自己订的价格带有个人情感色彩，同时为了迎合商业需求，有可能夸大价格。

　　因此正确的估价对艺术品投资来说是极为重要的。投资者要对艺术品正确的估价可以掌握以下几种方法，如图 11-23 所示。

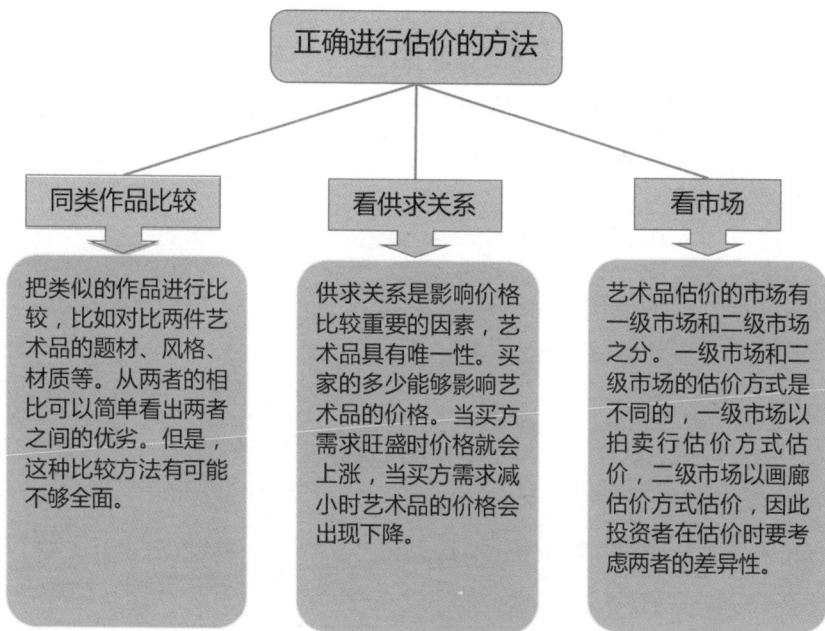

正确进行估价的方法

同类作品比较

看供求关系

看市场

把类似的作品进行比较，比如对比两件艺术品的题材、风格、材质等。从两者的相比可以简单看出两者之间的优劣。但是，这种比较方法有可能不够全面。

供求关系是影响价格比较重要的因素，艺术品具有唯一性。买家的多少能够影响艺术品的价格。当买方需求旺盛时价格就会上涨，当买方需求减小时艺术品的价格会出现下降。

艺术品估价的市场有一级市场和二级市场之分。一级市场和二级市场的估价方式是不同的，一级市场以拍卖行估价方式估价，二级市场以画廊估价方式估价，因此投资者在估价时要考虑两者的差异性。

图 11-23　正确进行艺术品估价的方法

11.5.2　艺术品投资的心态

良好的心态是艺术品投资成功的一个关键点，艺术品投资是一条漫长的道路。在投资中要保持一颗平常心，以收藏的心态投资艺术品，感受艺术品带来的审美享受。同时，艺术品投资需要长期的学习，这就需要投资者有足够的耐心，投资者应该冷静对待以下几点，如图 11-24 所示。

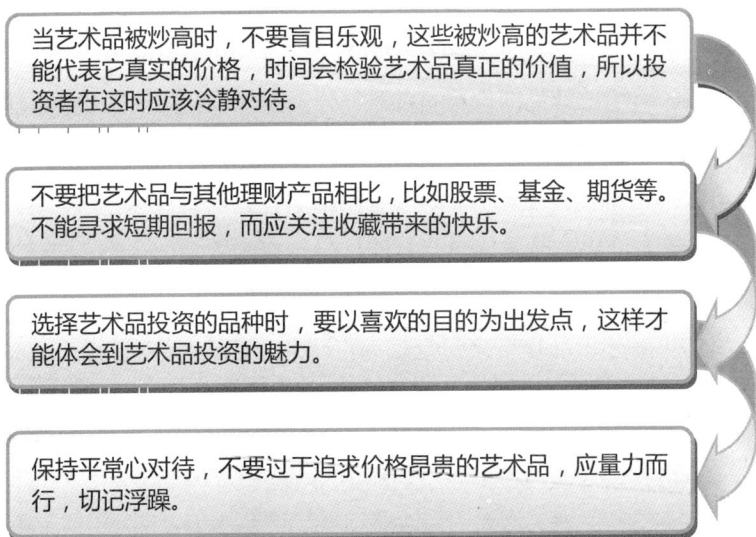

当艺术品被炒高时，不要盲目乐观，这些被炒高的艺术品并不能代表它真实的价格，时间会检验艺术品真正的价值，所以投资者在这时应该冷静对待。

不要把艺术品与其他理财产品相比，比如股票、基金、期货等。不能寻求短期回报，而应关注收藏带来的快乐。

选择艺术品投资的品种时，要以喜欢的目的为出发点，这样才能体会到艺术品投资的魅力。

保持平常心对待，不要过于追求价格昂贵的艺术品，应量力而行，切记浮躁。

图 11-24　艺术品投资的心态

11.5.3　书画投资的四忌三策

在书画投资中，很多书画作品往往被一抢而空。很多投资者也跟随大流，加入"抢书画"的行列中，当这股热流过去以后，很多投资者才清醒过来。

而这时投资者想要脱手手中的书画作品却找不到好的买家，就算脱手，其价格也并不理想。初入书画投资市场的投资者，常常不能辨别书画投资的陷阱，面对后期可能会出现的风险不能提早意识到。

许多投资者在高位时买入书画作品，结果到出手时才发现自己被套牢。对于普通投资者来说，学会辨别陷阱和风险是很重要的。

书画投资需要投资者掌握一定的投资策略，在投资时进行科学的投资，用审慎的眼光对待书画作品。

书画投资过程中有些投资者常常会犯 4 点错误，分别是盲目跟风、只看重眼前利益、只看重知名度、广泛购买书画作品，具体内容如图 11-25 所示。

①盲目跟风

拍卖行、画廊等为了提高书画的价格有时会对书画作品进行包装，或者通过提供作者知名度的方式对作品炒作，以此来抬高书画作品的价格。投资者不能冷静对待追高买入，往往就陷入"圈套"中。

②只看重眼前利益

追高买入的投资者往往没有看到书画的长期价值，而只看到了短期的利益。很多优秀的作品，在刚问世时常常不受关注，等到多年以后人们才会发现其中的价值。这也是为什么书画投资要用长远的眼光对待的原因。

③只看重知名度

有些投资者在购买书画作品时只购买知名度高的作者的作品，比如书法协会、美术协会成员的作品。却忘了作品本身，知名度高的作者不一定所有作品都是优秀的，名气不高的作者也有好的作品。

④广泛购买书画作品

购买不同画派、不同作者的作品，广泛收集。这种做法其实并不科学，书画作品重在精不在多。如果投资者能够专注一两个画派反而会更好，在投资中做到心中有数，才能稳操胜券。

图 11-25　书画投资的 4 忌

　　了解了书画投资的 4 忌，投资者在投资中就要避免有以上几种投资方式。我国书画市场还存在一些问题，市场中的不良现象也时有出现。部分商家被利益所诱惑，以次充好，伪造赝品，一定程度上影响了书画市场的发展。

　　作为书画市场的投资者，要以积极和发展的眼光看待书画市场，在投资中也要掌握一些有效的投资方法。随着书画市场的不断发展、规则的不断完善，书画市场也将健康的成长。面对这样的现状，投资者在投资中可以运用以下策略，如图 11-26 所示。

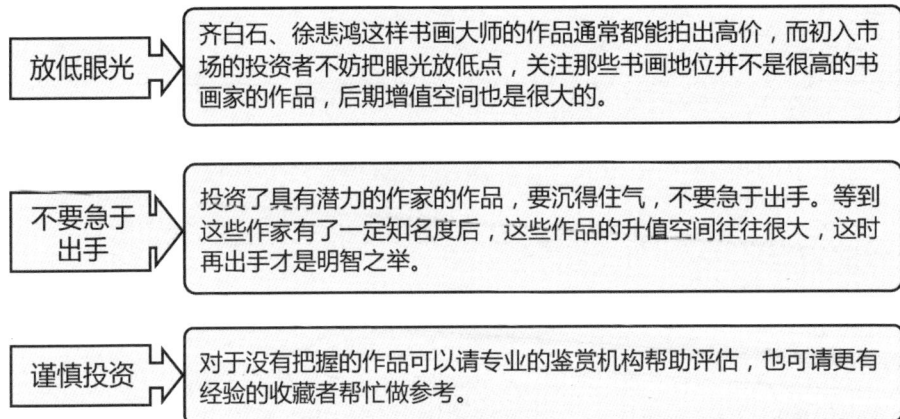

| 放低眼光 | 齐白石、徐悲鸿这样书画大师的作品通常都能拍出高价，而初入市场的投资者不妨把眼光放低点，关注那些书画地位并不是很高的书画家的作品，后期增值空间也是很大的。 |

| 不要急于出手 | 投资了具有潜力的作家的作品，要沉得住气，不要急于出手。等到这些作家有了一定知名度后，这些作品的升值空间往往很大，这时再出手才是明智之举。 |

| 谨慎投资 | 对于没有把握的作品可以请专业的鉴赏机构帮助评估，也可请更有经验的收藏者帮忙做参考。 |

图 11-26　书画投资策略

11.5.4　假邮票的种类和辨别方法

在邮票市场中，真假混合增加了投资者辨别邮票真伪的难度。假邮票的种类很多，造假者的手段也是花样百出，让许多投资者防不胜防。假邮票的种类主要有以下几种，如表 11-2 所示。

表 11-2　假邮票的种类

种　类	说　明
完全的假邮票	这种邮票从用纸、背胶、印制手段、加盖的文字，都是假的，是完全的仿冒品，没有任何一个地方是真的
假背胶邮票	造假者把大小合适、颜色相符的背胶重新涂在脱落背胶的邮票上，以制造背胶干净光洁的假象
假刷色邮票	用化学药剂、摩擦、遮盖等方法，让邮票的颜色发生改变，从而制造出"珍罕品"，抬高邮票原本的价格
假加盖邮票	当加盖票的价格高于原票的价格时，造假者会在原票上加盖；当原票的价格高于加盖票的价格时，造假者会把加盖部分抹去
假齿孔邮票	当无齿邮票价格高于有齿邮票时，造假者把真邮票的齿孔剪掉，使其成为无齿邮票；反之则会在没齿孔的邮票上打上齿孔

种　类	说　明
假纸质的邮票	不同地区、国家、时期的邮票用纸是不同的，伪造者常用杂志或书刊上的邮票图案，人为改变纸张颜色、光洁度
假水印邮票	在制作邮票纸张时会加上水印，这是邮票的防伪标记，伪造者将无水印邮票揭薄，用带水印的邮票从背面进行裱贴

从假邮票的种类其实可以看出造假者造假的方式有哪几种，主要是从邮票的版别、纸张、刷色、票幅、齿孔、背胶这几个方面进行造假。那么在辨别邮票的真伪时也可以从这几个方面入手，具体的辨别方法如图 11-27 所示。

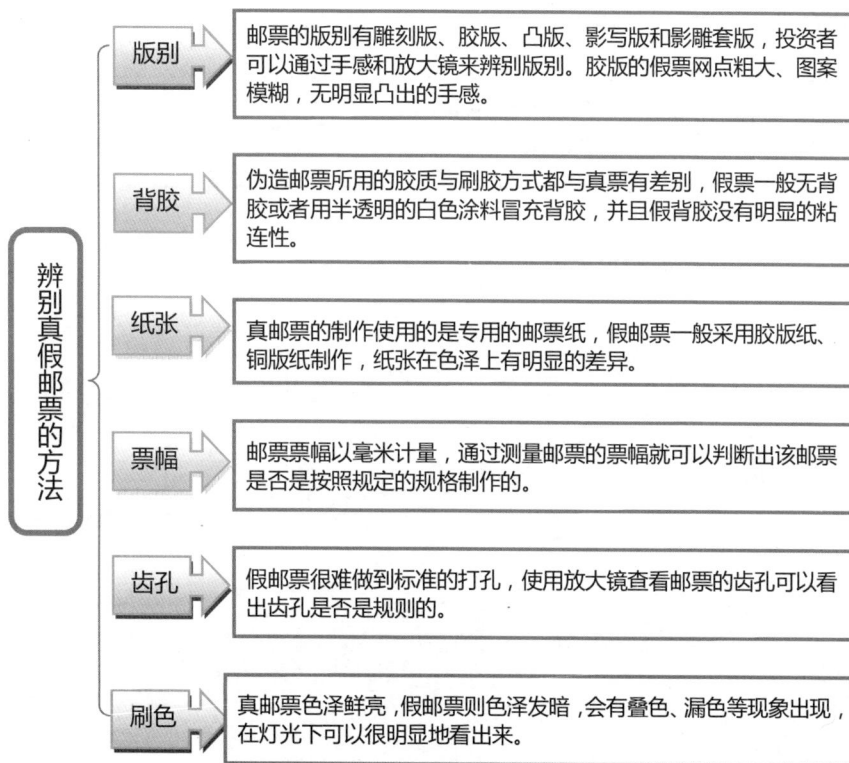

图 11-27　辨别真假邮票的方法

11.5.5　钱币投资的技巧

钱币投资是大众投资者选择较多的一种投资方式，钱币投资最终的目的是获取收益。在钱币市场异常火热的情况下，有人也因此投资失败，导致血本无归。

钱币投资也有一定的投资技巧，不是随随便便收藏几张或者几枚钱币就能获利。那么钱币投资的技巧究竟有哪些呢？如图 11-28 所示。

1. 循序渐进

钱币投资需循序渐进，刚进入钱币投资市场的投资者，可以暂时不考虑购买价格太高的钱币，当有一定的投资经验以后再购买价格较高的钱币，由低到高循序渐进。

2. 制定投资目标

钱币品种繁多，投资者不能见什么就想买什么，而应该制订投资目标和计划。可以以期限为标准，也可以以地区为标准，具体以什么为标准可以根据个人喜好而定。

3. 掌握必备的知识

钱币投资不能一蹴而就，需要投资者长期的积累和学习，以增加个人的辨别能力。平时可以到钱币市场多观察学习。

图 11-28　钱币投资的技巧

Chapter 12

网络化的理财产品
——火爆的网络理财产品

众多的理财产品中网络理财产品是投资者不得不关注的,网络理财产品依托互联网的优势,赢得了大多数投资者的喜爱。但是市场上不全是对网络理财产品支持的声音,仍有人认为网络理财产品存在诸多隐患。

本章要点

◇ 余额宝——收益与消费同时进行

◇ 京东小金库——储蓄的好账户

◇ 活期宝——让活期享受更高的收益

◇ 理财通——在微信里理财

◇ 有利网——创新的理财网站

◇ 百度理财——百度让你"百赚"

◇ 简单认识P2P

◇ 在P2P平台上进行投资

◇ 简单认识众筹

◇ 怎样选择众筹平台和项目

◇ 购买网络理财产品的注意事项

◇ 如何挑选"宝宝"类理财产品

◇ 其他网络理财产品的风险

◇ P2P网贷投资的风险

◇ 怎样选择更好的P2P理财产品

◇ P2P理财和银行理财的比较

◇ 众筹投资的风险

◇ 众筹与P2P网贷的区别

◇ P2P+众筹的创新模式

12.1 火爆的"宝宝"类理财产品

"宝宝"类理财产品实际上是一种货币型基金，它们都具有风险小、投资门槛低的特点。随着互联网金融的发展，银行、基金公司等也都参与到了"宝宝"类理财产品中来，使得"宝宝"类理财产品的品种越来越丰富。

12.1.1 余额宝——收益与消费同时进行

余额宝是支付宝打造的余额增值服务,把钱转入余额宝即购买了由天弘基金提供的余额宝货币基金,可获得收益。余额宝内的资金还能随时用于网购支付,灵活提取。余额宝历史收益走势图如图 12-1 所示。

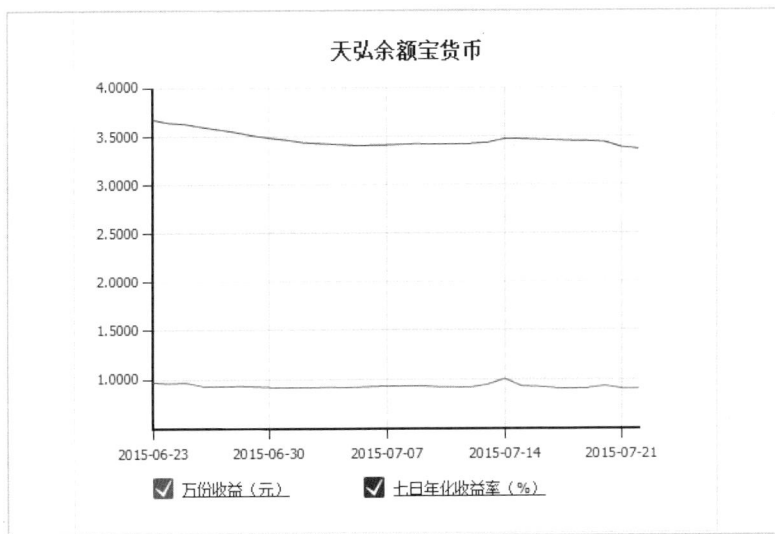

图 12-1　余额宝收益走势图

余额宝属于货币型基金，主要投资于国债、银行存款等安全性高、收益稳定的有价证券。从历史收益来看，这类理财产品收益稳定，风险极小，且投资门槛很低，只需一元便可投资。投资余额宝是很简单的，接下来我们就具体来看看怎样投资余额宝。

【实战案例】在网上购买余额宝

Step01　进入余额宝官方网站(https://yebprod.alipay.com/)，在首页单击"即刻体验"按钮。在打开的页面中输入支付宝账号、密码，单击"登录"按钮，如图 12-2 所示。

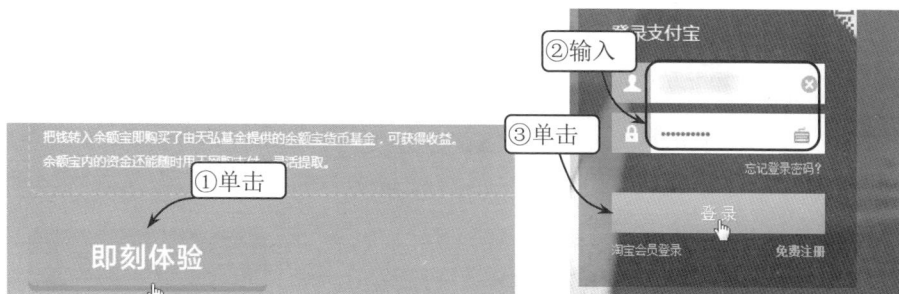

图 12-2　登录支付宝

Step02　在打开的页面中输入转入金额，选择转入方式，比如单击"电脑转入"超链接，再单击"下一步"按钮，如图 12-3 所示。

图 12-3　电脑转入金额

Step03　在打开的页面中选择账户余额支付或者银行卡支付，比如单击"银行卡"按钮。在弹出的页面中输入银行卡卡号，单击"下一步"按钮，如图 12-4 所示。

图 12-4　银行卡支付

Step04　在打开的页面中单击"下一步"按钮，如图 12-5 所示。

Step05　在打开的页面中输入银行卡预留的手机号码，获取手机验证码后输入付款校验码，并输入支付宝支付密码，单击"同意协议并付款"按钮完成支付，即可完成余额宝的投资，如图 12-6 所示。

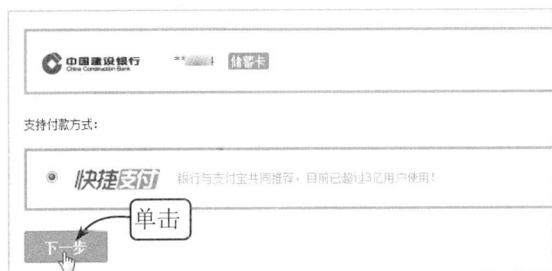

图 12-5　快捷支付

图 12-6　同意协议并付款

🐂 【知识拓展】网上快捷支付额度的限制

　　在网上完成余额宝的投资，支付方式有两种，一种是通过跳转网上银行进行支付，另一种是快捷支付。快捷支付是一种很方便的支付方式，只需要几步就可完成支付，但是有限额的限制。规定快捷支付的单笔限额为 5 万元，每日限额为 5 万元，每月限额为 5 万元，超过限额金额的支付不能支付成功。

　　除了在网上可以完成余额宝的购买以外，通过手机客户端购买也是很方便的。在手机上完成购买，首先需要安装支付宝手机客户端。安装完成后就可以在手机客户端上购买余额宝了，接下来我们就一起来看看具体是怎样购买的。

🐂 【实战案例】在手机客户端购买余额宝

Step01　进入支付宝手机客户端，登录界面后输入账号、密码，点击"登录"按钮。在打开的页面中点击"余额宝"按钮，如图 12-7 所示。

Step02　在打开的页面中点击"转入"超链接。在新打开的页面中，点击"账户余额"超链接，并选择付款方式，比如点击"添加银行"超链接，如图 12-8 所示。

图 12-7　登录余额宝

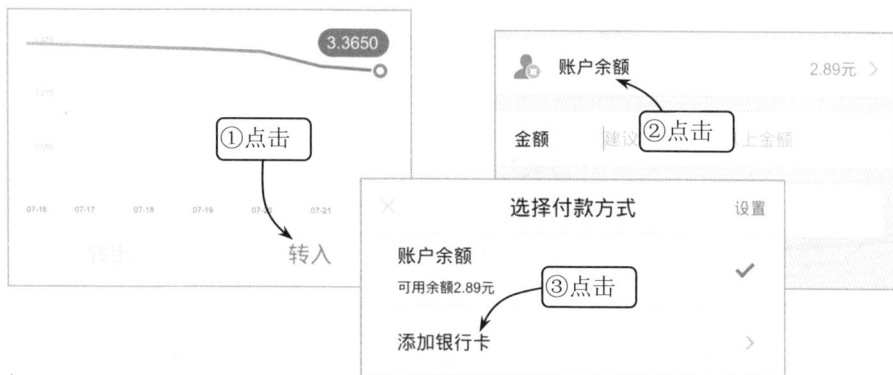

图 12-8　选择付款方式

Step03　在打开的页面中输入银行卡卡号，点击"下一步"按钮，确认个人账号信息后，点击"下一步"按钮，如图 12-9 所示。

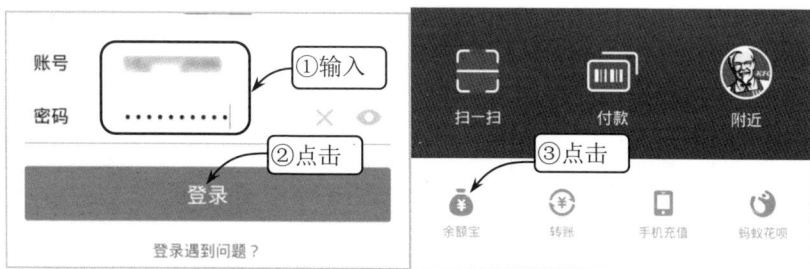

图 12-9　确认个人账号信息

Step04　在打开的页面中系统会自动填写推送到手机的短信校验码，点击"下一步"按钮，完成银行卡的绑定。在新打开的页面中输入金额，点击"确认转入"按钮，如图 12-10 所示。

Step05　在打开的页面中输入支付密码即可完成投资，如图 12-11 所示。

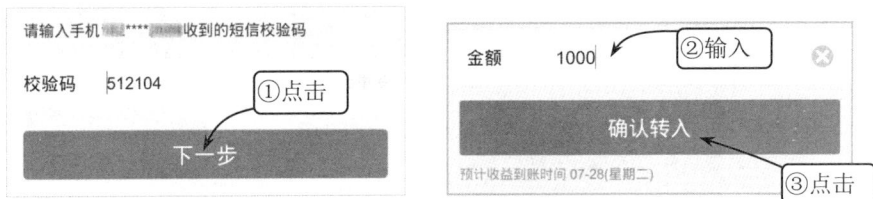

图 12-10　确认转入金额

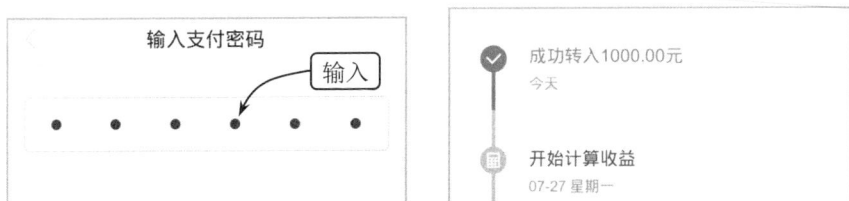

图 12-11　成功转入金额

【专家提醒】余额宝收益的显示时间

　　当天买入余额宝并不能当天就计算收益，不同时间段买入，收益的显示时间是不同的。周四 15:00～周五 15:00 买入，下周二显示；周五 15:00～下周一 15:00 买入，下周三显示; 周一 15:00～周二 15:00 买入，周四显示；周二 15:00～周三 15:00 买入，周五显示; 周三 15:00～周四 15:00 买入，周六显示。

在淘宝理财中，还有一种理财产品叫作招财宝，招财宝的预期收益率比余额宝高，但是投资门槛也比余额宝高。招财宝提供的理财产品有 4 种，分别为借款产品、保险产品、基金产品、应收账款投资产品。

这 4 种理财产品分别对应的起投金额为 100 元、1000 元、100 元、100 元。招财宝的预期收益率高于余额宝,同时投资者承担的风险也更高。招财宝的购买方式也是很简单的，可以在网上购买，也可以在支付宝客户端购买。

但是需要注意的一点是，招财宝产品购买只支持余额宝用户，也就是说没有开通余额宝不能购买招财宝。招财宝的支付方式可以用余额宝的资金支付，也可以选择银行卡或者账户余额支付。

12.1.2　京东小金库——储蓄的好账户

京东小金库是由嘉实基金和鹏华基金共同提供的基金理财增值服务,它是一款和余额宝类似的理财产品。

京东小金库提供两款理财产品，即"活钱包"和"增值宝"，投资资金可随时转出或在京东金融消费使用，转出或消费的金额当天不能计算收益。

京东小金库单笔转入金额为大于或等于 1 分，投资门槛很低。因其有两款理财产品，因此可以在两种理财产品中进行转换。

转换时需把小金库里的全部金额转入网银钱包，再转入另一只基金账户里，转入期间会有 3～7 天的时间没有任何收益，因此在转入时投资者也要谨慎。

> 【知识拓展】京东小金库提现到银行卡的到账时间
>
> 从京东小金库提现到银行卡，不同的银行卡到账时间不一样。T 日到账的有工商银行、建设银行、中国银行、农业银行、邮政储蓄、光大银行、广发银行。T+1 日到账的有交通银行、招商银行、浦发银行、中信银行、上海银行、杭州银行、宁波银行、华夏银行、民生银行。

京东小金库的购买是很简单的，和余额宝的购买相似，但是也有一定的差别，具体的操作流程如图 12-12 所示。

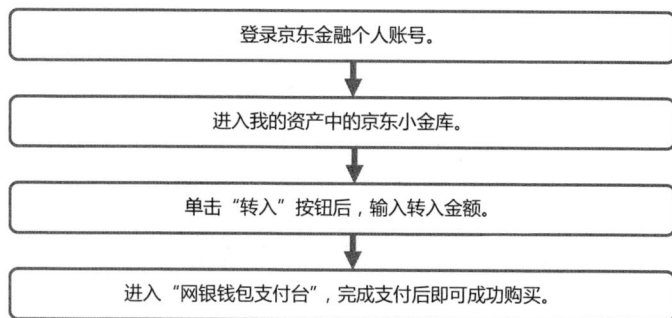

```
登录京东金融个人账号。
        ↓
进入我的资产中的京东小金库。
        ↓
单击"转入"按钮后，输入转入金额。
        ↓
进入"网银钱包支付台"，完成支付后即可成功购买。
```

图 12-12　京东小金库的购买流程

在京东金融里，还有其他理财产品，比如基金类理财产品、票据类理财产品、定期理财产品、固定收益类理财产品。

以上几种理财产品的收益高于京东小金库，但是风险也高于京东小金库。对于愿意承担一定风险而又想获得更高收益的投资者来说，可以考虑这几种理财产品。

12.1.3　活期宝——让活期享受更高的收益

活期宝是天天基金网推出的一款货币基金理财产品，支持个人用户 7×24 小时随时取现、快速到账。活期宝的投资门槛为 100 元起投，在天天基金网上开立账户以后就可以购买活期宝。

活期宝提供的基金产品很多，有宝盈货币 A、长城货币 A、南方现金增利货币 A 级、华安现金富利货币 A、宝盈货币 B、长城货币 B、易方达货币 A 等。

活期宝提供的基金产品很多，因此也可以进行基金互转，但是也有限制。只支持除 B 类货币基金以外的其他活期宝产品，互转最低转入金额为 100 元，没有最高限制，并且互转时关联银行卡内的转出货币基金至少需要保留 0.01 份。

12.2 其他网上理财产品

网络理财产品的低门槛，投资方式简单快捷，通常足不出户就可以投资，并且投资网络理财产品还可以节省一部分费用。

从网络理财产品的收益来看普遍高于存款储蓄，有些甚至高于银行理财产品，接下来我们就来看看其他网上理财产品。

12.2.1 理财通——在微信里理财

微信相信很多人都不陌生，它是腾讯公司推出的一个为智能终端提供即时通讯服务的免费应用程序。

微信里的理财公司叫作理财通，理财通里的理财产品也是丰富多样的，包括稳健理财专区、保险理财专区、指数基金专区。

【实战案例】在微信里购买稳健理财专区的理财产品

Step01 进入手机微信客户端，登录个人账号后，点击"我"按钮，在打开的页面中点击"钱包"超链接，如图 12-13 所示。

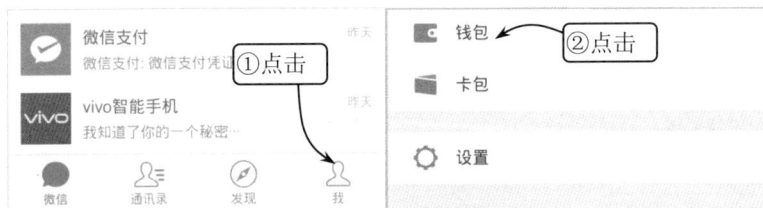

图 12-13 登录微信

Step02 在打开的页面中单击"理财通"超链接，再点击"我要理财"按钮，如图 12-14 所示。

Step03 在打开的页面中点击"稳健理财专区"超链接，再选择要投资的稳健型理财产品，比如点击"华夏基金财富宝"超链接，如图 12-15 所示。

图 12-14 选择理财通

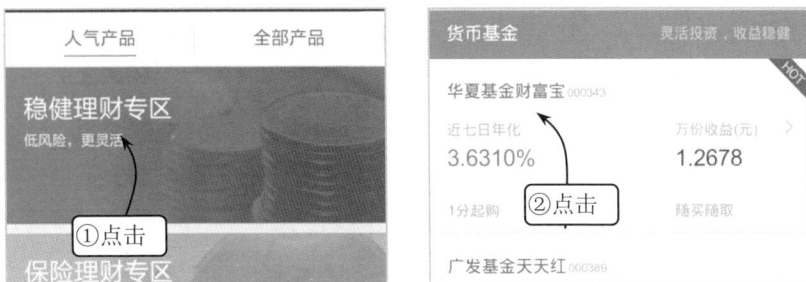

图 12-15 选择理财产品

Step04 在打开的页面中查看风险提示，点击"买入"按钮，在新打开的页面中输入买
入金额，选择支付方式(理财通余额不足可使用银行卡支付，没有绑定银行卡
需先绑定银行卡后再支付)，选中"同意服务协议及风险提示"复选框，点击
"立即买入"按钮，再输入微信支付密码即可，如图 12-16 所示。

图 12-16 输入微信支付密码

1. 保险理财专区

保险理财专区的理财产品风险中等，它是由保险公司发行的一种理财产品，比货币基金的风险高，适合有一定风险承受能力的投资者。它的主要产品有万能险、投连险、分红险等。

这类理财产品一般不保证收益和本金，投资的范围主要是银行存款、短期债券以及其他证券化金融产品。它的起购金额为1000元，因此不愿意承担风险的投资者不适合投资此类理财产品。

2. 指数基金专区

指数基金是由基金公司运作，以某一指数为投资对象。它的风险等级高，紧跟股票涨跌的步伐，股票上涨就获利，股票下跌即亏损。这类理财产品申购和赎回都要收取一定的手续费。它适合没有太多精力研究股票市场，又想跟随股市获利，并且能承受一定风险的投资者。

指数基金的风险较高，因此在投资前需要完成风险能力测试，判断个人是否适合投资此类产品。它的购买方式也是很简单的。

【实战案例】在微信里购买指数基金

Step01 进入"我要理财"专区后，点击"指数基金专区"超链接，在打开的页面中点击要购买的基金，比如点击"工银沪深300指数"超链接，如图12-17所示。

图12-17　选择购买的基金

Step02 在打开的页面中点击"我知道了"按钮，再阅读买入须知，点击"买入"按钮，如图12-18所示。

Step03 在打开的页面中完成风险测评，根据自身情况点击不同答案的超链接，完成以后点击"提交"按钮，如图12-19所示。

Step04 在打开的页面中点击"我已了解，立即买入"按钮，再输入买入金额，选中"同意服务协议及风险提示"复选框，点击"立即买入"按钮，如图12-20所示。

接基金了两种类型。ETF联接基金无需开通股票账户即可申购赎回，理财通目前提供ETF联接基金、普通指数基金。

例如：易方达沪深300ETF联接基金是跟踪沪深300指数的基金，申购费率一般打折后为0.6%，赎回T+2到账。沪深300指数是由沪深A流动性好的300只股票组成的指数。

①点击

我知道了

买入须知　　　　　净值说明

风险等级　　　　　　　　　　　　　高

买入规则　　　　　　　随时可买，100元起

取出规则　　　　　　最低10份起，T+2到账

净值公布时间　　　　交易日当晚或第二天凌晨

6月15日前免申购费

②点击

买入

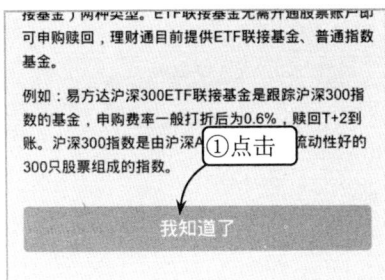

图 12-18　阅读买入须知

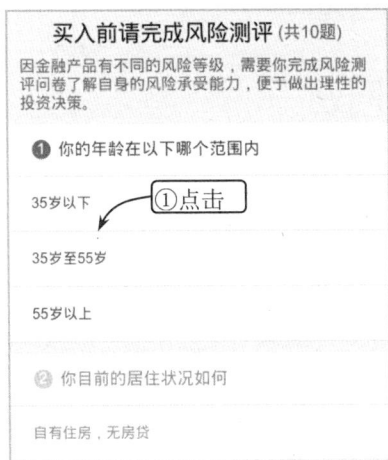

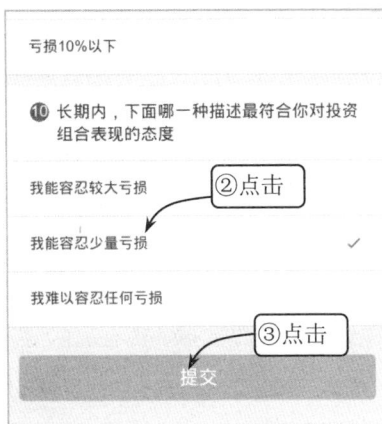

买入前请完成风险测评 (共10题)

因金融产品有不同的风险等级，需要你完成风险测评问卷了解自身的风险承受能力，便于做出理性的投资决策。

❶ 你的年龄在以下哪个范围内

①点击

35岁以下

35岁至55岁

55岁以上

❷ 你目前的居住状况如何

自有住房，无房贷

亏损10%以下

❿ 长期内，下面哪一种描述最符合你对投资组合表现的态度

我能容忍较大亏损

②点击

我能容忍少量亏损　　　　　　　✓

我难以容忍任何亏损

③点击

提交

图 12-19　完成风险测试

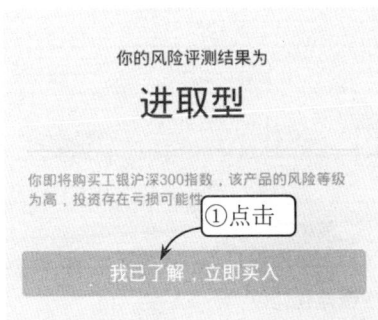

你的风险评测结果为

进取型

你即将购买工银沪深300指数，该产品的风险等级为高，投资存在亏损可能

①点击

我已了解，立即买入

买入工银沪深300指数　　　　交易规则

买入金额　　1000.00

②输入

申购费 约5.96元，预计7月27日根据7月24日的单位净值确认份额

支付方式

✓ 安全卡(民生银行　　　　)　　　查看限额

理财通余额(0.00元)　　　　　余额不足

③选中

✓ 同意 服务协议及风险提示

④点击

立即买入

图 12-20　填写买入金额

Step05 在打开的页面中点击"确认买入"按钮，输入支付密码完成支付即可，如图 12-21 所示。

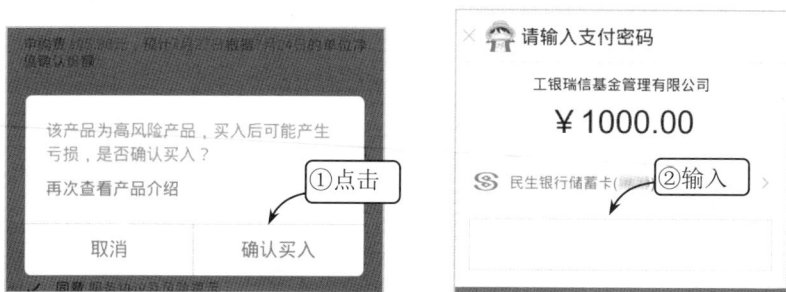

图 12-21　确认买入

12.2.2　有利网——创新的理财网站

有利网是互联网理财平台,投资者可以将自己手中闲置的资金通过有利网平台出借给其他有资金需求的个人或者金融机构,以此获得投资收益。有利网目前提供了 3 款理财产品，分别是无忧宝、定存宝、月息通。

无忧宝类似于银行活期存款,适合有闲置资金但是短期又不确定是否要使用的投资者,它的优点是可随存随取。定存宝类似于银行短期存款适合有一定资金,且短期内不会使用的投资者。月息通适合需要现金流的投资者,一次性存入一定的金额,利息每月返还。在有利网上投资理财产品主要有 4 大步骤，如图 12-22 所示。

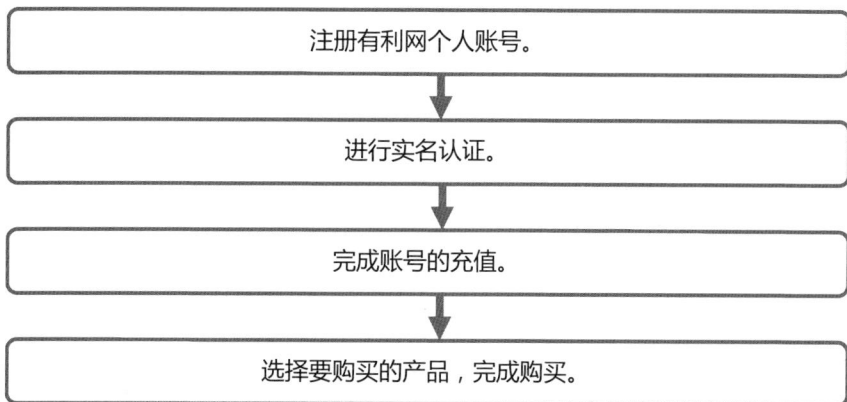

注册有利网个人账号。

进行实名认证。

完成账号的充值。

选择要购买的产品，完成购买。

图 12-22　有利网投资流程

投资了有利网上的理财产品后,想要计算投资收益,可以通过收益计算器计算,也可以事先计算收益后,再考虑要投资哪种理财产品。

【实战案例】计算投资收益

Step01 打开有利网官方网站(http://www.yooli.com/)，在首页单击"收益计算器"超链接，如图 12-23 所示。

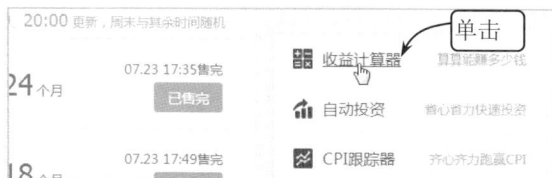

图 12-23 收益计算器

Step02 在打开的页面中选中要计算的投资产品单选按钮，比如选中"定存宝"前的单选按钮，输入投入金额，选择定存宝类型，单击"计算"按钮即可，如图 12-24 所示。

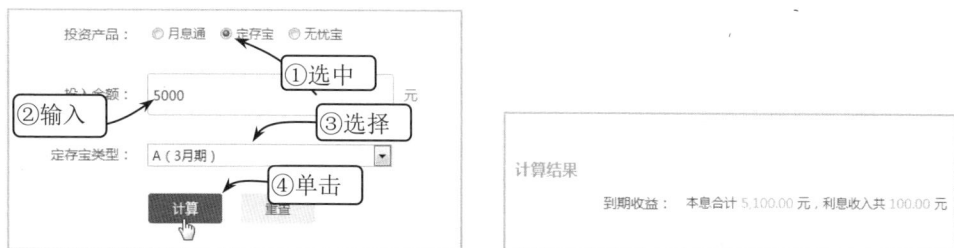

图 12-24 计算结果

如果投资不知道自己要选择什么样的理财产品，可以通过有利网的收益对比器对比不同产品的收益，但需要注意的是，收益越高意味着承担的风险也会越高。

【实战案例】对比理财产品收益

Step01 在有利网官方网站单击"收益对比器"超链接，如图 12-25 所示。

图 12-25 收益对比器

Step02 在打开的页面中输入投入金额，选择投入时长，单击"计算"按钮即可，如图 12-26 所示。

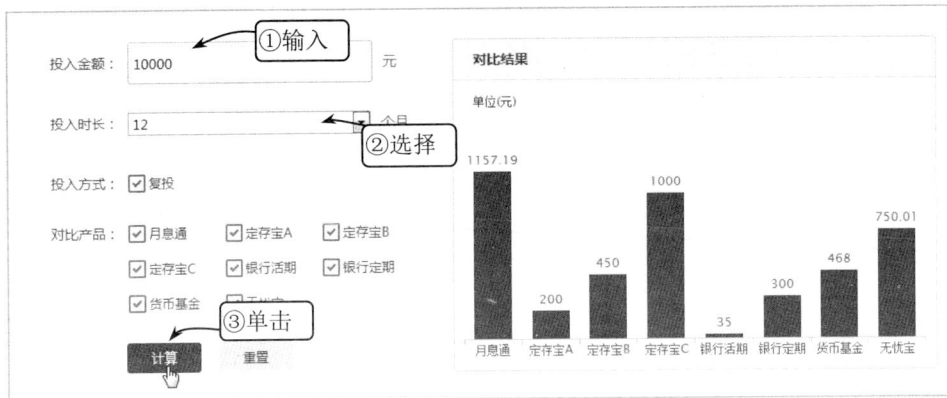

图 12-26　计算对比结果

12.2.3　百度理财——百度让你"百赚"

百度理财是百度钱包旗下专业化理财平台，它的理财产品主要有百度理财 B、百发、百赚、百赚利滚利版、百赚 180 天、百赚 365 天、百发 100 指数等。图 12-27 所示的是百度理财官方网站首页。

图 12-27　百度理财官方网站首页

在百度理财里购买理财产品同样需要注册，并且要进行实名认证，绑定银行卡以后才能购买理财产品。实名认证页面如图 12-28 所示。

百度理财提供的理财产品是很丰富的，那么它们都有什么特点呢？接下来我们就一起来认识百度理财中比较火爆的几种理财产品。

1. 百发 100

百发 100 是广发中证百度百发策略 100 指数型证券投资基金的简称，由广发银行、百度、中证指数基金联合推出的一款基金产品，投资限额为 100 万元，如果超出限额投资，它的指数构成为创业板 5%、深证主板 25%、中小板 39%、上证主板 31%。

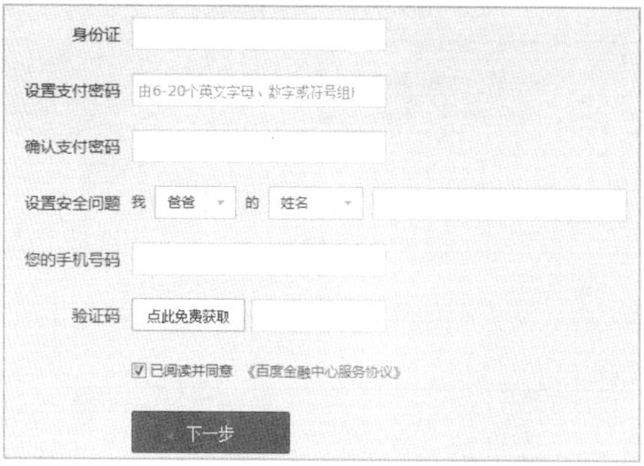

图 12-28 实名认证页面

2. 百赚利滚利

百赚利滚利是一款货币基金产品，它的特点在于基金份额确认后，按日计算复利，节假日也有收益，投入的资金可随时取出，每天都可以查看收益。收益显示时间如表 12-1 所示。

表 12-1 收益显示时间

购买时间	收益计算时间	收益显示时间
周四 15:00～周五 15:00	下周一(不可享受周六、周日收益)	下周二
周五 15:00～下周 15:00	下周二	下周三
周一 15:00～周二 15:00	周三	周四
周二 15:00～周三 15:00	周四	周五
周三 15:00～周四 15:00	周五(可享受周六、周日收益)	周六

3. 百赚 365 天

百赚 365 天理财产品，从它的名称就可以看出来，有投资期限的限制。

投资者购买该款产品需持有 365 天，如果提前赎回会被收取一定的费用，起购金额为 1000 元。购买该产品需要投资者上传个人身份证影像电子档，用银行卡购买该产品对支付的银行卡有限额的要求，如表 12-2 所示。

表 12-2　银行卡限额

单位：元

银　行	单　笔	单　日	单　月
工商银行	5 万	5 万	无限制
建设银行	1 万	1 万	5 万
中国银行	20 万	无限制	无限制
农业银行	5 万	10 万	无限制
招商银行	3 万	3 万	5 万
浦发银行	5 万	5 万	无限制
光大银行	5 万	5 万	无限制

4. 中证 500

中证 500 是广发中证 500ETF 联接指数型证券投资基金的简称，它的投资范围为 90%～95%股票，5%左右政府债券。因其主要投资的是沪深两市的股票，因此风险也较大。根据年限不同，申购费也不同，如表 12-3 所示。

表 12-3　申购费用

持有时间	赎回费率
小于一年	0.5%
大于或等于一年小于两年	0.3%
大于或等于两年	0

12.3　P2P 网贷理财

P2P 网贷平台如今是大多数投资者关注的焦点，由于股票投资的波动幅度较大，部分投资者在股市中损失了不小的资金，于是很多投资者也加入到了 P2P 理财中。

12.3.1　简单认识 P2P

P2P 网贷投资具有门槛低、收益稳定的特点。近几年 P2P 网贷平台的数量迅速增长，常见的有人人贷、拍拍贷、宜人贷等，P2P 网贷平台运作方式如图 12-29 所示。

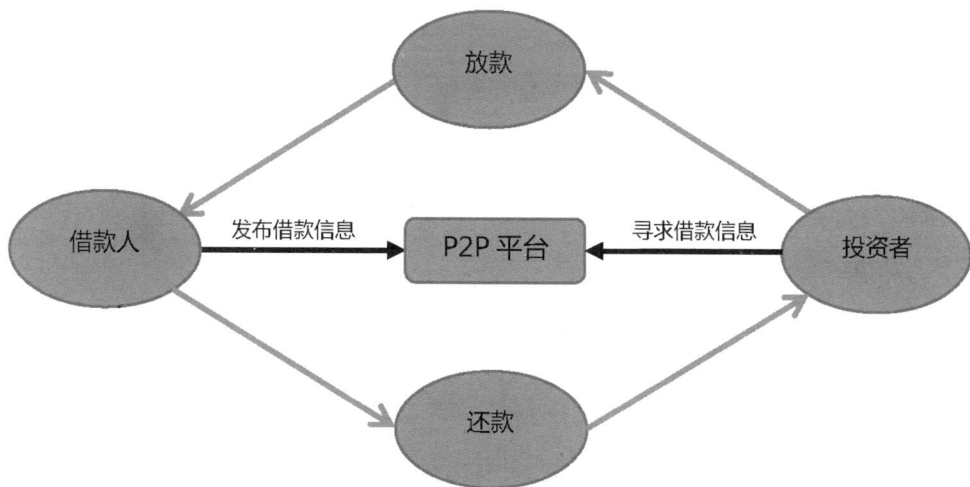

图 12-29　P2P 平台运作方式

12.3.2　在 P2P 平台上进行投资

在 P2P 平台上进行投资，投资者需要做的第一件事就是选择 P2P 平台。在多起 P2P 平台非法集资的事件发生并被曝光以后，引起了投资者对 P2P 平台的合法性和安全性的重视。那么投资者到底应该怎样选择 P2P 平台呢？具体可以参照如图 12-30 所示的方法。

1　查看 P2P 平台是否有网站 ICP 备案、营业执照、税务登记证等证明公司的文件。

2　查看投资资金是否有第三方托管或者担保公司提供担保。

3　查看平台的信誉度、风险控制措施是否完善。

4　查看平台的审核程序是否完善，是否知晓借款人的详细信息。

图 12-30　选择 P2P 平台的方法

那么我们就具体来看看怎样通过以上的方法来判断 P2P 平台是否合规。

【实战案例】选择合规的 P2P 平台

Step01 我们以人人贷为例，查询人人贷平台的营业执照，查询人人贷的官方网站是否已经通过备案，可以在站长之家查询。进入站长之家(http://tool.chinaz.com/)官方网站，在人人贷官方网站首页输入域名或备案号，单击"查询"按钮，如图 12-31 所示。

图 12-31　查询域名

Step02 人人贷的营业执照可以在全国企业信用信息公示系统的官方网站上查询，进入全国企业信用信息公示系统官方网站(http://qyxy.baic.gov.cn/)，在首页单击"北京"超链接，再输入企业名称，单击"搜索"按钮，如图 12-32 所示。

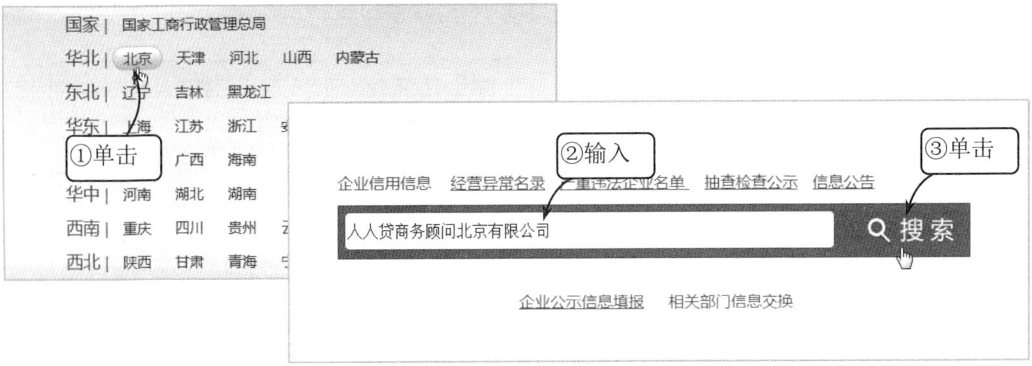

图 12-32　搜索要查询的公司

Step03 在打开的页面中输入验证码，单击"搜索"按钮，再单击"人人贷商务顾问(北京)有限公司"超链接即可，如图 12-33 所示。

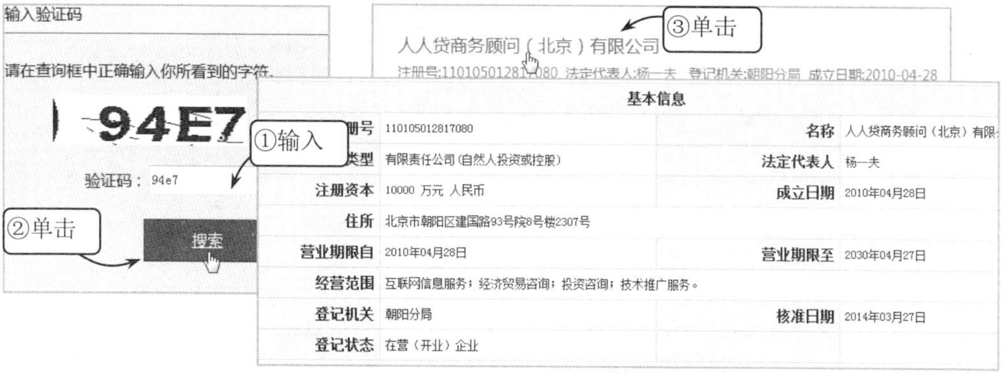

图 12-33　公司基本信息

　　从上图查询的结果可以得知人人贷企业是真实存在的,查看平台的风控措施以及平台信誉度可以到平台的官方网站上进行查询。

【实战案例】在官方网站上查询风控措施

　　同样以人人贷为例,首先进入人人贷官方网站(http://www.renrendai.com/),在首页可以看到人人贷平台风险金账户是由民生银行托管的,要查看更详细的信息,可以单击其超链接查看,图 12-34 所示的是人人贷关于本金保障计划和政策法规保障的内容。

　　了解了 P2P 平台是否合规以后就可以在平台上进行投资了,投资流程也是很简单的。只是不同的平台因其官方网站页面有差异,具体操作步骤会有相应的区别,以人人贷为例,在人人贷上进行投资有以下流程,如图 12-35 所示。

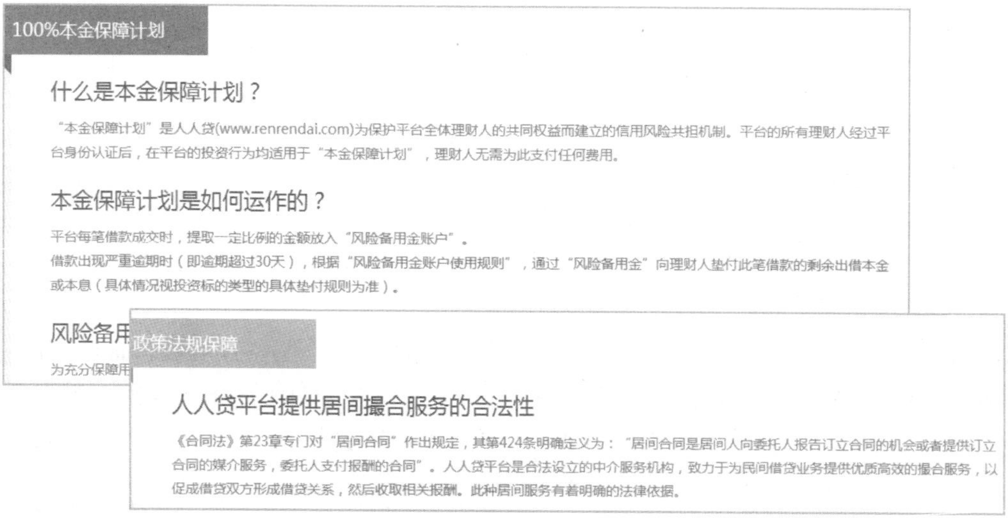

图 12-34　人人贷的风控措施

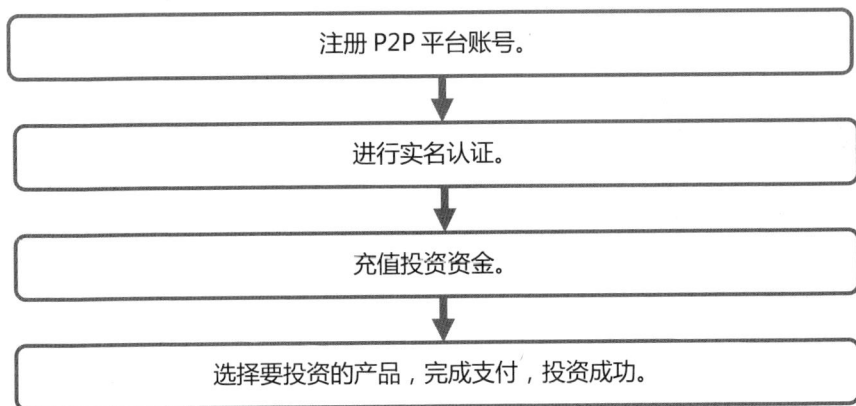

图 12-35　人人贷投资流程

不同的 P2P 平台提供的理财产品是不同的。人人贷提供了 4 款理财产品，分别是薪计划、U 计划、散标投资、债权转让。

薪计划是针对工薪族理财需求打造的理财产品，用户可在每月固定日期加入固定金额，投资期满后取回本金和收益。

U 计划是本金自动循环出借及到期自动转让退出的理财产品，特点是利息收益可选择每月复投或返还。

散标投资的借款人主要是普通大众，因为资金周转、装修等原因需要借款，投资者投资散户，以此获取利息收益。

债权转让是当有人需要流动资金时，通过出售其名下的债权给其他投资人，从而完成债权转让。投资者获得债权，转让人获得资金。

了解了人人贷的理财产品种类后，我们来看看其他 P2P 品台提供了哪些理财产品，通过了解不同产品的优势，可以帮助选择更好的理财产品。

1)　宜人贷

宜人贷是宜信旗下的 P2P 网贷平台，它的理财产品叫作宜定赢，是固定期限类理财咨询服务，它不同于银行理财产品。出借人把资金出借给宜人贷平台上的精英标用户，通过智能投标、循环出借的方式，提高资金的流动率和利用率，从而增加实际收益。

2)　积木盒子

积木盒子平台中的理财产品有活期理财产品和定期理财产品，活期理财产品通过用户下达投标指令，系统自动进行债券转让，以满足投资者资金流动性的需求，进而实现灵活投资并获取收益。其他固定收益的理财产品包括房产周转融资产品、个人贷款产品等。

12.4　新颖的众筹理财

在互联网金融已经被大多数人接受的时代，众筹起源于美国，进入我国以后得到了迅速发展。各种众筹平台也得到了较快的发展，众筹模式的兴起拓宽了融资者的渠道，同时也拓宽了投资者投资的渠道。

12.4.1　简单认识众筹

现代众筹通过互联网平台发布筹款项目募集资金，众筹具有大众性的特点。不论怎样身份、职业、性别的人都可以发起众筹项目。它的项目类别也是多种多样的，可以是科技、影视、设计、漫画等。众筹平台有很多，投资者在众筹平台上支持项目，众筹成功后获得相应的回报，接下来我们就简单认识一下常见的众筹平台。

1. 淘宝众筹

淘宝众筹是依托淘宝网的众筹平台，要成为淘宝众筹的支持者需有一个淘宝账号。支持者通过支付一定金额预购款项的方式，支持项目。它的项目类别包括科技、农业、动漫、设计、公益、娱乐等，成为淘宝众筹项目的支持者是很简单的。

【实战案例】在淘宝众筹上支持项目

Step01　进入淘宝众筹官方网站(http://hi.taobao.com/)，在首页"浏览项目"下拉菜单中选择要支持的项目，比如选择"动漫"选项。在打开的页面中单击要支持的项目的超链接，比如单击"乐扣乐扣大圣归来纪念版娃娃水杯首发"超链接，图12-36所示。

图 12-36　淘宝众筹首页

Step02 在打开的页面中单击"我要支持"按钮，再单击"支持"按钮，图 12-37 所示。

图 12-37　我要支持页面

Step03 在打开的页面中输入个人淘宝账号、密码，单击"登录"按钮，再单击"提交订单"按钮，完成支付即可，如图 12-38 所示。

图 12-38　提交订单

在淘宝众筹上的支持项目中获得的收益可能并不像投资股票、基金等是获得投资利息收益，而是获得实物或者服务等。

2. 京东众筹

京东众筹的项目分为产品众筹、股权众筹、轻众筹 3 大类别。产品众筹是指支持某一特定的产品。股权众筹是指支持某一企业，当所支持的企业获得成功后投资者就可以获得相应的收益。

股权众筹存在风险，对投资者要求较高，要求投资者具备一定的风险承受能力，需有一定资金，且 3～5 年内没有动用资金的打算。轻众筹的投资要求很低，一元就可以参与众筹项目。

3. 众筹网

众筹网是一家综合类众筹平台，提供股权众筹、房产众筹、奖励众筹等多种众筹项目。

在众筹网上支持股权众筹采取预约支持的方式，并且缴纳一定的保证金。

投资人按照每笔认购意向金额的1%缴纳保证金。投资人不存在放弃认购等违约行为，但最终众筹失败，保证金将解冻并退还给该投资人。如果要在众筹网上支持项目，首先需要注册平台账号。

【实战案例】在众筹网上注册账户

Step01 进入众筹网官方网站(http://www.zhongchou.com/)，在首页单击"快速注册"按钮，图如12-39所示。

图12-39　进入众筹网官网

Step02 在打开的页面中输入手机号码、验证码、手机短信验证码、密码，单击"注册"按钮即可，如图12-40所示。

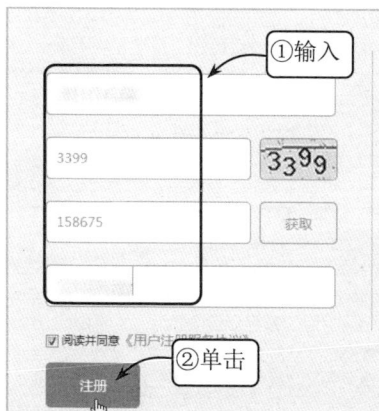

图12-40　填写注册信息

完成账号注册后，可以选择项目进行支持。通过支付宝、网银等完成支付后即可完成项目的支持。

4. 大家投

大家投是股权众筹平台，投资股权众筹需注册大家投凭他账号并缴纳100元认筹诚意金才能获得认筹资格，获得认筹资格后，只要投资人不反悔，永远拥有对每个项目认筹的机会，诚意金缴纳以后不能申请退款。

在大家投上认筹项目，类似投资公司股票。投资者可获得企业利润分红或对自己所持股票溢价转让收益。投资的企业主要为初创期的企业，投资风险较大。

支持者认筹项目可以进行询价，创业者可以选择拒绝或接受。投资人只可对一个项目进行 2 次询价，超过 2 次只有无条件接受项目最终估值认筹资格，或者取消询价资格。

5. 其他众筹平台

互联网众筹平台还有很多，除了上面提到的以外，还有大伙投、人人投、天使汇等。不同的平台提供的众筹项目是不同的，投资者可以在不同众筹平台的官方网站上进行了解，再综合比较选出适合自己的项目。

12.4.2　怎样选择众筹平台和项目

并不是所有的众筹平台都是安全的，在选择众筹平台时就要注意平台的安全性。由于平台很多，选择适合自己的众筹平台就显得尤为重要。在选择平台和项目时，投资者可以关注如图 12-41 所示的几点。

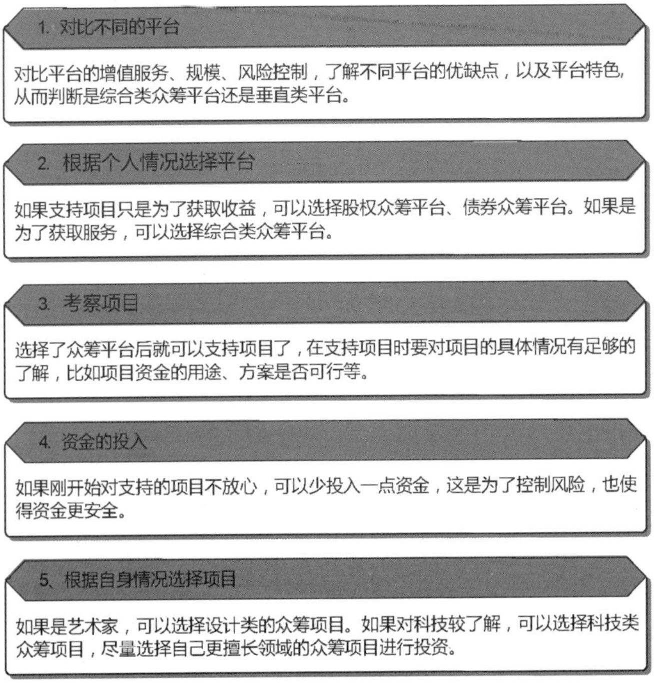

1. 对比不同的平台
对比平台的增值服务、规模、风险控制，了解不同平台的优缺点，以及平台特色，从而判断是综合类众筹平台还是垂直类平台。

2. 根据个人情况选择平台
如果支持项目只是为了获取收益，可以选择股权众筹平台、债券众筹平台。如果是为了获取服务，可以选择综合类众筹平台。

3. 考察项目
选择了众筹平台后就可以支持项目了，在支持项目时要对项目的具体情况有足够的了解，比如项目资金的用途、方案是否可行等。

4. 资金的投入
如果刚开始对支持的项目不放心，可以少投入一点资金，这是为了控制风险，也使得资金更安全。

5. 根据自身情况选择项目
如果是艺术家，可以选择设计类的众筹项目。如果对科技较了解，可以选择科技类众筹项目，尽量选择自己更擅长领域的众筹项目进行投资。

图 12-41　选择众筹平台和项目的要点

12.5　网络理财产品投资要点

面对种类繁多的网络理财产品，很多投资者常常不明白自己要选择怎样的产品。随着互联网金融的发展，网络理财产品的风险也日益凸显出来，因此在购买时仍不能掉以轻心。

12.5.1　购买网络理财产品的注意事项

我们在购买网络理财产品时往往只看到了其产品的优点，却忽略了可能带来的风险，而有些产品并没有风险提示，使得投资者误入了理财产品的误区中，在购买网络理财产品时投资者要注意以下事项，如图 12-42 所示。

加强风险意识

在购买传统的理财产品时，会有专业的理财顾问讲解产品构成以及可能的风险。而在购买网络理财产品时，我们常常只看到产品收益性，投资者也容易被高收益所吸引，并没有考虑风险因素的存在。投资者在购买时就应该加强风险意识，注意看清楚风险提示以及合同的条款内容。

提高鉴别能力

不合法的网络理财产品是存在的，有些机构把某些不合规的产品进行包装打造成理财产品进行销售。而这种产品往往打着高收益的旗号，投资者被高收益吸引以后，没有考究该产品是否合法，结果常常血本无归。

注意资金安全

购买网络理财产品需要把资金充值到平台账号里，或者通过第三方平台支付。但是这种方式本身存在一定的风险因素，如果网络环境遭受病毒或者木马的攻击，就可能导致资金的损失。

看清收益率

网络理财产品的收益率一般都是预期收益率，如果是固定收益的产品，收益率也可能显示的是年化收益率。年化收益率是以一年为期限计算的收益率，而投资者投资获得的收益，实际上是按产品的投资期限计算的。

控制投资额度

有些投资者认为网络理财产品的收益很高，因此就把所有资金都投入到网络理财产品中。这种做法是不正确的，为了尽可能的保证资金的安全，建议投入到一种理财产品中的资金不宜太多，每笔投资金额不宜超过一万元。

图 12-42　投资网络理财产品的注意事项

12.5.2　如何挑选"宝宝"类理财产品

"宝宝"类理财产品多是货币基金产品，这类产品的风险较小。随着"宝宝"类理财产品的增多，怎样选择理财产品就成了很多投资者比较关心的问题了。选择适合自己的"宝宝"类理财产品要做到以下几点，如图 12-43 所示。

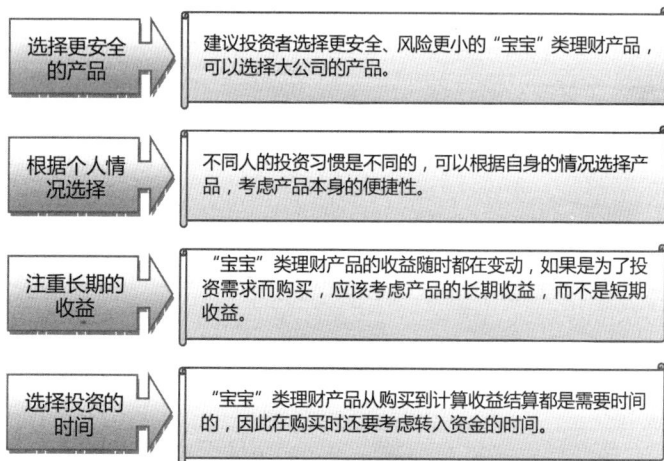

选择更安全的产品	建议投资者选择更安全、风险更小的"宝宝"类理财产品，可以选择大公司的产品。
根据个人情况选择	不同人的投资习惯是不同的，可以根据自身的情况选择产品，考虑产品本身的便捷性。
注重长期的收益	"宝宝"类理财产品的收益随时都在变动，如果是为了投资需求而购买，应该考虑产品的长期收益，而不是短期收益。
选择投资的时间	"宝宝"类理财产品从购买到计算收益结算都是需要时间的，因此在购买时还要考虑转入资金的时间。

图 12-43　选择"宝宝"类理财产品的要点

了解了"宝宝"类理财产品选择的要点后，那么在实际的投资中又如何进行投资呢？接下来我们就具体来看看实际投资中应该怎样运用。

1. 转入时间的选择

以余额宝为例，我们已经知道了余额宝资金转入时间对应的收入显示时间。如果投资者选择在周四 15:00～周五 15:00 转入，收益的显示时间是下周二；如果是周五 15:00～下周一 15:00 转入，收益的显示时间是下周三。这两个时间段转入，投资者都不能获得周末两天的收益，很明显选择在这两个时间段转入是不划算的。

如果投资者刚好在这两个时间段准备投资余额宝，不妨等几天，过了周末以后再转入。因为周末两天资金存在银行卡里是能够计算活期收益的，而转入到余额宝中是没有任何收益的。虽然这样的收益是微乎其微的，但是作为投资者来说，树立这样的投资意识是有必要的。

2. 根据消费习惯选择

不同的人消费习惯是不同的，部分投资者习惯于网购，部分投资者并不热衷于网购。

因为个人消费习惯的不同，在选择"宝宝"类理财产品时就有不同的选择。如果是习惯网购的投资者，可以选择投资余额宝、京东小金库这样既可以消费又可以投资的产品。

对于不习惯网购的投资者，则可以选择其他平台的"宝宝"类理财产品，比如活期宝、百度百赚等。

3. 对比收益率

"宝宝"类理财产品虽然都属于货币基金产品，但是不同的产品收益率是不同的。投资者可以挑选几种不同的产品，再比较其收益率。我们来看看几种"宝宝"类理财产品的收益率，如图 12-44 所示。

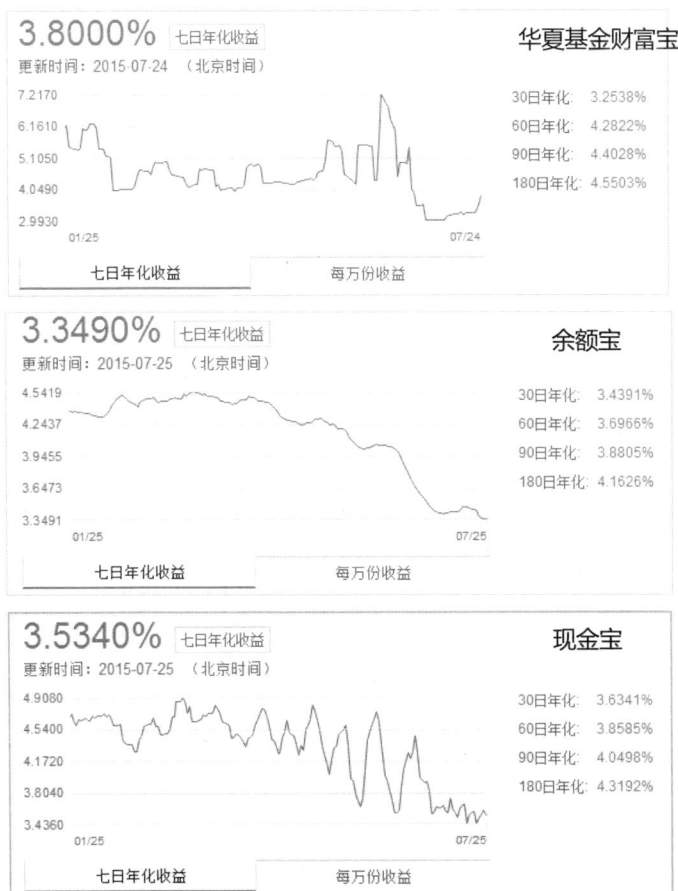

图 12-44　几种"宝宝"类理财产品的七日年化收益率

从图 12-44 可以看出,华夏基金财富宝的七日年化收益率在 3.8%左右,余额宝在 3.3%左右，现金宝在 3.5%左右。再对比三者之间的 30 日年化收益率、60 日年化收益率、90

日年化收益率、180 日年化收益率，整体来看，华夏基金财富宝的收益率更高。

另外，我们看到的"宝宝"类理财产品收益率为七日年化收益率和万份收益。七日年化收益率是指货币基金最近七日的平均收益水平，这表示短期的收益情况。因为收益率随时在变动，在对比时不能只看七日年化收益率，还要结合 30 日、60 日等的收益率来看。每万份收益是指货币基金投入一万元能够取得的收益。

12.5.3 其他网络理财产品的风险

网络上的"宝宝"类理财产品还有固定收益理财产品、票据类理财产品、指数基金类理财产品。固定收益类理财产品风险较小，但是也要选择正规的、能够保证收益的平台，而票据类、指数基金类的风险则较大。

票据类理财产品是商业银行将持有的票据以约定的利率转让给基金、信托中介等金融机构，金融机构再出售给投资者。这类产品往往打着零风险、高收益的口号，但是背后其实存在很多风险隐患，如图 12-45 所示。

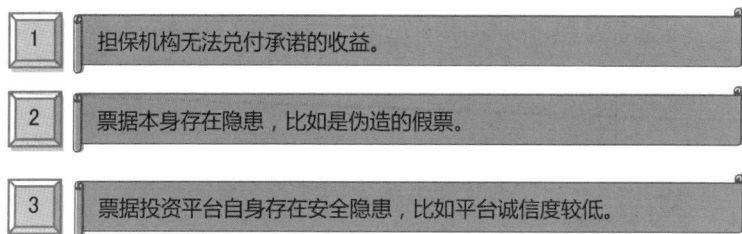

1	担保机构无法兑付承诺的收益。
2	票据本身存在隐患，比如是伪造的假票。
3	票据投资平台自身存在安全隐患，比如平台诚信度较低。

图 12-45 票据类理财产品的风险

固定收益类理财产品的投资资金多用于投资银行存款和短期债券，在了解债券投资时我们也知道了债券投资存在一定风险。相应的固定收益类理财产品也就存在风险，并且固定收益率理财产品都有一定的投资期限，在投资期间投资者不能取回投资资金。部分平台支持提前赎回，但是会收取一定的手续费。

指数基金类理财产品的风险是显而易见的，在购买这类产品时投资者要考虑自身的风险承受能力，并且在购买时就了解清楚风险提示，如图 12-46 所示。

⚠ 风险提示

基金不同于银行储蓄和债券等能够提供固定收益预期的金融工具，投资人购买基金，既可能按其持有份额分享基金投资所产生的收益，也可能承担基金投资所带来的损失。

基金管理人承诺以诚实信用、勤勉尽责的原则管理和运用基金资产，但不保证本基金一定盈利，也不保证最低收益。基金管理人提醒投资人基金投资的"买者自负"原则，在做出投资决策后，基金运营状况与基金净值变化引致的投资风险，由投资人自行负担。

图 12-46 指数基金类理财产品的风险提示

图 12-46 的风险提示明确表示在做出投资决策后,基金运营状况与基金净值导致的投资风险,由投资人自行负担。

12.6 P2P 网贷投资的注意事项

P2P 网贷已经成为互联网金融重要的一部分,虽然 P2P 平台的监管已经日益完善,但是平台卷款跑路的事件仍然时有发生。P2P 平台的跑路直接导致了投资者的资金损失,而这时投资者想要维权却是难上加难。

12.6.1 P2P 网贷投资的风险

P2P 网贷投资是一种金融创新,许多参与了 P2P 网贷投资的投资者也在投资中获得了收益,大多数 P2P 平台都有担保平台提供担保,有些产品也宣称完全没有风险,但真实情况并非如此,P2P 网贷投资的风险如图 12-47 所示。

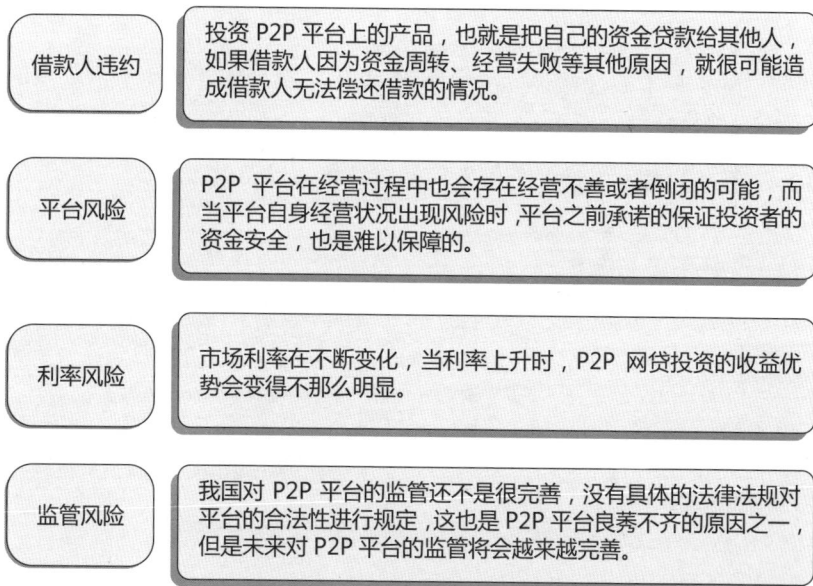

借款人违约	投资 P2P 平台上的产品,也就是把自己的资金贷款给其他人,如果借款人因为资金周转、经营失败等其他原因,就很可能造成借款人无法偿还借款的情况。
平台风险	P2P 平台在经营过程中也会存在经营不善或者倒闭的可能,而当平台自身经营状况出现风险时,平台之前承诺的保证投资者的资金安全,也是难以保障的。
利率风险	市场利率在不断变化,当利率上升时,P2P 网贷投资的收益优势会变得不那么明显。
监管风险	我国对 P2P 平台的监管还不是很完善,没有具体的法律法规对平台的合法性进行规定,这也是 P2P 平台良莠不齐的原因之一,但是未来对 P2P 平台的监管将会越来越完善。

图 12-47 P2P 网贷投资的风险

P2P 网贷投资有风险,但并不是所有的风险都是不能避免的。投资者可以采取一些行之有效的措施来防范 P2P 网贷投资的风险。规避 P2P 网贷投资的风险主要有以下几种方法,如图 12-48 所示。

选择平台

选择正规的有实力的 P2P 平台才能保证投资资金的安全，P2P 网贷公司规模越大、信誉度越高，资金的流动性也会越高，平台出现跑路或者经营不善等问题的可能性也会越小。

分散投资

不要把所有投资资金全部都投入在一个平台上，可以选择 2~3 个平台，把投资资金分别投入这几个平台的产品中。

了解借款用途

了解借款人的借款用途，以及还款方式。比如借款人借款的目的是为了买房还是买车，有没有固定的收益等。

网络查询

借助网络查询平台查询企业是否曾经有过违规现象，也可查询网站流量情况，如有必要可以查询平台的办公地址进行实地考察。

图 12-48　规避 P2P 平台风险的措施

前面我们已经了解了怎样选择一家合规的 P2P 网贷公司，认识了借款人的借款用途可以在进行投资的时候详细了解，通过平台对借款人审核的评价可以简单看出借款人的信誉度，图 12-49 所示的是人人贷关于借款人的审核状态以及借款描述。

审核项目	状态	通过日期
信用报告	✓	2015-07-20
身份认证	✓	2015-07-20
工作认证（工薪阶层）	✓	2015-07-20
收入认证	✓	2015-07-20
实地认证（友众信业）	✓	--

· 人人贷及其合作机构将始终秉持客观公正的原则，严控风险，最大程度的尽力确保借入者信息的真实性，但不保证审核信息 100%无误。

· 借入者若长期逾期，其个人信息将被公布。

借款描述

公司职员，现居福建省福州市，从事教育行业，工作收入稳定，贷款用于资金周转。上述信息已经实地认证方友众信业公司考察认证。同时，经审核借款人所提供资料真实有效，符合人人贷的借款审核标准。

图 12-49　人人贷关于贷款人的描述

从图 12-49 我们可以看出，该借款人是从事教育行业的且收入稳定，表明该借款人有偿还能力，同时平台也对该借款人进行了工作认证审核和实地认证审核，证明借款人的信息是真实有效的。

通过网络渠道了解平台是否有违规现象或者出现过经营不善等问题是很方便的,接来下我们看看怎样通过网络途径了解有违规现象的公司。

【实战案例】通过网络途径查询问题平台

Step01 以网贷之家为例,进入网贷之家官方网站(http://www.wangdaizhijia.com/),在首页单击"问题平台"超链接,如图 12-50 所示。

图 12-50　网贷之家首页

Step02 在打开的页面中便可看到问题平台的名称、上线时间、注册资金等,如图 12-51所示。

	名称	问题时间	↓上线时间	注册资金	地区	待收金额	涉及人数	事件类型	
1	龙跃贷	2015.07	2013.12	20.00万元	北京	-	-		跑路
2	立洲金融	2015.07	-	1000.00万元	湖南	-	-		跑路
3	融海财富	2015.07	2015.05	500.00万元	山东	-	-		跑路
4	丰融贷	2015.07	-	-	江苏	-	-		跑路

图 12-51　查看平台信息

从图 12-54 可以看出,一些注册资金金额较大的平台也出现了经营不善的问题,甚至有些平台已经跑路。我们已经知道了选择一个优质的平台的重要性,那么投资者在了解这类问题平台后就要避免选择它们。

　　同时我们可以通过了解平台的经营状况，选择经营能力更好的平台进行投资。通过网贷之家的平台数据就可以了解到，平台最近 7 日以及最近 30 日的成交量、平均利率、投资人数、借款人数等，如图 12-52 所示。

时间：	昨日	**最近7日**	最近30日	2015-07-19/2015-07-25　▾						
	名称	成交量▾	年平均利率	投资人数	平均借款期限	借款人数	累计待还金额	档案	关注
1	红岭创投	191000.74万元	10.78%	42,238人	3.08月	3,549人	1353077.60万元		
2	鑫合汇	68442.44万元	11.59%	22,785人	0.68月	624人	144523.25万元		
3	陆金所	65324.77万元	8.16%	1,032人	31.55月	12,277人	1569822.96万元		
4	PPmoney	46264.89万元	9.41%	42,282人	1.89月	8,972人	491180.57万元		
5	金信网	35279.97万元	9.22%	14,864人	7.02月	5,555人	376845.08万元		
6	微贷网	31694.47万元	13.07%	14,771人	2.39月	4,949人	214662.59万元		
7	有利网	26337.00万元	8.62%	26,117人	10.77月	407人	542139.99万元		

时间：	昨日	最近7日	**最近30日**	2015-06-26/2015-07-25　▾						
	名称	成交量▾	平均利率	投资人数	平均借款期限	借款人数	累计待还金额	档案	关注
1	红岭创投	714208.96万元	10.80%	77,554人	2.85月	7,045人	1353077.60万元		
2	鑫合汇	274111.93万元	12.71%	60,491人	0.48月	2,770人	144523.25万元		
3	陆金所	249261.19万元	8.06%	1,182人	30.20月	53,688人	1569822.96万元		
4	PPmoney	199742.59万元	9.74%	121,235人	2.42月	24,702人	491180.57万元		
5	微贷网	141728.30万元	13.48%	26,422人	2.39月	20,992人	214662.59万元		
6	金信网	119681.98万元	9.54%	39,991人	7.53月	19,258人	376845.08万元		
7	团贷网	113369.01万元	15.51%	24,919人	4.82月	1,283人	261765.71万元		

图 12-52　P2P 平台最近 7 日和 30 日成交量排名情况

12.6.2　怎样选择更好的 P2P 理财产品

　　选择优质的 P2P 平台是获得投资成功的重要一步，P2P 平台上发布的理财产品并不是只有一种，如何选择更适合自己的，如何选择更好的理财产品也是很重要的一步。

　　P2P 理财产品也属于一种商品，商品有好坏之分。不同的产品都有差异性，比如投资□有 3 个月、6 个月、12 个月等，还款途径也不同，有按月付息、到期一次性还本付息□同时预期收益率也不同。

　　□投资过程中，优质的 P2P 理财产品往往一抢而空，而一些产品却无人问津。□□品的选择时，投资者就要注意选择优质的产品，具体可以做到以下几□。

明确要投资的产品	不管投资哪种产品，投资者都要对自己所投资的产品有足够的了解，不如知晓产品的借款人、资金用途等。而有些投资者在投资时根本不了解产品本身的具体情况，或者认为投入不多就随便选择，这些做法都是不正确的。
看产品收益率	高收益率的产品不能完全相信，比如某些平台打出预期收益率 30%~40%的宣传广告，这样的收益率是不可信的。国家规定网贷超出法定贷款利率 4 倍以外的利息收益不给予保护，这样高的收益率存在高利贷的可能。
选择最新产品	不同的平台会定期推出产品，在选择时建议投资者可以选择最新推出的产品，而不要去选择推出时间太久的产品，比如推出了半年还没有筹到足够的资金，这间接说明了产品本身存在一定的问题。

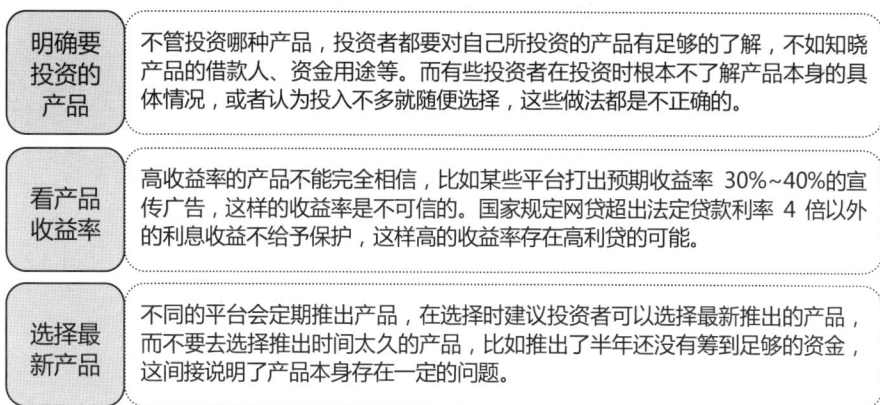

图 12-53 如何选择优质的产品

12.6.3 P2P 理财和银行理财的比较

银行理财属于较稳健的理财产品，P2P 理财是当下比较流行的投资方式。有人认为银行理财较好，有人认为 P2P 理财更好，其实这两种理财方式都有自身的优势，两者的不同之处如图 12-54 所示。

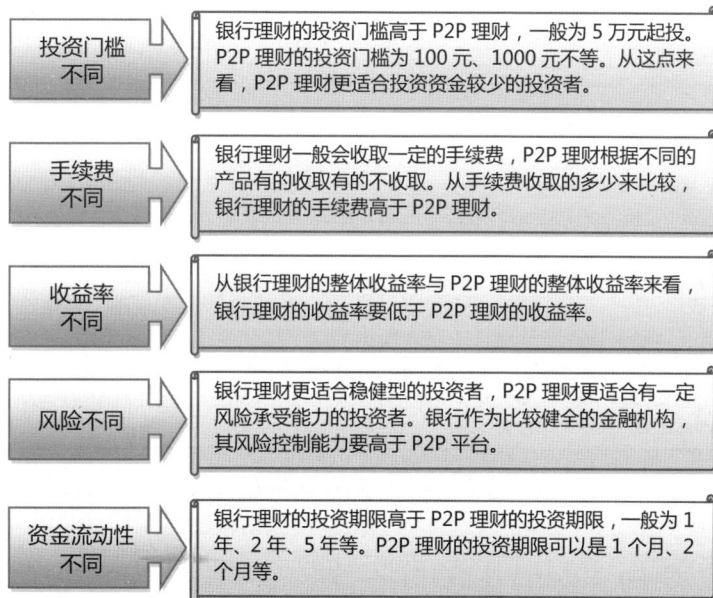

投资门槛不同	银行理财的投资门槛高于 P2P 理财，一般为 5 万元起投。P2P 理财的投资门槛为 100 元、1000 元不等。从这点来看，P2P 理财更适合投资资金较少的投资者。
手续费不同	银行理财一般会收取一定的手续费，P2P 理财根据不同的产品有的收取有的不收取。从手续费收取的多少来比较，银行理财的手续费高于 P2P 理财。
收益率不同	从银行理财的整体收益率与 P2P 理财的整体收益率来看，银行理财的收益率要低于 P2P 理财的收益率。
风险不同	银行理财更适合稳健型的投资者，P2P 理财更适合有一定风险承受能力的投资者。银行作为比较健全的金融机构，其风险控制能力要高于 P2P 平台。
资金流动性不同	银行理财的投资期限高于 P2P 理财的投资期限，一般为 1 年、2 年、5 年等。P2P 理财的投资期限可以是 1 个月、2 个月等。

图 12-54 P2P 理财和银行理财的比较

从图 12-54 的 P2P 理财与银行理财的比较来看，银行理财适合有长期投资计划并且投资资金较多的投资者，P2P 理财更适合有短期投资计划并且投资资金较少的投资者。

12.7　众筹投资的要点

众筹的目的是连接资金需求方和资金供求方,我国众筹面临的比较大的风险是法律风险。没有相关的法律法规对众筹模式做出解释,虽然众筹在我国发展迅速,但是其中隐藏的风险仍然令很多投资者担忧。

12.7.1　众筹投资的风险

众筹投资根据产品的不同投资风险也不同,公益类众筹、预售类众筹的风险较小,而股权类众筹的风险较大。如果是以投资为目的支持众筹项目,债券众筹、股权众筹才算一种获取收益的投资方式,那么我们就来看看这类众筹的风险,如图 12-55 所示。

公司经营的风险

股权众筹类似购买公司股票,而通过众筹筹资的企业大多都是初创企业。这类企业由于发展前景、经营能力等不明确,很难保证一定盈利。企业不能盈利,投资者就不能获得利润的分配,从而也就不能获得投资回报。

项目执行风险

众筹项目是由发起人执行,发起人可能会因为自身或者其他外界的原因延误项目的执行。那么投资者获取收益的时间也会延后,投资者在一定程度上损失了时间成本。

监管不力的风险

上市公司向公众募集资金有监管部门的监管,而众筹筹集资金没有监管机构对其监管。众筹平台对公司进行监管也不是一件容易的事。随着众筹的发展,未来的监管将会更加到位,这一风险也会降低。

法律风险

众筹和非法集资有着本质的区别,但是也不能排除众筹有触犯法律红线的可能。如果众筹没有通过相关部门批准就公开并在市场上筹集资金,并以股权、货币等方式给予投资者回报,那么就有可能被判定为非法集资。

图 12-55　众筹的风险

12.7.2　众筹与 P2P 网贷的区别

P2P 网贷与众筹都有资金灵活、门槛低的特点,因此投资者有时会把两者混淆。两者看起来相似,实际上有着本质的区别。为了避免在投资时对两者产生误区,接下来我们就来看看两者的区别,如图 12-56 所示。

含义不同

P2P 网贷是个人对个人的意思；众筹是大众筹资和群众筹资的意思。P2P 网贷以借款的方式投资；众筹是以项目支持的方式进行投资。

目的不同

P2P 网贷的投资目的是为了获取投资收益；众筹投资有可能不是为了获取收益，而有可能是为了获取某种服务或者不求回报。

收益不同

P2P 网贷投资的收益是利息收入；而众筹获取的收益有可能是实物，也有可能是利息收入，收益的获取方式更广泛。

资金用途不同

P2P 网贷的投资资金主要用于生产或者消费，面向的是资金需求的企业或者个人；众筹的资金主要用于项目的推广。

审核不同

P2P 网贷主要审核借款人的还款能力；而众筹主要审核项目本身是否可行，是否有足够的创意，并不注重发起人自身经济实力。

图 12-56　众筹与 P2P 网贷的区别

12.7.3　P2P+众筹的创新模式

P2P 网贷和众筹都是互联网金融发展的创新模式，随着两者的发展，"P2P+众筹"这个词汇出现了。"P2P+众筹"是 P2P 股权众筹的代称，由于大多数 P2P 提供的服务是借贷，有点类似债券众筹。在 P2P 平台上进行股权融资还处于试点的阶段，这是互联网金融的一次新尝试。

P2P 与众筹要想很好地结合并不是一朝一夕就能完成的，有投资者认为两者之间存在矛盾，P2P 平台不具备提供众筹的条件。也有投资者认为 P2P 与众筹两者有相似之处，P2P 平台对企业、行业认识较深，具备众筹的条件和优势。支持的声音认为 P2P 与众筹结合有以下的优势，如图 12-57 所示。

而反对的声音认为 P2P 与众筹还不具备结合的条件，认为两者结合存在缺陷，如图 12-58 所示。

1	在 P2P 平台上融资的企业和个人很多，因此 P2P 平台可以整合资源。
2	在 P2P 平台上融资的企业和公司可以成为投资人，从而形成口碑营销。
3	筹资人数的增多可以分散个人投资平台的风险，从而增强平台的抗风险能力。

图 12-57　P2P 与众筹结合的优势

1	普通的投资者缺乏金融与法律相关的专业知识，如果让普通投资介入股权式众筹将会给投资者带来较大风险。
2	P2P 平台只是为公司或个人融资提供桥梁，不具备监管公司或个人后期资金运行的能力，那么投资者的收益也难以保证。
3	两者的运作模式有着本质的区别，如果把两者结合，原有的生态系统会被打破。在两者发展都还不够成熟的情况下就结合，将会产生新的系统性风险。

图 12-58　P2P 与众筹结合的缺陷

高等职业教育的
文化驱动

吕凤子"崇爱尚美"
文化育人思想的传承与实践

丁钢　徐铭　王桂龙　蒋纯利　著

江苏大学出版社
JIANGSU UNIVERSITY PRESS
镇江

图书在版编目(CIP)数据

高等职业教育的文化驱动:吕凤子"崇爱尚美"文
化育人思想的传承与实践 / 丁钢等著. — 镇江:江苏
大学出版社,2016.12
ISBN 978-7-5684-0402-0

Ⅰ.①高… Ⅱ.①丁… Ⅲ.①高等职业教育－研究－
中国 Ⅳ.①G718.5

中国版本图书馆 CIP 数据核字(2016)第 322135 号

高等职业教育的文化驱动:吕凤子"崇爱尚美"文化育人思想的传承与实践
Gaodeng Zhiye Jiaoyu De Wenhua Qudong
Lü Fengzi "Chong Ai Shang Mei" Wenhua Yuren Sixiang De Chuancheng Yu Shijian

著　　者/丁　钢　徐　铭　王桂龙　蒋纯利
责任编辑/吴蒙蒙
出版发行/江苏大学出版社
地　　址/江苏省镇江市梦溪园巷 30 号(邮编:212003)
电　　话/0511-84446464(传真)
网　　址/http://press.ujs.edu.cn
排　　版/镇江华翔票证印务有限公司
印　　刷/句容市排印厂
开　　本/718 mm×1 000 mm　1/16
印　　张/17.25
字　　数/345 千字
版　　次/2016 年 12 月第 1 版　2016 年 12 月第 1 次印刷
书　　号/ISBN 978-7-5684-0402-0
定　　价/68.00 元

如有印装质量问题请与本社营销部联系(电话:0511-84440882)

"吕凤子'崇爱尚美'思想在高职院校文化育人中的传承、融合与实践"课题组

组　　　长　丁　钢
副　组　长　徐　铭　　王桂龙
课题组成员　易向阳　蒋纯利　　何　斌　徐　凯
　　　　　　魏胜宏　吴建强　　万碧波　范　灵
　　　　　　朱洪春　吕　存

序
——弘扬凤先生精神 以文化驱动职教发展

  文化是大学的风骨与血脉,是通向大学之道的精神桥梁。如果说专业学科背景、师资科研投入等决定了学校的质量与高度,那么大学文化的传承、发展和弘扬,则代表着学校的内涵与广度。弘扬、创新大学文化,已经愈发成为当代高等教育的现实要求和内驱动力,正在成长中的高等职业教育,更是如此。

  镇江市高等专科学校,是 1992 年经教育部批准成立的综合性公办普通高校,办学渊源可以追溯到 1912 年我国职业教育先行者、著名国画大师、教育家吕凤子先生创办的正则女校,距今已有百年办学历史。作为中国现代职业教育的重要发轫者和先驱者,吕凤子先生的一生,是极具传奇色彩和人文艺术魅力的一生,更是以身为范传承践行"爱与美"的一生。先生不仅三办"正则"学校,还担任过国立艺专校长,培养教育了一批中国著名的艺术家,被誉为"培养大师的大师"。

  吕凤子先生教育思想的内涵,主要围绕"爱与美"展开,可概括为:提倡"爱无涯、美无极",认为"爱与美"是"毕生要做"的,要落实到教育管理各环节;强调"培育道德""求得真我";倡导"爱己爱异""尊异成异""各尽其生,各成其异";创造"安宁""幸福""快乐"育人环境,促进学生"谐和"发展。

  镇江高专继承吕凤子先生教育思想衣钵,以学校百年历史积淀为基础,历经 30 多年的职业教育办学探索,整理并印制出版了《高职教育的文化驱动——吕凤子"崇爱尚美"文化育人思想的传承与实践》一书。这部著作,从文化育人谈高职教育,在现代高职语境下对文化传承与创新的探讨,开启了当代高职教育文化研究的新篇章,是极其有益的科学研究和探索总结,以传统滋润现代,以科研反哺教学,以校本辐射社会,颇值得一读。

　　"大学之道,在明明德,在亲民,在止于至善"。中国高等职业教育的规模已在世界前列,但是中国高等职业教育的水平要达世界前列,还需走很长的路。中国高等职业教育的改革发展方向,就是要有利于发现问题、解决问题,采取多层次体系化的育人模式,导人向善、润人无声。镇江高专坚持以文化人、以文育人,打造特色高职校园文化,积极构筑全方位多层次的育人体系,是新时期文化育人的生动实践,其中很多经验做法具有很好的推广应用价值。

　　我受邀为书作序,很高兴也很荣幸。2016 年 8 月 28 日,"一带一路百人论坛"第二次论坛在镇江举行,主题是"一带一路双引擎:城市与企业"。北京语言大学是论坛的主办方之一,我也有机缘第一次到了历史名城镇江,并在镇江结识了镇江市高等专科学校的丁钢校长。从他那里,我才知道镇江高专与吕凤子创办的正则女子学校的源承关系,而吕凤子之德誉才名早已播撒海内域外。孙中山、毛泽东高度赞扬其"笃志办学""精神可嘉";罗斯福、徐悲鸿、刘海粟、傅抱石等都高度评价其画艺精湛。而我爱凤先生,更因为他的堂弟吕叔湘先生是我们崇敬的语言学家,学汉语语法者都有一份"丹阳情";更因为我曾经就读于汝南园林学校,也是职教出身,对职业教育的先驱怀有特殊的敬意。

　　自此之后,我与丁钢教授常有微信联系,成了"微友",常常感受到当今高等职业教育之艰辛之使命;为了作序,我把《高职教育的文化驱动》通读了一遍,更为现代"职教人"的默默坚守与奉献所感动。

　　镇江之北固山古来有名。唐代诗人王湾曾写下著名诗作《次北固山下》,其中有句:"客路青山外,行舟绿水前。潮平两岸阔,风正一帆悬"。镇江自古以来就是中国"走出去"的重要地方,希望本书和镇江高专能应题点题,以文化撬动我国的高等职业教育向纵深发展,推动高等职业教育的又一个春天早日到来。

　　是为序。

李宇明

2016 年 12 月 26 日
序于北京惧闲聊斋

目录

　　后工业时代的高校,不论是其大众化、市场化,还是国际化、个性化发展趋势,都呼唤和关注人的需要和人的发展,要求从理念、制度到具体实践都反映和体现人文精神,做到以文育人、以文化人。联合国教科文组织(UNESCO)2016 年发布的研究报告——《反思教育:向“全球共同利益”的理念转变?》(Rethinking Education：Towards a Global Common Good?)指出,教育应该以人文主义为基础,以尊重生命和人类尊严、权利平等、社会正义、文化多样性、国际团结和为可持续的未来承担共同责任。“中国传统文化是以人为本的,文化不只是知识,文化是让我们享受的,特别是好的传统文化。怎么让孩子在传统文化的学习中感受到热爱、幸福,是教育工作者需要关注的。”①

　　镇江市高等专科学校(简称“镇江高专”)办学渊源可追溯到吕凤子 1912 年创办的正则女子学校(1925 年改名正则女子职业学校)。吕凤子(1886—1959),是中国现代著名艺术教育家、画家、书法家、职业教育重要发轫者。民国时期曾任教于国立中央大学(今南京大学)、北京女子高等师范学校(今北京师范大学)等校;1940 年担任重庆国立艺专(今中央美术学院和中国美术学院抗战时期的合并校)校长;1942 年创办了私立江苏正则艺术专科学校;还先后任教于两江师范学堂附中等近 10 所中等(师范)学校。1949 年后,任江苏师范学院教授、图画科主任,江苏省国画院筹委会主任委员等职。他在一生办学育人实践中所坚持的“爱无涯、美无极”的文化育人理念,为“崇爱尚美”文化的形成发展奠定了坚实基础。

---

① 2017 年全国“两会”上全国政协常委、中国民间文艺家协会主席冯骥才发言,“坚定文化自信 讲好中国故事”. 人民网. http://finance. people. com. cn/n1/2017/0308/c1004 - 29131188. html.

　　本书主要从传统文化教育思想、社会主义核心价值观及现代职业教育理念有机耦合的角度,努力探寻三者间的共生机制,着重围绕高职院校文化的内涵、发展与变迁,就其特点、面临的挑战及文化发展、需求进行深入分析,对现代高职院校文化的传承与建设路径进行积极探讨。在理论研究的基础上,本书还将以吕凤子先生"爱与美"为核心的教育思想为切入口,以镇江高专"百余年文化积淀"为背景、"三十余年现代高职办学"为基础,通过"十余年实践"总结,实证分析高职院校文化育人的现状与诉求;全面系统地梳理吕凤子教育思想的主要观点、核心内容、突出成就及影响;以问题为导向,对高职院校文化育人的理论体系和实践路径进行探索研究和实践总结,系统阐述"崇爱尚美"文化的核心内涵、形成发展过程,科学筛选、系统设计"崇爱尚美"文化育人的优势路径和实施方案,建构以"有生命的树"为模型的、具有镇江高专校本特色的"崇爱尚美"文化要素结构,全面阐释以培养"崇爱尚美高专人"为目标、以"311 文化素质教育体系""123 文化育人实训实习体系""三轴联动文化育人学生活动平台""三宜四维文化育人环境体系"为四大支柱的"四维一体"文化育人实施路径;同时,通过具体案例客观反映镇江高专面向全体"高专人"全方位、全过程开展文化育人的心路历程,聚焦培养"高专人"的社会主义核心价值观、聚力培养全体师生可持续发展的核心素养所取得的良好成效和广泛影响。具体思路见表 0-1。

表 0-1　以问题为导向的思路、举措与预期目标表

当前高职文化建设存在的问题和不足	应对策略与举措	成果与成效	
态度自卑性	通过挖掘、传承校本文化,增强传统自信、高职自信、校本自信	形成吕凤子"崇爱尚美"文化育人思想理论体系	聚焦全面培育"社会主义核心价值观";聚力增强师生可持续发展的核心素养
聚焦状态自然性	加强文化自觉理论研究,理性发挥文化育人功能	出版《文化的内核与张力》等专著	
实践泛众化	整体设计、统筹推进,实现文化环境生态化、育人模式体系化、实施路径最优化	设计和实践吕凤子"崇爱尚美"四维一体文化育人体系	
效能标签化	实证研究文化需求,实践论证实施路径,让全体学生全方位、全过程获得文化浸润和享受	形成一系列品牌项目、出版一系列教材著作、涌现一批优秀师生、为一批兄弟院校提供借鉴	

第一章 高职院校文化的内涵、发展与变迁

在多元并存、突出竞争意识和个性发展的社会文化背景下,我国高职教育和高职院校文化在内涵、形式、作用、地位等方面发生着宽泛而深层的变化。高职院校要以科学的文化观为指导,辩证地对待文化变迁,保护和发挥积极因素,克服和改造消极因素,构建和谐的文化环境,弘扬大学精神,加强人文教育,引导师生正确选择文化内容,充分发挥文化育人的整体性功能。本章从大学文化谈到高职院校文化,重点阐述高职院校文化的内涵和变迁,对高职院校文化发展、需求和具体建构进行分析,探求高职文化的传承发展路径。

第一节 大学文化与高职院校文化

一、大学文化

大学教育既是一种教育现象和教育行为,本质上又是一种文化现象。大学文化包含文化的应有内涵,是学校全体成员共同遵循的价值观念和行为方式的总和。

（一）大学文化研究的背景

目前,我国学术界关于大学文化的研究内容主要涉及以下八个方面:一是文化概念论。重点是对大学文化内涵与外延界定的探究。二是文化发展论。主要包括大学文化的演变与发展,涉及大学文化的起源、积累与演变;大学文化变迁

的含义、因素、意义与对策;大学文化发展的变异性与继承性、一般性与特殊性、本土性与世界性、激进主义与保守主义、进化主义与保守主义。三是文化要素论。包括价值观、规范、意义与符号等。四是文化系统论。包括大学文化的生态系统与时空系统、大学文化与社会文化的关系等。五是文化传播论。包括大学文化的生产、储存与传播等。六是文化结构论。大学文化从性质上分为物质的、精神的、制度的三个层面,从取向上分为主流文化、非主流文化(包括反主流文化),从载体上分为教师文化、学生文化等。七是文化功能论。包括文化与大学生成长、文化与学校建设等。八是文化比较论。主要通过大学文化与其他区域文化、不同大学间(含不同国家大学间)文化的比较分析,研究大学面临的文化冲突、文化分化、文化同化、文化整合、文化隔离、文化交流、文化反省与文化选择等诸多内容。

21 世纪以来,关于大学文化的探讨和关注,已经成为深化大学自我认识的一个重要契机和途径,以此提升大学管理品位,发挥文化"软实力"之效能。大学文化研究越来越多地聚焦于大学文化的功能研究,确立了大学文化两个最基本层面的功能:一是文化启蒙和文化传承,二是文化创新与文化自觉[1]。其中,更多的学者把"引领文化"确立为大学的重要功能或基本职能。例如,赵沁平提出引领文化、推进社会创新文化发展,正与培养人才、科学研究和社会服务一起被列为大学的第四种功能[2]。钱旭红等认为,"创新文化,引领未来"作为大学的新职能,有久远的传统根源,它既是许多教育家和大学改革者执着追求的大学理想,也是大学应对社会竞争、满足社会创新之需的现实理想,同时还是大学应对社会竞争、满足社会创新之需的现实选择[3]。陈骏认为,大学是一个国家的重要文化源泉,不断引领国家的民族文化;大学崇尚科学与民主,追求真理,不断引领先进文化;大学通过对真善美的不懈追求,不断引领人本文化的实现[4]。

(二)大学文化的属性

大学文化同其他文化一样具有历史传承性、创新性、研究性和融合性。它是一所大学在长期活动中,通过自身积淀和对社会文化反复选择,加以吸收并融入大学意志,形成具有大学个性的文化结构,并以观念形态呈现的文化现象。大学

① 许杰,于建福.高等教育管理研究的前沿动态和热点综述[J].中国高等教育,2007(13,14):36-38.
② 赵沁平.发挥大学第四功能作用,引领社会创新文化发展[J].中国高等教育,2006(15,16):9-11.
③ 钱旭红,潘艺林.创新文化 引领未来 探寻大学职能新境界[J].中国高等教育,2007(7):10-13.
④ 陈骏.引领文化是我国大学的重要使命[J].中国高等教育,2006(18):17-19.

文化的发展是相对稳定性的自然延伸和群体累积的属性,一经固化形成就会具有自己的历史延续性。但是这种延伸不是延伸在校长和师生的话语中,而是形成于学校的传承之中。一个具有稳定状态的大学文化的确立必然是长期的、有反复的。其形成过程是相当漫长,也是相当脆弱的。一旦形成之后,大学文化便以其典型性向外界传送学校形象及其意义。通俗地讲,大学文化常常表现为大学里出现的现象和气氛,但是反过来,大学中出现的现象和气氛不一定都代表大学文化。从这个意义上讲,大学文化的传承也不是文化现象的传承,而应该是"文化基因"的传承。正如,葡萄会腐烂,也能酿酒。酿成的酒可以长久保存,且越久越珍贵。大学所表现出的行为和现象好比"葡萄",其凝练而成的"文化"好比"葡萄酒"。一所学校的设备会落伍,环境会变化,人员会更替,但是其文化,会在不断的铸造和自我提升中走向永恒。

大学文化具有创造属性和环境属性。大学文化的创造属性,是说它可以形成和派生新的形态,环境属性是说外部环境与大学文化之间可以相互影响。大学文化具有创造属性和环境属性,是说它既孕育于、产生于又作用于大学教育的一切活动及活动的主、客体和活动形式,包括教育理念、价值观念、思维方式、传统风气、心理氛围、人际关系、管理制度和评价体系、教与学的行为等。

(三) 大学文化的作用和功效

大学文化弥漫于大学组织之中,像一只无形而有力的巨手,引导和影响着学校的运行和发展。

1. 大学文化的"化人"功能。

从起源上说,文化是"人化",是人的主体性的对象化;从功能上说,文化是"化人",教化人、塑造人、熏陶人。文化不仅是社会伦理的构成要素和支撑杠杆,而且是社会道德的构成要素和支撑杠杆,对道德的构建有着责无旁贷的社会担当。人类社会,作为一个生命的自然群落的客观存在,正是因为具有文化才获得了有序的衍生能力和丰富的时代意蕴。大学文化的价值就在于"化人"。其"化人"的过程,是一个内化、融合、升华和超越,把正确的做人做事之道渗透到灵魂里的过程。人活着就需要支撑生命的东西,这就是做人做事的原则、信念乃至方式。高层次的道德感和社会责任感主要依靠文化的积淀。深厚的文化传统,丰富的人文景观,博大的人文精神,对陶冶青年学生的道德情操将会起到不可替代的作用。正是这些文化通过对学生的陶冶和影响,最终内化成为学生的先进的思想、刚毅的性格和纯正而崇高的灵魂,成为一种智慧与文明。

大学文化的"化人"功能,还表现为:其中多数人主导的、强势的态度、理念和行为方式,使其中的个体自然而然地受到感染和左右,致使意识、理念发生变化,产生价值趋同。这种"内隐规则"和"内隐概念"所起的作用就是大学文化的一种力量。文化的这种力量,融化在大学的生命力、创造力和感召力之中,是一种不可或缺的软实力。它虽然无形却有效,虽然缓慢却坚定,其作用正如春秋时期哲学家老子对水的赞美:柔弱胜刚强。

大学文化可以以其科学规范的制度文化约束人,更主要地是以其优美高雅的环境文化陶冶人,以其高尚优秀的精神文化引导人。因此,相对于管理制度而言,大学文化的作用既包含制度层面的内容,又属于超制度层面的内容,对师生的作用主要是一种柔性的"精神引领",并不具备规范制度的强制性①。优秀的大学文化是最宝贵的资源,是学生成长、教师发展的肥沃土壤。它好似一面旗帜,能够引领大学教师和青年学生意气风发地前进;又是一种氛围,可以熏陶浸染,润物无声;更是一种引力场,可以凝聚人心,形成合力②。这种力量可以改变一个人,改变一个社区。

当前,由于工业文化的影响,我国的教育(包括高等教育)陷入一个误区,产生了一种新的"营养不良症":那就是求"知识"而乏"文化"③。知识是人们在社会实践中积累起来的经验,文化则包含着更丰富的内容,是在"知识"的前提下升华而成的一种智慧、一种人文素质、一种精神气度。无"知识"之"文化",形同无本之木;无"文化"之"知识",如同无舵之舟。雅斯贝尔斯说过:"教育是人的灵魂的教育,而非理性知识和认识的堆积",否则,教育出来的学生就有可能"像一架安装了坏发动机而又起飞了的飞机一样,不但会自身毁灭,而且也给别人带来牺牲"。目前,一些学生经过学校教育,虽然完成了相关课程和技能的学习,但是进入企业或工作单位之后,并不能很快适应文化的跨越。因为大学教育关注的是知识和技能,而忽视了文化。教育回归生活、回归文化,已是中国教育迫在眉睫的选择。现代大学教育,应该通过心理交流、情感交流,以教师自身的世界观、人格、兴趣、能力、气质等方面的文化修养,潜移默化地影响学生,形成互相

① 潘文新.追求似"水"文化[N].中国教育报,2004-11-16.
② 尚定一.文化建构是学校发展的根本策略[N].中国教育报,2005-9-27(6).
③ 徐建平.知识育人与文化育人[N].中国教育报,2004-11-23.

尊重、理解、关心、爱护的文化氛围,内化学生的行为准则和价值观念。

2. 大学文化的强校功能。

大学文化是一所学校综合实力的反映。大学文化的核心竞争力主要表现为文化的凝聚力和创造力。大学文化建构通过培育师生员工的认同感和归属感,使个人的思想观念、感情信念、行为方式与整个学校有机地统一起来,形成相对稳固的文化氛围,凝聚成一种无形的合力与整体趋向,以此激发出学校师生员工的主观能动性,指向学校的共同目标而不懈努力,构成推动学校发展的不竭动力。

大学文化的自我延续功能和自我完善功能可促进大学自身的持续发展。大学在不断发展过程中所形成的文化积淀,通过无数次的辐射、反馈和强化会随着实践的发展而不断完善和优化,推动学校文化从一个高度向另一个高度迈进,学校文化不断地深化和完善,一旦形成良性循环就会持续不断地推动学校的自身发展。

优秀大学文化的一个主要标志就是富有无穷的创造力,其开放性、民主性和包容性赋予师生独立的人格和精神,能够持续学习,不断反思,不断超越,还能够让学校组织保持学习、开放、反省的优良作风和氛围,从而使学校能够与时俱进,获得可持续发展的生命力。

3. 大学文化的社会功能。

大学文化作为一种高层次的先进文化,既是全体大学人认同和信守的理想目标与精神支柱,又必然辐射全社会,对人们的思想观念、思维方式、价值观和行为方式产生积极的影响。它既受制于社会文化,随着社会文化的发展而发展,又反作用于社会文化,引领或促进社会的发展。在世界上任何一个国家里,大学历来都是文化重镇。我国北京地区的大学,就曾经作为中国新文化运动的中心、"五四运动"的策源地和最早传播马克思主义的基地,在中国先进文化的发展中起到了重大的历史作用。

当前,为了更好地发挥大学文化的学校教育功能和社会功能,我国大学文化建设既要具有国际视野,更要贴近社会,始终坚持马克思主义的指导地位,努力建设和创造有中国特色社会主义的大学文化,代表先进文化的前进方向,成为民族优秀文化与世界先进文明成果交流借鉴的桥梁。

（四）大学文化的建设

大学文化建设主要包括三个方面:大学环境、大学秩序、大学风气。这三个方面是循序渐进,由浅入深、由表及里、由硬到软的。比较而言,大学文化建设更应该看重风气,看重人心,看重人的精神。这就体现了大学文化建设的两大原则:一是以人为本,二是彰显个性。

首先,大学文化建设要体现以人为本。人是教育的中心,也是教育的目的;是教育的出发点,也是教育的归宿。大学文化建设的核心应该是"人本"。大学文化建设以人为本的根本目的在于对人的唤醒和尊重。从内容上看,大学文化是大学在长期的经营与管理过程中逐步形成的共同的价值取向,是师生员工在各种环境下得以生存的精神支柱。从内隐载体上看,大学文化体现在师生员工的思维方式、行为方式和生活方式之中,体现在师生员工的思想理念、道德品质、行事准则和性格特征之中,是大学师生的"公共人生"①。一所大学师生员工在价值追求上,受大学文化的影响,会奉行共同的核心价值观,采取相似的思维方式、行为方式、工作方式与交往方式。因此,大学文化建设要把教育与人的自由、尊严、幸福、终极价值紧密联系起来,体现人文关怀和道德情感,最广泛地调动人的积极因素,最充分地调动人的创造力,最大限度地发挥人的主观能动性,突出人的发展。

其次,大学文化建设要体现个性。德国哲学家斯宾格勒曾说,每一种文化都根植于她的土壤,各有自己的家乡和故土的观念,有自己的"风景"和"图像",每个文化的存在都是为了把自己的特性表现在她自己的生命发展的每个细节之中。大学文化的个性发展既是自身发展的需要,又是不同文化相互交融的必要条件。不同大学的文化应有各自的个性,并且要培养和发展这个个性,才能使自己的文化闪闪发光、持续延伸。例如,高度概括和浓缩了学校办学理念、人才培养要求和精神文化的校训。每所大学都有各自精彩的校训,如清华大学的"自强不息,厚德载物",北京师范大学的"学为人师,行为世范",南京大学的"诚朴雄伟,励学敦行",山东大学的"气有浩然,学无止境",中国海洋大学的"海纳百川,取则行远",青岛大学的"博学笃志,明德求真,守正出奇",斯坦福大学的"让自由之风吹拂",哈佛大学的"与柏拉图为友,与亚里士多德为友,与真理为友"。这些就像一张张文化名片,张扬出学校鲜明的个性特色,对学生具有很强的教育意义,对社会具有很强的影响力。

从内容上来看,当前我国大学文化主要有五个方面的重要主题:第一,传统

---

① 冯建平.学校文化建设之原则[N].中国教育报,2005－9－22(6).

文化与现代文化相结合。我国传统文化有着举世闻名的浓厚积淀,与现代文明、现代意识有机结合,焕发着勃勃生机。中国大学在自己的建设发展过程中,注意优秀传统的总结与积累,以形成自己的传统精神,尤其是以孔子为代表的儒家教育思想,直接影响着中国大学精神的培养。同样,以现代科学、民主、伦理为核心的现代精神也是大学文化与大学精神发展的另一个重要方向。第二,爱国与爱校相通。爱国主义精神和以敬业精神为核心的爱校情绪,在精神实质上一脉相通。第三,科学与人文并举。科学与人文是大学文化结构中的左右手,缺一不可。第四,求实与求新互应。求实,是指师生员工为实现办学宗旨和人才培养目标,在日常行为中所体现的面向实际、注重实效、坚持实干的勤奋务实精神。求新,就是创新,树立创新观念,养成创新思维,增强创新能力。第五,物质与精神的统一。在大学建设与发展中,不论是校园建筑的布局,还是规章制度的制定乃至办学目标等,都应该与这所学校倡导的精神、主流的文化相一致。

(五) 大学文化的结构

大学文化的结构,是指在文化内部各成分之间所形成的有主有次的组合形式,其中的文化成分,是组成一种文化的要素或元素,人类学者和社会学者称之为文化的特质(Culture Trait),这是最基本的文化单位。相关的特质组,称为"文化样式"。大学文化结构是一个复杂的、内容丰富的有机体系,其内在构成要素是紧密相连、相互制约、相互影响的,其中任一要素的变化,都会引起其他要素发生变化。

从结构上来看,大学文化可以依据一个集体的组成分成三个层面。一是信仰层面,指集体成员拥有的共同信仰;二是规范层面,指集体成员共享的由伦理、习俗、制度、法律构成的规则体系,这个规则体系,往往有一个由舆论、社团、机构、家庭、军队、法庭、监狱等构成的监管体系来维持;三是语言、活动、器物层面,一个集体成员一般使用同一种语言(音乐、建筑也是语言),共同参加活动,生活在一定的场所中。"信仰""规范""语言、活动、器物"三者,构成了一个群体的整合机制,它们的统一体,就是我们常说的"文化"。大学文化中,在"信仰"层面,大学以"教书育人"为天职,把社会中的价值观、伦理、知识的精髓系统地传递给学生,并转化为学生的人生追求和道德信念;在"规范"层面,大学有教师与学生两个群体,设立相应的组织制度,并倡导"心灵交流""尊重知识"等价值观念;在"语言、活动、器物"层面上,大学由教学及配套用房、黑板、教材、网络、现代教学设备、图书等构成独具风格的一套体系。

大学文化结构既是一个相对独立的结构,又是一个开放性的系统。说它具有相对独立性,是因为大学组织结构是单位与学科相结合的学术组织,能发展出一种鲜明的文化、组织和职业利益,有可能明显偏离于劳务市场的需求和主导阶级的利益。例如,传统的法国大学,人文主义文化传统的代际传递就与当代对工业化所提倡的实用知识的关注相互矛盾。说它是开放性的系统,主要有两个方面的理由:一是大学文化的边界具有较强的柔性和可渗透性;二是虽然客观社会对文化的整体假设模糊了文化内部相对独立群体的多元形态及其动力特征,但是这些动力是相互相对独立,而又错综复杂、相互冲突的。因此,文化结构既是一个整体,又是一种耗散结构,是一个复合的、开放的、动态的系统,具有可分性和可析性。它既有相容并且不可分离的许多要素,也有不相容而可以分离的许多要素①。

文化社会学专家从文化主体、文化内容、文化形式和文化范畴等不同的角度对文化构成进行划分,主要有:两分法,分为物质文化和精神文化;三分法,分为器物文化层、制度文化层和精神文化层;四分法,分为物质文化、制度文化、行为文化和精神文化四个层面②。组织行为学家则从其整合性意图及层次性的意义结构上进行把握③,认为文化具有不同层次的结构及其意义,即作为制度结构的文化、作为意义与社会行动或行为模式的文化、作为历史与形式或生活方式的文化及作为主观结构或"人格特征的文化"④等不同层次意义。

结合文化社会学和组织行为学对文化结构的不同分类,大学文化作为一种独特的区域文化,其内在结构可以分为四个层面:价值观(信念)、制度层面、行为层面和物质层面。

1. 价值观和信念。

使某些社会传统和习俗在历史中被稳定传递延续的关键因素,是成员认同和践行的处于文化最深层次也是最高层次的价值与信念。价值观是个人的内在控制系统(Implicit Control System),相对于外在控制系统更能使组织产生协调一

① 张岱年,程宜山.中国文化论争[M].北京:中国人民大学出版社,2006:3-5.
② 陈序经.文化学概观[M].北京:中国人民大学出版社,2005:237-251.
③ [美]约翰·R.霍尔,玛丽·乔·尼兹.文化:社会学的视野[M].周晓虹,徐彬,译.北京:商务印书馆,2002.
④ [美]本尼迪克特.文化模式[M].张燕,傅铿,译.杭州:浙江人民出版社,1987.

致的行为①。它一旦形成并被深化,就有意识或无意识地成为一种引导行为的标准,发展和延续为对待特定事物和情况的态度,使组织成员的行为和观点合理化②。在哲学中,价值是表征主体和客体之间一种客观的基本关系的范畴,它指的是客体对于满足主体需要,对于主体的生存和发展的有用性③。黑格尔说:"人的一切文化之所以是人的文化,乃是由于思想在里面活动并曾经活动。"④事实上,任何一种文化都存在核心价值观念,充当一种统摄力和整合力。共享的核心价值观构成了组织文化并影响着组织的运行方式和组织成员的行为方式。这种核心价值观,被马林诺夫斯基称为"宪纲",被本尼迪克特称为"主要动机",被克罗伯(A. L. Kroeber)称为"文化原型",被斯宾格勒(O. Spengler)称为"主导象征"⑤。

信念是人们根据实体的某些共同的利益和信念,来确定其参与者是些什么人,他们正在做什么和为什么这样做,据此对他们做出判断。关于构成组织文化结构的核心要素,著名人类学家、美国人类学协会前主席克莱德·克鲁克洪(Clyd Kluckhohn)教授认为是一种观念或信念,而露丝·本尼迪克特(Ruth Ben-edict)认为是一种所谓的"精神气质",这种信念或者精神气质既是解释组织中成员思想和行为间联系的基本概念和逻辑起点,同时,它本身又构成了一个特定组织和群体的"文化焦点",即一种相对稳定的文化特质,集中体现了文化的内敛性和各种不同文化事实所具有的一致性。

大学文化中的价值观和信念是大学系统内部自然产生的或者是最牢固地存在于大学文化之中的那些思想的源泉,是某种共同的取向和信念,是大学组织文化的核心,是大学组织的凝聚力、感召力和亲和力的来源地。大学既是人才培养组织,又是学术组织,其价值观和信念主要表现为两个方面:一是培养什么样的人,二是在学术上求真创新。

2. 制度层面。

制度层面的文化"是个人的行为受到来自主体以外的约束,并对个人的理念像给予一定框框似的,是一种'规范性的文化'"⑥。宏观上,制度层面上的文

---

① 魏钧, 张德. 中国传统文化影响下的个人与组织契合度研究[J]. 管理科学学报,2006(6):87–96.

② Rokearch M. *Beliefs, Attitudes and Values: A Theory of Organization and Change*[M]. San Francisco: Josey–Bass, 1968:160.

③ 彭建军. 论传统"和合"精神的现代管理价值. 中国人民大学报刊复印资料《管理科学》:61–62.

④ [德]黑格尔. 哲学史讲演录(第1卷)[M]. 北京:商务印书馆,1959:10.

⑤ 朱炜. 论高校德育的培育性和整体文化特征[J]. 江苏高教,2008(3):110–112.

⑥ [日]横山宁夫. 社会学概论[M]. 毛良鸿,译. 上海:上海译文出版社, 1983:187.

化被认为具有独立于个人意识的"社会事实"的特征①,主要由道德、宗教、习俗、政治、法律等组成。其中,作为道德话语的文化,揭示了通过惩恶扬善的规则建立"人群秩序"②或社会秩序的期望③,成为外在的社会角色及其期望的制度化体系。高校制度层面的文化,宏观上包括相关的法律法规,微观上包括学校内部的一系列规章制度,从内容上看主要表现为:一是如何培养人或者学生如何成长,二是如何从事学术活动。

3. 行为层面。

人是积极的社会行动者,通过自身行动创造大量文化,并从中吸取精华指导行为,进而再生产或改变已有的文化或制度。④ 因此,文化既是人们建构行动的策略,通过界定人们所想要的来塑造行动⑤;又是行为本身的模式及一切行为关联的结果⑥。美国著名文化人类学家莱斯利·怀特(L. A. White)曾提出一个有科学依据的命题:"行为是文化的函数"。⑦ 现代意义上的大学,随着规模的不断扩大和功能的复杂化,大学内部产生了学术和管理两个不同的部门。它们有不同的行为文化特征:学术将大学的教师和学生联系起来,其组织文化是专业文化,用专业手段进行教学,用专业标准组织知识和评价学生成就;管理部门将专业世界与外部世界联系在一起,其组织文化是管理文化,突出对工作业绩的追逐和行动导向⑧。

4. 物质层面。

物质层面的文化是处于最外层的文化,是文化的显性符号,主要包括物质的物象和象征的物象两个方面:物质的物象,包括一切从自然转变而成的工具与机械,其功用是靠外部的某种力量与指向才能运用的;象征的物象,主要的表现是物质的物象所包含的象征或意义,而非物象本身含有的显性与简单的性质。大学校园内存在的建筑、雕塑、图书等,都被赋予其特定的文化内涵,有的是历史的积淀,有的是人们特意设计的某种象征意义,成为大学文化重要的基础性组成部分。

① Durkheim E. The Division of Labor in Society[M]. New York: Free Press,1964.
② 梁漱溟. 中国文化要义[M]. 上海:上海人民出版社,2005.
③ [美]约翰·R.霍尔, 玛丽·乔·尼兹. 文化:社会学的视野[M]. 周晓虹, 徐彬,译. 北京:商务印书馆, 2002.
④ Fine G A,Kleinman S. Rethinking Subculture: An Interactionist Analysis[J]. American Journal of Sociology,1979,85(1):1-20.
⑤ Swinder A. Culture in Action: Symbols and Strategies[J]. American Sociological Review,1980,51(2):273-286.
⑥ Wuthnow R. Meaning and Moral Order: Explorations in Cultural Analysis[M]. Los Angeles: University of California,1987.
⑦ 转引自:伦蕊. 从创新文化因素分解看科技文化与人文文化的冲突及融合[J]. 科技管理研究, 2008(9):295-297.
⑧ 郭石明. 社会变革中的大学管理[M]. 杭州:浙江大学出版社,2004:9,10.

二、高职院校文化

文化在高职教育过程中有着十分重要的地位和作用。大学文化作为一个区域性的文化概念提出以后,各类大学积极加强大学文化建设的探索和实践,建设高品位、宽领域的大学文化,促进大学文化的净化和优化,形成社会期待的大学文化,高职院校也不例外。高职院校文化作为社会文化的一部分,一方面会积极地吸纳、内化社会文化,创造性地建设和优化自身,另一方面也会能动地影响社会文化,促进社会文化的繁荣。

(一)高职院校文化的内涵

高职院校文化是高职院校全体师生共同创造出来的一切物质文明和精神文明的总和,是一个动态的多维的区域性文化和群体性文化,由教师、学生、教育实践活动载体共同组成,直接作用于教师、学生和教育实践活动。高职院校文化作为大学文化的一个重要分支,和大学文化一样会因社会政治、经济、文化的影响,因人们教育观、人才观、质量观的不同而产生一些差异和变化。普通意义上的高职院校文化是一种显文化,人们对不同学校所得出的不同感觉首先是从环境和氛围而来的,优美而又充满热情的校园环境给人以亲切向上的感觉,吸引人们认同它、接受它,在其发展演变过程中,也有其个性化特征和独特发展轨迹,是提升育人层次和教育质量的重要抓手。

常滨毓认为,高职院校文化具有三个方面的属性:一是教育的属性,二是管理的属性,三是经济的属性。教育的属性主要体现在"文化化人"的理论与实践上。高职院校文化在人才培养目标上,由精英化转为平民化,由追求拥戴"大师"落地为潜心哺育"工匠"。在素养目标要求上,更多强调职业素养、职业道德、审美能力培养,突出劳动者的基本道德要求。在实践要求上,更加强调实践育人,突出技术技能,理实一体、做学合一。在文化组合包容度上,更多重视传承职业文化,吸收容纳现代企业精神、优秀产业文化和优秀外来职教文化,兼收并蓄。管理的属性,表现为高职院校没有好的深厚的文化底蕴,管理行为就很难做出水平。大学文化落地生根,作用于管理行为和人才培养实践,是所有大学文化建设的归宿。关于文化的经济属性,有人认为高职院校文化建设的投入是成本,是一种管理成本;也有人将其看成是一种投资,成本是要压缩的,是需要节省的,而投资是追求回报的,讲效益的。正如法国人所说:"今天的文化,明天的经济。"①归纳而言,高职院校文化包括并统领校园物质文化、制度文化和行为文化,还内化为大学生的文化素质、大学教师的文化素养、大学校长的文化自觉意识等,折射出独特的感染力、凝聚力、约束力和辐射力。

(二)高职院校文化的变迁

面对知识经济的发展和信息化浪潮的涌动,面对推进全面素质教育和加快发展创新教育的呼声,高职院校文化正面临着时代性变迁。传统教育机制下形成的以浓厚学习气氛为主体的传统文化,正向现代社会文化为背景的现代文化转移。

1. 传统高职院校文化的局限性。

长期以来,受传统教育思想的影响,高职院校如其他高校一样,被定位在相对单一、封闭的职能范围内,被仅仅看作"传道、授业、解惑"的专门场所,众多高职院校的物质文化、制度文化、组织文化、行为文化和精神文化等都较多地指向学习与实操的意义、内容和方法,激发学生的学习兴趣,规范学生的学习行为,形成了一种相对局限的特殊土壤和特殊气候。传统高职院校文化是在传统教育价值取向下,高职院校为适应和满足社会期待,自觉、不自觉地形成的一种区域文化,其局限性主要表现在:

一是重"学习"轻"成长"。作为教书育人的场所,校园内的一切载体和活动都应该指向学生身心的全面发展。事实上,传统高职院校文化的一切载体和活动都过于集中,甚至单一地指向毕业与实习活动,注重就业、技能提高、胜任岗位,成为学生成长、进步的全部内涵,忽视了学生的思想素质、文化素质、心理素质、审美素质、创新素质的培养。

二是重"传承"轻"创新"。知识只是使人们在改造世界的实践中所获得的认识和经验的总和,智慧才是辨析、发明创造的能力。传统高职院校文化重视知识的传授和技能的教授,忽视智慧的启迪。受传统教育思想的影响,高职院校在教学实践活动中,重视知识经验的传授和实训技能的培养,忽视了创新能力的培养,教学方法局限于"知识传承型""经验技术型",教育传递文明的功能退变成"搬运"功能。

---

① 常滨毓.2006:企业文化新语境[J].东方企业文化,2006(12):31.

三是重"规范"轻"个性"。传统高职院校文化依赖制度文化建设,忽视有益的非制度文化建设,期望通过制度文化的建设,形成规矩,强化管理,只重视管理、约束,忽视正面的教育、引导,不但不利于学生个体的全面发展,而且会压抑、扼杀学生的个性和天赋。只重"规范",忽视学生个性培养和个性发展的教育思想、教育方式,只是给学生画一个圈,学生永远不会越轨,但也不会突破,不会创新。

2. 传统高职院校文化局限性的形成原因。

各类院校文化的形成有自觉的因素,有不自觉的因素;有制度的因素,也有非制度因素;有物质的因素,也有意识的因素。从社会学的角度分析,形成传统高职院校文化局限性的原因主要有三个方面:

一是社会的导向性因素。除了受传统教育思想和人才观的影响,还受教育制度指挥功能和人才市场调节功能的影响,尤其是伴随"就业压力日益增加"和社会"高职院校主要培养一线技工人才"等观点的扩散影响,社会教育价值导向发生了偏离,高职院校日趋形成了一味追求与社会非正常期待相适应的而与学生全面发展不相符合的院校文化。

二是大学的趋向性因素。大学是受社会委托,按照一定的目的和计划进行教育活动的组织,势必会迎合政策指令和价值导向。大学组织者期待一种浓厚的学习气氛,并从制度建设、思想教育、环境构建等方面入手,逐步形成以学习和技能传授为主体内容的院校传统文化。

三是认同性因素。教师是教育教学活动的主导,学生是主体,相对于社会教育而言,他们又都是社会教育的客体,教师和学生为了较好地完成教与学的任务,主观意识上会自觉或不自觉地认同社会教育价值导向,认同学校的制度文化,自觉成为高职院校文化的维护者和践行者。

3. 现代高职院校文化的基本特点。

从架构来看,现代高职院校文化是以现代社会文化为背景,以现代高等职业教育观为支撑,以现代高等职业教育机制为基础,是由"高职人"共同实践、总结、精心培育、积累,经过不断传承和创造所形成的高职院校物质文化和精神文化的总和。现代高职院校文化的核心是现代高职院校的学校精神和办学理念,中间层是现代高职院校的制度性文化(包括制度文化和非制度文化),最外层是现代高职院校物质文化、师生行为文化等。其特点主要有:

一是开放、常新型的思维观念。21世纪,改革已成为一个全球性发展的主题,人们会自觉或不自觉地消除和改变与现代社会发展不相符合的落后观念,逐步形成开放型、常新型的思维观念。高职院校作为社会环境的一个子系统,必然会融入和反映社会的时代观念和时代精神,支撑自身文化的思想观念会由传统的单一封闭型向现代开放型、常新型转变。开放型表现为院校文化与社会文化、时代精神之间趋向全面融合,人们的教育思想、人才观念等与社会期待和时代需求相符合。常新型表现为支撑现代高职教育的文化观念,随着时间、空间的变迁,会不断更新,不断完善,一方面适应时代发展的需要,另一方面感染影响一个时代。现代高职院校文化观念有三个主要方面:① 兼容性。允许多元化、个性化思想观念的存在,并且逐步整合、构建成为现代高职院校文化观念的一个重要特征。② 竞争性。社会主义市场经济体制下的竞争意识将成为现代高职院校文化观念的一个重要特征。③ 创新性。随着科技、经济日新月异的飞速变化,创新教育成为21世纪教育发展的主题,现代高职院校必将日趋形成浓郁的创新氛围。以院校建设为载体,高职院校更加突出"人本"目标,致力于打通"人人皆可成才"的上升通道,打破制约技术技能人才培养的"天花板",为学生多样化选择、多路径成才搭建"立交桥"。

二是多维、和谐型的文化内涵。现代高职院校文化内涵的多维、和谐主要表现为:现代文化与传统文化相互融合,中西文化相互贯通,物质文化与精神文化相互促进,个体文化与群体文化相互统一等。现代大学文化内涵的多维、和谐的最大特征表现为科学精神与人文精神之间的并重、相互融合互动。

在高职院校文化传承早期,由于传统教育观念和传统价值取向的偏离,科学精神和人文精神没有得到平衡协调的共存与发展,高职教育文化内涵的比重出现严重的偏差,影响了学生的健康成长。现代教育需要培养学生的全面素质和创造精神,真正的创造精神需要个体具备良好的全面素质。科学精神是一种求真、求是的精神,侧重于解决对客观世界及其规律的认识问题。科学精神是创造精神的基础,人文精神是创造精神的源泉。现代高职院校文化中,科学精神与人文精神只有相互渗透、相互协调、相互融合、互为一体,才能适应全面推进素质教育的发展需要。以加强实践为手段,高职院校更加注重"为人"指向,通过理论与实践的结合,强化技能训练和创新实践能力的培养,实现"服务发展"与"促进就业"两者并举。

三是民主、竞争型的组织机制。随着高职院校内部管理机制改革的不断深入，高职院校的组织机构将会突破传统的异质性结构、权威性结构和层次性结构，逐步形成民主、竞争型机制，促进个性发展，推进全面素质教育。以体现融合为追求，高职院校更加注重"化人"效果，在育人行为实施中积极探索并坚持"职业精神"与"技术技能"高度融合。

民主、竞争型组织机制在高职院校文化中主要表现为以下两个方面：① 师生之间的关系由等级性向群属性转变。现代教育观、质量观和人才观促使个体目标与教师培养目标趋向一致，师生之间由支配、服从型关系逐渐转化为民主、融合型关系，产生共同的群属感。② 管理机制由多层次结构向多元化结构转变。传统的多层次结构使权力集中、等级森严，依靠规范实现进步。现代多元化结构在合理利用机制（包括机构和制度）的正式权威的基础上，强调非正式组织的非正式权威，强化学生组织机构的自主职能，通过自强竞争实现进步。

四是网络信息化的文化载体。高职院校文化载体是反映校园文明程度和教育现代化程度的重要标志，现代高职院校文化的繁荣需要文化载体的现代化。随着教育现代化工程的不断推进，各类文化设备的更新、文化场所的健全、文化环境的完善为现代高职院校文化创造了物质基础。现代高职院校文化的载体主要有以下三个特点：① 文化组织的网络化。现代高职院校的组织队伍将逐步健全，形成以党组织为核心，学生组织为主体，校内校外相结合的全校性、社区性的组织网络。② 文化载体的现代化。随着科技的迅速发展，现代信息、电子通信工具已经走进学生的学习和生活，电子阅览室、多媒体教育等现代化设施和通信设备已经成为各类院校文化的重要载体。③ 管理手段的信息化。计算机不仅被作为一个教学工具，更重要的被作为一个管理工具。随着以局域网为主的各类院校信息网络、管理网络的建立，各个院校教学、管理的自动化、信息化程度不断提高。

（三）现代高职院校文化建设的内在困境与外部挑战

目前，我国高职院校的主要群体是20世纪90年代由职业大学、专科学校和独立设置的成人高校通过改革重组以及重点中专校改制升格而成的。由于发展历史、培养目标、管理方式不同，高职院校与传统意义上的普通高校在文化积淀和文化特征上存在着一些差异，自身发展面临诸多困境，主要表现为：

1. 传统底蕴与现代大学诉求之间的矛盾。

文化既是弥散的、无形的，又是整体的、延续的。不管是依据组织类型，还是地理区域划分,任何一种文化都有其一脉相承的精神、一以贯之的追求和一言概之的特征。从文化发展史的角度来看,当一种文化基因进入一种新的环境时,形态就会发生变化①。长期以来,中等职业教育弱化理论知识的培养,强调技能培养,是无可非议的。但是,当其转型升格为高职院校,进入高等教育序列之后,自然而然就要追求大学文化的品位和路向。因此,这类转型升格的高职院校一直在继承中等职业教育的文化、吸纳普通高等教育的文化、创造高等职业教育的文化之间摸索、徘徊、前行。

事实证明,它们一直在模仿传统意义上的大学文化,努力构建高等职业教育的自身文化,但又出现了形式化、职业化和过于推崇企业文化、职场文化的倾向②,缺乏大学文化传承和文化创造的自主性和生命力,缺乏应有的文化自觉,忽视了高等职业教育文化的内在品质塑造。很多高职院校的文化是以教师、学生为主体自发形成的,既包含着历史积淀起来的经验常识、自发的经验、习俗、习惯等,也包括自在化、模式化的精神成果或知识,如简单化、普及化、常识化的科学知识、艺术成果和哲学思维。在此基础上衍生的校园文化,其形成与发展没有经过科学理论的系统梳理,缺乏系统性和科学性,是经不起进一步推敲和实践检验的。同时,它们一直在努力摆脱中等职业教育的文化桎梏,但是仍然过于重视工具性、技能性的教育,相对忽视思想、灵魂、智慧的培育。很多高职院校文化的具体实践呈现碎片化、零散性特征,当前很多高职院校的具体实践,往往局限或侧重于环境布置、文化活动等局部,文化的外延拓展不够,文化育人的内容和形式都呈现出碎片化、零散性状态,缺乏有效的整体设计和实施路径,造成文化育人效果的弱化,有的院校会出现管理的行政化替代了文化的教育引导价值。

2. 学术价值与市场价值之间的矛盾。

以服务为宗旨、以就业为导向、以能力为本位,是社会事业和经济发展对应用型人才的实际需求,也是我国高等职业教育的人才培养追求。这一社会期望与学校追求,从根本上规定了高等职业教育的市场价值路向。高职院校在社会人才需要导向下"技能培养"和"就业指导"的现实使命,与传统大学以学术价值为文化轴线的组织追求之间,必然产生碰撞与矛盾,形成两难的抉择。一方面,高职院校作为大学的一部分,理应确立大学应有的学术追求,强调理论探讨、创

① 刘献君. 在文化传承与创新中育人的理性思考[J]. 中国高等教育,2011(18):14-16.
② 童学敏. 高职校园文化建设的问题与对策[J]. 中国职业技术教育,2011(10):94-96.

新研发,构建浓厚学术氛围,可能使学校师生重"道"轻"器"。另一方面,高职院校作为职业教育的一部分,强调技能培养和就业指导,可能使学校失去大学应有的文化敏感与文化追求①,遮蔽了大学的文化品位和文化路向。

3. 学生学习习惯与大学氛围之间的矛盾。

从高职院校服务、培养的主体而言,高职院校的学生是一个特殊的群体:高职院校学生属于高考后批次录取学生,与普通本科类院校相比,其在学习习惯、学习能力、学习方法上都存在着一定的差距②。相对于本科院校的学生而言,他们自制力相对薄弱,难以自主驾驭自己。加之大部分来自农村高中,长期适应"填鸭式"学习和"保姆 + 监工"式的生活,一旦进入大学相对自由的宽松环境中,被压抑的生命力会一下子得到最大限度的释放,造成"过度自由",难以自控。很多学生来到高职院校后,缺乏自信心和荣誉感,因而放任自己,碌碌无为、不思进取;社会对高职教育的偏见,让原本文化基础薄弱的学生更加自由散漫,难以沟通、教育;甚至会有部分不求上进、行为恶劣的学生去带动一批学生迷恋网络、打架斗殴,严重影响学校教学和生活秩序,造成负面社会影响;等等。谈到高职院校的学生,往往会与"学习差""不靠谱""习惯差"等画上等号,造成学生们普遍的心理落差和自卑感,这与新时期党和国家所倡导的"四个自信",特别是文化自信有较大偏离,不利于青年的成长和社会的未来发展。

实践中,很多高职院校在推进学校文化建设时,没有真正思考受众(主要是学生群体)的切实文化需求,没有经过有效的调查研究,缺乏客观全面的认知,更习惯采取标签式的方式,将文化作为静态的物品进行审视,往往呈现于纸上,忽略了文化"润物于无声"的人文滋养,文化育人的功能不断弱化。在需要对外推介时,高职院校的文化往往经过精致包装,文化建设的各个方面、各种功能被放大,被贴上各色标签,实际上只是虚有其表。

此外,高职教育事业的迅速发展和管理体制改革的不断深入,也给现代高职院校文化建设带来新的挑战:

一是管理体制的回归带来高职院校文化建设的新取向。2011 年,高职院校从教育部高教司划归职成司,表面上看似是一种简单的管理权限的调整,实际上它已经引起高职教育的结构性定位的转变和发展模式的转型。因为管理体制的

① 吴扬. 试析高职教育的文化冲突[J]. 中国职业技术教育,2010(3):29 - 31,51.
② 张琦,王成云. 高职校园文化建设探索[J]. 中国职业技术教育,2009(36):73 - 74,78.

改变和主管部门的管理背景等因素的影响,高等职业教育的人才培养目标、教学内容和培养模式等都将在高等教育和职业教育之间面临新的定位,其办学思想、发展思路等一系列内容也将随之发生变化。这些变化必然会给高职院校文化建设带来新的导向。高职院校文化在究竟是"偏高",还是"偏职",或者是"自成一体"上,面临着新的选择。

二是招生办法的改革促使高职院校文化主体的多元化。近几年来,越来越多的省份改革并逐渐放开高职院校招生办法,让更多的高中后或者相当于高中后的生源自主选择入学机会和学校。自 2011 年开始,江苏省高职院校的招生录取工作,就不再分专一、专二批次,改为分统招批次和注册入学批次,26 所高职院校实行"注册入学"试点。所谓注册入学,就是只要在相关高校直接注册就可以录取。目前,试点范围已进一步扩大,生源范围也由高中生源扩大到中职生源。招生办法的逐步放开,必然带来生源多元化,也就是高职院校文化建设主体与享用主体的多元化,促使文化需求内容和文化消费形式的多样化。这就要求高职院校建立相应的多元化文化评价标准、建设路径和供给渠道,以适应多元化主体的多样化需求。

三是构建现代职教体系要求高职院校文化增强引领性。2011 年 6 月,教育部举办了"高等职业教育引领职业教育科学发展战略专题培训班",教育部鲁昕副部长在会上提出,"建设现代职业教育体系是今后十年特别是'十二五'时期推进职业教育改革和发展的中心任务,力争在今后两年内形成职业教育体系的初步架构,十年内建成完整的具有中国特色、世界水准的现代职业教育体系。"所谓现代职业教育体系,通俗地讲,就是包括"职高、中职、高职、本科(学位研究生)"在内的完整的职业教育层次体系和相互间协调、互通的"立交桥"。2011年 10 月,教育部又印发了《关于推进高等职业教育改革创新 引领职业教育科学发展的若干意见》(教职成〔2011〕12 号),提出高等职业教育要在"现代职业教育体系建设中发挥引领作用"。这是我们国家文件中第一次明确高等职业教育在职业教育体系中的"引领地位"。高职院校如何发挥引领作用?文化既是一个"制高点",也是一个强有力的重要"引擎"。高职院校只有发挥好文化上的影响力和辐射面,才能确立并巩固自己在职业教育体系中的引领地位。

(四)建设现代高职院校文化的必要性

实现大学精神与文化的现代化,是现代高职院校文化建设的重要目标,是教

育现代化的重要内容和重要标志。加快建设现代高职院校文化的必要性主
要有：

1. 社会主义文化对现代高职院校文化的需求。

社会科技、经济的迅速发展,推动了文化领域的深刻变化,对社会文化提出
新的要求。江泽民同志曾说过,"我们要大力发展面向现代化、面向世界、面向
未来的,民族的科学的大众的社会主义文化,不断提高全民族的思想道德素质和
教育科学文化水平"。高职院校作为社会主义精神文化建设的重要阵地,要加
快建设现代高职院校文化,适应和推进现代社会主义文化的建设和发展。

2. 实施全面素质教育对现代高职院校文化的需要。

深化教育体制改革,全面推进素质教育是我国教育发展的主旋律。高职院
校是培养和造就高素质、强技能、善创新和可持续发展专门人才的摇篮,高职院
校要充分发挥文化育人功能,紧紧围绕高职人才培养目标和人才培养模式,突出
高等职业教育特点,并将职业特征、职业理想、职业技能、职业态度、职业道德及
职业所需的人文素养等"职业性"素质有机融入学校文化建设之中,促进学生知
识、技能、职业素养的协调发展,提高学生的职业能力、职业精神和职业人格,这
既是高职院校文化建设的努力方向,也是高职院校文化建设的特色所在。①

（五）现代高职院校的文化自觉

"文化"的定义纷繁复杂,文化研究也具有多重话语。从组织行为学和教育
发展的角度来看,美国学者伦恩伯格(F. C. Lunenburg)在其所著《教育管理：概
念与实践》一书中认为,教育范畴内的组织文化是作为一个组织之特征的所有
信仰、情感、行为和象征,具体来说,组织文化可定义为共享的哲学、观念、信仰、
情感、假设、期望、态度、规范和价值。其中至少包含这样几个方面：一是可见的
行为规章,在组织成员相互交流时,使用同样的语言、术语和礼节、仪式；二是规
范,群体中的行为标准；三是主导价值,群体内共享的主要价值；四是哲学,引导
组织如何对待其成员的政策；五是规则,组织内的行动指南,也可称之为组织新
成员的"枷锁",它使得要成为组织成员的人必须要遵循其特定的要求；六是情
感,由组织成员相互作用或与外界相互作用而形成的氛围②。从组织文化和组
织行为学的视角来看,高职教育文化中有组织的历史、组织的价值和信仰、与组

---

① 朱春瑜,徐铭,李大洪. 基于创新人才培养的高职院校校园文化特征与内涵研究[J]. 镇江高专学报,2011(4)：12-15.
② Lunenburg F C,Ornstein A C. *Educational Administration：Concepts and Practices*[M]. Wadsworth Publishing,1991：85.

织有关的神话和故事、组织的文化规范、组织的传统和仪式特征、组织中的杰出人物①等六个紧密相关的部分组成。

支撑人类现代文明的两大主导精神,即技术理性和人本精神,极大地改变了人的生存方式,理性主义文化模式把人从自在自发的生存状态提升到自由自觉和创造性的生存状态②。在科学技术高度发达的今天,虽然科学的和理性的文化要素常常是作为自觉的精神或规则而约束着人的活动和社会的运行,但是,这些自觉的文化精神更多时候是转化为带有自在性质的科学常识、科学惯例而介入人的生活和社会运动③。以自在自发的经验性和人情化为特征的中国传统文化模式在现代市场经济的文化逻辑的推动下,将会转变为一种自由自觉的理性化和人本化的文化模式。

文化自觉战略,就是要将文化信息的分析与利用贯穿于战略管理循环,为管理的每一个关键步骤提供战略性文化信息,以利于组织竞争优势的形成和核心竞争力的创造。相对文化战略而言,文化自觉管理战略更多基于自身功能性因素的思考,其目的可能是为文化的,也可能是为非文化的。为文化的,就是为了防止因为缺乏远见的急功近利的文化建设策略而造成的文化迷失,导致组织文化面临内在的危机。为非文化的,是指超出一切文化行为和普通意义的文化战略之上的一种更为理性的把握,即对未来的文化行为(包括文化如何作用于管理系统与过程)作整体性、系统性、可持续性的策略思考与规划,使文化能够在一定空间聚合并付诸战略的行动,引向一种新的导向性的文化构体、文化秩序、文化权力、文化指令,成为管理系统中的一种制衡力量。

1. 自觉的文化。

自觉的文化是相对于自在的文化而言的。所谓自在的文化,是指传统、习俗、经验、常识、天然情感等自在的因素构成的人的自在的存在方式或活动方式。它一方面包含着从远古以来历史地积淀起来的原始意向、经验常识、道德戒律、自发的经验、习俗、礼仪、礼节、习惯等,另一方面包括常识化、自在化、模式化的精神成果或人类知识,如简单化、普及化、常识化的科学知识、艺术成果和哲学思维。自觉的文化是指以自觉的知识或自觉的思维方式为背景的人的自觉的存在

---

① Lunenburg F C,Ornstein A C. *Educational Administration:Concepts and Practices*[M]. Wadsworth Publishing,1991:73.
② 衣俊卿.文化哲学十五讲[M].北京:北京大学出版社,2004:85.
③ 衣俊卿.文化哲学十五讲[M].北京:北京大学出版社,2004:96.

方式或活动图式。科学对事物结构和运行规律的理性揭示、艺术对于对象和生活的自觉的审美意识、哲学对人和世界的命运与本质的反思,都是自觉的文化因素。自觉的文化在现代社会中占据比较重要的地位,它不是自在自发的,而是通过教育、理论、系统化的道德规划、有意树立的社会典范等自觉地、有意识地、有目的地引导和规范着人们的行为。自觉的文化和自在的文化作为两种不同类的本质对象化,均以人的对象化活动为基础,实现人的活动方式的固定化、社会化,但是在方式和途径上存在着很大的差异。自觉的文化对自在的文化进行超越和批判,主导自在的文化对其吸收和认同,从而在提升自在文化的同时丰富自身,用新的更能发挥人的自由创造本性的文化要素来取代旧的文化要素①。管理归根结底的本质规定性就在于通过文化传承和文化启蒙把个体从自在自发的生存状态提升到自由自觉的生存状态,同时以自觉的文化创新去推动社会的文化进步,乃至社会各个方面的进步。

2. 文化的自觉。

20 世纪 80 年代,张岱年先生提出,超越传统,首先要理解传统。文化进步的前提是对传统有一个清醒的自觉。这就是"文化自觉"。后来,费孝通先生在一系列文章中全面、系统地论述了文化自觉的问题,认为文化自觉是一个艰巨的过程,首先要认识自己的文化,理解所能接触到的多种文化,才有条件在这个正处于形成之中的多元文化的世界里确立自己的位置,经过自主的适应,和其他文化一起,取长补短,联合建立一个共同认可的基本秩序和一套各种文化能和平共处,各抒所长,联手发展的共处原则。综合张岱年先生和费孝通先生的观念,文化自觉包含过去、现在和未来三个方面的取向②③④,从传统和创造的结合中去看待和适应未来,也就是继承传统,面对现实,展望未来,加强文化转型的自主能力,取得适应新环境、新时代文化选择的自主地位⑤,适应需求,推进发展。

基于这一界定,文化自觉,首先要了解自身文化的基因,也就是本体文化繁衍生息的最基本的特点;其次,必须创造条件,对这些基本特点加以现代解读,这

① 衣俊卿. 文化哲学十五讲[M]. 北京:北京大学出版社,2004:112-117.
② 费孝通. 反思·对话·文化自觉[J]. 北京大学学报(哲学社会科学版),1997(3):15-22,158.
③ 费孝通. 完成"文化自觉"使命,创造现代中华文化[J]. 北京大学学报(哲学社会科学版),1998(2):5-7.
④ 高昌. 中华文化,情牵四海——新世纪第二届中华文化世界论坛回眸[N]. 中国文化报,2002-12-27.
⑤ 乐黛云. 费孝通先生的"最后一重山"[N]. 中国教育报,2006-6-13(3).

种解读融会贯通古今中外,让原有的文化基因继续发展,使其在今天的土壤上,向未来展开一个新的起点;最后,将本体文化置于多元化的语境之中,研究本体文化与其他文化的关系,使其成为文化多元建构中的一个组成部分①。

3. 高职院校的文化自觉。

从宏观层面而言,高职院校的文化自觉,体现在通过对高职教育文化形成与发展的认知,在高职教育的地位认识上高度自觉;通过对独具特色的高职教育文化的认知,在遵循教育规律上高度自觉;通过对高职教育文化发展趋向的认知,在担当文化使命上高度自觉。从中观层面而言,高职院校的文化自觉,体现在高职院校坚持以质量为核心的有序发展,逐步从物质层面建设真正转向内涵的制度和文化层面的建设,提升师生的文化素养,营造适应高素质技能型人才培养的良好文化氛围,在构建具有职业教育特色的院校文化方面高度自觉。从微观层面而言,高职院校的文化自觉,体现在深刻理解高职教育独特的教学文化,在培养高素质技能型人才的具体文化实践中高度自觉。②

第二节 高职院校学生文化诉求测量分析

在经济快速发展、社会加快转型的背景下,高校校园内外丰富多彩的文化场所和消费内容把学生引入一个"大千世界",学生的具体文化诉求成为高职教育研究不可回避的一个问题。本节主要是以高职院校学生为对象,以学生文化消费的体验状态与结果为调查内容,测量分析高职院校的文化供求均衡状态。

文化供求均衡状态,主要是指学校文化内容(包括文化商品及无形的文化资源)满足学生文化需求的程度。依据学生在学校文化供给关系调节过程中的参与程度和主观能动程度,将其分为自发性均衡和自觉性均衡两种类型。自发性均衡,是指高职院校在向学生提供文化消费内容的过程中,以供求关系为导向,遵循市场规律,通过价格调节供求矛盾,达到供求双方基本的、相对的平衡。

① 乐黛云.他们是和中国文化对话的前驱——从伏尔泰到史耐德[N].中国教育报,2007-4-26(7).
② 虞希铅.论高等职业教育的文化自觉[J].中国高教研究,2012(11):99-102.

这种状态下,学生文化消费的被动感较强。自觉性均衡,是指学校在文化供给过程中,以学生需求为导向,尊重学生的个体特征,让学生了解供求情况及其变化,引导学生主动、科学地调节自身需求,从而促进文化供求关系的平衡。笔者通过深度访谈和反复函询(图1-1),借鉴社会学和组织行为学的一些测量方法,拟定了文化供求均衡状态的测量指标体系。

$$\boxed{\text{征求意见}} \rightarrow \boxed{\text{归纳/统计}} \rightarrow \boxed{\text{反馈/征询}} \rightarrow \boxed{\text{归纳/统计}} \xrightarrow{\text{若干轮} \cdots\cdots} \boxed{\text{得出结论}}$$

图1-1　反馈征询示意图

自发性供求均衡的测量自发性均衡状态下,高职院校学生往往因为文化供给价格的提高和自身消费能力有限,不得不降低文化需求,从而不能充分满足自身的实际需求。因此,文化供求关系的自发性均衡表现出的特点主要有:价格波动频繁,而且原因不公开,学生对供求关系变化的知情权有限,消费的被动感较强。根据这一特征,依据访谈结果的统计分析,借鉴 Hofstede(1990)在企业文化方面的测量指标,从信息知情权、消费被动感两个维度设计六个题项,详见表1-1。

表1-1　自觉性供求均衡量表及其资料来源

变量维度	量化指标	资料来源
信息知情权	得到学校指令,但不知道为什么要实施这种指令	Hofstede,1990
	文化消费的价格一般由供给方确定,很少征求我的意见	
	相同或相近内容的文化消费没有可供选择的几种价格	
消费被动感	往往因为文化消费而感到囊中羞涩	通过访谈归纳总结
	经常因为文化消费的价格原因降低自己的需求	
	经常为已经发生的文化消费而后悔但又无奈	

自觉性供求均衡的测量文化供求关系的自觉性均衡主要有以下几个特征:一是学生的价值选择和个性文化消费得到较好的尊重和满足;二是学生了解学校组织目标和文化建设、供给的过程,并有相应的建议权和参与权;三是学校供给的文化内容和消费形式是多样的,学生有较大的选择空间和自主权;四是学生在文化消费过程之中和文化享用之后感觉良好。综合这些特征,参照 Kanter(1977,1933)、Geller(1999)、Spreitzer(1995)的相关测量指标体系,拟从学生在

文化供给过程中的参与度、对文化消费内容的选择权和文化享用的满足感三个维度,设计六个题项测量高职院校文化供求的自觉性均衡(见表1-2)。

表1-2　自觉性供求均衡量表及其资料来源

变量维度	量化指标	资料来源
参与度	学校的文化供给信息是公开的	Kanter(1977,1933)
	有权力和机会对学校的发展目标等内容提出建议	
选择权	学校和老师尊重我的选择和个性化消费	Geller(1999) Spreitzer(1995)
	我可以在多样化的文化消费形式(如看电影、上网、去歌舞厅等)中选择自己喜欢的	
满足感	对于文化消费觉得物有所值	作者通过访谈归纳总结
	在学校文化环境中有舒适感	

对于表1-1和表1-2中的题项,采取 Likert 5 分评价标准。评价标准依次为:完全不同意,不太同意,无所谓,基本同意,完全同意。

一、数据采集与检验

以江苏镇江三所高职院校为样本,其中镇江高等专科学校为老牌专科学校,具有百年办学历史;江苏农林职业技术学院为中专升格的高职院校,是全国示范性高职院校;金山学院为民办高职院校。这三所高职院校较好地代表了当前我国高职院校的三种办学形式。对三所高职院校的学生进行分层抽样调查,共发放问卷500份,回收413份,除去一些缺省数据较多的问卷和明显有偏差的问卷,最终的有效问卷为403份,有效回收率为80.6%。t 检验结果显示,各题项均具有良好的鉴别度,量表的 a 值大于0.76,相应变量的因子载荷值大于0.54,达到了有效标准,信度和效度令人满意。

二、数据特征描述

1. 自发性均衡特征。

如表1-3所示,高职院校文化供求过程中呈现出较为明显的自发性均衡特征,学生文化消费的选择空间较小,自主性程度偏低。在文化选择上,54.3%的学生选择"不知道为什么要实施"的指令,62.6%的人觉得学校所定的文化消费价格没有或很少征求自己的意见,55.8%的学生往往因为价格因素感到囊中羞涩,40.2%的学生因为价格原因降低文化需求,51.9%的人经常为已经发生的文化消费后悔而又无奈。这些数据说明,高职院校学生作为一个以求知为主要任务的知识型群体,文化消费意识较强,需求量较大,但是由于学校供给体系的封闭性和个人可支配经费的有限性,加之存在一些攀比心理、奢侈消费现象,因此一些学生经常因为文化消费而感到囊中羞涩。

表1-3 高职院校文化供求自发性均衡的特征分析

不知道为什么实施得到的指令			文化消费的价格很少征求我的意见			相同或相近内容的文化消费没有可供选择的几种价格		
评价	样本数	百分比	评价	样本数	百分比	评价	样本数	百分比
完全不同意	34	8.4	完全不同意	20	5.0	完全不同意	21	5.2
不太同意	100	24.8	不太同意	78	19.4	不太同意	83	20.6
无所谓	50	12.4	无所谓	53	13.2	无所谓	45	11.2
基本同意	156	38.7	基本同意	182	45.2	基本同意	183	45.4
完全同意	63	15.6	完全同意	70	17.4	完全同意	71	17.6
总计	403	100.0	总计	403	100.0	总计	403	100.0
往往因为文化消费而感到囊中羞涩			经常因为文化消费的价格原因降低自己的要求			经常为已经发生的文化消费而后悔但又无奈		
评价	样本数	百分比	评价	样本数	百分比	评价	样本数	百分比
完全不同意	15	3.7	完全不同意	33	8.2	完全不同意	29	7.2
不太同意	84	20.8	不太同意	140	34.7	不太同意	124	30.8
无所谓	79	19.6	无所谓	68	16.8	无所谓	41	10.2
基本同意	189	46.9	基本同意	140	34.7	基本同意	170	42.2
完全同意	36	8.9	完全同意	22	5.5	完全同意	39	9.7
总计	403	100.0	总计	403	100.0	总计	403	100.0

2. 自觉性均衡特征。

如表1-4所示,高职院校文化供求过程中的自发性均衡特征较弱,表明学生参与调节文化供求关系的主体性不强,消费满意度不高。具体特征为:只有21.3%的学生认为学校文化供给信息是公开的,29.5%的学生认为自己有权力和机会对学校发展目标等内容提出建议,28.3%的学生认为学校和老师尊重他们的选择和个性消费,28.0%的学生认为自己可以在多样化的文化消费形式中选择自己所喜欢的,27.8%的学生对文化消费觉得物有所值,22.6%的学生认为在学校有舒适感。上述数据表明,高职院校在文化供给过程中存在着一些缺陷,有待于进一步尊重学生的个性需求,丰富文化消费内容和形式,引导学生参与学校文化建设并共享文化成果。样本数据中,学生选择"无所谓"这一答案的比重较高,显露高职院校学生对文化选择的判断能力和文化消费的评价能力有待进一步提高。

表1-4　高职院校文化供求自觉性均衡的特征分布

学校的文化供给信息是公开的			有权力和机会对学校的发展目标等内容提出建议			学校和老师尊重我的选择和个性化消费		
评价	样本数	百分比	评价	样本数	百分比	评价	样本数	百分比
完全不同意	20	5.0	完全不同意	21	5.2	完全不同意	32	7.9
不太同意	143	35.5	不太同意	56	13.9	不太同意	79	19.6
无所谓	154	38.2	无所谓	207	51.4	无所谓	178	44.2
基本同意	52	12.9	基本同意	67	16.6	基本同意	67	16.6
完全同意	34	8.4	完全同意	52	12.9	完全同意	47	11.7
总计	403	100.0	总计	403	100.0	总计	403	100.0
我可以在多样化的文化消费形式中选择自己喜欢的			对于文化消费觉得物有所值			在学校文化环境中有舒适感		
评价	样本数	百分比	评价	样本数	百分比	评价	样本数	百分比
完全不同意	18	4.5	完全不同意	22	5.5	完全不同意	67	16.6
不太同意	45	11.2	不太同意	44	10.9	不太同意	65	16.1
无所谓	227	56.3	无所谓	225	55.8	无所谓	180	44.7
基本同意	58	14.4	基本同意	33	8.2	基本同意	20	5.0
完全同意	55	13.6	完全同意	79	19.6	完全同意	71	17.6
总计	403	100.0	总计	403	100.0	总计	403	100.0

三、数据研究结论

数据测量结果表明:当前高职院校文化供求体系的开放程度虽然不断提高,但是,由于文化底蕴、运行机制、生源特征、价值取向等因素,学生文化消费的选择空间小、自主性和满意度低。因此,需要高职院校科学定位,加强文化育人建设,注重积淀传承,自觉引导学生正确的文化选择和健康的文化消费行为,提升学生文化需求层次,促进学生健康成长。

第三节　高职院校文化的实证研究

目前,国内对高职院校文化自觉的管理研究还不够深入和完善,尤其是高职院校的文化性格对学生个体目标与大学集体目标契合程度的直接影响研究不够透彻。本节通过建立文化自觉管理的内驱模型,运用相关的统计分析手段,分析文化性格与目标契合之间的关系。

一、文化内驱模型要素

文化内驱模型的要素主要包括两个方面四项要素,即文化性格方面的独立性文化与顺从性文化,目标契合模式当中的感动性契合与被动性契合。

(一)文化性格特征:独立性文化与顺从性文化

高职院校文化依据不同的主流导向,呈现出独立性和顺从性两种不同的性格特征。独立性文化,是以人本为导向,也就是以学生的发展需求为导向,尊重个性,崇尚真理、公平和信任,重视学生的健康成长和可持续发展,自觉为学生提供不断学习与可持续发展的机会及支持,而营造的一种自由、快乐、有创造力、催人奋进的文化。顺从性文化,主要以工作任务目标为导向,与政府、教育主管部门的权力关系紧密,注重政府、教育主管部门指令性任务的落实情况,具有高度的组织性和系统性,权力分配的等级性与信息传递的程序性强。

(二)目标契合模式:感动性契合与被动性契合

大学生个体行为目标与大学组织集体目标的契合情况,由于接纳主体的主动性、认同程度和投入程度不同,而表现出感动性契合和被动性契合两种模式。

感动性契合,主要是指大学生对大学组织及其目标自觉认同,对大学组织形成了较高的感情依赖程度、认同程度和投入程度,愿意为大学组织目标的实现出力。

029

被动性契合主要指大学生不信赖、不乐于接受学校的组织目标和价值观,但是为了不失去自己通过多年的学习努力而在大学组织中取得了角色位置和减少学校对学生个体的处罚,最终获得学校的文凭,不得不在表面虚假认同大学组织的集体目标。

(三)文化性格与目标契合之间的关系

克莱德·克鲁克洪(Clyd Kluckhohn)教授认为"文化是历史上所创造的生存式样的系统,既包含显性式样又包含隐性式样;它具有为整个群体共享的倾向,或是在一定时期中为群体的特定部分所共享"[①]。由此可见,文化是历史地凝结成的稳定的生存方式,这种生存方式是特定时代、特定区域中占主导地位的生存模式,通常可以表现为自发的文化模式或自觉的文化精神[②],像血脉一样,熔铸在总体性文化的各个层面中,以及人的内在规定性之中,自发地影响或自觉地引导着人对生存目的和生存方式的选择。文化是大概念和出发点,在社会结构和社会关系中通过提供行动指向的终极目的和价值来塑造行动,从而发挥主导作用。高职院校文化的主流导向、性格特征、开放程度对大学生的目标选择有着深远的影响。大学生在文化选择和文化消费的过程中,会自觉或不自觉地依据自己所在学校的文化性格特征的导向性影响,结合自己的立场、观点、情趣,运用逻辑思维对文化内容加以评判和选择,进而影响其个体目标与大学集体目标之间的契合过程和程度。不同性格特征的文化环境中,大学生个体目标与组织集体目标的契合模式也不一样。

二、模型构建与假设

(一)模型构建

为了尽可能准确地分析文化性格特性与目标契合模式之间的深层次关系及相应要素之间的影响路径,以高职院校文化的两种不同性格特征、两种不同的目标契合模式两者之间内在联系为主题,通过德尔菲法的多轮反馈函询,最后得到相对稳定的结论:导向不同的独立性文化和顺从性文化对大学生个体目标与高

---

① [美]克莱德·克鲁克洪. 文化与个人[M]. 何维凌,高佳,何红,译. 杭州:浙江人民出版社,1986.
② 衣俊卿. 回归大学的文化本质凸现大学的文化功能——关于大学本质和功能的文化哲学思考[J]. 中国高等教育,2007(2):21–24.

职院校集体目标的契合模式同样分别存在正向与负向的差异化影响。具体意见如图 1-2 所示,带有"+""-"的"→"分别表示前一要素对后一要素的正向作用(有利影响)或负向作用(不利影响)。

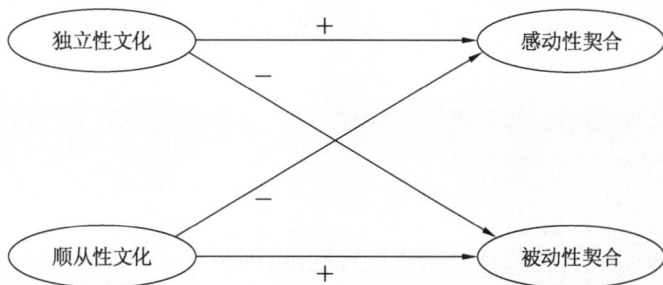

图 1-2 模型具体意见

(二) 假设

依据这一结果,本文提出路径假设:独立性文化能够促进大学生对所在大学组织的认同,提高大学生对所在大学的组织目标和组织活动的投入程度,而同时独立性文化削弱了大学生对大学组织目标的被动性认同;顺从性文化难以适应和满足大学生个性自由和可持续发展的需求,大学生也就难以对这种文化氛围中的大学目标产生自觉认同,而更多的是被动认同。结果见表 1-5。

表 1-5 基本假设列表

编号	假设内容
假设 1	独立性文化对感动性目标契合产生正向作用
假设 2	独立性文化对被动性目标契合产生负向作用
假设 3	顺从性文化对感动性目标契合产生负向作用
假设 4	顺从性文化对被动性目标契合产生正向作用

(三) 数据收集

通过归纳总结出的文化内驱模型测量指标,设计了问卷内容,本文所使用的数据来自于 2014 年 5—6 月份对江苏省 122 所普通高校(其中 44 所本科院校、78 所高职院校)的分层抽样调查。

（四）数据分析

1. *t* 检验。

对调查获得的数据本身进行 *t* 检验，从而观测每一个问题是否具有鉴别度，也就是说每一个问题是否都能鉴别出不同被访问者的反映程度。

2. 信度分析。

信度是指测量数据和结论的可靠性程度，也就是说测量工具能否稳定地测量到它要测量的事项的程度。

3. 效度分析。

效度是指测量数据和结论的正确性程度，即测量工具在多大程度上反映了所要测量的要素的真实含义。

（五）结果讨论

各假设的验证情况见表 1-6。4 个假设中，有 2 个验证结果与假设方向相同，其中 2 个假设得到了显著支持；有 2 个验证结果与假设方向相反，共计有 2 个假设通过了验证，而且显著性较好。

表 1-6   假设验证情况

假设	路径假设			路径系数	*P* 值	验证结果	置信度	结论
H1	独立性文化	+ →	感动性契合	0.348	0.000	同向	显著	支持
H2	独立性文化	- →	被动性契合	-0.009	0.876	同向	不显著	不支持
H3	顺从性文化	- →	感动性契合	0.042	0.447	反向	不显著	不支持
H4	顺从性文化	+ →	被动性契合	0.210	0.000	同向	显著	支持

1. 独立性文化有利于感动性目标契合。

模型验证的结果证明独立性文化水平与感动性契合之间的关系呈现出显著的同向变化趋势，这和理论分析中的观念一致，支持原理论假设，表明文化的独立性特征越明显，越有利于大学生个体目标与大学集体目标之间的感动性契合，促进大学生个体对大学组织目标的自觉认同。

2. 独立性文化与被动性目标契合之间呈现出不显著的负向关系。

本书理论分析部分提出独立性文化不利于大学生个体目标与大学集体目标被动性契合的假设。模型验证的结果证明，独立性文化与自发性均衡之间呈现出负向关系。

3. 顺从性文化与感动性目标契合之间呈现出不显著的正向关系。

这一正向关系说明两个事实：一是在传统的管理体制和文化环境之中，大学生作为文化接受主体已经习惯了认同顺从性文化提供的价值取向和生活方式，久而久之增强了认同的自觉性。二是要客观分析事实上的顺从性文化与理论上的顺从性文化在内涵上的差异，政府和教育主管部门已经日渐倾向于对学生主体的尊重和重视，改变了顺从性文化的事实内涵，社会和政府的主流价值导向也逐渐被学生认可和接受。

4. 顺从性文化有利于大学生个体目标与大学集体目标的被动性契合。

模型验证的结果显著支持原理论假设，即顺从性文化水平与大学生个体、大学集体之间的被动性目标契合呈现同向变化趋势，这和理论分析中的观念相一致，说明大学文化的顺从性特征越明显，就越有利于大学生个体目标与大学集体目标之间的被动性契合。

第四节　现代高职院校文化的传承与建设

2011 年 4 月，胡锦涛同志在庆祝清华大学建校 100 周年大会上，首次将文化传承创新作为大学的重要功能之一，赋予了大学新的重要使命。[①] 高职院校作为高等教育的一个重要组成部分，同样承担着文化的继承、创新与传播的重任。从社会学的角度看，文化传承创新其实就是文化自觉过程。文化自觉，要求从过去、现在和未来三个维度，从传统和创造的结合中去看待和适应未来，在继承传统的基础上，面对现实，加强文化建设，适应新环境、新时代的需求，推进文化的可持续发展。认识传统是传承文化的前提，继承传统是创新文化的基础，创新是文化发展的动力。因此，高职院校传承和创新文化，是一个文化自觉的建设过程，而不能毕其功于一役，或以表象代替实质，或以结果代替过程。这一过程中，必须正确认识自身的文化传统和现状，扬弃旧义，善于吸纳，创立新知，形成特色和优势，然后再传播到社会、延续至后代。

033

---

① 胡锦涛在庆祝清华大学建校 100 周年大会上的讲话. http://www.gov.cn/ldhd/2011－04/24/content_1851436.htm.

一、现代高职院校文化建设的核心内容

现代高职院校文化的核心内容主要包括三个方面:一是批判精神。批判精神是科学精神的要素之一,批判的前提是怀疑,怀疑的结果是创新,创新的特征是求实。二是学术自由。学术自由的基础是思想自由。三是制度建设。规范不仅是作风问题,也不仅是效率问题。规范体现的是意志和习惯,进而是一种文化①。现代高职院校文化有自发的成分,但并不能完全自发形成,而应重在建设。现代高职院校文化的建设有三个原则:一是人的教育原则;二是培育和传承原则;三是独立精神原则。建设现代高职院校文化是一项复杂的系统工程,要宏观规划,微观着手,分步建设,整体优化。现代高职院校文化建设在基础建设、常规建设等方面与传统的大学文化建设有一些共性,但不同时期的文化建设有不同的侧重。现代高职院校文化建设应从现代高职院校文化的体系、内容和功能等方面入手,加快建设。

1. 根据社会主义文化的新内涵,建立现代高职院校文化的新概念和新体系。

现代高职院校文化应根据社会主义文化的本质和特征,建立高职院校文化的新概念和新体系。由于现代社会主义经济、政治的影响,构建高职院校文化的因素错综复杂,这些复杂因素之间是一个纵横交错的主体网状关系。从横向角度看,现代社会文化具有它的各个子系统,如现代科学、道德、教育、艺术等;从纵向角度看,现代社会文化具有深浅的层面,有物质层面(文化的浅层)、制度层面(文化的中层)、心理层面(文化的深层);从文化活动的载体与客体看,现代文化的主、客体具有兼有性和双重性。由于文化内部因产生于不同因素之间的种种矛盾运动,因此现代高职院校文化氛围新概念和新体系的建立,还需要有一个不断建设、不断更新、不断优化的过程。

2. 加强现代高职院校中非制度文化的建设和控制。

高职院校文化中的非制度文化是指社会期待之外的文化。从文化主体来看,有教师非制度文化和学生非制度文化。从文化与社会期待的关系来看,有与社会期待不存在冲突的非制度(非社会)文化,也有与社会期待相违背的反制度

---

① 袁小明.大学文化是什么[N].中国教育报,2004－9－21(6).

(反社会)文化。相对于高职院校传统文化而言,现代高职院校文化的一个重要特征就是非正式权威不断强化,非正式权威来自于非正式组织和非制度文化。要想充分发挥高职院校内非正式权威的有益影响,促进学生个性发展与全面成长,必须加强现代高职院校文化中非制度文化的建设和控制,建立有利于现代人才培养的良好的非制度文化。

3. 加强现代高职院校文化对社会文化的能动作用。

随着大学教育不断融入社会、融入市场,教育体制的建立和社会市场竞争逐步接轨,高职院校将在更大范围、甚至全方位地参与全社会的竞争与合作。在这样一个深层次融合、高强度竞争的大背景下,现代高职院校文化除了要接受影响,积极适应,更重要的是在批判吸收基础上,以"我"为主,扬长避短,开拓创新,以现代高职院校的优质文化和特色文化应对社会文化的变化,发挥高职教育特有的社会功能,加强学校文化对社会文化的能动作用和导向作用,为建设科学的、大众的、健康的社会文化发挥主动作用,促进现代社会主义精神文明建设。发挥高职院校文化对社会文化的能动作用,本身也是对高职教育和学校文化的一种锤炼和提高,是加快现代高职院校文化建设的一条有效途径。

4. 弘扬优秀传统文化。

社会主义和谐社会必然以积极健康的文化为重要特征,而崭新的和谐社会文化必然是建立在传统文化基础之上的。传承和创新文化是教育的重要使命。加强现代高职院校文化建设,必须注重弘扬我国优秀传统文化。我国的优秀传统文化可总结归纳为五个方面:第一,注重整体精神,强调为社会、为民族、为国家的爱国主义思想;第二,推崇仁爱原则,倡扬厚德载物和人际和谐;第三,重视人生价值,强调个人在家庭人伦及社会关系中的义务;第四,追求精神境界,向往理想人格;第五,重视修养践履,强调道德主体的能动作用。[①] 中华优秀传统教育在当今人才培养体系中日显单薄,在某些区域甚至几无踪迹,这不能不说是一个很大的缺憾。文化的力量是无法估量的,我们一定要从可持续发展的战略高度,把大力弘扬优秀传统文化作为教育教学改革的一个重要方向。从单纯的专业教育中走出来,突破传统的"人才规格模式"和"教学计划模式"的框框,实现专业教育和以中华优秀传统教育为核心的人文教育在教学课程、教学计划等方

---

① 朱善璐.教育为构建和谐社会奠基[N].中国教育报,2005－4－19(3).

面的有机融合,既注重培养学生以科研和工程能力为内涵的技术品质,又要培养以传统文化修养与意识为内涵的人文品质,只有二者的完美结合,才可以培养出时代、国家需求的真正"大师",可以孕育和催生符合社会主义和谐社会本质要求的崭新文化。

5. 构建多元和谐的高职文化。

费孝通先生多次强调的"各美其美,美人之美,美美与共,天下大同",就是文化多元融合的最好表述。"物一无文",校园文化失去了它的丰富性和多样性而变成了一个面孔、一种声音、一类颜色,这所学校必然是一种死气沉沉而非生动活泼的大学。因此,文化的多元化是大学发展的必然要求,我们要承认文化多元化,并且着力构建多元和谐的高职院校文化。

首先,要承认和尊重高职院校文化的多元化。尊重和承认文化多元化的态度,是学校文化建设必须有的一个基本态度。在经济全球化的影响下,不同地区、不同国家、不同民族的文化交流必然会加强,不同文化出现在同一时空是必然的、不可避免的。每种文化都有体现其民族特征的思维方式和行为模式。每一种文化都有其合理内核,构成文化的生命力和张力。因此,每种文化都有不可剥夺的存在理由和独特价值,都应受到尊重和宽容。也就是说,在大学里,无论地域文化还是外来文化,无论是主流文化还是非主流文化,都应该有它存在的价值和空间,不能用主流文化或者本土文化去替代它、挤占它。

其次,要构建多元和谐的高职文化,汲取其他文化的有益营养,构建有中国特色社会主义的高职院校文化。多元文化中存在一些共同和普遍原则,如对人的尊严重视,对公正推崇,对幸福和平的向往等共同性,致使各种文化相互学习借鉴,互为补充和吸收,融合为一体才成为可能。大学多元文化间的和谐,是价值目标与现实发展过程的统一,它不是静态的完美,而是动态的协调。高职院校文化在保持各文化个性的基础上,要促进文化的融合,在不断的文化融合中寻找契合点,汲取其他文化的有益成分,建构和谐的大学文化。这既符合多元文化和谐共处的规律,又有利于高职院校文化的建设、大学师生精神风貌的培养及和谐大学的构建。[①]

① 姜美珍,王敏,詹文理.教育论坛:从文化多元看构建大学和谐大学[N].中国教育报,2005 – 9 – 26(2).

二、高职院校文化传承与建设的基本路径

　　文化传承,包括在纵向上得到传递,在横向上得到传播,前者是时间维度上的传承,后者是空间维度上的传承,两者互为基础,相辅相成。时间维度上,高职教育文化传承是一个动态性与发展性的过程,是一个延续传统文化血脉并孕育创新文化的过程;空间维度上,高职教育要塑造一个高教性与职业性兼容的文化体系,并发挥高职教育文化对中职教育文化的辐射和引领作用。高职院校如何在实现纵向的传递和横向上的传播? 在认清自我传统特征和所面临的现代挑战的基础上,要面向未来,以开阔的视野,从宏观上的价值导向、微观上的建设和积淀等多方面、多维度综合考虑,探索有效的路径。

　　(一) 坚持中国特色社会主义教育的人本取向

　　教育性决定高职院校文化归根到底是育人为本的文化。尽管高等职业教育突出的是能力本位的培养目标,但"能力本位"绝不能"越位",更不能把高职教育办成"仅仅培养一技之长"的教育,办成培养简单"匠人"的教育。高职教育文化必须坚持大学教育亘古不变的教育属性,这样才能区别于企业文化、社团文化及其他组织文化①。核心理念是高职院校文化体系的元理念和奠基性的理念,直接决定和影响着学校文化建设的方向和选择,对学校发展和人才培养工作的各要素及其实践产生深刻而深远的影响②。高职院校学生将来是中国特色社会主义现代化建设的重要群体,他们的思想信念、道德水平、文化取向决定着国家的前途。因此,在学校文化建设上,首先要确立中国特色社会主义的文化导向,以中国特色社会主义核心价值体系为指导和内核,构建积极向上的文化氛围,增强师生的文化自信,进而通过先进文化的引导和熏陶,促使广大师生确立正确的人生观、价值观,培养良好的个人修养,为健康成长和更好地担当社会责任奠定良好的基础。

　　(二) 理性思考高职院校文化的定位

　　高等职业教育是一种层次与类型双重界定的概念。高职教育基于普通高等

①　刘兰明,张金磊.高职教育文化的反思与建构[J].中国高等教育,2011(18):40-42.
②　刘献君.在文化传承与创新中育人的理性思考[J].中国高等教育,2011(18):14-16.

教育和职业教育,但又有别于普通高等教育和中职教育,两者有着不同的组织使命、发展目标和运作模式。高职院校文化作为高职院校所具有的类型文化,其组织主体、组织形式、组织规范和组织活动等都具有自身的文化内涵,既涉及大学精神、高职教育等类别性要素,还涉及制度文化、行为文化及物质文化等内涵性要素。

从教育层次来看,高等职业教育是高等教育的重要组成部分,应该具备大学文化应有的学术文化元素,应该倡导学术自由、大学精神、科学精神、人文精神和人格独立等。从教育类型来看,高等职业教育是职业教育的高级阶段,具有职业教育的大属性,需要有职业技术文化。因此,高职院校文化是大学文化与职业技术文化融合后形成的一种新的现代大学文化,必须具有教育文化的高等性和职业性的双重性[1],不能一味地模仿和照搬普通本科高校或者企业文化,否则都会失去自我,可能沦为本科的"压缩版"或企业的"培训机构"。因此,高职院校文化建设要从自身独特的属性和特定文化背景出发,运用战略思路,进行顶层设计和文化创新,从精神、制度、物质和行为层面入手,突出"高教性"和"职业性"两大诉求,进行整体化设计和系统化建设。高职院校文化的"高教性"诉求,就是要重视价值理性,重视构建人文文化,追求"合规范",教学生做人;"职业性"诉求,就是要突出工具理性,重视构建技术文化,追求"合规律",教学生做事。高职院校要理性地处理好"高教性"和"职业性"两者之间的关系,遵循高等教育的普遍规律,凸现高职教育的基本特征,高品质地规划和建设文化,务实性地设计和实施教学活动,努力促进高职院校文化内容中的人文性要素和技术性要素和谐统一,进而形成具有高职教育特色的文化体系。

(三)自觉加强文化的积淀与建设

文化是一所大学赖以生存、发展的根基和血脉,只有通过长年累月的积累,才能形成自身的特色和优势,成为大学间相互区别的重要标志。大学正因为其自觉积淀文化资源,形成深厚文化底蕴,才有今天的文化魅力。高职教育文化在历史积淀方面,相对于传统大学文化虽然显得有些薄弱,但同样也是长期历史积淀、薪火相传的产物。19世纪末20世纪初涌现出的"高等实业学堂",就非常倡导重技崇学、经世致用的理念。黄炎培先生"使无业者有业、有业者乐业"的职

---

① 刘兰明,张金磊.高职教育文化的反思与建构[J].中国高等教育,2011(18):40-42.

教追求和吕凤子先生"爱无涯、美无极"的职教理念等宝贵的思想资源正是我国现代高职教育文化建构的思想原点。20 世纪 80 年代初期,国内一些中型城市开始兴办短期职业大学,开启我国新一轮高职教育发展;20 世纪 90 年代,通过"三改一补"(对职业大学、专科学校和独立设置的成人高校进行改革与重组,以重点中专校为补充),掀起了高职教育发展的高潮,实现了高职教育的规模化发展;21 世纪以来,以高职人才培养工作评估为抓手,推动了高职教育由规模发展向内涵发展的转型。这一沿革,既是高职院校的事业发展变化,也是高职教育的文化变迁。高职院校文化建设要立足传统,自觉积淀,面向当前与未来,加强建设。文化建构的过程,就是在现有文化的基础上不断发展、不断完善的过程,就是在新旧文化的矛盾冲突中调整、整合、实现提升和更新的过程。这一过程中,首先要尊重自身的传统与历史,并在对传统文化的保护和发展中享用它;其次要自觉积淀文化资源,在新一轮的建设发展过程中,除了要积累固化的物质资料,更重要的是要注重积累无形的文化资源;最后要科学规划,加大投入,加强文化建设,把以人为本、以能力为本位、服务发展、工学结合等独具时代特色与高职特色的精神要义有机注入高职教育文化体系中去(图 1-3)。

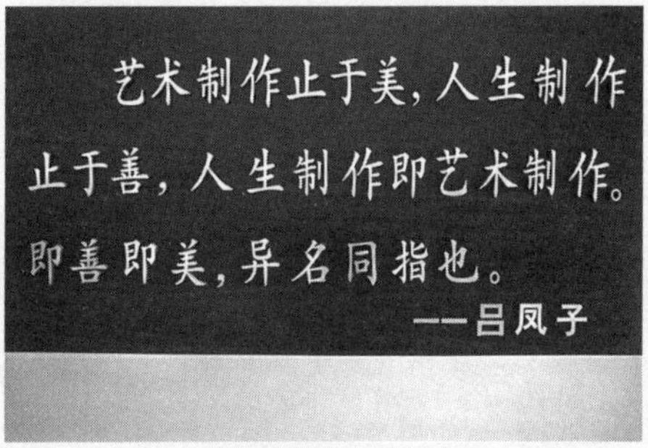

高职院校的文化传承创新工程,不是一个独立、封闭系统的单一工程。它既是一个自我进步的过程,又是一个与外界文化博弈的过程。它不仅要注意自身的积累与提升,还要注重从其他组织文化中不断汲取与借鉴。它不仅与学生群体、学校有关,而且与家庭、社会环境及大众媒

艺术制作止于美,人生制作止于善,人生制作即艺术制作。即善即美,异名同指也。

——吕凤子

图 1-3 镇江高专办公楼文化标语牌

介等因素有着密切的关系。因此,只有全社会行动,学生、学校、家庭多方协调合作,以高职院校校本文化为主体,兼容其他各种文化之优长,朝着符合高职教育规律和高职学生个性发展需求的方向,吸纳行业、区域文化元素,融合企业文化、职业文化元素,才能形成自身独特的文化气质和开放的文化气度。

第二章 吕凤子"爱无涯、美无极"教育思想研究

吕凤子（图 2-1）是我国现代著名教育家、国画家，也是镇江高专丹阳校区（前身为正则女子职业学校）的创始人。他在一生的教书和办学过程中，逐步建立起自己的"爱无涯、美无极"教育思想理论，致力于"美育兼爱育"的实施，成功培养了大量为社会有用人才。吕凤子的教育思想体系，对现今的学校教育，尤其是职业教育的发展有着重要的指导意义。本章将简要介绍吕凤子从事教育和办学的经历，并着重就其教育思想的基本观点、主要内涵和主要成就及影响进行概括和综合分析研究。

图 2-1 吕凤子像

第一节 吕凤子的教育和办学经历

一、吕凤子的学习成长历程

吕凤子既接受了正统的传统教育，又很规范地接受了新式学校的培养，同时在个人发展的重要阶段又有机会与知名学者交往，促使其有着较为积极进步的学习成长历程。这些也成就了他作为美术家、教育家的知识和能力素养。

吕凤子在 15 岁之前主要接受的是传统基础学习训练。1900 年（15 岁），他

参加科举考试考中秀才,一时被誉为"江南才子"。较为正规的传统蒙学,使他拥有了坚实渊博的传统文化知识和谦恭敦厚的人格魅力。1901 年,他开始接受新式教育。先后进入丹阳改良学堂、苏州武备学堂、宁属师范学堂(南京)普通科,两江师范学堂图画手工科学习,师从李瑞清先生[①]。

吕凤子的学习热情和对新知识的探求精神,使他学习的范围不仅限于学校的课堂,他还时常拜访当时名师名家,从不同途径汲取各种学问和营养,不断丰富自身能力和学养。在两江师范学习期间,他不仅认真接受来自日本教师的各门新式课程的学习,还在学习之余向金陵刻经处杨文会[②]讨教佛教文化经典,与杨文会的弟子欧阳竟无关系密切,这使他在佛教文化方面具备了精深厚实的知识积淀。他还时常至栖霞寺临摹五百罗汉,在千佛崖临摹南朝佛教石窟佛像。

1918 年吕凤子应聘出任北京女子师范学校(1919 年改名国立北京女子高等师范学校)教授、图画科主任[③],密切接触了蔡元培、李大钊、陈独秀、胡适、刘师培、陈师曾等各界名流;经历了"五四运动",较早受到马克思主义思想影响,通过参加各类学术活动,阅读了大量西方经典著作,其思想、艺术、文化等在原有深厚传统基础上,增加了新的科学、民主观念和西方哲学理论。其中影响最大的莫过于蔡元培先生的教育思想,使日后吕凤子的教书、办学更加有理想、有目标。

二、吕凤子从事教育的基本情况

吕凤子的教育经历开始于南京两江附中留校任教和在上海开办神州美术社(时年25 岁),之后,他先后任教于江苏省武进粹化女子师范学校、长沙湖南省立第四师范、常州江苏省立第五中学游艺科、扬州江苏省立第五师范;33 岁应聘出任北京女子师范学校教授、图画科主任(图 2-2);35 岁接任上海美专教授、教务主任、师范科主任;37 岁应江苏省教育厅聘任省立镇江第六中学校长,同时在南京美术专门学校、上海私立艺术师范学校担任教职;41 岁任东南大学(后改为

---

① 李瑞清(1867－1920),教育家,美术家,书法家。中国近现代教育的重要奠基人和改革者,中国现代高等师范教育的开拓者。字仲麟,号梅庵、梅痴、阿梅,晚号清道人。今南京大学鼓楼校区北园两江路畔有校碑"两江师范学堂"六字,即为李瑞清任两江师范学堂监督(校长)时书写。

② 杨文会(1837－1911),中国近代著名佛学家,字仁山,字深柳堂主人,自号仁山居士,安徽石埭(今石台)人。设立金陵刻经处,募集重刻方册藏经。对中国和日本、印度等地佛教文化的交流做出贡献。梁启超认为,"故晚清所谓新学者,殆无一不与佛学有关系,而凡有真信仰者率皈依文会。"

③ 蒋纯利.吕凤子在北京女高师任职时间的研究[J].镇江高专学报,2012(4):1－4.

第四中山大学、国立中央大学)教育学院教授、艺术科主任、国画组主任教授、艺术教育系主任、大学院画学研究员,兼任私立金陵大学教授。55 岁任重庆国立艺专校长。1949 年后,任苏南文教学院教授、江苏师范学院教授和图画制图系主任,同时还兼任中国美术家协会江苏分会筹委会副主任委员,聘为中国民族美术研究所兼职研究员及江苏省国画院筹备委员会主任。

图 2-2　1920 年北京女子高等师范学校图画手工专修科毕业照(前排右三为吕凤子)

吕凤子的教学生涯主要是从事传授绘画、手工技艺,教授素描、书法及教育、心理学理论等。他既从事高等学校教学工作,也担任中等师范及职业学校、中小学等相关课程的教学与管理。同时,在工作过程中,他还对教育理论、艺术史论等进行研究,逐步形成了他的教育思想。

三、吕凤子"三办正则"

吕凤子的办学经历,基本贯穿了他的一生。1911 年辛亥革命爆发,次年国民政府成立。刚毕业于两江师范的吕凤子便承母命,因"邑无教育女子所,督浚设正则女校"①(笔者注:吕凤子原名浚)。而他创办的"正则女校"所设专业,有绘绣、蚕桑、缝纫、师范四个班级,均以解决生存之道为要,为当地女性冲破封建

---

① 吕去病.吕凤子画鉴[M].南京:江苏人民出版社,1996.

束缚带来了力量。他捐献家产创办的丹阳正则女校(图2-3)中,还设小学、补习班两部分,自己担任名誉校长。即使在"七七事变"危难之际,吕凤子依然率领全校师生转移到重庆,继续创办他的私立正则蜀校(图2-4)。

图2-3 原正则学校教学主楼——乡爱楼

图2-4 1943年吕凤子在重庆璧山正则蜀校与部分师生合影

正则蜀校在吕凤子千辛万苦的努力和多方帮助下,办得非常出色,类别上包含了中小学、职业学校;1942年经国民政府批准成立私立正则艺术专科学校,规模空前,师生超过千人。抗日战争结束后的1946年,61岁的凤先生将正则蜀校无偿交给当地政府,率领全体正则师生又返回家乡江苏丹阳,重新建立新的正则学校。1951年,吕凤子又将私立正则学校全部交给人民政府,改为公办学校。吕凤子用尽个人的所有力量三办正则学校,鞠躬尽瘁,由此也感动了许多人,蔡元培、韩紫石、宗白华、陈独秀、陈立夫等均给予较高的赞誉和评价。由于办学过程中正则学校表现出师资力量强而稳定、教学质量和人才培养质量高、经费筹措途径多且能够得到保证,使他的"爱无涯、美无极"的教育思想得以全面的实施,校风学风正统高尚,正则学校在江南一带享有较高的威望和影响力。

第二节 吕凤子教育思想的基本观点

吕凤子的教育理想高远,办学目标纯粹。他不仅通过学习思考他所从事的教育、艺术创作,逐渐寻找一条正确完美的路径,不断积淀以形成他的教育、艺术思想;同时他还身体力行,努力实践自己的教育和艺术思想,尽一生的力量来实现理想和目标。对于吕凤子教育思想的研究,应当从他个人对教育基本理论中的一些基本问题的看法入手,才能更加准确地把握其思想内容的构成。下面主要从"生力观""教育观""美育观"三个方面进行讨论。

一、吕凤子的"生力观"

吕凤子的教育理想和实践是有明确的逻辑起点的,那就是他反复提及的"生"与"力"。1915年任教扬州中学时他已开始将教育问题的基本出发点定位在"生力"上,他在演讲中说:"一切在外的现象起灭无常,我们不承认它是实在。一切在内的心象倏忽起灭我们也不承认它是实在。但我们却常说,一切非实在的客观现象、主观心象是生力的幻灭,生力不减,便假认这是最后的实在。便分别名生的法则为真,生的意志为善,生的状态为美。"①随后他明确地提出"生"的法则、意志和状态的解释:"我们又尝解释生是尽变竭能,必也一切生不相侵害,才能各尽其变、各竭其能,这便是生的法则。而要一切生各尽其变各竭其能便是

① 吕去病.吕凤子文集[M].天津:天津人民美术出版社,2005:1.

生的意志。生的自然状态便是生的意志遵循生的法则的表现。所以我们说美在异,美在一切生的谐和幻变。"①这里,吕凤子用他富有哲理的思考,将教育及美育建立在"构成社会的任何个人都能各尽其变各竭其能,而在谐和状态中"。因此"生力"的提出反映了吕凤子对人的生命状态的认可和尊重,体现了他强烈的爱育思想。这也在他的画作中有所体现(图2-5)。

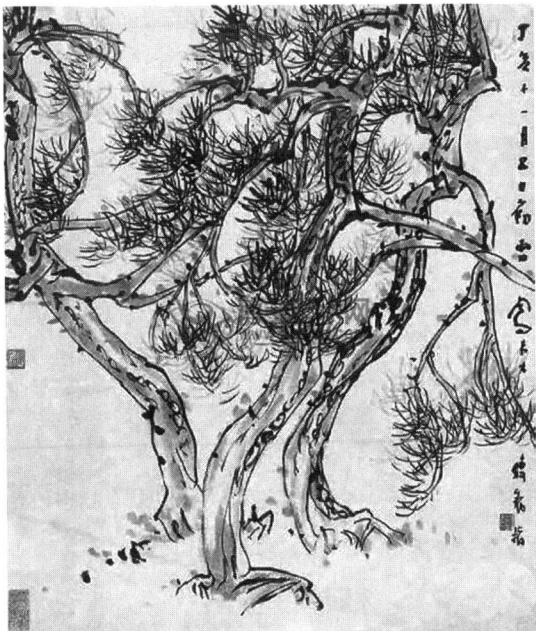

图 2-5　吕凤子画作《初雪图》

在他看来,"一切现象都是力,物是力,人也是力。力是整个的,不可剖分。"②吕凤子认为这个力不可能是静态的,它是有活力的"动",而这个"不可剖分"的整个的"力"会"一动万动,任何一动都会影响一切动,也就是任何一动都会受一切动的影响,而成动的法则。"然而正是有了"动",才有"生","动而有,曰生。"③在这个宇宙所有现象的"力""动""生"的关系里,只有人能够表现出无限的"生力","本人认宇宙间一切现象是无限生力的有限表暴,惟人生可能表暴无限生力,可能无限的生。"因为宇宙的存在即生命力的体现,但最能体现这无限

① 吕去病.吕凤子文集[M].天津:天津人民美术出版社,2005:2.
② 吕去病.吕凤子文集[M].天津:天津人民美术出版社,2005:83.
③ 吕去病.吕凤子文集[M].天津:天津人民美术出版社,2005:83.

生命力量的是人的不断生长、传承、发展。《易传》谓"天地之大德曰生",杨雄谓"天地之所贵曰生",这就是说中国传统文化中最重视、最敬仰的莫过于对"生力"的崇拜。"'生'在这里已经不是具体的自然生命,而是包括从自然生命中所超升出的天地创造精神。"①吕凤子的思想起点是与中国传统文化精神的起点一致的。

在他给正则学校撰写的校歌中,也很好地表达了这一思想。"'惟生无尽兮爱无涯'是说宇宙间一切事象,都是力的表现。你也是力,我也是力,力的表现永久不会完全相同。你是你,我是我,虽父子兄弟也不会一样无异。这不一样的异的事象,便叫作生。宇宙无尽,便是力无尽,生无尽。若问为什么要这样异的生,只好说是爱这样生便这样生。所以说生无尽,便是爱无穷。生的现象便是爱的表现,穷极变幻,真是美绝。最容易叫人感觉其美的,莫如璀璨的花、都丽的霞,所以举物做例说'璀璨如花兮都如霞'。可是人们为私欲蒙蔽,常不能尽其生、穷其爱、竭其力的变幻,这就有待于教育。我们现在做的事,就是启蒙祛蔽的事。蒙蔽祛,爱的芽便可发荣滋长,所以说'畴发其蒙兮苗其芽'。我们每个同学能够做到尽量发展每个不同的个性,尽力的生,自会感到生的趣味和幸福,再不会有人间怨恨和悲哀,我们学校也就成为'鼓舞欢欣,生趣充塞'的处所,正如秋月光华照耀人间,你看美不美!所以说'正则正如秋月华,美呀!'"②这段吕凤子对校歌的说明,我们清楚地看到他对"生力"的尊崇,对爱育的迷恋。他希望人类社会都要"尽力的生,自会感到生的趣味和幸福。"用吕凤子的理解,"这个可能无限生的自体通常叫作精神作用,或性,或自己,即宇宙本体。"③他取用《周易正义》的"天本无情,何情之有?而物性命,各有情也。所禀生者谓之性,随时念虑谓之情。"这里所讲的性即是万物所禀生之理,生即是"性"。"生为天之理,天只以生为道。生命是宇宙的根本精神,是最高的本体。"④

我们从他的理论中可以体会到他思想中在尊崇"生力"的"宇宙无尽,便是力无尽,生无尽"的同时,不断张扬他"爱的表现"。正是由于"生无尽,便是爱无穷。生的现象便是爱的表现,穷极变幻,真是美绝。"这就是他理想的追求目标——"尽其生、穷其爱、竭其力""这就有待于教育""就是启蒙祛蔽""蒙蔽祛,爱的芽便可发荣滋长""我们每个同学能够做到尽量发展每个不同的个性,尽力

① 朱志良.中国艺术的生命精神[M].合肥:安徽教育出版社,1995:3.
② 吕去病.吕凤子文集[M].天津:天津人民美术出版社,2005:85.
③ 吕去病.吕凤子文集[M].天津:天津人民美术出版社,2005:74.
④ 朱志良.中国艺术的生命精神[M].合肥:安徽教育出版社,1995:3.

的生,自会感到生的趣味和幸福"。

二、吕凤子的"教育观"

吕凤子一生从事教育事业,形成了自己对教育成熟而独特的认识。在《图画教法》一文中,虽然他是想讨论图画教授之方法,但在他看来最重要的是要弄清楚"图画教授之目的"。于是他首先谈到教育是"为了谋人类之幸福",他说:"学者诸君非尝耳闻人类完全幸福之一言乎?是何言?是即人类教育绝对的目的,为欲达此目的,斯有教育。"①

吕凤子教育思想的终极目标是"谋人类之幸福",如何达到此目的?吕凤子说:"世间教育仅希做到循动则扩展动的范围和方式以至于无尽,创造所谓人间文化,则第一步须从祛除物障做起。"②在吕凤子看来,作为教育其重要因素应包括三个方面:一要循动则扩展动的范围和方式,二是创造人间文化,三是祛除物障。虽然吕凤子在多篇论文中谈及教育,但这段在1945年发表的《纪念立校三十三周年》文章中,凤先生说的见解最为独到。

什么是"循动则"?吕凤子说:"动而有,曰生。"所谓"动",即是事物现象的运动,只有万事万物不断的运动,按照事物现象一定的规律变幻,世界才不断地发展。"循动则"就是要依据"一动万动,任何一动都会影响一切动,也就是任何一动都会受一切动的影响,而成动的法则"的这个科学道理,来考虑和处理问题。但这个万事万物的"动则"中,人的运动变幻是不同于其他事物的,吕凤子认为"惟人,可能超越动则而可彻动因及其空幻,而止于不动。"因此,对人所具有的"动–生–力"的这些因素自然就是教育的内容。在吕凤子看来,"动变无极,斯曰生。生万斯殊,斯相待而异其动姿其变。故曰:生有能焉,竭其能曰顺生。"③"顺生"其实就是凤先生教育中"循动则"的基本内容,也就是通过"顺生"做到人的"生有能焉,竭其能",在"已导之,斯成化矣"的过程中,达到"扩展动的范围和方式以至于无尽",教育也就可以在这样的条件和过程中得以实施。

吕凤子教育思想中的"创造人间文化"的内容,不仅是结果,而且也是过程。

---

① 吕去病.吕凤子文集[M].天津:天津人民美术出版社,2005:4.
② 吕去病.吕凤子文集[M].天津:天津人民美术出版社,2005:83.
③ 吕去病.吕凤子文集[M].天津:天津人民美术出版社,2005:68.

他明确提出："所以从事人间教育者,他的目的应该永久是,创造人间文化,获得人间福利。即永谋发见生力变幻无尽之原则,而使社会生活趋向合焉。"①这里,吕凤子在提出教育者的原则要求时,前半句讲了目标,后半句却认真地提出了过程要求,是"发见生力变幻无尽"和"使社会生活趋向合焉"。对于"发见生力变幻无尽"的内容,我们已经在他的"生力"观中做了一些讨论。对于通过"发见生力"而"使社会生活趋向合焉"的要求,我们应该充分认识他话中关键词"合"的意义。这里的"合"就是要将教育之事"合事物之理,合理始著事物而弗执着,始行乎理而不相害,始得因相安而各竭其能,各尽其生"②。也就是要人的"生力变幻"发展适合自然事物的发展规律而不要不按规律执着相互加害,使"每个同学能够做到尽量发展每个不同的个性,尽力的生,自会感到生的趣味和幸福"。所以,吕凤子一再强调:"生有则,惟求适,适益求适。"③讲的就是生的过程规律中"适合"的重要价值。

"循动顺生""发见生力"和"合事物之理"之外,还要"祛除物障"。吕凤子认为:"生复生,若有争焉,惟溺于物者争必害生,这就叫作物障。"物障的产生实际来自于人的欲望,他说:"生不已,若有欲焉,我们叫它作生欲。欲溺于物,则叫它作物欲或私欲。生复生,若有争焉,惟溺于物者争必害生,这就叫作物障。"④生欲是积极的因素,因为"必也欲复自动,争才可以无害生,生才可以无碍争,我们的力量才得因争生而构成文化而永生。"但由于物欲或私欲而去争的物障,是不利于人的成长、发展,也不利于社会的和谐、进步,因此除去物障是重要的教育内容。在吕凤子多年教育实践中,他提出了两种方法,一种叫"静觉法",还有一种叫"动觉法"。所谓静觉法,即"一使详细知道物障之为害,物障之应除。要有强遏以致祛除,这是我国学者一向主张用的克欲法(克私欲,一曰克己)",这种强制祛除物欲的克欲克己方法就是传统儒家文化中常用的修身正己方法;这里,吕凤子不仅看到了儒家文化用来修身正己方法的优点,还从人性的深层中发见了"静觉法"的"克欲"所包含的"爱己""爱异"的意义,"是由静观发见己之所在,悟彻己之意义,启其爱己即爱异之情,立除物障而复生欲之自由"。这便是吕凤子的进步和伟大之处,将传统文化的"克欲祛障"上升为"静觉是由

① 吕去病.吕凤子文集[M].天津:天津人民美术出版社,2005:69.
② 吕去病.吕凤子文集[M].天津:天津人民美术出版社,2005:79.
③ 吕去病.吕凤子文集[M].天津:天津人民美术出版社,2005:69.
④ 吕去病.吕凤子文集[M].天津:天津人民美术出版社,2005:83.

爱的启发而复欲的自由。"①而"动觉法"则是吕凤子极力倡导的"从不息的劳动满足生的欲求。"他说，"我们要用的方法之一为动觉法，由不息的劳动使生欲获自由发展机会，因而启其爱异即爱己之情，不甘更为物役而力自挣脱。"②动觉法是通过劳动过程所带来的各种结果而给予自己肯定的同时形成爱己即爱异，也就是"动觉是由欲的自由而及爱的启发。"吕凤子在实施教育的"祛除物障"中，不仅传承传统文化精神的通过发见自己、爱自己的过程来激发生欲的自由；也可以让人在劳动中满足生欲的过程去认识自身、爱己爱异。以上的方法他通过长期、不同层次、不同学科的教育实践，认识到对不同的人是需要使用不同的方法来教育，"二法兼用，必可做到。"③

吕凤子对教育基本内容三个方面的阐述，从"循动顺生"中"发见生力"，并以"合事物之理"去"祛除物障"来实现生欲的自由和爱的启发。他思考最多的就是"祛除物障"，这"物障"和"私欲"等"蒙蔽"，使人们"常不能尽其生，穷其爱，竭其力的变幻，这就有待于教育"，在"爱己""爱异"中创造人类的幸福。这也就是"无限生欲推动一切心作用尽力的生，无尽的爱便指导一切心作用尽力的创造。创造复创造，永久以成己为事，即永久以成异为归。"这就是吕凤子的教育观，"即穷异成异、穷己成己之谓。"④"穷异"在广义上是创造人类文化的必然；"成异"在广义上是获致人类福利的必须。"穷己"生命潜能，开发人的最大创造力的要求；"成己"即有尽己之用，造己之极的要义。吕凤子认为，穷异成异，穷己成己的教育，是最合理的教育。这在其画作《亦尽心矣》中有所体现（图2-6）。

图2-6 吕凤子画作《亦尽心矣》

---

① 吕去病. 吕凤子文集[M]. 天津:天津人民美术出版社,2005:83.
② 吕去病. 吕凤子文集[M]. 天津:天津人民美术出版社,2005:83.
③ 吕去病. 吕凤子文集[M]. 天津:天津人民美术出版社,2005:84.
④ 吕去病. 吕凤子文集[M]. 天津:天津人民美术出版社,2005:69.

三、吕凤子的"美育观"

作为有强烈社会责任意识的教育家、艺术家，吕凤子对教育目的、任务和内容等进行过严肃认真的研究探讨。他说："彼未尝知人类教育绝对的目的，在谋人类完全幸福，根本在抑人类无厌之私欲，而实施道德教育。欲实施道德教育，根本在兴美感教育。"①他认为人类教育要解决的关键问题是要做到"抑人类无厌之私欲"，并非常理性的分析了"无厌之私欲"产生的根源"即在各谋完全幸福之不得乎。"正是这个原因，"而为争战之直接凭藉者，厥唯智力与体力，智力与体力愈发育，争战之祸愈烈"。当然，吕凤子也看到了国内外历史上大家也纷纷提出了一些解决的办法，"虽有消极之法律、积极之德目，为群动之限制之标准，根本制裁之宗教，赫然以绝对势力之上帝临之，莫解其纷，转益其扰。"②这些办法看起来也没有消除这个根本问题。他认为问题在于大家都没有探清症结所在，经过科学的研究分析，他指出："生欲为患者，原子始结合而成物，为一种法则的机械作用。既成物而能自动，欲遂以生（吾名之曰：结合欲），且无射焉。遂使在人之一切智情意作用，均为欲用，不复为真我用也。"③正是其中的"欲"为"物我"（笔者注：个体的我）所用而不是为"真我"（笔者注：全体人类），所以问题一直没有得到解决，而且随着人的智力、体力和情感的增加，越发陷入不可救药的状态。

如何解决这个问题，吕凤子的理想方案是："争而欲厚其生，争而转促其生，何如息争而安其生。"通过"息争"，首先达到"安斯顺、顺斯全、全斯乐，何如息争而乐其生。"进而"如此如此，庶几争可抑乎，如此如此，庶几争可息乎。"④这两个过程中的第一"可抑"是起于经验，第二"可息"是"所谓成于人心也。"对于人心的引导和教育就是关键，凤先生以为要从人心理的感知觉认识事物能力开始着手考虑。他认为："情之感于物而动也，始一刹那，感快否？既一刹那，欲生，曰二刹那一瞥耳。"⑤正是"一瞥耳"这二刹那，人的视觉感知

---

① 吕去病.吕凤子文集[M].天津：天津人民美术出版社,2005：24.
② 吕去病.吕凤子文集[M].天津：天津人民美术出版社,2005：4.
③ 吕去病.吕凤子文集[M].天津：天津人民美术出版社,2005：9.
④ 吕去病.吕凤子文集[M].天津：天津人民美术出版社,2005：11.
⑤ 吕去病.吕凤子文集[M].天津：天津人民美术出版社,2005：7.

心理完成了"生欲"与"抑欲"的思维过程。他对此进一步举例:"有二人焉,同时于同地同感一物,一则情动欲生,心境顿呈骚乱;一则视若无睹,心境转暂静寂。"对于这两种视觉感知心理的认知过程,"一感实在物为实在,一感实在物若非实在而若虚也。"他对此做了较为精辟的分析:"感物实在,感亦是在,快否亦实在,斯欲生焉。感物若虚,感亦若虚,快否亦若虚,斯欲息焉。"并总结道:"实在感者,感而即生实在物我之利害关系于是在意识界之谓,利则谋所以取纯欲之事也。若虚感者,感而唯觉快否之谓,快则即合若虚物我于若虚意识界别成一合体焉,所谓美是焉。"①简单地说就是实在感者,由于感觉实在物的利益关系,人的意识同时便生出私欲而生争;但若虚感者则是在感知觉上生成一种思维形象,于是人的意识便从中生出美的享受。这其中的原因就是"实在相者,实在物之生灭相也。若虚相者,实在相之映像也。"即实在物是具有"生灭相"的实物(个体),而若虚物才是"实在相之映像"的真物(全体)。在理解了人的视觉感知心理思维过程后,吕凤子提出:"实在欲息,斯若虚欲兴。若虚欲者,美欲也。"于是"美欲盛,斯美感强,斯无往而不感物之若虚相,斯一切之自然理法自然现象获由感而发见其若虚,无异乎由智而发见一切自然理法自然现象之非妄。"②至此,吕凤子美育思想的生成和意义就清楚了。他通过人的争欲、私欲和物欲等与实在欲相关联的分析,解决人的这些欲望就要从人感知事物、认识事物开始,将认识事物的目标定位在对"真物""真我"的认识(不要围在小我和具体的物欲上),生成"美欲"的方法上。这里的"真我"是"人的本体",是代表全体人类的状态,"真物"亦如此。也就是"自然现象本总结一切过去现在未来有生有灭有差别之现象言之,一切现象所在,即自然本体之所在也。"所以"在物曰真物,在我曰真我。"③于是美育的内容就是对人的智力开发和知识的学习、对自然现象和自然规律的认识也要建立在对"真物""真我"的认知上。

吕凤子的"美育"观中还包含着德育的内容和作用。吕凤子认为美育的过程人们可以通过"若虚感"(形象思维的作用)认识"真我"(人类的发展规律),而获得社会道德理法。在他看来:"真我由若虚感而发见,即道德获由美感发见

① 吕去病.吕凤子文集[M].天津:天津人民美术出版社,2005:7.
② 吕去病.吕凤子文集[M].天津:天津人民美术出版社,2005:13.
③ 吕去病.吕凤子文集[M].天津:天津人民美术出版社,2005:8.

其若虚也。""美育"的形象思维过程中所拥有道德感而带来德育的积极作用。就因为美育在认识"真我"时所生发的"美欲"可以抑制个体的"物欲",并引发同情心。他认为:"同情为道德心之根本作用,而易引起于美感者,同情亦若美的乐受曾经客观化。"①吕凤子提出了关于同情心来源于美感,主要原因就是审美过程的客观化。"曾经客观化者,主观之实在,视若客观之实在,化主为客,视我犹人,人我无分,谓之反真。反真者,实在我与一切客观实在,并列而为真我之对境。"这段话中使我们认识到,现实的人通过反真这一角色转化成为他人时,将心比心地站在客观现实的角度,来与"真我"(人本体的基本要求)相对应观照,这时自然就生出同情心来,进而"我相既泯,执者自化,此实在我之同情,所以易与若非实在之美感合也。"就是因为实在的我已转化为客观人,障碍就自动化解,人的审美感受就由此合理的生成。即此吕凤子总结道:"良心作用,谓心性全体作用。同情,谓全体作用中感性作用。前说第一转念,第二推想,则谓全体作用中知性作用。知性感性二作用合,所谓第二推想始无乖误,始克尽良心作用。谋尽良心作用,斯有所谓德育。"②所以,他坚信:"故余曰:美育者不但为抑欲之方便法门,亦即德育之所以为德育。舍美育而言德育,吾见其徒劳而无益也。"③

　　在学校教育如何实施美育上,吕凤子有着自己的思考和安排。他的美育思想深刻、理性,富有哲学意味,同时也具有实践应用价值。他在《中学校的美育实施》一文中说:"什么是美育? 这以艺术为教育,不但使一般人由教养而得享乐艺术便算,并且还期望他们一概成功艺术家——最广义的艺术家。还有,这不但以艺术的创造启发生活的创造而已,并且要推广艺术的创造于一切方面,使一切生活都成艺术化。"文中明确了美育是通过艺术来进行教育,并得到两个层面的提升:一是基本技术层面,即一般人教养的提高和享乐艺术、成为广义上的艺术家。二是艺术的创造启发生活的创造、使一切生活艺术化。可见他讲的美育是涉及人的学习生活的价值取向。因此,美育是人通过艺术教育养成"美的态度"来观察、认识和评价事物、生活及学习,使人的活动进入艺术化的层面。正是由于美育的作用,人们才可以做到"以美的态度接遇一

---

① 吕去病. 吕凤子文集[M]. 天津:天津人民美术出版社,2005:23.
② 吕去病. 吕凤子文集[M]. 天津:天津人民美术出版社,2005:23.
③ 吕去病. 吕凤子文集[M]. 天津:天津人民美术出版社,2005:13.

切,形态迹象等接触于耳目,而生命的意义默识于内心,于是觉得那些是先得我心,好像直从我的本性自然流露呢,就会生起了纯粹的同情,或若觉得反乎人性而于我心有格格不入之势呢,就会生起了纯粹的反情。"经过美的感知,生出对生命本体的体验和纯粹的同情,继而"对于一己的生存意义固然极为切要,就对于一切的生存也极切要;又对于一己的人性最为符顺,就对于一切的人性也一概是符顺。这样人生既然很本然完美,并且很为普遍。"要完成美育,就必须从美术教育开始。因为"美育是就异成异,美术制作也是就异成异,不过美术制作所成者是作者自己的异,美育所成者是一切被成者自己的异,这是最要弄清楚的。"因此,凤先生认定要强化人的美育,并将美术教育作为最为基本的培养过程,不断加以推广、普及。吕凤子就是通过他长期的美育实践、通过他不断推行的美术教育来完成他的教育理想、道德社会、人类幸福。

吕凤子用教育心理学理论,将人的感性、知性所引发出的理性、良心的心理变化过程鲜明地阐述出来,科学地解释道德的存在缘由,并通过若虚者与无妄者的感知心象变幻,将德育的内在心性教育有机地与美育紧密地联系在起来。这就是吕凤子美育的真正目的所在,他的美育关心的是德育,是通过"若虚感"(形象思维的作用)认识"真我"(人类的发展规律),而获得社会道德理法。所以吕凤子说:"美育是就异成异。美在异,美在一切生的谐和和幻灭。万异并存,即美之所在,即善之所在。"在吕凤子看来"万异并存"是人的"生力"基本内容,是美的内容,是社会和谐发展中善的基本要求,是社会、个体为实现全面幸福需要正视的问题,也是需要整个社会、个体不断加以维护和提升的事业。而教育之所以来自于美育,就是要遵循从生的状态来培育人的知性,在美的感知心象变幻氛围中从而延伸出善的理性,使生的意志得到明晰,良心得以发现,道德得以固化,进而从生的法则中去求真,达到人与社会的尽善尽美。

对吕凤子"生力观""教育观"和"美育观"的讨论,目的在于让人们能够看到吕凤子"爱无涯、美无极"教育思想的博大精深。吕凤子将教育问题的基本出发点定位在"生力"上,"生力观"的提出反映了他对人的生命状态的认可和尊重,他将中国传统文化中"天地之大德曰生"的精神起点为他的教育思想的起点,倡导"尽其生、穷其爱、竭其力"的理想追求。他的"教育观"主张从"循动顺生"中"发见生力",并以"合事物之理"去"祛除物障"来实现生欲的自由和爱,以完成

"穷异成异，穷己成己"最合理教育。他的"美育观"力求从人感知、认识事物的过程中，伴随认识"真我"的同时生发"美欲"以抑制个体的"物欲"，建立同情心而获得社会道德理法，形成道德教育。他乐观地认为，实现他的教育理想的重要途径就是实施美育，而美育实施的关键是要人通过艺术教育养成"美的态度"来观察、认识和评价事物、生活及学习，使人的活动进入艺术化的层面。正如他自己总结的那样："生无已，爱无穷也。异无已，美无极也。成无已，仁无尽也。这便是人生所以为人生，艺术所以为艺术。"

第三节　吕凤子教育思想的主要内涵

吕凤子在研究中国传统文化的同时，注重吸收西方近现代新科学知识，逐步建立起属于他自己的教育思想。他的教育理论是建立在哲学、伦理学、教育学、心理学及其他科学理论的基础上的，是以人的发展变化作为研究的对象，科学理性的从人的内在变化、外在发展及社会条件等方面入手，在理清问题的过程中寻找解决问题的方法，并将这些问题、方法所形成的理论融入他的办学过程中，通过实践不断加以总结，探索出具有现代意义上合理的教育理念、教育系统及教育方法。吕凤子教育思想是科学实用且有成功实践验证的理论，是我国近现代教育史上十分难得的宝贵财富。

一、吕凤子教育理想是用"尽其生、穷其爱"的教育完成"谋人类幸福"

吕凤子在《纪念立校三十三周年》的讲话中提到："我们每个同学能够做到尽量发展每个不同的个性，尽力的生，自会感到生的趣味和幸福。"这是吕凤子先生的教育理想。在他这个理想中，"发展每个不同的个性""尽力的生"是对每个学生作为人的发展的基本要求，以此来实现生欲的自由和爱，而"感到生的趣味和幸福"就是他一再强调的教育的理想目的。简单地概括就是教育要做到"尽其生、穷其爱、竭其力"。因为只有使个体的人和社会建立起"无尽的爱"，才可能"抑人类无厌之私欲"，在一定道德层面上拥有作为社会的基本法则，使人的生活互不相害而显现出基本的善性，才能享有"无尽的生欲"。也只有在这样的基础上人类才能构建起自身的幸福生活。这就是吕凤子多年从事教育后逐步建立起来的教育理想追求，也是他一生为之努力至死不渝的信念。

1. "尽其生"是吕凤子教育理想思考的关键所在。

吕凤子的教育理想，就是从"尽其生、穷其爱"的教育中完成"谋人类幸福"。这个理想早在 1912 年他开始创办正则学校就建立起来了。1915 年时他将这一理想编成了正则校歌，一直在学校中传唱。他希望这个理想渗透到每一个正则学校师生脑海中，并生根发芽。校歌的第一句就将学校的使命建立在"生无尽"则"爱无涯"上。"生"的重要价值是吕凤子教育思想在哲学层面上的定位。作为教育家，吕凤子很清楚教育就是为人类社会发展培养人、服务人的。在他的心目中，人的发展、生存是宇宙中最具活力和生机的表现。

他说："一切非实在的客观现象、主观心象是生力的幻灭，生力不减，便假认这是最后的实在。便分别名生的法则为真，生的意志为善，生的状态为美。"[①]在他看来，所有的事物变化、人的思维发展，都离不开生命力量的存在。而正是生命力量的存在又使得真、善、美得以存在。因此，他提出"一切生不相侵害，才能各尽其变，各竭其能，这便是生的法则"。生命力量的发展是无限的，但在生命力量的存在上一切现象的存在又是有限的，只有人生是无限的，最为可贵。1943 年，吕凤子说："一本人认宇宙间一切现象是无限生力的有限表暴，惟人生可能表暴无限生力，可能无限的生。"[②]对人的认识上他不是简单的、一般层面的、静止的、个体的来看待，而是将人作为整体的、"无限生"的"真我"，即从人的本体角度科学的认知作为人的本质特点，从人的发展这一事象去解释人的内在精神作用中原动力是"无限生欲"，这是人的原发理想动力，所以"人生永久在创造复创造中过着理想生活。"为什么一代一代的人不懈的努力生存，在吕凤子看来就是人的原发动力、就是生欲的力量驱使人类不断进步、不断发展。这在凤先生的书法作品《辛弃疾词》(图 2-7)中亦有所体现。

① 吕去病.吕凤子文集[M].天津:天津人民美术出版社,2005:1.
② 吕去病.吕凤子文集[M].天津:天津人民美术出版社,2005:74.

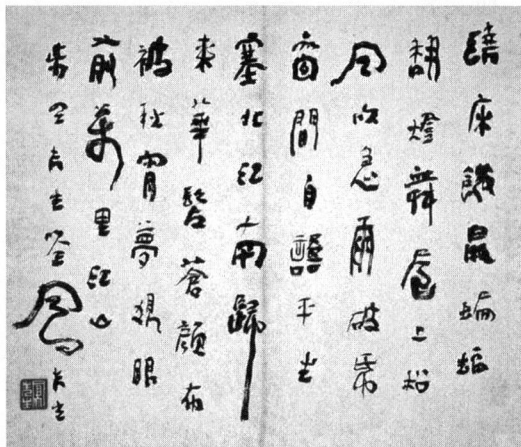

图 2-7　吕凤子书法《辛弃疾词》

正是在这一前提下,他提出他的基本理想追求是:"本人认精神作用的基本作用或原动力为无限生欲及无尽爱,所欲得者为永久超现实的理想之实现。以故人生永久在创造复创造中过着理想生活。"可见,他是一个有着丰富理想的人,他的理想不是一般人的物质追求和私欲的实现,他的理想有着强烈的宗教感、哲学意味,他要在"创造复创造中"实现他的"无限生欲暨无尽爱""过着理想生活"。"表暴无限生力"的"尽其生"贯穿于他一生教育事业,也是他理性思考教育、美育等问题的前提内容。"生欲"带来的"生力"就是吕凤子教育理想的关键点。他的教育思想就是要让每一个学生犹如花的嫩芽,需要我们启蒙祛蔽,使他们茁壮成长;每个学生都能尽力发展自己时,自会感到生的趣味和幸福;学校要成为"鼓舞欢欣,生趣充塞"的处所。

2. 通过"穷其爱"以构建"尽其生"的理想校园。

吕凤子要激发人发展的原动力"生欲",并在此基础上维护"生力",以"尽力的生"来创造理想生活。如何才能激发"生欲"维护"生力"并创造生活,那就要做到"顺生"。吕凤子说:"动变无极,斯曰生。生万斯殊,斯相待而异其动姿其变。故曰:生有能焉,竭其能曰顺生。"[①]"顺生"作为凤先生教育观中"循动则"的基本内容,指出了通过"顺生"完成人的"生有能焉,竭其能",在"已导之,斯成化矣"的过程中,达到"扩展动的范围和方式以至于无尽"。又如何做到在"生欲"

---

① 吕去病. 吕凤子文集[M]. 天津:天津人民美术出版社,2005:68.

的基础上"竭其能"而去达到"顺生",这就要"无限生欲推动一切心作用尽力的生";这里的"无限生欲"和"一切心作用"的所指者不是个体的人,吕凤子所成全的是其他所有的人(异),所以他说"己不能离开一切个己而有所成,即不能离开一切异而表现其无限。""无限"概念的使用其实就是涉及"异"的范围,个体的"己"一定是有限的。所以他说:"无限生欲推动一切心作用尽力的生,无尽的爱便指导一切心作用尽力的创造。创造复创造,永久以成己为事,即永久以成异为归。"这就是凤先生所说的"爱者,顺之本,争所依也","生的现象便是爱的表现","顺生"其实就是"爱"的表现。

在吕凤子教育思想中"爱"这一概念思维的重要指向是"异",因为"与己并存而导之成其异的一种作用名曰爱。"[1]"爱"的作用是"成异",在他看来"无尽爱的唯一作用即爱异,永久求尽其爱不可得,即永久爱异,永久爱就异成异,就异生异。"[2]在他所成的这个"异"中,不仅包含有其他人和物,还包括个体的自己。他说:"知道自家的己应该有异于人己就是异,却不知道人家的己也应该有异于人也就是异。"[3]至此,我们就清楚了吕凤子的教育思想中所强调的教育内容,不仅要成就他人,在他看来更要成就自己。所以,他不停地告诫正则学校中的教师:"我们要爱一切己,不仅爱自己。""我们要从爱完成每个自己。""所谓每个自己当然是我之自己包括在内,连我自己也成为爱的对象时,爱的表现才是就异成异。成有大小,爱无等差,爱所在即己所在,己所在即异所在。"[4]凤先生的画作《庐山云》(图2-8)中体现了这一思想。

图2-8　吕凤子画作《庐山云》

在吕凤子心中充溢着崇尚生命、热爱生活的理想情怀,他要通过努力构建起"尽其生"教育理想处所,就必须使校园中的每一个人都在内心

---

① 吕去病.吕凤子文集[M].天津:天津人民美术出版社,2005:81.
② 吕去病.吕凤子文集[M].天津:天津人民美术出版社,2005:78.
③ 吕去病.吕凤子文集[M].天津:天津人民美术出版社,2005:70.
④ 吕去病.吕凤子文集[M].天津:天津人民美术出版社,2005:84.

深处充盈着爱的力量,爱他人、爱学校、爱生活、爱自然,还有要爱自己。在"穷其爱"的理想氛围中实现每个人的生欲自由,达到了"穷异成异,穷己成己"最合理教育,使每个人都能"尽力的生",启蒙祛蔽,感受到作为人的幸福。

二、吕凤子教育思想内容是在"美育兼爱育"过程中完成"成异成己"

吕凤子为实现他的教育理想,使"我们每个同学能够做到尽量发展每个不同的个性,尽力的生,自会感到生的趣味和幸福",他不仅从传统教育思想中索取积极有用的经验和理念,还从现代西方近现代哲学、教育学等理论中寻找方法路径,在他的办学实践中不断尝试新思路、新办法来实现他的目标。从现存的众多学生回忆及他的理论阐述、教学实践计划等方面可以明确看到,吕凤子有针对性地就教育对象、教育内容、教育目标及教育方法等进行了实证性的研究。其中大量的理论和实施计划内容都是从美育的角度来思考教育、办学和育人,显示出他在教育思想和办学形式的美育特色。

从他极力主张的美育思想和美育实施来看,一方面,他与当时蔡元培教育思想中倡导美育理念和美育实践有着一脉相通之处;另一方面,由于他作为一个艺术家在办学校,并在职业学校和中小学中实施,自然有着他自己的一套思路和办法,与蔡先生的美育相比,有他自己的特点和成果。吕凤子教育思想中表现出较清晰的美育理念、较强的美育实施的可操作性,使得他的"美育兼爱育"教育思想系统在当时可谓独树一帜。不仅如此,他还在美育实施的过程中强调"爱育"的重要性,通过美育来引发爱育的生成,反过来再通过"爱育"感受体验美育,张扬美育的实施效果。这使得他提倡的美育兼爱育思想,切实在正则学校和他所从教的校园中得以很好的开展,较好地完成了实现每个人的生欲自由,完成"穷异成异,穷己成己"最合理教育。

吕凤子的"美育兼爱育"教育思想,不仅是理论的研究结果,同时也是教育实践成果。要了解吕凤子教育思想的基本内容,我们大致要从以下三个方面作一些说明。

1. 吕凤子的教育目标是"成异成己"。

吕凤子在办学之初就十分清楚教育是"为了谋人类之幸福",他说:"学者诸君非尝耳闻人类完全幸福之一言乎?是何言?是即人类教育绝对的目的,为欲达此目的,斯有教育。"我们在讨论他的"生力观"中就了解到,他清楚人不能幸福的原因在于为"私欲蒙蔽,常不能尽其生、穷其爱、竭其力的变幻",他认为"这就有待于教育"。

他提出"教育目的是要被教者各个己都获得相当成就。"①这样就能使"尽其生、穷其爱、竭其力的变幻"。这其中的"各个己"是就人的整体而言。他认为正确的教育方法应该是:"我们承认每一个人应该成为每一个人,就导之成为每一个人,是之谓成异或成己,承认每一个异或每个己不能离开同时并存的一切个异或一切个己谋自成,应该从成一切个异或一切个己中谋自成。"②可见,"成异成己"是他的教育实施中的具体目标,不是成一个己或成一个异,是一切己、一切异,这就是他要完成的通过教育使"每个同学能够做到尽量发展每个不同的个性,尽力的生,自会感到生的趣味和幸福"。

吕凤子从人的本体发展角度思考人与人、人与社会及人与自然的关系,通过教育完成"成异成己"来达到教育目标。这里我们还要进一步认识他提出的"己"与"异"的关系。"己"即"是个人对他人的自称,是个人对每个身心的指称"③,它除了代表个人自己,还有每个人的统称,即己有可以视为所有人的己,也就是对于他人来说也有属于自己的己。"异"包含两个层面的意思,一方面是指他人,但不仅指代他人,还具有与他人不同的内容之意,即指不同的思想、个性与才华;另一方面也包括个人本身具有的与原来本身具有的内容不同的发展变化;这就是吕凤子常说的"人生是无尽异的积,个别人生是有无限异一串异的积。个别人生永久求积无尽异,而终于有限,止于各异"④;由于人生是不断发展变化、不断提升完善的,所以吕凤子认定"异谓生力变幻,变幻无尽,异亦无尽"⑤。故吕凤子就"异"的两个层面的意思总结提出"己即异"。这个"己即异"也就是吕凤子对"真我"概念的哲学思考,他苦口婆心地指出其中的相互关系,实际上是想让受教育者能够在"成己"的发展提升过程中,理解"成异"的重要性。因此,成己要在成异中才能做到,否则必然会"乱"而一事无成。

吕凤子站在真正教育家的高度审视教育的目标,他从不在小我的层面来办教育,而是"谋人类幸福"的广度思考人的教育发展。个体的培养固然必要,但

---

① 吕去病. 吕凤子文集[M]. 天津:天津人民美术出版社,2005:71.
② 吕去病. 吕凤子文集[M]. 天津:天津人民美术出版社,2005:71.
③ 吕去病. 吕凤子文集[M]. 天津:天津人民美术出版社,2005:86.
④ 吕去病. 吕凤子文集[M]. 天津:天津人民美术出版社,2005:87.
⑤ 吕去病. 吕凤子文集[M]. 天津:天津人民美术出版社,2005:69.

更重要的是培养大我的世界观,这也就是"无限生欲推动一切心作用尽力的生,无尽的爱便指导一切心作用尽力的创造。创造复创造,永久以成己为事,即永久以成异为归。"这就是吕凤子的教育目标。

2."美育"是"成异成己"的最佳途径。

实现"成异成己"目标需要完成一系列教育过程,重要的任务就是"祛除物障"。吕凤子认为,"私欲""物障"是造成人不能"尽其生、竭其能"的缘由。他致力于找出祛除物障私欲的良方,即实施"美育"。他的美育思想有很强的科学性,是通过对人的争欲、私欲和物欲等与实在欲相关联的分析,解决人的这些欲望就要从人感知事物、认识事物开始,将认识事物的目标定位在对"真物""真我"的认识上,而不是停留在小我和具体的物欲上,由此通过人的意识生成"美欲"来实施美育。他的"真我"是"人的本体",是代表全体人的状态,是"己",同时包含"异"的成分。也就是"自然现象本总结一切过去现在未来有生有灭有差别之现象言之,一切现象所在,即自然本体之所在也。"所以"在物曰真物,在我曰真我。"①于是美育的内容就是对人的智力开发和知识的学习、对自然现象和自然规律的认识也要建立在对"真物""真我"的认知上,即"穷己穷异"上。这是吕凤子的美育的源头。

正是基于这个美育,人们在学习知识、认知事物的过程中,能够科学地接受自然科学和社会科学等方面的知识,了解社会发展和人的发展规律,同时也能够道德地感知科学和社会,因为学生知道"实在物"所引发的物欲会造成社会的争抢,而用审美的方法去感知事物的"若虚相"所带来的是对事物本体的认识,是从事物的本质角度看待其发展变化。这样就会给学生从适应事物发展、适应社会发展、适应人的本体发展规律的角度来认识事物、社会和人生,使"顺生"的和谐关系给每一个人带来方便。美育的实施能够使得大家愿意从"真我"的角度来思考个体和整体的提升,这就是吕凤子说的"美育是就异成己"②,同时也是"成己"的过程。也就是懂得"承认每一个异或每个己不能离开同时并存的一切个异或一切个己谋自成,应该从成一切个异或一切个己中谋自成。"③这就是"生无已,爱无穷也。异无已,美无极也。成无已,仁无尽也"④所讲出来的道理(图2-9)。

---

① 吕去病.吕凤子文集[M].天津:天津人民美术出版社,2005:8.
② 吕去病.吕凤子文集[M].天津:天津人民美术出版社,2005:2.
③ 吕去病.吕凤子文集[M].天津:天津人民美术出版社,2005:70.
④ 吕去病.吕凤子文集[M].天津:天津人民美术出版社,2005:78.

图 2-9   吕凤子画作《四阿罗汉》

3. "爱育"使"美育"更有效地实施。

在吕凤子多年教育实践中,他从传统儒家文化用来修身正己的方法,发现了"静觉法"的"克欲"所包含的另一层意义——"爱己""爱异"。他看到儒家文化修身正己静觉中"要有强遏以致祛除物障的克欲法(克私欲,一曰克己)","是由静观发见己之所在,悟彻己之意义,启其爱己即爱异之情,立除物障而复生欲之自由。"这一发现使吕凤子看到在美育中"发见自己"的用处,在自我发现中生成"爱己""爱异"的境界,进而"祛除物障"来实现生欲的自由。同时在接受西方教育方法的过程中总结出的"动觉法",是"由不息的劳动使生欲获自由发展机会,因而启其爱异即爱己之情,不甘更为物役而力自挣脱。"①动觉法在美育过程中通过劳动带来的各种结果而给予自己肯定的同时形成爱己即爱异。这种将传统文化和西方文化中彰显"生欲与自由"的体验上升为"爱己爱异",这是一个重大的进步。对吕凤子来说,教育的首要任务就是对生命的尊崇,尊崇生命就是"爱"。他说:"无限生欲暨无尽爱","生无己,爱无穷也。"不管是利用静觉法来克欲祛障发现自己,还是通过劳动的生力自由发现自己,都是"爱育"的具体体现。

---

① 吕去病. 吕凤子文集[M]. 天津:天津人民美术出版社,2005:83.

从另一个角度来看,静觉法的"祛除物障"来实现生欲的自由,或是动觉法的通过劳动带来的各种结果而给予自己肯定,都是吕凤子极力倡导美育的具体操作内容,要从发现"真我"中"祛除物障","尽其力、竭其能",获得人的发展自由。从这个层面上来讲,"爱育"其实就是"美育"。但这两个内容按照吕凤子的理解还是有所不同:即美育是从人的认知角度感知事物的同时作用于人的思维过程,来认识事物的本体特征而祛除物障;爱育则是注重在感知生命(生欲)的过程中自发的认识自我本体,去"爱己爱异"。于是仅仅依赖美育实施祛除私欲、物障,让人们从理性的掌握知识过程中锻炼自己发现"真我"、祛除物障,还是有难度的。但每一个人爱"生"是自然的,只要稍有一点激发,"爱的力量是终不可穷的,所以我们校歌说'惟生无尽兮爱无涯'"①。他又说:"无限生欲暨无尽爱,实为创造活动最后推动力。"吕凤子对爱育所形成的效用,不仅看到了由于生欲带来的创造力,同时他还认为爱育对美育和德育有很大影响力,他说:"我们以为离开爱的鉴赏无所谓美,离开爱的行为无所谓道德。"爱育在学校教育中的地位和作用是不可忽视的,对美育的实施是有积极意义的。

三、吕凤子教育实践是通过"艺术化生存"的养成实现"尊异成异、穷异成异"

吕凤子的教育思想不仅是理论上的建树,同时也是他多年教育实践的成果。他一方面从东西方文化中寻找解决"谋人类之幸福"的有效办法,另一方面又将这些有效办法在他的正则学校中加以实践,通过不断的应用、完善,凝练出实施"美育兼爱育"教育思想的"尽其生、穷其爱、竭其力"教育内容,也就是通过师生的共同努力达到"成异成己"的现实需求,使"我们每个同学能够做到尽量发展每个不同的个性,尽力的生,自会感到生的趣味和幸福"。

1. 教育实践的基本内容是"艺术化生存"。

学校教育如何贯彻"爱无涯、美无极"的教育思想,吕凤子有着自己的思考和安排,他的重点是美育思想的实施。在1923年他担任江苏省立第六中学校长时,为贯彻国家教育计划要求,在学校积极实施美育的计划书。他认真地研究了学校教育人的发展要求,提出具体实施美育的计划。他在《中学校的美育实施》

---

① 吕去病.吕凤子文集[M].天津:天津人民美术出版社,2005:83.

一文中说:"什么是美育? 这以艺术为教育,不但使一般人由教养而得享乐艺术便算,并且还期望他们一概成功艺术家——最广义的艺术家。"这是实施美育中的基本定位,即培养学生成为最广义的艺术家。对于这个最广义的艺术家如何行为,吕凤子说得很清楚:"这不但以艺术的创造启发生活的创造而已,并且要推广艺术的创造于一切方面,使一切生活都成艺术化。"(吕凤子《中学校的美育实施》)这也是美育的主要任务,即要在学校中"使一切生活都艺术化"。这一观点让我们明确了美育是通过艺术来进行的教育,并得到两个层面的提升:一是基本技术层面的,即一般人教养的提高和享乐艺术、成为广义上的艺术家;二是艺术的创造启发生活的创造、使一切生活艺术化。可见他讲的美育是涉及人的学习生活的价值取向。

正是由于美育实施所带来的作用,人们才可以做到"以美的态度接遇一切,形态迹象等接触于耳目,而生命的意义默识于内心,于是觉得那些是先得我心,好像直从我的本性自然流露呢,就会生起了纯粹的同情,或若觉得反乎人性而于我心有格格不入之势呢,就会生起了纯粹的反情。"(吕凤子《中学校的美育实施》)经过美的感知,生出对生命本体的体验和纯粹的同情,继而"对于一己的生存意义固然极为切要,就对于一切的生存也极切要;又对于一己的人性最为符顺,就对于一切的人性也一概是符顺。这样人生既然很本然完美,并且很为普遍。"(吕凤子《中学校的美育实施》)要完成美育,就必须从美术教育开始。因此美育的实施使人通过艺术教育养成"美的态度"来观察、认识和评价事物、生活及学习,使人的活动进入艺术化的层面。因为"美育是就异成异,美术制作也是就异成异,不过美术制作所成者是作者自己的异,美育所成者是一切被成者自己的异,这是最要弄清楚的。"[1]因此,凤先生认定要强化人的美育,并将艺术教育作为最为基本的培养过程,不断加以推广、普及,定能达到"成异成己"的教育目标。吕凤子就是通过他长期的美育实践、通过他不断推行的艺术教育来实现他的教育理想、道德社会、人类幸福的目标。

2. 教育实践的基本要求是"尊异成异"。

吕凤子的教育思想就是要通过实施"美育兼爱育"来完成"成异成己",达到"尽其生、穷其爱、竭其能"。这就要不仅"成己"还要"成异",才能做到真正意义上的教育。为了实现这个目标,吕凤子语重心长地进一步告诫,"怎样便可顺利地达

[1] 吕去病.吕凤子文集[M].天津:天津人民美术出版社,2005:2.

到教育目的，有一件事必先做到，就是要受教者知道我有自己，人亦有自己，我尊重我的自己，人亦尊重人的自己。"①在吕凤子看来，如果不能正确认识这个道理，就会造成社会中人与人之间的矛盾，相互敌意而相仇恨以至于造成社会混乱，必然使教育目的不能达到。因此，尊己很重要，从尊重自己中爱自己而激发自身生命的积极欲望，尽其生，竭其能。这是美育过程中不能缺少爱育维系的重要意义。

尊己可以带来个体的发展提升，但对待别人的己，即尊异也同样重要。因为"知道自家有己尊重自家的己，却不知道人家有己尊重人家的己；知道自家的己应该有异于人己就是异，却不知道人家的己也该有异于人也就是异。"②吕凤子十分清楚地看到，社会是由己和异构成的，只考虑己容易产生私欲物障；而因为有异，社会才丰富多彩，人才不断改变，生命才有生力变幻，"异谓生力变幻，变幻无尽，异亦无尽"。就异而言，不仅包括他人的异，还包括自己的异，包含不同的思想、个性与才华。所以"尊异"是教育实践的关键内容，是美育兼爱育的重要体现。通过尊异，来尊重所有学生的独特思想、独特个性，独特才能并加以发扬，爱育的价值才能得到应有的体现。凤先生的画作《不，我要做》（图2-10）亦反映了这一思想。

图2-10　吕凤子画作《不，我要做》

①　吕去病.吕凤子文集[M].天津:天津人民美术出版社,2005:71.
②　吕去病.吕凤子文集[M].天津:天津人民美术出版社,2005:70.

　　"尊异成异"的意思,就是教师应尽力了解每个学生的思想、个性和潜力所在,充分发展他们的思想,依其个性与才华,因材施教,挖掘出他们的潜力,使其有所成就。同时要鼓励、促使每个同学充分地了解自己的异,能够在遵循自然规律和社会发展规律的基础上,尽力丰富自己的思想,尽力发展每个不同的个性,尽量发挥个体的创造才能,各造其极,这就是"爱己爱异"。这便是吕凤子在他从事教育实践中提出的美育兼爱育的基本要求,也是他在比较美育成异与美术制作成异的根本区别时所说的:"美术制作所成者是作者自己的异,美育所成者是一切被成者自己的异。"①

　　3. "艺术化生存"要达到"穷异成异"。

　　吕凤子希望:"人生的极则,在于能畅然顺从人性以行,无一些屈抑阻塞,并且不妨碍余人的尽性开展其生活。这样人生只有藉艺术的力量可以启导,又只有依艺术的根本态度可以遂行。"(吕凤子《中学校的美育实施》)他就是想通过他的美育建立起每一个人的"艺术的根本态度",在"艺术化生存"的教育中,使每一个人都表现出"顺从人性以行",形成不同的个性与才华,即显示出"异"的成分。他明确指出:"艺术所关系的感情不单是和知意相对待着的感情,乃属全体生活的感情,美育所陶冶的情绪生活也就是全生活的发动力"。(吕凤子《中学校的美育实施》)正是基于美育这样"全生活的发动力"的作用,吕凤子在他的学校努力通过美育建立容许一切个体自由发展的秩序,"不妨碍余人的尽性开展其生活",反对造就人上人,提醒人们人才的培养不能违背人的天性,要在谐和、快乐的状态下充分发展人的个性。"艺术化生存"就是要让每个人的个性与才华,按照一定的规律发展而有所成就,这便是"成异"。要想成异,就需要从"尊异"出发,近而"就异",直至"穷异"方可。

　　"异"包含两个层面的意思,一方面是指他人,包含有不同思想、个性与才华;另一方面也包括个人本身具有的与原来本身具有的内容不同的发展变化。"穷异"的穷即穷尽,穷异就是要彻底地了解与把握学生的"异"。当然,这个"穷异"教育就是要"就异成异""万异并成"。而要做到"万异并成",承认差异、尊重差异、善待差异、包容差异,根据差异因材施教,那最好的办法无非就是"艺术化生存"的教育。他要求教师通过美育,根据差异,因材施教,促使学生充分发展自己的个性,发挥自己的才能,用最美的心灵去完成一个个"人生制作"。据

① 吕去病.吕凤子文集[M].天津:天津人民美术出版社,2005:2.

此,他根据美育思想的要求,制定了详细的"艺术化生存"的基本任务。他在《中学校的美育实施》中提出了最重要的四点:"第一点,凡和美育有关的课程无论其效果是直接或间接,俱须注意使那些(直接的如图画、手工、音乐,间接的如文学、体操等)各尽其用。第二点,学校里应有相当的设备,于无形之中能涵养学者的美感。第三点,训育上当以美育贯彻其全体。第四点,教者对于学者应当常以人格相接触,借此启发审美的能力且撼动一般生活的核心。"这四点要求及其实施十分明确地规定了学校"艺术化生存"的基本内容,给美育的"穷异成异"带来了足够的空间。他从美育在内容、条件上的基本要求,外在和内在熏陶的强化,都做了思考,以期通过不懈的努力,实现以"美的态度"艺术化生存,实现"穷异成异",使人们自会感到生的趣味和幸福,再不会有人间怨恨和悲哀。

实现"穷异成异",还有培养学生创新精神的意味。吕凤子认定"异谓生力变幻,变幻无尽,异亦无尽。"这里的"生力变幻"就是新内容的发现和形成。所以他还说:"穷异,即创造文化之谓。成异,即获致福利之谓。"因此他极力要求学生在美育的过程中,通过"艺术化生存"来培养个性特色,锤炼不断创新的精神。他也在学校中努力营造各种艺术化活动促进学生创新思维的发展,如开展学术活动,主张百家争鸣,进行艺术创作,要求百花齐放(图2-11)。他认为书法应人各有体,绘画应人各有面。因此,他所办的学校或他所任校长的学校往往思想活跃,学术气氛浓厚,作品风格众多。教师、学生多秉承他的创新精神;学生任慧娴、杨世华、李冰泉则在不同时期对正则绣进行了不同程度的开掘和发展,这种创新精神的延续,不就是吕凤子的"成异"的例证吗?

图2-11　吕凤子乱针绣作品《猫》

吕凤子的"艺术化生存"美育思想,就是用美激发人心中的感美和乐美之情,祛除人性中的自私和狭隘,因此,他一生都在努力营造"爱与美"的教育园地来达到"穷异成异"。他以一片真心、一片爱心善待每一个人,并把无穷的爱、无极的美、无尽的仁的理念传递给教师和学生,通过教师对学生的善待和爱护,把爱的种子播撒到每一个学生的心中,再通过学生把爱传播给更多的人,他努力让爱成为人们的共同语言,这就是他的"穷异"。在他眼里异就是美,美就是异。他就是在不息的"穷异"中,引导师生达到"成异"的目的,使每一个人都能激发自身生命的积极欲望,尽其生,竭其能。

吕凤子的教育思想深刻、先进,富有哲学意味,同时还具有很强的可操作性等特点。

第四节 吕凤子教育思想的主要成就及影响

在长期的办学和教书育人过程中,吕凤子思考最多、实施最广泛、也最有成效的教育方法就是"美育兼爱育",以美育为抓手,推行爱的思想,培养道德情感,"各尽其变、各竭其能"以达到他理想中教育的终极目标——"谋人类完全之幸福"。

一、服务社会发展职业教育

吕凤子十分强调劳动教育,在谈及教育实践时,他主张采用"动觉法"培养学生。他说:"我们要用的方法之一为动觉法,由不息的劳动使生欲获自由发展机会,因而启其爱异即爱己之情,不甘更为物役而力自挣脱。"①动觉法就是通过劳动过程所带来的各种结果而给予自己肯定的同时形成爱己即爱异,即"动觉是由欲的自由而及爱的启发。"具体的讲就是"人活着就要热爱劳动,劳动不是苦,它会使你获得生的乐趣,成为一个有用的人;不劳动的人,他的身心就会腐朽,就会失去生的价值。"他的教育思想是与其教育实践密切关联的,这也形成了他在办学中是非常注重教育与生产劳动相结合的原因,尤其注重通过培养动

---

① 吕去病.吕凤子文集[M].天津:天津人民美术出版社,2005:83.

手能力养成一技之长的职业教育,在培养专业技能人才的同时服务社会。

吕凤子的"正则学校"大部分时间和主要部分就是职业学校。最初举办正则女校开设的专业主要是绘绣科、桑蚕科和师范科等。从办学效果看,吕凤子用其"动觉法"很好地达到了他的目的:一是解决女子读书受教育的问题,以求解放妇女达到男女平等;二是结合社会需求办学,为社会生产服务的人力需求;三是在提高人的基本素养同时"成己成异",获得个体的本真自由、独立思想、个性及才华。当时的丹阳蚕桑业非常发达。鉴于种桑养蚕的实际情况,蚕桑科以科学养蚕制种为主,绘绣科除普通针绣外,还积极推广乱针绣(又名"正则绣"),师范科主要为地方学校培养一些具有艺术素养的教师。在实际的教育教学中,就是"由不息的劳动使生欲获自由发展机会","由欲的自由而及爱的启发",完成"成己成异"。比如:蚕桑科不仅有专门的教学楼,还有蚕桑实验基地 7 000 余亩。蚕桑科的学生边学科学技术知识,边参加劳动,注重书本知识与实际应用技术并重,尤其重视培养吃苦耐劳的精神。每年春秋两季学生育制蚕种近万张,供销到江浙两省的农村。一方面,学生在生产劳动中获得了养蚕育种的知识和技能;学生毕业后就能下乡担任栽桑养蚕的指导员,获得立身于社会的本领。另一方面,所制蚕种销售后,不仅能更好地发展农村副业,促进农村养蚕事业的发展,振兴农业经济,逐步改变农村的落后面貌,同时又能获得一部分办学经费,切实帮助学校解决经费困难的问题。教育与生产劳动相结合,能使学生知识技能的掌握和学校职业教育的发展获得双赢的效果(图 2-12)。

图 2-12　1947 年吕凤子与正则补习学校初级商业簿记班首届毕业生合影

呂凤子先生办职业教育,还有一个鲜明的特点,就是"培养技能,实业救国"。1912 年,呂凤子说服祖母,动员全家,拿出田契,变卖地产,创办正则女子学校。这是呂凤子先生第一次办正则学校。这完全是为了反对封建压迫,提倡女权,争取男女平等。1937 年,日寇入侵丹阳。呂凤子先生仍不屈不挠,率领师生及家属历尽艰辛撤退至重庆璧山,在时任璧山中学校长钟芳铭的鼎力相助下,租赁璧山城内的天上宫,于 1938 年春第二次办起了"私立江苏省正则职业蜀校"。这次艰难办学,呂凤子先生绝非仅是为了反对封建压迫,争取妇女解放,而更多的是为了"实业救国"。呂凤子把"实业教育"作为救国救民的重要途径来看待,他希望更多的人能够学习文化,掌握技术,练就本领,将来能够用技术和本领建设祖国,振兴家园。在私立正则蜀校,分设职校和中学两部。职业学校除仍开设蚕桑科外,还开设了农科和高级建筑科。高级建筑科中"石木工造",专业门类较为齐全。在正则蜀校中,学生可以学到更多实实在在的专业技术和本领,从而使呂凤子"实业救国"的思想得以充分地贯彻和执行。

呂凤子先生办职业教育,能根据职业教育的规律和特点科学地办学,注重实训,产教结合。他非常注重实训环节,在经济拮据的情况下,仍想尽一切办法,建有供实训用的专用教室和实训基地或场所。当年,正则职业学校里就有了劳作专门教室、土工室、石膏工铸石室、养蚕制种室等。同时,呂凤子先生积极倡导并实行产教结合,既重视职业知识传授,更重视职业技能训练,坚持走产教结合、以产养教的路子,不仅使学生在实践中增长才干,又为学校的发展积累了资金。[①]

二、重视女子教育的社会作用

呂凤子先生创办女子职业教育的主要目的是谋求妇女解放,积极争取与男性平等的女权,为使学生毕业后能掌握求职的技能,以求得经济上的自立从而保证人格上的独立。所以,呂凤子先生非常注重办好教育。呂凤子创办的女子职业学校还有一个鲜明特点,即以女性为主,注重培养女性的自主意识和能力。1912 年,丹阳正则女子学校中蚕桑科、绘绣科、师范科招收的学生全部是女生,到 1938 年在重庆璧山重建"私立江苏省正则职业学校"时,在高级建筑科才有了部分男生。呂凤子创办正则女子职业学校,注重对女子的职业技能培养,不仅唤醒了广大妇女敢于

① 汤金洪.呂凤子职业教育的特点和启示[J].镇江高专学报,2007(2):24 – 27.

冲破封建桎梏,积极谋求妇女解放的"女权"意识,而且增强了广大妇女自立、自强的奋斗精神,推动了历史的发展和进步,产生了极其广泛而深刻的历史影响。

辛亥革命后,吕凤子先生受当时"反对封建、提倡女权""教育救国"思想的影响和"普及女子教育,实现男女教育平等,发展女子实业,提高广大妇女的文化和政治素质"这一时代诉求的感召,立志为妇女解放和妇女教育尽力,逐步产生了创办女子学校的思想。于是,在妇女读书就业难的情况下,他为丹阳妇女筹设了正则女校,使她们能学技艺,反封建,争取女权,享受和男性平等的待遇,从而把平民教育的阳光普照到广大妇女。一开始办妇女识字补习班,凤先生把自家的客厅腾出来作教室,帮助广大妇女摆脱不识字、受人欺负的痛苦。凤先生挨家挨户地上门动员,宣传妇女读书求自立的好处。来学习的几十个妇女都从未念过书,大多是贫民的女儿,凤先生热情地欢迎她们,不收一分钱学费,义务教她们识字,得到当地人民的高度赞赏。后来在正则学校增设了小学部和初中部,目的就是普及教育。

吕凤子先生在致力于女子教育的实践过程中,逐步意识到女性学了普通文化知识,往往仍然是只能做"贤妻良母",还不能在职业上享受与男性平等的待遇。"五四运动"爆发后,吕凤子开始认识到"女子只有学了文化,并学到谋生的技艺,才能独立生活而不依附他人"。正如吕凤子先生经常在教师会上说的:"创办女子职业学校的目的,是为了争取女权,为平民女子寻求经济上的独立,给她们一个谋生的手段,一种职业技能,做到妇女独立,不依靠丈夫就能生活,真正实现妇女的自立和地位的提高。"正是由于确立了这样的思想,凤先生才能在实际行动中,冲破封建习惯势力的阻拦,慷慨捐献家产,在丹阳首创女子职业教育,为女子提供求学受教育的机会,使她们获得求职的本领。他针对女性的特点,并从当时社会需要和丹阳实际条件出发,在正则女校的基础上,扩办了正则女子职业学校,对求学女子实施职业教育。学校针对女性特点,开设了绘画、刺绣(图2-13)、桑蚕、烹饪等科。不管学校初创时期,还是发展时期,始终坚持女

图2-13　任慧娴乱针绣作品《杨守玉》

子职业教育，自始至终为争取妇女解放、解决她们的生计问题而不懈地努力。①

三、学校教育中的生命关怀

生命教育思想和生命关怀精神一直是历史各个时期学校教育的重要内容。伟大的教育家无不具有深切的生命关怀思想，吕凤子亦是如此，对世间生命的极致关怀体现于吕凤子的教育思想中，贯穿于他的办学过程，尤其是通过艺术教育的美育过程来得以具体体现，这确是闪耀于教育史上的一大亮点。

他创办正则学校，以正则为名，取屈原高洁正直之意，寄托了创办孕育传播美好思想的校园的理想，以女校为主，旨在通过教育解脱当时受苦受难最重的女性，再通过她们传播"爱与美"的思想，进而造福世间生命。除了在正则校歌中高声唱出"鼓舞欢欣，生趣充塞"的理想之外，吕凤子还注意在许多场合宣讲自己的办学立意，以便取得更多的人的理解和支持。早在1917年他的《图画教法——教旨第一》一文中，就从"先寻图画教授之本意，更先索图画教授之目的"引入，设问"学者诸君非尝闻人类完全幸福之一言乎？"，引出"人类教育绝对的目的"，层层推演步步析清，理出"无厌之生欲"为"乱原"，辨析"情"与"智"，解说"物""道德"，进而说"美"与"真善"，剖析其教旨目的。虽是阐述美术教学的理念，但却从教育目的出发，剖析人性、介绍本体、美等概念，指出"教育事业，福人之事业也"，他借阐述美术教育目的表明自己对教育的理解和追求。"我们现在特设这个教育处所，能否使这处所成为爱的源泉，不复成为酝酿人间怨毒处所，不敢遽下断语。'一念永怀人可爱，遂教苦绝世间心'，我们亦但求流尽我们的泪与血而已。"吕凤子明确指出办学的目的是为了打造"爱的源泉"，从而消除"人间怨毒"，为此，愿流尽"泪与血"。其言如此，其行如斯，终其一生，吕凤子都在为了这个目的奋斗不止。而打造"爱的源泉"，践行"爱无涯、美无极"的爱育与美育思想正是为了营造更好的人间，给予生命更好的关怀，所谓生命关怀的终极意义，莫过如此。

吕凤子的生命关怀精神不是仅有理论与口号的空中楼阁，而是付诸脚踏实地的具体行动之中，办学的课程设置便是其中的重要环节。"正则女校是为了解决女权问题而建立的……当时的正则女校，不仅教授知识，还传授技能。学校

---

① 汤金洪.吕凤子的正则女子职业学校[J].中国职业技术教育，2006(11)：43.

设蚕桑科、缝纫科、家政科、刺绣科,使得当时学校教育出来的妇女不仅有学问,还有手艺。"①吕凤子在设置课程时,不是率性而为,而是精心考虑,从对学生负责的角度出发,为学生谋生立命考虑,设置了实用性极强的蚕桑科、刺绣科等课程,同时又兼顾提升学生的审美素养,以造福心灵,提升人生境界,改善生命质量,设置了艺术类的课程。吕凤子从实际出发,结合女性的学习特点,设置了适合她们学习掌握的实用性课程,并在这些课程的教学过程中,大量输入美学的基本知识和艺术的基本思想,使"爱无涯、美无极"的崇高思想贯穿在课程教学之中,使得正则学子在掌握基本的谋生技能的同时,也获得了崇高的审美思想的熏陶与滋养,获得了对"爱与美"的体悟。

据吕凤子的学生吴俊发回忆,"凤先生坚持有教无类的教育思想,什么样的学生都收。他包容万象,不分贫富,很多上不了学的学生,他都会帮助的。当时学校的学生都穿统一的校服,吃同样的伙食,这样学生就不会因为等级差别而有心理压力"②"对生活困难的师生有求必应,慷慨相助;对家境贫寒的学生关怀备至,不但免除学费,有的还免收伙食费并提供暑假回家的路费;他常常用自己的声望、地位掩护一些进步师生,热心地为学生介绍工作……吕校长十分重视学生的全面发展,在实施美育的同时,也加强了体育教育"③。

四、和谐教育思想的体现

吕凤子的"和谐教育"思想从他一开始办学就建立起来了。早在 1915 年他在扬州中学所做的演讲中就提出:"生的自然状态便是生的意志遵循生的法则的表现。所以我们说美在异,美在一切生的谐和变幻。"他希望"要在谐和的状态中""提倡美育""要构成社会的任何个人都能各尽其变各竭其能"。在 1943年《论美育》的文章中,吕凤子则从更多的层面阐述了"和谐教育"的观点。比如对教育目标的阐释,他认为教育最终要"使社会生活趋向合焉。"合者,和谐也。再如他强调教育要"尽性""尽情",生活动变,"相应斯和"。还比如在阐述如何"成己"问题时,强调学校每一个活动都要"为群谋",要"谋安宁""谋幸福""谋

---

① 尹文,王译.凤先生和他的艺术教育——吕凤子学生及后人访谈[J].艺术学界,2014(1):1-18.
② 尹文,王译.凤先生和他的艺术教育——吕凤子学生及后人访谈[J].艺术学界,2014(1):1-18.
③ 李坚,张敏,张双庆,等.忆吕凤子校长[M]//吕去病.吕凤子研究文集:第二辑,1993:330-331.

快乐"。应当说,以这"三谋"来表述我们今日之和谐校园建设的内涵,仍然不失全面精当。对于指导儿童学习他则明确要求:"我们负最大的责任是指导儿童学习做合理的儿童"。"合理"二字,明确指向了学生的和谐发展和全面发展观念,唯全面发展,才能称之为"合理",唯"合理"了,方能成就"和谐'"。1943 年 3 月在国立社会教育学院所作《艺术制作》演讲中,他也多有述及和谐教育问题,及至 1945 年《纪念立校三十三周年》中,他更是鲜明地、直截了当地大声疾呼:"任何人合理的活动都是在求改善和的方法,建立和的秩序。""异无既极,变及自由,而依于和,而基于和,而俱生俱成于和。美哉,美哉,这理想境界便是我们希求实现的美的境界。"所以我们说,"和"就是吕凤子美世界的真图画,就是吕凤子人生和社会目标的追求。

吕凤子和谐教育思想的主要元素主要包含 5 个方面:

1. 公平公正的教育。

吕凤子对教育公平是和谐社会关于公正、公平建设的起点和基础,是促进社会和谐的重要保障的认识,是十分清晰的。所以他强调教育最终要"使社会生活趋向合焉"。由于吕凤子所处的社会及其自身条件的限制,他无法追求这一公平公正的法律化,但是,他以自己的无私奉献做了不懈努力。他"毁家兴学、三办正则"的义举,早已为人们所津津乐道。早在 1912 年他便自费在家乡丹阳创办正则女子学校,此后四十载几度办学均以"正则"为名。正则,就是公平而有法则。吕凤子将"公平而有法则"作为孜孜以求的人生目标,并将其体现在和谐教育思想中,体现在办学追求上。他一生致力于呼吁和推进教育的公平公正,恪尽己责,以"苦行僧"精神将自己的身心、事业、理想追求始终付之于他的正则学校。

2. "爱与美"的教育。

吕凤子先生在五十年的教书育人过程中,坚持以爱立教,以美育人。早在 1918 年,就与蔡元培先生相互探讨过教育与美育的问题,蔡元培主张以美育代宗教,吕凤子则主张以爱育兼美育代宗教。在他的演讲和著作中,都反复强调了"爱与美"的教育。他强调"爱无涯、美无极",认定有了"爱"和"美",才有"善"和"真"。他毕生尽瘁于"爱与美"的教育,从无倦意。他曾经说过:"生无已,爱无穷也。异无已,美无极也。成无已,仁无尽也。"他坚持以无尽的爱,作为"创造活动最后推动力",来构筑美的世界,实现整个学校和受教育者的人生都处在

"谐和的状态"中。他不仅言教文述"爱与美",而且身体力行"爱与美"。他视教师为兄弟,待学生如子女。在他所创办的正则学校中,率先实行对愿意为学校终身服务教师的养老,这是当时的政府都没能做到的。抗战期间,吕凤子出任国立艺专校长时,自己出钱设立了"吕凤子奖学金"资助逃难的贫困学生。由私人掏腰包资助公学,这在当时也是少有的。他对教师与学生的爱,饱含着对他们的亲近感、理解感、期望感和无私奉献的自觉性。他的这种爱,不是基于人们之间的血缘关系,也不是出于任何形式的个人需求,而是体现着社会发展寄予教师"茁其芽"的重托、对消除"人间怨毒"的期冀,是对"求改善和的方法,建立和的秩序"的"美的境界"的追求。

3. 全面发展的教育。

促进人的全面发展,是和谐教育的核心内容。吕凤子的全面发展人才观,体现在他的"成人"思想中,他强调要通过美育的实施,让学生在心灵、身体和道德等方面全面发展。早在1915年,他就提出"要构成社会的任何个人都能各尽其变各竭其能",这明显地反映了他作为一个旧知识分子,在经过新文化运动的洗礼后向新知识分子转化过程中对"人"的本身发展意义的觉醒。而在《论美育》中,他则更清晰地提出要"指导儿童学习做合理的儿童"。作为教育者,"应该时刻注意他们身体的发育而祛其障碍,时刻注意他们情意的偏向而指导辅导助其发展,并教以怎样学、怎样思的方法。"特别还强调要"时刻注意他们整个心的活动"。如果说1915年他对于"人"的发展的理想更多只是一种萌芽的话,那么到1943年,当他办"正则"学校已经31年的时候,应该说,他对教育如何促进人的全面发展的认识,已经形成了比较完整的思路。使受教育者自身"合理"——在德、智、体、美、情诸方面自然、和谐发展,是教育的人文使命。而吕凤子在这里正是通过把握住"人类自身和谐发展"这一关键,恰如其分地体现了和谐教育思想的基本内涵。要成为一个全面发展的"完人",这既是吕凤子自己的人生目标,也是他对学生的殷切期望和要求。他要求学生"培育道德",追求完美,"求得真我",他认为"人生制作即艺术制作","艺术制作止于美,人生制作止于善",要把尽善尽美当作人生制作的目标去努力。要求通过成人爱己,来养成自身完美的人格,优化全面素质,从而真正实现人与自身的和谐。

4. 尊重个性发展的教育。

吕凤子和谐教育思想的一个明显的特点,就是在充分强调人的全面发展的同时,绝对地丝毫不忽视尊重人的个性发展。和谐教育追求的价值观,是人的自身发展需要与社会发展需要的统一。吕凤子作育人才,主张"尊异成异",人有不同的个性与才华,这便是"异"。他认为,"一切社会事业皆谋个别人生在和谐状态中各尽其生,各成其异。"他十分重视这种"异"按照个性与才华,促进其有所成就,便是"成异"。因此,1940 年他担任重庆国立艺专校长时,就力主中、西画分列,以利于学生各尽其长,各行其能。他反复强调"尊异成异""集众殊为我殊",即既要尊重每个人的个性,同时又要成就每个人的个性;"和而不同""不同而和"使两者和谐共生。他要求学生"确实做到尊己尊异,尊一切己尊一切异",鼓励学生发挥个体的创造才能(穷异),并在遵循宇宙普遍法则(自然,生力之在)的基础上,各造其极(穷异)。他要求学生在艺术创作中,要不羁于现实而超越于现实的更高人文理想的确立,从而努力揭示了艺术终极关怀的应在境界,以及达到和实现这一境界应有的心性修为和智慧开发。他说:"怎样便可顺利地达到教育目的? 就是要受教者知道我有自己,人亦有自己,我尊重我的自己,人亦尊重人的自己。如我只知尊重我的自己,不知尊重人的自己,人亦如是,那么人我相处必至不能相安,必至相仇视而抵于乱。换句话说,社会秩序就不能建立,人们相处,不能相安,教育的目的就没有达到。"由此,我们不难看出,这里所强调的和谐教育,正是通过教育活动促进受教育者在基本素质获得和谐发展的基础上,同时个性也能够获得充分发展。以尊重和促进人的个性发展,来培养学生自我发展能力,特别是注重对学生自主性、主动性和创造性的培养,使学生积极参与发展过程,在德、智、体、美、劳和知、情、意、行等方面都得到有序、协同、全面、主动、充分的发展,这才是教育的根本任务。应当说,在这方面吕凤子比其同时代的美学家、艺术家和教育家有着更高的美学思索,我们今天应当充分体认其价值。

5. 诗意栖居的教育环境。

和谐的教育环境,是和谐教育得以实施的基本保障,也是学校培育具有和谐人格和谐理念的人才的必要条件。凤先生心目中有着一个十分美好的理想校园环境。这在 1912 年他亲自为正则学校作词作曲的《正则校歌》中可以得到充分体现。1945 年,他在"纪念正则立校三十三周年活动"演讲时,再次举出"正则校歌"来描绘自己理想中的和谐校园,并十分自豪而又明确地说:"谁要知道我们在这儿做什么,我们唱了三十三年的校歌可以给他简单明了的答复。这里,吕凤子所追求的理想育人环境,绝对是诗意盎然的,因而也是自然美好和谐的。诗意栖居的和谐校园环境,无疑是每个教育者和受教育者都应该追求的一个美好境界。创造和建设一个诗意栖居的和谐校园,标示着一种精神向度和人的存在的独特性和创造性,它的意义不仅在现实层面使生态环境得到保护、使在校园生活的人舒适惬意,而且它也是人的存在的形上境界和超越性的表征,即人不仅是生物性的存在,同时更是一种精神性的和文化性的存在;也是进一步拓展了教育的本质意义,使受教育者自身自然与身外自然和谐发展,是教育的社会使命和自然使命。让人在与自然相融的环境里认识自然,使受教育者习自然之智、学自然之德、感自然之恩,增长与自然和谐守望的能力,逐渐养成和谐意识、和谐人格,不正是充分彰显了人的价值和意义吗?①

五、办好平民教育为人民

吕凤子鲜明地提出"对教育者要公平,人人都要受教育,女子也有受教育的权利"的平民教育思想。他办平民教育首先考虑的是服务平民、服务底层社会。鉴于当时农业落后、农民文化低、生活贫困的现实,吕凤子为更好地发展农村产业、解决贫穷的农民子女的生计问题,根据社会需要在正则学校设置了蚕桑科、绘绣科等。蚕桑科坚持学习书本知识和实际技术应用并重,以教授科学制种为主,为江浙一带的养蚕事业服务。蚕桑科不收学费,把养蚕的产品——蚕茧和蚕种拿出去卖,其收入用于补助教学,所以普通家庭子女也能入学。当时丹阳靠城墙处的大片荒地都被学校种上桑树,用来养蚕。县里也把正则学校生产的蚕种推广到农村,卖给农民。由于正则学校所制蚕种品质优良,成活率高,蚕养得好,结下的蚕茧质量好,卖的价钱也高,农民养蚕的收入多,使"正则牌"蚕种深受远近农民欢迎,还远销浙江。经过几年的学习和实践,蚕桑科学生掌握了丰富的养蚕专业知识,毕业以后都到乡下去指导农民养蚕。这样就使这些平民子女利用自己学到的职业技能,作为谋生的手段,解决了他们的就业和生计问题。绘绣科所收学费也很少。正则学校教师创造的

① 徐铭.试析吕凤子和谐教育思想的基本内涵[J].镇江高专学报,2009(1):1-4.

"乱针绣"深受社会各界人士的关注和青睐，国家曾把它作为礼品赠送给国际友人。将这些精美的刺绣品拿出去卖，卖得的钱又可用以资助贫苦学生读书。所有家庭经济困难的学生可以不交学费，特别困难的学生不但可以免费上学，回家还发给路费。师范科的学生大部分是平民孩子，交的学费少，家庭经济有困难的可以减免。每年入学考试名次在前的品学兼优的学生，如家庭经济困难，可暂时不交学费，请社会上有名望的人作保，待学生毕业后留校任教，以工资来补交学费。吕凤子一生倾情于为民办学，他还亲自资助许多贫寒子女。在国难深重的年代里，吕凤子执掌国立艺专，为激励困难学生安心学习、各有建树，他拿出自己工资的一部分在学校里设立了"吕凤子奖学金"。闵叔骞就是获益者之一，他后来感慨道："当时在抗战的大后方，师生们生活都很困难，但凤先生还节衣缩食，个人设了'吕凤子奖学金'，对清寒优秀学生多所鼓励，我亦是获得奖学金的学生之一。"[1]

六、"穷己成异"的创新教育

吕凤子的职业教育善于继承和发扬传统，但又不拘泥于传统，敢于突破和创新。他一贯倡导"无限生欲推动一切心作用尽力的生，无尽的爱便指导一切心作用尽力的创造"。人的"尽力的生"是由于个体的"无限生欲"而推动的，并由"尽力的生"引发出"无尽的爱"，这个"爱"会指导诱发人的内在思想的创造热情。因此，吕凤子认为人的创造是"生欲"通过"生力"中的"爱"而必然形成的事业。所以，他总结出"创造复创造，永久以成己为事，即永久以成异为归。"这就是吕凤子看来最合理的教育。这个最合理中强调的就是教育的创造性，即创新性教育的内容。吕凤子根据人的发展成长规律，准确把握创新教育的内容，以"穷己"生命潜能来开发人的最大创造力，并达到"成己"，即由尽己之用、造己之极，以至于"成异"，在广义上是获致人类福利的必须。

"穷己成异"的创新教育最典型成功范例就是他在传统刺绣领域，积极探索和发明了举世无双的"正则绣"（图2-14）。中国的刺绣技法，经几千年的不断完善，已臻炉火纯青的境地。可吕凤子先生认为，中国的刺绣虽精美绝伦，但人物、花鸟的神态却显得形似而不传神，错丝配色也落于俗套。究其原因，一是善绣者

---

[1] 郑文钵.吕凤子的平民教育思想与实践[J].镇江高专学报,2007(2):19－23.

图 2-14　吕凤子初创乱针绣《风景》

不善画，二是绣法机械呆板。找到了问题的症结后，吕凤子就把西画的绘画理论和表现方法巧妙地运用到刺绣中去。他先在绣棚上构了一幅风景，试着用铅笔

素描中的线条来塑造景物，又根据西画中的色彩原理，用不同的颜色丝线在绣面上进行调配。试来试去，绣面上逐渐出现了一种各色丝线交叉重叠，且又长短不一、方向不一的奇特效果。从此，吕凤子先生酝酿已久的艺术构想终于变成了现实，一种新的绣种"乱针绣"诞生了，这无疑是刺绣领域中的一个石破天惊的革命。在吕凤子先生亲自实践和大力倡导下，经过缝纫刺绣班杨守玉六年的努力，终于形成了一套比较完整的体系，并绣出了许多优秀作品（图 2-15）。"乱针绣"后更名为"正则绣"，在海内外引起了广泛而深远的影响。"正则绣"的诞生，不仅充分展示了吕

图 2-15　杨守玉乱针绣作品《少女》

凤子先生不墨守成规，敢于探索创新的无畏精神，而且从另一个侧面充分凸显了吕凤子先生所倡导的职业教育的又一个鲜明特点：创新性。

第三章　高职教育"崇爱尚美"文化的系统建构

　　镇江高专的办学渊源可以追溯到 1912 年我国职业教育先行者、著名国画大师、教育家吕凤子先生创办的正则女校。一百多年来,学校传承吕凤子先生倡导的"爱无涯、美无极"的教育思想,特别是举办现代高职教育以来,学校努力在传统文化思想、社会主义核心价值观及现代职业教育理念三者间寻找共生点,以"百余年文化积淀"为背景,"三十余年现代高职办学"为基础,通过"十余年求证实践",认真分析高职院校文化育人的现状与诉求,深度挖掘"爱与美"文化的当代价值,自觉进行"崇爱尚美"文化育人的顶层系统设计,面向全体师生,全方位、全过程开展文化育人工作,形成了以社会主义核心价值观为引领、以"爱与美"为核心、融现代高等职业教育理念于一体的"崇爱尚美"文化育人特色(图 3-1)。本章以镇江高专"崇爱尚美"文化为例,具体分析了其基本内涵、发展形成过程,以及这一文化体系的基本架构。

图 3-1　"崇爱尚美"文化的传承融汇示意图

第一节 "崇爱尚美"文化的内涵与当代意义

一、"崇爱尚美"文化的定义

"崇爱尚美"文化，是由"镇江高专人"共同实践、总结，精心培育、积累，经过不断传承和创造所形成和追崇的具有爱的情怀、美的品质的学校物质形态和精神形态的总和，是学校育人理念的核心灵魂和高专人追求的最高境界。它是大学文化在作为高职院校的镇江高专的具体表现。

二、"崇爱尚美"文化的内涵与当代意义

"崇爱尚美"文化的核心是对"爱与美"的崇尚与追求。这源自吕凤子先生的"爱无涯、美无极"教育思想理念，突出地体现了吕凤子"爱与美"文化的传承性、时代性、本质性、导向性和校本性特征，具有极为深远的现实意义。

1. "崇爱尚美"是中华优秀传统文化的主线和灵魂。

"爱与美"的思想在中国传统文化中源远流长。"仁者爱人"是儒家思想中最为重要和最具代表性的内容，孔子使"爱人"成为儒家建立伦理道德的基石。《论语·颜渊》中说："樊迟问仁。子曰：'爱人。'"（樊迟问什么是仁？孔子回答说："仁就是爱人。"）孔子对于学生樊迟的问题的回答虽然十分简单朴素，但这却是对"仁"的高度精辟概括，体现了大爱的价值取向和本质内涵。而孟子则是用了十个字对孔子说的"爱"做了全面、准确的概括，就是："亲亲而仁民，仁民而爱物。"①这简单的十个字，讲出了孟子对于爱的解读的三层含义：第一层是"亲亲"，就是对亲人的爱；第二层是"仁民"，就是对民众的爱；第三层是"爱物"，也就是对自然万物的爱。儒家要求做人应该拥有的仁爱之心，主要就是包含这三层意思。而"大慈大悲""普度众生"则是佛教的一个基本原则和教义。在佛家

---

① 选自《孟子·尽心章句上》。

思想里,有"四无量心"(慈、悲、喜、舍)和"度一切苦厄"的说法。道家的"大爱无言"更是表达了人对于感情的最高态度。老子说:"大爱无言,爱善渡万物而不鸣;上善若水,水善利万物而不争。"①表达了人的两种最高的精神理念:一种是对于感情的最高态度,一种是对于人生观的最高态度。习近平总书记指出:"不忘本来才能开辟未来,善于继承才能更好创新。"②今天,弘扬中华优秀传统文化已成为国家战略,而"崇爱尚美"文化正是在现代背景下传承和弘扬中华优秀传统文化的具体探索和践行。

2. "崇爱尚美"体现了社会主义核心价值观的核心内涵。

党的十八大报告从建设社会主义文化强国的战略高度强调:"倡导富强、民主、文明、和谐,倡导自由、平等、公正、法治,倡导爱国、敬业、诚信、友善,积极培育和践行社会主义核心价值观。"③这"三个倡导"、12 个词、24 个字,是马克思主义与社会主义现代化建设相结合的产物,与中国特色社会主义发展要求相契合,与中华优秀传统文化和人类文明优秀成果相承接,是我们党凝聚全党全社会价值共识做出的重要论断。它清晰地表达了中国共产党人对社会主义核心价值体系的理论探索新成果,生动展现了中国共产党和中华民族高度的价值自信与价值自觉,同时也提出了积极培育社会主义核心价值观这一在新的起点上深入推进社会主义核心价值体系建设的新课题。④ 而"崇爱尚美"文化,正是自觉承担起这一新课题的研究和实践的有益尝试。"崇爱尚美"直接显现了社会主义核心价值观的基本内涵,24 个字无一不是"大爱"和"大美"的标志性符号。"崇爱尚美"文化,把追崇"爱与美"作为文化核心、践行社会主义核心价值观的具体行动和深入推进社会主义核心价值体系建设的积极探索,充分体现了这一学校文化的时代特色和创新意义。2014 年 10 月,习近平总书记主持召开"文艺工作座谈会"并做重要讲话。有人统计,这一讲话就目前公开发表的文字初步计算是3 000 多字。其中一共有 20 处提到"美"。在这中间,除了第七处是在"文学、戏剧、电影、电视、音乐、舞蹈、美术、摄影、书法、曲艺、杂技及民间文艺、群众文艺等各领域都要跟上时代发展"中提到的专有名词"美术"之"美"外,其他 19 次提及或论述的"美"及其关联词,不但是在以往党和国家领导人讲话中不常见的,而

---

①　汤漳平,王朝华译注.老子[M].北京:中华书局,2014:29 – 32.
②　习近平在中共中央政治局第十三次集体学习时的讲话(2014 年 2 月 24 日).
③　中共中央办公厅印发《关于培育和践行社会主义核心价值观的意见》[N].人民日报,2014 – 2 – 12(1).
④　季明.核心价值观概论[M].北京:人民日报出版社,2013.

且都是有其重要的理论价值和现实意义的①。习近平认为,文艺作品要"反映中国人审美追求","要彰显信仰之美、崇高之美","就是让人动心,让人们的灵魂经受洗礼,让人们发现自然的美、生活的美、心灵的美"。习总书记 2014 年年底在江苏调研时,提出了"强、富、美、高"②的要求。所有这些,都反映出了"崇爱尚美"文化的核心内涵充满了时代活力,具有鲜明的时代特征。

3. "崇爱尚美"是现代职业教育的灵魂和最高境界。

大爱是教育的本质要求,没有爱就没有教育,而教育的过程就是美的塑造。这是古今中外教育家的共识。从职业教育的现代发展来看,高职院校是培养适应生产、建设、管理、服务第一线需要,德、智、体、美全面发展,具有创新意识和创业能力的专业技能型人才的主要阵地。在当今价值多元化、选择多样化、开放自由、兼容并包的社会环境中,我们培养的人才,首先就必须要有良好的思想道德和意志品格,然后才能是具有创新创造能力的应用型技能人才。"爱与美"铸就了现代教育,体现了现代教育的价值追求,奠基了教学的激情、快乐和创造,成为推动教育创新和发展的原动力。育人的核心就是实施"爱"的教育,而强调"德、智、体、美全面发展"正是社会主义大学教育的根本要求。习近平总书记的多次讲话,只要提到"德育、智育、体育",就没有忽视过"美育",而且我们感知到:他所提到的"美育"也不是单纯的"唱唱歌、绘绘画、跳跳舞"。他特别强调要"为历史存正气,为世人弘美德"。③"崇爱尚美"文化,把追崇"爱与美"作为文化核心,充分反映了社会主义高职院校学校文化的本质属性。

4. "崇爱尚美"体现了镇江高专文化的校本特质。

"爱无涯、美无极"是吕凤子先生教育思想的核心内容,也是吕凤子一生为之奋斗不息的人生、艺术和教育的崇高目标。他为正则学校制定的 8 项教条的第一项就是"我们是永在的创造文化的力量。"④他在 50 年的教书育人过程中,始终坚持以爱立教,以美育人,他强调:我们办学的目的,就是要"使这处所成为爱的源泉"⑤,并将正则学校的宗旨定位为:实施美育,构成"爱"与"美"的教学园地,通过实施美的教育来培养出极致的美,用无极的美构成谐和的世界。"爱无

---

① 常勤毅. 习近平在文艺工作座谈会上讲话中有关"美"的关键词语解读[J/OL]. 人民网. http://theory. people. com. cn/n/2014/1028/c40537 - 25921550. html.
② 习近平. 努力建设经济强、百姓富、环境美、社会文明程度高的新江苏[N]. 新华日报,2014 - 12 - 25(1).
③ 同①.
④ 吕去病. 吕凤子文集[M]. 天津:天津人民美术出版社,2005:82.
⑤ 吕凤子. 纪念正则学校立校 31 年[M]//吕去病. 吕凤子文集. 天津:天津人民美术出版社,2005.

涯"是吕凤子职业道德教育观的核心,"美无极"是吕凤子职业道德教育观的目标和基础。① 吕凤子教育思想中对"爱"的特殊蕴涵和对美育的主张,正是"正则魂"之所依,它不仅丰富和完善了"崇爱尚美"文化的内涵,鲜明地体现了校本特质,而且为镇江高专文化(图 3-2)形成区别于其他院校的文化的特殊品质提供了很好的理论支撑。

图 3-2 镇江高专丹阳师范学院内的吕凤子手书正则碑

第二节 "崇爱尚美"文化的发展与形成

"崇爱尚美"文化是镇江高专百年历史积淀、文化薪火相续的成果。它基于学校创始人吕凤子先生所一贯追崇的"爱无涯、美无极"的教育道德观,经过长期的探索、实践,特别是与现代大学制度建设背景下的高职教育理论和实践的融会贯通和升华,使得"崇爱尚美"文化以新的时代特色和生命张力呈现于人们面前。多年来,它在学校事业发展、内涵建设和人才培养,以及提升学校美誉度中发挥了积极的作用,如今已成为"镇江高专人"的稳定的共有文化特质。

___

① 徐铭.吕凤子"正则"职业道德教育观初探[J].镇江高专学报,2006,19(4):1-5.(镇江高等专科学校 2006 年度校级重点课题)

一、"崇爱尚美"文化发展与形成的三个阶段

镇江市高等专科学校是一所由原国家教育委员会(现国家教育部)于1992年批准成立的全日制专科院校。当时,由镇江市职业大学、镇江教育学院和镇江市电视大学三所学校合并而成。之后,又先后合并了江苏省劳动经济学校、江苏省丹阳师范学校和镇江市卫生学校。其中江苏省丹阳师范学校的前身是我国现代著名美术教育家、国画家吕凤子先生于1912年创办的"正则女校"。6所学校的悠久办学历史,特别是丹阳师范的百年历史,为镇江高专"崇爱尚美"文化的形成提供了深厚的积淀和丰富的支撑。

"崇爱尚美"文化的发展与形成经历了三个阶段(图3-3)。

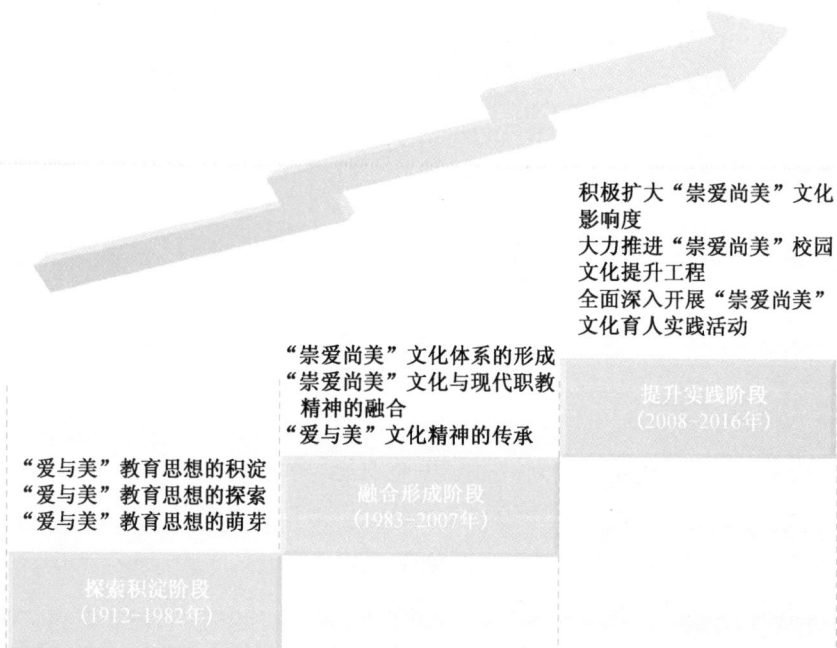

积极扩大"崇爱尚美"文化
影响度
大力推进"崇爱尚美"校园
文化提升工程
全面深入开展"崇爱尚美"
文化育人实践活动

提升实践阶段
(2008—2016年)

"崇爱尚美"文化体系的形成
"崇爱尚美"文化与现代职教
精神的融合
"爱与美"文化精神的传承

融合形成阶段
(1983—2007年)

"爱与美"教育思想的积淀
"爱与美"教育思想的探索
"爱与美"教育思想的萌芽

探索积淀阶段
(1912—1982年)

图3-3 镇江高专"崇尚爱美"文化形成与发展示意图

(一)探索积淀阶段(1912—1982年)

吕凤子先生关于爱与美的教育思想的思考与实践,为"崇爱尚美"特色文化的形成,奠定了坚实的基础。

早在 20 世纪初,吕凤子先生在投身教学和办学实践的同时,就开始了他的"爱与美"的教育理想的思考与探索。在他 70 多年的生命中,教书 50 年,办学 40 年。自 1912 年举办私立正则女校始,先后"三办正则",其中包括从幼儿园、小学、中学、职业学校和大专各个教育层次。他从 24 岁开始,先后执教于两江师范学堂附中等近 10 所中等(师范)学校;还曾任教国立中央大学、北京女子高等师范等多所高校;1940 年担任国立艺专校长,1942 年创办了私立正则艺专并担任校长;1949 年后,任江苏师范学院(今苏州大学)教授、图画科主任。

在 50 多年的教书育人过程中,他始终坚持以爱立教、以美育人,致力于爱育与美育的结合,既有实践的探索,也有理论的建树,并逐步形成了自己的教育思想理论。[①] 早在 1918 年,吕凤子应聘出任国立北京女子高等师范学校教授、图画科主任时,就与当时任北京大学校长的蔡元培先生探讨过教育的"爱与美"的问题。当时蔡元培先生提出"美育代宗教说",吕凤子提出了"爱育兼美育"的观点。[②] 此后在吕凤子的演讲和著作中,都反复强调了"爱与美"的教育,并以毕其一生的教育实践,追求着用"尊异成异"完成"成人成己",以达到"无限生欲暨无尽爱""生无已,爱无穷也"的人类幸福社会的教育理想目标。[③] 吕凤子关于"爱与美"的教育思想,除了人们一般意义的理解之外,至少还有以下独特之处:

1. 强调"爱无涯、美无极"。

一是强调"爱与美"是"毕生要做"的事。他认定有了"爱"和"美",才有"善"和"真"。他毕生尽瘁于"爱与美"的教育,从无倦意。他曾经说过:"生无已,爱无穷也。异无已,美无极也。成无已,仁无尽也。"[④]他坚持以无尽的爱,作为"创造活动最后推动力",来构筑美的世界,实现整个学校和受教育者的人生都处在"谐和的状态"中。[⑤] 在他关于正则学校的 8 条"教条"(教育方针)中,有 3 条专门强调了"爱",他说:"我们爱一切己,不仅爱自己;我们要从爱完成每个自己;我们要从事表暴爱的力量。"这"需要我们毕生的时间,因为这是我们毕生要做,且非毕生不能告一段落的事",因为"唯生无尽兮爱无涯"[⑥]。他始终是把美、美的教育和美的创造作为道德和道德确立的基础。他说:"教育事业,纯粹

① 徐铭. 试析吕凤子和谐教育思想的基本内涵[J]. 镇江高专学报,2009,22(1):1-4.
② 同①.
③ 吕凤子. 艺术制作[M]// 吕去病. 吕凤子文集. 天津:天津人民美术出版社,2005.
④ 吕去病. 吕凤子文集[M]. 天津:天津人民美术出版社,2005:74-81.
⑤ 吕去病. 吕凤子文集[M]. 天津:天津人民美术出版社,2005:74-81.
⑥ 吕去病. 吕凤子文集[M]. 天津:天津人民美术出版社,2005:82-89.

道德事业也。教育儿童,允为道德事业之根本事业。于时不能培养其美感,使立德之基,不道德之甚也。教育事业,福人之事业也。宜乎首绝祸根,宜乎首抑兽性的无厌之欲。"①

二是强调"爱与美"教育的目的在于"祛私欲"。他认为爱育、美育的关键在于祛除人心中的私欲。他说:"爱生者爱美,教止乱而尽爱,是为美育。"他认为"美育有序:观和,平执;观爱,止执;观执,绝执"。② 这些就是要通过"爱与美"的教育,营造出和谐育人的环境,让学生体验爱人和被爱所带来的快乐和幸福,从而停止对不良欲望的渴求;祛除人心中的私欲后,才可能最大地释放每个人心中的爱,去爱自己、爱他人、爱祖国、爱人民……,做到"每一个活动尽为群谋",从而实现万异并存并成的美的社会,达到"爱无涯,美无极"的境界。

三是强调"爱与美"的教育必须落实在教育管理环节中。他不仅言教文述"爱与美",而且身体力行"爱与美"。吕凤子先生爱满天下、无私无欲的人格形象,无论在当时还是在今日,都一直为人们所称颂和敬佩。在他所创办的正则学校中,率先实行对愿意为学校终身服务的教师实行养老,这在当时的政府都没能做到。抗战期间,吕凤子出任国立艺专校长时,自己出钱设立"吕凤子奖学金",资助逃难的贫困学生。由私人掏腰包资助公学,这在当时也是少有的。他在1943年纪念立校31周年演讲时再次明确:我们办学的目的,就是要"使这处所成为爱的源泉"③。

2. 坚持"培育道德""求得真我"。

一是指出"爱与美"教育就是让学生"谐和"发展。吕凤子强调要通过美育的实施,让学生在心灵、身体和道德等方面的全面和谐发展。他早在1915年在扬州中学做《美育与美的制作》的演讲时就提出,"要构成社会的任何个人都能各尽其变各竭其能"④,这明显地反映了他经过新文化运动的洗礼后,作为一个旧知识分子向新知识分子转化过程中对"人"的本身发展意义的觉醒。而在1943年的《论美育》中,吕凤子则更清晰地强调要"指导儿童学习做合理的儿童"。作为教育者,"应该时刻注意他们身体的发育而祛其障碍,时刻注意他们情意的偏向而指导辅导助其发展,并教以怎样学、怎样思的方法"。特别还强调

---

① 吕凤子.图画教法[M]// 吕去病.吕凤子文集.天津:天津人民美术出版社,2005.
② 吕凤子.论美育[M]// 吕去病.吕凤子文集.天津:天津人民美术出版社,2005.
③ 吕去病.吕凤子文集[M].天津:天津人民美术出版社,2005.
④ 吕去病.吕凤子文集[M].天津:天津人民美术出版社,2005:1-2.

要"时刻注意他们整个心的活动"。他指出:"从事人间教育者,他的目的应该永久是,创造人间文化,获得人类福利。即永谋发见生力变幻无尽之原则,而使社会趋向合焉。"①如果说1915年吕凤子的"人"的发展的理想更多只是一种萌芽的话,那么到1943年,当他办"正则学校"已经31年的时候,他对教育如何促进人的全面发展的认识,已经形成了比较完整的思路。使受教育者自身"合理""幸福"——在德、智、体、美、情诸方面自然、和谐发展,是教育的人文使命。而吕凤子在这里正是通过把握"人类自身和谐发展"这一关键,恰如其分地从人文人本的角度体现了"爱与美"的教育思想的基本内涵②。

二是指出"爱与美"的教育就是培养学生"成人"。"制作完美的人生"既是吕凤子自己的人生目标,也是他对学生的殷切期望和要求。"成人",是吕凤子先生为学生培养职业理想树立的一面旗帜。他要求学生"培育道德"、追求完美、"求得真我",他强调"艺术制作即穷异成爱,穷爱成己,穷己成异的人生自己制作",他认为"才尽其用,力尽其变也,斯为美。""艺术制作止于美,人生制作止于善。人生制作即艺术制作,即善即美,异名同指也。"要把尽善尽美当作人生制作的目标去努力,养成自身完美的人格,优化全面素质。③

3. 倡导"爱己爱异""尊异成异"。

一是认为"爱与美"是既爱自己也爱众生。吕凤子说,怎样便可顺利地达到教育目的?"就是要受教者知道我有自己,人亦有自己,我尊重我的自己,人亦尊重人的自己。如我只知尊重我的自己,不知尊重人的自己,人亦如是,那么人我相处必至不能相安,必至相仇视而底于乱。换句话说,社会秩序就不能建立,人们相处,不能相安,教育的目的就没有达到。"④吕凤子在他的办学"教条"中特别强调:"我们爱一切己,不仅爱自己。""成有大小,爱无等差,爱所在即己所在,己所在即异所在。"⑤他认为,"无尽的爱便指导一切心作用尽力地创造。"展示了他博大宽阔的胸怀和以永久创造为己任的人生目标,揭示了个人和众生,个人之异和万物之异相互关联的一体性。这可以看成是吕凤子对儒家理念的升华,也是他自己认同并确立的人的终极关怀和人文理想。

---

① 吕凤子.论美育[M]//吕去病.吕凤子文集.天津:天津人民美术出版社,2005.
② 徐铭.试析吕凤子和谐教育思想的基本内涵[J].镇江高专学报,2009,22(1):1-4.
③ 徐铭.吕凤子"正则"职业道德教育观初探[J].镇江高专学报,2006,19(4):1-5.
④ 吕去病.吕凤子文集[M].天津:天津人民美术出版社,2005:68-73.
⑤ 吕凤子.纪念立校三十三周年[M]//吕去病.吕凤子文集.天津:天津人民美术出版社,2005.

二是认为"爱与美"要尊重他人成就他人。吕凤子在充分强调人的全面发展的同时,绝对地丝毫不忽视尊重人的个性发展。他主张"尊异成异",人有不同的个性与才华,这便是"异"。他认为:"一切社会事业皆谋个别人生在和谐状态中各尽其生,各成其异。"①他十分重视这种异,按照每个人个性与才华,促进其有所成就,便是"成异"。"正则绣"的发明正是他以身示范和指导、鼓励杨守玉、任慧娴、吕去疾等师生积极吸取西方油画艺术技巧、改善中国传统刺绣技法,以"求异"的创新精神所成之"异"。一方面,他成就了"一种能用针任意调色,用线自由表达自己意志的刺绣新语言",使"刺绣具有了崭新的美学价值,真正开创了一个艺术表现的新领域";另一方面,也成就了作为正则绣发明人之一的教师杨守玉和一代代正则绣传承人,为他们以后在正则绣的发扬光大上做出了无私的贡献。当年为"正则绣"命名曾留下一段佳话。1930 年 10 月,正则学校举办美术展览,其中杨守玉老师的乱针绣作品轰动全场,吕凤子提议将此绣种命名

为"杨绣",以奖励其在这种新型刺绣创造实践中所做出的贡献。但杨守玉则认为刺绣创新的成功是在凤先生启发和指导下取得的,不肯接受。后经二人商议,最后决定以凤先生创办的正则学校名义命名,大家一致赞成。吕凤子先生为推广这一新技法,还集资由学校专门出版了《正则绣》一书(图 3-4),并由近代著名佛学家、思想家、教育家欧阳竟无先生题名。②此外,1940 年吕凤子先生担任重庆国立艺专校长时,就力主中、西画分列,以利于学生各尽其长,各行其能。当时,国立艺专师生思想活跃,学术氛围浓,作品风格多,培养

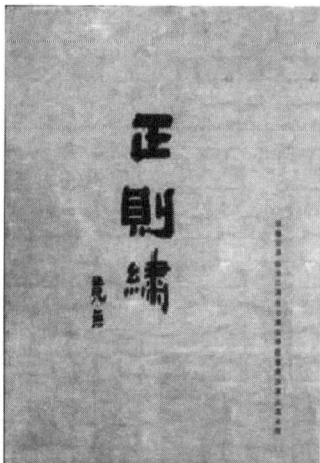

图 3-4　正则艺专《正则绣》教材封面

了一大批优秀画家,这与吕凤子的办学方针是分不开的。他反复强调"尊异成异""集众殊为我殊",即既要尊重每个人的个性,同时又要成就每个人的个性。他鼓励学生发挥个体的创造才能(穷异),并在遵循宇宙普遍法则(自然,生力之

---

① 吕去病. 吕凤子文集[M]. 天津:天津人民美术出版社,2005:82－89.
② 吕存. 正则绣的创始人——吕凤子[M]//周京新. 江苏省国画院名家系列·第 3 辑·吕凤子卷. 南京:江苏文艺出版社,2014:118－119.

在)的基础上,各造其极(穷异)。他要求学生在艺术创作中,要不羁于现实而超越于现实的更高人文理想的确立,从而努力揭示了艺术终极关怀的应在境界,以及达到和实现这一境界应有的心性修为和智慧开发。[①] 以尊重和促进人的个性发展,来培养学生自我发展能力,特别是注重对学生自主性、主动性和创造性的培养,使学生积极参与发展过程,在德、智、体、美、劳和知、情、意、行等方面都得到有序、协调、全面、主动、充分的发展,这才是教育的根本任务。应当说,在这方面吕凤子有着比其同时代的美学家、艺术家和教育家更高的美学思索,我们今天应当充分体认其价值。

4. 创造"安宁""幸福""快乐"的育人环境。

吕凤子强调"要在美的境界中发现道德境界",要求"每一个活动尽为群谋","谋安宁""谋幸福""谋快乐"[②]。他在正则建校之初亲自作词作曲的《正则校歌》,就为我们描绘了一幅最美校园育人情境图。直至1945年,他在"纪念正则立校三十三周年活动"演讲时,再次举出"正则校歌"来描绘自己的理想中的美丽校园,并十分自豪而又明确地说:"谁要知道我们在这儿[③]做什么,我们唱了三十三年的校歌可以给他简单明了的答复。"

吕凤子在校歌中为我们描绘了一个诗意栖居的教育(校园)环境。这一充溢着爱与美的校园,至少体现了这样三个特征:

一是朴实雅致的自然环境:生生不息的校园充满爱,鲜艳如霞的花儿到处盛开。"三建正则",吕凤子先生都亲自构思设计,呕心沥血。他说:"最容易叫人感觉其美的莫如璀璨的花,都丽如霞。所以举它做例说'璀璨如花兮都如霞'。""爱无涯"而"如花""如霞",善与美交融流淌,让人听来始终是那么的真挚感人。

二是友好交往的人际环境:教师全心培育学生,学生个性得到充分发展,正则校园充满欢乐和生机。吕凤子说:"我们现在所做的事,就是启蒙祛蔽的事。蒙蔽祛,爱的芽便可发荣滋长,所以说'畴发其蒙兮苗其芽'。""我们每个同学都能够做到尽量发展每个不同的个性,尽力的生,自会感到生的趣味和幸福,再不会有人间的怨恨和悲哀。""我们学校也就成为'鼓舞欢欣,生趣充实'的处所。"

三是淡泊宁静的心理环境:校园的美应当包含并保持一份特有的宁静。宁

---

① 徐铭.试析吕凤子和谐教育思想的基本内涵[J].镇江高专学报,2009,22(1):1-4.
② 吕去病.吕凤子文集[M].天津:天津人民美术出版社,2005:68-73.
③ 指正则艺专所在地重庆璧山——引者注。

静而不死寂,活泼而不喧嚣。宁静美丽的校园,洒满了秋天月亮的光华。这是一幅多么静谧、纯洁、和谐的美丽图画啊! 正如吕凤子说的:正则学校"正如秋月光华照耀人间,你看美不美? 所以说,正则正如秋月华,美呀"。① 这里的淡泊宁静,实质是吕凤子自身心境的写照,也是他对教师和学生的人格、心灵修为的理想标准。

（二）融合形成阶段(1983—2007 年)

1983 年 2 月,镇江市职业大学(镇江高专前身之一)经江苏省人民政府同意创办并正式成立;1984 年,镇江教育学院经教育部批准备案(1959 年创办、1979 年重建、1983 年定名);1988 年 3 月镇江市广播电视大学成立(1979 年创办、1983 年改名)。② 1992 年 3 月,经原国家教育委员会批准,镇江市高等专科学校正式成立。这一时期,镇江高专开始走上真正意义上的探索现代高等职业教育的办学之路。③ 与此同时也开始了建设具有现代高职教育特点、以"爱与美"为核心的特色大学文化探索实践之旅。

1. "爱与美"文化精神的传承。

长期以来,镇江高专围绕"爱与美"的文化育人核心理念,以社会主义核心价值观为引领,积极吸纳现代高职教育思想和企业文化内涵,自觉整合、优化学校各个发展阶段所形成的办学精神和制度、环境、行为等方面的文化元素和特色,使之成为"高专人"共同的文化精神诉求。当时的镇江教育学院保持了师范教育的严谨风格,围绕着爱与严的要求,制定了一整套的教师岗位职责,对教师的工作规范作出具体要求,形成了青年教师备课、试讲和到中学挂职锻炼的制度。④ 可以说其在制度文化建设上的努力,对镇江高专严谨至爱教风的形成产生了重要影响。镇江市职业大学重视实践教学和校企合作、工学结合,与企业建立了稳定密切的合作关系, 1989 年 7 月,镇江市职业大学还选派一批机电专业的师生,利用暑假赴茅山地区,开展"科技扶贫、支援革命老区东进播火"活动,帮助乡镇企业完成技术革新和改造 30 多项,学生郭金石、罗贤强获江苏省教委等六单位联合授予的"优秀未来建设者"光荣称号。⑤ 镇江电视大学坚持一切为

---

① 吕去病.吕凤子文集[M].天津:天津人民美术出版社,2005:82 - 89.

② 镇江市教育局编志办公室.镇江市教育志(1912—1990)[M].南京:江苏科学技术出版社,1994:200 - 203.

③ 吕凤子先生曾在 1942 年 6 月经国民政府教育部批准,举办私立江苏正则艺术专科学校(简称"正则艺专"),并由教育部委托开办三年制绘画劳作师范专修班。当时正则艺专的高等职业教育,可以定位为传统意义上的高职教育。

④ 镇江市教育局编志办公室.镇江市教育志(1912—1990)[M].南京:江苏科学技术出版社,1994:201.

⑤ 镇江年鉴编辑部.镇江年鉴(1992)[M].上海:上海社会科学院出版社,1993:364.

学生着想,尽可能地为学生创设良好学习条件,坚守服务育人理念,至今令人感佩。这一时期,融入现代职教理念并以"爱与美"为特质的"崇爱尚美"文化标识和实践成果开始呈现。随着学校新的扩展,"爱与美"的文化育人理论得到进一步丰富,各种实践活动也不断深化,具有鲜明特色的文化元素在新的办学阶段得到深层次交融。

镇江高专成立以后,学校始终坚持把文化育人作为推动学校发展的重要抓手,把爱国、爱校、爱师、爱生,建设美好高专作为凝心聚力、推动发展的强大力量。在学校发展过程中逐步融合了教育学院的艰苦创业和严谨规范、职业大学的校企合作和求真务实、电视大学的开放包容和服务至上等文化特质。尤其是进一步强调师爱、创业美和重实践的价值取向,使之成为"高专人"共同的精神文化诉求,并很快成为学校文化建设的目标和方向。以"爱与美"为特质的文化标识开始出现,形成了"务实创新"的校风、"严谨"的教风和"勤学"的学风,"团结一心"等校园雕塑、"求索"等路名作为环境文化符号展现眼前;以"卫生、整洁、友爱、有序"为核心的学生宿舍文化一时成为"高专一景"。特别是 20 世纪90 年代末,学生王庆海两次救人不留名被传为美谈,学校抓住这一契机,运用身边典型在全校学生中开展了"学习王庆海,做四有新人"的活动。广大学生见贤思齐,"爱与美"的人物典型层出不穷,曾经涌现出了以朱燕江、薛璐、尹小丹等一大批"王庆海式"的优秀大学生,当时被社会和媒体称为"王庆海效应"。镇江高专的"优秀大学生群体"典型事迹先后被《中国教育报》《新华日报》《江苏教育报》等多家权威媒体报道,成为学校"爱与美"文化育人成果的一个重要标志,使"崇爱尚美"文化实践探索进入了一个新的高点。①②

进入新世纪,随着江苏省劳动经济学校(1984.3—2001.5)、江苏省丹阳师范学校(1912—2003.3)、江苏省镇江卫生学校(1988—2013.7)等学校并入,劳动经济学校的"和谐合作"的精神、丹阳师范学校的"正则""立美育人"的特色、镇江卫生学校的"扶伤济世、修德敬业"校风等重要文化元素,与镇江高专一直在探索的"爱与美"文化有机融合,为学校的"崇爱尚美"特色文化打造提供了理论和实践的丰富拓展和重要补充。特别是丹阳师范学校的并入,不仅给镇江高专注入了吕凤子先生的"正则"精神、"爱无涯"和"美无极"的教育思想,而且也

① 戴嵩松,徐铭.王庆海效应——江苏镇江高等专科学校学习王庆海记事[N].中国教育报,1998-6-11(2).
② 嵩松,徐铭.青春旗帜红似火[N].江苏教育报,1998-5-19(1).

使得学校"爱与美"的教育实践活动找到了"点睛之笔",为"崇爱尚美"文化体系的形成提供了重要的理论和实践支撑及丰厚的历史底蕴。

2. "崇爱尚美"文化理论的深层研究。

学校高度重视吕凤子教育思想在校本文化理论体系构建中的重要作用。2006年7月,经镇江市民政局批准,正式成立了"镇江市吕凤子研究会"。2008年7月,学校又以正式科研机构的形式,专门成立了"吕凤子研究所",提出研究所的宗旨是:"探讨吕凤子教育思想(包括办学思想、美育思想、教育理论与实践、艺术创作和理论等),以促进高职教育改革和发展,促进办学水平的提升,为加强和改进大学生思想政治教育,推进大学生全面素质教育,弘扬'爱无涯、美无极'的思想道德教育特色,积极构建和谐校园,以及促进艺术专业建设和特色的形成,做出积极有效的贡献",并明确了研究方向和内容。① 学校组织专门人员充分挖掘整理、深度研究开发吕凤子教育思想,在传承中创新,在实践中发展,从大学文化建设的新视角、新要求出发,确立了"正则"精神和"爱无涯""美无

极"的教育理念,凝练并形成了"正则格致"校训、"务实创新"校风、"严谨至爱"教风和"勤学笃行"学风,确定了校标,并在校园内设置了多处文化符号标志(图3-5),围绕"崇爱尚美"文化理论体系建设,开展了一系列的理论支撑研究和实践求证。镇江高专关于吕凤子教育理论与实践的研究成果,在海内外吕凤子研究界产生了较大反响,特别是关于吕凤子职业教育思想和道德观的研究和对吕凤子教育思想的群体研究现象,一度被称为"开创先河"。"镇江高专对吕凤子教育思想的群体性研究",被称为"值得特别关注"的现象。②

图3-5 校园文化标语牌

3. 现代职教精神与企业文化的融入。

在新的形势和要求面前,高职院校文化建设如何进一步更新观念,突出现代

① 镇江高专吕凤子研究所三年规划(2008—2010).
② 重庆市璧山县吕凤子纪念馆:《吕凤子研究丛刊(第一辑)》[C].编后语.

职教理念,融入行业、企业先进文化元素,打造既有传统文化特色、又具现代高职特征的学校文化。这是镇江高专一直在思考探索的课题。镇江高专在思考和实践中,通过以下三个途径实现了有效融入:

一是将现代高职教育"以人为本"理念融入"崇爱尚美"文化。镇江高专坚持用"以人为本"理念来进行高职院校文化建设的战略思考,坚持学校的一切教育和实践活动都始终以人为出发点和落脚点,把教育与人的自由、尊严、幸福、终极价值紧密联系起来,真正把学校发展的终极目标定位在人的自由、全面、和谐发展上,突出培养目标的全面素质提升,突出培养目标的可持续发展。[①] 2006年,学校召开大学生素质教育现场观摩会,推进人才培养理念的转变,进一步突出学生的主体地位,从简单的"市场需要什么就培养什么"的目标、从单纯的培养"技术人"的要求,转变为培养"高素质、强技能、善创新、可持续发展"的应用型人才,更加注重学生的创造精神和创造能力的培养,提出了"素质为魂,能力为本,厚德强能,全面发展"的素质教育理念。与此同时,结合吕凤子"尊异成异"的观念,学校提出尊重差异是高职高专院校文化的重要原则,将尊重差异的要求深入到全体教师和管理人员的心中,把"爱与美"的理念体现在教学和管理的全过程。[②] 2004年,围绕学校环境文化建设的理论专著《高校德育环境论》[③]出版;2007年作为全国高等教育科学"十五"规划重点立项课题的成果之一的《创新人才培养理念与模式》[④]专著出版。

二是将现代高职教育"实践领先"的教学改革理念融入"崇爱尚美"文化。坚持"以道统艺,由艺臻道"。针对人才培养理念转变的新要求,镇江高专加快教育教学改革步伐,在教学中深入贯彻联系实际、加强实践、强化实操的"三实"理念,更加重视理论联系实际,重视实践环节教育,学校开展了轰轰烈烈的"破墙运动",突破了传统的教室空间,建立工厂化课堂,积极开展社会实践,加强实习实训,建立与专业实践教学相衔接的教学实践体系,拓展人才培养的校内、校外两个实践平台,通过必要的实践环节,帮助学生磨炼意志,积累经验,提升能力,铸就品格。学校主持的江苏省教育科学"十五"规划课题"高职教育的课程

① 徐铭.学校发展的终极境界是实现人的全面发展[J].镇江高专学报,2009(4):5-8.
② 徐铭.关于创新人才培养与高职院校文化建设的几点思考[J].镇江高专学报,2010,23(4):1-3.
③ 王桂龙.高校德育环境论[M].长春:吉林文史出版社,2004.
④ 杨国祥,尹家明,万碧波,等.创新人才培养理念与模式[M].江苏大学出版社,2007.(全国高等教育科学"十五"规划重点立项课题)

设置改革和人才质量体系"(课题编号：D/2001/01/145)的研究成果《高等职业教育发展的战略与实践》①一书，荣获"江苏省第十届哲学社会科学优秀成果奖"三等奖［江苏省人民政府文件（苏政发〔2007〕116 号）］。

三是将现代行业企业先进文化元素融入"崇爱尚美"文化。镇江高专在学校文化建设过程中，主动吸纳现代行业、企业文化精华，努力使学校的"崇爱尚美"文化之高职特性更加明显，使人才培养的行为与行业、企业的需求契合度更加紧密。学校以"包容并蓄"的胸怀来拓宽高职院校文化建设的创新视野，以融入优秀企业理念作为打造品牌院校文化的最佳切入点，引入优秀企业的核心价值观，如团队精神、合作意识、创新意识，引入优秀企业先进的制度文化，如"6S管理"等。同时以深化校企合作作为吸纳行业、企业文化的最佳通道，通过安排专业教师、科研骨干到企业进行生产实践锻炼，感受企业文化，并在课堂教学实践中积极引入企业文化，按照企业的综合需求，有目标地培养学生的职业意识、岗位意识，提升职业素质；定期邀请行业、企业的负责人，或者在行业、企业工作的优秀校友，回校开展企业文化的教育活动，参与学校的相关教育、教学和实训活动。此外，学校加强学生企业生产实训和顶岗实习的文化诱导，让学生自觉感知、领悟和融入企业文化。

4. 深入推进大学生全面素质教育工程。

从 2003 年开始，学校紧紧围绕"爱与美"的核心理念，认真总结以往文化实践经验和特色做法，大力实施"大学生全面素质教育工程"，积极打造以"爱与美"为核心的学校特色文化，坚持把"爱与美"的教育实践全面贯穿于师德师风建设和大学生思想政治教育的全过程。学校利用优秀校友的典型事例，加强对学生的励志教育；利用校内的身边人、身边事，加强对学生的自信心教育；正式启动了传播人文知识和传统文化的"正则讲坛"，聘请校内外知名专家、学者和教授为学生作专题报告；学校聘请原中国人民解放军第 60 军军长、安徽省军区司令李元喜将军②为学校的德育兼职教授，聘请中国工程院院士、全国政协委员顾心

① 杨国祥,丁钢. 高等职业教育发展的战略与实践[M].机械工业出版社, 2006.
② 李元喜(1929.11—),解放军将领。1944 年参加革命。曾任中国人民解放军第六十军军长、安徽省军区司令员、南京军区党委委员,七届全国人大代表。先后参加解放晋南、太原、西南剿匪、解放战争、抗美援朝等战斗和战役,多次荣获解放奖章、朝鲜民主主义人民共和国三级国际勋章、华北解放纪念章、西南解放纪念章、荣誉章等。1988 年7 月被中央军委授予中国人民解放军胜利功勋荣誉章,1988 年 9 月被中央军委授予少将军衔。

怿先生①为学校建设发展顾问,请他们以自身的成长经历,与同学们谈爱国、谈理想、谈奋斗、谈意志、谈自信等。与此同时,学校还通过关心下一代工作委员会组织,聘请离、退休老同志担任兼职思想政治教育报告员、党建工作组织员等"四大员",加强学生思想政治教育,推进学校文化建设,培养社会主义核心价值观。学校关工委组织多次获得省级表彰,其经验和做法曾被江苏省委关心下一代工作委员会在全省推广;学校加强科技拥军,积极依托"双拥结对"部队加强学生军训和爱国主义、集体主义和革命英雄主义的教育,获得镇江市"科技拥军十面红旗单位"称号。2007 年,共青团中央、全国绿化委员会、全国人大环境与资源保护委员会、全国政协人口资源环境委员会、水利部、农业部、国家环境保护总局、国家林业局 8 部门联合表彰"全国保护母亲河行动先进集体",镇江高专作为全国获奖的 6 所高校之一,也是江苏省唯一一所高校和全国唯一一所高职高专院校。

特色文化育人活动的全面开展有效地促进了师生思想道德素质的提升,师生"爱与美"的典型事迹层出不穷。比如,师生为身患重病学生张晓东、李小林捐款 12 万元,帮助他们战胜病魔重新回到校园,谱写了一曲动人的爱心接力篇章;王玮瑜同学智擒歹徒见义勇为的事迹,受到社会的高度称赞,被授予"镇江市见义勇为先进个人"光荣称号;钱大浩同学出手相助解救意欲轻生女子受到好评,曾在镇江各大媒体广为宣传;国文宏和周群廷两位同学拾金不昧,面对 16 万元巨款不动心、不犹豫,主动联系失主,通过艰难的寻找,最终将巨款归还失主。"爱与美"的佳话在校园广为传颂。② 正是这种爱和美的教育不断地调动着师生工作和学习的热情、生活的朝气、教书育人和成才的决心,并转化成"爱与美"的自觉行动。

2007 年,镇江高专接受教育部"高职高专人才培养工作水平评估",学校抓住迎评促改、迎评促建的契机,全面推进学校"崇爱尚美"文化建设。作为评估中专家随机抽样检查的学生专题研讨会,专家给出的研讨题目就是"爱与美——谈人生、社会、事业"(图 3-6)。

---

① 顾心怿(1937.1.23—),石油矿业机械专家。1953 年毕业于上海中华职业学校石油机械专业。1957 年毕业于西安石油大学前身西北石油学校。中共党员,教授级高级工程师,现任胜利油田石油管理局资深首席高级专家,胜利油田钻井工艺研究院总工程师。长期工作在工程技术、研究设计第一线,有多项重大发明,研制我国第一艘坐底式石油钻井船。曾获国家发明二等奖三项、国家科技进步三等奖一项、中国专利金奖两次及 1992 年度全国十大科技成就奖;1999 年获何梁何利技术科学奖;2005 年获山东省科学技术最高奖;曾获"全国五一劳动奖章""全国劳动模范""全国优秀科技工作者""国家有突出贡献的中青年科技专家"等荣誉称号。1991 年享受政府特殊津贴。1995 年当选为中国工程院院士。1998 年当选为第九届全国政协委员。

② 用爱与美谱写和谐诗篇——镇江高专强化学生职业道德素质培养纪实[N].镇江日报,2007 - 5 - 27(1).

图 3-6　学生开展主题为"爱与美——谈人生、事业、社会"的研讨会

围绕"爱与美"这一吕凤子职业道德教育观的核心内容,参加研讨的同学或用自己的亲身经历、或引用新闻热点、或讲述身边人的故事,从不同的角度阐释了在人生、事业、社会中处处都体现出的"爱与美"的光芒。整个研讨过程都洋溢着浓浓的感人气氛,同学们感人的话语和动情的表述,使现场专家和同学为之动容。评估专家组组长史国栋教授为研讨活动点评,高度赞扬了学校用"爱与美"思想育人所取得的丰硕成果。学校的创新项目报告《镇江高专爱与美的教育实践》得到与会专家的高度评价。经过全校师生共努力,克服重重困难,齐心协力,以评促建,镇江高专获得了教育部高职高专人才培养工作水平评估"优秀"。这一过程使高专人得到的最大收益是:学校"爱与美"文化氛围更加浓郁。特别是迎评创建过程中,学校形成了"团结一心、知难而进、奋力作为、追求卓越"的高专精神,通过多形式的活动,师生对"崇爱尚美"的文化内涵和时代意义有了更加深刻的理解。2008 年 1 月 19 日,《新华日报》用一个整版的篇幅,分别以"用心弘扬'高专精神',奋力高移评建目标";"用力打造'高专形象',全面收获评建成果";"同心铸造'高专品牌',又好又快科学发展"等三个板块专门报道了镇江高专全体师生员工弘扬"团结一心、知难而进、奋力作为、追求卓越"的高专精神,将迎评整改工作干到最佳、做到极致的毅力和干劲,集中展现了评建整改给学校带来的显著变化和突出成果。①

---

① 激变,在镇江市高等专科学校——接受教育部高职高专院校人才培养工作水平评估成果喜人[N]. 新华日报,2008 - 1 - 19.

经过二十多年的融合培育,"爱与美"的文化核心理念融进了学校各个方面。凝聚学校历史底蕴、体现高职教育特点、突出镇江高专特色的"崇爱尚美"文化精神、文化环境标志、制度文化等充分呈现,文化教育活动广泛开展,"崇爱尚美"校本特色文化体系基本形成。

(三) 提升实践阶段(2008—2016 年)

镇江高专在获得教育部高职高专人才培养工作评估优秀之后,以学校精神作为再发展的凝聚力和推动力,在全面加强评估成果的巩固提高工作中,不断提升学校文化建设水平。学校强调,坚持以深入实施全面素质教育工程为主线,抓住两个核心内容,即"爱"与"美",继承拓展、丰富创新,以爱立美,以美成人;抓好一个重点工作创新,即以培养大学精神为核心的理想信念教育,弘扬高专精神。特别是党的十八大以后,学校按照十八大、十八届三中全会精神和习近平总书记关于教育和文化建设的系列讲话要求,全面加强学校特色文化建设,打造"崇爱尚美"文化育人的新格局。

这一时期,镇江高专学校文化建设的明显特征是:

1. 强化提升特色文化体系的顶层设计。

学校开始形成一批围绕"爱与美"文化建设的理论和实践成果。2008 年学校形成专著《高职教育教学理念与模式创新》[①]。2008 年 2 月关于吕凤子教育思想的研究成果《吕凤子"正则"职业道德教育观初探》获江苏省高校思想政治教育优秀科研成果三等奖。2008 年 11 月,关于大学文化建设的专著《大学:文化与内涵》[②]获"江苏省高校第六届哲学社会科学研究优秀成果奖"二等奖。2009 年 10 月,在江苏省高校思想政治教育研究会举办的首届江苏省高职高专院校校园文化论坛上,《镇江高专校园文化建设的理论与实践研究》作为大会交流论文获二等奖第一名。2010 年 8 月,围绕"爱与美"这一核心内容,学校编写了"爱与美"的文化教育读本《让梦飞翔——携手镇江高专,塑造完美人生》[③](图 3-7)。学校团委获得"全国五四红旗团委"称号;学校获镇江市首届"慈善义工最佳服务组织支持奖",成立于 1994 年的镇江高专大禹青年志愿者协会作为在镇高校大学生志愿者社团的唯一代表荣获"第二届镇江市十大

① 万碧波,丁钢,杨国祥,等.高职教育教学理念与模式创新[M].镇江:江苏大学出版社,2008.
② 丁钢.大学:文化与内涵[M].合肥:合肥工业大学出版社,2006.
③ 杨国祥,徐铭.让梦飞翔——携手镇江高专,塑造完美人生[M].镇江:江苏大学出版社,2010.

杰出志愿服务集体"。《传承吕凤子教育思想，
打造爱与美文化教育品牌——镇江高等专科
学校开展"爱无涯、美无极"主题教育的探索与
实践》和《用好微博平台，拓展文化育人空
间——镇江高等专科学校文化育人的探索与
实践》分别获得 2011 年、2013 年教育部高校校
园文化建设优秀成果奖。2012 年学校荣获全
省高职高专院校思想政治教育研究工作先进
单位称号。2012 年 10 月，《大学文化自觉管理
的向度、模型与方略》①获江苏省第十二届哲学
社会科学优秀成果奖二等奖。

图 3-7　《让梦飞翔》封面

　　2012 年，镇江高专召开第一次党代会。党
代会工作报告高度肯定了过去一阶段"学校文化影响力""日渐提升"，"深入挖掘
和弘扬吕凤子先生'爱无涯、美无极'的教育思想，逐步形成'爱与美'的学校文化
特色，精心打造了'崇爱尚美'文化教育品牌项目。"同时将"加强特色文化建设，构
建'品牌化'和谐校园"作为落实"三步走"战略目标的八项任务和措施之一。2014
年 5 月，学校发布《镇江高专关于全面深化改革、推进"八项工程"的实施意见》，全
面部署"大力推进以'爱与美'为特征的校园文化提升工程"，细化文化建设的具体
要求。这一要求包括三方面：一是"自觉"。要进一步健全文化制度，丰富文化活
动形式，把执行和遵守制度与做人、育人有机地统一起来，形成全校师生的高度文
化自觉。二是"实践"。坚持把"爱与美"的要求体现到全员育人和人才培养的实
践之中，把现代企业优秀文化理念融入人才培养全过程，建设一个能时时感受爱、
处处展现美，充满活力的文化育人环境。三是"品牌"。推动特色文化的"落地生
根"，努力打造融思想、道德、学术、职业文化于一体的、富有吸引力和感染力的"崇
爱尚美"文化品牌。"崇爱尚美"文化从精神文化、物质文化、制度文化、行为文化
和环境文化等方面全面规范，在日常管理、思想工作、教育教学和文化活动等方面
全面展开。

　　2. 全面深入开展落地生根的文化实践活动。

　　（1）实施文化建设"四大工程"。学校以"崇爱尚美"为主旨，全面实施学校

① 丁钢. 大学文化自觉管理的向度、模型与方略[M]. 北京：光明日报出版社，2011.

特色文化建设的"四大工程"：一是按照"领导为教师楷模、教师为学生楷模"的要求，实施"两德楷模"示范引领工程，打造"崇爱尚美高专人"的引领标杆；二是实施以"宜"为核心内涵的环境育人工程，构建最美的校园活动环境、师生生活环境和教学环境；三是实施"四星璀璨"大学生综合素质教育工程，培育道德之星、匠艺之星、气质之星、健康之星，养成"爱与美"的思想道德素质、专业素质、人文素质和身心素质；四是实施"文化润校"工程，构建浸润"崇爱尚美"文化的教书育人、实践育人、科研育人、管理育人、服务育人"五轮齐驱"文化格局。

（2）构建文化建设实践平台"四大体系"。通过多种平台和载体，以"崇爱尚美"为主线，在文化素质课程体系建设、实训实习文化体系建设、大学生文化活动体系建设和文化育人的环境建设等方面，展开了全面、持续的探索实践。结合专业和内涵建设，引入优秀企业文化，开展企业文化宣传周、"6S管理进课堂"、"劳模进校园"等活动，使学生在实训和生产实践中受到了企业文化的熏陶，形成了校企合作共育技术技能型人才的良好局面。《中国教育报》曾通过介绍"学做合一　理论与实践由平行走向交融""引企入校使教学过程对接生产过程""顶岗实践让高职生实现零距离就业"等具体措施，充分展示了镇江高专以校企文化融合引领教育教学改革的做法和成果。[①] 学校在对老校区校园文化环境进行系统的改造升级的同时，结合丹徒"十里长山"新校区的建设，以"宜人、宜居、宜学"为目标，高层次规划新校区的文化环境和文化标志建设，进一步浓郁特色文化建设氛围。

（3）文化实践活动"落地生根"。镇江高专常年坚持开展"爱与美"主题教育实践活动，如组织开展了"共同构筑和谐校园"大学生专题研讨大赛，来自各个系部的学生分别从"繁荣校园文化，遵章守纪，理想追求，师生关系，民主法制，诚信友爱"等方面，结合人文理论知识，联系自己的专业技能，就如何以实际行动来共筑和谐校园展开了深入研讨；组织了"爱无涯从这里起航"主题班会，并在全校开展现场观摩（图3-8）；组织开展了向在镇江涌现出的全国道德模范赵亚夫、全国敬业奉献模范张雅琴、江苏省敬业奉献模范景荣春等的学习活动；连续25年开展校园文化月活动。此外，还及时挖掘总结宣传贫困学生丁卯同学热心助人、舍己救人的先进事迹，并授予其"见义勇为大学生"称号，在全校开展"向丁卯同学学习，争做品学兼优大学生"主题活动，丁卯同学受到徐州和镇江两市见义勇为基金会的表彰奖励，并获得共青团中央、全国学联2008年度"中国

---

① 能即时上岗 能快速转岗[N].中国教育报,2012－10－31.

图 3-8 "爱无涯从这里起航"主题班会

大学生十佳自强之星"提名奖、"中国大学生新东方自强奖学金"。学校成立了镇江市慈善总会高专分会,每年在校内师生中开展"慈善爱心一日捐"活动。学校坚持每两年一次在师生中进行评选"崇爱尚美高专人",树立和宣传了一批"爱与美"的教职工先进典型,打造"崇爱尚美高专人"形象,广泛弘扬"崇爱尚美"、追求卓越的高专精神。各部门、各院部也从各自实际出发,广泛开展了丰富多彩的崇爱尚美主题教育与实践活动,形成了各自的特色。如:丹阳师范学院以"文化校庆"助推校园文化建设;财经商贸学院在学生中开展"三爱·三美"主题教育实践活动;电子与信息工程学院为脑瘫患者朱政帅同学开展全程助学活动;艺术设计学院开展"传承吕凤子精神"活动;汽车工程学院开展大爱镇江爱之行活动;卫生护理学院开展"爱心天使"工程;基础部实施"五位一体"学风建设工程活动;等等。此外,学校坚持清明祭扫烈士墓,义务献血捐骨髓,敬老院(福利院)献爱心,爱心妈妈、残疾人托养中心义工等品牌活动,这些都使得"崇爱尚美"文化更加深入人心,学校的知名度和美誉度进一步提升,社会影响力进一步扩大(图3-9)。

《新华每日电讯》2008年1月9日 第A02版:国内要闻

▲1月8日,江苏省镇江市金星社区的居民高兴地从志愿者手中接过剪纸窗花。当日,江苏省镇江高等专科学校"红太阳"志愿者服务队的10多名志愿者来到润州区金星社区农贸市场,现场剪窗花、写春联,为社区居民送去新春的祝福。 新华社发(汪永祥 摄)

图3-9 新华每日电讯

3. 以学校章程建设为契机强化制度文化建设。

高职院校的学校制度和运行机制既是高职院校文化的重要表现形式,也是促进高职院校文化育人目标进一步物化和落到实处的重要保障。镇江高专积极推进以"崇爱尚美"为特征的文化制度建设,从建立高职院校运行管理的和谐关系着眼,努力促进政府与高职院校、普通高等教育与高职教育、高职教育与中职教育及高职院校内部学术权力和行政权力之间的和谐,逐步建立以有效的学校章程作为标志的现代大学制度。坚持既符合依法治校的目标,又体现人文管理精神,充分考虑制度的科学性和可操作性,建立鼓励师生创新的工作机制,营造有利于师生发展的空间和氛围,全面规范和落实"人文化 + 精细化"的学校管理制度文化要求。同时在《镇江市高等专科学校章程》中就学校的校训、校歌、校风、学风、教风、校庆日、校标、校旗等重要的学校文化标志符号作了制度性的规定和规范性的表述。

镇江高专的校训:正则格致(图3-10)。"正则"源于伟大的爱国诗人屈原的作品《楚辞·离骚》,"正则"是屈原的化名,也是吕凤子先生1912年创办的正则女子职业学校的校名,意为公正而有法则①。这是对做人的要求。"格致"是《礼记·大学》中"格物致知"一词的省称,意蕴崇尚科学和实践,探求真知,提高智能,掌握本领,力求全面发展学有特长。这是对求知求学的要求。

图 3-10　校训

镇江高专的校风:务实创新。"务实"是指做任何事情都要实事求是,讲求

---

① 马茂远.楚辞选[M].北京:人民文学出版社,1980.

实效,力戒空谈,扎实工作。"创新"是指顺应社会发展需要,与时俱进,敢为人先,勇于创造。

镇江高专的教风:严谨至爱。"严谨"即严密谨慎,一丝不苟。体现在为人、治学、教学等方面。"至爱"是指教师要热爱教育事业,热爱学校,热爱学生,做到敬业爱岗爱校爱生。

镇江高专的学风:勤学笃行。"勤学"指勤于思考、勤于学习、勤于探索,体现人的学习态度,反映人的精神状态。"笃行"指潜心探索,身体力行,崇尚实践,学以致用。

镇江高专校歌为吕凤子先生在正则学校建立初期亲自撰写的《正则校歌》(图3-11)。校歌描绘了一幅和谐校园的美景——生生不息的校园充满无涯的爱,鲜艳的花儿像朝霞一样到处盛开,教师全心培育学生成长,学生个性得到充分发展。正则学校就像秋月的光华,美啊!这既是吕凤子对办学理想的憧憬,也是对师生成长的道德关怀和教师育人职责的要求。①

镇江高专校歌

1=C 2/4   吕凤子词曲

5 5 | 33 5 | 6 1 | 53 | 53 | 23 5 | 36 53 | 2- |

惟生　无尽兮　爱　　无涯,璀璨　如花兮　都　如　霞,

5 5 | 12 3 | 2 23 | 2- | 1 1 | 5 5 | 3 | 23 | 6 5 |

畴发　其蒙兮　茁其　芽,　　鼓舞　欢欣,生趣　充塞,

5 1 | 3 2 | 56 72 | 1 - | 5 6 | 1 - | 1 -‖

正则　正如　秋月　华。　美　呀!

图 3-11　镇江高专校歌(原《正则校歌》)

4. 积极扩大"崇爱尚美"文化的影响度。

一是加强文化推广,增强师生文化自觉。学校高度重视和十分珍惜"爱与美"这一宝贵的精神文化财富,坚定地把它写进了学校的发展规划,融进了各类工作制度,把传承、创新和发展以"爱与美"为核心的精神文化作为学校文化建设和育人的重要职能;从精神文化、物质文化、制度文化、行为文化和环境文化等方面全面规范,在日常管理、思想工作、教育教学和文化活动等方面全面展开,以"爱与美"为核心的"崇爱尚美"文化要素和各类精神与物质标志在

① 徐铭.吕凤子"正则"职业道德教育观初探[J].镇江高专学报,2006,19(4):1-5.

校园内到处呈现。为加强和推进"崇爱尚美"文化建设,增强"崇爱尚美"这一校本文化的影响力,学校连续三年利用假期举办干部专题培训班,邀请上海工程技术大学校长夏建国教授、上海师范大学原党委书记陆建非教授等专家学者作专题辅导;并由学校领导专门为教师、学生举行专题讲座,具体梳理"崇爱尚美"文化的形成发展过程,详细阐释"崇爱尚美"文化的含义、要素、理论与实践体系,增强全体师生对于学校文化的认知、认同,增强文化自信与文化自觉。

二是通过各种媒介,扩大"崇爱尚美"文化影响。利用新闻媒体,积极向校外推送"崇爱尚美"文化特色和学校文化建设活动情况,让社会认识和了解学校文化建设的情况,增强社会对学校的文化认同。几年来,各种媒体专题介绍学校文化建设活动和成果的报道达60多篇。同时,切实增强学校文化建设的开放度,打破校园文化建设的"围墙",积极主动融入"大爱镇江"的地方文化建设,教职工和学生通过参与"大爱镇江"文化建设的规划设计、决策咨询和各类实践活动,实现学校文化反哺社会,发挥大学文化的引领、服务功能,促进了学校文化与地方文化建设的互动共融。

三是积极与兄弟学校开展高职院校文化建设的交流与研讨。学校专门组织到南京工业职业技术学院、泰州职业技术学院、苏州市职业大学、扬州市职业大学、南京信息职业技术学院等兄弟学校进行文化考察,共同探讨高职院校文化建设核心要素、有效策略和创新路径。2012年2月,学校作为江苏唯一的高职院校代表,受教育部邀请参加了在浙江大学举行的全国第三届高校艺术教育科研论文报告会暨全国大学校长美育论坛(图3-12),与参会的兄弟高校领导和获得艺术教育论文优秀奖的教师代表共200余人,共同围绕高校艺术教育改革发展的理论与实践问题等进行了交流和讨论,共同探索如何进一步深化高校艺术教育,大力推进文化传承创新。镇江高专作为发起学校之一,在会上签署了《让中华文明

图3-12 2012年教育部大学校长美育论坛邀请函

薪火永继——高校校长杭州宣言》,北京大学副校长刘伟代表 47 所发起高校校长在全国第三届大学生艺术展演活动闭幕式暨颁奖晚会上宣读了该宣言。宣言提出,要以科学发展观为指导,以弘扬中华文明为己任,培养高度的文化自觉和文化自信,学习、吸收、传承和传播中华优秀文化传统,参与世界文明对话,吸收借鉴国外优秀文化成果。高等学校要加强艺术学相关学科专业建设,提高课程建设水平,普及公共艺术教育,形成一批以文化传承创新为内涵的具有特色的精品课程。要加大科研支持力度,搭建更加开放的科研平台。组织开展文化传承创新领域的项目研究,通过高校与地方紧密合作,启动中华优秀文化传承创新项目研究,加强非物质文化遗产的发掘、整理、研究工作,形成一批有价值的研究成果。要通过各种渠道,采取多种措施,依托现代信息技术,充分发挥大学作为思想库和智囊团的功能,为推进社会主义文化大发展大繁荣建言献策,提供智力支撑。鼓励大学生艺术团深入基层、面向社会宣传演出,共同繁荣社会文化。宣言明确,高校将自觉担当文化传承创新的历史使命和时代责任,努力提高当代大学生的人文素养和精神境界,切实增强高等教育推进文化传承创新的生机与活力,不断提升高等学校对于社会主义文化建设的影响力,加快提高高等教育文化建设的基础能力。与此同时,省内外一些兄弟院校也来到镇江高专进行文化交流和考察。镇江高专"崇爱尚美"文化的社会影响力日益扩大。

二、"崇爱尚美"文化现代传承与融合的两大特点

(一)"两聚":聚焦社会主义核心价值观引领作用、聚力提升人才核心素养

1. 在文化育人的指导思想上,聚焦社会主义核心价值观的引领作用。

学校将"崇爱尚美"文化建设自觉融入社会主义核心价值体系建设,认真落实社会主义大学教育方针的根本要求,把立德树人作为中心环节,使"崇爱尚美"文化在各个层面上与社会主义核心价值观表现出高度契合,把文化育人作为践行社会主义核心价值观的具体行动,全面推进"文化润校"战略。以加强"崇爱尚美"文化建设,来推动和保证"坚持不懈培育和弘扬社会主义核心价值

观,引导广大师生做社会主义核心价值观的坚定信仰者、积极传播者、模范践行者"①要求落到实处。

2. 在文化育人的具体实践上,聚力人才核心素养的提升。

围绕"崇爱尚美"文化的核心内涵,学校积极建构以文化人、文化育人的实践模块,按照"全员、全方位、全过程"的原则,全面实施以"领导为教师楷模、教师为学生楷模"为内容的"两德楷模"示范引领工程,着力提升学校管理人员和教师队伍的核心素养。围绕培养具有"爱的情怀、美的品质"的"全面发展的人"的目标,实施以道德之星、匠艺之星、气质之星、健康之星为标志的"四星璀璨"大学生综合素质教育工程,综合培养和致力提升高职学生的人文底蕴、科学精神、学会学习、健康生活、责任担当、实践创新六大核心素养,切实打牢文化知识和专业技能基础、培养自主发展能力和社会参与能力。以核心价值观为引领、体现"崇爱尚美"核心内涵的学校文化精神、环境标志、制度建设和文化活动等得到全面充分呈现。

(二)"三融":"崇爱尚美"文化与现代高职教育理念的完美融合

现代高职教育理念的融入,使百年传承的"崇爱尚美"文化特质更加鲜明。学校积极吸纳现代高职教育理念,注重高职院校文化的内在品质塑造,自觉构建高教性和职业性兼容的文化体系,不断丰富"崇爱尚美"文化内涵,努力凸显其高职院校文化的鲜明特质。②

1. 将吕凤子"尊异成异"思想与现代高职教育"以人为本"理念互融。

结合吕凤子"尊异成异"的观念,提出尊重差异是高职高专院校文化的重要原则,倡导学生多元发展,并体现于教学和管理的全过程,更加关注高职院校学生特点,更多关爱学生的全面成长,激励学生开启成功之旅,倡导多元发展,制作最美人生。

2. 将吕凤子"求得真我"思想与现代职业技术技能培养要求互融。

围绕"崇爱尚美"文化核心内容,通过课堂教学的"三实"(联系实际、加强实践、强化实操),予以有效落实。鼓励学生弘扬新时代的"工匠精神",坚持"匠心"、坚守"诚心"、坚定"公心",培育美好精神境界、素质品格和行为习惯,养成

① 习近平:把思想政治工作贯穿教育教学全过程[EB/OL].新华网.2016-12-08. http://news.xinhuanet.com/politics/2016-12/08/c_1120082577.htm.
② 徐铭,丁钢.高职院校文化传承创新的自觉路径[J].中国职业技术教育,2012(21):72-75.

专心致志、精益求精的专业素质,保持对久远口碑的执着追求。

3. 将吕凤子"谐和发展"思想与现代高职院校文化建设要求互融。

主动打破学校文化"围墙",打通学校与社会、专业企业的文化交流"渠道",积极向校外推送"崇爱尚美"特色文化,促进学校文化与地方文化、企业文化建设的辐射互动、和谐共生、互辉共荣。

第三节 "崇爱尚美"文化育人的系统设计

镇江高专"崇爱尚美"文化体系的基本架构:以"爱与美"精神为核心、围绕培育"崇爱尚美高专人"的目标,纵向逐层展现精神文化、制度文化、活动文化和环境文化等大学文化的基本要素;横向按照文化要素的实践要求,全面展开学校文化的各个实践环节。纵向、横向相互交融,形成学校文化的全方位、立体化的全覆盖;使"崇爱尚美"文化于校园里无处不在、无所不至,真正成为弥漫在校园里的"空气"、培养师生的"泡菜汁"①。

一、"崇爱尚美"文化的基本要素

按照大学文化的普遍规律和一般概念,结合高职院校特别是镇江高专的特征和实践需要,"崇爱尚美文化"的基本文化要素概括为"崇爱尚美高专人"形象文化、"爱与美"精神文化、"三宜(宜人宜学宜居)"的育人环境文化、"两化(人文化+精细化)"的制度文化和"三全(全面全方位全过程)"的实践活动文化等五个方面,具体而言:

1. "崇爱尚美高专人"形象文化。

"高专人":指一切活动于和曾经活动于镇江高专的人的总称,包括镇江高专的全体师生、员工及校友。"崇爱尚美高专人"形象的最简洁显著的标志:爱

---

① 20世纪90年代,华中科技大学的涂又光(1927—2012)教授提出了著名的"泡菜理论"——即泡菜的味道取决于泡菜汤。校园环境好比泡菜汤,它影响和决定了浸泡其中的学生的精神风貌和行为风格。好的校园环境如同一缸好汤,学生进了这个环境,好比泡菜原料投入汤料之中,时间一长就会发生化学反应,最后形成具有完整人格、健康身心、满腹经纶、能力达标的高级专业人才。反之,所培养的学生出了问题,如果不是个别现象,就有可能是校园生态环境出了问题。

的情怀、美的品质,也就是一个'爱无涯、美无极'的"人"。

　　"崇爱尚美高专人"的形象树立,正是全校师生真正崇尚、培育以"爱与美"为核心的人文精神的过程。从这个意义上说,高专人实质上就是学校"崇爱尚美"文化得以产生、展示和延续的主要因素。在这个"高专人"身上,鲜明地体现了学校"崇爱尚美"文化的历史性、人本性、传承性、辐射性及主客体的同一性等特征。

　　2. "爱与美"的高专精神文化。

　　"爱与美"的高专精神是镇江高专在高职教育加快发展的时代背景下,经过继承、变革、整合、创新而形成的一种新的具有高职高专教育特质的大学精神,它是学校"崇爱尚美"文化的主导要素,是高专人的灵魂所在。

　　3. "宜人宜学宜居"的育人环境文化。

　　镇江古称"宜",是"宜人之地"。1954 年 6 月,在镇江丹徒出土了中国西周早期的青铜器"宜侯夨簋"[①](图 3-13)。簋的内底铸有铭文 12 行、120 余字,记述周康王改封夨于宜地为宜侯,同时赏赐祭祀用的香酒、代表征伐权力的弓矢及宅邑、土地和奴隶之事。据考古学家考证,簋上的铭文是中国记载周初封建诸侯史迹的唯一历史文献,"是吴国最早的青铜器"。镇江有文字依据的最早地名"宜"也是出于此。[②] 因此,镇江高专的环境文化建

图 3-13　宜侯夨簋

设既要突出"爱与美"的核心要素,又要充分体现"宜地"特征。这是一个诗意栖居、宜人雅致的教育环境,与其他的高职院校的环境文化相比,它更多地突出了崇爱与尚美的关键要素,突出了宜地的文化特质,更多地体现了由"人为"向"为人"的转变、由"物本"向"人本"的转变。"宜"主要体现在三个方面:校园环境——高雅文明健康、人际环境——友善敬爱、心理环境——宁静淡泊。

　　4. "人文化＋精细化"的制度文化。

　　学校的管理制度,是高专人思想品德和行为举止的规范化要求。这些规范

---

① 江苏省文物管理委员会.江苏丹徒县烟墩山出土的古代青铜器[J].文物参考资料,1955(5):58－62.
② 唐兰.宜侯夨簋考释[J].考古学报,1956(2).

体系体现着师生共同认可的价值观念,协调和规范着各种校园文化要素之间的关系。其特色是在体现"严细实"基本要求的基础上,从"崇爱尚美"出发,更多地体现为由"管束人"向"服务人"的转变,由"发展制约"转变为"发展动力",从"二元对立"到"和谐共进"。

5."全面、全方位、全过程"的实践活动文化。

实践活动作为高职院校文化要素,是由学校的办学宗旨和人才培养目标和实现方式所决定的,也体现了"崇爱尚美"文化的实践特征。这一文化的最大特点是在实践上的"全",表现为以"崇爱尚美"的文化对实践对象界定的全覆盖(全体师生)、对实践内容的全覆盖(整个培养要求)、对实践过程的全覆盖(整个培养过程)。突出了高等职业教育"重实践"的特殊性要求。这也正是作为培养应用技术型人才的高职院校的文化与其他形式的大学文化相比更具独特性的一个方面。

二、"崇爱尚美"文化各要素的结构关系

"崇爱尚美"文化是充满生命力的、以人为本的文化,其各要素间的关系也必然是充满生命力的、茂盛蓬勃的。因此,我们可以把这种要素结构关系比喻成一棵"有生命的树"模型结构[①](图 3-14)。

这一文化树结构模型中,蕴含了以下对"崇爱尚美"文化的理解和综合影响,具体表述如下:

1."崇爱尚美高专人"是"崇爱尚美"文化树的支撑躯干。

因为高专人创造、传承、建设了"崇爱尚美"文化,并在其中受熏陶和染化。"崇爱尚美高专人"的形象,反映了"崇爱尚美"文化内在和外在的统一性。

2."爱与美的高专精神"是"崇爱尚美"文化的核心和灵魂。

"爱与美"的高专精神处于"崇爱尚美"文化形态的最深层次。由此逐步向外延伸和扩展的依次是"两化"制度文化、"三全"实践活动文化和"三宜"育人环境文化。它反映了学校文化建设的内在逻辑,即从无形到有形,由观念形态到物质形态。处于核心位置的高专精神文化,对外层的文化要素具有指导和辐射作用,而这一切又都是围绕着"高专人"的成长发展。各层次文化之间相互联系、

① 徐铭.高职院校文化要素结构摭谈[J].学校党建与思想教育,2011(26):18-80.

相互影响、相互作用,形成绿叶茂盛的树冠,体现出"崇爱尚美"文化的有机整体。

3. "崇爱尚美"文化的植根土壤。

"崇爱尚美"文化生成和发展,既植根于中华民族传统文化和大学文化的丰沃土壤,同时也与企业文化的精华有机结合。"高专人"作为"崇爱尚美"文化中最活跃的因素,吸收传统文化和社会主义核心价值观、现代职业教育理念的营养,既创造和凝练了学校精神文化,又受益于精神文化的引领指向。

4. 各文化要素的互为作用。

"两化"管理制度文化、"三全"的实践活动文化和"三宜"育人环境文化等要素作为文化树的枝干和绿叶,在不同的层面上产生潜移默化的影响,规范、感化和熏陶着高专人这个躯干,使之展现出特定的行为风范和形象风采。

图 3-14　"崇爱尚美"文化要素结构模型

三、推进"崇爱尚美"文化建设实践的"四大工程"

(一) 实施"两德楷模"示范引领工程

以"崇爱尚美"为核心,按照"领导为教师楷模、教师为学生楷模"的要求,精心打造领导文化("官德")和师德文化,树立"崇爱尚美高专人"形象文化标杆。突出领导干部在"崇爱尚美"文化建设中的引领示范作用、教师在"崇爱尚美"文

111

化建设中的楷模榜样作用。

1. 着力打造学校领导集体文化。

领导干部的文化状态决定了学校文化状态的水平和质量。学校文化问题最关乎的不是文化的内容,而是文化的见识,这见识的深度决定了学校文化的厚度。这里的领导干部,包括学校校级和二级院(系)领导班子成员。校级领导班子成员是学校发展的领导核心,也是学校文化建设的核心。二级院(系)领导班子成员是推进学校文化建设的中坚和骨干力量。因此,必须以贯彻落实党委领导下的校长负责制和院(系)党政共同负责制为导向的领导集体文化,形成充满凝聚力、向心力和影响力的领导班子;进一步开阔文化视野,拓展文化见识,加强领导干部个人文化修为,形成良好的领导干部文化状态,提升领导干部对建设"崇爱尚美"文化顶层设计与思考的宽度与层级,以及具体实施操作能力,转变过去的以文体活动代替文化建设或局限于"个体、碎片的"文化项目的现象,立足于以"大文化"的视野来思考培养"崇爱尚美高专人"的问题,从以人为本的角度来思考人的素质提升问题,从而有效夯实学校的文化厚度。

2. 致力培养干部"美德"。

以社会主义"政治家+教育家"为标准,加强干部美德修养,树立"德之标杆"意识,通过加强"崇爱尚美"文化建设,促进学校精神、办学理念的落实,尽好推进学校发展之责、坚守"清廉之德",用"爱与美"的人格魅力激励自己,用"爱与美"的形象标准约束自己。

3. 深度推进师德文化建设。

教师是推进学校文化建设的主力军。教师既以主体身份作为"建设者"或者"管理者",又以客体身份作为"享受者"或者"被管理者"。一方面自己首先要成为"崇爱尚美"的人,另一方面又要实现这种"爱与美"的有效传递,努力培育新一代的"崇爱尚美"高专人。因此,要认真实施师德建设行动计划,明确以"爱与美"为核心的师德文化建设的具体内容、本质特点和实现途径,细化"爱与美"的师德文化在敬业、师表、育人三个维度的具体标准。认真落实"忠诚事业、爱岗敬业、以身示范、为人师表、热爱学生、教书育人"的"崇爱尚美"师德要求,组织实施教师思想政治素质强化行动,全面落实教师职业规范。每年定期开展以加强教师思想品德和学术道德为主题的教育活动。

4. 建立和完善师德管理和考评机制。

完善"师德考评指标体系",广泛开展"师德模范""教学名师"等评选活动。实现师德管理和考评的制度化、规范化、科学化,增强考评结果的信度、效度和应用度,发挥导向作用。

(二) 实施"三宜三美"环境育人工程

以"崇爱尚美"为引领,建设"宜"为核心特征的学校环境文化,构建最美的校园活动环境、师生生活环境和教学环境。

1. 以"宜人"为目标,打造校园活动环境美。

在校园环境文化建设上,展示"崇爱尚美"的文化元素,培植和传承学校的文化根脉,达到彰显特色、宜人雅致、和谐友善的强烈美感,落实环境育人功能。

2. 以"宜居"为目标,打造校园生活环境美。

建好"崇爱尚美之家",深入开展以"文明、和谐、勤学、整洁、安全"为标志的学生宿舍文化建设;创建"最美服务窗口",精心打造以"安全、文明、优质、勤俭"为标志的食堂文化;推广"师爱示范工作室",建设以"严谨至爱"为标志的教师办公室文化。

3. 以"宜学"为目标,打造校园教学环境美。

"教室文化"要突出雅致风格、展示"爱与美"文化特点,体现激励、向上、勤奋元素。通过校训、校风和学风标识以及现代企业文化标识等,将学校"崇爱尚美"文化与现代企业文化有机结合,形成校园文化与企业文化和谐交融的高职文化生态环境。

(三) 实施"四星璀璨"大学生综合素质教育工程

以培养"崇爱尚美高专人"为目标,致力构筑以"爱与美"的思想道德素质、专业素质、人文素质和身心素质为核心内容的大学生综合素质体系,建设具有高专特色的素质形象文化,全面提升学生的核心素养。

1. "道德之星"——培养"爱与美"的思想道德素质。

认真落实全国高校思想政治工作会议精神,坚持以社会主义核心价值观为引领,把立德树人作为中心环节,将"崇爱尚美"文化精神落实到学生思想政治教育的全过程。

一是用好"思政课堂"主渠道。坚持在改进中加强,提升思想政治教育的亲和力和针对性,满足学生成长发展的需求和期待。不断深化思政课改革,探索建立思政课显性课程和隐性课程相结合的新的思政课程建设体系,实现教学途径、方法和手段的现代化。

二是将"爱与美"为核心的德育教育内容融入专业课、综合课,将思政教育与专业教育、职场教育融为一体。坚持在培养学生专业技术技能的同时,高度关注学生毕业后作为职业人所必备的职业道德、作为社会人不可或缺的社会公德和法治观念的培养、引导和优化。坚持从"全部、全程"着眼,从"主动'传道'"入手,以"示范课"为引领,开好强调德育功能的专业课和综合课,实现"思政课程"与"课程思政"的同向同行、协同互补效应。

三是加强"思政课"教师队伍建设,保证数量、突出质量。

四是加强考核评价督导,增强"以文化人"的自觉意识。

2. "匠艺之星"——培养"爱与美"的专业素质。

在教育教学过程中,有机融入"崇爱尚美"文化精神,加强专业文化建设,优化素质教育方式,变专业建设与素质教育"水油分离"为"水乳交融",使专业课程教学和校企深度融合过程中对学生的人文精神和人文素养培养真正落到实处。积极吸纳现代行业、企业先进文化,致力于将产业、行业、企业和职业的文化要求融入人才培养的全过程,加强人文精神和人文素养的培育,提升现代职业能力。

3. "气质之星"——培养"爱与美"的人文素质。

一是积极推进人文素质培育项目化、标准化,推行大学生人文素质考核测评项目制度,建立人文素质学分,完善学校大学生素质教育工程实施方案,积极创建大学生文化素质教育基地。

二是以优秀传统文化涵养人文精神,积极推进优秀传统文化进课堂,使学生普遍受到熏陶滋养;通过"崇爱尚美"的文化传承,努力使知恩图报、孝敬父母和诚实守信等内化为学生的主体认知、自觉情感和基本素养。

三是通过课程引领使"文化育人"成为教学自觉,将人文素养要求融入技术教学,将行业、企业人文精神贯穿于学生学业生涯全过程,促进学生人文素质的提升,为在未来生涯中的可持续发展奠定基础。根据专业特点、素质培养目标等要求,开设行业、企业人文课程,根据学生成长规律,把握人文精神教育的重点环节,根据行业企业的需要,校企合作,联手培养学生的行业、企业人文素质。

四是将行业、企业人文精神贯穿专业实践环节中,在专业实践的行为标准中凸现行业、企业人文精神,将行业、企业人文精神要素纳入学生顶岗实习阶段的重要考核内容。

五是创新人文精神涵养形式,活跃第二课堂,打造师生喜闻乐见的文化推广品牌活动。

4."健康之星"——培养"爱与美"的身心素质。

高度关注学生身心的全面发展,培养健康美好的身心素质,是"崇爱尚美"文化的题中之意。引导学生塑造健康美好的心理品质。构建宁静淡泊的心理环境,加强学生心理健康教育工作,努力塑造和谐身心素质。促进学生锻炼健康美好的身体素质,弘扬体育文化精神,积极倡导阳光、快乐、健康的体育文化理念。

(四)实施"文化润校"工程,形成"五轮齐驱"文化育人格局

增强学校文化建设的"大群体"意识,着力增强自信,形成共识,浓郁氛围,齐心协力,构筑教书育人、实践育人、科研育人、管理育人、服务育人的特色化文化育人立体空间。

1. 在教书育人中建设"崇爱尚美"文化。

要加强教师对"崇爱尚美"文化的认同,增强文化自觉。切实加强对教师的文化宣传,加强教师的美学修养,增进广大教师对"崇爱尚美"文化的感知、促进认同,增强教师弘扬"崇爱尚美"文化,自觉以文化人的主动性、积极性。引导教师正确认识和把握教书与育人的有机统一关系,正确认识和把握德育、智育、美育紧密联系,缺一不可、相辅相成的关系,正确处理和把握传授知识与以文化人的关系。图3-15为1987级学生赠送的师爱碑。

图3-15 1987级学生赠送的师爱碑

115

2. 在实践育人中建设"崇爱尚美"文化。

搭建"五维"实践平台:即主题型综合实践平台(大学生综合社会实践)、公益型服务实践平台(志愿者服务)、文化型活动实践平台(校园文化活动)、专业型技能实践平台(实习实训活动)和虚拟型网络实践平台(网上创业实践和新媒体运用)。创新实践育人机制,将实践育人融入人才培养全过程;发挥"两栖"师资优势,壮大学生实践指导队伍;实现两个课堂的耦合联动,实现课内课外实践的推助互补;集中实践与日常志愿服务并进;改革社会实践成绩评价方法。实现实践育人工作常态化,将实践文化贯穿学生学习过程,实现时间上的常态化;不断丰富社会实践活动载体,实现形式上的常态化;实现实践对象的全覆盖(全体师生)、实践内容的全覆盖(整个培养要求)、实践过程的全覆盖(整个培养过程)。

3. 在科研育人中建设"崇爱尚美"文化。

在师生开展科研活动过程中,培养和提高"爱与美"的科学精神和创新意识、格物致知的探索精神,培养实事求是的思想品德和诚实守信的科研道德。重视道德规范文化建设,把科研能力的提高与科研品德的提升结合起来,把科研品德的提升融入科研能力提升的过程。

4. 在管理育人中建设"崇爱尚美"文化。

认真落实《镇江市高等专科学校章程》,积极探索创新"崇爱尚美"文化背景下的"人文化 + 精细化"管理育人文化模式。一是以健全管理制度为基础,把"崇爱尚美"的文化理念融入学校的各项制度建设,使"崇爱尚美"的思想成为维系学校内部运行、处理学校与外部关系的法规、条例、规定和管理制度等的必备条件;使"崇爱尚美"的理念固化在学校的各项制度中,体现在各项工作中。二是以坚持"依法管理"为保障,完善校院两级教代会制度,完善学术委员会制度,切实加强对教职工合法权益的维护。把融"崇爱尚美"元素的规章制度内化为师生员工自觉的行为规范和习惯。形成紧紧依靠广大师生员工共同制订、共同维护和共同执行的良性的制度体系。三是以落实督查机制为推动,积极探索和创新管理方式、方法、手段机制,把执行和遵守制度与做人、育人有机地统一起来。加强校训和校风、教风、学风的学习、宣传、执行,强化"一训三风"的文化育人功能,并以此规范师生的学习、生活和行为,增强学校文化的软实力。

5. 在服务育人中建设"崇爱尚美"文化。

形成"大服务育人"观念。将"崇爱尚美"的服务理念渗透到管理服务、教学服务和后勤服务的各个环节,坚持"育人"核心、"服务"宗旨,构建"育人为本,服务至上"的管理模式,并重视学生个性化、多元化的需求,增强服务育人的针对性与时效性。一是按照建设"崇爱尚美"文化的要求,推进科学管理服务,实现民主和谐。二是优化教学服务,确保专业高效;改革实训服务,加强协同创新;强化文化服务,促进关爱友善。三是加强服务窗口文明建设,展示服务育人魅力。加强服务部门员工行为文化建设,倡导诚信为本、爱岗敬业,培养"崇爱尚美"的敬业精神。通过良好的服务文化建设,在培育学生优良品格的过程中发挥"爱与美"的潜移默化的引导、塑造、规范和陶冶功能。

四、"崇爱尚美"文化育人的"四维一体"实施路径

镇江高专将"崇爱尚美"文化育人要求有机融入学校教学、实训、学生活动和环境建设的各个环节中,形成了"四维一体"(图 3-16)实施路径,促进了文化建设的落地生根。

"四维"是指围绕培养"崇爱尚美"高专人的要求,进行具体实践的"四个体系"。一是"311"文化素质教育体系(基本素质课程模块、基本能力课程模块、素质拓展课程模块和专业课程渗透"崇爱尚美"的人文精神、校企融合的文化氛围提升"崇爱尚美"的人文素养);二是"123"实训实习体系(围绕提升学生"爱与美"文化素质这一主线,加强校、企两个文化育人阵地的深度融合,把"爱与美"教育贯穿于专科学习的三个实践阶段);三是大学生"三轴联动"的文化活动体系(传统文化涵养提升平台、学生特色发展促进平台、美好身心道德滋养平台);四是"三宜四维"环境文化育人体系(宜人、宜居、宜学的硬环境,一本读物、两微平台、三篇故事、四季讲坛的软环境)。

"一体"是指培养"崇爱尚美高专人"。四个文化实践体系分别从四个维度,围绕培养"崇爱尚美高专人"这一目标主体,共同发力、互为作用,实现以文化人的目的。

"崇爱尚美"文化育人实施路径

"311"
文化素质
教育体系

"123"
实训实
习体系

"三轴联
动式"文化
活动体系

"三宜四维"
环境文化
育人体系

"崇爱尚美"文化育人经典案例

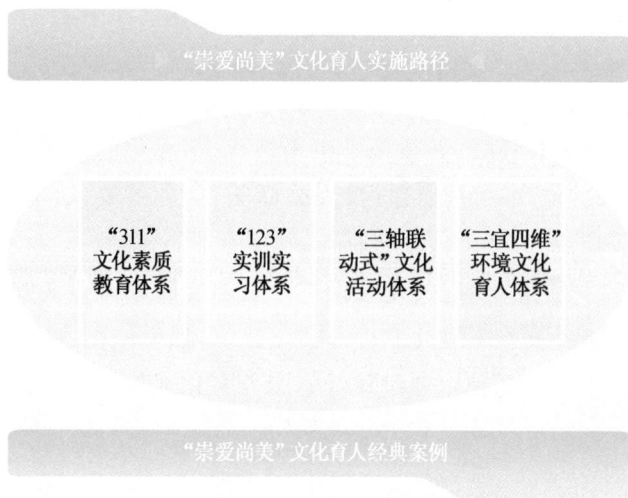

图 3-16 "崇爱尚美"文化育人"四维一体"示意图

第四章 "311"文化素质教育体系

　　教学体系是把系统论思想应用到教学领域的产物。对教学体系概念的阐述主要有:教学体系是由组成教学活动的各个要素通过相互制约、相互影响构成的一个整体,也是教师按照一定的教学理念,利用教学环境,通过课程与方法对学生施加影响并做出适当评价的过程。具体包括教学理念、教育者、学习者、课程、教学组织形式、教学方法、教学环境及教学评价八个要素。

　　根据系统工程的理论,一个完整的体系必须具备驱动、受动、调控和保障功能,才能有序、高效地运转,从而实现目标。因此,我们认为,可把文化素质教育的教学体系按上述四个层面分成以下四个亚体系,即文化素质教学目标体系、文化素质教学内容体系、文化素质教学活动体系和文化素质教学保障体系。整体结构图如图 4-1 所示。

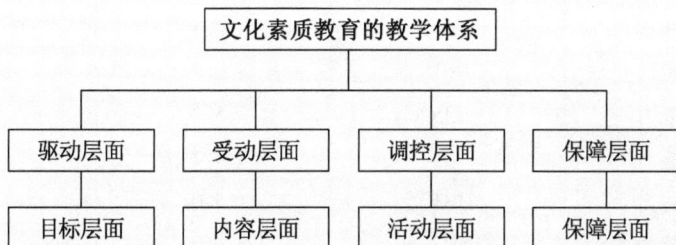

图 4-1　文化素质教育的教学体系结构图

第一节　文化素质教育的教学目标体系

现代企业要求职工既具有熟练的技能,又具有良好的沟通协调能力,同时还应具有应变创新等综合素质。高职院校学生在学习过程中的责任感、坚持性、主动性、自信心、好胜心等性格特征,都可以使之克服因基础差或能力弱而带来的困难。因此,"能胜岗＋能转岗"的技术技能人才必须是一个具有健全人格的人和获得自我发展的人,即是完整的"社会人",而不是片面的"职业人"。因而,教育内容要突破单一的专业课程为主的课程设置模式,设立基本素质教育平台和素质拓展平台,开设必要的非技能课程,为学生综合素质的提高奠定厚实的基础。

北京教育科学研究院职业教育与成人教育研究所史枫副研究员于 2009 年对企业聘用技能型人才考虑的因素做了调研。调研结果见表 4-1。

表 4-1　企业聘用一般技能型人才考虑的因素

选项	频次/人	个案百分比/%	排序
工作态度	157	25.4	①
岗位技能	127	20.5	②
职业道德	71	11.5	③
专业知识	64	10.3	④
团队意识	61	9.9	⑤
沟通能力	35	5.7	⑥
适应能力	35	5.7	⑦
创新能力	31	5.0	⑧
学习能力	25	4.0	⑨
文化素质	13	2.1	⑩
总计	619	100.0	

数据来源:"北京市职业院校教师素质提高工程"2009 年企业调研和访谈,调查企业 232 家。

2012 年,温州职业技术学院李小娟课题组对温州市 100 多家大中小企业做了类似调查,经调查和访谈发现,企业最关注的学生的素质方面排在前十位的依次为:工作的兴趣和热情(87%)、责任感(85%)、职业道德(81%)、吃苦耐劳(78%)、上进心(75%)、诚实守信(67%)、主动性(64%)、敬业奉献(60%)、遵纪守法(55%)、创造性(51%)。

企业最看中的学生的能力方面排在前列的依次为:沟通能力或语言表达能力(86%)、人际交往能力(84%)、实践能力(81%)、解决问题能力(77%)、执行力(73%)、团队合作能力(68%)、持续学习能力(65%)、适应能力(57%)、创新能力(45%)。

企业认为高职学生存在的不足主要有:缺乏良好的就业心态、不踏实,没有职业生涯规划,抗压能力不够,职业道德修养欠缺,责任心不强,协作意识淡薄等。

从以上调研结果可以看出,当前用人单位看重的不再是用分数表现出来的学业成绩,而是责任心、沟通、合作、执行力、道德修养等职业素质和隐性能力。因此,高职院校在提高学生专业技能的同时,应该关注学生职业素养、职业品格的培养,特别是责任心、上进心、吃苦耐劳及合作能力的养成教育。

高职院校的文化素质教育,既姓"高"又姓"职",它源于"人的全面发展"和"人的可持续发展"理念,牵涉教育的根本目的。其中,"人的全面发展"和"人的可持续发展"理念都关注人的发展问题,前者关注的是人的发展全面性和丰富性问题,后者关注的是人的发展延伸性和深层性问题。教育的根本是育人,育人的本质是培养人格健全的人。当前,一些高职院校片面强调以市场与就业为导向,而忽视人的可持续发展、人文素养教育和道德品质的培养,这不仅使自身陷入短期功利主义、狭隘的实用主义之中,而且削弱了教育陶冶人格的基本功能。《教育——财富蕴藏其中》强调指出:"教育不仅仅是为了给经济界提供人才,它不是把人作为经济工具而是作为发展的目的加以对待的。使每个人的潜在才干得到充分发展,这既符合教育的根本上来说是人道主义的使命,又符合应成为任何教育政策指导原则的公正需要,也符合尊重人文环境和自然环境又尊重传统和文化多样性的同源发展的真正需要。"青年学生要"学会认知、学会做事、学会共同生活、学会生存",即教育的"四个支柱"。"教育应当促进每个人的全面发展即身心、智力、敏感性、审美意识、个人责任感、精神价值等方面的发展。"[1]

因此,高职院校培养的学生是否满足经济社会发展对人才的要求,高职院校

---

[1] 联合同教科文组织总部,联合国教科文组织总部中文科.教育——财富蕴藏其中[M].北京:教育科学出版社,1996.

三年的学习对学生今后的职业流动是否起作用,能否在原有岗位上创造性地开展工作,学生自身是否能有发展,是否具有可持续发展能力已成为评价高职院校改革和发展成效的重要内容。关注人才培养质量、关注需求导向、关注学生自身发展和可持续发展,已然成为时代赋予高职院校的重要使命。

高职教育应该既是人的生存教育或谋生教育,也是人的发展教育。正如教育部职业技术教育中心研究所所长助理、研究员,《中国职业技术教育》杂志总编姜大源先生的形象阐述:受教育者应通过高职教育使自己具备一种能力,能"有饭碗",而且会有一个"好饭碗",尤其是在丢掉这个"饭碗"时还能重新获得一个"新饭碗。"①

华东师范大学职业教育与成人教育研究所所长石伟平教授说,现代高职更加强调"客户"意识,把学生"职业生涯的可持续发展"作为高职新的出发点。从世界各国和地区的高职发展目标来看,目前特别注重两种能力的培养:继续学习能力(re-trainability)和多次就业能力(re-employability)。

国际著名职业教育专家福斯特曾说过,"受训者在劳动力市场中的就业机会和就业后的发展前景,是职业教育发展的关键因素。"

高职教育的目标定位为"胜任某种岗位""具备胜任某种职业岗位的能力",其局限性显而易见,长期下去,将是对人的可持续发展的偏废。在这种情况下,我们如何以就业为导向,既能使学生有一技之长,有能力满足职业工作岗位的要求,从而毕业后就能立即上岗就业,又能使学生获得可持续发展的基础,即当岗位发生变化时,学生也能有继续学习的基础,快速转岗。这就要求我们要提升高职教育理念,转变传统的狭隘的以就业为导向的高职教育观,树立"立足就业,着眼发展"现代高职教育观,必须把当前和长远结合起来,既要把学生培养成能胜任某种岗位或职业的人,又要为其自身发展和职业的长远发展奠定基础,唯有如此,高职教育才能既体现职业性,又兼顾高教性,从而更好地满足经济技术发展和人的自身发展需要。使学生在职业生涯阶梯上,稳定地迈出第一步,而且可以使学生继续发展,以获得更大的成功。

当代社会,随着职业的变迁和转换、和谐社会的构建、社会可持续发展的诉求和人自身发展的内在需求,加强学生的人文素质教育,实现技能型人才的全面可持续发展,已成为国际社会和职业教育界的共识。

122

---

① 姜大源.职业教育十二辩之三:培训与教育辨[J].中国职业技术教育,2008(7):1.

崇尚技术理性的职业技术教育只有赋予更多的社会责任、道德理性和价值追求时,职业技术教育才具有人文价值和社会意义,才能成为真正的职业技术教育。

综上所述,高职院校文化素质教育的教学目标,应以公民道德和人文、科技、审美素质培养为基础,以职业道德、职业精神和职业核心能力培养为特色,将"做人"与"做事"的教育有机地融合在一起,实现学生职业生涯的积极成长和个性人格的健全发展。其主要目标体系应包括 6 项基本素质和能力、6 项关键能力,见表4-2。

表 4-2　文化素质教育的教学目标体系

6 项基本素质、能力		6 项关键能力	
基本素质	基本能力	社会能力	方法能力
个性品质	语言表达能力	人际交往能力	自我学习能力
职业道德	计算机应用能力	团队协作能力	信息处理能力
身心素质	外语应用能力	解决问题能力	创新创业能力

一、6 项基本素质和能力

(一) 3 项基本素质

1. 身心素质。

具体包括自我保健意识、身体健康状况、环境适应能力、挫折承受能力和自我调整能力等。

2. 职业道德。

衡量高职学生做事的素质,包含爱岗敬业精神、遵纪守法意识、诚实守信意识、工作责任意识、吃苦耐劳精神、社会责任心等。

3. 个性品质。

衡量高职学生做人的素质,包括政治素养、理想信念、人文素养、行为习惯等方面。

（二）3项基本能力

1．语言表达能力。

指在口头语言（说话、演讲、作报告）及书面语言表达的过程中驾驭字、词、句、章的能力。具体指用词准确贴切，语句简洁精练，语意明白晓畅，结构布局妥帖，文理贯通，合乎规范，能把客观概念表述得清晰、准确、连贯、得体，没有语病。观点鲜明、是非清晰、褒贬明确。

2．计算机应用能力。

非计算机专业学生的计算机应用能力是指具有能够简单组装、调试、维护和更新计算机硬件系统的能力，具有常用应用软件的安装、调试、使用和维护能力，能够熟练操作诸如文字处理、数据计算及分析、演示、信息管理、辅助设计等常用应用软件，并具有一般应用程序和数据库系统的编写和使用能力。

3．外语应用能力。

指具有外语听、说、读、写、译五个方面的技能，具有能将外语应用到具体的生活、学习和工作场景中的能力。

二、6项关键能力

（一）3项社会能力

1．人际交往能力。

指在与人交往过程中，通过交谈讨论、当众讲演、阅读并获取信息、书面表达等方式，来表达观点、获取和分享信息资源的能力，是日常生活及从事各种职业必备的社会能力，是一种能够妥善处理组织内外关系的能力。包括与周围环境建立广泛联系和对外界信息的吸收、转化能力，以及正确处理上下左右关系的能力。具体包括人际感受力、人事记忆力、人际理解力和想象力、风度和表达力、合作和协调等能力。

2．团结协作能力。

指团队成员为完成共同的目标而相互协作、优势互补、共同努力完成某一任务的能力，是根据工作需要，协商合作目标，相互配合工作，并调整合作方式，不断改善合作关系的能力。它也是从所有职业活动的工作能力中抽象出来具有普遍适应性和可迁移性的一种核心能力，是从事各种职业活动都需要的一种社会能力。

3. 解决问题能力。

指能够准确地把握事物发生问题的关键,利用有效资源,提出解决问题的意见或方案,并付诸实施,进行调整和改进,使问题得到解决的能力。它也是从所有职业活动的工作能力中抽象出来具有普遍适应性和可迁移性的一种核心能力,是从事各种职业活动都需要的一种社会能力。

(二)3 项方法能力

方法能力是劳动者独立学习、获取新知识、新技术、新技能、处理信息的能力,是基本发展能力,是在职业生涯中不断获取新知识、信息、技术技能和掌握新方法的重要手段。

1. 自我学习能力。

指在工作活动中,能根据工作岗位和个人发展的需要,自主确定学习目标和计划,灵活运用各种有效的学习方法,不断提高自我综合素质的能力。它是从事各种职业必备的一种方法能力,是利用已有的专业知识和技术技能学习新知识、新技术和新技能的能力。

2. 信息处理能力。

指根据职业活动的需要,运用各种方式和技术,获取、理解、利用信息能力及开发信息资源的能力,包括收集信息的能力、判断信息的能力、表现信息的能力、处理信息的能力、创新信息的能力。

3. 创新创业能力。

指利用已具备的知识技能经验等,创造出某种新颖、独特、有价值的产品能力。这里所指的产品可以是一种新观念、新设想、新理论或新方法,也可以是新技术、新工艺、新形式的物质产品等。

第二节 文化素质教育的教学内容体系

针对学生个体的核心人文素养发展需要及各专业职业岗位和经济社会需求,镇江高专以"崇爱尚美"文化为主线,设计了由基本素质课程模块、基本能力课程模块和素质拓展课程模块组成的"三元一体"文化素质教育课程体系。素质拓展课程模块包括文学名著赏析类、艺术鉴赏与审美教育类、中外文化与历史类、哲学类、创新创业与职业生涯规划类、社交礼仪类、科学普及类等100多门人文与科学素质公共选修课程。通过"1—专业课程渗透'崇爱尚美'的人文精神"和"1—校企融合的文化氛围提升'崇爱尚美'的人文素养",搭建一个服务专业、支撑技能、提升综合素质的"311"文化素质教育体系,如图4-2所示。

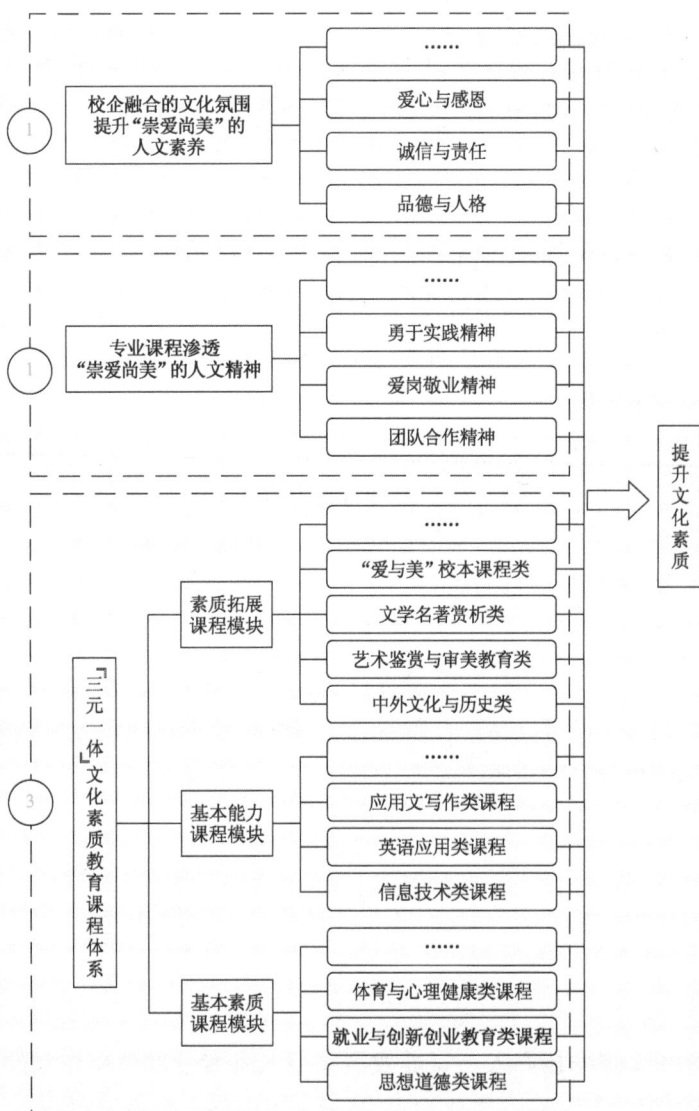

图4-2 "311"文化素质教育体系示意图

该体系在技术技能型人才培养过程中,有机融入"崇爱尚美"文化精神,培养学生"爱与美"的思想道德文化素质,将"崇爱尚美"文化精神落实到学生教育教学的全过程。并以此为基点,深入改革和完善学校的办学定位、人才培养目标和教育的内容、方式,打造高专人才培养特色。

1. 以"爱与美"思想加强专业文化建设,优化素质教育方式。

深入实施"311"文化素质教育体系,变革基本素质课程模块、优化基本能力课程模块、强化素质拓展模块,以专业文化为专业的核心要素,引领和促进专业改革,提升专业建设的内涵和专业软实力,使专业课程教学和校企深度融合过程中对学生的人文精神和人文素养培养真正落到实处。

2. 用好"思政课堂"主渠道,传播"爱与美"思想。

努力提升思想政治教育的亲和力和针对性,满足学生成长发展的需求和期待。坚持开展思想政治教育"精彩一课"评选、推广活动,制定并实施"思想政治理论课质量提升行动计划"。不断深化思政课改革,探索建立新的思政课程建设体系。积极引进"慕课"等现代化教学手段,实现教学途径、方法和手段的现代化。

3. 将以"爱与美"为核心的德育教育有机融入专业教学环节。

将思政教育与专业教育、职场教育融为一体。坚持在培养学生专业技术技能的同时,高度关注学生毕业后作为职业人所必备的职业道德、作为社会人不可或缺的社会公德和法治观念的培养、引导和优化。在传授理论知识和技术技能等的同时,以社会主义核心价值观为引领,结合以"爱与美"为核心的思想道德和职业道德教育。

无论是在专业对应的职业岗位还是当职业岗位发生变化或者职业环境发生变动的时候,具备以"崇爱尚美"职业素质的学生都不会因为原有专业知识和技能的老化或尚未学过而束手无策,而是能在变化了的职业和工作环境里积极寻求自己新的坐标点,从而获得新的知识和技能,有一个更大的发展和上升空间。

第三节 文化素质教育的教学活动体系

课堂教学是文化素质教育最有效的载体。课堂教学在人才培养过程中具有中心地位,任何改革有效传递到学生身上的主要媒介或路径就是课堂教学,课堂是检验教学改革成功与否的关键,直接决定教学质量的优劣。

课堂可分为第一课堂——常规教学课堂,第二课堂——课外活动课堂,第三课堂——实践教学课堂,第四课堂——网络课堂(虚拟课堂)。通过改革第一课堂、充实第二课堂、活跃第三课堂、延伸第四课堂构筑文化素质育人教学活动体系。

一、改革第一课堂,打牢文化素质教育基础

高职文化素质教育课程包括人文课程和专业课程两部分,让学生通过专门的人文课程学习和渗透在专业教学中的潜移默化的人文教育,可以有效提升学生的人文素质和修养。

镇江高专为加强人文素质教育,在"四平台八模块"课程体系框架下,开发建设一系列符合高职教育特点,满足学生职业发展需求,将现代职业文化、当代先进文化、传统优秀文化和地域特色文化有效融为一体的专门文化素质教育课程(表4-3)。

专门的文化素质教育课程分两个平台:一是基本素质和能力教育平台,包括基本素质模块、基本能力模块,共开设14门课程;二是素质拓展平台,包括科学人文素养模块,其中除安全知识、人文知识导读为必选课外,还开设了20多门校本课程及30多门人文知识和科学知识公选课程。人文素质教育课程共计53学分,占课程总学分的比重达到32.5%。

表4-3 专门文化素质教育课程

课程平台	模块名称	能力素质名称	课程名称	学分	备注
1. 基本素质和能力教育	基本素质模块	职业道德与思想政治素质	思想道德修养与法律基础	2+1	
			毛泽东思想和中国特色社会主义体系概论	3+1	
			形势与政策	2+2	
			军训及入学教育	2.0	
			军事理论	1.5	
			班会活动	4.0	
		心理素质	大学生心理健康	0.5	
		创新创业素质	创新创业教育	3.0	
		身体素质	体育	6.75	
		创新创业与就业素质	创新创业与就业指导	1.0	
	基本能力模块	计算机应用能力	计算机信息技术	4.5	考证课程
		英语应用能力	实用英语	5.0	考证课程
			行业英语	4.0	
		语言表达能力	语言表达	1.5	
小计			14 门课程	44.75	
2. 素质拓展	科学人文素质模块	科学与人文素质	学生自选公选	6.0	
			安全教育	1.0	
			人文知识导读	1.0	
小计			3 门课程	8.0	

　　针对高职高专"人文素质"课程开设课时少的问题,学校强调教学内容必须精练。例如,在全校开设"人文知识导读"课程中,考虑到学生的学科背景、知识储备有所不同,在具体教学时,采取分专业教学方法。按专业分班,将专业相似的学生合成大班,理科学生可选择偏哲学类与传统文化类内容;文科学生则多选取一些自然科学方面的内容。学习是为了获得知识与掌握经验,而教师是传播知识者,更多的是引导学生如何学习,掌握学习的工具与方法。"人文知识导读"这门课程重点在于导读,通过引导,使学生对文化知识产生兴趣,并能够自

觉学习。

教学是双方面的,是教师和学生相互配合的一种活动,教与学相互依存、相互转化。要增强课堂教学效果,仅仅依靠教师单方面的活动是不够的,必须提高学生的学习主动性。因此,需要改进传统课堂教学模式与评价方式,使用适合高职高专学生特点的方法。

在具体的教学实践中,学校安排"人文知识导读"课程为 8 课时,因此每 2 节课为 1 个模块;在教学设计中,分成 4 个模块,采取项目化教学。每个模块是一个知识点,以 1 个模块 90 分钟为例,在第一节课中,前 15 分钟由 3 ~ 5 名同学进行朗读或演讲,内容是与本次知识点相关的,完成之后由教师进行知识点讲解,大概 30 分钟;在第二节课中,前 30 分钟由学生和教师针对本次教学内容进行讨论、消化,形式多种多样,可以问答、辩论。最后 15 分钟由教师点评、考勤。整个教学过程,师生共同参与,一方面培养学生的语言表达能力,另一方面也活跃了课堂气氛,让每个学生参与其中,随时需要回答问题,这样减少玩手机、睡觉现象。教师再配合一些现代信息化教学手段,使得课堂教学变得生动、有趣。实践证明,这种模式较为符合高职高专学生的特点与心理特征。

1. 以学生动手为主,教师重在引导点拨。

在"人文知识导读"课程中,教师的作用重在引导、示范、纠正与答疑。在一个单元模块开始之前,教师提出知识点,学生人人动手,利用网络资源和图书馆资源,自觉主动地去搜索相关资料,为课前的 15 分钟演讲与朗读做准备,为课堂提出问题做准备。为了参与课堂活动,学生通过查找、选择自己需要的资料,制定学习方案,写出学习过程与体会,促使每个学生主动参与课堂教学的全过程。这样,既激发了学生的学习兴趣,也拓宽了学生的知识面。

2. 以学生动口为主,教师重在解疑点评。

教师在简要完成知识点的讲解之后,课堂上给学生留有充足的时间,让学生根据上课内容提问;学生结合课前查阅的资料,提出自己的观点,教师点评并答疑。学生之间也可以互问互答,或者辩论。教师根据学生回答问题的表现做好记录,也为学生的考评做准备。

3. 以平时考核为主,评价重在督促激励。

以"人文知识导读"课程为例,课程设置 4 个知识点,通过课程教学与参与,使学生养成自觉学习、主动参与、能说善辩的能力,也为学生专业课的学习提供了良好的学习习惯与方法。本课程的考核方式较为灵活,没有最终的期末试卷考核,而平时的考勤、课前预习、课堂演讲与朗诵、答辩、读书心得体会及小论文都是最后成绩形成的依据。因为是合班上课,学生人数较多,容易发生学生逃课现象,所以考勤占总成绩的30%,课前预习、课堂演讲与答辩占总成绩的40%,读书心得体会、小论文占总成绩的30%,这样的考核方式,较为灵活地实现了教与学的良性循环。

在这一学习模式中,教师不仅有序地组织了教学,还参与了教学管理,可以从容地安排学生的课堂外时间。学生为了完成15分钟的发言,课前要预先花时间准备资料;为参与课堂答辩,在课堂之外要对知识点有所掌握。此外,学生的学习方式和习惯也有所改变。学生个体基础不一样,这样的模式既照顾到悟性好的学生,也兼顾到悟性稍低的学生,同时,也有效遏制了上课缺勤与玩手机、睡觉的情况。学生开口讲课,很好地培养了学生的语言表达能力,增强面对众人发言的勇气,给不善言辞的学生提供了表现自己的机会,改变了传统课堂教师一人唱独角戏的授课方式,促进了教学双向互动。

开放式课堂教学使得学生的主体意识增强,激发了学生主动参与交流的兴趣,丰富了学生的人文知识,开发了学生的创造性思维,提升了能力。同时,也引导了学生对人生、人性的深层思考,培养了学生的人文情怀,最终促进了学生人文精神的养成,为学生良好社会品格的形成打下了基础。

在专业课程教学中渗透人文知识、启迪人文精神是高职院校开展文化素质教育的重要途径。高职院校的教师和学生普遍重视专业课的教学与学习,他们将绝大多数的时间投入专业课的学习中。所以,在开展文化素质教育的过程中绝不可以忽视专业课程教学这块主阵地,必须充分发挥专业课在文化素质教育中的作用。

专业课教师在进行教学设计过程中可借助课程(活动)与文化素质要求矩阵表(表4-4),对自己所任专业课程进行梳理,充分挖掘专业知识、技术中蕴涵的人文精神和文化底蕴,寻找"文化素质教育"知识点和内容,进行一些嵌入式教学设计,并按设计开展教育教学活动。

表 4-4 课程(活动)与文化素质要求矩阵表

序号	课程(活动)名称	基本素质能力						关键能力						其他能力素质
		基本素质			基本能力			社会能力		方法能力			
		身心素质	职业道德	个性品质	语言表达能力	计算机应用能力	外语应用能力	人际交往能力	团队协作能力	解决问题能力	自我学习能力	信息处理能力	创新创业能力	
1														
2														
3														
4														
5														
6														
7														
8														
9														
10														
⋮	⋮													

注:相关程度用 H,M,L,N 表示。H=高相关,M=中相关,L=低相关,N=留空。

二、充实第二课堂,拓展文化素质教育形式

第二课堂是第一课堂的补充,能有效培养学生的责任担当意识、领导能力、学习能力,使学生在活动中学会做人、做事,知道如何获取信息与处理信息、怎样与人沟通与合作,提高语言表达能力与基本写作能力,锻炼社会适应能力、创新能力,有效提升可持续发展能力。

（一）搭建三个平台

1. 校企文化融通平台。

让企业文化进校园,增强学生就业适应性。各院系广泛开展专业文化或职业文化宣传教育系列活动、企业文化宣传教育系列活动等(创新与审美文化教育、汽车文化教育、质量与安全文化教育、旅游文化教育等)。同时,从学校层面以"正则讲坛"为载体,把现代企业的先进文化、先进理念引进学校。

2. 日常教育管理平台。

日常教育管理的重点是训练学生的行为习惯。教育就是养成良好的习惯。行为心理学研究表明,一个人重复一个行为21天以上,会基本形成习惯,重复90天就会形成稳定的习惯。所以习惯养成教育需要学校教育有目的、有计划、有组织、有步骤地开展。因此,除了第一课堂文化知识传授、专业技能训练和习惯养成教育外,更要重视作为第一课堂延伸和补充的第二课堂的习惯养成教育。通过开展课外的习惯养成教育活动,使学生在第一课堂所养成的良好习惯在第二课堂实践活动中加以固化,进而通过第二课堂的行为养成教育活动,使学生形成更加良好的职业行为习惯。如培养学生"准时"习惯等。

3. 社团活动和实践、竞赛展示平台。

如社会实践及公益类社团、体育户外类社团、表演艺术类、文化艺术类、社交联谊类、创新创业类、学术科技类等。

（二）加强考核引导

学校把学生参与第二课堂活动要求纳入人才培养方案,给予学分认可。团委学生处同教务处密切配合,对学生在校三年中提出"五个一"要求,即:每人参加一个社团;每人参与一项活动(不是作为观众);三年中每人策划组织一次班级以上活动;每人每学年参加一次报告会;每人每学期参加一次公益活动或志愿者活动。

（三）广泛开展文化活动

1. 活动内容系列化。

围绕"能胜岗＋能转岗"人才培养这条主线,重点抓好"一体两翼"素质能力培养,开展多个系列活动。做到内容优化,载体新颖,目标导向明确。对于每年都要开展的活动,重在优化内涵,提升品牌效应。如"正则格致"校风建设系列活动,"勤学笃行"学风教育系列活动在大一学生中广泛开展,爱岗敬业教育系列活动在大三学生进行顶岗实习前开展,吕凤子"崇爱尚美"思想教育系列活动则贯穿全校每年校园文化活动始终;比如举办专家人文知识讲座,让专家讲授经典的人文知识。校团委、院部团委支持学生社团组织开展各类文学社、艺术团等活动,开展多项传统文化技能比赛,让学生自己组织、自己举办,在实践中提高学生的能力和审美品位(图4-3)。

图4-3 评估整改报纸

2. 活动形式多样化。

重要的是调动学生的积极性,主动参与。文化活动的举办注重与学校不同专业的结合。比如举办礼仪大赛,让餐饮、秘书、汽车销售等不同专业的学生先在各院进行比赛,最后获胜者集中展示,让不同专业的学生相互学习不同专业在礼仪方面的细节,这样有利于专业融合。近年来,镇江高专已先后举办了中华经典朗读大赛、汉字听写大赛、"我的大学、我的梦"演讲比赛等活动,让学生在参与中得到人文素养的熏陶,效果非常之好。

(四) 用好地方文化资源

高职高专院校在丰富第二课堂方面,还应充分利用地方文化资源来创建人文素质教育实践基地。镇江是历史文化名城,有着多元的文化资源,学生也相对熟悉这些历史文化,更贴近学生的生活与体验。学校注重整合当地的文化资源,与这些单位建立稳定的合作关系,建立人文素质教育基地与第二课堂实践基地。适时将第二课堂延伸到这些基地,组织学生参观实践,使学生在接触社会的同时,体验地方文化的魅力,增强对地方文化的兴趣与保护意识。近年来,镇江高专结合专业开展了多种第二课堂实践活动,比如文化市场经营与管理专业学生组织"访西津渡,赏文化大餐"活动;参观镇江博物馆,了解镇江的历史发展;参观梅庵派古琴艺术馆五柳堂,了解中国古琴艺术与镇江的渊源。这些文化活动的开展,为学生文化素质的提高起到了重要作用。

三、活跃第三课堂,丰富文化素质教育内涵

由人文知识的传授转化为人文素养的培植,是人文素质从意识层面发展到品质层面的过程,在整个教育过程中具有根本性的作用和意义。这是因为人文知识是外在的认知形态,而人文素养则是在领悟了人文知识精髓后形成了自身的品质、智慧和技能,是内在的价值形态。高职院校学生的知识水平和学习特点,决定了将知识转化为素质的最好途径是开展实践活动。只有实践才能够激活学生的智慧与才能,给学生创造一个自我管理、相互激励和共同提高的空间,从而有利于培养创新精神和实践能力。镇江高专抓住"渗透"和"转化"两个环节推动这项工作。

1. 在实习实训中渗透文化素质教育。

高职教育在教学上十分强调校企合作、工学结合和顶岗实习,普遍重视学生的专业实践,以强化学生的技能训练。而学生人文素养的培植和内化,同样可借助实习实训来完成。因为借助特定的职业活动和职业情境,学生可以有更多的

感悟、体验与积累,可以不断修正自我,实现素质的内化和人格的提升。镇江高专在培养学生的职业人文素养时,注意从以下四个方面着手:第一,通过张贴名言、警示语营造实训基地的人文环境和氛围;第二,按照企业运行标准建立实训基地的制度文化,比如统一着装、考勤制、奖惩制等,培养学生认真严谨的工作态度,并强化其规范、质量、安全、诚信等意识;第三,在企业实习中,严格按照企业目标、体系与策略,以及高职院校推进文化素质教育的规章制度和运营要求去要求学生,让学生"身临其境",从而真正地了解企业、感受企业的文化氛围,养成敬业、吃苦耐劳、团结协作等精神;第四,让学生完成真实或仿真的工作任务,在仿真训练和技能培训的过程中,掌握行业的基本职业规范和要求,培养学生的基本职业意识,塑造学生的职业道德和职业操守。

2. 在社会实践中将人文知识转化为人文素养。

高职院校的社会实践是指根据高职教育的目的要求,有目的、有组织、有计划地引导学生深入实际、深入社会、深入生活,从而提高其全面素质的一种教育活动。通过社会实践,学生走出封闭的环境去了解社会,体验民生,增强社会责任感;亲身经历事件的发生与进展,唤起其情感体验,锻炼毅力,培养品格;锻炼能力,增长才干,培养服务、合作、责任等意识。镇江高专高度重视社会实践在教育学生、培养学生人文素养方面的重要作用,将社会实践纳入教育教学的总体规划之中,重视社会实践基地的建设与管理,不断丰富社会实践的内容及形式,不断提高社会实践的质量和效果。

四、延伸第四课堂,增强文化素质教育效果

在大力倡导素质教育的今天,人文素质教育应该是网络教育的中心任务。随着现代信息技术的不断进步,互联网构成的虚拟世界已成为学校教育的第四课堂——"互联网 + 课堂",镇江高专通过两项措施,加强第四课堂建设。

1. 丰富显性课堂。

显性课堂是指以互联网为平台,具有完整的课程和教学特征的在线教学空间,如 MOOCS、在线课程等。MOOCS、在线课程将许多优秀的人文素质教育课程建构到互联网中,并向学生开放,使更多学生可以通过网络或移动终端不受时空限制学习人文素质教育课程。镇江高专在网上开启了网络课程空间,为学生开

设了"美的历程""中华诗词之美""探究万物之理""中国文化概论""儒学与生活""有效沟通技巧""口才艺术与社交礼仪"等10多门网络公共选修课,学生选修这些课程均能获得与其他选修课程等效的学分。

2. 活跃隐性课堂。

隐性课堂是指那些碎片化与网络环境中的人文教育因子,或者称为网络环境。这一课堂尽管以隐性状态存在,但对于学生人文素质的影响同样巨大。因此,要高度重视网络环境的"化人"功能,重视校园网络文化建设,充分发挥校园文化"润物细无声"功能,让隐性课堂对学生发挥砥砺德行、陶冶情操、塑造自我的作用。学校加强了门户网站建设,同时充分发挥微信公众号、QQ群、微博等互动媒体平台作用,使其成为人文素质教育的最大课堂。

第四节 文化素质教育的教学保障体系

一、建设一支师德高尚、素质优良的教师队伍

保证高职文化素质教育课堂教学顺利实施的一个重要前提,就是要有一支以"爱与美"为标志的、具备较高职业道德和文化素质的教师队伍。学校努力创造条件,鼓励教师积极进行提升学生文化素质方面的科研与教改,为教师提供参加相关培训的机会,推行人文素质教育的活动,校园内充满浓厚的文化氛围。

1. 不断更新文化育人教学理念。

理念是先导,如果没有一个好的理念,那么走得越快就会偏离越远。因此,必须引导教师不断更新文化育人教学理念,并把先进理念落细落小落到实处。这些理念包括:立足就业,着眼发展、能力本位、工学结合、校企合作、以学生为中心、立德树人、教学做一体化等。

2. 不断提升文化育人的能力。

教师应该有足够的底气和自信知道应教什么、教到什么程度、怎么教。高职院校师资队伍的质量直接影响学生职业能力的养成,高职教师在专业能力方面,要做好教师、工程师、培训师、鉴定师、技师;在为人师表、职业素养方面,要做好学

生的教练、导师、益友。做到业务能力和师德素养的德艺双馨的"复合"（图4-4）。教师不仅能承担职业教育中理论、实践和拓展训练教学任务，还要下厂与企业科技人员联合开发创新项目，并且承接企业委托的班组长、工段长、维修人员培训教学项目，等等。建议专业教师联系一家企业，结对一名兼职教师，承担一项教改课题，参与一项技术服务，参加一个实训室建设与管理。

图4-4　铜鼎

3. 不断加强师德师风建设。

"师者，所以传道授业解惑也"。教师本身就是学生践行"爱与美"文化的楷模，教师的言行举止、气质修养及人格魅力，会对学生起到潜移默化的作用。教师要以"崇爱尚美高专人"为标杆，不断加强自身的文化素质学习，提高自身人文素养和人文品位，使人文教育自觉融入自身的教学，将人文素质教育内容渗透到教学的各个环节，教好学生"做人"与"做事"。

二、实施"三全"育人制度

大学的使命是"育人为本，质量第一"。陈赓大将在创办"哈军工"时打了一个十分恰当的比喻，他说，办大学就像办一个食堂，学生是来吃饭的，老师是炒菜的，我们这些人（领导者、管理者）都是端盘子的。[①] 记得有一位名家说过这么一句话，"校长心中有学生，这所大学就有希望，教师心中有学生，这所大学才能办

---

① 陈赓广聚人才建军校："我们干部是端盘子的"［EB/OL］. 共产党员网. http://news. 12371. cn/2016/12/06/AR-TI1480988470991629. shtml.

好。"这里的校长是包括书记在内的所有校领导,这里的教师是包括作为办学主体的教师在内的所有教职员工。办大学是为了培养学生,为了学生的学习、发展,在这个意义上,"学生就是大学",我们对学生负有义不容辞的责任。因此必须坚持"三全"育人:

1. "全员"参与。

通过制度约束和教育号召的方法,使教书育人、管理育人、服务育人落到实处,学校每个员工都是老师,都参与育人环节,都在潜移默化地影响着学生。

2. "全程"渗透。

学生从接到录取通知书到领到毕业证书,学校都要不间断地实施有效的教育管理,围绕"一体两翼"能力素质顶层设计教育项目,分年级分学期策划教育活动,让学生在校三年全程受益。

3. "全景"熏陶。

用心营造育人环境,把学校的亭、台、楼、坪、园建设成具有职业感召力的文化长廊和景观,校内实训实习场所要模拟企业真实场景设计和运行,使学校的每个角落、每面墙、每一活动场所都有教育作用。学校对学生学习的影响是整体的、潜移默化的。因此,学校其他各方面工作的制度、方法及工作态度,都要从有利于、服务于学生的学习出发。

三、形成推动文化素质教育实施的合力

高职院校文化素质教育是一个综合工程,涉及课程设置、实践活动、校园建设等多个方面,涵盖人才培养和教学过程的各个层面和环节,涉及学校各种资源和力量的有效整合,需要全校各个部门通力合作才能达到目标。

当前,各校普遍的做法是教务处负责课程安排,人文社科学院负责内容选择和教学组织,学生处负责学生的思想政治教育,院团委负责学生社团和校园文化建设等,文化素质教育工作分属不同部门,难以形成整体的推进合力。因此,要加强统筹,强化协调,明确分工,各司其责,共同推进,将文化素质教育与思想政治教育、素质拓展计划、校园文化科技活动、志愿服务等全面整合,统筹推进。

四、改革和加强文化素质课程建设

1. 树立标杆:将所有公共文化素质课列为课堂教学示范课。

镇江高专根据"能胜岗＋能转岗"培养目标对学生基本素质和基本能力的要求,从企业对毕业生文化素质和基本能力的要求出发,围绕如何培养政治素养、人文素养、行为养成、敬业精神、遵纪守法意识、诚实守信意识、工作责任意识、吃苦耐劳精神、社会责任心、人际交往能力、团队协作能力、利益冲突的处理能力等,改革教学内容、改变教学方式和考核形式,不断提升文化基础课教学效果。

2. 双向对接:文化素质课教师与专业课教师教学上双向对接。

鉴于用人单位对毕业生基本素质的要求有共性也有个性,学校要求文化素质课的任课教师必须充分了解其专业个性,运用任课专业的典型案例教学,提高教育的针对性和有效性。

3. 内外结合:文化素质课的课内教学与学生课外读书活动有机结合。

文化素质课老师围绕教学计划,定期开出书目,规定学生每学期必须读两本书,并在课堂上将读书活动有机贯穿其中。

4. 自主选择:课程、时间、教师。

一是加强公共选修课改革,让学生自主选择喜欢的课。学校组织编写了《关键能力训练手册》,开设公选课,让学生自由选择学习,缺什么补什么,需要什么学什么。实施"2.5＋0.5"人才培养模式改革后,公共选修课学分由4学分增加到6学分,人文知识导读课由0.5学分增加到1学分;增加网络公选课,培养学生的自学能力。二是加快推进公共体育课的教学改革。培育"体育教学与培养职业能力"相结合的教学特色,加快推进"学生自主选择运动项目、自主选择任课教师、自主选择上课时间"的"三自选择"课堂教学改革。此外,学校还扩大了高等数学与大学英语分层教学试点面。

第五章 "123"文化育人实训实习体系

职业教育最显著的特征是注重岗位职业能力的培养,但是仅仅具备较强的职业能力是远远不够的,学生掌握岗位职业技能只能说明他具备了生存的能力,要想成为一个对社会有用的人,还需要具备职业道德和职业素养,需要具备创新能力、团队协作能力和追求卓越的工匠精神。多年来,镇江高专十分注重在培养岗位职业技能的同时,用"崇爱尚美"的文化来塑造学生美好的心灵,创建并实施了"123"实训实习体系,培养学生既有较强的技术技能,又有爱的情感和美的情怀的职业素养。

第一节 "123"实训实习体系的基本框架

"123"实训实习体系的基本框架如图5-1所示。具体内容如下:

"1"即围绕一条主线:在实践教学中,坚持用"崇爱尚美"文化育人,围绕提升学生"爱与美"的人文情怀和技术技能这一主线,把学生培养成具有较强的技术技能、高尚的职业道德、追求卓越的"工匠精神"和高度责任感的技术技能人才。

"2"即实施学校文化与企业文化两个阵地的深度融合:学校文化侧重于对学生培养学生的基本素质和人文精神,培养社会主义核心价值观;企业文化侧重于对学生社会责任、工匠精神和职业道德的塑造。同时学校文化与企业文化相互融合、相辅相成,共同促进学生的全面成长。

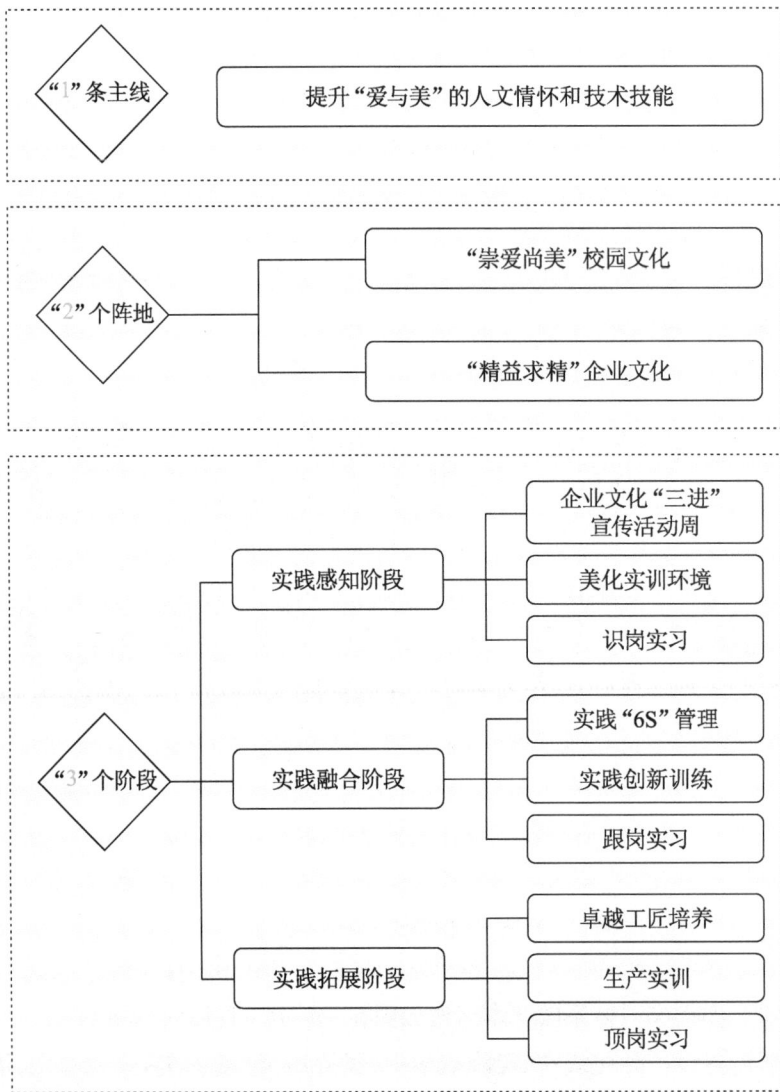

图 5-1 "123"实训实习体系示意图

"3"即把"爱与美"的教育贯穿"实践感知""实践融合""实践拓展"三个阶段：

"实践感知阶段"就是在新生进校第一年,通过专业认知、职业岗位参观和岗位体验等实践活动,通过企业文化宣传周、优秀毕业生进校园、知名企业家进校园、能工巧匠进校园等宣传教育活动,让学生受到专业美、实训环境美、岗位环境美的熏陶,进而认知专业爱专业、动手实践爱实训、认知岗位爱岗位。

"实践融合阶段"是学生把在校学会的基础专业技能与真实岗位技能的融合阶段。这一阶段,学生进入专业课程的学习,在实践教学场所训练专业技能,从这时起,学生逐步接触到产品、工艺、设计理念等企业文化的内容。学校在这一阶段十分注重把"崇爱尚美"的高专文化与"精益求精"的企业文化的有机融合,通过实施实训室 6S(整理(Seiri)、整顿(Seiton)、清理(Seiso)、清洁(Seikeetsu)、素养(Shitsuke)、安全(Security))管理,以"崇爱尚美"为要旨,培养学生的职业素养。通过跟岗实习,实施爱岗敬业教育,实现校园文化与企业文化的有机融合。

"实践拓展阶段"也称提升阶段,学生开始到企业顶岗实习,完全沉浸在企业文化氛围中,感受企业的文化熏陶。在顶岗实习过程中,学校对学生提出"五个双"要求,即明确"双重身份"(学生和企业准员工身份)、接受"双重指导"(企业指导教师或师傅和校内指导教师的指导)、完成"双重任务"(学习任务与岗位工作任务)、达到"双方要求"(企业岗位工作要求和学校教学要求)、通过"双向考核"(企业考核与学校考核),进一步培育精益求精的工匠精神,培养"爱与美"情怀的职业精神,实现从校园文化到企业文化的拓展和升华。

第二节　1 条主线:提升学生"爱与美"的素质

浸淫职场多年的人都有一个经验,即决定你在职场走得有多远的因素,专业技能可能占比不多,综合素养才是关键。在日常生活中,我们也常常碰到这样的现象:两个服务专业技能不相上下的服务人员在为顾客完成相同服务任务时,往往会出现完全不同的结局,一位让顾客高兴来满意归,另一位却让同一个顾客高兴来败兴归。导致如此大相径庭的结局,其关键就在于传统的高职人才培养目标内涵上比较多地关注了产业对从业人员的显性需求——专业技能,而忽略了产业对从业人员的隐性需求——包括服务意识、态度和职业精神等在内的职业文化素养。

2014 年 9 月 12 日,时任复旦大学校长杨玉良在本科新生开学典礼上说,教学的内容设定不能以"就业"为唯一目标,这似乎是为了适应和满足当前社会的需求,为社会提供一种及时的服务,但这样的教育其实是在自弃,不是育人。因为它严重违背了以人为本的教育基本原则,人不应仅仅是社会当中的一个部件。大学不能沦为职业培训所,读大学更是一个悟道的过程。许多有识之士也大声疾呼:文化是职业院校发展的 DNA,只重视技术不重视文化,发展之路就会越走越窄,甚至步入死胡同。

教育的本质是人的素质的提升,是人对自我价值的肯定与实现,是达到自我与社会的和谐共处,最终归结为一个字,即"人"的发展。大学教育的根本目的就是要通过教学活动促进学生的人格得到自由和全面的发展。现在,随着行业企业对人才需求内涵的提升,高职院校需要从单纯注重培养学生技术技能转向注重职业能力与内在精神的有机结合,强调培养知识、技能、健全人格、科学的世界观等全面发展的、具有职业迁移能力的人。显然,仅靠专业课程是无法实现的,而是要在专业课程的基础上通过专业文化的教育和陶冶来造就这样的人才。

实践教学是高职院校提高学生综合素质、培养学生创新精神和实践能力的关键环节,也是培养学生"爱与美"的专业文化素质重要内容。注重培养学生"崇爱尚美"的素质,让学生既具有爱的情怀,又具有美的品质;既具有良好的职业素养,又在职业技能上"有一手""多留一手",是当前高职高专院校实践教学的一个新的重要观念。因此提升学生"爱与美"的综合素质,也必然应当成为当前加强和改进高职高专院校学生实践教学的一条主线。

第三节 2 个阵地:校企文化的融合

教育部印发的《国家教育事业发展第十三个五年规划》中提出,要"着力提升职业学校人才培养质量,加强职业精神培育,推进产业文化、优秀企业文化、职业文化进校园进课堂,促进职业技能和职业精神高度融合,着力培养崇尚劳动、敬业守信、精益求精、敢于创新的工匠精神"。《高等职业教育创新发展行动计划(2015—2018 年)》中提出要"促进职业技能培养与职业精神养成相融合""坚持知识学习、技能培养与品德修养相统一,将人文素养和职业素质教育纳入人才培养方案,加强文化艺术类课程建设,完善人格修养,培育学生诚实守信、崇尚科学、追求真理的思想观念……充分发挥校园文化对职业精神养成的独特作用,推进优秀产业文化进教育、企业文化进校园、职业文化进课堂"。

一、校企文化融合实践的"四条原则"

在"崇爱尚美"文化建设实践中,镇江高专积极探索"崇爱尚美"学校文化与精益求精的企业文化融合的有效途径,在实践教学中把握了"四条原则":

1. 以校企文化融合推进高职教育发展。

高职教育是与社会经济发展联系最为紧密的一种教育类型,学校就是以"培养面向企业生产、建设、服务、管理第一线的高素质技能型专门人才"为己任,学校"以就业为导向"的宗旨,要求高职院校的毕业生面向企业时要"下得去、用得上、留得住",这些任务和要求就需要高职院校把现代企业优秀文化理念融入人才培养全过程中去,努力推动高职院校文化与企业文化对接和融合,让学生在校园内就接受企业文化元素的潜移默化,及早具备"企业人"所具备的素质。只有这样,才能完成社会赋予高职院校的任务与期望,才能提高社会的认可度,才能创建出具有职业特色的院校文化,才能使高职院校在日益激烈的招生竞争中占据一席之地,才能真正促进高职教育的健康发展。

2. 以校企文化融合拓展工学结合之路。

目前,高职院校与企业的合作已成为社会发展的潮流,原有的以学校为主体的院校文化,已经不能适应以就业为导向的高等职业教育发展的要求,也难以满足高职学生到企业正常进行顶岗实习的学习要求。走"产学研"结合的道路,是目前职业教育界公认的高职教育发展的必由之路。全面整合高职院校和行业企业的有效资源,让企业更多地参与到人才培养工作过程中来是走"产学研"结合的必要条件。但目前不少高职院校的做法只是仅仅利用学校和企业里的物质层面的资源,来强化学生专业能力培养,而对学生作为"职业人"的综合职业素养,如职业情怀、爱岗敬业、合作精神、创新意识等关键的软实力的培养还未能得到学校的重视。事实上学生要想成为优秀的"企业人",具备软实力方面的重要程度丝毫不亚于专业技术能力。因此,高职院校文化尽快引入企业文化,全面融合优秀的企业文化,更好地推动工学结合、校企合作深入发展。

3. 以校企文化融合提升人才培养质量。

不少高职院校的毕业生,如果仅就知识和技能方面而言,适应企业生产的需要是完全没有问题的,但现实情况是,大批高职毕业生进入企业后,不能适应岗位要求,被迫频繁跳槽或辞职,甚至造成了人们对高职生能力的怀疑。这是什么原因造成的呢?经研究,主要有两个方面的原因:一是在校学习的环境与企业工作环境反差较大,从学校到企业一时适应不了,找不到感觉,对自己的能力失去信心,难以发挥已掌握的知识和技能。二是不适应企业文化环境,很难迅速融入团队中去,感觉被"隔离"和"角落化"。从目前在企业调研的实际情况看,毕业生在与企业发生各种纠纷和冲突时,越来越多的是因为价值观念和文化的差异。因此,只有使院校文化和企业文化很好地融合,让学生在学校就可以学习企业的经营理念,体验企业的管理制度,接受优秀企业的核心价值观,才能有利于毕业生早日适应企业的需要,为学生的就业和发展创造更广阔的平台。

4. 以校企文化融合增强学校核心竞争力。

高职教育经过多年的改革、整合和发展,已经由数量、规模的扩张期转向内涵、质量的提升期。随着高考生源的不断下降,刚刚拓宽规模的高职院校不得不直面日益激烈的招生竞争,包括与本科院校的招生竞争。从教育部在全国高职高专院校开展的五年一轮评估工作看,合格院校主要看硬件条件建设,良好院校主要看学校制度或机制建设,优秀院校主要看学校文化建设,可见文化建设在高职院校建设中所具有的特殊地位。高职院校创建优秀的校本文化是一项系统工程,关键是要努力实现院校文化与企业文化的对接和融合。要想争取生存和发展的机会,就亟须高职院校在内涵、特色上下功夫,在特色专业建设、文化建设和人才建设上同步推进,在教育教学改革与校企合作上同步深化。高职院校文化是两条腿走路,一要彰显高校性质,二要体现职业特色。高职院校要在文化建设上大力实行校企结合、工学结合,吸收不同类型企业的优秀企业文化元素,从而打造出自己独具特色的高职院校文化。这将是一种巨大的无形资产,不仅能为高职院校的可持续发展带来实质性的附加值,而且将更利于提升高职院校的核心竞争力。

高职院校文化与企业文化虽然内涵不同,但是追求目标却是一致的。这一共同的目标追求,奠定了校企文化融合的基础。高职院校为企业培养技术技能型人才,在知识能力培养内容上引入了岗位技能所必需的学习内容,实现专业设置与产业对接,课程内容与职业标准对接,教学过程与生产过程对接,在教学内容与要求上体现了校企文化融合的必然性。"崇爱尚美"文化育人通过大学行为准则培养学生遵纪守法的意识和自觉性,在实践教学中引入企业"6S"制度管理培养学生良好的职业习惯;通过组织专业技能竞赛培养学生坚持、刻苦、拼搏精神;通过在实习实践、卓越工匠培养计划中聘请企业导师用企业文化培养技能、培育敬业精神和职业精神。在"爱与美"的文化育人上,校企文化实现了培养目标的高度统一。

二、校企文化融合实践的"三个环节"

在文化育人的工作实践中,镇江高专十分注意增强学校文化的开放度,在产教深度融合中实现文化联姻共融。打破校园文化建设的"围墙",在文化建设上实现共享共建共融。切实增强学校文化的开放度,实现学校文化与社会、企业、行业、职业文化的联姻,在充实丰富"崇爱尚美"学校文化的同时,反哺社会,发挥大学文化的辐射、引领功能,实现文化育人上的共享共融、共建共荣,让高专"崇爱尚美"文化成为镇江地方文化建设的参与者、促进者,进而成为引领者,为大爱镇江的文化体系建设提供理论和实践贡献。

1. 设立"校企文化交流合作研究中心"。

在产教深度融合中实现学校文化与社会文化、地方文化、产业文化、行业文化、职业文化的共享共融、共建共荣。实施和推进"产业文化进校园、工业文化进专业、企业文化进课堂"的"文化三进"工程,推进产业文化与学校文化的深度融合,做到文化共融、协同育人。在学习先进企业文化的同时,发挥和履行好高等教育培育文化精神、推进和传播先进企业文化的主要职责。

2. 挖掘用好地方历史文化资源。

鼓励教师积极参与地方历史文化资源的开发研究整理和非遗文化的传承;积极加入镇江市的"文化+"发展战略提升行动,促进镇江优秀传统文化的宣传普及;组织学生参与大爱镇江建设、参加镇江文化传承纪念活动。发挥校园文化环境中镇江元素的教育作用,让学生感悟镇江美,培育镇江情,增进对第二故乡的文化认同。

3. 落实特色课程环节。

充分挖掘和利用地方优秀传统文化教育资源、非遗项目特色文化资源,开设专题地方课程和校本课程,开足文化必修课,满足个性化需要,拓宽选修覆盖面。

第四节　3个阶段:感知、融合与拓展

高职院校文化与企业文化融合进行文化育人,有利于培养高职学生的职业素养。职业素养是高职学生在校期间参加生产实践和离校走上工作岗位都应具备的工作素养,由职业价值观、通用职业素养和专业职业素养三个层次构成。职业价值观相对属于观念层面;通用职业素养具有观念形态和工作习惯双重色彩,处在中间层次;专业职业素养直接表现为具体行业职业操守和规范的外在职业行为,处于第三层次。高职教育人才培养的特征、优势和社会期望,决定了职业素养教育应该成为高职院校学生文化素养教育的突出内容。镇江高专在实习实训教学中,主要通过感知、融合与拓展三个阶段来具体实施。

一、感知阶段

新生通过高考进入高等院校一年级学习,从一个相对封闭、应试教育的环境进入高等学校开放、自主的学习和生活环境,从基础课程的学习进入专业课程的学习,这是一个重大的人生转变。18 岁正处于生理和心理的成长期,对专业、职业的茫然无知,对大学生活的无所适从,对事物的认识态度和价值判断标准的缺失无不困扰着新生,因此要加强教育和引导,帮助学生适应新的学习和生活环境,优化育人环境,特别是优化实践教学育人环境,营造职业文化氛围,培养良好的职业素养,使学生在优良的育人环境中成长成才,成为社会的有用之才。

1. 重视实践场所文化环境布置,让"崇爱尚美"文化感知更加直观。

在实践教学场所,布置名人名言、职业格言、企业理念等标牌,加强杰出人才和杰出校友的宣传,发挥榜样的力量,引导学生树立社会主义核心价值观,在环境文化的熏陶和感染下培养人文素养和职业素养。

如医药与化材学院在实训基地内,根据学院所开设的制药专业、化工专业、环保专业的特点分别布置了著名化学家名言格言、环保理念的宣传标牌,加强环

境文化建设。如介绍著名科学家门捷列夫发现元素周期性规律,居里夫人发现钋和镭,亚历山大·弗莱明发现青霉素等,通过宣传科学家们孜孜不倦追求真理的敬业精神、科学发现及对人类的贡献的介绍,激发学生的学习热情,用"化学——人类进步的关键""除了实验之外,没有别的办法可以识别错误""探索真理比占有真理更为可贵"等标语,宣传真理,培育价值观。

卫生护理学院开设了护理专业,为各大医院培养护士,在环境文化育人上则用南丁格尔精神①激励学生。卫生护理学院将"南丁格尔精神"植入"崇爱尚美"文化育人工作,培育护理专业学生的价值观、道德观,用南丁格尔精神激励学生做救死扶伤、拯救生命的"人间天使"。如定期与急救协会、市120急救中心开展活动,走进社区开展急救技能宣传,组织BLS证书的志愿者为市民开展培训。培训中,志愿者们为市民详细讲解了CPR(心肺复苏术)的操作步骤,以及日常生活中遇到意外情况时的急救方法等。

【典型事例】

女护士严寒中守护路边伤者

2009年12月18日,一骑电动车的男子突然栽倒在江苏省镇江市中山北路的路边绿化带中,当时并没有人伸援手。一名身穿白色羽绒服的年轻女孩经过见此情景,立即拨打120,并守候在其身旁,一直等到救护车将伤者救走。女孩的看护和报警救人的行为,被网友"西门三炮子"拍下并上传到镇江热门论坛上,女孩翘首等待救护车的眼光感动了众多网友。4万余名镇江网友浏览后感动、赞叹不已。这名女孩就是镇江卫校(镇江高专卫生护理学院前身)毕业生周好,是一名护士。周好看护伤者并报警救人的事迹经过网易、《扬子晚报》、《南方都市报》等媒体广为报道,引起社会的广泛热议,受到广大网友的追捧和赞扬,周好被网友誉为"镇江最美女孩",周好的事迹对提升公民社会主义核心价值观起到了积极的作用,也是学校文化育人的成果典范之一。

---

① 弗洛伦斯·南丁格尔(Florence Nightingale,1820.5.12—1910.8.13)是一名英国护士,她放弃富贵、救死扶伤、关心穷人、投身慈善,她钻研业务,所撰写的《医院笔记》《护理笔记》等主要著作成为医院管理、护士教育的基础教材。由于她的努力,护理学成为一门科学。她的办学思想由英国传到欧美及亚洲各国,瑞士慈善家吉恩·亨利·敦安在她的影响下,于1864年在日内瓦成立国际红十字会。由于她取得的成就和对人类的贡献,在她逝世后把她的出生日期"5月12日"定为国际护士节。南丁格尔"人道、博爱、奉献、敬业"的精神被誉为南丁格尔精神,南丁格尔精神是世界护理行业的精神和价值追求。

2. 加强专业教育的文化引导,让"崇爱尚美"文化感知更加深刻。

在新生入学后,开展专业认知教育,由专业教师为学生开展专业认知讲座,介绍专业培养目标、专业课程主要内容、职业技能培养要求,以及毕业后将要从事的工作情况;介绍优秀校友崇爱尚美、勤学笃行的典型事迹,并有机融入爱与美的内容,使学生进校后就对专业的培养目标有一个清晰的认识,并感悟学校文化的魅力,进一步明确学习目的,激发学习动力。

安排新生参观校内专业实训基地,由专业负责人介绍专业实训基地,各实训室、实验室的功能,实验设备的先进性能,技能训练的要求,生产的工艺流程和发展情况,实验室操作规程,安全注意事项,企业的文化等,使学生对实训基地有直观的印象。

在进入专业课程学习之前,安排学生到校企合作企业进行生产认识参观活动,在专业教师、班主任的带领下,到相关企业参观,了解生产状况、生产安全、产品生产过程,请企业专家介绍企业发展历程、企业文化、产品生产工艺、国内外技术发展的现状、专利技术的创新发展等内容,为学生进一步学习专业知识和技能打下基础。

二、融合阶段

校企合作是高等职业教育办学的根本性特征,学校培养的人才最终要走向社会、走向企业。企业在发展的过程中,形成了自身的文化特质,这种文化特质反映了企业的精神和社会价值取向和追求,并引导企业走向兴旺。在二年级阶段,学生开始进入专业课程学习阶段,不仅学习专业知识,还要学习专业技能。为了更好地培养学生的职业精神和人文素养,学校通过校企合作、产教融合,加强校企文化互融,共同培养专业人才,长年开展企业文化宣传活动,把"6S"管理引入实训基地,使学生在一进入技能培养阶段就接受企业文化的熏陶。

1. 拓展校企合作项目。

学校在促进校企文化融合、加强人才培养的过程中,注重拓展校企合作项目。为深入贯彻《国务院关于加快发展现代职业教育的决定》《教育部关于开展现代学徒制试点工作的意见》精神,学校制定了《镇江高专产教融合校企合作指导意见》,积极开展与企业的深度合作,携手培养高技能人才,深入推进产教融合。先后与快乐蜂(中国)餐饮管理有限公司、江苏吉贝尔药业有限公司、中电熊猫平板显示科技有限公司、洲际酒店集团、港中旅酒店集团、中德诺浩(北京)教育投资有限公司、江苏润模汽车检测装备有限公司、镇江市环境科学研究所、镇江市环境监测中心站、橡皮人网站等多家企业(单位)签订了校企合作协议,在校企育人、科研合作、师资培养、教学实习等方面进行广泛而深入的合作,协同举办了"永和大王店长(经理)班""洲际酒店英才班""港中旅酒店英才班""中电熊猫班""中德诺浩班""医药商务与营销人才培养基地"等项目。

2. 开展企业文化宣传周活动。

把企业文化引进校园,用企业文化浸润学生的心灵,在实践教学中培养职业素养。几年来共开展50多场讲座,每月定期开展企业家进校园、企业专家进校园等系列活动,通过介绍企业的创业经历、发展理念和成功经验,让学生领悟企业文化的精髓,丰富学生的精神世界。

【校园新闻报道1】

为了让眼视光专业学生更加了解隐形眼镜产业发展和企业文化,2016年4月27日上午9点,学校邀请了上海博士伦经理付伟老师在镇江高专丹阳师范学院对眼视光专业学生进行了隐形眼镜的专业知识讲座。讲座中,付伟老师首先向大家介绍了博士伦公司,然后对博士伦隐形眼镜展开了详细的介绍,其中包括隐形眼镜的适合人群,配戴前的检查,配戴时的禁忌及配戴后的注意事项。讲座中付伟老师与学生频频互动,让视光专业的学生学到了更多的专业技能知识。博士伦隐形眼镜在眼镜行业中知名度较高,受到广大消费者的喜爱,感谢付伟老师百忙之中为眼视光专业学生带来的精彩讲座。

【校园新闻报道2】

镇江市高等专科学校邀请"感动镇江十大人物"走进"正则讲坛"

于锦华是镇江市第四人民医院产科护士长,江苏省母婴专科护士,从事产科护理工作35年,兼职教学15年。其个人事迹多年来经常被媒体报道,她曾被评为"江苏省巾帼劳动标兵""镇江市十佳护士""镇江最美医务工作者""镇江好人""感动镇江十大人物"等。报告会上,她为师生们讲述了身为一名优秀的护理工作者所应具备的品德与责任,并分享了自身30多年的学习、生活、成长等心路历程。她希望通过自己的故事,将这种无私奉献的敬业精神传递下去,并为即将走上护理岗位的学生提供宝贵的经验,让每一位学子学会感恩、欣赏、给予和宽容,在平凡的工作岗位上绽放属于自己的精彩。报告会图文并茂、语言质朴、事迹感人,引起师生的强烈共鸣。

成为人们心目中最美的"天使",是每个护理专业学生的梦想。如何实现梦想?于锦华护士长用自身在护理岗位上的学习、奋斗、奉献的经历为学生们做了最好的诠释。于锦华护士长走过的路就是一路追求"爱与美"、一路践行"爱与美"的心路历程。广大同学纷纷表示,要认真学习于锦华护士长爱岗敬业、勇于奉献的精神,并以于护士长为标杆,争做一名有"细心、爱心、耐心、贴心、责任心"的爱与美"天使"。

3. 通过"6S"管理实践培养学生职业素养。

"6S"管理在企业中应用非常广泛,是企业精细化、规范化管理的重要手段之一。"6S"管理由日本企业的"5S"扩展而来,是现代工厂行之有效的管理理念和方法,其作用是提高效率,保证质量,使工作环境保持整洁有序,预防为主,保证安全。"6S"的本质是一种执行力的企业文化,强调纪律性的文化,不怕困难,想到做到,做到最好,作为基础性的"6S"管理,能为其他管理活动提供优质的管理平台。因此,引入"6S"管理对培养学生职业精神和素养,培养良好的学习和生活习惯具有非常积极的作用。"伴随校企深度合作和高职院校教育教学改革的深入推进,高职学生宿舍、教室、图书馆、实习实训室等作为学生思想政治教育的重要平台,作为学生人生价值观形成和情感养成的重要场所,其管理育人实效如何,将直接关系到人才培养目标和社会需求之间的无缝对接。为此,现代企业生产现场的 6S 管理办法日益被整合成了高职技能型人才培养的重要管理方式之一,6S 文化也日益融合成为校园文化建设的一个重要组成部分。"①

为了保证"6S"管理能有效开展,学校制定了《镇江高专实训室 6S 管理内容与实施细则》,分别组织了专业教师和学生骨干培训会(图 5-2),要求班主任班会中宣讲,实训、实验任课教师课前宣讲,校报、校园网等媒体进行广泛宣传,让"6S"管理的内容要求在师生头脑中扎根,每年参与培训的学生和专业教师达到2 000 多人次。在日常工作中,学校还通过"实训(验)室'6S'管理检查评分表"

---

① 张军,曹明,王素珍. 文化育人视角下高职院校 6S 管理的美育探究[J]. 西部素质教育,2016(4):21-22.

等,对"6S"管理效果进行检查评比。

图 5-2 "6S"管理培训会现场

三、拓展阶段

随着学习阶段的延伸,三年级的学生已经掌握了一定的专业理论知识和专业技能,校内的学习已经满足不了进一步学习的要求,需要与企业岗位进行对接,到实际岗位中实习,进行实操训练,同时需要进一步提升技能水平,需要更高的职业素养、创新能力和工匠精神。从学习场所来看,既有校内的学习,也有校外的实习,既有课内的学习内容,也有课外的拓展学习。为了使学生有更好的学习环境,把文化育人功能融合到校内校外、课内课外,学校着力打造技能竞赛平台、实践创新训练平台和卓越工匠培养平台。

(一)搭建国家、省、校三级竞赛体系平台

为鼓励和引导全体师生积极参加大学生专业技能竞赛,进一步促进学生专业技能竞赛的组织管理工作规范化、科学化、制度化,学校修订了《镇江高专专业技能竞赛管理与奖励办法(2014 年修订)》。明确了各相关管理部门职责、竞赛组织过程及各类竞赛的奖励办法。通过定期举办学校技能竞赛,选拔优秀选手参加省级技能竞赛和国家级技能竞赛,逐步完善了三级技能竞赛体系,取得了丰硕的成果。

1. 定期组织一年两次的校园技能展演月技能大赛。

每年5—6 月和11—12 月全校技能大赛会如期举行。在内容与形式上做到

与省级专业技能比赛相衔接,同时又与专业特点相结合。特别是下半年的竞赛,有计算机综合技能、会计手工核算、数控车技能展演、小型企业组建、营销沙盘、化学滴定分析、英文影视作品配音、导游讲解等70多项,有近2 000名学生参赛,通过竞赛活动有力促进了教与学,取得了较好的效果。

2. 建立省级技能竞赛训练团队。

通过校级技能竞赛的选拔,组织优秀选手进行有针对性的长期集训,参加省高职院校技能大赛。教师精心指导、人文关怀、以身作则,以精湛的技能、优秀的品格为人师表,影响和感染着学生,激励着学生刻苦训练、勤练技能,在集训过程中,学生相互配合,团队协作,奋力拼搏,创新意识、团队合作、敬业精神得到了较好的培养,创造了一个个令人瞩目的成绩。三年来,累计获得省级以上一等奖43项,二等奖99项,三等奖106项。

3. 国家级竞赛取得新的突破。

三级竞赛体系的建立,较好地培养了一批技艺精湛、品德优良的学生精英,会计技能竞赛代表江苏省参加国家技能竞赛获得三等奖,旅游专业学生参加全国导游服务技能比赛年年获得一等奖。更令人称道的是,2016年学校首次组织航模队代表镇江市队参加当年中国国际飞行器设计挑战赛总决赛暨科研类全国航空航天模型锦标赛,就获得两个一等奖和团体总分第三名的好成绩,而参赛团队从组建到参赛仅仅用了两个多月的时间。获得如此突出的成绩,是学生和指导教师刻苦训练、忘我拼搏、团结协作的结果,是"崇爱尚美"文化浸润和熏陶的结果。2014—2016年获奖情况如图5-3所示。

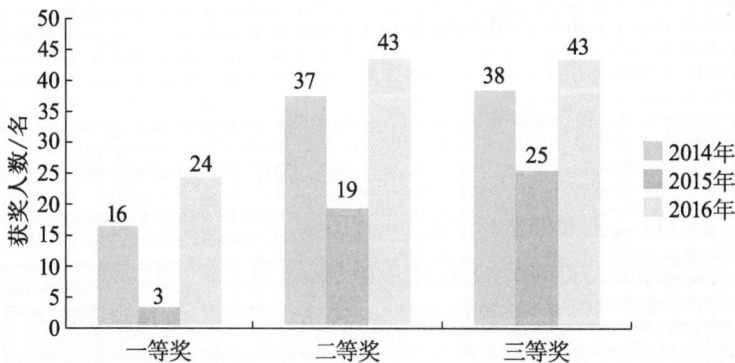

图5-3　2014—2016年获奖情况

（二）构建和完善大学生创新训练体系

1. 加强创新创业教育。

积极鼓励大学生创新创业，是促进经济转型发展、建设创新型国家和人力资源强国的战略举措，也是培养大学生创新精神和实践能力，促进大学生全面发展的有效途径。为了把大学生实践创新项目做好做实，学校制定了《镇江高专大学生实践创新项目补充管理办法》，提出了"抓10%"的培养目标，即对每一级学生中10%的优秀学生进行创新能力的培养，每年可以对250名左右的学生进行创新能力的培养训练，通过实践创新能力的训练，使学生在工作岗位上更具发展前景。每年组织申报大学生创新训练项目40个左右，经过一年的时间实践创新训练，择优推荐优秀项目参加省级大学生实践创新训练项目的申报。

2. 精选指导教师和项目。

通过在全校范围内广泛发动，鼓励具有高级职称、博士学位的教师申报大学生实践创新项目，职能部门对指导教师和项目内容进行评选，评选具有实践创新内容的项目予以立项。同时精选成绩优良、具有进取心的学生组建项目组，并选出项目负责人，由负责人根据教师的要求制订实践创新训练计划的实施方案。严格指导要求，规定每个项目课题内容必须与社会生产实践相结合，必须紧扣经济改革、社会发展和产业发展的主题，并要求教师在指导的过程中，让学生独立思考，查找文献，亲手实践，要出产品、出作品，有创新有成果，通过科学、严谨、创新、实践的训练，较好地培养学生的敬业精神、职业素养。同时，严格评审标准，学校职能部门对项目进行严格评审，组织评委现场查看实践成果，对项目组成员进行答辩，围绕创新实践训练实施的过程、创新细节和产品特点、专业知识等方面进行提问，提高创新实践训练的质量。

例如，"GSM通信天线智能调节器"项目是通过对GSM天线自动调节器的设计、实施，制作成成品，在相应的通信天线调节系统中进行应用，一方面锻炼学生的设计能力和动手能力，将所学生课本知识用于实践；另一方面，学生制作的产品可实现产业化，同时也可以用于实践教学教具，作为学生设计成果展示，增加实践教学设备。"GSM通信天线智能调节器"解决了车载天线的调节问题，通过了企业的测试并获得了好评。

再如，"实用新型多功能眼镜夹片"项目由丹阳师范学院眼视光技术专业学生冯康主持，唐耀、郑志凡同学共同参与，在教师王敏霞、蔡晓云的指导下完成。

由于很多近视学生在近距离学习时会出现视疲劳的问题,该团队尝试结合双光镜片的原理和技术,提出一种新的减缓近视学生视疲劳症状的方案,并设计一种实用新型多功能眼镜夹片,通过正镜片来降低近视镜片的度数,防止视疲劳造成度数加深,从而解决近距离工作时易产生视疲劳状况的问题。学生自己设计多功能眼镜夹,亲自动手研磨镜片,完成了项目任务。该项目参加了由江苏省教育厅、科学技术厅、人力资源和社会保障厅主办的 2014 年江苏省大学生创新创业优秀成果交流展示会。参展期间获得了较大的关注,江苏教育报(2014-11-05)以"创新服务生活 智慧领航青春"为题进行了报道。

(三) 在专业实习中渗透文化育人

1. 健全制度规范。

学校实施"2 + 1"培养模式,学生有近一年的时间到企业顶岗实习,学校对顶岗实习工作实行统一领导,实验实训中心负责统筹管理,各院系具体实施。学校制定了顶岗实习的各项制度,先后出台了《镇江高专校外综合顶岗实习管理办法》《镇江高专关于加强学生顶岗实习管理的补充规定》等制度,明确了各职能部门和各院系工作职责,明晰了"顶岗实习前""顶岗实习中"和"顶岗实习后"三个关键环节的具体要求,在"顶岗实习前"做到"八明确"(明确实习领导、实习目标、实习内容、实习岗位、实习校内指导教师、实习企业指导教师、实习岗位任务要求、实习考核评价标准),在"顶岗实习中"做到"五落实"(落实远程导学、落实现场教学、落实生活保障、落实定期例会、落实返校交流),在"顶岗实习后"做到"四到位"(单位评定到位、班级交流到位、校系总结到位、考核评比到位)。为切实落实顶岗实习任务,在顶岗实习过程中,学校对学生提出"五个双"要求,即拥有"双重身份"(学生和企业准员工身份)、接受"双重指导"(企业指导教师或师傅和校内指导教师指导)、完成"双重任务"(学习任务与岗位工作任务)、达到"双方要求"(企业岗位工作要求和学校教育教学要求)、通过"双向考核"(企业考核与学校考核)。学生在企业顶岗实习,由企业技术人员担任实习指导教师,按照顶岗实习规定,企业指导教师对学生进行安全意识教育和企业文化、企业精神的教育,企业导师以师傅的身份带领学生完成若干岗位的学习和操作,导师以严谨的工作态度、一丝不苟的敬业精神给学生树立了学习的榜样。学院领导和指导教师定期看望学生,了解学生的工作情况,解决工作和生活问题。与企业指导教师座谈交流,了解学生的思想动态,岗位适应程度,征求课程设置的意见,以便进一步优化人才培养方案。

2．强化考核激励。

加强考核评比，明确考核内容，如在评选考核规定中，规定了每个学生同指导教师联系次数下限，规定了每个学生结合企业实际向指导教师提出不少于3个专业方面的问题，要求学生记实习周记等。

为进一步加强在顶岗实习中学生的思想教育，一些院系还建立了顶岗实习"地区学习小组"、建立顶岗实习"流动党小组"，充分发挥学生骨干和学生党员在顶岗实习中的榜样带头作用。院系把学生同指导教师和班主任的交流情况作为考核学生顶岗实习的依据之一，把指导教师和班主任同学生的交流指导情况作为考核指导教师和班主任的依据之一。通过评选顶岗实习先进个人和优秀指导教师的活动，鼓励学生在顶岗实习中遵守规章、规范操作，爱岗敬业，实干创新，激励校企导师认真指导、严格要求。

（四）校企文化融合培养工匠精神

1．突出"三坚"主线，培育"工匠精神"。

学校在传承和建设"崇爱尚美"文化过程中，突出"坚持、坚守、坚定"主线，从精神境界培育、素质品格培养、行为习惯养成等多个方面，用专业精神、职业态度、人文素养三者统一的视野，培育和弘扬"工匠精神"。一是"匠心"和创新的坚持。用"百年巨匠"的吕凤子先生毕其一生致力于做好"画画、教书、办学校三件事"的持之以恒精神、缔造"新金陵画派"和"正则绣"发明的求异创新精神，教育引导师生坚持"匠心"和创新，养成专业上的专心致志、精益求精的素质和强烈的专业追求，并把这种不懈的追求贯穿自己的职业生涯，当作人生的一个目标。二是诚信和执着的坚守。用吕凤子先生"爱无涯、美无极"的道德观、用屈原（正则学校即以其名字命名）的人格美，教育引导师生坚守诚信和执着，涵养"爱的情怀、美的品质"，坚守品牌品质，坚守专业操守，坚守对久远口碑的执着追求。三是公正和法则的坚定。用正则格致校训、严谨至爱教风、勤学笃行学风，教育引导师生坚定公正和法则观念，保持对法律和规则的敬畏，培养尊重契约精神、严守职业底线、严格执行标准的习惯，立志做"公平而有法则"的人。

2．开展以"工匠精神"为主题的系列活动。

一是启动"卓越工匠"培养计划。学校自2017年起，投入1 000万元专项资金，用三年时间，分步骤、分批次培养一批具有卓越潜能的能工巧匠。在每个学院确定 3~4 个培养项目,每个项目确定 2~5 名培养对象,并根据学生的个性特点及培养要求,由校内教师和校外指导教师(技能大师、技术专家等)对学生进行重点专项指导。培养工作完成后,根据各专业"卓越工匠"技能培养的要求,由第三方对学生进行实操考核。

二是形成培育工匠精神的"结合互动"机制。首先是强化"有机结合"。在推进产教深度融合的过程中,充分利用校企合作的人才培养模式改革平台,加强工匠精神的养成教育、体验教育和实践教育,促进工匠精神与技术活动、技能培育的有机结合。其次是促进"互动相长"。把工匠精神培养落实于师生共同成长的实践中,努力构建师生密切互动、共同成长机制,使工匠精神培养成为一个有机有效、教学相长、教学统一的过程。

三是建设"大师工作室"。学校在巩固提升现有的"盛树本技能大师工作室""吕存正则绣大师工作室"的同时,准备再新建 3~5 个专业特色鲜明、行业影响较大的大师工作室。

四是打造创客平台,强化创新创业教育。以社会主义核心价值观引领创新创业教育的价值导向,将工匠精神中的创新特质落实到人才培养过程中。以创新引领的项目训练贯穿教学始终,将创新意识、创业精神培养与创新创业实践紧密结合。在学校机构中增设新的创新创业服务中心,调整优化职能,统筹规划和管理学校的创新创业教育工作,为学生创新创业实践提供综合指导和服务。积极引进地方和国内知名创客空间,加强合作共建,打造具有学校特色的创客平台。

五是优化工匠精神孕育生长的制度与环境。通过抓细节、抓经常、抓规范,引导学生养成良好的严谨细致习惯,培养学生的职业品格和职业素养,不断提升素质养成教育的效度,形成追求卓越的激励约束机制,用规则养育工匠精神,使工匠精神成为规则。引导学生坚持实践"爱无涯、美无极",努力追求"完人"梦想。

第六章　文化育人的大学生活动平台

多年来,镇江高专以"崇爱尚美"为核心,坚持服务学生成长成才的宗旨,全面实施大学生素质教育工程,打造了"三轴联动式"文化育人活动平台(图6-1),即以"崇爱文化沙龙"为载体,写、做、读、唱、思、行"六字诀"为形式的传统文化涵养提升平台(轴一);以"尚美青春舞台"为载体,练、展、比"三部曲"为形式的学生特色发展促进平台(轴二);以"美·爱心灵工坊"为载体,树、塑、润、养、励"五重奏"为形式的美好身心道德滋养平台(轴三)。三轴联动,开拓文化育人工作新局面。

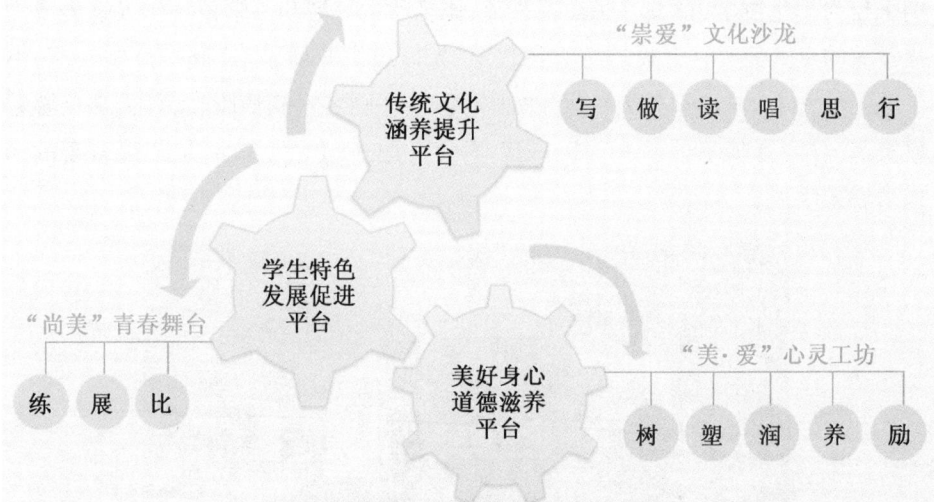

图6-1　"三轴联动式"大学生文化育人活动平台图示

第一节　传统文化涵养提升平台

多年来,镇江高专针对大学生群体,以娱乐其身心、陶冶其性情、潜移其品性、培养其情操、塑造其灵魂为指导思想,将"崇爱尚美"内涵注入各项学生活动,发起了旨在加强大学生中国传统文化教育和宣传的"文化薪火"行动,通过"崇爱文化沙龙"这一载体,念好写、做、读、唱、思、行"六字诀",打造传统文化教育新平台,"崇文化之爱,尚传统之美"。

一、写:组织开展书画家、师生书画笔会系列活动

中国书画作为中国传统文化的代表,是我国宝贵的非物质文化遗产,是中华文化的重要组成部分。镇江高专历来重视中国书画传统文化传承,学校设有艺术设计学院,有众多的书画名家坐镇;还聘请校外书画大家作为客座教授,不定期来校为学生讲学,举办书法知识普及、作品欣赏等活动。学校每年以笔会或文化沙龙的形式经常性开展传统文化教育,先后组织开展了"春暖花开美校园,书生翰墨添文采——'翰墨美校园'书画笔会""书画名家联袂献技,打造文化饕餮盛宴——'青春梦·丹青颂'书画交流笔会"(图6-2)等大型活动,以最直观的形式来感染学生。

图6-2　书法家为"文化薪火"行动题词

在立足将传统文化融入校园文化的同时,学校也注重培养师生的文化自信,

让高专人自觉成为传播中华美德、中华文化的主体。每年春节前,学校都组织书法家、剪纸艺术家们带着学生走进农村,走进社区,为村民写春联、剪纸,带去红彤彤、乐融融的新年文化大餐。

二、做:组织开展传统手工艺大师校园行系列活动

手工制作工艺在我国民间有着悠久的制作历史,是中华民族文化艺术的瑰宝。传统手工艺产品始终是代表中华民族的一大特色产业。学校连续数年开展传统手工艺大师校园行系列活动(图6-3),吸引学生近两万人次来到现场。烙铁画、剪纸、面塑、糖画、中国结五个传统手工艺艺术门类的工艺大师先后应邀来我校献艺,同学们按捺不住兴奋之情,纷纷与艺术家们互动交流,现场"拜师"学艺。学校还邀请了吕凤子先生嫡孙、"正则绣"第三代传人吕存先生到校开展讲座,并做现场"正则绣"制作表演,学校还在校内专设"吕存正则绣大师工作室"。通过一系列艺术家的现场展示,同学们被中国博大精深的传统文化深深吸引,也因此更加热爱传统文化。

图6-3 剪纸艺术家现场创作

三、读:组织开展"展诵读魅力,向经典致敬"活动

学校连年组织开展"展诵读魅力,向经典致敬"等教育活动(图6-4)。该活动以师生和校外嘉宾演绎经典诗作的方式进行,其间还设置一些特殊环节,由师生朗诵校内名家原创的诗词,书法名家们则登台在诗词韵律中现场挥毫,展现深厚的书法造诣。

图6-4 中英文经典诵读晚会现场

为了激发学生的读书热情,帮助大学生养成"爱读书,读好书,善读书"的良好习惯,学校制定了《关于推进大学生读书活动的指导意见》。《意见》指出,原则上每学期每个学生应到图书馆借阅图书不少于2册,各学院应将学生借阅图书情况、读书体会撰写及交流情况、参加阅读活动的情况,以一定比例计入"人文知识导读""语言表达""思想政治理论课"的学生平时成绩,以此来激发学生的阅读兴趣,培养学生的阅读习惯,进一步推进中华优秀传统文化教育。

四、唱:组织开展戏曲名角进校园系列活动

学校邀请京剧名角与青年学子畅谈京剧艺术,共同赏析国粹的魅力。在活动过程中,穿插现场观众的互动环节,同学们谈自己对京剧的理解,聊京剧的发展方向;尤其是在"唱""念""做""打"的教、学互动环节中,同学们纷纷上台跟老师学身段、学做派,现场气氛活泼而热烈(图6-5)。

图6-5 京剧名家与学生互动

学校还邀请中国昆曲研究专家走进高专,为广大师生做题为"《牡丹亭》——从临川笔下到昆曲场上"的学术讲座,让在场师生尽享"百戏之祖"的风雅与魅力。

五、思:组织开展"端午文化"互动主题活动

端午节是我国纪念屈原的传统节日。镇江高专前身正则女校的校名就取自于屈原《离骚》中自己的化名,因而学校与端午节的渊源极深。吕凤子在纪念正则办学 35 年的演讲中说:"屈子魂,就是我正则魂!"此外,镇江高专的校训为"正则格致"。因此,在端午节开展纪念活动,于学校文化传承而言,有着尤其特殊的意义。学校举办"粽香飘溢话端午"文化互动主题活动,校领导们与学生同话端午、共度佳节,以纪念爱国诗人屈原,引导师生对端午文化及中国传统文化的继承和发扬进行思考。

六、行:组织开展外来务工人员子女和特困儿童传统文化体验活动

"青春呵护蒲公英"专项志愿服务是镇江高专的一项品牌活动,重点是帮扶服务外来务工人员子女和特困儿童,该工作从 2009 年开始至今从未间断过。志愿者们不仅与李家大山小学 402 名农民工子女结对,还和镇江市特教中心儿童、江心洲留守儿童结对,用自己的热情和知识为农民工子女、残障儿童、留守儿童提供帮助和服务(图6-6)。2011—2015 年假期,"青春呵护蒲公英镇江高专志愿服务团队"的志愿者们奔赴镇江、苏州、连云港、徐州、淮安等地开展了学业辅导、感受城市、亲情陪伴、爱心捐赠、自护教育等志愿服务活动,目前该活动志愿者总数达到 4 000 余名,志愿者们带着爱心走进"蒲公英",把"美"传递给孩子们、带进社会。学校的大学生志愿者们还将传统文化的普及和教育融入对外来务工人员子女的帮扶中,志愿者们为"小候鸟"开设"文化七彩小课堂",带领孩子们学习唐诗宋词、观赏影视作品、品读文化作品,和孩子们一起写书法、做手工、绘画,在把高专"爱"和"美"的理念传递给孩子们的同时传授传统文化知识,让他们在玩乐中学习,在学习中成长。

图 6-6　文化志愿者带领留守儿童体验书法

　　以"崇爱文化沙龙"为载体、"文化薪火"行动为抓手的传统文化涵养提升活动平台,丰富了学生的课外文化生活,提升了广大学生的审美情趣,在引导当代大学生健康、正确的"时尚"观、价值观方面做出积极的尝试。"'四维'空间传承'崇爱尚美'"项目被评为江苏省大中学生培育和践行社会主义核心价值观活动优秀项目;秉承学校"爱与美"文化理念的"'文化薪火'行动"项目荣获镇江市共青团工作创新创优成果奖。

　　通过传统文化涵养提升活动平台,广大青年学生不仅领略了中华优秀传统文化的内涵与魅力,提高了审美情趣,而且倡导了健康正确的世界观、人生观、价值观。在此平台上,广大学生较为深刻地领略了中华民族传统文化的内涵与魅力,增强了自觉抵制不良文化侵蚀的能力,增强了民族自尊心、自信心和凝聚力,推动了社会主义核心价值观教育,使广大青年学生的思想道德素质得到了极大的提升。

第二节　学生特色发展促进平台

　　社会发展需要多样化的人才。"特色发展"就是使学生以各自的特点为基础,获得自己独特的技能和本领,也就是所谓的"特长",从而具备在社会中生存和发展的资本与优势。通过"特色发展"促进个体的全面发展,显著增强综合实力,才能使学生各具特色,各有本领。学校高度重视学生的特色发展,通过大学生社团建设,"崇技能之爱,尚特色之美",激发学生自我发展和素质提升,使其成为促进学生特色发展的重要活动平台。

学校成立了学生社团管理中心,制定了《镇江高专学生社团管理条例》,本着"统一领导、自愿参加、自主活动"的原则,对学生社团实行年度注册制度和教师指导制度。社团组织发挥"组织凝聚力强、活动内容丰富、活动方式灵活"的特点,吸引学生积极参与。学校大力扶持理论学习型社团、专业社团,鼓励科技创新型社团,引导兴趣爱好型社团,积极倡导社会公益型社团,形成了"小社团,大舞台""小社团,大教育""小社团,大领袖""小社团,大管理"的发展模式,使学生社团成为大学生"自我教育、自我管理、自我服务"的重要载体,成为建设健康向上的校园文化的重要力量。学校完善了学生社团"五个一"的管理机制(每个社团都有一个好的章程、一个强有力的社团班子、一个优秀的导师、每月举办一次社团活动、每学期向主管部门汇报一次社团工作)。学校每年开展"十佳社团"评比、"百佳协会会员"评比,使学生社团在规范管理的基础上繁荣发展。现在,学校共有各级各类学生社团80多个,其中专业社团近30个,吸引了广大学生热情参与。百花齐放,百舸争流。学校依托"尚美青春舞台"这一载体,奏好练、展、比"三部曲",鼓励学生演绎自身特长、展示个人风采,极大地促进了学生的特色发展。

一、练:指导学生社团点、面结合练技能

学校将学生社团管理纳入学生工作管理的正常渠道,为社团发展提供必要的经费、场地支持;有计划地安排优秀教师担任社团指导教师,提高社团层次;对社团骨干进行培训,促进学生社团的持续发展。学校积极引导,将娱乐型社团向兴趣型和特长型并重的方向转变,将学术型社团向研究型和务实型并重的方向转变,将公益服务社团向社会型和人文型并重的方向转变。学校利用每年9月新生季契机,开展社团招新联展活动,集中招纳新鲜血液;利用迎接"五四"青年节契机,将4月定为社团风采展示月,以此促进各个社团勤练技能,强化特长。

除了在"面"上对社团的统一要求,学校还特别重视精品社团的打造和重点学生的培养,对他们进行"点对点"的指导和帮扶。学校航模社团组建于2016

年年初,是一个年轻的学生社团,但社团会员们将目光瞄准全国性航模大赛,志存高远。学校对其重点扶持,不仅配备了两名具有高级职称的校内专业教师作为社团指导教师,还邀请有丰富实践经验的校外专家和航模爱好者定期来校指导其社团活动,取得了显著成效,并在2016年中国国际飞行器设计挑战赛总决赛暨科研类全国航空航天模型锦标赛中取得了优异的成绩。

二、展:多渠道、多方位帮助学生展才能

学校打造"尚美青春大舞台"这一活动平台,面向全校学生,搭建"崇阳光之爱、尚青春之美"的舞台,各学生社团和学生个人都有机会登台展示。校园"吉尼斯"趣味活动、校园精英争霸赛、师生励志歌曲演唱会、"梦想大舞台"新生才艺大赛、"最美新声音"新生歌唱大赛、新生形象大使选拔赛、校园十佳歌手大赛(图6-7)等活动,集中展示了高专学子积极上进、多才多艺的青春风采,推出了于童、曹阳等一批有一定影响力的校园明星,产生了一定的社会反响。

图6-7 校园十佳歌手大赛活动现场

除了为各学院社团提供风采展示的平台,学校还积极寻求校外资源,引进有一定知名度的活动品牌,如"雪碧音碰音·青春练习生"歌唱赛、"金麦奖"江苏省大学生歌手争霸赛、江苏省音乐新势力歌手大赛、"中国好声音"镇江海选等,力求为有特长的学生提供更广阔的舞台,并以此扩大学校的知名度和美誉度。"尚美青春大舞台"是让"崇爱尚美"文化理念"落地生根"的具体举措之一,其系列活动的开展丰富了学生的课余生活,为校园文化建设做出了积极的贡献。

三、比：依托社团，激励学生参加竞赛比才能

专业素养是大学生素质结构中的核心元素。扎实的专业素养是大学生立足社会，进而开拓创新，成才立业，为国效力，为民造福的根本保证。对于高职高专学生来说，其专业素养的加强无疑应该放在首要位置。除了加强专业课堂教学外，学校大力扶持专业型社团建设，通过社团这一第二课堂，发掘、培养了一批有着较强专业能力的学生，并组建专门的教师团队对其进行指导和辅导。他们在各级各类竞赛中脱颖而出。以电气与信息工程学院、装备制造学院相关专业为背景组建的机器人、航模社团，代表镇江市在由教育部、国家体育总局、中国航空运动协会举办的2016年中国国际飞行器设计挑战赛总决赛暨科研类全国航空航天模型锦标赛中，与清华大学、浙江大学、北京航空航天大学等百所高校119支代表队同台竞技电动滑翔机项目，荣获两个一等奖、团体总分第三名和优秀团队奖的佳绩（图6-8）；又在江苏省教育厅、省科学技术协会联合主办的江苏省第七届大学生机器人大赛空中机器人旋翼组比赛中荣获二等奖。由学校就业办指导的创新创业协会，在江苏省教育厅主办、省招生就业指导中心承办的江苏省第十一届大学生职业规划大赛上，荣获专科组一等奖。以电子商务专业为背景的电子商务协会，在第六届全国大学生电子商务"创业、创意及创业"挑战赛江苏赛区选拔赛上荣获二等奖。在2016年江苏省高等职业院校技能大赛中，我校选送的参赛队均是以社团为依托选拔而出的。

图6-8　学校航模队载誉而归

167

第三节　美好身心道德滋养平台

　　健康美好的身心素质和高尚的道德品质是大学生素质教育的重要内容,追求身心和谐发展是建设"崇爱尚美"文化的基本要求。学校依托"美·爱心灵工坊"这一载体,演好导、塑、炼、引、领"五重奏","崇健康之爱,尚德性之美",全方位增强青年学生的道德修养和身心健康。

一、树:以主题教育活动引导学生树立理想、激发爱国情怀

　　学校建立健全了"以学习带动、以契机引动、以实践促动、以典型推动"的教育新机制,坚持用社会主义核心价值观武装青年学生。深入学习习近平总书记五四讲话精神,进一步坚定团员青年跟党走中国特色社会主义道路的理想信念。开展了以"歌颂祖国"为主题的纪念改革开放 30 周年活动,以"勿忘国耻,青春同祭"为主题的南京大屠杀死难者国家公祭日活动,以"向青春致敬,科学发展不断前行;以五四命名,心系祖国共同成长"为主题的纪念"五四运动"90 周年系列活动,以"文明礼仪从我始"为主题的和谐校园建设活动,以"高举团旗跟党走,创先争优我先行"的创先争优活动,以"传递文化薪火"为主题的中国传统文化教育活动等。

【聚焦:"与信仰对话"】

　　2016 年 6 月 15 日下午,由校团委主办的江苏省重点报告会"与信仰对话:用青春守护信仰"在我校旅游实训楼大报告厅成功举行,来自 73016 部队的六位官兵代表与我校师生畅谈青年责任与担当、分享绿色军营的酸甜苦辣。

　　报告会上郭义指导员通过自己 10 年军旅生活的心路历程和战友的感人事迹,诠释了自己"携笔从戎,报效国家,实现强军梦"的坚定信念;"好兵"王立通过参加中国人民抗日战争暨世界反法西斯战争胜利 70 周年阅兵、见义勇为等亲身经历,彰显了"坚定对组织的忠诚、对社会的责任、对战友的情谊和对事业的

执着"的信仰;来自雪域高原的藏族小伙冉登,用自己9年军旅生涯中从一名地方青年成长为训练尖兵、从一名普通战士成长为党员骨干的经历,展现了一只一心向党的"雪域雄鹰"的光辉风采;90后排长圣艺文立志用自己的青春托起强军的梦想,用自己的热血挺起军人的脊梁,挥洒着"年轻就该满腔热血报国、军人理当血洒沙场打赢"的万丈豪情;"好人"杨硕克服孤儿的阴影,笑对人生、积极向上,回报社会,为我们捧出了一颗荡气回肠、感人至深的军中赤子之心;享有"兵王"美誉的孙波十七年如一日,笃志躬行、锐意进取,留下了奋勇争先、敢于有梦,奋斗拼搏、勇于追梦,攻坚克难、勤于圆梦的伟岸身影!报告会现场,师生们一次次地用最热烈的掌声表达了对六位报告人最崇高的敬意!

"除了钦佩,今天的报告会让我更多的感触是感动。"化学与材料工程学院团总支书记毛燕华表示,"我自己刚刚当上妈妈,当我听到郭义指导员的报告,说妻子怀孕了,他却到了远在千里之外的大山深处执行任务;妻子生产时,他选择站好放心哨而没能陪伴在她身边时,我心里特别难受!军人为了履行好自己的职责很多时候都舍弃了小家的幸福,他们是信仰高地的'举旗者',对家庭而言也是默默把眼泪往心里流的柔情铁汉。"装备制造学院的学生王彤则对三位90后官兵有着发自内心的崇拜:"'好兵'王立、'标兵'圣艺文、'好人'杨硕,他们都是我的同龄人。今天下午我和我的同学刚刚拍了毕业照,我自己也在想,在大学生涯里,我给自己的青春答卷留下了什么答案,能打多少分。听了报告会,我不得不说,当我们带着崇拜的眼光看着一身戎装的解放军,欣赏着阅兵式上的方阵演练,也许都忽略了他们吃的苦、流的汗。为了参加阅兵式发狠地训练带伤上场,为了心中的目标参加比赛即便骨折了也咬牙不放弃……他们当之无愧的是用意志铸造信念,用生命抒写忠诚,把责任荣誉刻在心里!他们是我学习的榜样,也是我未来学习工作的动力和目标。"

六位报告人是部队官兵的优秀代表,是当代青年的优秀典型,他们的故事引人向上,也将引导和激励全校广大青年坚定理想信念,自觉践行社会主义核心价值观,在挫折面前有担当,在困难面前不退缩,坚持高专人"崇爱尚美"的信仰,肩负起时代赋予的重任,爱自己、爱社会、爱国家,做一个有责任、有担当的好青年,在实现中国梦和高专梦的伟大进程中奉献青春和力量。

二、塑：以体育和心理健康教育活动塑造学生健康身心

学校弘扬体育文化精神，积极倡导阳光体育、阳光人生、快乐锻炼、健康学习的体育文化理念，营造浓郁的"爱与美"校园体育文化氛围，弘扬奥林匹克精神、团结友爱精神、奋力拼搏精神，并使之在育人中发挥应有功能。真正让学生走向操场，走进自然，走到阳光下，积极参加体育锻炼。每年都组织春季运动会，并同时广泛开展多层次的体育比赛活动，"高专杯"足球赛、"阳光体育周"、健美操比赛、排舞大赛、太极拳集体操大赛等活动深入人心，受到了学生的广泛欢迎。

学校积极推进心理危机干预机制的规范化、制度化。开展个别咨询和团体咨询，定期开放心理咨询室，接待学生咨询，以诚心、爱心、热心帮助学生解决心理问题。并开通心理咨询热线电话，对学生的心理问题给予及时地劝慰、疏导和帮助。每年10月份，用科学的方法和手段对新生进行心理健康普查，建立相应的学生心理健康档案，全面了解新生的心理健康状况，做好心理问题预防和咨询干预的准备工作。对普查结果统计分析完成之后，对需要重点关注的学生进行回访，并进行定期跟踪，通过多种途径对有心理问题的学生进行咨询和干预，实现对学生心理问题的及早发现、早期干预和有效控制，有效地减少学生心理障碍的发生率。学校还开展丰富的心理健康教育活动，如"3.20"心理健康教育周、"5.25"心理健康教育月活动，通过专家现场咨询、心理健康讲座、心理电影赏析、团体心理素质拓展、手语操比赛等活动，扩大心理健康知识宣传面，为学生搭建优化心理素质、提高心理能力的平台。

图6-9　手语操比赛现场

三、润:以社会实践活动润泽学生品格、增长才干

学校坚持实践育人,从书本到实践,从课堂到社区,从校园到社会,对大学生进行立体式全方位教育。每年寒暑假,学校都组织大学生开展"三下乡""四进社区"社会实践活动,广泛开展形势政策宣讲、科普知识宣传、企业社会调查、环境保护、文艺演出、新农村实践、法律援助、教育援助等实践活动。获得《人民日报》《中国教育报》《新华日报》、江苏卫视、镇江电视台等新闻媒体多次关注报道。自 2005 年以来,学校有 80 多人获省、市社会实践优秀大学生或先进工作者,50 多个集体获省、市社会实践优秀团队;多次被省委宣传部、省教育厅、团省委、团市委授予"江苏省大中专学生志愿者'三下乡'社会实践先进单位""镇江市大中专学生暑期社会实践先进单位"等称号。

学校还多次组织青年学生志愿者参加镇江市各类大型活动,在志愿服务的同时,也让学生投身到不同形式的社会实践中,包括:金山湖灯会大学生专场志愿服务工作、"'直通东京'世乒赛中国乒乓球队选拔赛"第二阶段比赛观众组织工作、镇江金山湖"铁人三项精英赛"志愿服务工作、江苏省志愿者工作制度化建设推进会志愿服务工作,等等。在一系列的志愿服务和社会实践活动中,镇江高专志愿者受到了主办方的一致好评,被赞为"素质高、礼仪好,不仅是学校的活名片,也是我们整个镇江市的活名片"!

四、养:以志愿服务活动助推学生涵养德性,增强责任感

学校青年志愿服务领域不断拓展、服务体系不断完善、服务质量不断提高、社会影响不断扩大。学校出台了《深入推进大学生志愿服务活动的实施意见》《青年志愿者注册管理条例》等制度。"青春呵护蒲公英"志愿者项目获"江苏省志愿服务优秀项目奖""镇江市大爱镇江十佳品牌"。学校两次被授予"镇江市十大杰出志愿服务集体",1 位同学成功捐献造血干细胞,成为镇江市第 20 例、全省第 150 例骨髓捐献志愿者。学校开展的"与志愿者同行·向世界说你好"文明礼仪推广行动受到团中央、中国青年志愿者协会资助。多年来开展的"保护母亲河——绿色和谐你我同行"青年志愿者绿色家园行动,被共青团中央、全

国人大环境与资源保护委员会等单位联合授予"全国保护母亲河行动先进集体"。"随时随地,我们都是志愿者",已成为镇江高专数千名注册志愿者的共同心声。2015 年,在镇江市无偿献血工作会议上,因工作成绩突出,学校受镇江市政府嘉奖,被授予"'无偿献血促进奖'先进单位"荣誉称号。"青春呵护蒲公英"志愿服务项目活动情况连续两次登上教育部官网首页,并被人民网、光明网等媒体推介。学校还有近 1 500 名同学加入了"青年网络文明志愿者"的队伍,"崇爱尚美"的时代新风吹拂在校园的每一个角落。

【聚焦】

志愿服务传承爱　青春陪伴传递美
——记镇江高等专科学校"青春呵护蒲公英"专项志愿服务活动

"哇,这个小仙人球好多刺! 它也属于多肉植物吗?""哥哥,这个长着肉嘟嘟的叶子的叫什么呀?""姐姐,这个好漂亮,像是开了的莲花呢!"……春暖花开的季节,李家大山小学的"青春呵护蒲公英"科普小课堂里热热闹闹,30 多名小外来务工人员子女围着镇江高专的志愿者,兴致勃勃地询问着他们带来的多肉植物。

"科普小课堂是我们在青春呵护蒲公英课堂系列里的特色项目,我们会以小视频、小故事、小游戏的方法把一些科普常识告诉孩子们,这次我们带来了 20 多种多肉小植物,除了让小朋友们知道什么是多肉植物,多肉植物的种类有哪些,我们还会和小朋友们一起 DIY 制作多肉盆栽,让这些'最萌植物'美化他们的教室。"科普小课堂的负责人李锐告诉记者。"这是紫珍珠、这是蓝石莲、这是姬玉露、这是碧玉莲……"对桌上相似的植株的品种信手拈来的志愿者王彤为了能上好这堂科普课做足了准备工作,"因为和孩子们已经非常熟悉了,而且孩子们的天性又是对什么都充满好奇的,所以要来给孩子们做好科普首先就得自己先把自己科普好。我在网上下载了多肉品种的图片和介绍,周末和课余时间和其他志愿者一起去花鸟市场,大家互问互答,希望能够上好我们的科普课,回答好孩子们的每一个问题,不让他们失望。"

"大学生志愿者的悉心准备达到了良好的课堂效果,这些一年级的小朋友居然这么快就对这么多的多肉植物品种有所了解,孩子们都特别喜欢高专的哥哥姐姐,也喜欢他们准备的丰富多彩的课内外活动。"李家大山小学的徐义云老师谈到这些定期到学校开展活动的大学生,非常感慨,"镇江高等专科学校的大学生和我们学校外来务工人员子女结对帮扶已经有年头了,之前他们结对的孩子们已经升学考入初中了。2015 年 9 月,他们又结对了我们一年级的这 30 名外来务工人员子女、特困儿童。做一天、一个月公益服务不难,可是坚持做 6 年专项的帮扶活动,说实话作为老师,我也是非常感动的。""我非常感谢高专志愿者的用心,他们的坚持和细心给我的学生们带来的不仅仅是快乐和信任还有一种对社会、对人、对美的认知,"李家大山小学大队辅导员崔红艳老师告诉记者,"从 2011 年一直到 2015 年,志愿者陪伴我的学生度过了 5 年,和他们的主题一样,是用青春呵护了孩子们 5 年,在这 5 年里,他们给孩子们采集心愿、辅导功课、教孩子们做手工、绘画,节假日还带着孩子们到镇江的旅游景点,带着孩子们去观看"共青团小剧场"的电影。孩子们也把这些志愿者当作最亲近的人,有时候一些悄悄话都愿意和他们说。我很感谢这些志愿者,我相信我的学生们会和这些他们喜欢的哥哥姐姐一样,做一个热心人,做一个真心人,会把哥哥姐姐身上这些美好的品质带入他们自己的学习和生活中,这对孩子们一生都是有影响的!"

爱是付出,更是一种传递,镇江高等专科学校"青春呵护蒲公英"帮扶服务外来务工人员子女和特困儿童专项志愿者工作从 2009 年开始至今从未间断过。志愿者们不仅与李家大山小学 402 名外农民工子女结对,还和镇江市特教中心儿童、江心洲留守儿童结对,用自己的热情和知识为农民工子女、残障儿童、留守儿童提供帮助和服务。2011—2015 年假期,"青春呵护蒲公英镇江高专志愿服务团队"的志愿者们奔赴镇江、苏州、连云港、徐州、淮安等地开展了学业辅导、感受城市、亲情陪伴、爱心捐赠、自护教育等志愿服务活动。

2009 年至今,参与"青春呵护蒲公英"活动中的高专志愿者总数达 4 000 余名,志愿者们带着爱心走进"蒲公英",把"美"传递给孩子们、带进社会。2015 年 9 月,从部队光荣退伍的两名高专毕业生,回到家乡办理好报到和入籍手续后,第一时间回到镇江,为 30 名外来务工子女和特困儿童送上了自己的礼物和祝福。他们在校期间曾经是"青春呵护蒲公英"的志愿者,在部队服役期间,他们都被评为优秀士兵,现在他们走入社会,将他们的爱心延续。"青春呵护蒲公英"志愿服务项目注重新媒体宣传的融合,微博、微信长期开展特色栏目设置,以"微话题""微访谈""微调查""微直播"的方式招募、展示丰富多彩的志愿服务内容。新媒体话题中,不仅有团队活动的内容、图片和视频,也有志愿者个人的体会和感言,还有老师、校领导和地方媒体的评论点赞,不仅适应了大学生多样性需求,也吸引了更多志愿者参与到项目中。自 2012 年起,每年"准大学生"都会通过新生 QQ 群被吸纳到高专的志愿者队伍里来,经过网络筛选和培训,在每年 9 月的"新学期走进蒲公英课堂"活动里都会有 10 多名来自全国各地的准大学生参与到迎新、"青春呵护蒲公英"等一系列志愿服务行动(图 6-10)中,成为镇江高专志愿者新力量,真正实现了汇聚微力量,服务零距离。

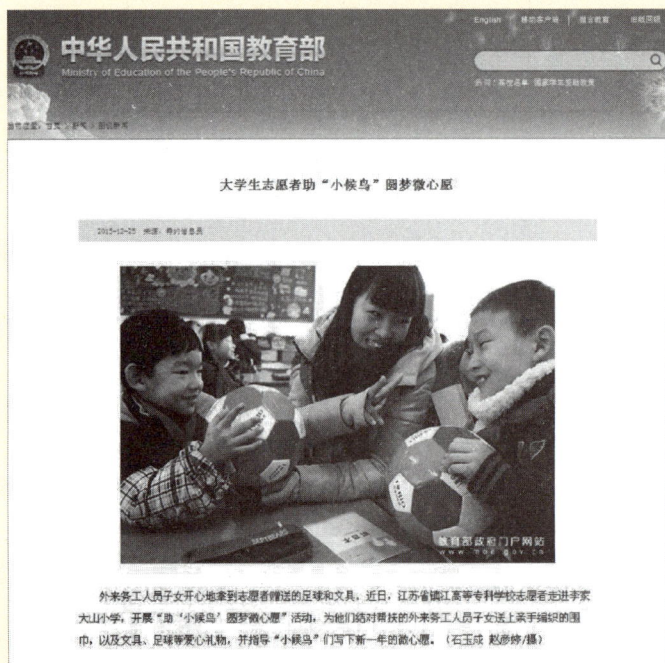

图 6-10 "青春呵护蒲公英"活动

五、励:以榜样宣传活动鼓舞学生见贤思齐、励志奋进

吕凤子爱无涯和美无极的道德观念已深深地植根于高专人的心灵,在百年文化底蕴和青春时代气息的激荡下,学生的思想道德水平普遍提高,正义感明显增强,涌现出了一大批优秀的学生个人和先进群体。外语系王玮瑜同学智擒歹

徒见义勇为的事迹,受到社会的高度称赞,被授予"镇江市见义勇为先进个人";机械系钱大浩同学义无反顾解救意欲轻生的女子,受到好评;人文科学系国文宏和周群廷两位学生,拾金不昧,捡到16万元不动心、不犹豫,主动联系失主,通过艰难的寻找,最终归还失主;艺术系庄重同学自强不息的成长历程,荣获江苏省首届青年学子十佳"自强之星";丁卯同学在家乡两度救人的先进事迹在学校和社会引起强烈反响,受到徐州、镇江两市表彰奖励,荣获"中国茅以升家乡教育奖""中国大学生年度人物"提名奖;周洋同学第一时间组织志愿团队赴雅安灾区抗震抢险,先进事迹受到多家媒体报道,获江苏省大学生年度人物提名奖;电子信息系陈晨同学作为团支部书记热心服务同学,获江苏省"魅力团支书"称号及"最具人气奖"……

　　这样一批形象鲜明的榜样的出现,正是镇江高专"爱与美"教育成果的集中体现;而他们的事迹又感染和带动了身边一大批同学,用"爱"和"美"提升自己,从而形成了喜人的良性循环(图6-11)。

图 6-11　"我的青春故事"分享会

第七章 "三宜四维"文化育人环境体系

高职院校文化环境是指在高职院校内所形成的一种特定的文化氛围,它是与学校的办学精神、培养目标、管理特色、文化传统、校园文化设施及校风校纪、学生的精神风貌等内容相联系的,是学校的物质文化形态和精神文化形态的综合反映。校园环境建设有大学气派,有利于营造一种文化品位、形成浓郁的育人氛围。校园内所有教学、生活、文化设施既要体现庄重、严谨的学术氛围,又要体现青春的活力和朝气。

镇江高专根据高职院校环境文化建设的特点,围绕"崇爱尚美"特色,积极打造"爱与美"的文化环境,做到了"让校园的每一面墙壁都会说话",让学生视线所及之处都带有"崇爱尚美"的文化元素、都体现社会主义核心价值观的教育性,充分调动了学生的思维和情愫,起到了怡情励志的效果。

"三宜四维"环境文化体系如图 7-1 所示。

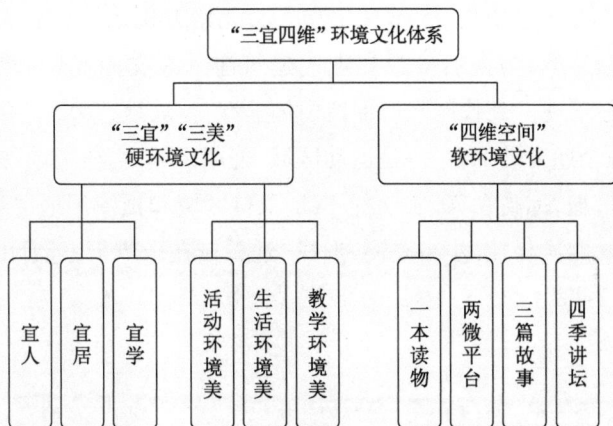

图 7-1　"三宜四维"环境文化体系示意图

第一节 打造"三宜"硬环境文化

一、以"宜人"为目标,打造校园活动环境美

镇江高专立足"宜地",按照"宜人"目标,精心打造凸显"爱与美"特质的新校区,积极传承和创新"崇爱尚美"文化,建设蕴含"爱与美"文化神韵的各种物态形象,把"爱与美"的思想体现在诗意盎然的校园环境中,使校园人文景观成为立德树人的鲜活载体,并在校区建设中全方位融入"爱""美"元素,体现出"宜人"特质。

1. 校园设计理念人文化。

镇江高专新校区位于镇江高校园区长香路北侧中部,背靠十里长山,南望海燕湖,风景秀丽、环境优美。在镇江高专新校区规划设计建设中,学校与规划设计部门一起,以学校办学历史和优秀地方文化传统为素材,在构思和规划立意上突出丹凤朝阳的设计理念和百年老校风格,新校区坐落于"凤头",校区中心宕口为"凤的眼睛";道路像飞洒出奔腾的凤羽蔓延到每个自由身影的地方,由高到低的水系景观带连贯了各功能空间,似双翼上下纷飞,绘制了一幅凤舞九天的恢宏篇章,使人感到心旷神怡。学校在"凤眼"处,利用山体地势,蓄水造景,将学校历史、大学文化和人文元素有机地结合起来,让文脉与水系在这里交融互辉,为自然景观和现代建筑注入人文内涵,构建一个生态化、人文化的中心景观。新校区坚持保留山体显绿,留坡地造势,按照地形标高把整个校园分为三个递升的平台,一是运动区域、公用区域、文科区域,标高在50米左右;二是生活区域,标高在70米左右;三是工科区域和预留用地,标高在100米左右。三个平台,鳞次栉比,步步登高,形成"远看校在山脚下,近看山在校园里"的美丽画卷(图7-2)。

图 7-2　新校区鸟瞰

2. 校园交通设置人本化。

镇江高专新校区位于镇江市新建的高校园区北侧中心地带,毗邻沪宁高速公路、京沪高铁镇江站、312 国道等,师生出行方便。新校区在南侧长香路上设置学校主入口,便于与城市公共交通系统对接,北侧和西侧设置次要入口,东侧预留出入口。校区外环为快速车道,各个建筑组团设于两组快速车道之间。为便于机动车和消防车到达各建筑,设置内部机动车慢行系统。学校在各建筑院落之间结合绿化景观及节点设置了连续的步行系统,贯穿整个校区,形成人车分流的交通体系。整个校园东西南北四个大门,实现了校园交通的三大人本目标:一是校内交通、校外分解,校园外围的环形道分解校内交通;二是地下停车、绿色步行,车辆进入校园后就近进入地下车库,校内步行,给他人安静学习的空间,给自己欣赏校园的时间;三是分区组织,减少干扰,实验设备器材以北入口为主,生活资料以西入口为主,不给教学和生活带来干扰。

3. 学校文化传承特色化。

新校区建有现代装备制造、医药与化材、电气与电竞综合教学作一体化中心,艺术设计及人文与旅游、经贸综合教学作一体化中心,护理、眼视光及管理综合教学作一体化中心;学校新校区建成在即,校方正在面向全校师生征集体现学校文化底蕴、特征的路名、楼名,以有效地传承中华传统文化和学校特色文化。与此同时,学校在新校园文化建设中,还有意识地将老校区亭、阁、石、树等凸显"爱与美"的文化符号标志移植过来,特别是重点建设了中国正则绣博物馆暨校史馆,全方位展示学校历史文化底蕴,推广"正则"经典品牌,扩大正则绣的影响,同时也为历史名城镇江再增添一道靓丽的文化景观。学校以组织师生参观学习的形式,加强对他们进行校史教育,全面了解学校"崇爱尚美"文化的内涵、起源和发展,学校的文脉得以延续。

4. 校园功能布局现代化。

学校以中心凤眼及保留的原生态景观为核心,以景观大道为中心轴,并巧妙运用水系和绿化元素,打造生态的空间网络,布局合理。学校建有五大区域:一是公用区,包括图文信息中心、公共教室和行政办公区,建筑面积计 6.3 万平方米。二是文科区,包括财经商贸、人文与旅游、艺术设计、继续教育四个学院,建筑面积计 3.8 万平方米。三是工科区,包括现代装备、交通、电气与电竞、医药与化材、卫生护理五个学院,建筑面积计 6.8 万平方米。每个学院建设采用庭院化布局,办公、教学、实训一体化连接,让学生有家的感觉,能闻得到花香、听得到鸟语、看得到老师、摸得到机器,坐着可听课、站着能实训,实施理实相融、工学结合、教学做一体化的应用型人才培养模式。四是生活区,7.2 万平方米的宿舍楼,采用单排设计、两面阳台,让阳光普照每个宿舍。食堂、浴室及附属设施 1.7 万平方米,采用太阳能和空气源热泵辅助加热系统。五是运动区,包括 400 米标准运动场和 1.3 万平方米的风雨操场、大学生活动中心。整个校内建筑群落绵延分布,南北建筑群体成合围之势,给师生营造了良好的工作环境和学习环境。学校还建有两大水系,一是在校区东西两侧原本自然流淌的泄洪水系,依沟修渠;二是借助泄洪渠,建设贯穿校园的湿地景观水系。两个水系,一保平安,二促节能,三显灵气,将雨季泄洪、雨水收集、后勤用水和校园美化有机结合。

5. 学校形象识别系统个性化。

学校加强包括理念识别、行为识别和视觉识别在内的学校形象识别系统的建设,努力使之成为学校追求"爱与美"的内在和外在和谐统一的过程,成为一个传承创新和不断发展的系统工程,从而形成并保持其在学校"崇爱尚美"文化建设中的强大作用和优势。

镇江高专的学校标识包括学校校标、校旗、校徽等。校标中心图案由代表创新和实践的字母"CP"三个小图案和"人"字图案组成,图案为蓝色;学校校徽为集鲁迅体校名的长方形徽章,教职员工佩戴红底白字徽章,学生佩戴白底红字徽章;学校校旗旗面为白色,旗面中央印有校标和校名,校标在左侧,校名在右侧。校名分上下两部分,上方为集鲁迅体的中文校名,下方为校名的英文。学校通过规划、服饰、宣传册、工作学习用品等物质载体,充分展示学校文化理念,不断提升学校形象,扩大文化品牌美誉度。

二、以"宜居"为目标,打造校园生活环境美

以"宜居"为目标,以"爱与美"为核心,精心设计和打造学生宿舍文化、食堂文化和教师工作、生活环境文化,实现"学生住宿环境舒适、师生就餐环境和美、教师办公环境优雅"的目标。

1. 精心打造以文明、和谐、勤学、整洁、安全为标志的学生宿舍文化。

学校自主研发学生宿舍管理系统,加大对学生的卫生、文明、安全等情况的考核,提升学生全面素质,为学生的学习和生活营造了"爱与美"的环境。注重发挥大学生自律会组织的作用,培养他们"自我教育、自我管理和自我服务"的能力,培育"爱与美"的价值观。健全和完善宿舍管理规章制度,如学生宿舍管理条例、宿舍文化建设标准等,实现管理制度化。文化活动丰富多彩,定期组织宿舍文化节,开展文明宿舍创建、美好寝室评比等,通过活动创设了美的环境。学校还大力创新宿舍管理,积极推进"五进"工作,即大学生思政工作进宿舍、党建工作进宿舍、文化建设进宿舍、学习型组织进宿舍、平安校园进宿舍,将"爱与美"扎根于宿舍,深入人心。宿舍管理重服务,并突出人文化、亲情化。

2. 精心打造以安全、文明、优质、勤俭为标志的食堂文化。

安全是食堂管理的重中之重,学校牢固树立"安全重于泰山"的观念,健全食堂管理制度体系,包括食堂员工管理制度、食堂员工奖惩制度、食堂卫生检查制度、食堂餐具保管制度、食品安全制度等,管理工作实现精细化和制度化,体现了严细实的管理特色。学校对食堂员工定期开展安全培训,强化安全意识,严格安全管理,加强督促检查。食堂是精神文明建设的重要窗口,学校加强对食堂员工和广大学生的文明教育,不断提升他们的文明素质。学校根据学生的经济情况和不同口味、打造不同层次与风味的食品类型,为师生提供最优质的服务。加强食堂环境布置,营造良好的用餐环境。积极开展节约型校园创建活动,大力弘扬节俭勤朴的传统,培养学生养成节约粮食、节约水电的好习惯。

3. 精心打造以严谨至爱为标志的教师办公室文化。

教师办公室是反映学校师表形象的重要窗口,良好的办公环境对强化师德

建设、陶冶教师情操、提高工作效率、展示教师风采、树立学校形象起到积极的作用。在教师办公室环境布置上,镇江高专重在突出雅致风格、展示"爱与美"文化的特点,体现激励、向上、勤奋元素,尤其注重教风、师德等方面的特征,如严谨至爱、为人师表等。办公室环境布置坚持人本理念,学校提出教师办公室文化建设总体要求,对教师办公室的室内布置、环境要求、物品摆放、安全卫生等做相应规定,并提供必要的物质条件,而办公室内部环境的布置、办公室规章制度的制定、办公室特色文化的创建等工作,都放手由学院教师去做。教师们通过照片、书画等形式将办公室成员的共同愿景和精神风貌体现出来,并利用办公室空间合理摆设艺术品或种养花草,大力营造美、雅的办公环境。

三、以"宜学"为目标,打造校园教学环境美

教学环境包括教室、实验实训室等及网络学习环境,是实施教学、实训的基本场所,也是进行"崇爱尚美"文化熏陶的重要载体。

1. 精心打造具有学院及专业特点的教学文化环境。

在对教室、实验实训室等教学环境的布置上,各学院紧紧围绕学校"崇爱尚美"特色文化,并紧密结合学院特点及专业特色,精心打造独具匠心的教学环境。如交通学院、现代装备制造学院、电气与电竞学院教学环境主要围绕工科人才培养进行设计,如体现一丝不苟、工匠精神等;卫生护理学院教学环境主要围绕医护人才培养进行规划,如体现医病救人、救死扶伤等精神;丹阳师范学院教学环境主要结合教师队伍培养特点进行谋划,多体现为人师表等元素;艺术设计学院教学环境主要围绕装饰、装潢及艺术方面的人才培养进行设计;财经商贸学院教学环境主要围绕会计、营销、电子商务等方面的人才培养特点进行设计;旅游学院教学环境主要围绕导游、酒店、宾馆管理人员培养定位进行设计;继续教育学院主要开展成人教育,教学环境布置侧重为成人学员服务方面。各学院所有教学环境的布置,个性十足,整洁温馨,爱美特色彰显。对于实验实训室环境文化布置,除了满足上述特点外,还要重点突出企业文化,体现职教元素,把学校"崇爱尚美"文化与企业文化有机结合,形成校企文化和谐交融的高职文化生态。

2. 精心打造以积极、健康、向上为特征的网络文化环境。

学校重视网络文化建设,用"爱与美"引领校园流行文化的发展,全面提升大学生的网络媒体素养和信息理性素质。在网络建设和管理方面,学校加大统筹,明确分工,形成合力。校实验实训中心负责硬件设备购置,网管中心负责校园网络与信息安全技术平台建设与维护,党委宣传部负责校园主网站建设与维护、引导网上舆论、监控网络信息、建设网络文化等;校内各单位按照"谁主管、谁负责"的原则,对本单位网站进行日常管理和维护。学校不断净化网络环境,成立了网络舆情监管组织,加强思想政治队伍建设,并不断健全网络管理制度,通过管理队伍和管理制度确保校园文化健康向上。此外,学校还以素质教育为载体,不断提升校园网络文化品位,学校开设官方微博、微信,鼓励学生自创高雅文化,积极开展网络实践活动。

第二节 构建"四维"软环境文化

精神环境文化是学校环境文化的核心和灵魂。镇江高专坚持以社会主义核心价值体系为统领,加强"崇爱尚美"文化教育活动。经过多年的实践,学校成功地构建了加强"爱与美"教育的"四维"空间文化环境。

1. 用好"一本读物",传承弘扬校本文化,服务学生成长。

学校自 2010 年起,由校领导牵头,本着"教育学生、指导学生、服务学生"的思想,学校利用校本资源,紧扣学校特点,紧贴学生需要,编写了《让梦飞翔——携手镇江高专,塑造完美人生》的校本教材,让学生感悟百年高专深厚的文化底蕴、体验"爱与美"文化的精神魅力。截至目前,该书已连续 3 版 4 次印刷,是传承"爱与美"文化的重要载体。

该书作为"爱与美"教育的重要读物,内容涵盖了文化传承、思想修养、学习方法、人际交往、心理调适、就业指导等,既阐述了高专学生传承文化精神和提升素质的普遍要求,又突出了高专学生传承"爱与美"特色文化和技术技能人才素质教育的特殊要求。从时间上看,该书从介绍"校史"和"一训三风"开始,到毕业就业高唱吕凤子作词作曲的校歌感恩母校,贯通了从入学到毕业的整个过程。

183

本书为学生成长量身定做,目前已覆盖 20 000 多名师生。在每年开展的入学教育和日常的主题班会活动中,班主任和辅导员都会根据校本教材中的内容开展专题讨论。新生入校后,班主任和辅导员利用军训间隙,或走进教室、宿舍,带领新生们一起阅读《让梦飞翔》,让他们领略和感悟学校独特的"崇爱尚美"文化魅力,使他们在阅读中接受"爱与美"的教育,并了解和掌握了必要的大学生活技巧。班主任和辅导员们适时选择该书不同章节的内容开展主题班会活动。同学们会根据老师的要求事先认真研读相关章节,并对老师布置的话题进行思考。班会课上,同学们就确定主题开展思辨活动,实现了"以辨明理、以辨明智"的目的,在老师的正面引导下,学生们形成了正确的世界观、人生观和价值观。"思想政治理论课""心理健康教育课"等老师将本校优秀学生成长、成才的案例引入教学,激励学弟学妹向先进看齐。广大学生在遇到困难时,也都能在该书中寻找到解决问题的对策。

2. 建好"两微平台",宣传特色校本文化,实现互动交流。

"微博""微信"(简称"两微")是近年来风行于青年大学生思想交流的一种新媒体平台。近年来,镇江高专始终坚持立德树人,强化思想引领,充分利用"两微"平台,大力推广和宣传学校"崇爱尚美"文化,及时倾听师生心声,全力服务好师生。

学校党委实施"两微""双轮驱动"模式。一轮是由全校各级党团学组织构成的官方"两微"圈;另一轮是由分管思想政治教育副书记、分管学生工作副校长、分管后勤保卫工作副校长、党政工团负责人、辅导员、学生党员构成的个人实名"两微"圈。双轮齐转,师生"互粉",学校形成了体系完善的"覆盖全校、影响友校"的有影响力的"两微"网络群。目前全校共有各类组织官方微博、微信310多个,有85%的学生注册了微博、开通了微信,有95%的入党积极分子和学生党员拥有个人微博、微信,团干部微博、微信开通率达100%。"两微"开设了"青马学子""空中党校""党的光辉历程""文化传承""人文微读""诗歌赏析"等专栏。校领导开通个人微博,撰写相关理论文章,每天与学生互动,发表微博达 6 000多条。校党委组织部长、宣传部长、团委书记等职能部门负责人、专家学者、辅导员和党员教师也适时参与大学生的微博、微信点评,进行点对点的互动交流,帮助学生解疑释惑。近年来,学校通过"两微"平台开展了"大学生最喜爱的教师、辅导员、管理服务人员""师德模范""我最喜爱的'爱与美'的格言""十佳青年师生""崇爱尚美高专人"的展示和评选活动;举办了"我的青春故事会""党团知识竞赛""国庆诗会""教师节—老师我想对您说"等主题教育活动。通过校本文化活动的开展,进一步加深了全校师生对社会主义核心价值观精髓的理解。

精心打造基于微信客户端的"镇江高专510平台",该平台由"网络虚拟平台"和"实体交流场所"两部分组成,建立该平台旨在建立有效的沟通渠道,及时倾听了解师生的诉求和心声,最大限度地满足师生获取信息、表达诉求、发表观点、解决问题的意愿,进而为他们提供更加便捷、高效的服务。510的谐音是"我要您"。整个在线平台操作简单,既满足"书记信箱"的功能诉求,又留有开辟其他功能的相应区域。"510平台"具有接待功能、互动功能、宣传功能、意见征集功能及文化展示功能。学校建立月度师生访谈机制,主动与师生互动。学校微信设置了"钢哥有话说"专栏,定期推出校长与学生的"心灵对话",做好正面引导,实现学校与师生经常"面对面"。做好主动来访师生的接待工作,及时化解思想矛盾,实现学校与师生心理"零距离"。加强与师生的网上互动,及时回复和处理师生网上平台留言,并及时处置,做到解决问题"不拖延"。学校通过健全完善平台,不断扩展了党建和思想政治教育功能。目前,"510"平台正成为镇江高专党建和思想政治工作的"新高地"。

镇江高专的"两微"受到师生广泛关注和热捧,粉丝数逐年攀升。其中,有98%的学生参与"两微"传播和话题讨论,95%以上的同学是学校"两微"网络群的忠实观众,每天关注和参与"两微"互动、交流已经成为大多数同学的自觉行为。目前,"两微"已成为学校传播、培育和践行社会主义核心价值观的重要渠道,成为大学生思想政治素质提升的"文化园"、宣传思想和党建工作的"便民服务站"和广大师生的"网上议事厅"。

3. 讲好"三篇故事",引领师生比学赶超,促进人才素质提升。

近年来,学校大力宣讲高专故事。校团委通过校级演讲比赛的形式选拔产生宣讲团成员;党委宣传部则将多年来发生在师生身边的好人好事进行整理编写成高专故事。

高专故事由"师德篇""学生篇"和"服务篇"三篇故事组成。近年来,学校开展了"崇爱尚美学院""崇爱尚美高专人"等评选活动,将校内的优秀典型评选出来。学校加强对"崇爱尚美"先进典型事迹采集工作,安排教师通讯员和学生记者深入一线进行专题采访,深入挖掘"崇爱尚美"师生的"爱与美"细节,将师生优秀典型事迹编写成"高专故事"。宣讲团成员则根据编写好的"高专故事"深入院部、班级、宿舍，以报告会、论坛、辩论赛分组讨论等形式进行宣讲，积极传播正能量。学校还充分利用校园网、学校微信、510平台及校报等，对"崇爱尚美"先进典型进行大力宣传，营造了创先争优、比学赶超的良好文化氛围。

近年来，镇江高专涌现出一大批教师、学生及后勤服务人员等先进典型。这些优秀群体的事迹虽各不相同，但透过这些感人至深的身边故事，能让人体会到教师对学生真诚的爱、对职业无悔的爱和对社会强烈的爱，让人感受到社会主义核心价值已深深扎根于师生心中。这些师生虽然平日里看上去很普通，但却总能在紧急关头、关键时刻做出正确的选择。每当这些充满正能量的高专故事在各处宣讲，都能一石激起千层浪。说者无不为他们的义举而自豪，听者无不为他们的义举而感动。通过这些普通人的不平凡的事迹，不仅充分展示镇江高专教师立足岗位、勤奋履职、开拓进取、创先争优的精神风貌，而且展示了镇江高专学子勤奋学习、严于律己、奉献社会的优良品质，在校园和社会上发挥了积极的榜样激励、示范作用，营造了一种"学先进、赶先进、当先进"的校园文化氛围。

4. 开好"四季讲坛"，培育人文精神，传递核心价值。

镇江高专从2003年起设立了"正则讲坛"，学校每年组织10场以上的"正则讲坛"，各学院根据自己的专业特点需要组织不低于3场的人文知识专题讲座。每期讲坛要保证前期通知、公告到位，其间组织听众到位，后期总结和宣传报道到位。为调动广大大学生参与"正则讲坛"的积极性，教务处专门出台了"大学生参加报告会和听取讲座等计入学分"的相关规定，以完善的机制保障"正则讲坛"的健康发展。

学校紧密结合学生不同阶段的成长特点，精心确定讲坛主题。"正则讲坛"共分为"四季"，即"入学季""成长季""发展季"和"毕业季"。在"入学季"，学校重点开展校史教育及"一训三风"内涵解读，并将之作为学生应知应会的重要内容，组织学生进行统一书面测试，通过教育和活动的开展，让"一训三风"入脑入心。在"成长季"中，学校重点开展心理健康教育，介绍优秀校友事迹，进行音乐、艺术欣赏等专题讲座，培育学生健康心理、激励学生成长成才、提升学生审美情趣。"发展季"重点开展学生职业规划、创业就业指导等专题讲座，提前做好发展规划，掌握就业创业基本知识。"毕业季"重点开展以"感恩、诚信、安全"等为主题的专题讲座，让学生学会感恩，学做诚信之人，提升安全素养。通过举办

"内容丰富、形式多样、特色鲜明"的主题讲座,培养学生的人文素养,陶冶高雅情操,提升文化品位,不断推动社会主义核心价值体系的传播和发展。

"正则讲坛"秉承"为学校教育教学工作服务、为提升师生的人文素养服务"的理念,目前已形成制度化,10多年里举办了数百场次的专题讲座。为进一步提升"正则讲坛"的层次、扩大讲坛在校内外的影响力,学校进一步确立特色文化的目标、原则和任务,细化文化建设的具体要求,对讲坛内容的选择、申报、审批、组织等做出了详细的规定。当前,"正则讲坛"已成为广大师生的精神家园,在这里,他们浸润在"爱与美"的熏陶中,感受到"崇爱尚美"文化的力量感召,全方位、立体式、多维度接受社会主义核心价值观的洗礼。

第八章 "崇爱尚美"文化的成效评价

第一节 "崇爱尚美"文化育人成果的创新点

通过多年的实践探索,镇江高专传承吕凤子"崇爱尚美"文化的理论和实践,取得了一系列的成果,形成了独特的创新点。

1. 坚持文化自信,厚植了"崇爱尚美"文化育人的历史底蕴。

基于学校创始人吕凤子先生所一贯倡导的"爱无涯、美无极"教育思想,学校坚持旨在育人、凸现特色、顶层设计、立体推进,从文化育人角度,把"爱与美"作为高职教育孜孜以求的价值目标,经过 70 余年的探索积淀,20 余年的融合发展和近 10 年的实践提升,形成了镇江高专"崇爱尚美"文化育人的理论体系和实践路径,具有深厚的历史底蕴和丰沃的文化土壤,如今已成为镇江高专人的稳定的共有文化特质,产生了"崇爱尚美"文化育人的良好效应。

2. 坚持人本理念,打造了"崇爱尚美"文化育人的校本特质。

吕凤子先生作为中国职业教育的先驱,其教育思想的核心内容便是以"爱"与"美"的教育,达成学生的和谐发展。"爱与美"是他一生为之奋斗不息的人生、艺术和教育的崇高目标。吕凤子教育思想中对爱的特殊蕴涵、对美育的独特主张,不仅丰富和完善了"崇爱尚美"文化的内涵,体现了时代教育的价值追求,而且为镇江高专"崇爱尚美"文化形成区别于其他院校的文化的特殊品质提供了很好的理论支撑,这也正是"崇爱尚美"文化的魅力所在。

3. 坚持"两聚两核",彰显了"崇爱尚美"文化育人的时代特色。

"崇爱尚美"是中华民族传统文化的主线和灵魂,也是当代社会主义核心价

189

值观的核心内涵,其中的"大爱"元素、"大美"符号充分反映了社会主义核心价值观的根本要求,同时也反映了现代高等职业教育人才培养的本质特征。镇江高专将传统文化思想与社会主义核心价值观,以及现代职业教育理念有机耦合,聚焦社会主义核心价值观的引领作用,聚力高职院校人才培养中核心素养的提升,探寻校本传统文化与社会主义核心价值观、现代职业教育理念的结合点,实现了在高职教育的具体环节中微观发力、落地生根目标。

4. 坚持系统建构,探索了"崇爱尚美"文化育人的有效路径。

以"爱与美"为核心、以文化结构基本要素和文化实践环节十字坐标为基本脉络,纵向、横向相互交融,通过传统文化、校本文化的挖掘与传承,创新了"崇爱尚美"的"四维一体"的文化育人体系,即"311"文化素质教育体系、"123"实训实习体系、"三轴联动式"学生活动体系和"三宜四维"环境文化育人体系,创新和丰富了高职院校育人的途径、方法、形式和载体,真正形成了以"崇爱尚美"校本文化来孕育技术技能型人才的全景熏陶的强大气场。

5. 坚持落地生根,凸现了"崇爱尚美"文化育人的具体实效。

学校以问题为导向,经过理论探索和实证分析,对高职院校师生文化诉求和文化育人效果进行充分研究,历经数十年实践探索所形成的实践路径,在学校教学、人才培养、社会影响等各方面取得了广泛的实效。

第二节 "崇爱尚美"文化优势路径的效果评价

一、学校文化力的测量评价

"崇爱尚美"文化与大学文化结构一样,一般包括价值观(信念)、制度层面、行为层面和物质层面四个层面,组织文化力的测量一般指向前三个层面。目前,得到广泛认可的组织文化力测量方法是根据前三个层面,划分出第二级评价指标,得出组织文化力评价的因素集 $U = \{U_1, U_2, U_3\}$。在此基础上,根据相关、全面、可行的原则,进一步对大学文化力进行细化,得出第三级评价指标,$U_i = \{U_{i1}, U_{i2}, U_{i3}, U_{i4}, U_{i5}\}$,其中 $i = 1, 2, 3$。具体评价指标及其含义见表 8-1。该评

价体系在组织文化力的测量上已被江苏省教育厅 2003 年度高校哲学社会科学
研究项目"中国大学文化与现代人本主义"(03SJD880006),上海市教育委员会
2006 年度人文社会科学重点研究项目"我国企业文化力的评价与发展对策"
(06ZS71)、江苏省"六大人才高峰"第四批资助项目"和谐社会向度下江苏高校
文化自觉路径与绩效评价研究"(07 - A - 028)等研究成果所证明,具有普适性。

根据大学文化力的评价指标体系,按照 Likert 5 的标准,把大学文化力的最
高水平的评价值设定为 5 分,平均水平的评价值设定为 3 分,最低水平的评价值
设定为 1 分,设计问卷,结合运用格栅获取法与模糊 Borda 数分析法得出的大学
文化力评价体系的各级评价指标权重,最终得到所调查的文化力的评价结果。
结论表明:镇江高专在实施吕凤子"崇爱尚美"文化育人方案的三个阶段,文化
力的实际效用得到了逐步提高。

表 8-1　2005 年 12 月、2009 年 9 月、2016 年 10 月文化力的测量评价得分

符号	指标	平均分		
		2005 年 12 月	2009 年 9 月	2016 年 10 月
U_1	精神文化力	0.63	0.71	0.77
U_{11}	办学方针与宗旨	0.17	0.26	0.27
U_{12}	人才质量观	0.20	0.22	0.21
U_{13}	校训/校风的影响力	0.05	0.03	0.06
U_{14}	学校凝聚力	0.03	0.06	0.07
U_{15}	学校师生道德要求与水平	0.18	0.14	0.16
U_2	制度行为力	1.02	1.28	1.27
U_{21}	学校管理结构的合理程度	0.20	0.26	0.25
U_{22}	管理标准与操作规范程度	0.19	0.19	0.21
U_{23}	沟通渠道与满意度	0.08	0.11	0.13
U_{24}	激励机制与效果	0.34	0.40	0.37
U_{25}	机会与评价公平	0.21	0.32	0.31
U_3	行为文化力	1.87	1.9	1.94
U_{31}	教师的知识经验	0.68	0.69	0.67
U_{32}	教师行为规范	0.31	0.47	0.46

符号	指标	平均分		
		2005 年 12 月	2009 年 9 月	2016 年 10 月
U_{33}	学生行为规范	0.43	0.36	0.41
U_{34}	学习能力	0.32	0.27	0.26
U_{35}	创新能力	0.13	0.11	0.14
总 分		3.52	3.89	3.98

资料来源: 2005 年数据来自江苏省教育厅 2003 年度高校哲学社会科学研究项目"中国大学文化与现代人本主义"(项目批准号 03SJD880006),2005 年 12 月江苏省教育厅组织鉴定;2009 年数据来自江苏省"六大人才高峰"第四批资助项目"和谐社会向度下江苏高校文化自觉路径与绩效评价研究"(07 - A - 028)结题报告,2009 年 10 月江苏省人事厅组织鉴定;2016 年数据来自本项目组的抽样调查。

二、专家评述摘录

镇江高专对吕凤子"崇爱尚美"文化育人思想的传承、融合、创新与实践,得到了众多专家学者的鼓励、支持和肯定。①

丁晓昌(教授,中国高等教育学会副会长、江苏省高等教育学会会长,江苏省教育厅原副厅长):

镇江高专"吕凤子'崇爱尚美'思想在高职院校文化育人中的传承、融合与实践"教学成果,扣准传统文化、高职教育和社会主义核心价值观的内在联系,结合吕凤子先生"爱与美"文化教育思想,不断挖掘吕凤子"崇爱尚美"文化育人的内涵要义和当代意义,并进行了系统设计和实践探索,取得了丰硕成果,在职业教育教学理论上有创新,校本文化产生了示范辐射效应,对职业教育教学改革实践有重大示范作用,引起了社会广泛关注。

理论研究有创新。在全国高职院校较早提出以高度的文化自觉推进文化育人、以文化引领技能型人才培养转型升级的理念,切合党的十八大和十八届三中全会以来有关教育改革的精神,符合国家职业教育改革和产业升级、社会转型对

---

① 资料来源:镇江市高等专科学校申报江苏省教学成果奖材料《吕凤子"崇爱尚美"思想在高职院校文化育人中的传承、融合与实践》。

高职院校人才培养的紧迫要求。该项目对"崇爱尚美"文化育人的内涵要义和当代意义等进行深入研究;从理论上有效地解决了当前高职院校文化育人普遍存在的传统人文精神和内涵缺失,文化育人效用不显和缺位等问题;在许多方面填补了当前职业教育理论研究的空白。

实用性、操作性强,示范作用显著。该项目坚持理论与实践相结合,通过"崇爱尚美"文化育人的系统设计和数十年的实践探索,形成了吕凤子"崇爱尚美"文化教育思想和理论体系,设计和实践了"崇爱尚美"四维一体文化育人体系,相关改革探索成效突出,实用性、操作性强,对推进高职教育文化育人改革实践有重大示范作用。

特色鲜明,成效突出。通过多年的实践探索,学校积淀、传承下来的吕凤子"崇爱尚美"文化达到了系统设计时的理想初衷,实现了传统滋润现代、科研反哺教学、校本辐射社会,学校教学改革、人才培养和办学水平显著提高,取得良好的社会反响。

杨应崧(教授,全国职业院校教学工作诊断与改进专家委员会主任委员):

镇江高专《吕凤子"崇爱尚美"思想在高职院校文化育人中的传承、融合与实践》的教学成果,以问题为导向,着力解决当前高职院校文化育人中存在的态度自卑性、状态自发性、体系碎片化、效用标签化的具体问题,在充分研究论证的基础上,纵观学校各阶段校园文化建设历史,扣准传统文化、高职教育和社会主义核心价值观的内在联系,结合吕凤子先生"爱与美"文化教育思想,不断挖掘吕凤子"崇爱尚美"文化的内涵要义和当代意义,进行了系统设计和数十年的实践探索,形成了吕凤子"崇爱尚美"文化教育思想和理论体系,设计和实践了"吕凤子'崇爱尚美'四维一体文化育人体系",形成了一系列品牌项目,出版了一系列著作和教材、涌现了一批优秀师生、带动辐射了兄弟院校。

该成果理念先进,目标明确,特色鲜明,内涵丰富,应用成效显著,具有很好的推广应用价值,达到了同类研究的全国领先水平,可以成为全国高职院校文化育人的典型示范。

管向群(研究员,南京艺术学院党委书记):

镇江市高等专科学校的"吕凤子'崇爱尚美'思想在高职院校文化育人中的传承、融合与实践"教学成果,是新时期吕凤子先生"爱与美"艺术教育思想的创新传承,对高职高专院校文化体系建设和文化育人工作具有极强的指导意义和借鉴价值。该成果立足于解决当前高职院校文化建设和文化育人存在的共性问题,紧扣中华传统文化、现代高职教育理念和社会主义核心价值观的内在联系,深入挖掘吕凤子"崇爱尚美"文化的当代意义,进行了系统设计和数十年的实践探索,取得良好的实践成效,具有较强的应用与推广价值。

作为综合性艺术院校,我校一直秉承"闳约深美"的办学理念,这与吕凤子先生的"崇爱尚美"文化理念有很多相通之处,镇江高专对自身文化育人工作的探索、凝练和实践,为我校文化建设与创新提供了很多参考和借鉴之处,个人认为,这一成果的价值已经位列全省乃至全国高校文化建设的前列。

马树超(教授,中国职业技术教育学会副会长、上海教科院副院长):

镇江高专"吕凤子'崇爱尚美'思想在高职院校文化育人中的传承、融合与实践",将"爱与美"作为高职教育不断追求的价值目标,体现出当下职业教育立德树人的内在要求,是现代"以人为本"的发展理念与高职教育生态理论的传承创新,是社会主义核心价值观的题中之意,具有良好的理论价值和实践意义。

该成果在全方位、立体化的文化育人过程中,始终贯穿"崇爱尚美"核心价值这一主线,以高度的文化自觉,探索和创新了"311"文化素质教育体系、"123"实训实习体系、"三轴联动式"文化育人学生活动平台和"三宜四维"文化育人环境体系,创新和丰富了高职院校育人的途径、方法、形式和载体。

成果理论支撑有力,系统设计完善,实践检验成效显著,成果积淀深厚,具有很好的推广应用价值,百年老牌的镇江高专可以成为全国高职院校文化育人的示范和标杆。

史国栋(教授,常州大学原党委书记):

镇江高专"吕凤子'崇爱尚美'思想在高职院校文化育人中的传承、融合与实践"教学成果,是该校"崇爱尚美"文化百年历史积淀、文化薪火相续的成果,是经过该校多年的研究实践,多年的探索积淀,反复提炼,不断升华所取得。镇江高专可以成为高职院校文化育人的标杆。

该成果把学校创始人吕凤子先生所一贯追崇的"爱无涯、美无极"教育道德观,经过长期的探索、实践,特别是与现代大学制度建设背景下的高职教育理论和实践的融会贯通和升华,呈现出"崇爱尚美"这一传统文化的时代特色和镇江高专校本文化特有的生命张力。多年来,该成果以"爱与美"为核心、以文化结构基本要素和文化实践环节十字坐标为基本脉络,纵向、横向相互交融,创新了学校全方位、立体化文化育人模式,真正形成了以"崇爱尚美"文化来蕴育技术技能型人才的全景熏陶的强大气场。

该成果具有"崇爱尚美"文化校本特质的独创性,研究思路的新颖性,实践路径设计的系统性,成果应用的示范性,有很好的推广应用价值,达到了同类研究的全国领先水平。

王明生(教授,南京大学党委常委、宣传部部长):

镇江市高等专科学校总结凝练的"吕凤子'崇爱尚美'思想在高职院校文化育人中的传承、融合与实践"教学成果,聚焦当前高等高职教育文化育人这一热点问题,以传统中华文化、现代职业教育理念和社会主义核心价值观的有机耦合,创新传承和探索了该校创始人吕凤子先生的"爱与美"教育思想,形成了"四维一体"的吕凤子"崇爱尚美"思想的传承实践路径,成果的理论基础扎实、实践操作性强,经过该校数十年的精心培育和创新实践,取得了令人瞩目的成果,具有极高的推广与应用价值。

从该成果科学的理论结构,到精确的实证论证,再到具体的系统设计与长期的实践探索,不难看出这一成果是基于优秀顶层设计的一次真正落地实践,与当前我国加强高校思想政治工作、弘扬社会主义核心价值观的现实要求不谋而合,是高职教育新理念和新模式的一次有益探索,对我省乃至全国高职教育文化建设具有里程碑式的指导意义。该成果值得进一步推广,供高等职业教育的兄弟单位学习借鉴。

吕存(中国工艺美术大师,享受国务院政府特殊津贴专家、"正则绣"第三代传人,吕凤子嫡孙):

镇江高专传承、发扬吕凤子"爱与美"教育思想,将之与社会主义核心价值观、现代职业教育理念有机融合,研究论证并实践探索了"四维一体"的吕凤子"崇爱尚美"文化育人路径体系,实现了传统与现代有机结合,艺术与教育的无缝对接。该成果从教学实践层面对吕凤子的思想价值进行深入挖掘,真正体现了吕凤子的"爱无涯、美无极"核心思想。

第三节 "崇爱尚美"文化育人的成果应用

1. 对"崇爱尚美"文化育人思想进行系统研究,形成了系列研究成果。

数十年来,镇江高专在继承、发扬吕凤子"崇爱尚美"文化教育思想的同时,以校内的吕凤子研究所为平台,带领和鼓励广大教师积极开展吕凤子"崇爱尚美"文化育人思想的科学研究和探索,撰写并出版了《吕凤子文化育人思想的传承与实践》《走近吕凤子——吕凤子教育思想研究论文集》等著作 5 部,《吕凤子教育思想与实践的现实意义初探》①《吕凤子"正则"职业道德教育观初探》②《吕凤子职业教育的特点和启示》③《试析吕凤子和谐教育思想的基本内涵》④《用吕凤子教育思想加强学生职业道德教育的探索》⑤《吕凤子艺术教育思想探究》⑥等吕凤子教育思想研究性论文 20 多篇,《高职院校文化传承创新的自觉路径》⑦《高职特质视阈下的校园文化建设研究》⑧《先进文化:高校德育环境建设的精神形态》⑨《基于文化导向的高职高专资助育人模式构建》⑩等高职高专文化建设学术论文近 30 篇,为学校文化建设的深入推进提供良好学术支撑。

2. 以"崇爱尚美"文化育人实践作为内涵支撑,凝练了一批教学成果。

在专业建设上,将"爱与美"思想由艺术类专业延伸拓展至文科、工科专业,通过专业渗透与交融,重点打造现代经贸类、文化创意类、现代旅游类等特色专业,先后建设了文秘、旅游管理、艺术设计等省市品牌特色专业;在课程建设上,基本形成了具有学校特色的"职业能力 + 人文素养"的专业课程体系,建有市级以上精品课程 18 门,人文类网络课程资源 15 个;在教材使用上,精心编写了《让

---

① 唐成海.吕凤子教育思想与实践的现实意义初探[J].镇江高专学报,2006,19(3):14 – 18.
② 徐铭.吕凤子"正则"职业道德教育观初探[J].镇江高专学报,2006,19(4):1 – 5.
③ 汤金洪.吕凤子职业教育的特点和启示[J].镇江高专学报,2007,20(2):24 – 27.
④ 徐铭.试析吕凤子和谐教育思想的基本内涵[J].镇江高专学报,2009,22(1):1 – 4.
⑤ 柏林. 用吕凤子教育思想加强学生职业道德教育的探索[J].镇江高专学报,2012,25(4):7 – 10.
⑥ 夏淑芳.吕凤子艺术教育思想探究[J].镇江高专学报,2012,25(4):4 – 6.
⑦ 徐铭,丁钢.高职院校文化传承创新的自觉路径[J].中国职业技术教育,2012(21):72 – 75.
⑧ 吴建强,徐铭. 高职特质视阈下的校园文化建设研究[J].职教论坛,2014(8):40 – 42.
⑨ 王桂龙.先进文化:高校德育环境建设的精神形态[J].黑龙江高教研究,2006(11):105 – 106.
⑩ 徐铭.基于文化导向的高职高专资助育人模式构建[J].中国职业技术教育,2014(25):71 – 74.

梦飞翔——携手镇江高专,塑造完美人生》①《色彩构成》②《应用文写作及口语交际训练》③等自编自用教材,其中校本教材《让梦飞翔——携手镇江高专,塑造完美人生》已连续 3 版印刷、8 年使用,《色彩构成》被评为国家"十三五"规划教材。

3. 对"崇爱尚美"文化育人理念进行实践探索,打造了"五个一"特色品牌。

在长期的文化育人实践中,坚持弘扬、践行社会主义核心价值观,初步形成"五个一"的特色品牌,即:建成国内外唯一的"中国正则绣博物馆",设有弘扬吕凤子创新精神和传承省级非遗的"正则绣大师工作室";坚持 10 多年、达 100 多期的"正则讲坛";校园网主页设立"发现身边"专栏,定期推出、专门宣传校内师生先进典型;每个学院评选命名一个"吕凤子班";每两年开展一次评选"崇爱尚美高专人""崇爱尚美学院"活动。

学校"崇爱尚美"文化建设,引起了社会广泛关注,影响力不断扩大,国家和省市级新闻媒体对我校"崇爱尚美"文化育人情况给予了广泛关注和报道,仅 2016 年各类媒体报道就达 900 次。

4. 将"崇爱尚美"文化育人应用于"两核"培养,增强了思政教育的针对性和有效性。

文化建设有效地提升了思想政治教育的亲和力,"崇爱尚美"文化以其特有的魅力,将文化育人与教书育人、管理育人、服务育人有机结合起来,达到润物细无声的效果,使学校党建和思想政治工作真正实现了有效、有力,增强了师生践行社会主义核心价值观的自觉性,促进了"立德树人"落到实处。学校自 2001 年以来,一直保持江苏省文明单位(学校)称号,还先后获得了"全国五四红旗团委""江苏省大学生社会实践先进单位""江苏省平安校园"等荣誉。"崇爱尚美"文化育人研究项目获得江苏省大学生思想教育创新成果二等奖。突出社会主义核心价值观和高职高专人才核心素养的培育,学校人文建设成果丰硕。学校教师撰写的《内地高校港澳台学生管理问题研究》被中央统战部采用,编入中央统战部《调研参考》④。涌现出了如王庆海、丁卯、庄重、丁维洁、田野等一大批优秀学生典型和程媛媛、朱晓娟等优秀教师典型,他们的事迹先后获得《中国教

---

① 杨国祥,徐铭. 让梦飞翔——携手镇江高专,塑造完美人生[M].镇江:江苏大学出版社,2010.
② 蒋纯利. 色彩构成[M].上海交通大学出版社,2014.
③ 樊娟,孙月琴,邹志红. 应用文写作及口语交际训练[M].镇江:江苏大学出版社,2015.
④ 蒋娴. 内地高校港澳台学生管理问题研究[J].调研参考,2016(48).

育报》《江苏教育报》及各级网络媒体报道。

5. 对"崇爱尚美"文化育人工作进行总结宣传,形成了良好社会效应。

学校在数十年探索、实践过程中,始终坚持主动实践、科学求证,不断巩固和完善吕凤子"崇爱尚美"文化育人的路径设计,形成了众多文化育人研究成果,取得良好社会反响。学校教师围绕"崇爱尚美"的文化育人研究,出版了《大学文化自觉管理的向度、模型与方略》①《文化的内核与张力》②等著作和教材 10 余部,发表了学术论文 232 篇,论文下载 4 000 多次,他引 500 多次。2012 年以来,省内外兄弟院校来校开展专题文化调研、交流 50 余次。

6. 以"崇爱尚美"文化育人为抓手,人才培养工作成果丰硕,学校整体办学水平和美誉度得到提升。

"崇爱尚美"文化建设使学校的办学理念得到新的提升、发展改革得到了有力推动。学校在原有办学基础相对薄弱的情况下,以学校精神凝聚发展力量,众志成城,获得了 2007 年教育部高职高专人才培养工作水平评估优秀,2013 年又以优异成绩顺利通过江苏省高职院校人才培养工作评估。学校还先后获得"全国高职创新教育杰出贡献院校""江苏省职业教育先进单位""江苏省科研工作先进集体"等荣誉。"崇爱尚美"文化建设成果连续获得教育部第六届、第七届高校校园文化建设优秀成果奖;学校"崇爱尚美"文化育人的典型经验入选江苏省高等职业教育人才培养工作优秀案例选集;学校作为江苏省唯一受邀的高职院校参加了第三届全国大学校长美育论坛。学校培养出的学生人文素养优、综合素质高、后续发展能力强。20 世纪 90 年代学校主要培养县市长,以镇江为例,已培养出 20 余位地方党政领导;世纪之交主要培养企业家,为镇江广告业、文化创意设计等领域输送了 50 余位私企老板;现在主要培养卓越工匠,2011 年以来学校学生在各级各类技能竞赛上表现优异,获国家级一等奖 8 项、二等奖 10 项、三等奖 18 项,省级一等奖 32 项、二等奖 67 项、三等奖 94 项,学生获得国家奖学金共 21 人次、16.8 万元,获国家励志奖学金 1 302 人次、651 万元,学校毕业生就业率保持在 98% 以上,98.15% 的用人单位对镇江高专的毕业生给予高度评价。

① 丁钢. 大学文化自觉管理的向度、模型与方略[M]. 北京:光明日报出版社,2011.
② 丁钢. 文化的内核与张力[M]. 镇江:江苏大学出版社,2015.

第九章 "崇爱尚美"文化育人实践典型案例

案例一 镇江高专传承吕凤子教育思想，
打造"崇爱尚美"文化特色

镇江市高等专科学校将其创始人吕凤子先生提出的"爱无涯、美无极"作为学校思想文化道德教育的核心内容。近年来，学校利用这一宝贵的校本文化资源，从文化建设的路径拓展、对象覆盖、内涵提升等多方面，立足传承、致力创新，强化实践，传承吕凤子"爱与美"的教育思想，积极打造特色校园文化创新人才培养工作举措，赢得了良好的社会赞誉。

一、加强顶层设计，实现文化建设路径的"立体拓展"

从构筑体系、凸现特色和目标的科学化建设的角度，综合思考、全面规划、系统部署学校的文化建设工作。学校成立了吕凤子研究所，加强研究工作；形成了"崇爱尚美"理念，创新实践途径，通过正则讲坛、研讨会、铸吕凤子铜像、建凤园凤亭、竖吕凤子名言牌等，使校园的每个角落都充满爱与美的气息，以及浓厚全方位的"以文化人"氛围。

二、构筑实践平台，实现文化建设对象的"全员参与"

通过全方位的推动，努力使"崇爱尚美"成为全校师生的文化自觉。通过课堂课外、书刊微博、校企文化交融等,将"爱与美"的核心精神体现于人才培养的全口径、全方位、全过程,形成了人人颂扬"爱与美"、人人传承"爱与美"、人人实践"爱与美"的局面。图9-1为校园环境标语。

图9-1 校园文化牌

三、凝练学校精神,实现文化建设内容的传承创新

学校颁布了正则格致的校训和以"爱与美"为核心的校风、学风、教风,出台了"打造'崇爱尚美'特色校园文化""三爱·三美师德建设"等活动。坚持开展文化主题系列活动,使"爱与美"的教育思想渗透到师生的头脑和实际行动中。

多年来,学校"崇爱尚美"特色文化育人效果显著。一方面,确立了以"崇爱尚美"为主题的文化育人教育改革思路。形成了"素质为魂、能力为本、厚德强能、全面发展"的素质教育理念。《人民日报》等媒体多次报道,注重文化育人功能,突出课程改革模式,促进学生可持续发展的先进事迹。学校毕业生就业率一直保持在98%以上,用人单位对毕业生综合评价满意率达到95%以上。与此同时,相继形成了一批文化品牌,有"正则讲坛""吕凤子班""十佳爱与美大学生评选"等。近年来涌现出了"接力爱心助残""蒲公英行动"等大爱群体,涌现出了丁卯等10多个"爱与美"的师生先进典型,受到社会广泛关注和好评。学校"爱与美"的文化特色品牌荣获教育部高校文化建设优秀成果奖;2011年作为全省唯一一所高职院校应邀参加全国大学校长美育论坛。全国政协原副主席、文化部部长孙家正为学校凤先生教育园欣然题写了"凤亭"(图9-2、图9-3),勉励学校继续传承校本文化精髓,培养优秀人才。

图9-2 凤亭

图9-3 全国政协原副主席孙家正为凤亭题字

点评：①

1. 镇江市高等专科学校立足传承,使校园文化返宗归祖;致力创新,使校园文化与时俱进;强化实践,使校园文化不流于形式。

2. 颂扬老校长的教育思想和先进事迹,不仅可以让学生了解历史、追根溯源,更能在全校师生员工中树立一面精神旗帜,让"榜样"为文化育人增添"正能量"。

---

① 本案例已被全文收入《江苏省高等职业教育改革发展创新案例集》(丁晓昌,徐子敏,经贵宝编著.北京:高等教育出版社,2014:388.)。此"点评"为该书编者所加。

案例二　镇江高专"崇爱尚美"文化育人"五个一"特色品牌
——1馆、1坛、1栏、1班、1评

1馆　建立国内外唯一的"中国正则绣博物馆",设有弘扬吕凤子创新精神和传承省级非遗的"正则绣大师工作室"。

20世纪20年代,在丹阳正则学校(现镇江高专丹阳校区的前身),吕凤子先生带领他的学生杨守玉(其时为正则学校教师)共同发明了一种全新的独立绣种。这种独特的刺绣艺术,实际上是运用针和线在布上作画,它是以"乱"的色线错综挽合,反映刺绣和油画的奇特技法造型。这一研究是我国几千年来刺绣传统技法的一大突破,开辟了我国刺绣艺术向更高的美术层次发展的广阔前景。后该绣种以"正则学校"的名字命名为"正则绣"。1936年,正则学校筹资出版了《正则绣》一书。2016年是吕凤子先生诞辰130周年。为缅怀和传承吕凤子先生的创新、奉献精神,镇江高专在新校区正式建设"中国正则绣博物馆"(图9-4)。

图9-4　中国正则绣博物馆

中国正则绣博物馆全方位展示学校历史文化底蕴,推广"正则"经典品牌,扩大正则绣的影响,同时也为历史文化名城镇江再增添一道靓丽的文化景观。学校以组织师生参观学习的形式,加强校史教育,全面宣传学校"崇爱尚美"文化的内涵、起源和发展,使学校的文脉得以延续。建成的中国正则绣博物馆具有

"陈列、科研、文化、传艺、互动"五大功能,学校利用所收藏的文物、标本、资料等文化财产向公众开放,全力服务高等教育发展和社会文化发展。

该馆内设有弘扬吕凤子创新精神和传承省级非遗的"正则绣大师工作室",著名画家、美术教育家吕凤子先生的嫡孙、"正则绣"第三代传人、镇江市首位中国工艺美术大师吕存担任坐馆,并面向校区招募热爱、有志于从事"正则绣"的教师加入,对他们进行培养、培训,使他们熟悉"正则绣"业务,承担起工作室的工作职责,进一步把"正则绣"文化发扬光大。学校还面向学校师生和社会人员,积极开展正则绣培训。

1坛 坚持10多年、达100多期的"正则讲坛"。

吕凤子先生是我国职业教育先行者、著名国画大师、教育家,是镇江高专的"祖师爷",高专人流淌着的是"正则"的血脉。正则魂源自于屈原的爱国魂,凝聚着对爱与美的执着追求,同时也成就了今天的"崇爱尚美"学校文化,成就了高专人的自尊和自信,成就了高专人那一份浓浓的情结。"正则讲坛"应运而生、应时而生。

"正则讲坛"是学校2003年创办的普及人文社科知识的学术讲坛品牌。多年来,"正则讲坛"始终坚持以服务学校和师生的发展为己任,使之成为学校宣传科学理论、传播先进文化、深化教育改革、塑造美好心灵、弘扬社会正气的重要阵地。正则讲坛每期根据专题需要邀请社会知名社科专家、研究人员、能工巧匠、先进模范人物和本校领导、教师,如中国工程院院士顾心怿、原六十军军长李元喜少将、全国道德模范赵亚夫、昆曲研究专家周秦、长江学者王尧、吕凤子孙子正则绣传人吕存,以及地方党政领导、优秀校友等,给学生讲人生、讲文化、讲艺术等人文知识。目前,"正则讲坛"已成为一个窗口,推出的是科学、人文、艺术的美丽风景;它也是一个平台,师生在这里可以交流、互动,在问题讨论、思想碰撞中达到共鸣、共振;它已成为一个品牌,是学校精心打造的一个传承学校文化、培育学生人文素养的品牌。"正则讲坛"的重要任务,就是通过人文知识的普及、艺术作品的欣赏、思想火花的交流,来潜移默化地塑造那充满爱与美的心灵,培育凤先生所祈求的"完人";让高专人都能用爱美的心、审美的眼去发现、了解美的作品和善的人生。通过举办"正则讲坛",学校宣扬了人本理念、传播了人文知识、实现了化人目标。学校成立"正则讲坛"工作领导小组,由校党委书记担任组长,党委副书记担任副组长,宣传部、科技处、社科部、教务处、学生处、团委等职能部门负责人担任成员,加强领导和指导。学校每年组织至少 10 场"正则讲坛"。每期讲坛保证前期通知、公告到位,其间组织听众到位,后期总结和宣传报道到位。为调动广大学生参与"正则讲坛"的积极性,教务部门还专门出台了"大学生参加报告会和听取讲座等计入学分"的相关规定,以完善的机制保障"正则讲坛"的健康发展。

举例来说,为了增强学生对学校文化的了解,助力学生成人成才,每年新生入学后的 10 月,校领导就会做客正则讲坛(图 9-5),为学生做题为"让校训之光照亮成才之路"的专题报告。

图 9-5 "正则讲坛"海报

在全面介绍解读校训的概念、功能、特色的同时,重点讲解学校校训正则格致的背景、内涵,启发引导广大同学认真理解、深刻体会校训含义,不断深化、强化校训的学习宣传,积极践行,让校训之光照亮成才之路。

1栏 校园网"发现身边"专栏(专门介绍校内师生先进典型)。

为了更好地用身边人影响和教育师生,学校特在校园网主页开辟"发现身边"专栏,大力宣传学校教师、学生、管理服务人员先进典型和模范事迹。这些先进事迹还被编成"高专故事",由宣讲团成员深入学院、班级进行宣讲,积极讲好"高专故事",传播好"高专声音"。

学校安排学生记者、教师通讯员深入学院、部门,对思想政治好、工作成效好的师生典型进行采访,深度挖掘其先进事迹。近年来,学校对 36 名师生进行了专访,如在教师方面,对艺术设计学院王治老师做了题为"只想做一名以德育人的艺术家"的宣传报道;'对汽车工程学院金立江老师做了题为"探索实践教改拓宽合作主体 创新教学理念"的宣传报道;在学生方面,对电气与信息工程学院丁诚钊同学做了题为"'证书'达人——丁诚钊"的宣传报道,对旅游学院全国技能大赛冠军做了题为"追求诗和远方的寻梦人——记全国技能大赛冠军周末"的宣传报道,对电气与信息工程学院倪康同学做了题为"用兴趣书写人生"的宣传报道。学校通过对典型的培树,进一步营造了"学先进、比先进、当先进"的浓厚氛围,进一步为学校事业发展凝心聚力。

1班 在每个学院评选命名一个"吕凤子班"。

镇江高专的办学渊源可以追溯到1912年我国职业教育先行者、著名国画大师、教育家吕凤子先生创办的正则女校。2016年7月7日是吕凤子先生诞辰130周年纪念日,为了展示学校深厚的文化底蕴,进一步丰富和发展"崇爱尚美"文化,不断提升学校品位和知名度,学校开展"吕凤子班"评选命名活动。

吕凤子班是学校班级管理的最高荣誉,以吕凤子先生的姓名命名,每个学院命名一个班级,是学院班级管理的名片。该活动由团委、学生处牵头,面向各学院开展"吕凤子班"创建活动,择优评选命名"吕凤子班",并授予"吕凤子班"铜牌。通过创建活动,使广大学生自觉传承吕凤子先生"正则精神"和"爱无涯、美无极"的教育思想,激励青年学生以吕凤子先生为榜样,真正把"崇爱尚美"的学校文化融入日常的学习和生活中,把弘扬和践行社会主义核心价值观融入日常的学习和生活,通过"吕凤子班"创建,让学生主动探寻"爱与美",并积极创造"爱与美"。

1评 每两年开展一次评选"崇爱尚美高专人""崇爱尚美学院"活动。

多年来,学校始终坚持开展"崇爱尚美学院"和"崇爱尚美高专人"评选活动,大力弘扬风先生"爱无涯、美无极"的教育思想,积极营造浓厚的"崇爱尚美"的校园文化氛围。评选工作在学校精神文明建设领导小组的统一领导下进行,学校评委会成员由校领导和相关职能部门负责人组成。

"崇爱尚美院部"参评对象是学校的所有学院(系、部),主要围绕"班子协作好、干群关系好、师生发展好、育人环境好、发展氛围好、组织领导好"等方面。"崇爱尚美高专人"参评对象包括教育教学一线的在职教师、辅导员;从事行政管理、教辅和后勤管理服务人员;全日制在校生(含校外顶岗实习学生)。"崇爱尚美高专人"包括"崇爱尚美教师""崇爱尚美学生""崇爱尚美管理服务人员"三类。学校根据不同群体的特点,分别制定出不同的评比标准,使高专人努力有方向。

经过多年的争创活动,学院的发展出现了良好态势,班子和谐、师生努力、事业兴旺,广大师生向"崇爱尚美"先进人物看齐,他们在"爱与美"的熏陶中,感受

205

到"崇爱尚美"文化的力量感召,全方位、立体式、多维度接受"崇爱尚美"文化的洗礼。

案例三　三德融一·育化"成人"
——丹阳师范学院"崇爱尚美"文化润生案例

镇江高专"崇爱尚美"文化起源于丹阳师范学院的前身私立正则女子学校。创始人吕凤子先生的高风景行,百余年来化作"崇爱尚美"文化,绵延润泽着一代代高专学子,塑造着高专人独特的"爱的情怀,美的品质"。

一、活动实施目的

目前丹阳师范学院在校生都是"95后"甚至"00后"。这批学生出生在社会转型期,在多元价值观的冲击下思维多变、注重现实,而生存缺乏压力和多为独生子女的背景又让他们人格养成存在明显缺陷,这些知识、技能之外的因素往往成为他们的致命伤。针对实际学情,丹阳师范学院近几年在学生品德培养中坚持"崇爱尚美"文化育人,开展具有学院特色的"三德融一,育化'成人'"德育实践,取得了良好的育人效果,受到社会广泛赞誉。

所谓"三德",即:前贤遗德——中国传统美德、创始人吕凤子先生事迹、品德、办学史上优秀人物或群体传记;职业道德——现代教师职业必须培养具备的道德品质;文明美德——当代社会成为优秀公民必须培养拥有的道德品质。

"成人"包含两层意思,一层意思为师范学院目前大多数是五年一贯制学生,入学时是初中毕业生,尚未成年,他们将在学院经历从未成年人到成年人的跨越;另一层意思是师范是培养为人师者,要培养"德(师德)艺(教艺)双馨"的人,要按照吕凤子先生的要求,帮助学生制作即善即美的完美人生①,实现"由生为师"的"成人"目标。

---

① 吕凤子:"人生制作即艺术制作,即善即美,异名同指也。"《吕凤子文集》,天津:天津人民美术出版社,2005:78.

"三德融一,育化'成人'"德育系列活动就是将前贤遗德的传承、职业道德的锤炼、文明美德的培养三者有机地融为一体,用五年的时间系统性地教育、培养、引导学生实际践行,从而拥有完善的人格和较高的道德品质,为从事教育工作打下坚实的基础——即"由生为师"的过程。

二、活动开展过程

(一)五个渠道,感悟成人含义

1. 开课。

在一年级开设"正则修身"课程,共 2 个学分,系统讲解正则校史、凤先生三办正则事迹、"崇爱尚美"校本文化内涵;全面学习新时代教师职业道德、社会主义核心价值观、社会文明美德,并在一、二年级班会上不断巩固细化这些德育内容的学习。

2. 班会。

新生进校第一次班会,由班主任带领参观校园,利用校内丰富的校史资源(吕凤子雕像、正则校名碑、正则校歌墙、正则校史长廊等)对学生进行校史、校训、"崇爱尚美"文化教育。

3. 活动。

每年的端午节期间开展纪念伟大爱国诗人屈原的活动,感怀凤先生以屈原的名字"正则"作为校名的期望,感悟"屈子魂就是我正则的校魂"的深刻含义,对学生进行爱国主义教育和修身立德教育。

4. 仪式。

二年级下学期举办"18 岁成人仪式",再次对学生进行教育报国理念教育,并在吕凤子雕塑像前宣誓。

5. 讲座。

在入学军训时和三年级下学期各开展一次法律知识专题讲座,指导学生了解在校各阶段需承担的法律责任。

(二)五个环节,践行成人要求

1. 让要求成为习惯。

注重从平时做起、从小事做起,把教师职业道德、职业素养细化成学生平时学习生活的点点滴滴要求,从学生穿着、仪表、谈吐、劳动态度等小处入手,反复抓、抓反复,直至学生形成良好行为习惯。

2. 让感恩成为行动。

一、二年级的家长会均安排设立"感恩父母"环节,由各班百花齐放设计环节内容,引导广大学生学会感恩、传承孝道,让感恩从身边做起。

3. 让奉献成为自觉。

重视青年志愿者队伍建设,打造校内外志愿者服务品牌,让志愿服务和公益慈善理念深入青年学生内心,培养自觉为人民服务的良好品德。

4. 让评价成为导向。

加强考核评价,将"正则修身"课程设为必修科目,理论占1分,实践占1分,德育实践除要求学生必须在一年内参加一定数量的德育讲座和志愿者活动外,还将学生一年内的日常表现(宿舍卫生、值日情况、守纪情况、早操晚自习、文明仪表等)折合成学分,理论课授分由任课教师给予,实践部分由班主任给予,一年级学生"正则修身"课程不合格,二年级必须重修,重修仍不合格者不得参加教师资格证书考试,不得毕业。

5. 让毕业成为新起点。

学校每年举办毕业生汇报展演活动,全方位展示学生才艺成果。五年级实习之后回校进行汇报交流,谈感想、谈体会,再学凤先生师表事迹,对照自己寻找差距,确立毕业后的努力方向,教师进行总结点评,让学生朝着优秀教师目标前行。

(三)三项评比,争做最美高专人

1. 比谁"最有特长"。

一年级下学期启动师范生"特长培养计划",利用一学期时间了解师范技能培养要求和个人兴趣爱好,确定一门技能作为自己的特长去培养和发展,在专业教师指导下制订特长培养计划书,在其后三年中有计划、有步骤地训练培养。

2. 看谁"至善至美"。

学院在四年级下学期时设立"至善奖",对一届学生中经过四年学习表现出的好人好事进行表彰;设立"至美奖",对一届学生中经过四年训练技能特长出类拔萃者进行表彰。

3. 评谁"最为优秀"。

评选优秀毕业生,并从中选择榜样给予"最美高专学生"称号,颁发"吕凤子奖",并在同年新生中通过橱窗、学院微信等进行广泛宣传。

三、活动初现成效

(一)校园更加文明和谐

学院"三德融一,育化'成人'"德育品牌活动开展以来,学校"崇爱尚美"文化慢慢浸润学习、生活在其中的学生,学生更全面、更深刻地认识和理解了"真善美"。近几年来,学院没有发生一起学生重大违纪伤害事件,学院学生之间相处和睦,"四礼八仪"活动常抓不懈,学生平时着装简朴、言语文明、彬彬有礼,宿舍文化生动活泼,青年志愿者活动蓬勃开展。

(二)毕业生核心竞争能力增强

校史的讲解、创始人吕凤子先生事迹系列介绍使学生坚定了自己的职业信念,传承凤先生教育报国的理念和精神,立志当好一名教师;职业道德贯穿于平时的教育引导过程,使学生有意识地去培养未来工作所需要的品质,如热爱劳动、耐心、细心、有爱心等。修身课程的开设引导学生重视自身品德培养,立足于平时,从一点一滴做起,养成良好的习惯,完善自己的人格。"三德融一,育化'成人'",五年的培养训练让学生的气质内涵发生了明显变化,举手投足之间"美的品质,爱的情怀"显现,深受人们喜爱,也得到用人单位的肯定。

案例四 用"活三个课堂" 打造文化自信
——旅游学院"崇爱尚美"文化育人路径

近几年来,随着学生主体的不断变化,传统旅游专业教育已远远不能适应,而旅游行业对旅游专业学生综合素养要求也在不断提高,使得当前的旅游教育面临着三大困境。首先,90后、00后学生主体的到来,学生个性、学习动力和学习习惯发生了很大的变化,自主学习意识不强,再加上传统枯燥的校园生活和老旧的管理模式,使得很多学生失去了学习兴趣,逃课、逃学现象严重。其次,旅游管理专业是一个涉及面非常广的专业,涵盖了管理、营销、心理、人文、美学、经济等各类知识,而随着新生生源数量不断减少,新生整体素质普遍下降,不能满足旅游行业对学生综合素质普遍较高的要求。最后,传统专业课程设置主要以核心专业知识和技能的培养为主,学生的专业特长、业余兴趣无法得到发挥和提高,学生文化素养不能满足行业发展的需要。面对这些困境,在专业建设中,如何解决专业教学的枯燥乏味,摆脱老套的管理模式和学习结构,怎样能够教好学生? 如何提升学生学习兴趣和专业综合实力? 高职旅游管理专业教育教学体系在建设发展进程中如何能更加契合学生学习心理,契合行业企业对学生的要求? 如何培养出更加符合旅游行业要求的高素质人才? 这一系列问题引发了我们深入的思考。

作为省级品牌专业、省级重点专业群建设项目中的核心专业,必须紧跟时代发展,找到破解对策,谋划适合对路的改革思路和方案。在困扰之时,镇江高专"崇爱尚美"文化育人研究与实践成果进入了全校推广应用阶段,给我们提出一条破解困境的出路。在学校顶层设计的引领下,旅游学院积极探索,大胆尝试,结合自身专业特色,从人才培养方案的制订、课程的设置、教学内容和教学方法、专业实习的形式和学生的去向等方面进行了全面的改革创新,借助第一课堂、第二课堂、第三课堂层层融入"崇爱尚美"文化,探索出一条专业特色鲜明的文化育人新路径(图9-6)。

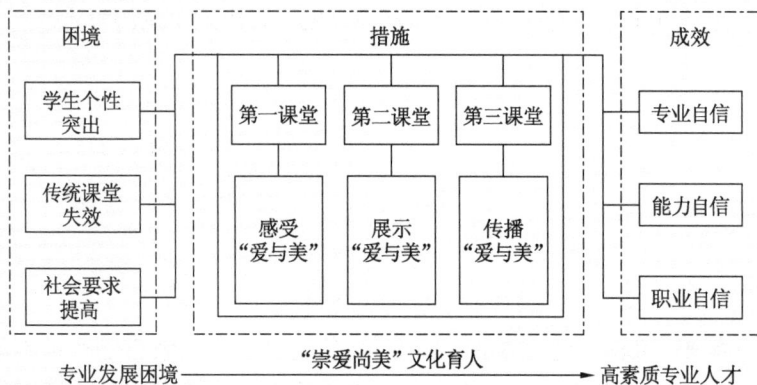

图9-6 旅游学院"崇爱尚美"文化育人路径图

一、通过第一课堂,感受"爱与美"

为了破解困境,我们狠抓第一课堂,根据学生的现状和行业发展要求,以改造人才培养方案为起点,在课程设置、教学内容和教学方式上,将专业育人与文化育人完美结合。

1. 结合行业对专业人才的职业文化素养要求,对人才培养方案进行必要的调整。

在保证专业核心课程的基础上,融入旅游文化、地方文化、传统文化,开设"饮食文化""客源国概况""礼仪文化""民俗文化""名品鉴赏""地方景点解说""中国茶艺"(图9-7)等课程,同时开展系列的企业文化和国学文化讲座,以提升学生综合文化素养。为了培养学生兴趣爱好和特长,增设了"形体课""演讲与口才""才艺展演""课程项目"等。既保证学生职业能力的提升,又兼顾了学生的综合文化素质培养,学生兴趣爱好特长培养不足的问题也得以解决。

图9-7 中国茶艺课堂教学

2. 在课程内容和授课方式上不断创新。

利用学生喜欢挑战,善于"找茬"的心理特征,将课堂教学内容整合成节目、游戏、赛事等,开展竞赛式、展演式、模仿式、挑战式等学生喜爱的新型课堂教学形式,将学生重新吸引到课堂教学中来,抓住学生的心,重拾课堂教学的光辉。让学生在体验中去学习知识,去感受爱与美,去改变自我。比如"旅游服务礼仪"课程,老师根据不同礼仪模块的需要,设计不同的场景,让学生扮演不同的角色进行课堂展演,老师和学生一起讨论展演中的礼仪要点和常识,强化正确做

211

法，及时纠正错误做法，学生的参与度极高，边做边学，课堂效果很好。再比如"导游实务"课程，由于课程是旅游管理专业的专科核心课程之一，但课程偏重理论，又是导游证考试的必考课程，为了让学生更加深刻地掌握理论知识点，教师团队借鉴"一站到底"这个电视栏目，付出大量时间编制了试题库提前发给学生，将教学过程改编成"一站到底"的游戏课堂，学生分成不同的小组进行淘汰赛，大大激发了学生的学习兴趣，学习效果大幅度提升，导游证一次性通过率大大提高。为了达到更好的教学效果，旅游学院通过组建课堂教学创新团队，进行不同课程内容的模块融合，开展课堂教学的再设计，研讨出不同模块不同主题的课堂教学范例，不仅要使课堂能够满足基础教学的需要，更要让课堂成为训练情感、增强意志、团队协作等方面提升的场所。课堂教学效果明显得到改善，很多课程已经成为学生非常喜爱的课堂游戏和竞赛的训练场。

二、借助第二课堂，展示"爱与美"

旅游学院充分借助第二课堂这个平台，将职业素养与校园文化充分结合，通过开展丰富多彩的课外活动，让学生利用专业知识和专业技能，充分展示"爱与美"，树立专业自信，形成旅游专业"崇爱尚美"的文化特色。

旅游学院每学期都会根据专业特点，结合国家和省级技能竞赛项目，组织开展形式多样的学院技能展演活动，如"创意摆台""校园导游词创作与讲解""我是小小演说家""我微笑、我自信""导游地盘我做主""茶艺我最棒"等专业性很强的技能竞赛活动。学生在学习专业知识的基础上，结合自身创作，将他们感受和理解的"爱与美"在第二课堂上充分展现，学生拥有了展示学习成果的舞台和机会，充分培育了他们的专业自信。在此基础上，同学们在各级各类大赛上也同样取得了非常丰硕的成果。近三年来，学生参加省级创新实践项目6项，获省级创业设计大赛及职业规划大赛一、二、三等奖各一项，3个项目入驻校、市大学生创业孵化基地。学生参加全国旅游酒店类服务技能大赛（图9-8、图9-9）、省职业院校技能大赛等重要比赛，取得了丰硕的成果，全国一等奖3人，全国二等奖3人，省一等奖1人，省二等奖2人，在全省同类专业中位居前列。

图 9-8　西餐创意摆台

图 9-9　中餐创意摆台

　　组建专业社团,以社团文化建设为抓手落实学生多元成长做法,这是挖掘学生个体潜力、尊重学生个体特性的科学做法,也是教育应该追求和努力的主流方向。每个师生及时将参加文化活动过程拍摄成视频在微信公众号内分享,让更多的人感受文化的魅力。利用所学专长排练节目,在镇江高专元旦文艺会演中获得一等奖的好成绩。

　　旅游学院通过组织多姿多彩和多样化形式的活动,不仅丰富了学生课余文化生活,激发了学生的积极性和主动性,让学生在提高自我能力的过程中收获成就感,同时还让学生发现自身亮点,培育学生信心,树立了专业自信,为学生指明了努力的方向。学生们也将"爱与美"在第二课堂这个舞台上得以充分展现,熠熠生辉。

213

三、走进第三课堂，传播"爱与美"

旅游学院利用第三课堂，将企业文化与校园文化相结合，在社会的大舞台上尽情传播"爱与美"。多年来，旅游管理专业在发展的过程中，始终坚持立足地方，服务地方经济的建设目标，学生多次应邀参加镇江市大型活动的接待和解说工作；旅游管理专业学生义务讲解活动已成为我校服务社会的品牌，成为镇江的城市名片和亮丽风景线，近年来本专业学生景点义务讲解 200 余次，服务游客 3 000 余人，受到中外游客和社会的好评。

在顶岗实习环节（图 9-10），学生在各自的岗位上，完美地实现了角色的转变，将"爱与美"传播给每一位顾客。多年来，合作实习单位对我校顶岗实习学生的赞许溢于言表。他们在各自岗位上用专业的知识、娴熟的技能、自信的态度和热情周到的服务赢得了顾客的充分肯定，实习学生中我校实习生收到的客人表扬信最多。实习单位纷纷表示镇江高专的学生综合素质高、适应能力强、角色转变期短、专业技能硬、服务意识强、工作热情高、学习能力强、有素养、潜力大，在所有实习的院校中名列前茅。很多实习生破格成为领班，开创了实习生晋升领班的先河。

图 9-10　学生在酒店顶岗实习

几年来，通过实施"崇爱尚美"文化育人，学院文化生活丰富了，逐渐破解了学生校园生活中的乏味问题，让学生充分感受到专业知识和学校生活的乐趣和温暖，从而更乐意留在学校，更快乐地学习，厌学、逃学现象大为减少，更多的学生可以创新创意于专业特长和兴趣爱好。同时教学质量也得到大幅提升,学生多元化成长成为主流,逐渐形成"人人有兴趣、个个有专长"的态势。实践证明,实施文化育人,抓好学生文化建设,充分利用社会载体培养学生创新意识和实践能力,特别是勇于担当的精神,通过组织学生到校外实践锻炼,切实让学生既能成人又能成才。学生通过感受老师的爱,学习专业知识之美,去传递爱,展示美,最终成为"爱与美"的使者。近年来,学生专转本录取率高,专接本学习蔚然成风,专接本学生连续三届本科毕业率达 100%、学士学位获取率达 100%,其中 1 名学生考取了扬州大学硕士研究生。多名学生获国家、省市荣誉,先后 5 人获国家奖学金,10 人被评为江苏省三好学生、江苏省优秀学生干部。由于职业能力强、综合素质高、具有可持续发展力,毕业生得到用人单位和社会的一致好评。毕业生就业率连年保持 100%,就业对口率达 65% 以上,毕业生分布于长三角地区各大城市,已成为镇江及周边城市旅游业发展的中坚力量。他们在各自岗位上继续将"爱与美"的精神传递给周围的每一个人。"爱与美"文化的社会影响力不断提升。

案例五 实践"三个结合" 成就"四美"人才
——电气与电竞学院"崇爱尚美"文化育人实践

高职教育不仅要提高学生专业知识和能力,成为技术技能型人才,还要注重塑造学生职业人格,培养学生的职业素养和敬业精神。电气自动化专业是电气工程师的培养载体,必须在专业人才培养中融入人文素养教育,为学生未来全面可持续发展打下坚实基础。在电气自动化专业教学中,学院传承吕凤子先生"崇爱尚美"的教育思想,实施以可持续发展为目标的大学生综合素质提升工程,推进文化育人,将"爱与美"的文化教育思想贯穿在专业教学过程中,以"人文素养 + 职业能力 = 可持续发展"为高素质技术技能型人才的培养目标,逐渐形成了"三结合 + 四美"的人才培养特色。渗透"爱与美"教育理念的电气自动化人才培养模式如图 9-11 所示。

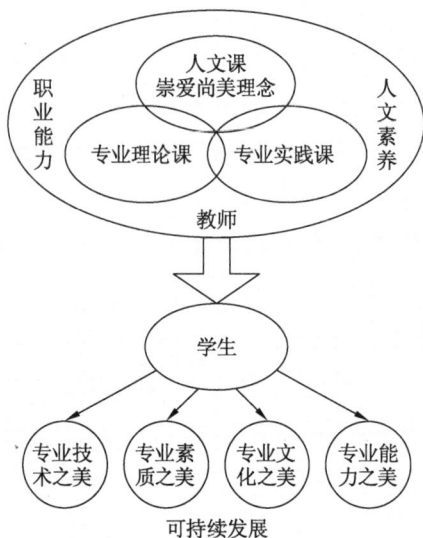

图 9-11　渗透"爱与美"教育理念的电气自动化人才培养模式

一、具体措施

在电气自动化专业人才培养中,注重契合专业特征,适应行业要求,通过"三个结合",使学生受到专业核心价值与"崇爱尚美"教育理念的熏陶,进而实现专业学习与职业素养养成相协调、专业人才培养与文化传承相促进的目的。

(一)"崇爱尚美"教育理念与专业理论课教学结合

在专业建设与课程体系设置中,将自动化领域需要的知识要求、技能素质及行业标准乃至实际的生产过程注入其中,使得"崇爱尚美"教育理念化融合在专业知识及其技能训练中,在"教学做"一体化的实施过程中,潜移默化地培养学生专业与职业认同感、提高从业能力与职业水平。在教学中,通过"四项措施"把人文课程的教学和专业理论课的教学有机结合起来,实现文化育人与技术技能型人才培养的结合:一是确定人文课程教学和专业理论课教学的恰当比例,现在人文课程占总课时的比重已达到22.5%,人文课程做到教学面要宽,内容要精,让学生广泛吸取各类优秀的文化、艺术和思想,载体有人文课程、第二课堂、学生活动、两课等;二是在人文课程教学中融入专业理论课教学的内容,如电气制图及 CAD 的技术文档的写法;三是在专业理论课教学中挖掘人文课程的教学内容,把自动化领域中的专家的成长过程分享给学生,如邀请原江苏华通重工的副总裁、总工程师肖翀宇来校做报告,邀请江苏大学电气信息学院、高性能电机研究所所长、博士生导师赵文祥教授来校做报告;四是在选修课的开设上体现人文课程教学和专业理论课的教学相结合的要求,拓宽学生知识面,完善学生知识结构和体系。

(二)"崇爱尚美"教育理念与实践教学相结合

高职院校培养的是技术技能型人才,实践教学是培养学生技能的主阵地,因此在高职院校的教育教学中占有极其重要的地位。在学生专业实践教学过程中,融入"崇爱尚美"教育理念的内容,实现文化育人和实践教学相结合。坚持做到"三个注重":一是注重培养职业技能所体现的文化素质和人文精神。学生职业能力的形成主要是通过训练得到的,也需要一定的文化知识和职业品德作为支撑。在电气自动化学生职业技能训练中,要注意职业技能所需要的"爱与美"文化素质,通过职业技能训练,使学生的职业技能和文化素质能够得到提高。任课教师在教学中,传授给学生职业意识和职业素养,如实训场所的6S管理。二是注重把职业技能训练和基本道德品质的培养结合起来。基本的道德品质是学生人文素质的重要内容,在职业技能训练的过程中,教师会帮助学生养成诸如遵守纪律、文明礼貌等基本的道德品质,使学生的职业技能、道德水平、人文素质能够得到提高。三是注重把人文知识的学习和职业技能训练结合起来。人文知识和职业技能之间存在共同的内容,可以把人文知识的学习和职业技能训练结合起来,如专业必修课的课程设计说明书。

(三)专业教学研究与融合学生软实力培养理论研究相结合

教师是专业内涵建设的主体,如何通过专业内涵建设提升专业实力,提高人才培养质量,是教师在教学实践过程需要关注的重要问题。多年来,学校积极支持教师开展教学改革研究,把人文素养融合到专业教改中,如在电气自动化专业的核心课中融入了体现"崇爱尚美"教育理念,核心课实施了"一体两翼"的学生能力素质培养目标等。

二、特色与成效

(一) 特色——成就"四美"

1. 专业(职业)技术之美。

专业(职业)技术之美在于"新",所谓"新"就是把"新技术、新思想、新应用"引入专业教学。紧跟自动化技术的发展潮流,邀请企业专家修订人才培养方案和课程体系,把最新的自动化技术传授给学生,避免学生培养与社会需求相脱节。教师平时就必须注意收集案例,在课堂教学中,将新技术新思想的产生及发展和典型的新应用及时作为教学内容的重要补充,让学生在学习新知识、新技术的同时,感受社会的进步与科技的力量。本专业的典型生产线应用技术、自动化系统集成与工程实践等应用课程教学中,与自动化领先企业罗克韦尔自动化、三菱自动化合作,引入工业以太网 + 和先进 PLC 技术,引入相应的企业文化,开拓了学生思维,学习了先进技术的同时,渗入了先进文化教育。

2. 专业(职业)素质之美。

专业(职业)素质之美在于"遵"。所谓"遵"就是"遵纪律、遵规则、遵要求",把课堂纪律与企业文化相结合,把技能操作与国家规范相结合,把专业应用与技术要求相结合,既要有解决工作中具体问题的能力,更要有面对挫折、逆境的心理承受能力。培养"行有则,做有矩"的高素质人才。平时教学中,首先要求教师做到既有宽广深厚的专业知识、广博的文化知识及足够的所教学科知识,又具备纯熟的专业技能、熟练的教学技巧及良好的教学能力,还要有专业理想和专业情操。

本专业注重工科学生的职业素养培养,结合我校的"一体两翼"的学生能力素质培养工程,贯穿整个学习过程,分阶段实施。第一,培养学生积极的心态。积极主动、包容、自信的心态,感受到生活与工作的快乐。教育学生理解态度决定行为,性格决定命运的道理。第二,培养学生的专业道德。职业道德是事业成功的保证,爱岗敬业、诚实守信、办事公道、奉献社会,这些都是教会学生必须遵守各项行为规范。第三,学生必须具备专业素养。比如正确的人生观、科学的工作方法、职业生涯规划、高效的沟通技巧与时间管理、团队建设与团队精神、人际关系处理技巧等。

3. 专业(职业)文化之美。

专业(职业)文化之美在于"气"。所谓"气",就是作为一个工科学生的人文"气质"。苏东坡说过:"腹有诗书气自华。"受了文化的熏陶,气质自然就美。因此,我们在进行高职院校校园文化建设时,紧密结合专业,凸显特色,以营造专业文化氛围为手段,体现专业(职业)文化之美,弘扬职业精神(图9-12)。

图9-12 电气自动化校企文化环境

本专业创设专业文化专栏,除名人肖像、格言警句外,还有市场人才需求信息,行业与专业的发展历史,新工业、新技术的发展趋势,业内成功人士、能工巧匠、优秀毕业生事迹介绍等与专业相关的因素,让学生体味职业感受和专业思想。同时我们还经常邀请企业管理人员和能工巧匠、工程师做学术报告和创业讲座,为提高学生的实践能力打造专业学习与交流平台。学校每年还要开展学生职业生涯设计专题报告会,对新生进行职业生涯设计教育,同时开展职业生涯规划意识教育,通过丰富多彩的活动,丰富课余生活,提高学生的专业素养和综合素质,如技能大赛、才艺展示、模拟招聘会等活动。通过上述工作,进一步体现职教特色,丰富专业内涵,着力营造富有特色的专业文化氛围。如在与美国罗克韦尔自动化公司(Rockwell Automation)合作共建实训室时,实训室布置了企业文化的宣传展牌,其中就融合了"爱与美"人文素养教育。其他实训室也是按照同样方法实施,如三菱自动化实训室、NI虚拟仪器创新实训室、组态控制实训室、SoC及嵌入式实训室等,通过把"爱与美"人文教育理念融入企业文化中,既体现企业文化独特的内容,也体现了自动化专业的"崇爱尚美"人文教育思想。

4. 专业(职业)能力之美。

专业(职业)能力之美在于"熟",所谓"熟"就是"熟练、熟思、熟睹",在课程教学中,提高实践教学比例,不断提升电气接线技术、设备检修能力、电气自动化系统设计应用能力,能从事现代企业电气自动化系统设计、安装、调试、运行、维护、管理、营销等方面的工作。学生毕业必须拥有多个资格证书,如维修电工证、电气工程师证、PLC 程序员证等。以"崇爱尚美"育人理念为引领,在工科课程体系中设计"岗证课赛"相互融合,把就业岗位技能需求、技能证书、课程、专业技能竞赛实现有效的对接。

(二)成效——实现"四增"

电气自动化技术专业已为社会培养了 27 届毕业生,现每年招生稳定在 90 人左右,就业率持续在 99% 以上,成为受社会、家长和学生欢迎的校特色专业。自 2010 年电气自动化专业通过"崇爱尚美"的人文素养教育,推行文化育人,学生综合素质明显提升,主要表现在以下几个方面。

1. 学生专业素养增强。

通过推行人文教育,学生精神面貌焕然一新,自强自立,有竞争意识,有自信心,能用积极心态面对工作和生活,有高度的社会责任感。近年来,学生违纪事件越来越少,参加各种公益活动及各项献爱心活动的人数逐年增加。

2. 学院文化活动增多。

学院开办了系列人文社会科学讲座,帮助和指导大学生如何提高自身的人文素质;广泛开展健康向上、格调高雅、内容丰富的校园文化生活,如各种艺术节、演讲比赛、科技节、文艺演出等;鼓励支持建立人文社团,如舞蹈、书法、文学、音乐等方面的协会,陶冶情操,塑造自我;加强学院内部自然、人文景观的建设,突出学校的文化精神和理念,使大学生在优美的环境中受到启迪和熏陶。

3. 专业技能增进。

在学生的技能大赛中,电气自动化专业学生获得多个省级以上大奖,如获 2013 年"AB 杯"全国大学生自动化系统应用大赛二等奖;2014 年"AB 杯"全国大学生自动化系统应用大赛进入决赛。2013 年 4 月,在江苏省高职院校技能大赛电子产品设计与制作中获三等奖。2014 年,在第九届全国信息技术应用水平大赛中,两个单片机设计作品,均荣获全国二等奖。2016 年 1 月,在江苏省高职院校技能大赛电子产品设计与制作中获二等奖。2016 年 10 月,在中国国际飞行器设计挑战赛暨科研类全国航天航空模型锦标赛中获得了 2 个一等奖、团体第三名的好成绩。2016 年 11 月,在江苏省第七届大学生机器人大赛——空中机器人比赛中获得二等奖。

4. 用人单位好评率增高。

得益于学校"爱与美"的培养体系,我院的优秀毕业生典型层出不穷,在每年的毕业生情况调查中,企业对本专业毕业生综合素质优秀的认可率越来越高,比例由原来的 64% 上升到 85% ,2 年内被提拔任用的比例由原来的 21% 上升到 56% 。近年来,电气自动化专业涌现了一批社会精英,他们不但技术过硬,而且善于沟通,很多走上了管理岗位。例如:现任 ABB 全资公司——杭州盈控自动化有限公司副总经理单湛;现任镇江中煤电子有限公司副总经理、研发总监胡峰平;原电气 D07 的殷叶军,毕业后从事于研发,成立了自己的公司——常熟仲乐智能电气有限公司;等等。

案例六 "爱与美"文化贯穿"订单班"人才培养全程
——财经商贸学院"崇爱尚美"文化育人实践

一、背景

为深入践行吕凤子"崇爱尚美"文化教育思想,把文化育人融入实践教学,使"崇爱尚美"文化育人的内容具体化、可操作。财经商贸学院结合专业特点,以努力提高教师的道德水平、业务能力和学生的全面素质为宗旨,创新"崇爱尚美"文化育人的内容和形式,组织教师、学生开展"创新人才培养观念,深化教育教学改革"大讨论、"课堂教学爱与美"评议等活动,增强师德修养意识,树立高尚的道德情操和精神追求,促使全院教师探索改革教学内容、方法和手段,用实际行动关爱每一名学生,关心每一名学生的成长进步。

通过全院师生共同研讨,决定在全体教师和学生中开展"三爱·三美"主题教育实践活动。学院提出,教师践行"三爱·三美"的内容为"爱教育、爱学校、爱学生;言行美、教学美、人格美"。学生践行"三爱·三美"的内容为"爱祖国、爱学习、爱劳动;言行美、心灵美、环境美"。

为把"三爱·三美"文化育人要求贯穿实践教学,财经商贸学院根据学校"13X"实践教学体系进行了进一步的深化和完善,设计了"1355"实践教学模式,并在此基础上开展了现代学徒制试点工作,通过校企合作,开展订单班培养,实现校企文化合作育人。

二、实施过程

(一) 完善"1355 工学结合"实践教学模式

为培养学生的学习能力、实践能力、职业素养和专业实操能力,在人才培养方案编制中突破传统做法,根据财经商贸类学生面向服务性行业沟通、表达、应变和抗挫等能力的培养,以及职业岗位交叉、工种灵活变化和专业内容相互渗透等特点,在强化校内专业实验实训的基础上,推行的工学结合渐进式实践教学模式。其基本要义是围绕"实践动手能力和综合职业能力"这 1 条主线,确立"专业基础技能、岗位技能和创新技能"3 个层次,突出"专业认知—职业体验—跟岗实践—轮岗实训—顶岗实习"5 个环节,利用"实训课程、社会实践、专业社团、创新创业、技能竞赛"5 个载体,实施综合性、全方位、立体化的实践教学文化育人,如图 9-13 所示。

图 9-13 "1355 工学结合"实践教学模式图

"1355 工学结合"实践教学模式是学院深度校企合作的有效尝试,然而在实际操作中,学生要完成在学校与企业之间的交替学习,完成从学生到职业人的转变历程,经常会遇到因校企理念差异、理论实践断裂等原因造成的心理和生理的不适应情况。学院将"三爱·三美"要求延伸到校企合作的实践课堂,对学生进行有效的价值观、人生观引领,帮助学生纾解思想困惑、排解实习困难、提高学习成效,让学生在校企文化、理论实践的"爱与美"中立德修身、学有所长。

(二)开展现代学徒制试点,实施校企文化融合

近三年来,学院与"快乐蜂(中国)餐饮有限公司""苏宁电商""麦德龙""镇江汽贸行业协会""江苏吉贝尔""江苏熟店宝""江苏瑞祥集团""龙道电商"等10多家行业企业建立了紧密的合作关系,联合开展订单班、冠名班人才培养,用先进企业文化精神熏陶学生。

如与快乐蜂(中国)餐饮有限公司开展现代学徒制试点班"永和大王店长(经理)班"人才培养,校方代表、企方代表和学生签订了三方协议,按照企业要求,校企双方协商制定了现代学徒制人才培养方案,在课程设置、课时安排、实习环节、教材选定、教师团队建设和横向课题研究等方面形成全面共识。2015级新生入学后,学院在6个专业600名学生中动员选拔了43名同学组成"永和大王店长(经理)班",试点班的学生同时具有在校学生和企业准员工双重身份,全面融入企业文化建设,同时实现学校"崇爱尚美"文化互通。

与江苏代理记账协会开展"易达会计人才学徒制班"试点。2016年5月,学院与江苏代理记账协会签订校企合作办学协议,建立"新思维教学做实验班"和校中厂"易达申报记账工作室",学院与镇江最大的财务公司镇江易达财务公司和镇江新思维财务公司签订了一揽子合作协议,确定每年(2个月岗位实习)为学院轮训200名会计专业学生,2017年易达财务公司在学校新校区投资150万元,建立"会计实习工厂",校企文化共建共融的实训平台迈出了坚实的一步。

(三)用"三爱·三美"育人理念武装校企混编教学团队

在校企专业建设指导委员会的指导下,学校选派专业精通、热忱负责的教师担任班主任和实践教学导师,企业选派业务精湛、品行高尚的技术能手担任企业导师(师傅),共同组建校企混编教学团队。要求团队导师深入学校"崇爱尚美"文化核心内涵,明确学院"三爱·三美"文化育人要求和企业人才战略的文化优

势,围绕"实践动手能力和综合职业能力",从"专业基础技能、岗位技能和创新技能"层面,共同制定符合企业岗位需求、适合学生学徒身份的工学结合实践教学课程内容和计划。

(四)用"三爱·三美"育人理念辅助实践教学的5个环节

1355 工学结合实践教学模式的 5 个环节逐层递进,是学生"认知企业—感知企业—适应企业—归属企业"的有效循环,需要校企双方导师用"三爱·三美"的育人要求帮扶引导。

专业认知与职业体验(第一、二学期 1~2 周)。校企双方责任教师从学校专业介绍、企业文化熏陶、校企培养途径等方面让学生认识专业、了解企业,指导学生正确掌握专业学习方法和途径,接受职业道德规范和职业行为规范的教育,树立正确的人生观、职业观和价值观。

跟岗实践与轮岗实训(第三、四学期 2~4 周)。主要是通过组织学生到企业的实际岗位学习与训练,安排企业指导教师(师傅)进行专业学习与技术岗位的对接,让学生跟着企业师傅学习职业操守、岗位技能,提高实践能力、动手能力;对学生进行职业劳动的"爱与美"教育,培养学生适应能力、综合协调能力和团队协作精神。要求企业为每个学生建立实习成长档案,对学生的跟岗和轮岗学习情况进行备案和信息反馈。

顶岗实习(第五、六学期 18 周)。主要是在前期工学交替培养的基础上,组织安排学生到企业进行就业实习,一方面通过到企业工作岗位顶岗实习,提升岗位适应能力、工作能力;另一方面,适应企业环境,培养企业归属感,进行职业规划。顶岗实习不是放任自流,需要给每个学生(学徒)量身定制,要求企业根据学生实习成长档案制订因人而异的顶岗实习计划;要求校企指导教师有效对接,关注学生顶岗期间的思想动态、心路历程,适时给予教育引导,共同帮助学生尽快成长为企业需要的专门人才。

在 5 个工学交替实践环节贯穿在理论教学之中,学生从学校到企业、从学生到学徒、从理论到实践、从消费到生产,需要经历角色的转变、思想的过渡,以及心理和生理的适应,校企双方选派极具"三爱·三美"育人理念的责任教师全程跟踪实习,以关爱之心、人格之美帮助引导学生学会沟通解决和自我管理,在学院实践教学环节中效果显著。同时,通过校企责任教师的交流,优化实践教学安排、改进实践教学方法、提升实践教学成果。

224

(五)用"三爱·三美"育人要求激活实践教学的 5 个载体

"实训课程、社会实践、专业社团、创新创业、技能竞赛"是 1355 实践教学的有效载体,学院通过选派部分精通专业、乐于奉献的校企指导教师,介入 5 大载体的实践活动,给予学生思想境界、技能技巧上的悉心指导,启发学生的创新思维,激发团体的活动能力,在校内外活动中取得了优异的成绩。两年来,"店长(经理)班"学生获得省技能竞赛奖项 4 项,组织专业团体 2 个,创办"互联网 + 模拟企业班"1 项等,学生在指导教师的关爱和帮助下,锻炼了技能、培养了品行,展现了"爱与美"的良好形象(图 9-14)。

图 9-14 **2017 年电商团队获江苏省高职院校电子商务竞赛一等奖**

(六)用"三爱·三美"育人理念考核评价、创优树典

学院以"崇爱尚美"的标准对校企实践教学进行考核评价:一是对学生课程成绩的考核,以学生自评、学校指导教师考评、企业指导教师考核的形式进行综合评定;二是对教师业务业绩的考核,依据教师课堂教学规范要求,组织教师课堂教学评议工作,结合听课评课、学生评教、座谈会等综合评价,记入绩效考核范畴;三是确立奖学金制度,根据校企双方评价评定奖学金等级,并结合每年 12 月学院"三爱·三美"总结表彰大会,评选"最美课堂教学奖""十大爱与美优秀学风班级""十大爱与美学习标兵""十大爱与美的寝室""十大爱与美技能能手""十大爱与美道德标兵"和"模拟企业先进个人",对一年来涌现出的先进典型进行总结表彰、示范推广(图 9-15)。

图 9-15 "三爱·三美"主题教育实践活动表彰会(获奖学生)

三、成效

在"三爱·三美"主题教育实践活动中,学院坚守和遵循"三严三实",努力把主题实践活动与思想提升、改进教风学风、解决实际问题结合起来,尤其在校企合作实践教学工作中,取得了明显成效:

一是专业教师进一步贴近企业岗位需求,更新了人才培养理念,补充了知识结构。通过"用智慧点拨学生、用言行垂范学生、用真情关爱学生"的言传身教,以人格魅力、学识魅力和卓有成效的工作业绩,赢得了学生的爱戴和企业的尊重。

二是学生在校企指导教师的共同指导下,能够正确树立职业观、价值观,及时调整工学交替期间产生的心理波动和生理不适,思想状况平稳、知识衔接有序、技能技巧精进、企业归属增强,既强化了内在素养,也树立了良好形象,最终成长为企业渴求的爱岗敬业、技术精湛的可塑性人才。

三是创新了校企合作培养模式下的思政教育工作,提升了 1355 工学结合实践教学模式的人才培养效果,丰富了学校"崇爱尚美"的文化教育理论,契合校企联合人才培养方案的目标和任务,符合社会和企业对学校人才培养质量的需求和期望。

案例七 优化"三位一体"路径 打造"崇爱尚美"课程
——以"人文知识导读"与"语言表达"为例

人文素质类课程"人文知识导读"和"语言表达"作为全校公共课程,由人文与法律学院文秘教研室专业教师承担。我们以学校"能胜岗+能转岗"的人才培养目标与《"一体两翼"能力素质体系实施行动方案》为引领,依托"崇爱尚美"文化建设,在教学过程中强化对学生的审美教育、德育教育,并使之与专业教育和能力教育统合起来,形成了"三位一体"的文化育人路径。

一、课程背景

(一)传承吕凤子"爱无涯、美无极"的教育理念

吕凤子先生指出:"艺术制作止于美,人生制作止于善。人生制作即艺术制作,即善即美,异名同指也。"[①]学校传承吕凤子先生"崇爱尚美"的教育思想,坚持以学生的发展为中心,形成了"人文素养+职业能力=可持续发展素质"的办学特色,文化育人特色品牌荣获教育部高校文化建设优秀成果奖。

(二)"能胜岗+能转岗"人才培养目标的要求

爱因斯坦曾指出:"只用专业知识教育人是很不够的,通过专业教育,他可以成为一种有用的机器,但是不能成为一个和谐发展的人。"[②]人文教育与专业教育有机结合,可以使学生在掌握专业技能的同时,树立远大理想和目标,提高职业素养,激发职业热情,成为具有人文素养的优秀职场人。我校历来重视学生人文素质教育,在长期的实践过程中逐渐形成和完善了"能胜岗+能转岗"的人才培养目标,颁布了《"一体两翼"能力素质体系实施行动方案》,强化在专业课教学中渗透人文素质教育。

---

① 吕去病.吕凤子文集[M].天津:天津人民出版社,2005:69.
② 爱因斯坦.培养独立思考的教育[N].纽约时报,1952-10-5.

227

二、课程介绍

(一) 人文知识导读

该课程旨在通过多种途径、多种形式的理论与实践性教学,将人文社会科学知识内涵转化为学生内在的精神品质,提高学生的思想品德修养和文化素养,培养学生高尚的道德情操和健全的人格。通过赏析中外尤其是中国传统艺术的经典作品,培养学生的艺术鉴赏能力,并提高他们的审美素质,树立健康向上的审美理想,激发学生对学习、生活及一切美好事物的热爱,形成积极向上的人生态度。

(二) 语言表达

该课程由"应用文写作"更改而来,更名之后,内涵扩大了,要求更高了。原来主要是对学生进行写作训练,现在不仅要进行写作训练,还要进行口语交际训练,对学生而言是弥补了口语训练不足的缺憾。通过学习,学生的探究能力、合作意识、交流能力、解决问题的能力不断地得到提高,从而真正落实从"知识本位"向"能力本位"的转化。

三、课程设计

"人文知识导读"和"语言表达"作为人文素质教育课程,旨在实施文化育人,不仅在于智育(听说读写及交际能力),还在于德育(真善美的价值观)、美育(审美鉴赏能力),让"崇爱尚美"思想贯穿其中,形成"三位一体"的文化育人路径(图9-16)。

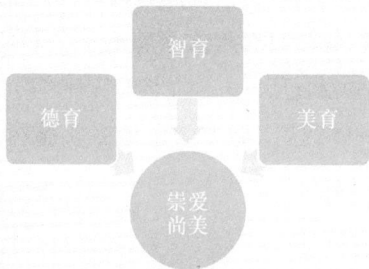

图9-16 人文素质教育课程"三位一体"的文化育人路径

（一）智育的实践操作

智育是教育者指导和促进学生掌握知识、形成技能和发展智能的教育活动，是全面发展教育的重要组成部分。在"人文知识导读"和"语言表达"课程中，我们将第一课堂分为理论课和实践课两部分，45 分钟的课堂，理论授课 20 分钟，技能训练 25 分钟。教师先通过理论讲授，使学生掌握理论知识，形成理论认知；然后通过课堂实践技能训练，使学生做到理论联系实际，熟练掌握所学技能。在全部课时结束后，通过组织技能大赛，如应用文写作比赛、汉字听写比赛、普通话演讲比赛、经典诗歌诵读比赛等，评出成绩比较优秀的学生，予以适当的奖励。在理论讲授和技能训练的过程中，教师通过自己的情绪去引导学生全情投入，要用自己的真情实感去感知和体验。技能大赛通过选题、设定评价标准等引导学生去求真求善，树立积极向上的价值观念。

（二）德育的实践操作

德育是教育者通过正确的引导，培养学生具有先进的思想、高尚的道德、积极向上的价值观，是全面发展教育的核心组成部分。在"人文知识导读"和"语言表达"课程中，一方面，教师会向学生做正面宣讲，强调学校"崇爱尚美"的思想理念，并在每节课上推荐传承"崇爱尚美"思想的优秀校友的事迹，鼓励学生向身边的榜样学习；另一方面，教师会向学生推荐阅读书目，主要以先进人物的名人传记为主，鼓励学生要有追求的真善美积极向上的价值观。全部课时结束后，会根据图书馆的借书量及学生的阅读笔记，评选出"阅读之星"，并给予适当的奖励。

（三）美育的实践操作

美育是教育者通过培养人们认识美、体验美、感受美、欣赏美和创造美的能力，从而使受教育者具有美的理想、美的情操、美的品格和美的素养。在"人文知识导读"和"语言表达"课程中，一方面，教师会通过对经典作品的导读，培养学生的审美鉴赏能力；另一方面，在全部课时结束后，教师会要求学生自编自导具有爱和美主题的微视频，通过自己的制作感受美、体悟美、鉴赏美。这种做法突破了传统试卷考核的方式，使学生能够最大限度地做到学以致用，更好地检验了教学效果。

四、课程教学保障

(一) 加强顶层设计，形成工作合力

人文素质类课程是学校"一体两翼"人文素质教育工程实施的重要载体，学校高度重视"人文知识导读"与"语言表达"课程的教学实效问题，多次组织专题研究和师生的座谈交流活动，还召集职能部门现场解决教学中遇到的问题。有效解决了公共课教学与专业课教学学时冲突的矛盾，形成了推进工作的合力，为两门课程的教学效果提供了保障。

(二) 师资力量雄厚，教学质量突出

文秘教研室主要承担"人文知识导读"与"语言表达"课程，现有教师正高职称 2 人，副高职称 5 人，讲师 2 人，其中博士 1 人，硕士 5 人，学士 3 人，形成了职称结构、年龄结构、学历结构合理的优秀教学团队，教研室所管理的文秘专业成为江苏省特色专业。

(三) 自编教材符合学情，注重"崇爱尚美"特色

两门课程均为自编教材，浓缩了集体的智慧，形成了综合学情、教情、校情的具有自身特色的教学内容。"人文知识导读"课程教材，即《大学生人文修养读本》，由季正松教授领衔，教学副校长王桂龙教授主审，多位中青年教师合力编写（图 9-17），于 2013 年南京大学出版社出版。"语言表达"课程教材，即《应用文写作及口语交际训练》，由资深教师樊娟、孙月琴、邹志红集体编写，校党委副书记、常务副校长徐铭作序，于 2015 年在江苏大学出版社出版。

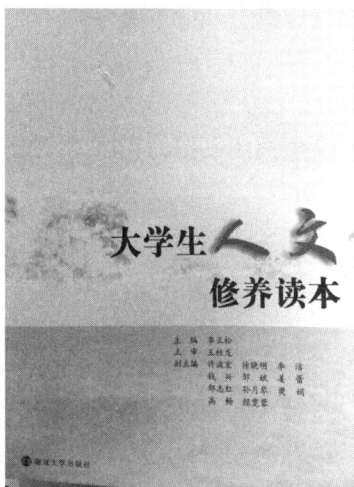

图 9-17 "人文知识导读"教材

(四) 重视教学改革，以项目促教学

教师通过申请学校教学项目，以课改的形式立项，将研究成果用来推动教学质量的升级，形成以教改促教学的教中研、

研中教的双向互动模式。学校教务处将这两门课程的教改成果编印成《公共基础课改革成果汇编》,供其他课程教学参考。

(五)注重理念传导,更新教学方法

为了提高教学效果,改善教学模式,避免故步自封、关起门来搞教学的封闭模式,更好地引入先进的教学方法,注入教学质量有效提升的活水,推进"人文知识导读"与"语言表达"课程建设,结合学校"一体两翼"人文素质培养方案,召开主题教学沙龙和教研活动,先后邀请江苏大学、江苏科技大学的专家、教授做专题讲座。另外,在每学期开学前,所有承担这两门课程的教师定期集体备课和赛课,做到新的知识内容不断补充,教学模式不断更新,保障课堂教学效果始终能够得到学生的认可。

(六)结合专业特点,凸显职业指向

围绕学生的职业需求和专业特点组织教学,注重不同专业的不同个性要求,根据不同专业类别指向的职业岗位特点和不同专业的需求开展教学。在教学的过程中,也已形成了比较成熟的教学模式,即一个教师对接一个学院,该教师长期从事该学院的教学,对该学院的专业、学情有了足够的了解,可以将课程融入该学院专业教学,形成对口效应。比如,护理专业,着重强调救死扶伤的大爱精神;艺术专业,着重强调对艺术美的鉴赏;法律专业,着重强调公平正义的宣讲。

五、课程教学效果

(一)教学模式在兄弟院校产生影响

"人文知识导读"和"语言表达"实施的"优化三位一体路径,打造崇爱尚美课程"的教学模式得到了兄弟院校的认可,学校先后与苏州职业大学、南京城市职业学院、江苏财经职业学院等院校就这一模式进行交流,受到了兄弟院校的赞许,并认为值得推广。

(二)自编教材获得师生好评

《大学生人文修养读本》和《应用文写作及口语交际训练》出版后,每年的印刷量均在5 000册以上,不仅受到了本校学生的好评,也被兄弟院校所认可,认

231

为其"崇爱尚美"思想主题鲜明,对学生智育、德育、美育有很好的教学效果。

(三)两个课堂结合获得较好效果

第一课堂课程教学结束后,以"人文知识导读"和"语言表达"课程为载体,实施第二课堂,组织各专业学生通过阅读、研讨、写作、演示为一体,将经典作品进行改编,并搬上舞台演示等综合性实践活动,起到了很好的教学效果。

案例八 "爱与美"融入专业课 实现"85＋5＞90"教学增值
——机械制造与自动化专业实施"85＋5"文化育人工程

装备制造学院将专业教学与以文化人相融合,自觉传承吕凤子先生"崇爱尚美"的教育思想。所谓"85＋5"文化育人工程,就是在每次专业教学的两节课(90分钟)课堂教学中,用85分钟进行专业教学,传授专业知识与技能,用5分钟结合课程内容与特点进行有关"崇爱尚美"的素质教育,将专业教学与素质教育有机结合起来,促进了学生专业课程学习成绩提高和学生综合素质的提升,对学生思想素质的提升和职业素养的养成起到了重要作用。

一、实施背景

(一)建设"崇爱尚美"学校文化的需要

吕凤子是我校创始人,传承和弘扬他的"崇爱尚美"的教育思想,深入开展文化育人工程,在专业教育中有机渗透"爱与美"的教育内容,是有效加强大学生思想政治教育的迫切任务和重要举措。

(二)实现专业人才培养目标的需要

我校"机械制造与自动化专业人才培养方案"中已明确了人才培养目标,是培养德、智、体、美全面发展的"能胜岗＋能转岗"的高素质技术技能型人才。这就要求学校在专业人才培养中,既要注重专业知识和技术技能的培养,又要加强学生综合素质的培养,只有做到专业和素质两者都强,才能支撑起"能胜岗＋能转岗"高素质技术技能型人才的培养。目前,思想教育、三观教育、"爱与美"的教育已成为专业教学中的重要组成部分。

(三) 企业对专业人才使用的需要

在毕业生工作情况调查及与企业人事部门的交流中发现,企业对人才最看重的要素中,第一项不是专业能力,而是思想品德与综合素质,而这些恰恰在以往没有引起足够重视,学生的综合素质培养与形成教育明显不够,必须特别加强。

(四) 毕业生实现终身发展的需要

毕业工作调查中发现,毕业后发展最好的学生中,专业能力和综合素质双好的学生会比其他学生发展得更好、成长得更快。因此,从有利于毕业生的终身发展出发,有必要在加强专业能力培养的基础上,特别加大综合素质与良好习惯的养成教育。

基于以上几个原因,结合学校文化育人的要求,结合工科专业教学的具体情况,从 2010 年开始,尝试在"机械制造与自动化"专业中实施"85 +5"文化育人工程,将"爱与美"的教育贯穿在专业教学过程之中,培养学生"崇爱尚美"精神。

二、具体实施方案

"85 +5"文化育人工程分为设计、实施、效果考核、反馈修改四个过程。

(一) 设计过程

由学院根据教学要求确定案例的编写要求,发动院内全体师生提供有关"崇爱尚美"的典型案例,经筛选后进行整理,并将每个案例精简成能在 5 分钟内讲完的小故事,编辑成《崇爱尚美典型案例手册》。手册共分为 10 个栏目,目前共有 600 例,包括"中国历史文化名人(100 例)""中国爱国名人(100 例)""名人创业故事(100 例)""优秀共产党员事迹(100 例)""中国革命功臣(50 例)""中国领袖人物(30 例)""镇江名人(30 例)""身边人身边事(30 例)""中国礼仪(30 例)""美学欣赏(30 例)",手册中的内容每年进行更新、调整或增加。

（二）实施过程

1. 共同选择案例。

在每学期开学前，按专业课程召开专业教师会，共同商定课程中拟选定的案例的数量、内容及实施的切入点。

2. 树立典型示范。

每学期举办 1～2 次所有专业课程的案例引用示范课，展示优秀的引用方案。每年召开一次案例分析研讨会，由专业教师分析实施情况，提出相应的引用和修改建议，找出最佳的实施过程方案。

3. 精准课堂实施。

根据课程的内容与特点选取手册中的案例，作为教学内容的一部分，原则上是根据课程的学时数进行选用，每两节课选用一个（不要求每次课都选用），是否选用及在课堂上何时加入，由教师根据课堂具体情况自行确定（要求自然切入）。如在"工程力学"的教学中，在讲解受力分析以桥梁为例时，自然切入"镇江名人（100 例）"栏目中我国著名的桥梁专家茅以升的事迹，培养学生的爱国精神。在"机械设计基础与实践"课程中讲解外形设计的要求时，自然切入"美学欣赏（100 例）"栏目中的案例，培养学生的审美情趣。编辑成《崇爱尚美典型案例手册》便于教师引用，由于案例时间短又切合课程内容，学生也乐于接受，对学生的文化素质提升起到了潜移默化的作用。

（三）效果考核过程

1. 及时总结分析。

每学期末，由学院团总支与学工办对案例和引用情况进行统计，并进行效果分析。统计包括教师引用的案例情况（数量与具体案例）、学生的课堂反应效果等内容，对学生的统计是利用期末召开学生座谈会的机会，调查学生对教师引用案例的反应与作用（包括总体感受与印象最深的 10 个案例、意义最好的 10 个案例等内容）。根据对调查统计的结果，把案例分为常用的引用案例和一般引用的案例、便于引用的案例和不便应用的案例、教育启发意义大的案例和教育启发意义一般的案例等，为后期的案例修订提供参考。

2. 实施课题研究。

学院成立课题研究小组，对"85＋5"教育工程实施效果进行跟踪研究，通过分析"85 + 5"教育工程实施前后 18 个指标的变化情况来评判实施的效果(见表 9-1)。

表 9-1　学生文化综合素质变化与提升观测表　　　　　　　%

序号	观测项目	2010 年	2011 年	2012 年	2013 年	2014 年	2015 年	2016 年	变化趋势
1	学生违纪发生率	12.3	11.8	10.6	8.1	6.5	3.7	3.1	渐降
2	参加公益活动组织的学生比例	20.3	20.8	24.6	50.6	70.7	75.4	85.2	渐增
3	主动帮助他人的学生比例(%)	10.8	15.3	16.2	32.5	48.4	59.6	81.3	渐增
4	免检宿舍的比例	10.1	15.2	14.8	22.7	25.6	35.4	40.7	渐增
5	认真学习的学生比例	45.3	42.1	48.5	55.3	58.7	72.4	75.8	渐增
6	喜爱专业的学生比例	48.8	49.1	50.3	68.8	75.5	78.9	85.6	渐增
7	入学时目标明确的学生比例	20.3	20.5	22.8	20.5	28.7	22.1	25.4	持平
8	毕业时目标明确的学生比例	48.4	58.6	78.8	89.8	91.8	93.5	95.4	渐增
9	优秀毕业生的比例	10.3	13.4	16.8	34.5	42.6	48.3	50.5	渐增
10	企业对毕业生素质评价的优秀率	72.2	71.5	77.8	85.8	88.9	94.3	96.3	渐增
11	两年内学生晋升的比例	36.2	38.4	39.7	45.8	55.2	61.7	64.4	渐增
12	学生受到社会媒体报道和表扬的人数(人次)	23	25	45	44	67	72	78	渐增
13	学生每周问候父母的比例	20.4	34.1	33.6	57.8	67.3	80.7	85.7	渐增
14	学生主动给老师打招呼的比例	30.6	40.6	45.4	70.6	77.9	80.5	90.6	渐增
15	学生成长的自我认同比例	56.7	58.4	55.6	78.8	89.7	94.5	97.5	渐增
16	学生的语言文明表现	一般	一般	较好	较好	好	很好	很好	提升
17	学生对社会热点的关注情况	关注少	关注少	关注负面多	关注多	积极关注正面多	积极关注正面多	积极关注正面多	提升正面
18	学生的表现欲望	不强	不强	一般	有欲望	较强	强	善表现	提升

观测指标由定量加上定性指标组成,数据来源包括:毕业生跟踪调查数据、麦可思调查数据、学生调查数据、教师调查数据、收集的媒体报道数据、学校通报

的相关数据等。从观测的数据可以看出,教育工作对提升学生文化素质是大有作用的。

(四)反馈修改过程

每个教学年度结束后,根据效果考核组提供的参考意见,对部分引用率低、教育启发意义不明显、不便于引用的案例进行修订或调整,同时根据教师的建议增加一些相关的案例,从而保持案例不断更新,使其更加有利于教学。

三、实施效果分析

实施"85＋5"文化育人工程以来,促进了学生文化综合素质的提升,涌现了许多优秀学生典型和优秀事迹。

王志强,机械制造与自动化专业 2012 级机制 122 班学生。2015 年回老家过春节期间,有一天在路上听到有人落水的呼救,王志强同学毫不犹豫奔向出事地点,在－3℃冰冷刺骨的河水里救起了两位落水的小学生,并谢绝了学生家长的酬谢。王志强同学勇救落水学生的事迹先后在《扬子晚报》、江苏电视台、江苏广播电台、网络等媒体上进行了报道,引起了社会的广泛关注,得到了广大群众的赞美。

周斌彬,机械制造与自动化专业 2013 级机制 131 班学生。2013 年 4 月,镇江市高等专科学校装备制造学院团总支与共青团镇江丹徒区委共建了关爱丹徒区留守儿童的合作关系。针对农民工子女的个性需求,由周斌彬牵头招募志愿者,组建成立了"关爱丹徒区留守儿童特色化专业服务队",周斌彬担任第一任队长。专业服务队根据留守儿童的需求,围绕学业辅导、亲情陪伴、自护教育、爱心捐赠书籍和学习用品、为特殊困难留守儿童募捐等方面定期开展活动。三年内学生志愿者已先后为丹徒区各乡镇留守儿童举行了 30 余次各种类型的关爱服务活动,志愿者队伍也由初建时的 35 人发展到 366 人,增长了 10 倍。同时,志愿者通过与留守儿童座谈、调研走访家庭等方式,深入了解现今农村留守儿童在生活和心理上缺失什么、孩子们最迫切需要什么等情况,并把收集获取的这些第一手资料提供给丹徒区政府的相关部门,为今后更有针对性地开展和改进关爱留守儿童工作提供了重要的依据。"关爱丹徒区留守儿童特色化专业服务队"的事迹得到省、市多家媒体公开报道。

文化素质的提升促进了学生技能水平的提升,2016 年,在江苏省教育厅主办的第六届先进制造技术实习教学与创新制作比赛中,我校机制专业两组选手与来自省内 30 多所本科和高职工科院校的 300 多名选手同堂竞技,其中 2014级机制专业学生朱浩、唐俊卿、陈雨小获得了一等奖的第一名,另一组获得三等奖,同时学校也获得了优秀组织奖。

7 年来,机械制造与自动化专业通过实施"85 + 5"文化育人工程,将学生政治思想教育、三观教育、"爱与美"的教育等与专业课程的教学进行有机融合,对学生综合素质提升起到了很好的促进作用,在以下几方面表现尤为突出。

1. 文明交往。

平时交往中学生主动跟教师打招呼的明显增多,懂礼貌已形成一种风尚。学生违纪现象大幅减少,特别是打架情况已经匿迹。宿舍环境,特别是男生宿舍,已改变了原有的脏乱现象,变得清爽和有文化品位了。

2. 互帮互助。

从学生参加公益组织的情况看,几年来,参加各种爱心组织与爱心活动的学生人数由原来的20%增加到了85%。学生间主动互帮互助的情况越来越多,有个人帮助的,也有团队帮助的,还有班级一起帮助的,已形成了一种互帮互助的良好风气。

3. 评价趋高。

从用人企业对综合素质评价变化来看,在每年的毕业生发展情况下调查中,企业对机制专业毕业生综合素质评价为优秀的比例由原来的72%上升到96%,可以看出,企业对毕业生的综合素质优秀的认可度越来越高。在毕业生工作情况调查中,在 2 年内被单位提拔任用的比例由原来的36%提升到现在的64%。

4. 充满爱心。

学生审美情趣明显提升,与人的交往变得更加自如,比以前更加自信了。走出了独生子女只关注自己的小圈子,表现出爱党、爱国家、爱他人、爱专业、爱事业、爱生活的大爱之心,同时还表现出了对学习刻苦钻研,对工作精益求精,对生活追求美满的大美之情。

案例九 参与地方文化建设 扩大学校文化影响
——"正则颂·镇江高专师生原创文化作品展"活动纪实

一、活动背景

2016 年是镇江高等专科学校创始人吕凤子先生诞辰 130 周年,凤先生以"爱"与"美"的理念进行现代文化教育的主张和实践,体现了凤先生思想文化观念的先进、新颖和独特之处。一所百年老校,不仅是有着沉甸甸的历史厚重感,更有其独特的文化语言和表达方式。从凤先生的人生经历可以看出,充分发掘、继承传统文化的精华,充分借鉴、吸收其他民族优异的文化成分,自主创新,才能发展出具有时代新特色、具有思想深度和精神高度的堪传后世的文化艺术。传承文化生命,是当代青年义不容辞的使命。

镇江高专着力于传承和弘扬吕凤子先生的艺术和职业教育思想,将"崇爱尚美"的特色文化教育落根于学校的文化建设和推广上,焕发高专青年"强"(身体强健)、"富"(精神富足)、"美"(心灵美丽)、"高"(品格高尚)新活力,并将百年老校的"爱"与"美"融入镇江的"大爱镇江"城市文化建设。学校以凤先生诞辰 130 周年为契机,举行纪念吕凤子先生和弘扬正则精神的系列活动;而"正则颂"镇江高专师生文化作品展则是一系列活动中最能直观反应"崇爱尚美"文化在我校落地生根、开花结果的活动形式。

二、活动过程

(一)宣传发动

2016 年 3 月,校党委宣传部、校团委、校工会联合发出《关于征集诗词、楹联、书法、美术、摄影作品的通知》,号召全校师生以"正则颂"为主题,通过不同艺术形式反映我校景美、人爱、校和的生动局面,以此弘扬中华优秀传统文化,唱响社会主义核心价值观的主旋律,繁荣和丰富我校"崇爱尚美"校园文化内涵,切实推进"文化润校"工程,深化"文化薪火"行动,纪念我校创始人吕凤子先生诞辰 130 周年。《通知》还对各类文化作品征集的范围、内容、规格等提出了具体要求。

(二)组稿评选

活动一经发起,就得到了学校领导、全体师生,以及社会人士的热烈响应和大力支持。校党委分管领导率先作《七律·正则吟》近体诗一首,立刻得到众多老师、校友的称赞,纷纷次韵或依韵和之,一时传为佳话;中国硬笔书法协会主席、民进中央开明画院副院长、清华大学美术学院高研班教授张华庆为活动题写了"爱无涯美无极"的赞辞;中国硬笔书法协会副主席兼秘书长李冰则为活动题写了主题"正则颂";更值得一提的是,吕凤子先生的长孙、特级教师、吕凤子学术研究会会长吕奇老先生也为此次活动欣然题词:"百年正则,代有传人!"……组委会在不到 100 天的时间里,就征集到书法、美术、摄影、诗词、楹联、剪纸等各种艺术形式的作品近千件。其中既有中国书法家协会会员、中国美术家协会会员、中国楹联协会会员等大家作品,又有普通艺术爱好者的作品;既有校外专家、家长、校友的作品,又有校内师生的作品;既有学校领导的作品,也有普通学生的作品……真可谓百花齐放,万紫千红。而这琳琅满目的作品,都聚焦于一个主题——正则,都集中反映了一个内容——"爱与美"文化的传承。

活动组委会对所有作品进行分类登记,聘请专家进行甄别,从近千件作品中评选出"优秀作品奖"120 个,参加最终的展出。对于获奖的书法、绘画、剪纸、篆刻、摄影等作品,均以统一风格进行装裱;诗词、楹联等文字作品,则先请书法家与擅长书写的老师和同学用书法的形式直观地呈现出来,再进行统一装裱,从而确保了作品的观赏性。

(三)盛大开展

2016 年 12 月 1 日上午 10 点半,"正则颂·镇江高专师生原创文化作品展"开幕式在坐落于镇江旅游胜地——西津渡的镇江市美术馆(镇江画院)隆重举行。多名校领导、社会著名书画艺术家和广大师生代表等出席活动,吕凤子先生的长孙吕奇先生也出席了活动。

校领导在致辞中回顾了我校创始人吕凤子先生毕其一生所做的画画、教书、办学校三件大事的经历,阐述了"正则魂"的内涵。他指出:吕凤子先生所代表的一种高贵的精神气息,如今正弥散在我们的校园里;而我们的责任,就是要使这种气息,成为更大的气场,然后潜移默化地成为每个高专人的文化气质,成为整个镇江高专的文化特质,进而参与和推进镇江市"大爱文化"建设。作为凤先生诞辰 130 周年的纪念,我们除了对他的人格的敬仰、道德的崇尚之外,应当更感到有一种弘扬、传承的责任与使命。

校外嘉宾在致辞时指出:镇江高专作为一所百年老校,其深厚的文化底蕴有着极大的魅力,无论是"正则"精神还是"崇爱尚美"的校园文化理念,都令人印象深刻;这次文化作品展,充分展示了高专师生在文化传承上的信心和决心,必将进一步促进学生文化修养的提升,推进学校的校园文化建设。

三、活动意义

"正则颂·镇江高专师生原创文化作品展"持续了 10 多天,除了本校师生外,还吸引了数千人次镇江本地市民和外地游客前来参观,受到了一致好评。新华网、搜狐网、中共江苏省委新闻网(图 9-18)、《镇江日报》、镇江电视台等多家媒体对活动进行了翔实报道,反响热烈。

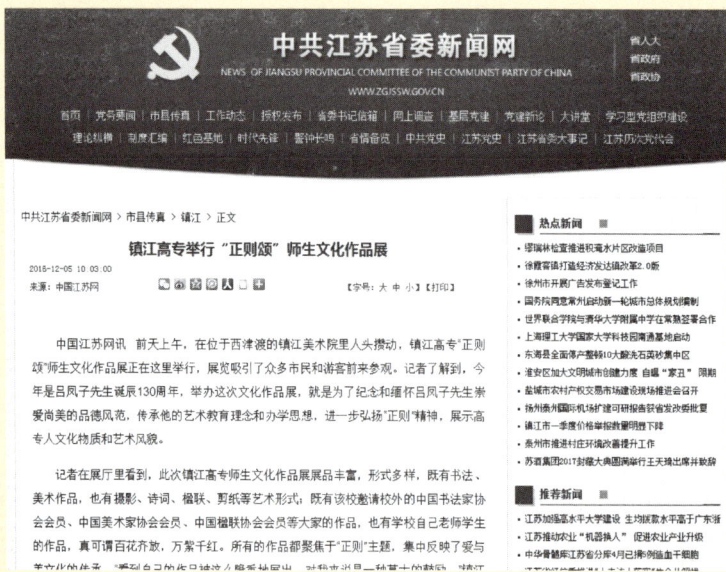

图 9-18 中共江苏省委新闻网报道

　　"爱与美"的文化是历史积淀,是学校历代师生共同的薪火相传;对于镇江高等专科学校来说,她体现在百年的传承上,体现在"崇爱尚美"理念上,体现在"正则"精神上。我国传统文化以强调人文精神的人文文化为主体;镇江高专学子一直注重学习、了解中国传统文化,体会和践行中国传统文化的精神,极大地促进了人文素质的提升。青年教师和大学生把专业、爱心和文化带进社会、融入人群,以文化反哺的形式促使百年正则精神和传统文化的传承进一步推进,涌现出一批有爱心、有能力、有担当、有思想的镇江青年,不仅增强代际交流沟通、增进社会融通,更推进了镇江文化的发展。

　　高专人"爱的情怀、美的品质"的实践和传播不仅具有传统文化所蕴涵的美德,又有时代所需求的科学素养和创造、创新品质,在积极延伸"强""富""美""高"新内涵的同时,更为镇江的城市文化加入了新的诠释,为"小城大爱"注入了新的活力(图9-19、图9-20)。

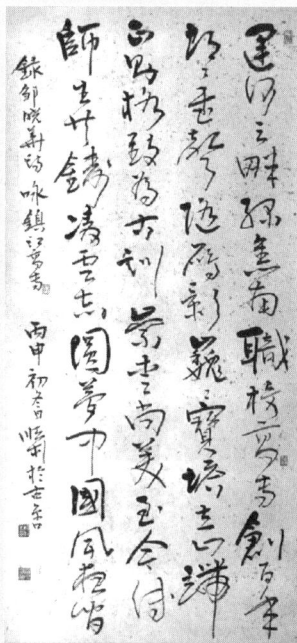

图9-19　师生作品一①

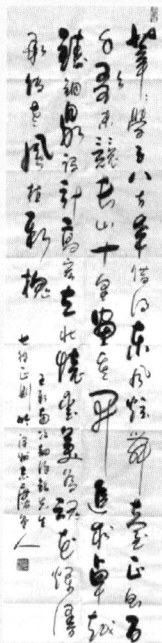

图9-20　师生作品二②

---

① 《咏镇江高专》,作者邹晓华(教师):运河之畔绿焦南,职校高专创百年。朗朗书声随雁影,巍巍宝塔立山端。正则格致为古训,崇爱尚美至今传。师生共铸凌云志,圆梦中国凤夜间。书法:蒋纯利(教师)。

② 《次韵徐铭先生七律正则吟》,作者王新南(教师):莘莘学子八方来,借得东风炫舞台。正则百年歌未竟,长山十里画重开。追求卓越铸铜鼎,设计高宏立壮怀。爱美为魂花烂漫,承传老凤植新槐! 书法:成吉民(志庆堂人,校外专家)。

案例十 "崇爱尚美高专人"典型选录

用爱心铸造美
——记镇江高专"自强之星"丁卯

贫困,对有些人来说就是前进道路上的拦路虎,但对那些意志顽强的人,生活的磨难却只会令他们越挫越勇,因为他们知道,只有经受住痛苦的磨砺,真金才能焕发出夺目的光彩。

丁卯,男,汉族,共青团员,镇江市高等专科学校艺术设计系装潢艺术设计专业 2007 级学生,班团支部书记,曾荣获中国科学技术发展基金会茅以升科学技术奖——家乡教育奖、国家助学金、镇江市见义勇为先进个人、徐州市见义勇为先进个人、校优秀大学生、优秀团员、社会实践优秀大学生等荣誉称号。其先进事迹曾先后被《镇江日报》《京江晚报》、镇江电视台和镇江人民广播电台等多家新闻媒体报道,产生了广泛的社会影响。家庭的贫困并没有成为他的阴影,种种人生的挫折反而激发出顽强的毅力、拼搏进取的精神,成为他克服困难不断前进、促进学习、勇于实践的强大原动力。

自强自立、奋发向上的进取精神

丁卯同学出生在江苏睢宁一个贫困家庭,父亲因车祸丧失劳动能力,体弱多病的母亲靠在家种地、喂养牲畜维持生计,家中还有身患疾病的奶奶和正在上学的弟弟。出身寒门,家境困难的丁卯同学在贫困中没有萎靡,没有怨天尤人,而是积极地用知识武装自己,用高尚的情操塑造自己,用勇于奉献的精神锤炼自己。

丁卯从小就立志读好书,做好人,回报社会,回报家人,他也一直在行动中不断践行着这一目标。2007 年一进入大学校门,他就递交了入党申请,在思想和行动上积极向党组织靠拢,认真组织开展班级党章学习小组的各项活动。作为贫困生,他总是积极、乐观地面对学习、生活,努力用自己的勤奋和善良来提高自己的素质。

心系社会、关爱他人的广阔胸怀

尽管生活困难,尽管他也需要别人的资助,可是丁卯同学却常常怀着一颗感恩的心,更多地装着对同学、对老师的爱。记得还是刚来校报到时,因为没能凑够学费,到校后,他向系副书记吴春明详细了解了学校对特困生的政策。最后,丁卯选择了用贷款的方式来承担自己的学费,而不是首选国家或学校的直接经济补助。

作为一名生活上有困难的学生,第一学期,学校安排勤工俭学岗位,在和班里几位条件差不多的同学一起商讨之后,丁卯把这个最"容易"的挣钱方式留给了另一位同学。

由于家庭困难,系部在他享受到国家助学金的同时,也计划把品学兼优奖学金的荣誉授予他,丁卯在获知这个消息后,主动找到老师,提出把机会留给更多需要帮助的同学。

他生活俭朴,为了节省车费,节假日极少回家。白天外出勤工俭学,晚上主动义务协助值班人员巡查校园,为校园的安全稳定默默地做出自己的一份贡献。

由于学习、工作的努力和出色表现,丁卯得到了国家助学金,可是他并没有把这当作是自己应得的,而是从内心深处感激学校和老师的爱,每逢节日,他都会给帮助过他的老师发去祝福短信。

不为名利、乐于奉献的优秀品质

丁卯同学不仅具有乐观精神,同时在他身上还体现出了强烈的责任意识。他用一颗火热的心帮助身边需要帮助的每一个人,把团结友爱的精神播种到每一个同学心中。丁卯同学做事非常认真、负责,不论是大事还是小事,不论是班级内部的还是系部的团工作,只要交代给他,他都尽力高效、圆满地完成。和他有过工作接触的老师用"一喊就到,有求必应"这八个字来形容他的工作作风。

他以自己的实际行动支持系团总支、学生会的工作,与班委、团支部成员工作协调;积极配合学生会的工作,注意与团支部成员在工作方面的沟通和思想上的交流,积极组织同学开展社会实践活动;注意调动团员的积极性,积极协助班委和团支部的工作,认真做好团员培养教育工作,有效地激发了同学的政治热情;在工作中虚心好学,勤于思考,能根据班级和系部学生工作的实际思考问题,并提出解决问题的办法之后提交组织讨论后实施。

在工作中,丁卯同学还表现出非常的胆识和智慧。一次,班里的同学和高年级的男生为了打球争场地而发生了矛盾,这件事,这名高年级的同学以此为由想要找班里的同学的麻烦,丁卯知道这件事后,主动出面做双方的调解工作,最后大事化小,避免了一场冲突。这件事,他也主动向班主任老师做了汇报。进校后没多久,恰逢校区篮球赛,丁卯同学为了节约班费,主动提出通过拉赞助的方式来解决班级球队的队服。在人生地不熟的情况下,他硬是靠自己的努力,为班级争取到600元的赞助。丁卯以他的细心、耐心、热心和能力赢得了老师和同学的信任与好评。

作为班级的团支部书记,丁卯参与并组织多项学生活动,每周班级的晚会,各种形式的班级联谊活动都开展的有声有色。暑假期间,丁卯也积极参加大学生社会实践活动,在参加"和谐社区"的活动中就社区面临的问题、发展方向等方面提出可行的建设性意见,被评为"社会实践优秀大学生"。丁卯平时积极参加公益活动,特别是四川大地震后还主动参与、组织募捐活动,并自发去义务献血。由于他及其他团支部成员努力工作,丁卯所在的团支部被评为先进团支部,他本人被评为校优秀团员(图9-21)。

图 9-21　丁卯受表彰

一封来信"泄密"救人义举

2008年9月,新学期刚开学不久,学校收到来自徐州市睢宁县一位村民的来信,反映这样一件事:暑假期间,艺术设计系装潢2007级学生丁卯勇救落水儿童!

勇救落水儿童是在 2008 年 8 月 19 日下午 5 点左右,当时丁卯同学正在家乡睢宁县一河边钓鱼,隐约听到喊救人的声音,他放下鱼竿毅然急速赤脚跑过一段 100 多米的碎石子路,只见河边围着很多人,一个小孩在河中间挣扎。这时丁卯同学不假思索跳入河中,向孩子游去(后来得知丁卯的水性并不是很好),此时孩子已经下沉,他不断地潜入水下,奋力将孩子托起,艰难地把孩子推到岸边。虽然在救人的过程中,他的脚和手臂多处划伤,但他全然不顾,将孩子背上河堤,通过压腹倒水、人工呼吸等方法将孩子成功救醒。此时,他没有忘记自己是一个大学生,拉过与获救小孩一同游泳的几个小学生,利用自己在学校所学,给他们讲起了安全常识。

孩子的家长得知此事后,非常感动,通过多方打听,带着孩子找到丁卯同学的家,带去了礼品和现金以表谢意,但被丁卯同学婉言谢绝了。丁卯同学说:"我是一个大学生,这是我应该做的。"其实早在 4 年前,丁卯在徐洪河下游就曾救过一个落水女孩,这事大家都知道。

开学返校的丁卯丝毫没有张扬。"要不是学校收到这封挂号信,大家可能现在还蒙在鼓里呢!"艺术设计系总支书记孔亚琴说。

临危不惧、见义勇为的高尚情操

丁卯同学的事迹感动了我校师生,学校专门召开表彰大会,授予丁卯"见义勇为优秀大学生"荣誉称号。徐州市见义勇为基金会、镇江市见义勇为基金会联合表彰丁卯同学勇救落水儿童的先进事迹。同时,丁卯同学的事迹也引起了校外媒体的关注。同年 10 月 25 日,《镇江日报》以"一封苏北来信道出救人义举——记勇救落水儿童的大学生丁卯"为题在一版显著位置报道了丁卯同学的先进事迹。《京江晚报》则在社会版以头条 1/4 版面详述"一封来信'泄露'救人义举,特困大学生两度救人传美谈"。同日的镇江电视台也在新闻栏目中现场追述了丁卯的救人义举。

瞬间的力量,长久的积淀。急人所急,想人所想是丁卯一贯的作风。他感激生命、感谢苦难、感恩生活,总是以阳光般的感恩心态和最朴素的善良对待身边的人。同学有困难,他慷慨解囊;同学学习上有难题,他释疑解惑。他认为:付出,才是生命的意义;善良,才是生命的本色。

丁卯,一个普通的名字,一个普通的大学生。貌不惊人,语不出众;出身寒门,朴实无华。可就是这个普通的名字,在自己的家乡,在 10 岁儿童落水的紧要关头,用义举挽救了生命,用平凡写就了伟岸高大。

"爱与美"的土壤,盛放素质教育之花
——镇江高专学子风采录

镇江高专一直坚持育人为本,德育为先,充分挖掘和开发吕凤子先生的"正则"精神,以及"爱无涯、美无极"的教育观念,并在传承和弘扬中不断创新,形成了浓郁的"崇爱尚美"文化氛围,涌现出一批优秀学生典型。

镇江高专"校园诗人"——郑杰

为交流诗词,

高中时他"三顾茅庐"

在镇江高专旅游管理专业读大二的郑杰,来自淮安盱眙。喜欢上诗词是在他念初二时。"老师要求我们课前做好预习,背诗词,我对这些诗很有兴趣,每次都背得很快。"

一次偶然的机会,他在老家的书摊上看到当地诗词协会出的一本刊物《都梁诗讯》,售价 4 元,这对家境贫困且还是学生的他来说也不容易,一番犹豫,和摊主讨价还价,他还是买了。书里有诗词协会的电话与通讯地址,郑杰很想登门拜访,把自己创作的诗带给专家点评,但又有些胆怯,直到高中,他才鼓起勇气登门。

"第一次去,正值放假,协会的办公地点没有人。第二次去晚了,门关着。第三次去,我清楚地记得是在周五。"郑杰回忆说,那次拜访,接待他的是当地诗词协会的副会长。因为他没带作品,副会长请他凭记忆写下以前创作的作品,逐一点评。之前无人指导,他几乎不懂平仄,副会长和当时在场的一位同志给他指出了问题,随后向他推荐了魏继志老师,帮助点拨和指导。"魏老师今年 82 岁了,他教给我很多东西,还送了我许多诗词方面的书,不少'压箱底'的东西他都教给我了。"

郑杰第一次成功发表诗词作品是在高三时,诗作刊登于当时《盱眙日报》的《杏花园》栏目上。这次作品刊出给了郑杰继续创作很大的动力。

初到镇江,
从北固山到正则诗社

高中毕业后,郑杰来到镇江高专就读。这座文化底蕴深厚的城市,对他有着深深的吸引力。他还记得,课本上学到的第一首诗是唐代诗人王湾的《次北固山下》,所以来到镇江后,他想做的第一件事就是去北固山。"镇江那么多景点,我第一个去的就是北固山。我想看看诗中的北固山究竟在哪儿,是个什么样。"

进入镇江高专后,郑杰的爱好和才华迅速被老师们发现,他被引荐加入学校的正则诗社。在这个人文荟萃的社团里,郑杰的视野和灵感得到了进一步激发,创作了近百首近体诗。其中,有一首是《丙申惊蛰日登福地句容茅山》:"凭栏骋目郁穹隆,香客游龙上顶宫。翠麓老君凝紫气,道修仙骨厬云中。"

2016年,他的作品《清风亭》入编了第三届中国百诗百联大赛的作品集。据悉,大赛有来自世界范围内的华人参赛,初选是从几十万作品中选出6 000篇入编作品集,再从6 000篇作品中选出300篇进入下一轮评选。"我的《清风亭》寓意'反腐倡廉',能从几十万作品中被选中,我非常开心。"

广交诗友,
最年长的已82岁

对于郑杰喜欢诗词的爱好,他的父母给予了极大的支持。郑杰说,父母现都已40多岁,在老家盱眙务农。每次有样刊寄回老家,都是母亲帮着收取整理。"母亲不识字,父亲也只有初中文化。每次母亲一收到有我发表作品的样刊,就会拿给父亲看,让他用微信拍了照片发给我。"每周一次与父母的通话中,父亲总会对郑杰说:"又有新的样刊寄来啦!"

通过学校的正则诗社,郑杰结交了许多诗友,分别来自北京、新疆、河南、江苏等地。最小的和他一样大,二十一二岁,现在江苏科技大学就读,最年长的有82岁。平时,他通过微信与这些诗友交流。有时,他也会寄去用硬笔书法写的诗,还要郑重其事地盖上印章,他解释说,"如果用电子邮件把写好的诗发给诗友,收信的人读起来就会觉得冷冰冰的,用书写邮寄的方式显得很正式,也很亲切"。

有许多爱好，

哪样都舍不得丢

郑杰不仅爱好诗词，还喜爱拉二胡、写书法、研究历史文化。有人对他说："你学得太多太杂了，该挑一样专精。"可他哪样都舍不得丢，"都有兴趣，都想学"。业余时间，他喜欢漫步在镇江高专这所百年校园里，"我们学校这厚重的文化积淀，总能给我新的灵感"。

谈及将来的打算，郑杰说毕业后会先做导游，"梦想是成为诗人或是自由撰稿人"。他还有一个梦想：30岁时出一本诗集。

无论是做导游，还是将来成为诗人、自由撰稿人，在梦想的道路上，他都将一步一步踏踏实实地走下去。

"年轻人总有一天要跋涉远方，读书、振翅，去点燃青春的火把，照亮即将启程的前方。"在镇江高专旅游管理专业学子郑杰的眼中，青春是用心血与努力编织的一个梦想。他为之拼搏的青春，是脚踏实地在诗词文学的天地中辛勤耕耘。这个自小就爱好诗词创作的大男孩来自农村，至今创作了400多首近体诗、楹联，曾获得"国粹杯"全国诗词大赛一等奖。

镇江高专"校园技能之星"——闫一帆

苦练基本功，难忘的经历

眼前的闫一帆，身材瘦而高，穿着浅蓝色衬衫，搭配黑色休闲鞋、裤，给人清爽"小鲜肉"的印象。交流中，他还有些腼腆。这位帅气的大男孩，正是"全国旅游院校服务技能大赛"一等奖的获得者。

此次比赛由中国旅游协会教育分会主办，是我国旅游院校迄今为止规模最大、覆盖面最广的一次学生技能大赛，共有来自全国29个省、市、自治区227个院校的698名选手参加。这次参赛获奖，对闫一帆而言，是一次特别难忘的经历。

"为什么参加这个比赛，还要从2013年刚入校时说起。"闫一帆说，当时专业有"客房课"，上第一节课老师就教他们如何抖床单，"也许是我接受能力比较强的关系吧，几下就学会了，还得到了老师的关注和精心培养"。一年多中练就的扎实的基本功，让闫一帆在与其他学生的技能PK中脱颖而出，获得了和同校另两名学生一起参加比赛的机会。

回忆赛前3个月的集训，他说："并不觉得苦。努力了有收获，我很高兴。"

那段时间,闫一帆每天要从早上 8 点一直训练到晚上 9 点,到最后冲刺阶段还改为早上 7 点至晚上 10 点半。没有午休,困了累了,他就在实训室拼桌子休息一会儿。一套铺床的动作,他每天要练上 20 多遍,3 个月下来,足有近 2 000 次的重复、枯燥练习。

第一次参加全国比赛,闫一帆坦言有些紧张,与其他来自全国各地的选手比试,他算是"新手"了。"第一天理论测试,第二天考英语口语,第三天比现场操作。记得第三天的比赛是五人一组,先进行礼仪展示,再比技能。礼仪展示时我感觉自己紧张得腿都在抖。"闫一帆说,当时他分在第 2 号,第 1 号是位来自青岛旅游学院的经验丰富的选手,面对实力强劲的对手,他顶住压力,一丝不苟地完成所有动作,用时 2 分 43 秒,比 1 号选手的 3 分多钟还快了 20 多秒。

此次获奖是闫一帆成长之路上的收获之一,他笑着说,因为经常练习铺床,回到家这些家务他也习惯性地做,妈妈还常和他请教铺床的技巧。

有意识地把自己推出去

谈及平时的学习生活,闫一帆说"很忙","和当初我想象的轻松的大学生活不一样,学习任务还是很紧张的"。除了要准备"转本"的十几门考试外,他还担任校学生会副主席和系学生会主席。

"其实,我刚进校那会儿很内向。"闫一帆说入校这两年来自己改变很多,一步步地"往上走",锻炼自己积累经验,"就是要有意识地把自己推出去"。他先是做了班长,然后去系学生会做干事,再进校学生会。"我觉得多参加学校活动,自信心就会逐渐上来了。"

想走创业路,出去闯闯

对于毕业后要走的路,闫一帆的目标很明确:"想创业,出去闯闯。"

为何会有这样的念头? 他说,自己对生活的要求比较高,想通过自己的努力去闯出一条路,追求更好的生活品质,所以在当初选择旅游管理这个专业时,他就有自己的想法了:"那时是想以后开家旅行社,觉得有必要学旅游相关的专业知识,但现在发现这个行业竞争很大,如果创业做这一行将会很难,所以不得不放弃开旅行社这个打算。"闫一帆说,他现在的计划是毕业后开家快捷酒店或饭店,"现在学着这方面的知识与技术,这对将来创业是很有帮助的"。他说,自己的创业想法得到了家人的支持,"想创业一方面也是受家人的影响"。

闫一帆全身心地投入到忙碌的学习生活中,在他看来,"在好的环境中专心学习,也是为了将来更好地创业"。

镇江高专"校园音乐大使"——于童

2015 年 11 月 26 日,人文与法律学院文秘 142 班的于童捧着他心爱的吉他,自信地站在聚光灯下,舞台上回荡着饱满又细腻的吉他声,五颜六色的灯光伴随着歌声忽明忽暗,他专注地唱,观众用心地听。一个舞台,一把吉他,一群闪烁着期待目光的观众,让他内心无比感动,因为他实现了他期待已久的梦。

高专的形象大使

说起文秘班的"大耳朵图图"——于童,人文与法律学院的师生都不会陌生,因为他是文秘班屈指可数的男学生中的一个,在一个教室满满坐着的女同学中显得特别显眼。他是一个幽默的人,是一个对音乐充满梦想的人;与他接触过的人都对他赞不绝口。在他们那届的迎新晚会上,这个刚进校的北方小伙儿自弹自唱了一首"南方姑娘",一下子让全校都认识了他。之后,他参加镇江高专校园形象大使选拔,通过层层筛选,才艺展示,成功摘得头筹。从此,于童的身影出现在学校各类晚会和文艺演出中,他的吉他弹唱成了同学们最期待的节目之一。

他真的开演唱会了!

他喜爱音乐,他的歌声冲击耳膜,独特的巴掌小脸旁嵌着一对可爱的精灵耳,班上同学开玩笑地喊他"图图",他也笑着接受了。同学们都喜欢听他唱歌弹吉他,有的老师也成为他的粉丝。在大二上学期,当学校宣布将为于童举办个人演唱会时,同学们沸腾了!

在大学开一场属于自己的演唱会,这是于童一直以来的愿望。为了这个愿望,他抓住一切机会,努力地积累经验,充实着自己。学校和学院也给他极大的鼓励和支持,并为他创造条件,让他走出学校,走上更高的平台。天翼飞 young 好声音江苏省苏南赛区亚军、中国好声音镇江赛区银奖、江苏省校花校草大赛"校园之星"奖、江苏省百事可乐金麦奖优秀歌手……这些都是他追梦路上坚实的脚印!

经过精心准备,"'于'你'童'在"——于童个人演唱会在 2015 年 11 月 26 日精彩上演!这也是学校首次以官方名义为学生个人举办演唱会。镇江高专大礼堂里人山人海,观众们为他的歌声和吉他沉醉、痴狂。毫无疑问,演唱会取得了极大成功!在老师和同学们的见证下,于童漂亮地实现了自己的一个音乐梦想!

闪光灯的背后

有些人可能以为,于童像是一个纨绔子弟,不务正业,除了音乐什么也不顾。其实不然! 于童在班上担任着团支部书记一职,积极组织和带领同学们参加各种校园活动和公益活动,有着很强的凝聚力;学习上他也是毫不含糊,获过励志奖学金;他还是"弟子规"公益课的兼职老师……熟悉他的人都知道,从高一开始,他就没向家里伸手要过一分钱,通过酒吧驻唱、兼职来挣生活费、学费,对大多数同龄人来说,这可不是简单的事!

奋斗在音乐之路

谈起音乐,他以一种局外人风轻云淡的语气说,学吉他很辛苦,手指不知道要褪几层皮。可看到他熟练的弹奏吉他,伤个手褪个皮好像对他算不了什么。他说最喜欢的是民谣,民谣让他放松宁静;最喜欢的歌手是赵雷,喜欢上了就一发不可收拾,对他的民谣歌曲大多数都信手拈来。

在一次比赛中,知名 DJ 成杰思注意到了于童的才华,力邀他去做著名电台节目《男生宿舍》的"楼道歌手"。这样,于童的歌声便经常通过江苏交通广播网的电波传到听众们的耳朵里,而他也因此结识了众多音乐道路上的好伙伴,这使他更加义无反顾地在音乐之路上坚定地走下去。南京艺术学院作曲、编曲林汐老师这样评价他:现在很多歌手都喜欢唱歌时运用很多技巧,高音转音眼花缭绕,只知道做加法不知道做减法;可于童就是很平实地像讲故事一样把歌曲演绎出来,没有任何炫技,而最简单的往往最能直击人心。

梦想是用来追的

演唱会结束后的于童没有满足于一时的成绩,而是继续投入对音乐的追求中,这种勇气和毅力使我们不由得为他点赞。音乐道路是艰苦的,让他这么坚持的应该是他内心燃烧的音乐之火。他说他追逐音乐梦的步伐是不会停止的,如果结果不是想象的那样,那也只需要记得最初的自己就好了。

大学,是一个多梦的人生阶段,也是许多人真正开始实现梦想的地方。为了让学生们的梦想之路走得更踏实,一直以来,镇江高专都在努力思考着"培养什么人、如何培养人"这两个问题,并在实践中不断寻找着答案。事实证明,这些年来,镇江高专在这两个问题上交出了令人满意的答卷——在 2016 年江苏高考生源比 2015 年减少 3.25 万人,多省高职高专院校遭遇"零投档"的情况下,镇江高专招生工作却取得较好成绩,越来越多的学生愿意走进高专的大门;在校期

251

间,每年都有 100 名左右的学生在省级以上各类技能比赛中获奖;而走出校门时,高专学子也深受用人单位欢迎,学校初次就业率达 90.75%,在省内同等院校中处于较高水平。学生愿意进来,又走得出去,归根结底,在于他们在镇江高专的生活和学习中收获良多。

郑杰、闻一帆、于童,他们是高专学子的优秀代表,他们在不同的舞台上收获了属于自己的掌声和喝彩。而"崇爱尚美"的高专文化,必将一如既往地滋润着广大学子,滋养着他们创造自己的出彩人生!

"橙子"老师:冬日的阳光　永远的十一度
——记镇江高等专科学校辅导员程媛媛

程媛媛,2015 年获江苏省辅导员年度人物称号,国家三级心理咨询师。2010 年 12 月至今就职于镇江市高等专科学校,担任专职辅导员。2014 年参加江苏省第三届辅导员职业能力竞赛获三等奖,指导江苏省大学生创新项目 1 项,参与学生资助专项省级课题 1 项,主持校级课题 1 项,在省级刊物上发表论文 2 篇,获 2014 年度学校辅导员考核第一名,江苏省"领航杯"大学生数字媒体作品竞赛二等奖指导老师,镇江市"无偿献血促进奖"先进个人等。她所带的学生获2014 年江苏省大学生年度人物提名奖,她策划的学生党支部活动获江苏省高校最佳党日活动,她指导学生参加江苏省大学生职业规划大赛获二等奖,她鼓励先天性耳聋的学生考上本科院校,她与应激性心理障碍的学生同吃同睡,她弘扬校本文化,开办"吕凤子研修班",她开设微信公众平台,每天与数千名师生、家长互联。她是学生眼中的橙子老师,像冬天暖暖的阳光,永远的十一度。

她叫程媛媛,镇江高专艺术设计系专职辅导员,曾几何时,有位学生拿着个圆圆的橙子来找她:"老师,打个人名呗。"学生指着橙子俏皮地眨着眼睛。程媛媛满脑子的问号。"程媛媛啊,程媛媛就是'橙圆圆',圆圆的橙子就是你的名字啊!"从此,"橙子"老师便成了学生对她的昵称(图 9-22)。

图 9-22　程媛媛在 2014 年辅导员年度人物颁奖典礼现场

零下三度,为学生照亮一米阳光,有你陪伴,那个冬天不再寒冷

　　每个人都有自己的冬天,人生的瓶颈便如身处寒冷的冬天一样,瑟瑟的,感到迷茫与无奈。"橙子"老师就好比冬日十一度的阳光,暖暖的,没有灼热,刚刚好。在这十一度的阳光下,学生们不会只想到冬日的寒冷,而是试着去发现自己依旧可以被阳光照耀,带着独特的温暖去生活。她有一名学生叫唐晓语,4 岁那年的冬天,晓语便知道自己和别人不一样:她的发音没有气流。靠着顽强的毅力,她不断突破极限,考入了大学。初入大学的她,没有勇气和其他同学交流,因为他们听不懂她的嘴里发出的模糊的声音,她只能带着特殊的助听器通过看嘴形勉强懂别人的意思。"橙子"老师和她的沟通是从 QQ 开始,这种书面的电子形式拉近了她们的距离,慢慢地,她们试着开始面对面地交流,每一次的讲话放慢语速,每一次一遍又一遍的耐心重复,为的只是帮她树立自信、放松下来,她想让她明白"残疾不是你的错,那是上帝'嫉妒'你健全起来会太完美"。时间长了,晓语当"橙子"老师是自己的姐姐,她这样形容"橙子"老师:那种感觉仿佛冬日的阳光,十一度的阳光,刚刚好,能将冬天的寒气挡住,能带给我不一样的温暖。那个冬日,她通过了专接本考试,考入了南京邮电大学广告学专业,那年冬天,零下三度,但和"橙子"老师在一起,她不再寒冷。

　　有"橙子"老师和学生们在一起的冬天,虽冷,却很温心,当冬日的阳光升起时,他们可以自信地站在阳光下,接受阳光的洗礼,接受这个世界的期待和关怀。"橙子"老师有一群特殊的学生,他们的童年没有其他孩子衣食无忧的生活,但是,风霜的洗礼,是破茧后的飞舞,家境贫寒的他们带着满满的"正能量"。因为

253

执着,他们满怀希望;因为梦想,他们铿锵前行。她的学生周洋第一时间深入雅安灾区,付出无限炽热的情,获江苏省大学生年度人物提名奖;她的学生季静静为身患传染病封闭在"麻风村"的病人们装饰新居,事迹被人民网、中青网等多家国家级媒体报道;她的学生高源开展的关爱困难老党员的主题党日活动,获江苏省高校最佳党日活动;她带领学生拍摄的"筑梦、助学、铸人"励志微电影获江苏省"领航杯"大学生数字媒体作品竞赛二等奖,她的学生沈佳亮主持省级课题"江苏省高校微博新媒体发展现状及影响力分析"的调研项目,她指导学生参加江苏省职业规划大赛获二等奖。"橙子"老师曾说过:"虽然我不是最优秀的老师,虽然我离名师还有很大的距离,但是我的工作充满着希望,决定着未来,学生是我人生最大的财富,是他们坚定了我的坚持。"

零度,为学生全面成长提供服务,踮起脚尖,靠近阳光更近些

在青春的道路上,有一种生活你没有经历过,就不知道其中的艰辛;有一种艰辛你没有经历过,就不知道其中的快乐;有一种快乐你没有经历过,就不知道其中的纯粹。踏入辅导员岗位的春夏秋冬,"橙子"老师每天早晨五点半就要起床,赶早上的校车,她所在的校区离她家有40公里的路程,那时天还没亮;下午下班后再坐一个半小时的车子才能到家,那时天已黑了,她笑着说:自己是"看不到"太阳的人。她参加省教育厅举办的第三届辅导员技能比赛,与全省120所本、专科院校的辅导员展开激烈的角逐,获得三等奖,实现所在学校在该赛事上零的突破。2013年,入冬后的第一个零度天,有位学生在校外被人持刀抢劫后引发"应急性心理障碍",看到刀叉之类尖锐物体就脸色发白,两腿发抖,失眠、无法进食。整整一个星期,"橙子"老师没回家,从早到晚,全程陪着她,吃饭、睡觉、洗澡,她带去医院进行心理治疗,就像妈妈守护自己的孩子一样,她把她带到自己的教师值班里,那几天,天阴冷阴冷的,值班室里没有空调、没有暖气,"橙子"老师和学生一起将被子捂暖,那时"橙子"老师只有一个想法:若你安好,便是晴天。

"橙子"老师喜欢零度的冬天,她说零度的冬天能使人保持冷静,在零度的冬日,她要踮起脚尖,更靠近阳光一点,用奋斗为青春画上最灿烂的笑脸,用努力为青春赢得最强的正能量。"橙子"老师发现:90后大学生,心理更为敏感、脆弱,实现思想政治教育和心理健康教育的整合尤为重要。她通过自学,考取了国家心理咨询师三级,在日常工作中她注重学生心理团辅,组织多种团体心理辅导活动,极具特色、效果显著。她成立了Touching team团辅志愿者协会,通过"信

任背摔""快乐传真"等志愿者活动,帮助同学们对"人际沟通""情绪管理"等内容有了更深刻的了解。她开展的主题班会"走下网络、走出宿舍、走向操场"被录制成视频,在第三届省辅导员竞赛中与全省120所高校主题班会视频展开角逐,获得专家评委组一致好评;她开展的"沟通从微笑开始"主题团日活动在微信公众平台上播放,与千余名师生、家长互联;结合95后大学生思想活跃的特点,"橙子"老师在一年级新生中开办"吕凤子研修班",激励青年学生以吕凤子先生为榜样,将培育和践行社会主义核心价值观融入学生日常学习生活中,使"崇爱尚美"特色文化落地生根。她秉承正则理念,关爱学生心灵,她用十一度的温暖融化冬日的坚冰。围绕家庭经济困难学生心理方面,她参加了学生资助专项省级课题,主持了相关校级课题,发表论文若干,在校2013年思想政治教育工作优秀论文评选中获三等奖。

七度,为学生思想引领提供平台,建阳光微信,育青马学子

那年冬末,七度。没有寒冷的日子催人奋进。"橙子"老师积极创新、宣传思想政治教育工作模式,建立了"镇江高专艺术设计系"微信公众平台,第一时间发布大学生所关注的时事热点、教育、文化、就业、生活等信息,全年发布"党史上的今天"专栏,开展"廉洁进校园影视展播""践行社会主义核心价值观,向经典文艺作品致敬""缤纷开学季""接力小组为祖国送祝福"等专题讨论,开设"生源地助学贷款小贴士""最美就业季"等微信专题,及时向同学们解答国家、学校学生资助工作、就业工作的相关信息。立足文化传承与创新,将"微信"变成学校的"便民服务站"和同学们的"网上议事厅"。自微信公众平台开通以来,"橙子"老师坚持每天亲自编写微信专题信息,截至目前,该平台已与数千名师生、家长实现互联。"橙子"老师励志建阳光微信,育青马学子,打造最具魅力的校园学子微信生态圈。

朱晓娟:用责任和真诚传播"爱与美"

朱晓娟,女,副教授,中共党员,基础部教师。她虽不是"传道授业解惑"的大师,但却是酿造青春、播撒阳光、传播爱美的使者。她从教近20年,无论是在教学岗位还是担任班主任工作,她始终坚守着一份责任,胸怀理想,用真诚无私地播撒"爱与美"的种子,以女性独特的视角关注学生的成长,关爱学生的身心

健康;以饱满的工作热情、扎实的工作作风、优良的工作成绩赢得了广大师生的普遍好评。

追求理想,热爱事业

在政治思想上,朱晓娟老师始终有着不懈的追求,积极进取。教师——是儿时就驻扎在她心里的理想。当她走上由智慧、情感、信念和理想融汇成的三尺讲台的那一天起,她就自觉把个人的抱负和学校的发展事业统一起来。作为一名高校基层教师,朱晓娟老师谨记教育工作者肩负的神圣使命,她注重从小事做起,并做好每件小事,虚心向优秀教师、优秀党员同志学习,力求在工作和学习中都能发挥一名共产党员应有的先锋模范作用。

立足岗位,教书育人

长期以来,朱晓娟老师以教师的职业道德严格规范自己的言行,坚持"学高为师、身正为范",坚持正人先正己的理念,积极工作,努力学习。她善待本职、热爱本职、敬重本职,做到了爱岗敬业。她充分认识教师工作的重要性,认真研读理论、关注时事,注重积累、勤奋钻研,加强理论修养、提高业务素质。

多年来,只要是对教育教学有帮助的事情,她都十分愿意去尝试和学习。为此,她经常利用休息时间通过网络等媒体学习教育革新理论,买回有价值的理论书籍进行研读,关注地区文化活动并积极听取各类人文讲座,参加心理咨询师培训学习并通过考试先后取得国家三级和二级职业资格证书,获学校认可,成为"双师型"教师。她专注于教育教学,发现其中的热点和难点问题,勤于思考和研究,尽最大努力寻求解决问题的方法。她坚持理论联系实际,坚持"以生为本"的思想,坚持科研为教育教学服务、坚持以科研去推动教育教学。

作为教学一线的工作者,朱晓娟老师始终牢记教师"传道、授业、解惑"的职责,牢记一桶水和一碗水之间的关系。她主要承担四门必修课和一门选修课的教学任务,同时还为"专接本"的同学进行课程辅导。无论什么类型的课程,她都能兢兢业业,认真投入,毫不马虎。她注重分析学情,根据学生的学习状况和学科发展前沿及时调整教学,不断改进教学内容和方式。在理论课程教学中,特别注重教与学的互动,培养学生动手、动脑和沉稳机灵的应对能力,开阔了学生的视野,增加了学生的社会适应能力。此外,她格外重视学生的心理发展、个性优化和人格塑造,关注学生的生存状况、价值追求、学习困惑和成长烦恼。她认为适合学生需要、贴近学生实际的教学,才会激发起学生去学习、去思考的愿望和行动,才会引起和鸣共振,从而达到教学的基本目的。朱晓娟老师乐于省察克治,善于自我完善,教学水平不断进步,每学期的学生测评中都能获得学生的普遍认可,她的选修课也成为被"秒选"的课程;2012 年,在学校思想政治理论课"精彩一课"竞赛中她获得了一等奖。

朱晓娟老师始终认为优秀来自于做人与做事。生活中,她关心同事,亲切热忱,毫无保留地帮助青年教师成长;她平等对待每一位学生,把学生作为教育和服务的对象,她关注学生的身心健康,思考的是学生们未来的长远发展。作为一名思想政治理论课教学者,她特别注重对学生们施以人文关怀。她一直注重师生的思想交流,努力从情感上接近、体贴和关心学生。在与学生的相处中,朱晓娟老师更多的是给学生们以热情的鼓励和殷切的期望,表扬他们的优点,赞美他们的闪光之处,用美好的语言激励他们,用真善美的故事启发他们。她坚持用发展的眼光看待学生,她理解并尊重学生,学生信任她喜爱她、尊重她。许多毕业多年的学生还一直和朱老师保持长期联系,他们把她当作知心人,喜欢和她进行思想交流与人生探讨!朱晓娟老师将这份信任当作自己宝贵的人生财富和强大的精神动力!

朱晓娟老师立足讲台 17 年,她以她的人格力量影响和激励着周围人,她在点滴中践行着教师职业道德规范。2013 年,她获得"镇江高专师德模范"称号,2014 年获得"江苏省高校优秀共产党员"的称号。她清醒地提醒自己,荣誉的取得是对自己以前工作的肯定和鼓励,这绝不意味着自己教书育人的工作是完美的。学无止境,此后她在工作中投入更多的精力,见贤思齐,把每一位优秀党员、优秀教师当作自己的榜样,视他们为自己前进的方向。

细致宽广,乐于奉献

工作以来,朱晓娟老师先后担任过 4 个班的班主任工作。她身体力行,要求学生做到的自己首先会做到。她从不空洞说教,而是以自己的实际行动感染学生、促进学生进步。她始终尊重、理解、关爱学生,她经常深入学生中间,特别是节假日,她会提上小礼物去陪伴因路途遥远而不能回家的同学;她格外关注"三困"学生,热心为他们排忧解难;她科学管理班级,各项工作制度化、常态化;她还能与时俱进,积极适应新形势,利用 QQ、飞信等工具加强与学生的沟通与联系,成为学生的知心人。她注重关心班级学生的生活和健康状况,当学生身体不适住院时,及时了解病情,送去营养品,督促他们进行体育锻炼,增强体质;对在班级和系部担任工作的学生干部,督促他们在做好社会工作的同时不耽误学业任务,鼓励他们全面发展;她帮助学生树立科学的世界观、人生观、价值观的重任,努力培养学生良好的人格;针对近年来大学生就业形势不容乐观的情况,及时了解学生的就业签约情况,帮助他们摆正自己的位置,分析自己的强项和发展方向,鼓励他们艰苦创业。

在朱晓娟老师从教的这些年里,没有一位学生因病因贫而离开学校。她帮助了一位家境极为贫困的单亲"糖尿病"孩子勇敢地战胜疾病,并顺利地完成学业。这期间,她多次带头捐款,奔波于学校、医院及政府相关部门,为这位学生争取学费、医药费的减免和当地政府每月的资助金。毕业之际又发动同学帮助这位学生找到了工作……朱晓娟老师还特别关心少数民族学生,为了帮助他们尽快适应学校的学习生活,开学的一段时间,她主动与他们及其家人交流,了解他们的想法,及时帮助他们解决问题。一位来自甘肃省甘南藏族自治州的腼腆小伙子在朱老师的帮助下放弃退学的想法顺利完成学业;一位因感情问题差点做出傻事的蒙古族女孩在朱老师一个长假的陪伴下而走出困惑……"助人者人恒助之,爱人者人恒爱之",朱晓娟老师用她的真诚和无私在学生的心中播撒下了爱与希望的种子,她受到了学生们的信任和喜爱。有学生在无助的时候会拥着她哭;同学间有误会与矛盾时愿意请她调解;有学生穿着她的"旧"衣服却也笑容灿烂;学生面临重大问题时愿意向她请教;她常常收到学生的感谢短信和节假日来自千万里外的问候;走上工作岗位的学生也会和她分享他们工作的成果,成家、生子时会分享他们的喜讯……

她对班级学生的付出也得到了家长们的认可,他们评价:"朱老师是难得的好老师,孩子在她班上,我们特别放心!"她所带的班级多次被评为"先进班级""优秀团支部",她本人也多次被评为优秀班主任。她常说,热爱学生,是教师全部职业活动中最宝贵的一种情感;没有对学生的爱,也就不可能有真正成功的教育。

朱晓娟老师为人正直、乐观、坦诚、善良,她关心学校发展,心系学生成长,谦卑而淡然,平凡而真实,她认为自己的成长和周围众多优秀的同仁分不开,是集体帮助她不断进步;她认为对照先进还有差距和不足,自己各方面还要精益求精、不断提升;她认为自己所做的一切只是在尽教师的本分,丝毫不值得沾沾自喜。这就是朱晓娟老师,一位坚守信念、满怀热情、在岗一分钟就负责六十秒的普通教师。

参考文献

［1］吕去病.吕凤子文集［M］.天津:天津人民美术出版社,2005.

［2］丁钢.大学文化自觉管理的向度、模型与方略［M］.北京:光明日报出版社,2011.

［3］丁钢.大学:文化与内涵［M］.合肥:合肥工业大学出版社,2006.

［4］丁晓昌,徐子敏,经贵宝.江苏省高等职业教育改革发展创新案例集［M］.北京:高等教育出版社,2014.

［5］范建华.吕凤子研究［M］.南京:东南大学出版社,2014.

［6］郭石明.社会变革中的大学管理［M］.杭州:浙江大学出版社,2004.

［7］季明.核心价值观概论［M］.北京:人民日报出版社,2013.

［8］陈序经.文化学概观［M］.北京:中国人民大学出版社,2005.

［9］梁漱溟.中国文化要义［M］.上海:上海人民出版社,2005.

［10］马茂远.楚辞选［M］.北京:人民文学出版社,1980.

［11］王桂龙.高校德育环境论［M］.长春:吉林文史出版社,2004.

［12］杨国祥,徐铭.让梦飞翔——携手镇江高专,塑造完美人生［M］.镇江:江苏大学出版社,2010.

［13］衣俊卿.文化哲学十五讲［M］.北京:北京大学出版社,2004.

［14］张岱年,程宜山.中国文化论争［M］.北京:中国人民大学出版社,2006.

［15］镇江年鉴编辑部.镇江年鉴(1992)［M］.上海:上海社会科学院出版社,1993.

［16］镇江市教育局编志办公室.镇江市教育志(1912—1990)［M］.南京:江苏科学技术出版社,1994.

259

[17] 朱良志. 中国艺术的生命精神[M]. 合肥:安徽教育出版社,1995.

[18] 联合国教科文组织总部中文科译. 教育——财富蕴藏其中[M]. 北京:教育科学出版社,1996.

[19] (美)R. 本尼迪克特. 文化模式[M]. 张燕,傅铿,译. 杭州:浙江人民出版社,1987.

[20] (日)横山宁夫. 社会学概论[M]. 毛良鸿,译. 上海:上海译文出版社, 1983.

[21] (德)黑格尔. 哲学史讲演录(第1卷)[M]. 北京:商务印书馆,1959.

[22] (美)克莱德·克鲁克洪. 文化与个人[M]. 何维凌,高佳,何红,译. 杭州:浙江人民出版社, 1986.

[23] (美)约翰·R. 霍尔,玛丽·乔·尼兹. 文化:社会学的视野[M]. 周晓虹,徐彬,译. 北京:商务印书馆, 2002.

[24] Lunenburg F C, Ornstein A C. *Educational Administration*:*Concepts and Practices*[M]. San Francisco:Wadsworth Publishing, 1991.

[25] Rokearch M. *Beliefs*, *Attitudes and Value*:*A Theory of Organization and Change*[M]. San Francisco: Jossey – Bass,1968.

[26] Durkheim E. *The Division of Labor in Society*[M]. New York: Free Pree, 1964.

[27] Wuthnow R. *Meaning and Moral Order*:*Explorations in Cultural Analysis* [D]. Los Angeles: University of California,1987.

[28] 费孝通. 完成"文化自觉"使命,创造现代中华文化[J]. 北京大学学报,1998(2):5 –7.

[29] 费孝通. 反思? 对话? 文化自觉[J]. 北京大学学报(哲学社会科学版),1997(3):15 –22,158.

[30] 唐兰. 宜侯矢簋考释[J]. 考古学报,1956(2):79 –83.

[31] 常滨毓. 2006:企业文化新语境[J]. 东方企业文化, 2006(12): 30 –33.

[32] 陈骏. 引领文化是我国大学的重要使命[J]. 中国高等教育, 2006 (18):17 –19.

[33] 丁凤云. 文化育人与实践育人交融打造高校教育新模式[J]. 临沂大学

学报,2012(6):1-4.

[34] 姜大源.职业教育:培训与教育辨[J].中国职业技术教育,2008(7):1.

[35] 江苏丹徒县烟墩山出土的古代青铜器[J].文物参考资料,1955(5):
58-62.

[36] 蒋纯利.吕凤子在北京女高师任职时间的研究[J].镇江高专学报,
2012(4):1-4.

[37] 李冬梅.高职院校二级学院文化育人体系的建构和实践[J].镇江高专
学报,2016(1):31-34.

[38] 李雪甫,胡影怡.以南丁格尔精神为引领的文化育人实践研究[J].江
苏教育研究,2015(12):31-34.

[39] 刘登明.职业院校环境育人的作用及实现途径[J].无锡商业职业技术
学院学报,2009(1):49-51.

[40] 刘洪一,陈秋明,谭属春,等.高职院校文化育人的系统设计与实践[J].
中国职业技术教育,2015(7):74-77,82.

[41] 刘兰明,张金磊.高职教育文化的反思与建构[J].中国高等教育,
2011(18):40-42.

[42] 刘献君.在文化传承与创新中育人的理性思考[J].中国高等教育,
2011(18):14-16.

[43] 伦蕊.从创新文化因素分解看科技文化与人文文化的冲突及融合[J].
科技管理研究,2008(9):295-297,302.

[44] 钱旭红,潘艺林.创新文化 引领未来 探索大学职能新境界[J].中国
高等教育,2007(7):10-13.

[45] 汤金洪.吕凤子的正则女子职业学校[J].中国职业技术教育,2006
(11):43.

[46] 汤金洪.吕凤子职业教育的特点和启示[J].镇江高专学报,2007(2):
24-27.

[47] 童学敏.高职校园文化建设的问题与对策[J].中国职业技术教育,
2011(10):94-96.

[48] 魏钧,张德.中国传统文化影响下的个人与组织契合度研究[J].管理
科学学报,2006(6):87-96.

261

[49] 吴扬.试析高职教育的文化冲突[J].中国职业技术教育,2010(3):
29-31,51.

[50] 徐铭.吕凤子"正则"职业道德教育观初探[J].镇江高专学报,2006,
19(4):1-5.

[51] 徐铭.试析吕凤子和谐教育思想的基本内涵[J].镇江高专学报,2009,
22(1):1-4.

[52] 徐铭.高职院校文化要素结构摭谈[J].学校党建与思想教育,2011
(26):18-80.

[53] 徐铭,丁钢.高职院校文化传承创新的自觉路径[J].中国职业技术教
育,2012(21):72-75.

[54] 徐铭.学校发展的终极境界是实现人的全面发展[J].镇江高专学报,
2009(4):5-8.

[55] 徐铭.关于创新人才培养与高职院校文化建设的几点思考[J].镇江高
专学报,2010,23(4):1-3.

[56] 许杰,于建福.高等教育管理研究的前沿动态和热点综述[J].中国高
等教育,2007(13,14):36-38.

[57] 尹文,王译.凤先生和他的艺术教育——吕凤子学生及后人访谈[J].
艺术界,2014(1):1-18.

[58] 衣俊卿.回归大学的文化本质凸现大学的文化功能——关于大学本质
和功能的文化哲学思考[J].中国高等教育,2007(2):21-24.

[59] 虞希铅.论高等职业教育的文化自觉[J].中国高教研究,2012(11):
99-102.

[60] 赵沁平.发挥大学第四功能作用,引领社会创新文化发展[J].中国高
等教育,2006(15,16):9-11.

[61] 张军,曹明,王素珍.文化育人视角下高职院校 6S 管理的美育探究
[J].西部素质教育,2016(4):21-22.

[62] 张琦,王成云.高职校园文化建设探索[J].中国职业技术教育,2009
(36):73-74,78.

[63] 郑文钵.吕凤子的平民教育思想与实践[J].镇江高专学报,2007(2):
19-23.

［64］朱春瑜,徐铭,李大洪.基于创新人才培养的高职院校校园文化特征与内涵研究［J］.镇江高专学报,2011(4):12-15.

［65］朱炜.论高校德育的培育性和整体文化特征［J］.江苏高教,2008(3):110-112.

［66］Swinder A. Culture in Action:Symbols and Strategies［J］. *American Sociological Review*,1980,51(2):273-286.

［67］Fine G A,Kleinman S. Rethinking Subculture:An Interactionist Analysis ［J］. *American Journal of Sociology*,1979,85(1):1-20.

后　记

　　经过课题组全体同志的共同努力,《高职教育的文化驱动——吕凤子"崇爱尚美"文化育人思想的传承与实践》一书终于付梓了。

　　这是一本从一所学校的文化体系建构实践的个案,来探讨整个当代高职院校文化建设规律的尝试之作。它试图通过镇江高专这样一个"麻雀"的解剖,对现代大学文化的一个重要分支——高职院校文化的建设,进行系统化的理论与实践的探究和归纳总结,从而对当下正日益引起重视并不断加强的高职院校文化建设提供可资借鉴的范本。

　　镇江高等专科学校发源于 100 多年前由我国著名画家、美术教育家吕凤子创办的正则女子职业学校。凤先生的教育思想和正则学校的早期探索,镇江高专人多年来孜孜以求的实践,为本书的写作提供了丰硕的资源。但用短短的三四个月时间,把一所学校的百年文化建设的探索实践的历程浓缩在 30 多万字里,是一件极不容易的事。何况吕凤子先生的教育和艺术思想又是那么的博大精深,现代高职院校文化建设又是那么的繁花似锦,社会主义核心价值观的培育和践行又是那么的任重道远。然而,全国高校思想政治工作会议上,以习近平同志为核心的党中央对加强高校思想政治教育工作和大学文化建设的殷切期望在鞭策着我们,一代代镇江高专人传承"崇爱尚美"文化孜孜以求的精神在感染着我们,特别是凤先生为了追求爱与美的那种"泪应涓滴无遗,血也不留涓滴。不留涓滴,要使长留千古热"的品德风范,更在时刻激励着我们。在凤先生诞辰 130 年、正则学校成立 105 年之际,我们尽力把这样一个薪火相传的果实奉献在各位面前,与其说是当作一项重要的工作任务,毋宁说是一种发自内心的自觉责任。为了传承和弘扬爱与美,我们一直在努力。但是由于我们的水平和能力所限,加之成稿仓促,本书一定还存在许多疏漏和错讹之处。在此,也真心祈望各位方家同道的不吝赐教。

本书真正是集体智慧的结晶。一方面,其研究和总结的对象——大学文化,本身就是由一个特定群体经过共同实践、总结,精心培育、积累,经过不断传承和创造,所形成和追崇的学校物质形态和精神形态的总和。另一方面就本书写作的动议、策划到框架设立、具体撰写,都经过了多次集体讨论。丁钢同志提出了全书的总体思路和框架体系并对全书的撰写做了分工;全书的起草执笔分工为:第一章丁钢,第二章蒋纯利,第三章徐铭,第四章易向阳,第五章魏胜宏,第六章徐凯,第七章吴建强,第八章王桂龙、徐铭。第九章所附案例的执笔者依序为徐铭、吴建强、王建彪、罗春燕、唐红雨、魏胜宏、张永刚、徐德爱、徐凯等。何斌同志负责了联络协调和部分章节的文字修改。此外,万碧波、朱洪春、范灵等同志在参与策划、资料收集等方面也做了许多工作。书稿撰写过程中,丁钢同志牵头负责了高职院校文化理论体系的讨论、徐铭同志牵头负责了"崇爱尚美"文化体系建设的讨论、王桂龙同志牵头负责了文化素质教育体系的讨论。最后由徐铭同志负责全书的统稿修改,丁钢同志负责全书的审定。

本书在写作过程中,参考了中外学者、同道的研究成果,由于手头资料所限及寡闻,未能一一做出标示。在向各位相识的、抑或素未谋面的大师、学者致谢的同时,也祈请见谅。

特别值得一提的是,吕凤子先生的嫡孙、中国工艺美术大师、享受国务院特殊津贴专家吕存先生参与了本书的策划和审读,并提出了许多宝贵建议。在此深表感谢!

还应该特别感谢的是北京语言大学党委书记李宇明教授在百忙中为本书作序。感谢中国高等教育学会副会长、江苏省高教学会会长丁晓昌教授,全国职业院校教学工作诊断与改进专家委员会主任委员杨应崧教授,南京艺术学院党委书记管向群研究员,中国职业技术教育学会副会长、上海教科院副院长马树超教授、常州大学原常委书记史国栋教授、南京大学党委常委、宣传部王明生教授等对镇江高专传承、实践和创新吕凤子"崇爱尚美"文化育人思想的支持和鼓励。对于各位专家、学者的厚爱,我们感戴至深!

与此同时,我们也感谢镇江高专(包括前身及并入各校)的历任领导、老师和历届校友,感谢你们在学校文化薪火相传中所付出的艰辛努力! 也向所有为本书写作、出版做出贡献,以及关心支持帮助的各界人士表示诚挚的谢意!

正如我们在本书中把镇江高专的"崇爱尚美"文化比作一棵"有生命的树"一样,如今这棵文化树已经枝繁叶茂。这棵树的根深深扎在土壤里,而种子却随着春风秋雨飞去四方;那眷恋大地的,便又回到土里生了根,那喜欢诗和远方的,就随风走去天涯播撒理想……而我们最不该忘却的这位种树人,正是令世人所敬仰的吕凤子先生。

为此,当面对这本散发着淡淡墨香的书稿,我们最想说的是:感谢凤先生!

让我们用传承和践行"崇爱尚美"的实际行动感恩吕凤子先生!